U0720111

中华
正史
经典

史记

〔汉〕司马迁 撰
〔南朝宋〕裴骃 集解
〔唐〕司马贞 索隐
〔唐〕张守节 正义

四

中华书局

史 记 卷 八 十 四

屈原贾生列传第二十四

　　屈原者,名平,楚之同姓也。①为楚怀王左徒。②博闻强志,明于治乱,娴③于辞令。入则与王图议国事,以出号令;出则接遇宾客,应对诸侯。王甚任之。

　　①【正义】屈、景、昭皆楚之族。王逸云:"楚王始都是,生子瑕,受屈为卿,因以为氏。"

　　②【正义】盖今(在)左右拾遗之类。

　　③【集解】史记音隐曰:"音闲。"

　　上官大夫与之同列,争宠而心害其能。怀王使屈原造为宪令,屈平属草槁①未定。上官大夫见而欲夺之,②屈平不与,因谗之曰:"王使屈平为令,众莫不知,每一令出,平伐其功,(曰)以为'非我莫能为'也。"王怒而疏屈平。

　　①【索隐】属音烛。草槁谓创制宪令之本也。汉书作"草具",崔浩谓发

始造端也。

②【正义】王逸云上官靳尚。

屈平疾王听之不聪也，谗谄之蔽明也，邪曲之害公也，方正之不容也，故忧愁幽思而作离骚。①离骚者，犹离忧也。夫天者，人之始也；父母者，人之本也。人穷则反本，故劳苦倦极，未尝不呼天也；疾痛惨怛，②未尝不呼父母也。屈平正道直行，③竭忠尽智以事其君，谗人间之，可谓穷矣。信而见疑，忠而被谤，能无怨乎？屈平之作离骚，盖自怨生也。国风好色而不淫，小雅怨诽而不乱。④若离骚者，可谓兼之矣。上称帝喾，下道齐桓，中述汤武，以刺世事。明道德之广崇，治乱之条贯，靡不毕见。其文约，其辞微，其志絜，其行廉，其称文小而其指极大，举类迩而见义远。其志絜，故其称物芳。其行廉，故死而不容。自疏濯淖⑤污泥⑥之中，蝉蜕于浊秽，⑦以浮游尘埃之外，不获世之滋垢，皭然⑧泥而不滓者也。⑨推此志也，虽与日月争光可也。⑩

①【索隐】慅，亦作"骚"。按：楚词"慅"作"骚"，音素刀反。应劭云"离，遭也；骚，忧也"。又离骚序云"离，别也；骚，愁也"。

②【正义】上七感反，下丁达反。惨，毒也。怛，痛也。

③【正义】寒孟反。

④【正义】诽，方畏反。

⑤【索隐】上音浊，下音闹。

⑥【索隐】上音乌故反，下音奴计反。

⑦【正义】蜕音税，去皮也，又他卧反。

⑧【集解】徐广曰："皭，疏净之貌。"　【索隐】皭音自若反。徐广云"疏净之貌"。

⑨【索隐】泥亦音涅，滓亦音淄，又并如字。

⑩【正义】言屈平之仕浊世,去其污垢,在尘埃之外。推此志意,虽与日
　　月争其光明,斯亦可矣。

　　屈平既绌,其后秦欲伐齐,齐与楚从亲,①惠王患之,乃令张仪
详去秦,厚币委质事楚,曰:"秦甚憎齐,齐与楚从亲,楚诚能绝齐,
秦愿献商、於之地六百里。"楚怀王贪而信张仪,遂绝齐,使使如秦
受地。张仪诈之曰:"仪与王约六里,不闻六百里。"楚使怒去,归
告怀王。怀王怒,大兴师伐秦。秦发兵击之,大破楚师于丹、淅,②
斩首八万,虏楚将屈匄,③遂取楚之汉中地。④怀王乃悉发国中兵
以深入击秦,战于蓝田。魏闻之,袭楚至邓。⑤楚兵惧,自秦归。而
齐竟怒不救楚,楚大困。

　　①【正义】上足松反。
　　②【索隐】二水名。谓于丹水之北,淅水之南。丹水、淅水皆县名,在弘
　　　农,所谓丹阳、淅。　【正义】丹阳,今枝江故城。
　　③【索隐】屈,姓。匄,名,音盖也。
　　④【索隐】徐广曰:"楚怀王十六年,张仪来相;十七年,秦败屈匄。"
　　　【正义】梁州。
　　⑤【索隐】按:此邓在汉水之北,故邓侯城也。

　　明年,秦割汉中地与楚以和。楚王曰:"不愿得地,愿得张仪而
甘心焉。"张仪闻,乃曰:"以一仪而当汉中地,臣请往如楚。"如楚,
又因厚币用事者臣靳尚,而设诡辩于怀王之宠姬郑袖。怀王竟听
郑袖,复释去张仪。是时屈平既疏,不复在位,使于齐,顾反,谏怀
王曰:"何不杀张仪?"怀王悔,追张仪不及。①

　　①【索隐】按:张仪传无此语也。

　　其后诸侯共击楚,大破之,杀其将唐眜。①

　　①【集解】徐广曰:"二十八年败唐眜也。"　【正义】眜,莫葛反。

时秦昭王与楚婚,欲与怀王会。怀王欲行,屈平曰:"秦虎狼之国,不可信,不如毋行。"①怀王稚子子兰劝王行:"奈何绝秦欢!"怀王卒行。入武关,秦伏兵绝其后,因留怀王,②以求割地。怀王怒,不听。亡走赵,赵不内。复之秦,竟死于秦而归葬。

①【索隐】按:楚世家昭睢有此言,盖二人同谏王,故彼此各随录之也。

②【集解】徐广曰:"三十年入秦。"

长子顷襄王立,①以其弟子兰为令尹。楚人既咎子兰以劝怀王入秦而不反也。

①【索隐】名横。

屈平既嫉之,虽放流,眷顾楚国,系心怀王,不忘欲反,冀幸君之一悟,俗之一改也。其存君兴国而欲反覆之,一篇之中三致志焉。然终无可奈何,故不可以反,卒以此见怀王之终不悟也。人君无愚智贤不肖,①莫不欲求忠以自为,举贤以自佐,然亡国破家相随属,而圣君治国累世而不见者,其所谓忠者不忠,而所谓贤者不贤也。怀王以不知忠臣之分,故内惑于郑袖,外欺于张仪,疏屈平而信上官大夫、令尹子兰。兵挫地削,亡其六郡,身客死于秦,为天下笑。此不知人之祸也。易曰:"井泄不食,②为我心恻,③可以汲。④王明,并受其福。"⑤王之不明,岂足福哉!⑥

①【索隐】此已下太史公伤怀王之不任贤,信谗而不能反国之论也。

②【集解】向秀曰:"泄者,浚治去泥浊也。"【索隐】向秀字子期,晋人,注易。

③【集解】张璠曰:"可为恻然,伤道未行也。"【索隐】张璠亦晋人,注易也。

④【索隐】按:京房易章句言"我道可汲而用也"。

⑤【集解】易象曰:"求王明受福也。"【索隐】按:京房章句曰"上有明

王,汲我道而用之,天下并受其福,故曰‘王明并受其福’也。”

⑥【集解】徐广曰:“一云‘不足福’。” 【正义】言楚王不明忠臣,岂足受福,故屈原怀沙自沉。

令尹子兰闻之大怒,卒使上官大夫短屈原于顷襄王,顷襄王怒而迁之。①

①【集解】离骚序曰:“迁于江南。”

屈原至于江滨,被发行吟泽畔。颜色憔悴,形容枯槁。渔父①见而问之曰:“子非三闾大夫欤?②何故而至此?”屈原曰:“举世混浊而我独清,众人皆醉而我独醒,是以见放。”渔父曰:“夫圣人者,不凝滞于物而能与世推移。举世混浊,何不随其流③而扬其波?众人皆醉,何不铺其糟而啜其醨?何故怀瑾握瑜④而自令见放为?”屈原曰:“吾闻之,新沐者必弹冠,新浴者必振衣,人又谁能以身之察察,⑤受物之汶汶者乎!⑥宁赴常流⑦而葬乎江鱼腹中耳,又安能以皓皓之白而蒙世俗之温蠖乎!”⑧

①【索隐】音甫。

②【集解】离骚序曰:“三闾之职,掌王族三姓,曰昭、屈、景,序其谱属,率其贤良,以厉国士。”

③【索隐】按:楚词作“淈其泥”。

④【索隐】按:楚词此“怀瑾握瑜”作“深思高举”也。

⑤【集解】王逸曰:“己静絜。”

⑥【集解】王逸曰:“蒙垢污。” 【索隐】汶汶者,音闵。汶汶犹昏暗也。

⑦【索隐】常流犹长流也。

⑧【索隐】蠖音乌廓反。温蠖犹惛愦。楚词作“蒙世之尘埃哉”。

乃作怀沙之赋。①其辞曰:

①【索隐】按:楚词九怀曰“怀沙砾以自沉”,此其义也。

陶陶孟夏兮,草木莽莽。①伤怀永哀兮,汩徂南土。②眴兮窈窈,③孔静幽墨。④冤结纡轸兮,离愍之长鞠;⑤抚情效志兮,俛诎以自抑。

①【集解】王逸曰:"陶陶,盛阳貌。莽莽,盛茂貌。"【索隐】音姥。
　　【正义】莫古反。

②【集解】王逸曰:"汩,行貌。"【索隐】王师叔曰:"汩,行貌也。"方言曰:"谓疾行也。"

③【集解】徐广曰:"眴,眩也。"【索隐】眴音舜。徐氏云:"眴音眩。窈音乌鸟反。"

④【集解】王逸曰:"孔,甚也。墨,无声也。"【正义】孔,甚。墨,无声。言江南山高泽深,视之眴;野甚清净,叹无人声。

⑤【集解】王逸曰:"鞠,穷。纡,屈也。轸,痛也。愍,病也。"【索隐】离潘。潘,病。鞠,穷。

刓方以为圜兮,常度未替,①易初本由兮,君子所鄙。②章画职墨兮,前度未改;③内直质重兮,大人所盛。④巧匠不斲兮,孰察其揆正?玄文幽处兮,矇谓之不章;⑤离娄微睇兮,瞽以为无明。⑥变白而为黑兮,倒上以为下。⑦凤皇在笯兮,⑧鸡雉翔舞。⑨同糅玉石兮,一概而相量。⑩夫党人之鄙妒兮,羌不知吾所臧。⑪

①【集解】王逸曰:"刓,削;度,法;替,废也。言人刓削方木,欲以为圜,其常法度尚未废也。"【索隐】刓音五官反。谓刻割方木以为圜,其常法度尚未废。

②【集解】王逸曰:"由,道也。"【正义】本,常也。鄙,耻也。言人遭世不道,变易初行,违离先道,君子所鄙。

③【集解】王逸曰:"章,明也。度,法也。言工明于所画,念其绳墨,修前人之法,不易其道,则曲木直而恶木好。"【索隐】章,明也。画,计画

也。楚词"职"作"志"。志,念也。馀如注所解。

④【集解】王逸曰:"言人质性敦厚,心志正直,行无过失,则大人君子所
盛美也。"

⑤【集解】王逸曰:"玄,黑也。矇,盲者也。诗云'矇瞍奏公'。章,
明也。"

⑥【集解】王逸曰:"离娄,古明视者也。瞽,盲也。"【正义】眄,田帝
反,眲也。

⑦【索隐】音户。

⑧【集解】徐广曰:"筊,一作'郊'。"骃案:王逸曰"筊,笼落也"。
【索隐】筊音奴,又女加反。徐云一作"郊"。按:笼落谓藤萝之相
笼络。 【正义】应瑞图云:"黄帝问天老曰:'凤鸟何如?'天老曰
'鸿前而麟后,蛇颈而鱼尾,龙文而龟身,燕颔而鸡喙,首戴德,颈
揭义,背负仁,心入信,翼俟顺,足履正,尾系武,小音金,大音鼓,
延颈奋翼,五色备举。'"

⑨【索隐】楚词"雉"作"鹜"。

⑩【集解】王逸曰:"忠佞不异。"

⑪【集解】王逸曰:"莫昭我之善意。"【索隐】按:王师叔云"羌,楚人语
辞"。言卿何为也。 【正义】羌音彊。

任重载盛兮,陷滞而不济;①怀瑾握瑜兮,穷不得余所示。②邑
犬群吠兮,吠所怪也;诽骏疑桀兮,固庸态也。③文质疏内兮,众不
知吾之异采;④材朴委积兮,莫知余之所有。重仁袭义兮,谨厚以
为丰;⑤重华不可悟兮,⑥孰知余之从容! 古固有不并兮,岂知其
故也?⑦汤禹久远兮,邈不可慕也。惩违改忿兮,抑心而自强;离湣
而不迁兮,愿志之有象。⑧进路北次兮,⑨日昧昧其将暮;含忧虞哀
兮,⑩限之以大故。⑪。

①【集解】王逸曰:"言己才力盛壮,可任用重载,而身陷没沈滞,不得成

其本志也。"

②【集解】王逸曰:"示,语也。"

③【集解】王逸曰:"千人才为俊,一国高为桀也。庸,厮贱之人也。"

　【索隐】按:尹文子云"千人曰俊,万人曰桀"。今乃诽俊疑杰,固是庸人之态也。

④【集解】徐广曰:"异,一作'奥'。"骃案:王逸曰"采,文采也"。

⑤【集解】王逸曰:"重,累也。袭,及也。"

⑥【集解】王逸曰:"牾,逢也。"　【索隐】楚词"牾"作"遻",并吾故反。王师叔云"牾,逢也"。

⑦【索隐】楚词作"莫知其何故"。

⑧【集解】王逸曰:"象,法也。"

⑨【正义】北次将就。

⑩【索隐】楚词作"舒忧娱哀"。娱音虞。娱者,乐也。

⑪【集解】王逸曰:"娱,乐也。大故谓死亡也。"

　　乱曰:①浩浩沅、湘兮,②分流汩兮;③修路幽拂兮,④道远忽兮。曾唫恒悲兮,永叹慨兮。世既莫吾知兮,人心不可谓兮。⑤怀情抱质兮,独无匹兮。伯乐既殁兮,骥将焉程兮?⑥人生禀命兮,各有所错兮。⑦定心广志,馀何畏惧兮?⑧曾伤爰哀,永叹喟兮。⑨世溷不吾知,心不可谓兮。知死不可让兮,愿勿爱兮。明以告君子兮,吾将以为类兮。⑩

①【索隐】王师叔曰:"乱者,理也。所以发理辞指,撮总其要,而重理前意也。"

②【索隐】二水名。按:地理志湘水出零陵阳海山,北入江。沅即湘之后流也。

　【正义】说文云:"沅水出牂柯,东北流入江。湘水出零陵县阳海山,北入江。"按:二水皆经岳州而入大江也。

③【集解】王逸曰："汩,流也。"

④【索隐】楚词作"幽蔽"也。

⑤【集解】王逸曰："谓犹说也。" 【索隐】楚词无"曾唫"已下二十一字。

⑥【集解】王逸曰："程,量也。"

⑦【集解】王逸曰："错,安也。"

⑧【索隐】楚词"馀"并作"余"。

⑨【集解】王逸曰："喟,息也。"

⑩【集解】王逸曰："类,法也。" 【正义】按:类,例也。以为忠臣不事乱君之例。

于是怀石遂自(投)〔沈〕汩罗以死。①

①【集解】应劭曰:"汨水在罗,故曰汨罗也。" 【索隐】汨水在罗,故曰汨罗。地理志长沙有罗县,罗子之所徙。荆州记"罗县北带汨水"。汨音觅也。 【正义】故罗县城在岳州湘阴县东北六十里。春秋时罗子国,秦置长沙郡而为县也。按:县北有汨水及屈原庙。续齐谐记云:"屈原以五月五日投汨罗而死,楚人哀之,每于此日以竹筒贮米投水祭之。汉建武中,长沙区回白日忽见一人,自称三闾大夫。谓回曰:'闻君常见祭,甚善。但常年所遗,并为蛟龙所窃,今若有惠,可以练树叶塞上,以五色丝转缚之,此物蛟龙所惮。'回依其言。世人五月五日作粽,并带五色丝及练叶,皆汨罗之遗风。"

屈原既死之后,楚有宋玉、唐勒、景差①之徒者,皆好辞而以赋见称;然皆祖屈原之从容辞令,终莫敢直谏。其后楚日以削,数十年竟为秦所灭。

①【集解】徐广曰:"或作'庆'。" 【索隐】按:杨子法言及汉书古今人表皆作"景瑳",今作"差"是写省耳。凡挍、徐、裴、邹三家皆无音,是读如字也。

自屈原沈汨罗后百有馀年，汉有贾生，为长沙王太傅，过湘水，投书以吊屈原。

　　贾生名谊，①雒阳人也。年十八，以能诵诗属书闻于郡中。吴廷尉为河南守，闻其秀才，②召置门下，甚幸爱。孝文皇帝初立，闻河南守吴公③治平为天下第一，故与李斯同邑而常学事焉，乃征为廷尉。廷尉乃言贾生年少，颇通诸子百家之书。文帝召以为博士。

　　①【索隐】名义。汉书并作"谊"也。
　　②【正义】颜云："秀，美也。"应劭云："避光武讳改'茂才'也。"
　　③【索隐】按：吴，姓也。史失名，故称公。

　　是时贾生年二十馀，最为少。每诏令议下，诸老先生不能言，贾生尽为之对，人人各如其意所欲出。诸生于是乃以为能不及也。孝文帝说之，超迁，一岁中至太中大夫。
　　贾生以为汉兴至孝文二十馀年，天下和洽，而固当改正朔，易服色，法制度，定官名，兴礼乐，乃悉草具其事仪法，色尚黄，数用五，①为官名，悉更秦之法。孝文帝初即位，谦让未遑也。诸律令所更定，及列侯悉就国，其说皆自贾生发之。于是天子议以为贾生任公卿之位。绛、灌、东阳侯、冯敬之属尽害之，②乃短贾生曰："雒阳之人，年少初学，专欲擅权，纷乱诸事。"于是天子后亦疏之，不用其议，乃以贾生为长沙王太傅。

　　①【正义】汉文帝时黄龙见成纪，故改为土也。
　　②【正义】绛、灌，周勃、灌婴也。东阳侯，张相如。冯敬时为御史大夫。

　　贾生既辞往行，闻长沙卑湿，自以寿不得长，又以适去，①意不自得。及渡湘水，为赋以吊屈原。其辞曰：

①【集解】徐广曰:"適,竹革反。"韦昭曰:"谪,谴也。" 【索隐】韦昭云:"適,谴也。"字林云:"丈厄反。"

　　共承嘉惠兮,①俟罪长沙。侧闻屈原兮,自沈汨罗。造托②湘流兮,敬吊先生。遭世罔极兮,乃陨厥身。呜呼哀哉,逢时不祥!鸾凤伏窜兮,③鸱枭翱翔。阘茸尊显兮,④谗谀得志;贤圣逆曳兮,方正倒植。⑤世谓伯夷贪兮,谓盗跖廉;⑥莫邪为顿兮,⑦铅刀为铦。⑧于嗟嚜嚜兮,生之无故!⑨斡弃周鼎兮宝康瓠,⑩腾驾疲牛兮骖蹇驴,⑪骥垂两耳兮服盐车。⑫章甫荐屦兮,⑬渐不可久;⑭嗟苦先生兮,独离此咎!⑮

①【集解】张晏曰:"恭,敬也。"

②【索隐】造音七到反。

③【索隐】窜音如字,又七外反。

④【索隐】阘音天腊反。茸音而陇反。案:应劭、胡广云"阘茸不才之人,无六翮翱翔之用而反尊贵"。字林曰"阘茸,不肖之人"。

⑤【索隐】胡广云:"逆曳,不得顺随道而行也。倒植,贤不肖颠倒易位也。"

⑥【索隐】案:汉书作"随、夷溷兮跖、蹻廉",一句皆兼两人。随,卞随也。夷,伯夷也。跖,盗跖也。蹻,庄蹻也。

⑦【集解】应劭曰:"莫邪,吴大夫也,作宝剑,因以冠名。"瓒曰:"许慎曰莫邪,大戟也。" 【索隐】应劭曰:"莫邪,吴大夫也,作宝剑,因名焉。"吴越春秋曰:"吴王使干将造剑二枚,一曰干将,二曰莫邪。"莫邪、干将,剑名也。顿,钝也。

⑧【集解】徐广曰:"思廉反。"骃案:汉书音义曰"铦谓利"。 【索隐】铅者,锡也。铦,利也,音纤。言其暗惑也。

⑨【集解】应劭曰:"嚜嚜,不自得意。"瓒曰:"生谓屈原也。"

⑩【集解】如淳曰:"斡,转也。尔雅曰'康瓠谓之甊',大瓠也。"应劭曰:

"康，容也。斡音笸。笸，转也。一曰康，空也。" 【索隐】斡，转也，乌活反。尔雅云"康瓠谓之甂"。甂音丘列反。李巡云"康谓大瓠也"。康，空也。晋灼云"斡，古'管'字也"。

⑪【正义】罷音皮。

⑫【索隐】战国策曰："夫骥服盐车上太山中阪，迁延负辕不能上，伯乐下车哭之也。"

⑬【集解】应劭曰："章甫，殷冠也。"

⑭【集解】刘向别录曰："因以自谕自恨也。"

⑮【集解】应劭曰："嗟，咨嗟。苦，劳苦。言屈原遇此难也。"

讯曰：①已矣，国其莫我知，独壅郁兮②其谁语？凤漂漂其高逝③兮，夫固自缩而远去。④袭九渊之神龙兮，⑤汋⑥深潜以自珍。⑦弥融爚⑧以隐处兮，⑨夫岂从蚁与蛭螾？⑩所贵圣人之神德兮，远浊世而自藏。使骐骥可得系羁兮，岂云异夫犬羊！⑪般纷纷其离此尤兮，⑫亦夫子之辜也！⑬曆九州⑭而相君兮，何必怀此都也？凤皇翔于千仞之上兮，览德辉而下之；⑮见细德之险(微)〔征〕兮，摇增翮⑯逝而去之。⑰彼寻常之污渎兮，⑱岂能容吞舟之鱼！横江湖之鱣鲟兮，⑲固将制于蚁蝼。⑳

①【集解】李奇曰："讯，告也。"张晏曰："讯，离骚下章乱辞也。" 【索隐】谇曰。李奇曰："谇，告也，音信。"张晏曰："讯，离骚下章谇乱也。"刘伯庄音素对反。讯犹宣也，重宣其意。周成、师古音碎也。

2194

②【索隐】汉书作"壹郁"，意亦通。

③【索隐】音逝也。

④【索隐】缩，汉书作"引"也。

⑤【集解】邓展曰："袭，重也。"或曰袭，覆也，犹言察也。 【索隐】袭，复也。庄子曰"千金之珠必在九重之渊，而骊龙颔下"，故云"九渊之神龙"也。

⑥【集解】徐广曰:"亡笔反。"

⑦【集解】徐广曰:"汋,潜藏也。"【索隐】张晏曰:"汋,潜藏也。音密,又音勿也。"

⑧【集解】徐广曰:"一云'偭蠙獭'。"

⑨【集解】徐广曰:"一本云'弥蝎燏以隐处'也。"【索隐】汉书作"偭蠙獭",徐广又一本作"弥蝎燏以隐处",盖总三本不同也。案:苏林云"偭音面"。应劭云"偭,背也。蠙獭,水虫,害鱼者。以言背恶从善也"。郭璞注尔雅云"似兔,江东谓之鱼鸡"。【正义】顾野王云:"弥,远也。融,明也。燏,光也。"没深藏以自珍,弥远明光以隐处也。

⑩【集解】汉书"螳"字作"虾"。韦昭曰:"虾,虾蟆也。蛭,水虫。螾,丘螾也。"

【索隐】螳音蚁。汉书作虾。言偭然绝于蠙獭,况从虾与蛭螾也。蛭音质。螾音引也。【正义】言宁投水合神龙,岂陆葬从蚁与蛭蚓。

⑪【正义】使骐骥可得系缚羁绊,则与犬羊无异。责屈原不去浊世以藏隐。骐文如綦也。骥,千里马。

⑫【集解】苏林曰:"般音盘。"孟康曰:"般音班。"或曰盘桓不去,纷纷构谗意也。【索隐】般音班,又音盘,槃桓也。纷纷犹藉藉,构谗之意也。尤谓怨咎也。

⑬【索隐】汉书"辜"作"故"。夫子谓屈原也。李奇曰:"亦夫子不如麟凤翔逝之故,罹此咎也。"

⑭【索隐】瞫,丑知反,谓历观也。汉书作"历九州"。

⑮【索隐】案:言凤皇翔,见人君有德乃下。故礼曰"德辉动乎内"是也。

2195

⑯【集解】徐广曰:"一云'遥增击'也。"

⑰【正义】摇,动也。增,加也。言见细德之人,又有险难微起,则合加动羽翮,远逝而去之。

⑱【集解】应劭曰:"八尺曰寻,倍寻曰常。"【索隐】音乌独二音。污,潢污;渎,小渠也。

⑲【集解】如淳曰:"大鱼也。"瓚曰:"鱏鱼无鳞,口近腹下。"

⑳【索隐】庄子云庚桑楚谓弟子曰"吞舟之鱼,荡而失水,则蝼蚁能制
之"。战国策齐人说靖郭君亦同。案:以此喻小国暗主不容忠臣,而
为谗贼小臣之所见害。

贾生为长沙王太傅①三年,有鸮飞入贾生舍,止于坐隅。楚人
命鸮曰"服"。②贾生既以適居长沙,长沙卑湿,自以为寿不得长,伤
悼之,乃为赋以自广。③其辞曰:

①【索隐】为长沙傅。案:谊为傅是吴芮之玄孙产袭长沙王之时也,非景
帝之子长沙王发也。荆州记"长沙城西北隅有贾谊宅及谊石床在
矣"。 【正义】汉文帝年表云吴芮之玄孙差袭长沙王也。傅为长沙
靖王差之二年也。括地志云:"吴芮故城在潭州长沙县东南三百里。
贾谊宅在县南三十步。湘水记云'谊宅中有一井,谊所穿,极小而深,
上敛下大,其状如壶。傍有一局脚石床,容一人坐,形流古制,相承云
谊所坐'。"

②【集解】晋灼曰:"异物志有山鸮,体有文色,土俗因形名之曰服。不能
远飞,行不出域。" 【索隐】案:邓展云"似鹊而大"。晋灼云"巴蜀异
物志有鸟〔如〕小鸡,体有文色,土俗因形名之曰服。不能远飞,行不
出域"。荆州记云"巫县有鸟如雌鸡,其名为鸮,楚人谓之服"。吴录
云"服,黑色,鸣自呼"。

③【索隐】案:姚氏云"广犹宽也"。

单阏之岁兮,①四月孟夏,庚子日施兮,服集予舍,②止于
坐隅,貌甚闲暇。异物来集兮,私怪其故,发书占之兮,筴言其
度。③曰"野鸟入处兮,主人将去"。请问于服兮:④"予去何
之? 吉乎告我,凶言其菑。⑤淹数之度兮,语予其期。"⑥服乃
叹息,举首奋翼,口不能言,请对以意。⑦

①【集解】徐广曰："岁在卯曰单阏。文帝六年岁在丁卯。"【索隐】尔雅云"岁在卯曰单阏"。李巡云"单阏,起也,阳气推万物而起,故曰单阏"。孙炎本作"蝉焉"。蝉犹伸也。【正义】阏,乌葛反。

②【集解】徐广曰："施,一作'斜'。"【索隐】施音移。施犹西斜也。汉书作"斜"也。

③【索隐】汉书作"谶"。案:说文云"谶,验言也"。今此"笑"盖杂笑辞云然。【正义】发策数之书,占其度验。

④【索隐】于,於也。汉书本有作"子服"者,小颜云"子,加美辞也"。

⑤【正义】音宊。

⑥【集解】徐广曰："数,速也。"

⑦【索隐】协音膱也。【正义】协韵音忆。

　　万物变化兮,固无休息。斡流而迁兮,①或推而还。形气转续兮,变化而嬗。②沕穆无穷兮,③胡可胜言! 祸兮福所倚,④福兮祸所伏;⑤忧喜聚门兮,吉凶同域。⑥彼吴强大兮,夫差以败;越栖会稽兮,句践霸世。斯游遂成兮,卒被五刑;⑦傅说胥靡兮,⑧乃相武丁。夫祸之与福兮,何异纠纆。⑨命不可说兮,孰知其极? 水激则旱兮,矢激则远。⑩万物回薄兮,振荡相转。云蒸雨降兮,错缪相纷。大专槃物兮,⑪坱轧无垠。⑫天不可与虑兮,⑬道不可与谋。迟数有命兮,恶识其时?

①【索隐】斡音乌活反。斡,转也。

②【集解】服虔曰："嬗音如蝉,谓变蜕也。"或曰蝉蔓相连也。【索隐】韦昭云:"而,如也。如蝉之蜕化也。"苏林云:"嬗音蝉,谓其相传与也。"

③【索隐】汉书"无穷"作"无閒"。沕音密,又音昧。沕穆,深微之貌。以言其理深微,不可尽言也。【正义】沕音勿。

④【正义】于牺反,依也。

⑤【索隐】此老子之言。然"祸"字古作"旤"。案:倚者,立身也。伏,下身也。以言祸福递来,犹如倚伏也。

⑥【正义】言祸福相因,吉凶不定。

⑦【集解】韦昭曰:"斯,李斯也。"

⑧【集解】徐广曰:"腐刑也。" 【索隐】徐广云:"胥靡,腐刑也。"晋灼云:"胥,相也。靡,随也。古者相随坐轻刑之名。"墨子云"傅说衣褐带索,佣筑于傅岩"。傅岩在河东太阳县。又夏靖书云"猗氏六十里黄河西岸吴阪下,便得隐穴,是说所潜身处也"。

⑨【集解】应劭曰:"福祸相为表里,如纠缠绳索相附会也。"瓚曰:"纠,绞也。缠,索也。" 【索隐】韦昭云:"缠,徽也。"又通俗文云:"合绳曰纠。"字林云:"缠三合绳也,音墨。"纠音九。

⑩【索隐】此乃淮南子及鹖冠子文也。彼作"水激则悍"。而吕氏春秋作"疾",以言水激疾则去疾,不能浸润;矢激疾则去远也。说文"旱"与"悍"同音,以言水矢流飞,本以无碍为通利,今遇物触之,则激怒,更劲疾而远悍,犹人或因祸致福,倚伏无常也。

⑪【集解】汉书"專"字作"钧"。如淳曰:"陶者作器于钧上,此以造化为大钧。"

【索隐】汉书云"大钧播物",此"專"读曰"钧"。槃犹转也,与播义同。如淳云:"陶者作器于钧上,以造化为大钧也。"虞喜志林云:"大钧造化之神,钧陶万物,品授群形者也。"案:上邹阳传注云"陶家名模下圆转者为钧,言其能制器大小,以比之于天"。

⑫【集解】应劭曰:"其气坱轧,非有限齐也。"坱音若。央轧音若乙。

【索隐】坱圠无垠。应劭云:"其气坱圠,非有限齐也。"案:无垠谓无有际畔也。说文云"垠,圻也"。郭璞注方言云"坱圠者,不测也"。王逸注楚词云"坱圠,云雾气昧也"。 【正义】坱,乌郎反。圠,於点反。

⑬【索隐】与音预也。

且夫天地为炉兮,造化为工;①阴阳为炭兮,万物为铜。②合散消息兮,安有常则;③千变万化兮,未始有极。④忽然为人兮,何足控抟;⑤化为异物兮,⑥又何足患!⑦小知自私兮,贱彼贵我;⑧通人大观兮,物无不可。⑨贪夫徇财兮,烈士徇名;⑩夸者死权兮,⑪品庶冯生。⑫怵迫之徒兮,或趋西东;⑬大人不曲兮,⑭亿变齐同。拘士系俗兮,攌如囚拘;⑮至人遗物兮,独与道俱。⑯众人或或兮,好恶积意;⑰真人淡漠兮,独与道息。⑱释知遗形兮,超然自丧;⑲寥廓忽荒兮,与道翱翔。乘流则逝兮,得坻则止;⑳纵躯委命兮,不私与己。其生若浮兮,其死若休;㉑澹乎若深渊之静,氾乎若不系之舟。㉒不以生故自宝兮,㉓养空而浮;㉔德人无累兮,㉕知命不忧。细故蒂芥兮,何足以疑!㉖

①【索隐】此庄子文。

②【索隐】既以陶冶喻造化,故以阴阳为炭,万物为铜也。

③【索隐】庄子云:"人之生也,气之聚也,聚则为生,散则为死。"

④【索隐】庄子云:"人之形千变万化,未始有极。"

⑤【集解】如淳曰:"控,引也。控抟,玩弄爱生之意也。"【索隐】按:控,引也。抟音徒端反。控抟谓引持而自玩弄,贵生之意也。又本作"控揣"。揣音初委反,又音丁果反。揣者,量也。故晋灼云"或然为人,言此生甚轻耳,何足引物量度己年命之长短而爱惜乎"!

⑥【索隐】谓死而形化为鬼,是为异物也。

⑦【索隐】协音环。

⑧【索隐】庄子云"以物观之,自贵而相贱"是也。

⑨【索隐】庄子云"物固有所然,物固有所可,无物不然,无物不可"也。

⑩【集解】应劭曰:"徇,营也。"瓒曰:"以身从物曰徇。"【索隐】此语亦出庄子。臣瓒云"亡身从物谓之殉"也。

2199

⑪【集解】应劭曰:"夸,毗也。好营死于权利。"瓒曰:"夸,泰也。庄子曰'权势不尤,则夸者不悲'也。"【索隐】言好夸毗者死于权利,是言贪权势以自矜夸者,至死不休也。按:犍为舍人注尔雅云"夸毗,卑身屈己也"。曹大家云"体柔人之夸毗也"。尤,甚也。言势不甚用,则夸毗者可悲也。

⑫【集解】孟康曰:"冯,贪也。"【索隐】汉书作"每生",音谋在反。孟康云"每者,贪也"。服虔云"每,念生也"。邹诞本亦作"每",言唯念生而已。今此作"冯",冯亦持念之意也。然案方言"每"字合从手旁,每音莫改反也。【正义】冯音凭。

⑬【集解】孟康曰:"忕,为利所诱忕也。迫,迫贫贱,东西趋利也。"【索隐】汉书亦有作"私东"。应劭云:"仕诸侯为私。时天子居长安,诸王悉在关东,群小忕然,内迫私家,乐仕诸侯,故云'忕迫私东'也。"李奇曰:"'私'多作'西'者,言东西趋利也。"忕音黜。又言忕者,诱也。

⑭【索隐】张机云:"德无不包,灵府弘旷,故名'大人'也。"

⑮【集解】徐广曰:"捆音华板反,又音脘。"【索隐】捆音和板反。说文云"捆,大木栅也"。汉书作"㯱",音去陨反。

⑯【索隐】庄子云:"古之至人先存诸己,后存诸人。"张机云:"体尽于圣,德美之极,谓之至人。"

⑰【集解】李奇曰:"或或,东西也。所好所恶,积之万亿也。"瓒曰:"言众怀抱好恶,积之心意。"【正义】按:意,合韵音忆。

⑱【索隐】庄子云:"古之真人,不知悦生,不知恶死,不以心捐道,不以人助天。"吕氏春秋曰:"精气日新,邪气尽去,反其天年,谓之真人也。"

⑲【集解】服虔曰:"绝圣弃知而忘其身也。"【索隐】按:释智谓绝圣弃智也。遗形者,"形故可使如槁木"是也。自丧者,谓"心若死灰"也。庄周云"今者吾丧我,汝知之乎"?

⑳【集解】徐广曰:"坻,一作'坎'。"骃案:张晏曰"坻,水中小洲也"。

【索隐】汉书"坻"作"坎"。按:周易坎"九二,有险",言君子见险则止。

㉑【索隐】庄子云"劳我以生,休我以死"也。

㉒【索隐】出庄子也。

㉓【索隐】邓展云:"自宝,自贵也。"

㉔【集解】汉书音义曰:"如身之空也。"【索隐】言体道之人,但养空性而心若浮舟也。

㉕【索隐】按:德人谓上德之人,心中无物累,是得道之士也。

㉖【集解】韦昭曰:"憖音士介反。"【索隐】蒂音介。汉书作"介"。张楫云:"遰介,鲠刺也。以言细微事故不足遰介我心,故云'何足以疑'也。"【正义】憖,忍迈反。蒂,加迈反。

后岁馀,贾生征见。孝文帝方受釐,①坐宣室。②上因感鬼神事,而问鬼神之本。贾生因具道所以然之状。至夜半,文帝前席。既罢,曰:"吾久不见贾生,自以为过之,今不及也。"居顷之,拜贾生为梁怀王太傅。③梁怀王,文帝之少子,爱,而好书,故令贾生傅之。

①【集解】徐广曰:"祭祀福胙也。"骃案:如淳曰"汉唯祭天地五畤,皇帝不自行,祠还致福"。釐音僖。

②【集解】苏林曰:"未央前正室。"【索隐】三辅故事云:"宣室在未央殿北。"应劭云:"釐,祭馀肉也。音僖。"

③【索隐】梁怀王名揖,文帝子。

文帝复封淮南厉王子四人皆为列侯。贾生谏,以为患之兴自此起矣。贾生数上疏,言诸侯或连数郡,非古之制,可稍削之。文帝不听。

居数年,怀王骑,堕马而死,①无后。贾生自伤为傅无状,哭泣岁馀,亦死。贾生之死时年三十三矣。及孝文崩,孝武皇帝立,举贾生之孙二人至郡守,而贾嘉最好学,世其家,与余通书。至孝昭时,列为九卿。

①【集解】徐广曰:"文帝十一年。"

太史公曰:余读离骚、天问、招魂、哀郢,悲其志。适长沙,观屈原所自沈渊,①未尝不垂涕,想见其为人。及见贾生吊之,又怪屈原以彼其材,游诸侯,何国不容,而自令若是。读服鸟赋,同死生,轻去就,又爽②然自失矣。

①【索隐】按:荆州记云"长沙罗县,北带汨水。去县四十里是原自沈处,北岸有庙也"。

②【集解】徐广曰:"一本作'奭'。"

【索隐述赞】屈平行正,以事怀王。瑾瑜比洁,日月争光。忠而见放,谗者益章。赋骚见志,怀沙自伤。百年之后,空悲吊湘。

史 记 卷 八 十 五

吕不韦列传第二十五

吕不韦者,阳翟①大贾②人也。往来贩贱卖贵,③家累千金。

①【索隐】音狄,俗又音宅。地理志县名,属颍川。按:战国策以不韦为
濮阳人,又记其事迹亦多,与此传不同。班固虽云太史公采战国策,
然为此传当别有所闻见,故不全依彼说。或者刘向定战国策时,以己
异闻改彼书,遂令不与史记合也。　【正义】阳翟,今河南府县。

②【索隐】音古。郑玄注周礼云"行曰商,处曰贾"。

③【集解】徐广曰:"一本云'阳翟大贾也,往来贱买贵卖'也。"　【索隐】
王劭卖音作育。案:育卖义同,今依义。

2203

秦昭王四十年,太子死。其四十二年,以其次子安国君①为太
子。安国君有子二十馀人。安国君有所甚爱姬,立以为正夫人,号
曰华阳夫人。华阳夫人无子。安国君中男名子楚,②子楚母曰夏
姬,毋爱。子楚为秦质③子于赵。秦数攻赵,赵不甚礼子楚。

①【索隐】名柱，后立，是为孝文王也。

②【索隐】即庄襄王也。战国策曰本名异人，后从赵还，不韦使以楚服
见，王后悦之，曰"吾楚人也而子字之"，乃变其名曰子楚也。

③【索隐】旧音致，今读依此。穀梁传曰"交质不及二伯"。左传曰"信
不由中，质无益也"。

子楚，秦诸庶孽孙，①质于诸侯，车乘进用②不饶，居处困，不
得意。吕不韦贾邯郸，见而怜之，曰"此奇货可居"。③乃往见子楚，
说曰："吾能大子之门。"子楚笑曰："且自大君之门，而乃大吾门！"
吕不韦曰："子不知也，吾门待子门而大。"子楚心知所谓，乃引与
坐，深语。④吕不韦曰："秦王老矣，安国君得为太子。窃闻安国君
爱幸华阳夫人，华阳夫人无子，能立適嗣者⑤独华阳夫人耳。今子
兄弟二十餘人，子又居中，不甚见幸，久质诸侯。即大王薨，安国君
立为王，则子毋幾得与长子⑥及诸子旦暮在前者争为太子矣。"子
楚曰："然。为之奈何？"吕不韦曰："子贫，客于此，非有以奉献于
亲及结宾客也。不韦虽贫，请以千金为子西游，事安国君及华阳夫
人，立子为適嗣。"子楚乃顿首曰："必如君策，请得分秦国与君
共之。"

①【索隐】韩王信传亦曰"韩信，襄王孽孙"。张晏曰"孽子曰孽子"。何
休注公羊"孽，贱子也。以非嫡正，故曰孽"。

②【索隐】按：下文云"以五百金为进用"，宜依小颜读为"賥"，音才刃
反。进者，财也，古字假借之也。

③【集解】以子楚方财货也。　【正义】战国策云："濮阳人吕不韦贾邯
郸，见秦质子异人，谓其父曰：'耕田之利几倍？'曰：'十倍。''珠玉之
赢几倍？'曰：'百倍。''立主定国之赢几倍？'曰：'无数。'不韦曰：'今
力田疾作，不得煖衣饱食；今定国立君，泽可遗后世，愿往事之。'秦子

异人质于赵,处于廓城,故往说之。乃说秦王后弟阳泉君曰:'君之罪至死,君知之乎? 君门下无不居高官尊位,太子门下无贵者,而骏马盈外厩,美女充后庭。王之春秋高矣,一日山陵崩,太子用事,君危于累卵,而不寿于朝生。今有计可以使君富千万,宁于太山,必无危亡之患矣。'阳泉曰:'请闻其说。'不韦曰:'王年高矣,王后无子。子傒有承国之业,士仓又辅之。王一日山陵崩,子傒立,士仓用事,王后之门必生蓬蒿。子楚异人,贤材也,弃在于赵,无母,引领西望,欲一得归。王后诚请而立之,是异人无国有国,王后无子有子。'阳泉曰:'诺。'入说王后,为请于赵而归之。"

④【索隐】谓既解不韦所言之意,遂与密谋深语也。

⑤【正义】适音嫡。

⑥【索隐】毋音无。几音冀。几,望也。左传曰"日月以几"。战国策曰"子傒承国之业"。高诱注云"子傒,秦太子异人之异母兄弟也"。

【正义】言子楚无望得为太子。

吕不韦乃以五百金与子楚,为进用,结宾客;而复以五百金买奇物玩好,自奉而西游秦,求见华阳夫人姊,而皆以其物献华阳夫人。因言子楚贤智,结诸侯宾客遍天下,常曰"楚也以夫人为天,日夜泣思太子及夫人"。夫人大喜。不韦因使其姊说夫人①曰:"吾闻之,以色事人者,色衰而爱弛。今夫人事太子,甚爱而无子,不以此时蚤自结于诸子中贤孝者,举立以为适而子之,②夫在则重尊,夫百岁之后,所子者为王,终不失势,此所谓一言而万世之利也。不以繁华时树本,即色衰爱弛后,虽欲开一语,尚可得乎? 今子楚贤,而自知中男也,次不得为适,其母又不得幸,自附夫人,夫人诚以此时拔以为适,夫人则竟世有宠于秦矣。"华阳夫人以为然,承太子间,从容③言子楚质于赵者绝贤,来往者皆称誉之。乃因涕泣曰:"妾幸得充后宫,不幸无子,愿得子楚立以为適嗣,以托妾身。"
安国君许之,乃与夫人刻玉符,约以为適嗣。安国君及夫人因厚馈
遗子楚,而请吕不韦傅之,子楚以此名誉益盛于诸侯。

①【索隐】战国策作"说秦王后弟阳泉君"也。

②【索隐】以此为一句。子谓养之为子也。然欲分"立以为適"作上句,
而"子之夫在则尊重"作下句,意亦通。

③【索隐】間音闲。从音七恭反。

吕不韦取邯郸诸姬绝好善舞①者与居,知有身。子楚从不韦
饮,见而说之,因起为寿,请之。吕不韦怒,念业已破家为子楚,欲
以钓奇,②乃遂献其姬。姬自匿有身,至大期时,③生子政。子楚
遂立姬为夫人。

①【索隐】言其姿容绝美而又善舞也。

②【索隐】钓者,以取鱼喻也。奇即上云"此奇货可居"也。

③【集解】徐广曰:"期,十二月也。"【索隐】徐广云"十二月也"。谯周
云"人十月生,此过二月,故云'大期'",盖当然也。既云自匿有娠,则
生政固当逾常期也。

秦昭王五十年,使王齮围邯郸,急,赵欲杀子楚。子楚与吕不
韦谋,行金六百斤予守者吏,得脱,亡赴秦军,遂以得归。赵欲杀子
楚妻子,子楚夫人赵豪家女也,得匿,以故母子竟得活。秦昭王五
十六年,薨,太子安国君立为王,华阳夫人为王后,子楚为太子。赵
亦奉子楚夫人及子政归秦。

秦王立一年,薨,谥为孝文王。太子子楚代立,是为庄襄王。
庄襄王所母①华阳后为华阳太后,真母夏姬尊以为夏太后。庄襄
王元年,以吕不韦为丞相,②封为文信侯,食河南雒阳③十万户。

①【索隐】刘氏本作"所生母","生"衍字也。今检诸本并无"生"字。

②【索隐】下文"尊为相国"。案：百官表曰"皆秦官，金印紫绶，掌承天
　子助理万机。秦置左右，高帝置一，后又更名相国，哀帝时更名大司
　徒"。

③【索隐】战国策曰"食蓝田十二县"。而秦本纪庄襄王元年初置三川
　郡，地理志高祖更名河南。此秦代而曰"河南"者，史记后作，据汉郡
　而言之耳。

庄襄王即位三年，薨，太子政立为王，①尊吕不韦为相国，号称
"仲父"。②秦王年少，太后时时窃私通吕不韦。不韦家僮万人。

①【集解】徐广曰："时年十三。"

②【正义】仲，中也，次父也。盖效齐桓公以管仲为仲父。

当是时，魏有信陵君，①楚有春申君，赵有平原君，齐有孟尝
君，②皆下士喜宾客以相倾。吕不韦以秦之强，羞不如，亦招致士，
厚遇之，至食客三千人。是时诸侯多辩士，如荀卿之徒，著书布天
下。吕不韦乃使其客人人著所闻，集论以为八览、六论、十二纪，二
十余万言。③以为备天地万物古今之事，号曰吕氏春秋。布咸阳④
市门，悬千金其上，延诸侯游士宾客有能增损一字者予千金。

①【正义】年表云秦昭王五十六年，平原君卒；始皇四年，信陵君死；始皇
　九年，李园杀春申君。孟尝君当秦昭王二十四年巳后而卒，最早。

②【索隐】按：王劭云"孟尝、春申死已久"。据表及传，孟尝、平原死稍在
　前。信陵将五国兵攻秦河外，正当在庄襄王时，不韦已为相。又春申
　与不韦并时，各相向十余年，不得言死之久矣。

③【索隐】八览者，有始、孝行、慎大、先识、审分、审应、离俗、时君也。六
　论者，开春、慎行、贵直、不苟、以顺、士容也。十二纪者，记十二月也，
　其书有孟春等纪。二十余万言，二十六卷也。

④【索隐】地理志右扶风渭城县，故咸阳，高帝更名新城，景帝更名渭城。

案:咸训皆,其地在渭水之北,北阪之南,水北曰阳,山南亦曰阳,皆在
二者之阳也。

始皇帝益壮,太后淫不止。吕不韦恐觉祸及己,乃私求大阴人
嫪毐以为舍人,时纵倡乐,使毐以其阴关桐轮而行,①令太后闻之,
以啗太后。太后闻,果欲私得之。吕不韦乃进嫪毐,诈令人以腐
罪②告之。不韦又阴谓太后曰:"可事诈腐,则得给事中。"太后乃
阴厚赐主腐者吏,诈论之,拔其须眉为宦者,遂得侍太后。太后私
与通,绝爱之。有身,太后恐人知之,诈卜当避时,徙宫居雍。③嫪
毐常从,赏赐甚厚,事皆决于嫪毐。嫪毐家童数千人,诸客求宦为
嫪毐舍人千馀人。

①【正义】以桐木为小车轮。

②【正义】腐音辅,谓宫刑腐靡也。

③【正义】雍故城在岐雍县南七里,有秦都大郑宫。

始皇七年,庄襄王母夏太后薨。孝文王后曰华阳太后,与孝文
王会葬寿陵。①夏太后子庄襄王葬芷阳,②故夏太后独别葬杜东,③
曰"东望吾子,西望吾夫。后百年,旁当有万家邑"。④

①【正义】秦孝文王陵在雍州万年县东北二十五里。

②【索隐】芷音止。地理志京兆霸陵县故芷阳。案:在长安东也。
　【正义】秦庄襄陵在雍州新丰县西南三十五里。始皇在北,故俗亦谓
　之"见子陵"。

③【索隐】杜原之东也。　【正义】夏太后陵在万年县东南二十五里。

④【索隐】按:宣帝元康元年起杜陵。汉旧仪武、昭、宣三陵皆三万户,计
　去此一百六十馀年也。

始皇九年,有告嫪毐实非宦者,常与太后私乱,生子二人,皆匿
之。与太后谋曰"王即薨,以子为后"。①于是秦王下吏治,具得情

实,事连相国吕不韦。九月,夷嫪毐三族,杀太后所生两子,而遂迁太后于雍。②诸嫪毐舍人皆没其家而迁之蜀。③王欲诛相国,为其奉先王功大,及宾客辩士为游说者众,王不忍致法。

①【集解】说苑曰:"毐与侍中左右贵臣博弈饮酒,醉,争言而斗,瞋目大叱曰:'吾乃皇帝假父也,窭人子何敢乃与我亢!'所与斗者走,行白始皇。"

【索隐】刘氏窭音其矩反。今俗本多作"屡"字,盖相承错耳,不近词义。今按:说苑作"窭子",言轻诸侍中,以为穷窭家之子也。

②【索隐】按:说苑云迁太后棫阳宫。地理志雍县有棫阳宫,秦昭王所起也。

③【索隐】家谓家产资物,并没入官,人口则迁之蜀也。

秦王十年十月,免相国吕不韦。及齐人茅焦说秦王,秦王乃迎太后于雍,归复咸阳,①而出文信侯就国河南。

①【集解】徐广曰:"入南宫。"

岁馀,诸侯宾客使者相望于道,请文信侯。秦王恐其为变,乃赐文信侯书曰:"君何功于秦?秦封君河南,食十万户。君何亲于秦?号称仲父。其与家属徙处蜀!"吕不韦自度稍侵,恐诛,乃饮酖而死。①秦王所加怒吕不韦、嫪毐皆已死,乃皆复归嫪毐舍人迁蜀者。

①【集解】徐广曰:"十二年。"骃案:皇览曰"吕不韦冢在河南洛阳北邙道西大冢是也。民传言吕母冢。不韦妻先葬,故其冢名'吕母'也"。

始皇十九年,太后薨,谥为帝太后,①与庄襄王会葬茝阳。②

①【索隐】王劭云"秦不用谥法,此盖号耳",其义亦当然也。始皇称皇帝之后,故其母号为帝太后,岂谓谥列生时之行乎!

②【集解】徐广曰:"一作'芷阳'。"

太史公曰：不韦及嫪毐贵，封号文信侯。^①人之告嫪毐，毐闻之。秦王验左右，未发。上之雍郊，毐恐祸起，乃与党谋，矫太后玺发卒以反蕲年宫。^②发吏攻毐，毐败亡走，追斩之好畤，^③遂灭其宗。而吕不韦由此绌矣。孔子之所谓"闻"者，其吕子乎？^④

①【索隐】按：文信侯，不韦封也。嫪毐封长信侯。上文已言不韦封，此赞中言嫪毐得宠贵由不韦耳，今此合作"长信侯"也。

②【正义】蕲年宫在岐州城西故城内。

③【索隐】地理志扶风有好畤县也。

④【集解】论语曰："夫闻也者，色取仁而行违，居之不疑，在邦必闻，在家必闻。"马融曰："此言佞人也。"

【索隐述赞】不韦钓奇，委质子楚。华阳立嗣，邯郸献女。及封河南，乃号仲父。徙蜀惩谤，悬金作语。筹策既成，富贵斯取。

史 记 卷 八 十 六

刺客列传第二十六

　　曹沫者,鲁人也,①以勇力事鲁庄公。庄公好力。曹沫为鲁将,与齐战,三败北。鲁庄公惧,乃献遂邑之地以和。②犹复以为将。

　　①【索隐】沫音亡葛反。左传、榖梁并作"曹刿",然则沫宜音刿,沫刿声
　　　相近而字异耳。此作"曹沫",事约公羊为说,然彼无其名,直云"曹
　　　子"而已。且左传鲁庄十年,战于长勺,用曹刿谋败齐,而无劫桓公之
　　　事。十三年盟于柯,公羊始论曹子。榖梁此年惟云"曹刿之盟,信齐
　　　侯也",又记不具行事之时。

　　②【索隐】左传"齐人灭遂",杜预云"遂国在济北蛇丘县东北也。"
　　　【正义】故城在兖州龚丘县西北七十六里也。

　　齐桓公许与鲁会于柯而盟。①桓公与庄公既盟于坛上,曹沫执匕首劫齐桓公,②桓公左右莫敢动,而问曰:"子将何欲?"③曹沫

曰:"齐强鲁弱,而大国侵鲁亦甚矣。今鲁城坏即压齐境,④君其图之。"桓公乃许尽归鲁之侵地。既已言,曹沬投其匕首,下坛,北面就群臣之位,颜色不变,辞令如故。桓公怒,欲倍其约。⑤管仲曰:"不可。夫贪小利以自快,弃信于诸侯,失天下之援,不如与之。"于是桓公乃遂割鲁侵地,曹沬三战所亡地尽复予鲁。

①【索隐】杜预云:"济北东阿,齐之柯邑,犹祝柯今为祝阿也。"

②【索隐】匕音比。刘氏云"短剑也。"盐铁论以为长尺八寸,其头类匕,故云"匕首"也。

③【索隐】公羊传曰:"管子进曰:'君何求?'"何休注云:"桓公卒不能应,管仲进为言之也。"

④【索隐】齐鲁邻接,今齐数侵鲁,鲁之城坏,即压近齐之境也。

⑤【索隐】倍音佩也。

其后百六十有七年而吴有专诸之事。①

①【索隐】"专"字亦作"剸",音同。左传作"鱄设诸"。

专诸者,吴堂邑人也。①伍子胥之亡楚而如吴也,知专诸之能。伍子胥既见吴王僚,说以伐楚之利。吴公子光曰:"彼伍员父兄皆死于楚而员言伐楚,欲自为报私仇也,非能为吴。"吴王乃止。伍子胥知公子光之欲杀吴王僚,乃曰:"彼光将有内志,未可说以外事。"②乃进专诸于公子光。

①【索隐】地理志临淮有堂邑县。

②【索隐】言其将有内难弑君之志,且对外事生文。吴世家曰"知光有他志"。

光之父曰吴王诸樊。诸樊弟三人:次曰馀祭,①次曰夷眛,②次曰季子札。诸樊知季子札贤而不立太子,以次传三弟,欲卒致国于<u>季子札</u>。<u>诸樊</u>既死,传<u>馀祭</u>。^①<u>馀祭</u>死,传<u>夷眜</u>。<u>夷眜</u>死,当传<u>季子札</u>;<u>季子札</u>逃不肯立,<u>吴</u>人乃立<u>夷眜</u>之子<u>僚</u>为王。<u>公子光</u>曰:"使以兄弟次邪,<u>季子</u>当立;必以子乎,则<u>光</u>真適嗣,当立。"故尝阴养谋臣以求立。

①【索隐】祭音侧界反。

②【索隐】亡葛反。<u>公羊</u>作"馀末"。

<u>光</u>既得<u>专诸</u>,善客待之。九年而<u>楚平王</u>死。^①春,<u>吴</u>王<u>僚</u>欲因<u>楚</u>丧,使其二弟<u>公子盖馀</u>、<u>属庸</u>^②将兵围<u>楚</u>之<u>灊</u>;^③使<u>延陵季子</u>于<u>晋</u>,以观诸侯之变。<u>楚</u>发兵绝<u>吴</u>将<u>盖馀</u>、<u>属庸</u>路,<u>吴</u>兵不得还。于是<u>公子光</u>谓<u>专诸</u>曰:"此时不可失,不求何获! 且<u>光</u>真王嗣,当立,<u>季子</u>虽来,不吾废也。"<u>专诸</u>曰:"<u>王僚</u>可杀也。母老子弱,而两弟将兵伐<u>楚</u>,<u>楚</u>绝其后。方今<u>吴</u>外困于<u>楚</u>,而内空无骨鲠之臣,是无如我何。"^④<u>公子光</u>顿首曰:"<u>光</u>之身,子之身也。"

①【索隐】<u>春秋</u>昭二十六年"<u>楚</u>子居卒"是也。<u>吴世家</u>云"十二年",此云"九年",并误。据表及<u>左</u>传合在<u>僚</u>之十一年也。

②【索隐】属音烛。二子,<u>僚</u>之弟也。<u>左</u>传作<u>掩馀</u>、<u>属庸</u>。掩盖义同,属烛字相乱耳。

③【索隐】事在<u>鲁</u>昭二十七年。<u>地理志庐江</u>有<u>灊</u>县,天柱山在南。音潜,<u>杜预左</u>传注云"<u>灊</u>,<u>楚</u>邑,在<u>庐江六</u>县西南也"。 【正义】<u>灊</u>故城在<u>寿州霍山</u>县东二百步。

④【索隐】<u>左</u>传直云"王可杀也,母老子弱,是无若我何"。则是<u>专设诸</u>度<u>僚</u>可杀,言其少援救,故云"无奈我何"。<u>太史公</u>采其意,且据上文,因复加以两弟将兵外困之辞。而<u>服虔</u>、<u>杜预</u>见<u>左</u>氏下文云"我尔身也","以其子为卿",遂强解"是无如我何"犹言"我无若是,谓<u>专诸</u>欲以老弱托<u>光</u>",义非允惬。<u>王肃</u>之说,亦依史记也。

四月丙子，①光伏甲士②于窟室中，③而具酒请王僚。王僚使
兵陈自宫至光之家，门户阶陛左右，皆王僚之亲戚也。夹立侍，皆
持长铍。④酒既酣，公子光详为⑤足疾，入窟室中，使专诸置匕首鱼
炙之腹中⑥而进之。既至王前，专诸擘鱼，因以匕首刺⑦王僚，王
僚立死。左右亦杀专诸，王人扰乱，公子光出其伏甲以攻王僚之
徒，尽灭之，遂自立为王，是为阖闾。阖闾乃封专诸之子以为上卿。

①【索隐】注僚之十二年夏也，吴系家以为十三年，非也。左氏经传唯言
"夏四月"，公羊、谷梁无传，经更与左氏、吴系家同。此传称"丙子"，
当有所据，不知出何书。

②【索隐】左传曰"伏甲"，谓甲士也。下文云"出其伏甲以攻王"。

③【集解】徐广曰："窟，一作'空'。"

④【集解】音披。　【索隐】音披，兵器也。刘逵吴都赋注"铍，两刃
小刀"。

⑤【索隐】上音阳，下如字。左传曰"光伪足疾"，此云"详"，详即伪也。
或读此"为"字音伪，非也。岂详伪重言耶？

⑥【集解】徐广曰："炙，一作'炮'。"　【正义】炙，者夜反。

⑦【索隐】刺音七赐反。

其后七十馀年而晋有豫让之事。①

①【集解】徐广曰："阖闾元年至三晋灭智伯六十二年。豫让一
作'襄'。"

豫让者，晋人也，①故尝事范氏及中行氏，而无所知名。②去而
事智伯，③智伯甚尊宠之。及智伯伐赵襄子，赵襄子与韩、魏合谋
灭智伯，灭智伯之后而三分其地。赵襄子最怨智伯，④漆其头以为
饮器。⑤豫让遁逃山中，曰："嗟乎！士为知己者死，女为说己者容。

今智伯知我,我必为报仇而死,以报智伯,则吾魂魄不愧矣。"乃变名姓为刑人,入宫涂厕,中挟匕首,欲以刺襄子。襄子如厕,心动,执问涂厕之刑人,则豫让,内持刀兵,曰:"欲为智伯报仇!"左右欲诛之。襄子曰:"彼义人也,吾谨避之耳。且智伯亡无后,而其臣欲为报仇,此天下之贤人也。"卒醳去之。⑥

① 【索隐】案:此传所说,皆约战国策文。

② 【索隐】案:左传范氏谓昭子吉射也。自士会食邑于范,后因以邑为氏。中行氏,中行文子荀寅也。自荀林父将中行后,因以官为氏。

③ 【索隐】案:智伯,襄子荀瑶也。襄子,林父弟荀首之后,范、中行、智伯事已具赵系家。

④ 【索隐】谓初则醉以酒,后又率韩、魏水灌晋阳,城不没者三板,故怨深也。

⑤ 【索隐】案:大宛传曰"匈奴破月氏王,以其头为饮器"。裴氏注彼引韦昭云"饮器,椑榼也"。晋灼曰"饮器,虎子也"。皆非。椑榼所以盛酒耳,非用饮者。晋氏以为衺器者,以韩子、吕氏春秋并云襄子漆智伯头为溲杆,故云。 【正义】刘云:"酒器也,每宾会设之,示恨深也。"按:诸先儒说恐非。

⑥ 【索隐】卒,足律反。醳音释,字亦作"释"。

居顷之,豫让又漆身为厉,①吞炭为哑,②使形状不可知,行乞于市。其妻不识也。行见其友,其友识之,曰:"汝非豫让邪?"曰:"我是也。"其友为泣曰:"以子之才,委质而臣事襄子,襄子必近幸子。近幸子,乃为所欲,③顾不易邪?④何乃残身苦形,欲以求报襄子,不亦难乎!"豫让曰:"既已委质臣事人,而求杀之,是怀二心以事其君也。且吾所为者⑤极难耳!然所以为此者,将以愧天下后世之为人臣怀二心以事其君者也。"⑥

①【集解】音赖。　【索隐】疠音赖。赖,恶疮病也。凡漆有毒,近之多患疮肿,若赖病然,故豫让以漆涂身,令其若癞耳。然疠赖声相近,古多假"厉"为"赖",今之"癞"字从"疒",故楚有赖乡,亦作"厉"字,战国策说此亦作"厉"字。

②【索隐】哑音乌雅反。谓瘖病。战国策云:"漆身为厉,灭须去眉,以变其容,为乞食人。其妻曰:'状貌不似吾夫,何其音之甚相类也?'让遂吞炭以变其音也。"

③【索隐】谓因得杀襄子。

④【索隐】顾,反也。耶,不定之辞。反不易耶,言其易也。

⑤【索隐】刘氏云:"谓今为疠哑也。"

⑥【索隐】言宁为厉而自刑,不可求事襄子而行杀,则恐伤人臣之义而近贼,非忠也。

　　既去,顷之,襄子当出,豫让伏于所当过之桥下。①襄子至桥,马惊,襄子曰:"此必是豫让也。"使人问之,果豫让也。于是襄子乃数豫让曰:"子不尝事范、中行氏乎?智伯尽灭之,而子不为报仇,而反委质臣于智伯。智伯亦已死矣,而子独何以为之报仇之深也?"豫让曰:"臣事范、中行氏,范、中行氏皆众人遇我,我故众人报之。至于智伯,国士遇我,我故国士报之。"襄子喟然叹息而泣曰:"嗟乎豫子!子之为智伯,名既成矣,而寡人赦子,亦已足矣。子其自为计,寡人不复释子!"使兵围之。豫让曰:"臣闻明主不掩人之美,而忠臣有死名之义,前君已宽赦臣,天下莫不称君之贤。今日之事,臣固伏诛,然愿请君之衣而击之,焉以致报仇之意,则虽死不恨。非所敢望也,敢布腹心!"于是襄子大义之,乃使使持衣与豫让。豫让拔剑三跃而击之,②曰:"吾可以下报智伯矣!"遂伏剑自杀。死之日,赵国志士闻之,皆为涕泣。

①【正义】汾桥下架水,在并州晋阳县东一里。

②【索隐】战国策曰:"衣尽出血。襄子回车,车轮未周而亡。"此不言衣
　　出血者,太史公恐涉怪妄,故略之耳。

其后四十馀年而轵有聂政之事。①

①【集解】自三晋灭智伯至杀侠累,五十七年。

聂政者,轵深井里人也。①杀人避仇,与母、姊如齐,以屠为事。

①【索隐】地理志河内有轵县。深井,轵县之里名也。　【正义】在怀州
　　济源县南三十里。

久之,濮阳严仲子①事韩哀侯,②与韩相侠累③有郤。④严仲子
恐诛,亡去,游求人可以报侠累者。至齐,齐人或言聂政勇敢士也,
避仇隐于屠者之间。严仲子至门请,数反,然后具酒自畅⑤聂政母
前。酒酣,严仲子奉黄金百溢,前为聂政母寿。聂政惊怪其厚,固
谢严仲子。严仲子固进,而聂政谢曰:"臣幸有老母,家贫,客游以
为狗屠,可以旦夕得甘毳⑥以养亲。亲供养备,不敢当仲子之赐。"
严仲子辟人,因为聂政言曰:"臣有仇,而行游诸侯众矣;然至齐,窃
闻足下义甚高,故进百金者,将用为大人粗粝之费,⑦得以交足下之
欢,岂敢以有求望邪!"聂政曰:"臣所以降志辱身⑧居市井屠者,徒
幸以养老母;老母在,政身未敢以许人也。"⑨严仲子固让,聂政竟不
肯受也。然严仲子卒备宾主之礼而去。

①【索隐】高诱曰:"严遂,字仲子。"

②【索隐】案:表聂政杀侠累在列侯三年。列侯生文侯,文侯生哀侯,凡
　　更三代,哀侯六年为韩严所杀。今言仲子事哀侯,恐非其实。且太史
　　公闻疑传疑,事难旳据,欲使两存,故表、传各异。

③【索隐】上古夹反，下力追反。案：战国策侠累名傀也。

④【索隐】战国策云："韩傀相韩，严遂重于君，二人相害也。严遂举韩傀之过，韩傀叱之于朝，严遂拔剑趋之，以救解。"是有郤之由也。

⑤【集解】徐广曰："一作'赐'。"【索隐】徐氏云一作"赐"。案：战国策作"觞"，近为得也。【正义】数，色吏反。

⑥【集解】此芮反。【索隐】邹氏音脆，二义相通也。

⑦【正义】粝犹粗米也，脱粟也。韦昭云："古者名男子为丈夫，尊妇妪为大人。汉书宣元六王传'王遇大人益解，为大人乞骸去'。按大人，宪王外祖母。古诗云'三日断五疋，大人故言迟'是也。"

⑧【索隐】言其心志与身本应高絜，今乃卑下其志，屈辱其身。论语孔子谓"柳下惠降志辱身"是也。

⑨【索隐】礼记曰："父母存，不许友以死。"

久之，聂政母死，既已葬，除服，聂政曰："嗟乎！政乃市井之人，①鼓刀以屠，而严仲子乃诸侯之卿相也，不远千里，枉车骑而交臣。臣之所以待之，至浅鲜矣，未有大功可以称者，而严仲子奉百金为亲寿，我虽不受，然是者徒深知政也。夫贤者以感忿睚眦之意而亲信穷僻之人，而政独安得嘿然而已乎！且前日要政，政徒以老母；老母今以天年终，政将为知己者用。"乃遂西至濮阳，见严仲子曰："前日所以不许仲子者，徒以亲在；今不幸而母以天年终。仲子所欲报仇者为谁？请得从事焉！"严仲子具告曰："臣之仇韩相侠累，侠累又韩君之季父也，宗族盛多，居处兵卫甚设，臣欲使人刺之，（众）终莫能就。今足下幸而不弃，请益其车骑壮士可为足下辅翼者。"聂政曰："韩之与卫，相去中间不甚远，②今杀人之相，相又国君之亲，此其势不可以多人，多人不能无生得失，③生得失则语泄，语泄是韩举国而与仲子为仇，④岂不殆哉！"遂谢车骑人徒，聂政乃辞独行。

①【正义】古者相聚汲水，有物便卖，因成市，故云"市井"。

②【索隐】高诱曰："韩都颍川阳翟，卫都东郡濮阳，故曰'间不远'也。"

③【索隐】无生得。战国策作"无生情"，言所将人多，或生异情，故语泄。此云"生得"，言将多人往杀侠累后，又被生擒而事泄，亦两俱通也。

④【集解】徐广曰："一作'难'。"【索隐】徐注云一作"难"。战国策谯周亦同。

杖剑至韩，韩相侠累方坐府上，持兵戟而卫侍者甚众。聂政直入，上阶刺杀侠累，①左右大乱。聂政大呼，所击杀者数十人，因自皮面决眼，②自屠出肠，遂以死。

①【集解】徐广曰："韩烈侯三年三月，盗杀韩相侠累。侠累名傀。战国策曰'有东孟之会'，又云'聂政刺韩傀，兼中哀侯'。"【索隐】战国策："政直入，上阶刺韩傀，傀走而抱哀侯，聂政刺之，兼中哀侯。"高诱曰："东孟，地名也。"

②【索隐】皮面谓以刀割其面皮，欲令人不识。决眼谓出其眼睛。战国策作"抉眼"，此"决"亦通，音乌穴反。

韩取聂政尸暴于市，①购问莫知谁子。于是韩(购)县〔购〕之，有能言杀相侠累者予千金。久之莫知也。

①【正义】暴，蒲酷反。

政姊荣①闻人有刺杀韩相者，贼不得，国不知其名姓，暴其尸而县之千金，乃于邑②曰："其是吾弟与？嗟乎，严仲子知吾弟！"立起，如韩，之市，而死者果政也，伏尸哭极哀，曰："是轵深井里所谓聂政者也。"市行者诸众人皆曰："此人暴虐吾国相，王县购其名姓千金，夫人不闻与？何敢来识之也？"荣应之曰："闻之。然政所以蒙污辱自弃于市贩之间者,为老母幸无恙,③妾未嫁也。亲既以天年下世,妾已嫁夫,严仲子乃察举吾弟困污之中④而交之,泽厚矣,可奈何! 士固为知己者死,今乃以妾尚在之故,重自刑以绝从,⑤妾其奈何畏殁身之诛,终灭贤弟之名!"大惊韩市人。乃大呼天者三,卒于邑悲哀而死政之旁。

①【集解】一作"嫈"。 【索隐】荣,其姊名也。战国策无"荣"字。

②【索隐】刘氏云:"烦冤愁苦。"

③【索隐】尔雅云:"恙,忧也"。楚词云"还及君之无恙"。风俗通云"恙,病也。凡人相见及通书,皆云'无恙'。"又易传云,上古之时,草居露宿。恙,啮虫也,善食人心,俗悉患之,故相劳云"无恙"。恙非病也。

④【索隐】案:察谓观察有志行乃举之。刘氏云察犹选也。

⑤【集解】徐广曰:"恐其姊从坐而死。" 【索隐】重音持用反。重犹复也。为人报仇死,乃以妾故复自刑其身,令人不识也。从音踪,古字少,假借无旁"足",而徐氏以为从坐,非也。刘氏亦音足松反。 【正义】重,直龙反。自刑作"刊"。说文云"刊,剟也"。按:重犹爱惜也。本为严仲子报仇讫,爱惜其事,不令漏泄,以绝其踪迹。其姊妄云为己隐,误矣。

晋、楚、齐、卫闻之,皆曰:"非独政能也,乃其姊亦烈女也。乡使政诚知其姊无濡忍之志,①不重暴骸之难,②必绝险千里以列其名,姊弟俱僇于韩市者,亦未必敢以身许严仲子也。严仲子亦可谓知人能得士矣!"

①【索隐】濡,润也。人性湿润则能含忍,故云"濡忍"也。若勇躁则必轻死也。

②【索隐】重难并如字。重犹惜也,言不惜暴骸之为难也。

其后二百二十餘年秦有荆轲之事。①

①【集解】徐广曰:"聂政至荆轲百七十年尔。" 【索隐】徐氏据六国年
　表,聂政去荆轲一百七十年,则谓此传率略而言二百餘年,亦当时为
　不能细也。　【正义】按:年表从始皇二十三年至韩景侯三百七十年,
　若至哀侯六年,六百四十三年也。

荆轲者,卫人也。①其先乃齐人,徙于卫,卫人谓之庆卿。②而
之燕,燕人谓之荆卿。

①【索隐】按:赞论称"公孙季功、董生为余道之",则此传虽约战国策而
　亦别记异闻。

②【索隐】轲先齐人,齐有庆氏,则或本姓庆。春秋庆封,其后改姓贺。
　此下亦至卫而改姓荆。荆庆声相近,故随在国而异其号耳。卿者,时
　人尊重之号,犹如相尊美亦称"子"然也。

荆卿好读书击剑,①以术说卫元君,卫元君不用。其后秦伐
魏,置东郡,徙卫元君之支属于野王。②

①【集解】吕氏剑技曰:"持短入长,倏忽从横。"

②【正义】怀州河内县。

荆轲尝游过榆次,①与盖聂论剑,②盖聂怒而目之。荆轲出,
人或言复召荆卿。盖聂曰:"曩者吾与论剑有不称者,吾目之;试
往,是宜去,不敢留。"使使往之主人,荆卿则已驾而去榆次矣。使
者还报,盖聂曰:"固去也,吾曩者目摄之!"③

①【正义】并州县也。

②【索隐】盖音古腊反。盖,姓;聂,名。

③【索隐】摄犹整也。谓不称己意,因怒视以摄整之也。　【正义】摄犹
　视也。

荆轲游于邯郸,鲁句践与荆轲博,争道,①鲁句践怒而叱之,荆轲嘿而逃去,遂不复会。

①【索隐】鲁,姓;句践,名也。与越王同,或有意义。俗本"践"作"贱",非。

荆轲既至燕,爱燕之狗屠及善击筑者高渐离。①荆轲嗜酒,日与狗屠及高渐离饮于燕市,酒酣以往,高渐离击筑,荆轲和而歌于市中,相乐也,已而相泣,旁若无人者。荆轲虽游于酒人乎,②然其为人沈深好书;其所游诸侯,尽与其贤豪长者相结。其之燕,燕之处士田光先生亦善待之,知其非庸人也。

①【索隐】筑似琴,有弦,用竹击之,取以为名。渐音如字,王义(之)音哉廉反。

②【集解】徐广曰:"饮酒之人。"

居顷之,会燕太子丹质秦亡归燕。燕太子丹者,故尝质于赵,而秦王政生于赵,其少时与丹欢。及政立为秦王,而丹质于秦。秦王之遇燕太子丹不善,故丹怨而亡归。归而求为报秦王者,国小,力不能。其后秦日出兵山东以伐齐、楚、三晋,稍蚕食诸侯,且至于燕,燕君臣皆恐祸之至。太子丹患之,问其傅鞠武。①武对曰:"秦地遍天下,威胁韩、魏、赵氏,北有甘泉、谷口之固,南有泾、渭之沃,擅巴、汉之饶,右陇、蜀之山,左关、殽之险,民众而士厉,兵革有馀。意有所出,则长城之南,易水以北,②未有所定也。奈何以见陵之怨,欲批③其逆鳞哉!"丹曰:"然则何由?"对曰:"请入图之。"

①【索隐】上音鞠,又如字,人姓名也。

②【正义】以北谓燕国也。

③【集解】批音白结反。 【索隐】白结反。批谓触击之。

居有间，秦将樊於期得罪于秦王，亡之燕，太子受而舍之。鞠武谏曰："不可。夫以秦王之暴而积怒于燕，足为寒心，^①又况闻樊将军之所在乎？是谓'委肉当饿虎之蹊'也，祸必不振矣！^②虽有管、晏，不能为之谋也。愿太子疾遣樊将军入匈奴以灭口。请西约三晋，南连齐、楚，北购于单于，^③其后乃可图也。"太子曰："太傅之计，旷日弥久，心惛然，^④恐不能须臾。且非独于此也，夫樊将军穷困于天下，归身于丹，丹终不以迫于强秦而弃所哀怜之交，置之匈奴，是固丹命卒之时也。愿太傅更虑之。"鞠武曰："夫行危欲求安，造祸而求福，计浅而怨深，连结一人之后交，不顾国家之大害，此所谓'资怨而助祸'矣。夫以鸿毛燎于炉炭之上，必无事矣。且以雕鸷之秦，行怨暴之怒，岂足道哉！燕有田光先生，其为人智深而勇沈，可与谋。"太子曰："愿因太傅而得交于田先生，可乎？"鞠武曰："敬诺。"出见田先生，道"太子愿图国事于先生也"。田光曰："敬奉教。"乃造焉。

①【索隐】凡人寒甚则心战，恐惧亦战。今以惧譬寒，言可为心战。

②【索隐】振，救也。言祸及天下，不可救之。

③【索隐】战国策"购"作"讲"。讲，和也。今读购与"为燕媾"同，媾亦合也。汉、史媾讲两字常杂，今欲北与连和。陈轸传亦曰"西购于秦"也。

④【正义】惛音昏。

太子逢迎，却行为导，跪而蔽席。^①田光坐定，左右无人，太子避席而请曰："燕秦不两立，愿先生留意也。"田光曰："臣闻骐骥盛壮之时，一日而驰千里；至其衰老，驽马先之。今太子闻光盛壮之时，不知臣精已消亡矣。虽然，光不敢以图国事，所善荆卿可使也。"^②太子曰："愿因先生得结交于荆卿，可乎？"田光曰："敬诺。"

即起,趋出。太子送至门,戒曰:"丹所报,先生所言者,国之大事也,愿先生勿泄也!"田光俛而笑曰:"诺。"③偻行见荆卿,曰:"光与子相善,燕国莫不知。今太子闻光壮盛之时,不知吾形已不逮也,幸而教之曰'燕秦不两立,愿先生留意也'。光窃不自外,言足下于太子也,愿足下过太子于宫。"荆轲曰:"谨奉教。"田光曰:"吾闻之,长者为行,不使人疑之。今太子告光曰'所言者,国之大事也,愿先生勿泄',是太子疑光也。夫为行而使人疑之,非节侠也。"欲自杀以激荆卿,曰:"愿足下急过太子,言光已死,明不言也。"因遂自刭而死。

①【集解】徐广曰:"蔽,一作'拔',一作'拔'。"【索隐】蔽音足结反。蔽犹拂也。

②【正义】燕丹子云:"田光答曰:'窃观太子客无可用者:夏扶血勇之人,怒而面赤;宋意脉勇之人,怒而面青;武阳骨勇之人,怒而面白。光所知荆轲,神勇之人,怒而色不变。'"

③【正义】俛音俯。

荆轲遂见太子,言田光已死,致光之言。太子再拜而跪,膝行流涕,有顷而后言曰:"丹所以诫田先生毋言者,欲以成大事之谋也。今田先生以死明不言,岂丹之心哉!"荆轲坐定,太子避席顿首曰:"田先生不知丹之不肖,使得至前,敢有所道,此天之所以哀燕而不弃其孤也。①今秦有贪利之心,而欲不可足也。非尽天下之地,臣海内之王者,其意不厌。今秦已虏韩王,尽纳其地。又举兵南伐楚,北临赵;王翦将数十万之众距漳、邺,而李信出太原、云中。赵不能支秦,必入臣,入臣则祸至燕。燕小弱,数困于兵,今计举国不足以当秦。诸侯服秦,莫敢合从。丹之私计愚,以为诚得天下之勇士使于秦,窥以重利;②秦王贪,③其势必得所愿矣。诚得劫秦王,使悉反诸侯侵地,若曹沫之与齐桓公,则大善矣;则不可,因而刺杀之。彼秦大将擅兵于外而内有乱,则君臣相疑,以其间诸侯得合从,其破秦必矣。此丹之上愿,而不知所委命,唯荆卿留意焉。"久之,荆轲曰:"此国之大事也,臣驽下,恐不足任使。"太子前顿首,固请毋让,然后许诺。于是尊荆卿为上卿,舍上舍。太子日造门下,供太牢具,异物间进,车骑美女恣荆轲所欲,以顺适其意。④

①【索隐】案:无父称孤。时燕王尚在,而丹称孤者,或记者失辞,或诸侯嫡子时亦僭称孤也。又刘向云"丹,燕王喜之太子"。

②【索隐】窥,示也。言以利诱之。

③【索隐】绝句。

④【索隐】燕丹子曰"轲与太子游东宫池,轲拾瓦投鼋,太子捧金丸进之。又共乘千里马,轲曰'千里马肝美',即杀马进肝。太子与樊将军置酒于华阳台,出美人能鼓琴,轲曰'好手也',断以玉盘盛之。轲曰'太子遇轲甚厚'"是也。

久之,荆轲未有行意。秦将王翦破赵,虏赵王,尽收入其地,进兵北略地至燕南界,太子丹恐惧,乃请荆轲曰:"秦兵旦暮渡易水,则虽欲长侍足下,岂可得哉!"荆轲曰:"微太子言,臣愿谒之。今行而毋信,则秦未可亲也。夫樊将军,秦王购之金千斤,邑万家。诚得樊将军首与燕督亢之地图,①奉献秦王,秦王必说见臣,臣乃得有以报。"太子曰:"樊将军穷困来归丹,丹不忍以己之私而伤长者之意,愿足下更虑之!"

①【集解】徐广曰:"方城县有督亢亭。"骃案:刘向别录曰"督亢,膏腴之地"。 【索隐】地理志广阳国有蓟县。司马彪郡国志曰"方城有督亢亭"。 【正义】督亢坡在幽州范阳县东南十里。今固安县南有督亢陌,幽州南界。

荆轲知太子不忍,乃遂私见樊於期曰:"秦之遇将军可谓深矣,父母宗族皆为戮没。今闻购将军首金千斤,邑万家,将奈何?"於期仰天太息流涕曰:"於期每念之,常痛于骨髓,顾计不知所出耳!"荆轲曰:"今有一言可以解燕国之患,报将军之仇者,何如?"於期乃前曰:"为之奈何?"荆轲曰:"愿得将军之首以献秦王,秦王必喜而见臣,臣左手把其袖,右手揕其匈,①然则将军之仇报而燕见陵之愧除矣。将军岂有意乎?"樊於期偏袒搤捥②而进曰:"此臣之日夜切齿腐心也,③乃今得闻教!"遂自刭。太子闻之,驰往,伏尸而哭,极哀。既已不可奈何,乃遂盛樊於期首函封之。

> ①【集解】徐广曰:"揕音张鸩切。一作'抗'。"【索隐】徐氏音丁鸩反。揕谓以剑刺其胸也。又云一作"抗"。抗音苦浪反,言抗拒也,其义非。
>
> ②【集解】徐广曰:"一作'指'。"【索隐】搤音乌革反。捥音乌乱反。勇者奋厉,必先以左手扼右捥也。捥,古"腕"字。
>
> ③【索隐】切齿,齿相磨切也。尔雅曰"治骨曰切"。腐音辅,亦烂也。犹今人事不可忍云"腐烂"然,皆奋怒之意也。

于是太子豫求天下之利匕首,得赵人徐夫人匕首,①取之百金,使工以药焠之,②以试人,血濡缕,人无不立死者。③乃装为遣荆卿。燕国有勇士秦舞阳,年十三,杀人,人不敢忤视。④乃令秦舞阳为副。荆轲有所待,欲与俱;其人居远未来,而为治行。顷之,未发,太子迟之,疑其改悔,乃复请曰:"日已尽矣,荆轲岂有意哉?丹请得先遣秦舞阳。"荆轲怒,叱太子曰:"何太子之遣?往而不返者,竖子也!且提一匕首入不测之强秦,仆所以留者,待吾客与俱。今太子迟之,请辞决矣!"遂发。

> ①【集解】徐广曰:"徐,一作'陈'。"【索隐】徐,姓;夫人,名。谓男

子也。

②【索隐】焠,染也,音恩愦反。谓以毒药染剑锷也。

③【集解】言以匕首试人,人血出,足以沾濡丝缕,便立死也。

④【索隐】忤者,逆也,五故反。不敢逆视,言人畏之甚也。

太子及宾客知其事者,皆白衣冠以送之。至易水之上,既祖,取道,①高渐离击筑,荆轲和而歌,为变徵之声,②士皆垂泪涕泣。又前而为歌曰:"风萧萧兮易水寒,壮士一去兮不复还!"复为羽声慷慨,士皆瞋目,发尽上指冠。于是荆轲就车而去,终已不顾。

①【正义】易州在幽州归义县界。

②【正义】徵,知雉反。

遂至秦,持千金之资币物,厚遗秦王宠臣中庶子蒙嘉。嘉为先言于秦王曰:"燕王诚振怖大王之威,不敢举兵以逆军吏,愿举国为内臣,比诸侯之列,给贡职如郡县,而得奉守先王之宗庙。恐惧不敢自陈,谨斩樊於期之头,及献燕督亢之地图,函封,燕王拜送于庭,使使以闻大王,唯大王命之。"秦王闻之,大喜,乃朝服,设九宾,①见燕使者咸阳宫。②荆轲奉樊於期头函,而秦舞阳奉地图柙,③以次进。至陛,秦舞阳色变振恐,群臣怪之。荆轲顾笑舞阳,前谢曰:"北蕃蛮夷之鄙人,未尝见天子,故振慑。愿大王少假借之,使得毕使于前。"秦王谓轲曰:"取舞阳所持地图。"轲既取图奏之,秦王发图,图穷而匕首见。因左手把秦王之袖,而右手持匕首揕之。未至身,秦王惊,自引而起,袖绝。拔剑,剑长,操其室。④时惶急,剑坚,故不可立拔。荆轲逐秦王,秦王环柱而走。群臣皆愕,卒起不意,尽失其度。而秦法,群臣侍殿上者不得持尺寸之兵;诸郎中⑤执兵皆陈殿下,非有诏召不得上。方急时,不及召下兵,以故荆轲乃逐秦王。而卒惶急,无以击轲,而以手共搏之。是时侍医夏无且⑥以其所奉药囊提荆轲也。⑦秦王方环柱走,卒惶急,不知所为,左右乃曰:"王负剑!"⑧负剑,遂拔以击荆轲,断其左股。荆轲废,乃引其匕首以擿秦王,⑨不中,中桐柱。⑩秦王复击轲,轲被八创。轲自知事不就,倚柱而笑,箕踞以骂曰:"事所以不成者,以欲生劫之,必得约契以报太子也。"⑪于是左右既前杀轲,秦王不怡者良久。已而论功,赏群臣及当坐者各有差,而赐夏无且黄金二百溢,曰:"无且爱我,乃以药囊提荆轲也。"

①【正义】刘云:"设文物大备,即谓九宾,不得以周礼九宾义为释。"

②【正义】三辅黄图云:"秦始兼天下,都咸阳,因北陵营宫殿,则紫宫象帝宫,渭水贯都以象天漢,横桥南度以法牵牛也。

③【索隐】户甲反。柙亦函也。

④【索隐】室谓鞘也。 【正义】燕丹子云:"左手揕其胸。秦王曰:'今日之事,从子计耳。乞听瑟而死。'召姬人鼓琴,琴声曰'罗縠单衣,可裂而绝;八尺屏风,可超而越;鹿卢之剑,可负而拔'。王于是奋袖超屏风走之。"

⑤【索隐】若今宿卫之官。

⑥【索隐】且音即馀反。

⑦【正义】提,侹帝反。

⑧【索隐】王劭曰:"古者带剑上长,拔之不出室,欲王推之于背,令前短易拔,故云'王负剑'。"又燕丹子称琴声曰"鹿卢之剑,可负而拔"是也。

⑨【索隐】擿与"掷"同,古字耳,音持益反。

⑩【正义】燕丹子云:"荆轲拔匕首掷秦王,决耳入铜柱,火出。"

⑪【集解】汉盐铁论曰:"荆轲怀数年之谋而事不就者,尺八匕首不足恃也。秦王操于不意,列断贲、育者,介七尺之利也。"

于是秦王大怒，益发兵诣赵，诏王翦军以伐燕。十月而拔蓟城。燕王喜、太子丹等尽率其精兵东保于辽东。秦将李信追击燕王急，代王嘉乃遗燕王喜书曰："秦所以尤追燕急者，以太子丹故也。今王诚杀丹献之秦王，秦王必解，而社稷幸得血食。"其后李信追丹，丹匿衍水中，①燕王乃使使斩太子丹，欲献之秦。秦复进兵攻之。后五年，秦卒灭燕，虏燕王喜。

①【索隐】水名，在辽东。

其明年，秦并天下，立号为皇帝。于是秦逐太子丹、荆轲之客，皆亡。高渐离变名姓为人庸保，①匿作于宋子。②久之，作苦，闻其家堂上客击筑，傍徨不能去。每出言曰："彼有善有不善。"从者③以告其主，曰："彼庸乃知音，窃言是非。"家丈人召使前击筑，④一坐称善，赐酒。而高渐离念久隐畏约无穷时，⑤乃退，出其装匣中筑与其善衣，更容貌而前。举坐客皆惊，下与抗礼，以为上客。使击筑而歌，客无不流涕而去者。宋子传客之，⑥闻于秦始皇。秦始皇召见，人有识者，乃曰："高渐离也。"秦皇帝惜其善击筑，重赦之，乃矐其目。⑦使击筑，未尝不称善。稍益近之，高渐离乃以铅置筑中，⑧复进得近，举筑朴⑨秦皇帝，不中。于是遂诛高渐离，终身不复近诸侯之人。

①【索隐】栾布传曰："卖庸于齐，为酒家人"，汉书作"酒家保"。案：谓庸作于酒家，言可保信，故云"庸保"。鹖冠子曰"伊尹保酒"。

②【集解】徐广曰："县名也，今属钜鹿。"　【索隐】徐注云"县名，属钜鹿"者，据地理志而知也。　【正义】宋子故城在赵州平棘县北三十里。

③【索隐】谓主人家之左右也。

④【索隐】刘氏云："谓主人翁也。"又韦昭云："古者名男子为丈夫，尊妇

姬为丈人。故汉书宣元六王传所云丈人,谓淮阳宪王外王母,即张博
母也。故古诗曰'三日断五疋,丈人故言迟'是也。"

⑤【索隐】约谓贫贱俭约。既为庸保,常畏人,故云"畏约"。所以论语云
"不可以久处约"。

⑥【集解】徐广曰:"互以为客。"

⑦【集解】瞳音海各反。　【索隐】海各反,一音角。说者云以马屎熏令
失明。

⑧【索隐】案:刘氏云"铅为挺著筑中,令重,以击人"。

⑨【索隐】普十反。朴,击也。

鲁句践已闻荆轲之刺秦王,私曰:"嗟乎,惜哉其不讲于刺剑之
术也!①甚矣吾不知人也! 曩者吾叱之,彼乃以我为非人也!"

①【索隐】案:不讲谓不论习之。

太史公曰:"世言荆轲,其称太子丹之命,"天雨粟,马生角"
也,①太过。又言荆轲伤秦王,皆非也。始公孙季功、董生与夏无
且游,具知其事,为余道之如是。自曹沫至荆轲五人,此其义或成
或不成,然其立意较然,②不欺其志,名垂后世,岂妄也哉!

①【索隐】燕丹子曰:"丹求归,秦王曰'乌头白,马生角,乃许耳'。丹乃
仰天叹,乌头即白,马亦生角。"风俗通及论衡皆有此说,仍云"厩门木
乌生肉足"。

②【索隐】较,明也。

【索隐述赞】曹沫盟柯,返鲁侵地。专诸进炙,定吴篡位。彰弟哭市,报
主涂厕。刎颈申冤,操袖行事。暴秦夺魄,懦夫增气。

史 记 卷 八 十 七

李斯列传第二十七

李斯者,楚上蔡人也。①年少时,为郡小吏,②见吏舍厕中鼠食不絜,近人犬,数惊恐之。斯入仓,观仓中鼠,食积粟,居大庑之下,不见人犬之忧。于是李斯乃叹曰:"人之贤不肖譬如鼠矣,在所自处耳!"

> ①【索隐】地理志汝南上蔡县,云"古蔡国,周武王弟叔度所封,至十八代平侯徙新蔡"。二蔡皆属汝南。后二代至昭侯,徙下蔡,属沛,六国时为楚地,故曰楚上蔡。
>
> ②【索隐】乡小史。刘氏云"掌乡文书"。

2231

乃从荀卿学帝王之术。学已成,度楚王不足事,而六国皆弱,无可为建功者,欲西入秦。辞于荀卿曰:"斯闻得时无怠,今万乘方争时,游者主事。①今秦王欲吞天下,称帝而治,此布衣驰骛之时而游说者之秋也。②处卑贱之位而计不为者,此禽鹿视肉,人面而能强行者耳。③故诟④莫大于卑贱,而悲莫甚于穷困。久处卑贱之位,困苦之地,非世⑤而恶利,自托于无为,此非士之情也。⑥故斯将西说秦王矣。"

①【索隐】言万乘争雄之时,游说者可以立功成名,当得典主事务也。刘氏云"游历诸侯,当觅强主以事之",于文纡回,非也。

②【正义】言秋时万物成熟,今争强时,亦说士成熟时。

③【索隐】禽鹿犹禽兽也,言禽兽但知视肉而食之。庄子及苏子曰:"人而不学,譬之视肉而食。"杨子法言曰:"人而不学,如禽何异?"言不能游说取荣贵,即如禽兽,徒有人面而能强行耳。

④【正义】呼后反,耻辱也。

⑤【索隐】非者,讥也。所谓处士横议也。

⑥【正义】言讥世富贵,恶其荣利,自托于无为者,非士人之情,实力不能致此也。

至秦,会庄襄王卒,李斯乃求为秦相文信侯吕不韦舍人;不韦贤之,任以为郎。李斯因以得说,说秦王曰:"胥人者,去其几也。①成大功者,在因瑕衅而遂忍之。②昔者秦穆公之霸,终不东并六国者,何也?诸侯尚众,周德未衰,故五伯迭兴,更尊周室。自秦孝公以来,周室卑微,诸侯相兼,关东为六国,秦之乘胜役诸侯,盖六世矣。③今诸侯服秦,譬若郡县。夫以秦之强,大王之贤,由灶上骚除,④足以灭诸侯,成帝业,为天下一统,此万世之一时也。今怠而不急就,诸侯复强,相聚约从,虽有黄帝之贤,不能并也。"秦王乃拜斯为长史,听其计,阴遣谋士赍持金玉以游说诸侯。诸侯名士可下以财者,厚遗结之;不肯者,利剑刺之。离其君臣之计,秦王乃使其良将随其后。秦王拜斯为客卿。

①【索隐】胥人犹胥吏,小人也。去犹失也。几者,动之微。以言君子见

几而作,不俟终日;小人不识动微之会,故每失时也。刘氏解几为强,
非也。

②【索隐】言因诸侯有瑕衅,则忍心而翦除,故我将说秦以并天下。

【正义】胥,相也。几谓察也。言关东六国与秦相敌者,君臣机密,并
有瑕衅,可成大功,而遂忍之也。

③【正义】秦孝公,惠文王,武王,昭王,孝文王,庄襄王。

④【集解】徐广曰:"骚音埽。"【索隐】骚音埽。言秦欲并天下,若炊妇
埽除灶上之不净,不足为难。

会韩人郑国来间秦,以作注溉渠,①已而觉。秦宗室大臣皆言
秦王曰:"诸侯人来事秦者,大抵为其主游间于秦耳,请一切逐
客。"②李斯议亦在逐中。斯乃上书曰:③

①【正义】郑国渠首起雍州云阳县西南二十五里,自中山西邸瓠口为渠,
傍北山,东注洛,三百馀里以溉田。又曰韩苦秦兵,而使水工郑国间
秦作注溉渠,令费人工,不东伐也。

②【索隐】一切犹一例,言尽逐之也。言切者,譬若利刀之割,一运斤无
不断者。解汉书者以一切为权时义,亦未为得也。

③【正义】在始皇十年。

臣闻吏议逐客,窃以为过矣。昔缪公求士,西取由余于
戎,东得百里奚于宛,①迎蹇叔于宋,②来丕豹、公孙支于晋。③
此五子者,不产于秦,而缪公用之,并国二十,遂霸西戎。④孝
公用商鞅之法,移风易俗,民以殷盛,国以富强,百姓乐用,诸
侯亲服,获楚、魏之师,举地千里,至今治强。惠王用张仪之
计,拔三川之地,西并巴、蜀,⑤北收上郡,⑥南取汉中,⑦包九
夷,制鄢、郢,⑧东据成皋之险,⑨割膏腴之壤,遂散六国之从,

使之西面事秦,功施到今。昭王得范睢,废穰侯,逐华阳,⑩强公室,杜私门,蚕食⑪诸侯,使秦成帝业。此四君者,皆以客之功。由此观之,客何负于秦哉!向使四君却客而不内,疏士而不用,是使国无富利之实而秦无强大之名也。

① 【索隐】秦本纪云"晋献公以百里奚为秦穆公夫人媵于秦,奚亡走宛,楚鄙人执之"是也。 【正义】新序云:"百里奚,楚宛人,仕于虞,虞亡入秦,号五羖大夫也。"

② 【索隐】秦纪又云"百里奚谓穆公曰:'臣不如臣友蹇叔,蹇叔贤而莫知。'穆公厚币迎之,以为上大夫"。今云"于宋",未详所出。 【正义】括地志云:"蹇叔,岐州人也。时游宋,故迎之于宋。"

③ 【索隐】丕豹自晋奔秦,左氏传有明文。公孙支,所谓子桑也,是秦大夫,而云自晋来,亦未见所出。 【正义】括地志云:"公孙支,岐州人,游晋,后归秦。"

④ 【索隐】秦本纪穆公用由余谋,伐戎王,益国十二,开地千里,遂霸西戎。此都言五子之功,故云"并国二十";或易为"十二",误也。

⑤ 【索隐】案:惠王时张仪为相,请伐韩,下兵三川以临二周。司马错请伐蜀,惠王从之,果灭蜀。仪死后,武王欲通车三川,令甘茂拔宜阳。今并云张仪者,以仪为秦相,虽错灭蜀,茂通三川,皆归功于相,又三川是仪先请伐故也。

⑥ 【正义】惠王十年,魏纳上郡十五县。

⑦ 【正义】惠王十三年,攻楚汉中,取地六百里。

⑧ 【索隐】九夷即属楚之夷也。地理志南郡江陵县云"故楚郢都",又宜城县云"故鄢"也。 【正义】夷谓并巴蜀,收上郡,取汉中,伐义渠、丹犁是也。九夷本东夷九种,此言者,文体然也。

⑨ 【正义】河南府氾水县也。

⑩ 【集解】徐广曰:"华,一作'叶'。"

⑪【索隐】高诱注淮南子云："蚕食,尽无馀也。"

　　今陛下致昆山之玉,①有随、和之宝,②垂明月之珠,服太阿之剑,③乘纤离之马,④建翠凤之旗,树灵鼍之鼓。⑤此数宝者,秦不生一焉,而陛下说之,何也? 必秦国之所生然后可,则是夜光之璧不饰朝廷,犀象之器不为玩好,郑、卫之女不充后宫,而骏良駃騠⑥不实外厩,江南金锡不为用,西蜀丹青不为采。所以饰后宫充下陈⑦娱心意说耳目者,必出于秦然后可,则是宛珠之簪,傅玑之珥,⑧阿缟之衣,锦绣之饰⑨不进于前,而随俗雅化⑩佳冶窈窕赵女不立于侧也。夫击瓮叩缶⑪弹筝搏髀,而歌呼呜呜快耳(目)者,真秦之声也;郑、卫、桑间、昭、虞、武、象者,⑫异国之乐也。今弃击瓮叩缶而就郑卫,退弹筝而取昭虞,若是者何也? 快意当前,适观而已矣。今取人则不然。不问可否,不论曲直,非秦者去,为客者逐。然则是所重者在乎色乐珠玉,而所轻者在乎人民也。此非所以跨海内制诸侯之术也。

①【正义】昆冈在于阗国东北四百里,其冈出玉。

②【正义】括地志云："潢山一名昆山,一名断蛇丘,在随州随县北二十五里。说苑云'昔随侯行遇大蛇中断,疑其灵,使人以药封之,蛇乃能去,因号其处为断蛇丘。岁馀,蛇衔明珠,径寸,绝白而有光,因号随珠'。"卞和璧,始皇以为传国玺也。

③【集解】见苏秦传。　【索隐】越绝书曰："楚王召欧冶子、干将作铁剑三,一曰干将,二曰莫邪,三曰太阿也。"

④【集解】徐广曰："纤离、蒲梢,皆骏马名。"　【索隐】皆马名。徐氏据孙卿子而为说。

⑤【集解】郑玄注月令云:"鼍皮可以冒鼓。"

⑥【索隐】决提二音。周书曰"正北以駃騠为献"。广雅曰"马属也"。郭景纯注上林赋云"生三日而超其母也"。

⑦【索隐】下陈犹后列也。晏子曰"有二女,愿得入身于下陈"是也。

⑧【索隐】宛音於阮反。傅音附。宛谓以珠宛转而装其簪。傅玑者,以玑傅著于珥。珥者,瑱也。玑是珠之不圆者。或云宛珠,随珠也。随在汉水之南,宛亦近汉,故云宛。傅玑者,女饰也,言女傅之珥,以玑为之,并非秦所有物也。

⑨【集解】徐广曰:"齐之东阿县,缯帛所出。"

⑩【集解】徐广曰:"随俗,一作'修使'。"【索隐】谓闲雅变化而能通俗也。

⑪【索隐】说文云:"瓮,汲缾也。於贡反。缶,瓦器也,秦人鼓之以节乐。"瓴音甫有反。

⑫【集解】徐广曰:"昭,一作'韶'。"

　　臣闻地广者粟多,国大者人众,兵强则士勇。是以太山不让土壤,故能成其大;河海不择细流,故能就其深;王者不却众庶,故能明其德。①是以地无四方,民无异国,四时充美,鬼神降福,此五帝、三王之所以无敌也。今乃弃黔首以资敌国,②却宾客以业诸侯,使天下之士退而不敢西向,裹足不入秦,此所谓"藉寇兵而赍盗粮"者也。③

①【索隐】管子云:"海不辞水,故能成其大;(泰)山不辞土石,故能成其高。"文子曰:"圣人不让负薪之言,以广其名。"

②【索隐】资犹给也。

③【索隐】藉音积夜反。赍音子奚反。说文曰:"赍,持遗也。"赍或为"资",义亦通。

夫物不产于秦,可宝者多;士不产于秦,而愿忠者众。今逐客以资敌国,损民以益仇,内自虚而外树怨于诸侯,求国无危,不可得也。

秦王乃除逐客之令,复李斯官,①卒用其计谋。官至廷尉。二十馀年,竟并天下,尊主为皇帝,以斯为丞相。夷郡县城,销其兵刃,示不复用。使秦无尺土之封,不立子弟为王、功臣为诸侯者,使后无战攻之患。

①【集解】新序曰:"斯在逐中,道上上谏书,达始皇,始皇使人逐至骊邑,得还。"

始皇三十四年,置酒咸阳宫,博士仆射周青臣等颂称始皇威德。齐人淳于越进谏曰:"臣闻之,殷周之王千馀岁,封子弟功臣自为支辅。今陛下有海内,而子弟为匹夫,卒有田常、六卿之患,臣无辅弼,何以相救哉?事不师古而能长久者,非所闻也。今青臣等又面谀以重陛下过,①非忠臣也。"始皇下其议丞相。丞相谬其说,绌其辞,乃上书曰:"古者天下散乱,莫能相一,是以诸侯并作,语皆道古以害今,饰虚言以乱实,人善其所私学,以非上所建立。今陛下并有天下,别白黑②而定一尊;③而私学乃相与非法教之制,闻令下,即各以其私学议之,入则心非,出则巷议,非主以为名,异趣以为高,率群下以造谤。如此不禁,则主势降乎上,党与成乎下。禁之便。臣请诸有文学诗书百家语者,蠲除去之。令到满三十日弗去,黥为城旦。所不去者,医药卜筮种树之书。若有欲学者,以吏为师。"始皇可其议,收去诗书百家之语以愚百姓,使天下无以古非今。明法度,定律令,皆以始皇起。同文书。④治离宫别馆,周遍天下。明年,又巡狩,外攘四夷,斯皆有力焉。

①【索隐】重音逐用反。重者,再也。

②【索隐】刘氏云:"前时国异政,家殊俗,人造私语,莫辨其真,今乃分别白黑也。"

③【索隐】谓始皇并六国,定天下,海内共尊立一帝,故云。

④【正义】六国制令不同,今令同之。

　　斯长男由为三川守,诸男皆尚秦公主,女悉嫁秦诸公子。三川守李由告归咸阳,李斯置酒于家,百官长皆前为寿,门廷车骑以千数。李斯喟然而叹曰:"嗟乎! 吾闻之荀卿曰'物禁大盛'。夫斯乃上蔡布衣,闾巷之黔首,上不知其驽下,遂擢至此。当今人臣之位无居臣上者,可谓富贵极矣。物极则衰,吾未知所税驾也!"①

①【索隐】税驾犹解驾,言休息也。李斯言己今日富贵已极,然未知向后吉凶止泊在何处也。

　　始皇三十七年十月,行出游会稽,并海上,北抵琅邪。①丞相斯、中车府令赵高兼行符玺令事,皆从。始皇有二十馀子,长子扶苏以数直谏上,上使监兵上郡,②蒙恬为将。少子胡亥爱,请从,上许之。馀子莫从。③

①【正义】今沂州。

②【正义】上郡故城在绥州上县东南五十里。

③【集解】辩士隐姓名,遗秦将章邯书曰"李斯为秦王死,废十七兄而立今王"也。然则二世是秦始皇第十八子。此书在善文中。

　　其年七月,始皇帝至沙丘,①病甚,令赵高为书赐公子扶苏曰:"以兵属蒙恬,与丧会咸阳而葬。"书已封,未授使者,始皇崩。书及玺皆在赵高所,独子胡亥、丞相李斯、赵高及幸宦者五六人知始皇崩,馀群臣皆莫知也。李斯以为上在外崩,无真太子,故秘之。

置始皇居辒辌车中,②百官奏事上食如故,宦者辄从辒辌车中可诸奏事。③

① 【正义】沙丘台在邢州。

② 【集解】徐广曰:"一作'辒车'。"

③ 【集解】文颖曰:"辒辌车如今丧辒车也。"孟康曰:"如衣车,有窗牖,闭之则温,开之则凉,故名之'辒辌车'也。"如淳曰:"辒辌车,其形广大,有羽饰也。"

赵高因留所赐扶苏玺书,而谓公子胡亥曰:"上崩,无诏封王诸子而独赐长子书。长子至,即立为皇帝,而子无尺寸之地,为之奈何?"胡亥曰:"固也。吾闻之,明君知臣,明父知子。父捐命,不封诸子,何可言者!"赵高曰:"不然。方今天下之权,存亡在子与高及丞相耳,愿子图之。且夫臣人与见臣于人,制人与见制于人,岂可同日道哉!"胡亥曰:"废兄而立弟,是不义也;不奉父诏而畏死,是不孝也;能薄而材谫,①强因人之功,是不能也。三者逆德,天下不服,身殆倾危,社稷不血食。"高曰:"臣闻汤、武杀其主,天下称义焉,不为不忠。卫君杀其父,而卫国载其德,孔子著之,不为不孝。夫大行不小谨,盛德不辞让,乡曲各有宜而百官不同功。故顾小而忘大,后必有害;狐疑犹豫,后必有悔。断而敢行,鬼神避之,后有成功。愿子遂之!"胡亥喟然叹曰:"今大行未发,丧礼未终,岂宜以此事干丞相哉!"赵高曰:"时乎时乎,间不及谋!赢粮跃马,唯恐后时!"

① 【集解】史记音隐宰显反。 【索隐】音义云宰殄反。刘氏音将浅反,则谫亦浅义。古人语自有重轻,所以文字有异。

胡亥既然高之言,高曰:"不与丞相谋,恐事不能成,臣请为子与丞相谋之。"高乃谓丞相斯曰:"上崩,赐长子书,与丧会咸阳而立为嗣。书未行,今上崩,未有知者也。所赐长子书及符玺皆在胡亥所,定太子在君侯与高之口耳。事将何如?"斯曰:"安得亡国之言!此非人臣所当议也!"高曰:"君侯自料能孰与蒙恬?功高孰与蒙恬?谋远不失孰与蒙恬?无怨于天下孰与蒙恬?长子旧而信之孰与蒙恬?"斯曰:"此五者皆不及蒙恬,而君责之何深也?"高曰:"高固内官之厮役也,幸得以刀笔之文进入秦宫,管事二十馀年,未尝见秦免罢丞相功臣有封及二世者也,卒皆以诛亡。皇帝二十馀子,皆君之所知。长子刚毅而武勇,信人而奋士,即位必用蒙恬为丞相,君侯终不怀通侯之印归于乡里,明矣。高受诏教习胡亥,使学以法事数年矣,未尝见过失。慈仁笃厚,轻财重士,辩于心而讪于口,尽礼敬士,秦之诸子未有及此者,可以为嗣。君计而定之。"斯曰:"君其反位!斯奉主之诏,听天之命,何虑之可定也?"高曰:"安可危也,危可安也。安危不定,何以贵圣?"斯曰:"斯,上蔡间巷布衣也,上幸擢为丞相,封为通侯,子孙皆至尊位重禄者,故将以存亡安危属臣也。岂可负哉!夫忠臣不避死而庶几,①孝子不勤劳而见危,人臣各守其职而已矣。君其勿复言,将令斯得罪。"高曰:"盖闻圣人迁徙无常,就变而从时,见末而知本,观指而睹归。物固有之,安得常法哉!方今天下之权命悬于胡亥,高能得志焉。且夫从外制中谓之惑,从下制上谓之贼。故秋霜降者草花落,水摇动者万物作,②此必然之效也。君何见之晚?"斯曰:"吾闻晋易太子,③三世不安;齐桓兄弟争位,④身死为戮;纣杀亲戚,⑤不听谏者,国为丘墟,遂危社稷:三者逆天,宗庙不血食。斯其犹人哉,⑥安足为谋!"高曰:"上下合同,可以长久;中外若一,事无表里。君听臣之计,即长有封侯,世世称孤,必有乔松之寿,<u>孔</u>、<u>墨</u>之智。今释此而不从,祸及子孙,足以为寒心。善者因祸为福,君何处焉?"<u>斯</u>乃仰天而叹,垂泪太息曰:"嗟乎!独遭乱世,既以不能死,安托命哉!"于是<u>斯</u>乃听<u>高</u>。<u>高</u>乃报<u>胡亥</u>曰:"臣请奉太子之明命以报丞相,丞相<u>斯</u>敢不奉令!"

①【索隐】斯言忠臣之节,本不避死。言己今日亦庶几尽忠不避死也。

②【索隐】水摇者,谓冰泮而水动也,是春时而万物皆生也。

③【正义】谓废<u>申生</u>,立<u>奚齐</u>也。

④【正义】谓<u>小白</u>与<u>公子纠</u>。

⑤【正义】谓杀<u>比干</u>,囚<u>箕子</u>。

⑥【索隐】言我今日犹是人,人道守顺,岂能为逆谋。故下云"安足与谋"。

于是乃相与谋,诈为受<u>始皇</u>诏丞相,立子<u>胡亥</u>为太子。更为书赐长子<u>扶苏</u>曰:"朕巡天下,祷祠名山诸神以延寿命。今<u>扶苏</u>与将军<u>蒙恬</u>将师数十万以屯边,十有馀年矣,不能进而前,士卒多耗,无尺寸之功,乃反数上书直言诽谤我所为,以不得罢归为太子,日夜怨望。<u>扶苏</u>为人子不孝,其赐剑以自裁!将军<u>恬</u>与<u>扶苏</u>居外,不匡正,宜知其谋。为人臣不忠,其赐死,以兵属裨将<u>王离</u>。"封其书以皇帝玺,遣<u>胡亥</u>客奉书赐<u>扶苏</u>于<u>上郡</u>。

使者至,发书,<u>扶苏</u>泣,入内舍,欲自杀。<u>蒙恬</u>止<u>扶苏</u>曰:"陛下居外,未立太子,使臣将三十万众守边,公子为监,此天下重任也。今一使者来,即自杀,安知其非诈?请复请,复请而后死,未暮也。"使者数趣之。<u>扶苏</u>为人仁,谓<u>蒙恬</u>曰:"父而赐子死,尚安复请!"即自杀。<u>蒙恬</u>不肯死,使者即以属吏,系于<u>阳周</u>。①

①【集解】<u>徐广</u>曰:"属<u>上郡</u>。" 【正义】<u>阳周</u>,<u>宁州</u> <u>罗川县</u>之邑也。

使者还报，<u>胡亥</u>、<u>斯</u>、<u>高</u>大喜。至<u>咸阳</u>，发丧，太子立为<u>二世皇帝</u>。以<u>赵高</u>为郎中令，常侍中用事。

<u>二世</u>燕居，乃召<u>高</u>与谋事，谓曰："夫人生居世间也，譬犹骋六骥过决隙也。吾既已临天下矣，欲悉耳目之所好，穷心志之所乐，以安宗庙而乐万姓，长有天下，终吾年寿，其道可乎？"<u>高</u>曰："此贤主之所能行也，而昏乱主之所禁也。臣请言之，不敢避斧钺之诛，愿陛下少留意焉。夫<u>沙丘</u>之谋，诸公子及大臣皆疑焉，而诸公子尽帝兄，大臣又先帝之所置也。今陛下初立，此其属意怏怏皆不服，恐为变。且<u>蒙恬</u>已死，<u>蒙毅</u>将兵居外，臣战战栗栗，唯恐不终。且陛下安得为此乐乎？"<u>二世</u>曰："为之奈何？"<u>赵高</u>曰："严法而刻刑，令有罪者相坐诛，至收族，灭大臣而远骨肉；贫者富之，贱者贵之。盖除去先帝之故臣，更置陛下之所亲信者近之。此则阴德归陛下，害除而奸谋塞，群臣莫不被润泽，蒙厚德，陛下则高枕肆志宠乐矣。计莫出于此。"<u>二世</u>然<u>高</u>之言，乃更为法律。于是群臣诸公子有罪，辄下<u>高</u>，令鞫治之。杀大臣<u>蒙毅</u>等，公子十二人僇死<u>咸阳</u>市，十公主矺死于<u>杜</u>，[1]财物入于县官，相连坐者不可胜数。

①【集解】史记音隐曰："矺音贮格反。"　【索隐】矺音宅，与"磔"同，古今字异耳。磔谓裂其支体而杀之。

<u>公子高</u>欲奔，恐收族，乃上书曰："先帝无恙时，臣入则赐食，出则乘舆。御府之衣，臣得赐之；中厩之宝马，臣得赐之。臣当从死而不能，为人子不孝，为人臣不忠。不忠者无名以立于世，臣请从死，愿葬<u>郦山</u>之足。唯上幸哀怜之。"书上，<u>胡亥</u>大说，召<u>赵高</u>而示之，曰："此可谓急乎？"<u>赵高</u>曰："人臣当忧死而不暇，何变之得

谋!"<u>胡亥</u>可其书,赐钱十万以葬。

　　法令诛罚日益刻深,群臣人人自危,欲畔者众。又作<u>阿房之宫</u>,治直〔道〕、驰道,赋敛愈重,戍徭无已。于是楚戍卒<u>陈胜</u>、<u>吴广</u>等乃作乱,起于<u>山东</u>,杰俊相立,自置为侯王,叛秦,兵至<u>鸿门</u>而却。<u>李斯</u>数欲请间谏,<u>二世</u>不许。而<u>二世</u>责问<u>李斯</u>曰:"吾有私议而有所闻于<u>韩子</u>也,曰'<u>尧</u>之有天下也,堂高三尺,采椽不斲,①茅茨不翦,虽逆旅之宿不勤于此矣。冬日鹿裘,夏日葛衣,粢粝之食,②藜藿之羹,饭土匦,③啜土铏,④虽监门之养不觳于此矣。⑤<u>禹</u>凿龙门,通<u>大夏</u>,疏九河,曲九防,⑥决淳水致之海,⑦而股无胈,⑧胫无毛,手足胼胝,面目黎黑,遂以死于外,葬于<u>会稽</u>,臣虏之劳不烈于此矣'。然则夫所贵于有天下者,岂欲苦形劳神,身处逆旅之宿,口食监门之养,手持臣虏之作哉? 此不肖人之所勉也,非贤者之所务也。彼贤人之有天下也,专用天下适己而已矣,此所以贵于有天下也。夫所谓贤人者,必能安天下而治万民,今身且不能利,将恶能治天下哉! 故吾愿赐志广欲,长享天下而无害,为之奈何?"<u>李斯</u>子<u>由</u>为<u>三川</u>守,群盗<u>吴广</u>等西略地,过去弗能禁。<u>章邯</u>以破逐<u>广</u>等兵,使者覆案<u>三川</u>相属,诮让<u>斯</u>居三公位,如何令盗如此。<u>李斯</u>恐惧,重爵禄,不知所出,乃阿<u>二世</u>意,欲求容,以书对曰:

①【集解】<u>徐广</u>曰:"采,一名栎。一作'柞'。"　【索隐】采,木名,即今之栎木。

②【索隐】粢音资。粝音郎葛反。粢者,稷也。粝者,麁粟饭也。

③【集解】<u>徐广</u>曰:"一作'溜'。"

④【集解】音刑。

⑤【集解】<u>徐广</u>曰:"觳音学。觳,一作'榖',推也。"　【索隐】觳音学。尔雅云"觳,尽也"。言监门下人饭犹不尽此。若徐氏云"一作'榖'。

彀,推也",则字宜作"较"。邹氏音角。

⑥【正义】谓河之九曲,别为堤防。

⑦【集解】徐广曰:"致,一作'放'。"

⑧【集解】胈,肤毳皮。

夫贤主者,必且能全道而行督责之术者也。①督责之,则臣不敢不竭能以徇其主矣。此臣主之分定,上下之义明,则天下贤不肖莫敢不尽力竭任以徇其君矣。是故主独制于天下而无所制也。能穷乐之极矣,贤明之主也,可不察焉!

①【索隐】督者,察也。察其罪,责之以刑罚也。

故申子曰"有天下而不恣睢,①命之曰以天下为桎梏"者,②无他焉,不能督责,而顾以其身劳于天下之民,若尧、禹然,故谓之"桎梏"也。夫不能修申、韩之明术,行督责之道,专以天下自适也,而徒务苦形劳神,以身徇百姓,则是黔首之役,非畜天下者也,何足贵哉!夫以人徇己,则己贵而人贱;以己徇人,则己贱而人贵。故徇人者贱,而人所徇者贵,自古及今,未有不然者也。凡古之所为尊贤者,为其贵也;而所为恶不肖者,为其贱也。而尧、禹以身徇天下者也,因随而尊之,则亦失所为尊贤之心矣夫!可谓大缪矣。谓之为"桎梏",不亦宜乎? 不能督责之过也。

①【索隐】上音资二反,下音呼季反。恣睢犹放纵也。谓肆情纵恣也。

②【正义】言有天下不能自纵恣督责,乃劳身于天下若尧、禹,即以天下为桎梏于身也。

故韩子曰"慈母有败子而严家无格虏"者,何也?①则能罚之加焉必也。故商君之法,刑弃灰于道者。②夫弃灰,薄罪也,而被刑,重罚也。彼唯明主为能深督轻罪。夫罪轻且督深,而况有重罪乎?故民不敢犯也。是故韩子曰“布帛寻常,庸人不释,③铄金百溢,盗跖不搏”者,④非庸人之心重,寻常之利深,而盗跖之欲浅也;又不以盗跖之行,为轻百镒之重也,搏必随手刑,则盗跖不搏百镒;而罚不必行也,则庸人不释寻常。是故城高五丈,而楼季不轻犯也;⑤泰山之高百仞,而跛牂牧其上。⑥夫楼季也而难五丈之限,岂跛牂也而易百仞之高哉?峭堑之势异也。⑦明主圣王之所以能久处尊位,长执重势,而独擅天下之利者,非有异道也,能独断而审督责,必深罚,故天下不敢犯也。今不务所以不犯,而事慈母之所以败子也,则亦不察于圣人之论矣。夫不能行圣人之术,则舍为天下役何事哉?可不哀邪!⑧

①【索隐】格,强扦也。虏,奴隶也。言严整之家本无格扦奴仆也。

②【正义】弃灰于道者黥也。韩子云:“殷之法,弃灰于衢者刑。子贡以为重,问之。仲尼曰:‘灰弃于衢必燔,人必怒,怒则斗,斗则三族,虽刑之可也。’”

③【索隐】八尺曰寻,倍寻曰常,以言其少也。庸人弗释者,谓庸人见则取之而不释,以其罪轻,故下云“罚不必行,则庸人弗释寻常”是也。

④【索隐】尔雅“铄,美也”。言百溢之美金在于地,虽有盗跖之行亦不取者,为其财多而罪重也,故下云“搏必随手刑,盗跖不搏”也。搏犹攫也,取也。凡鸟翼击物曰搏,足取曰攫,故人取物亦谓之搏。

⑤【集解】许慎曰:“楼季,魏文侯之弟。”王孙子曰:“楼季之兄也。”

⑥【集解】诗云:“牂羊坟首。”毛传曰:“牝曰牂。”

⑦【索隐】峭,峻也,高也,七笑反。堑音渐。以言峭峻则难登,故楼季难

2245

五丈之限;平埶则易涉,故跋样牧于泰山也。

⑧【索隐】舍犹废也,止也。言为人主不能行圣人督责之术,则已废止,何为勤身苦心,为天下所役,是何哉?"可不哀邪",言其非也。

且夫俭节仁义之人立于朝,则荒肆之乐辍矣;谏说论理之臣间于侧,则流漫之志诎矣;烈士死节之行显于世,则淫康之虞废矣。故明主能外此三者,而独操主术以制听从之臣,而修其明法,故身尊而势重也。凡贤主者,必将能拂世磨俗,①而废其所恶,立其所欲,故生则有尊重之势,死则有贤明之谥也。是以明君独断,故权不在臣也。然后能灭仁义之涂,掩驰说之口,困烈士之行,塞聪掩明,内独视听,故外不可倾以仁义烈士之行,而内不可夺以谏说忿争之辩。故能荦然独行恣睢之心而莫之敢逆。若此然后可谓能明申、韩之术,而修商君之法。法修术明而天下乱者,未之闻也。故曰"王道约而易操"也。唯明主为能行之。若此则谓督责之诚,则臣无邪,臣无邪则天下安,天下安则主严尊,主严尊则督责必,督责必则所求得,所求得则国家富,国家富则君乐丰。故督责之术设,则所欲无不得矣。群臣百姓救过不给,何变之敢图?若此则帝道备,而可谓能明君臣之术矣。虽申、韩复生,不能加也。

①【索隐】拂音扶弗反。磨音莫何反。拂世,盖言与代情乖戾。磨俗,言磨砺于俗使从己。

书奏,二世悦。于是行督责益严,税民深者为明吏。二世曰:"若此则可谓能督责矣。"刑者相半于道,而死人日成积于市。杀人众者为忠臣。二世曰:"若此则可谓能督责矣。"

初,赵高为郎中令,所杀及报私怨众多,恐大臣入朝奏事毁恶之，乃说二世曰："天子所以贵者，但以闻声，群臣莫得见其面，故号曰'朕'。且陛下富于春秋，未必尽通诸事，^①今坐朝廷，谴举有不当者，则见短于大臣，非所以示神明于天下也。且陛下深拱禁中，与臣及侍中习法者待事，事来有以揆之。^②如此则大臣不敢奏疑事，天下称圣主矣。"二世用其计，乃不坐朝廷见大臣，居禁中。<u>赵高</u>常侍中用事，事皆决于<u>赵高</u>。

①【集解】<i>徐广</i>曰："通，或宜作'照'。"

②【集解】<i>徐广</i>曰："揆，一作'拨'也。"

<u>高</u>闻<u>李斯</u>以为言，乃见丞相曰："关东群盗多，今上急益发繇治<u>阿房宫</u>，^①聚狗马无用之物。臣欲谏，为位贱。此真君侯之事，君何不谏？"<u>李斯</u>曰："固也，吾欲言之久矣。今时上不坐朝廷，上居深宫，吾有所言者，不可传也，欲见无间。"<u>赵高</u>谓曰："君诚能谏，请为君候上间语君。"于是<u>赵高</u>待<u>二世</u>方燕乐，妇女居前，使人告丞相："上方间，可奏事。"丞相至宫门上谒，如此者三。<u>二世</u>怒曰："吾常多间日，丞相不来。吾方燕私，丞相辄来请事。丞相岂少我哉？且固我哉？"^②<u>赵高</u>因曰："如此殆矣！夫沙丘之谋，丞相与焉。今陛下已立为帝，而丞相贵不益，此其意亦望裂地而王矣。且陛下不问臣，臣不敢言。丞相长男<u>李由</u>为<u>三川</u>守，楚盗<u>陈胜</u>等皆丞相傍县之子，以故楚盗公行，^③过<u>三川</u>，城守不肯击。<u>高</u>闻其文书相往来，未得其审，故未敢以闻。且丞相居外，权重于陛下。"<u>二世</u>以为然。欲案丞相，恐其不审，乃使人案验<u>三川</u>守与盗通状。<u>李斯</u>闻之。

①【索隐】房音旁，一如字。

②【索隐】谓以我幼故轻我也。云"固我"者，一云以我为短少，且固陋于

我也,于义为疏。

③【集解】徐广曰:"公,一作'讼',音松。"

　　是时二世在甘泉,方作觳抵优俳之观。①李斯不得见,因上书言赵高之短曰:"臣闻之,臣疑其君,无不危国;妾疑其夫,无不危家。今有大臣于陛下擅利擅害,与陛下无异,此甚不便。昔者司城子罕相宋,身行刑罚,以威行之,期年遂劫其君。田常为简公臣,爵列无敌于国,私家之富与公家均,布惠施德,下得百姓,上得群臣,阴取齐国,杀宰予于庭,即弑简公于朝,遂有齐国。此天下所明知也。今高有邪佚之志,危反之行,如子罕相宋也;私家之富,若田氏之于齐也。兼行田常、子罕之逆道而劫陛下之威信,其志若韩玘为韩安相也。②陛下不图,臣恐其为变也。"二世曰:"何哉?夫高,故宦人也,然不为安肆志,不以危易心,絜行修善,自使至此,以忠得进,以信守位,朕实贤之,而君疑之,何也?且朕少失先人,无所识知,不习治民,而君又老,恐与天下绝矣。朕非属赵君,当谁任哉?且赵君为人精廉强力,下知人情,上能适朕,君其勿疑。"李斯曰:"不然。夫高,故贱人也,无识于理,贪欲无厌,求利不止,列势次主,求欲无穷,臣故曰殆。"二世已前信赵高,恐李斯杀之,乃私告赵高。高曰:"丞相所患者独高,高已死,丞相即欲为田常所为。"于是二世曰:"其以李斯属郎中令!"

2248

①【集解】应劭曰:"战国之时,稍增讲武之礼,以为戏乐,用相夸示,而秦更名曰角抵。角者,角材也。抵者,相抵触也。"文颖曰:"案:秦名此乐为角抵,两两相当,角力,角伎蓺射御,故曰角抵也。"骃案:觳抵即角抵也。

②【索隐】玘,亦作"起",并音怡。韩大夫弑其君悼公者,然韩无悼公,或郑之嗣君。案表,韩玘事昭侯,昭侯已下四代至王安,其说非也。

赵高案治李斯。李斯拘执束缚，居囹圄中，仰天而叹曰："嗟乎，悲夫！不道之君，何可为计哉！昔者桀杀关龙逢，纣杀王子比干，吴王夫差杀伍子胥。此三臣者，岂不忠哉，然而不免于死，身死而所忠者非也。今吾智不及三子，而二世之无道过于桀、纣、夫差，吾以忠死，宜矣。且二世之治岂不乱哉！日者夷其兄弟而自立也，杀忠臣而贵贱人，作为阿房之宫，赋敛天下。吾非不谏也，而不吾听也。凡古圣王，饮食有节，车器有数，宫室有度，出令造事，加费而无益于民利者禁，故能长久治安。今行逆于昆弟，不顾其咎；侵杀忠臣，不思其殃；大为宫室，厚赋天下，不爱其费：三者已行，天下不听。今反者已有天下之半矣，而心尚未寤也，而以赵高为佐，吾必见寇至咸阳，麋鹿游于朝也。"

于是二世乃使高案丞相狱，治罪，责斯与子由谋反状，皆收捕宗族宾客。赵高治斯，榜掠千馀，不胜痛，自诬服。斯所以不死者，自负其辩，有功，实无反心，幸得上书自陈，幸二世之寤而赦之。李斯乃从狱中上书曰："臣为丞相，治民三十馀年矣。逮秦地之陕隘。先王之时秦地不过千里，兵数十万。臣尽薄材，谨奉法令，阴行谋臣，资之金玉，使游说诸侯，阴修甲兵，饰政教，官斗士，尊功臣，盛其爵禄，故终以胁韩弱魏，破燕、赵，夷齐、楚，卒兼六国，虏其王，立秦为天子。罪一矣。地非不广，又北逐胡、貉，南定百越，以见秦之强。罪二矣。尊大臣，盛其爵位，以固其亲。罪三矣。立社稷，修宗庙，以明主之贤。罪四矣。更克画，平斗斛度量，文章布之天下，以树秦之名。罪五矣。治驰道，兴游观，以见主之得意。罪六矣。缓刑罚，薄赋敛，以遂主得众之心，万民戴主，死而不忘。罪七矣。若斯之为臣者，罪足以死固久矣。上幸尽其能力，乃得至今，愿陛下察之!"书上,赵高使吏弃去不奏,曰:"囚安得上书!"

赵高使其客十余辈诈为御史、谒者、侍中,更往覆讯斯。斯更以其实对,辄使人复榜之。后二世使人验斯,斯以为如前,终不敢更言,辞服。奏当上,二世喜曰:"微赵君,几为丞相所卖。"及二世所使案三川之守至,则项梁已击杀之。使者来,会丞相下吏,赵高皆妄为反辞。

二世二年七月,具斯五刑,论腰斩咸阳市。斯出狱,与其中子俱执,顾谓其中子曰:"吾欲与若复牵黄犬俱出上蔡东门逐狡兔,岂可得乎?"遂父子相哭,而夷三族。

李斯已死,二世拜赵高为中丞相,事无大小辄决于高。高自知权重,乃献鹿,谓之马。二世问左右:"此乃鹿也?"左右皆曰"马也"。二世惊,自以为惑,乃召太卜,令卦之。太卜曰:"陛下春秋郊祀,奉宗庙鬼神,斋戒不明,故至于此。可依盛德而明斋戒。"于是乃入上林斋戒。日游弋猎,有行人入上林中,二世自射杀之。赵高教其女婿咸阳令阎乐劾不知何人贼杀人移上林。高乃谏二世曰:"天子无故贼杀不辜人,此上帝之禁也,鬼神不享,天且降殃,当远避宫以禳之。"二世乃出居望夷之宫。

留三日,赵高诈诏卫士,令士皆素服持兵内乡,入告二世曰:"山东群盗兵大至!"二世上观而见之,恐惧,高即因劫令自杀。引玺而佩之,左右百官莫从;上殿,殿欲坏者三。高自知天弗与,群臣弗许,乃召始皇弟,授之玺。①

①【集解】徐广曰:"一本曰'召始皇弟子婴,授之玺'。秦本纪云'子婴者,二世之兄子也'。"【索隐】刘氏云:"'弟'字误,当为'孙'。子婴,二世兄子。"

子婴即位,患之,乃称疾不听事,与宦者韩谈及其子谋杀高。高上谒,请病,因召入,令韩谈刺杀之,夷其三族。

子婴立三月,沛公兵从武关入,至咸阳,群臣百官皆畔,不適。①子婴与妻子自系其颈以组,降轵道旁。②沛公因以属吏。项王至而斩之。遂以亡天下。

①【集解】徐广曰:"適音敌。"

②【索隐】轵道在万年县东北十六里。

太史公曰:李斯以闾阎历诸侯,入事秦,因以瑕衅,以辅始皇,卒成帝业,斯为三公,可谓尊用矣。斯知六蓻之归,不务明政以补主上之缺,持爵禄之重,阿顺苟合,严威酷刑,听高邪说,废適立庶。诸侯已畔,斯乃欲谏争,不亦末乎! 人皆以斯极忠而被五刑死,察其本,乃与俗议之异。不然,斯之功且与周、召列矣。

【索隐述赞】鼠在所居,人固择地。斯效智力,功立名遂。置酒咸阳,人臣极位。一夫诳惑,变易神器。国丧身诛,本同末异。

史 记 卷 八 十 八

蒙恬列传第二十八

　　蒙恬者,其先齐人也。恬大父蒙骜,①自齐事秦昭王,官至上卿。秦庄襄王元年,蒙骜为秦将,伐韩,取成皋、荥阳,作置三川郡。二年,蒙骜攻赵,取三十七城。始皇三年,蒙骜攻韩,取十三城。五年,蒙骜攻魏,取二十城,作置东郡。始皇七年,蒙骜卒。骜子曰武,武子曰恬。恬尝书狱典文学。②始皇二十三年,蒙武为秦裨将军,与王翦攻楚,大破之,杀项燕。二十四年,蒙武攻楚,虏楚王。蒙恬弟毅。

　　①【索隐】音教。又邹氏音五到反。

　　②【索隐】谓恬尝学狱法,遂作狱官,典文学。

　　始皇二十六年,蒙恬因家世得为秦将,攻齐,大破之,拜为内史。秦已并天下,乃使蒙恬将三十万众北逐戎狄,收河南。①筑长城,因地形,用制险塞,起临洮,②至辽东,③延袤万馀里。于是渡河,据阳山,④逶蛇而北。暴师于外十馀年,居上郡。是时蒙恬威振匈奴。始皇甚尊宠蒙氏,信任贤之。而亲近蒙毅,位至上卿,出则参乘,入则御前。恬任外事而毅常为内谋,名为忠信,故虽诸将相莫敢与之争焉。

①【正义】谓灵、胜等州。

②【集解】徐广曰:"属陇西。"

③【正义】辽东郡在辽水东,始皇筑长城东至辽水,西南至海(之上)。

④【集解】徐广曰:"五原西安阳县北有阴山。阴山在河南,阳山在河北。"

赵高者,诸赵疏远属也。赵高昆弟数人,皆生隐宫,①其母被刑僇,世世卑贱。秦王闻高强力,通于狱法,举以为中车府令。高即私事公子胡亥,喻之决狱。高有大罪,秦王令蒙毅法治之。毅不敢阿法,当高罪死,除其宦籍。帝以高之敦于事也,②赦之,复其官爵。

①【集解】徐广曰:"为宦者。"【索隐】刘氏云:"盖其父犯宫刑,妻子没为官奴婢,妻后野合所生子皆承赵姓,并宫之,故云'兄弟生隐宫'。谓'隐宫'者,宦之谓也。"

②【集解】徐广曰:"敦,一作'敏'。"

2254

始皇欲游天下,道九原,①直抵甘泉,②乃使蒙恬通道,自九原抵甘泉,堑山堙谷,千八百里。道未就。

①【正义】九原郡,今胜州连谷县是。

②【正义】宫在雍州。

始皇三十七年冬,行出游会稽,并海上,①北走琅邪。②道病,使蒙毅还祷山川,未反。

①【索隐】並音白浪反。

②【索隐】走音奏。走犹向也。邹氏音趋,趋亦向义,于字则乖。

　　始皇至沙丘崩,秘之,群臣莫知。是时丞相李斯、公子胡亥、中车府令赵高常从。高雅得幸于胡亥,欲立之,又怨蒙毅法治之而不为己也,因有贼心,乃与丞相李斯、公子胡亥阴谋,立胡亥为太子。太子已立,遣使者以罪赐公子扶苏、蒙恬死。扶苏已死,蒙恬疑而复请之。使者以蒙恬属吏,更置。胡亥以李斯舍人为护军。使者还报,胡亥已闻扶苏死,即欲释蒙恬。赵高恐蒙氏复贵而用事,怨之。

　　毅还至,赵高因为胡亥忠计,欲以灭蒙氏,乃言曰:"臣闻先帝欲举贤立太子久矣,而毅谏曰'不可'。若知贤而俞弗立,则是不忠而惑主也。①以臣愚意,不若诛之。"胡亥听而系蒙毅于代。②前已囚蒙恬于阳周。丧至咸阳,已葬,太子立为二世皇帝,而赵高亲近,日夜毁恶蒙氏,求其罪过,举劾之。

①【索隐】俞即逾也,音史。谓知太子贤而逾久不立,是不忠也。

②【正义】今代州也。因祷山川至代而系之。

　　子婴进谏曰:"臣闻故赵王迁杀其良臣李牧而用颜聚,燕王喜阴用荆轲之谋而倍秦之约,齐王建杀其故世忠臣而用后胜之议。此三君者,皆各以变古者失其国而殃及其身。今蒙氏,秦之大臣谋士也,而主欲一旦弃去之,臣窃以为不可。臣闻轻虑者不可以治国,独智者不可以存君。①诛杀忠臣而立无节行之人,是内使群臣不相信而外使斗士之意离也,臣窃以为不可。"

①【集解】徐广曰:"一无此字。"

胡亥不听。而遣御史曲宫乘传之代,①令蒙毅曰:"先主欲立太子而卿难之。今丞相以卿为不忠,罪及其宗。朕不忍,乃赐卿死,亦甚幸矣。卿其图之!"毅对曰:"以臣不能得先主之意,则臣少宦,顺幸没世,可谓知意矣。②以臣不知太子之能,则太子独从,周旋天下,去诸公子绝远,臣无所疑矣。夫先主之举用太子,数年之积也,臣乃何言之敢谏,何虑之敢谋!非敢饰辞以避死也,为羞累先主之名,愿大夫为虑焉,使臣得死情实。且夫顺成全者,道之所贵也;刑杀者,道之所卒也。昔者秦穆公杀三良而死,罪百里奚而非其罪也,故立号曰'缪'。昭襄王杀武安君白起,楚平王杀伍奢,吴王夫差杀伍子胥,此四君者,皆为大失,而天下非之,以其君为不明,以是籍于诸侯。③故曰'用道治者不杀无罪,而罚不加于无辜'。唯大夫留心!"使者知胡亥之意,不听蒙毅之言,遂杀之。

①【索隐】曲,姓;宫,名。

②【索隐】蒙毅言己少事始皇,顺意因蒙幸,至始皇没世,可谓知上意。

③【索隐】言其恶声狼籍,布于诸国。而刘氏曰"诸侯皆记其恶于史籍",非也。

二世又遣使者之阳周,令蒙恬曰:"君之过多矣,而卿弟毅有大罪,法及内史。"恬曰:"自吾先人,及至子孙,积功信于秦三世矣。今臣将兵三十馀万,身虽囚系,其势足以倍畔,然自知必死而守义者,不敢辱先人之教,以不忘先主也。昔周成王初立,未离襁褓,周公旦负王以朝,卒定天下。及成王有病甚殆,公旦自揃其爪以沈于河,曰:'王未有识,是旦执事。有罪殃,旦受其不祥。'乃书而藏之记府,可谓信矣。及王能治国,有贼臣言:'周公旦欲为乱久矣,王若不备,必有大事。'王乃大怒,周公旦走而奔于楚。成王观于记

府,得<u>周公旦</u>沈书,乃流涕曰:'孰谓<u>周公旦</u>欲为乱乎!'杀言之者
而反<u>周公旦</u>。故<u>周</u>书曰'必参而伍之'。^①今<u>恬</u>之宗,世无二心,而
事卒如此,是必孽臣逆乱,^②内陵之道也。夫<u>成王</u>失而复振则卒昌;
<u>桀</u>杀<u>关龙逢</u>,<u>纣</u>杀<u>王子比干</u>而不悔,身死则国亡。臣故曰过可振而
谏可觉也。^③察于参伍,上圣之法也。凡臣之言,非以求免于咎也,将
以谏而死,愿陛下为万民思从道也。"使者曰:"臣受诏行法于将军,
不敢以将军言闻于上也。"<u>蒙恬</u>喟然太息曰:"我何罪于天,无过而死
乎?"良久,徐曰:"<u>恬</u>罪固当死矣。起<u>临洮</u>属之<u>辽东</u>,城堑万馀里,此
其中不能无绝地脉哉? 此乃<u>恬</u>之罪也。"乃吞药自杀。

①【索隐】参谓三卿,伍即五大夫。欲参伍更议。

②【集解】<u>徐广</u>曰:"一作'辞'。"

③【索隐】此"故曰"者,必先志有此言,<u>蒙恬</u>引之以成说也,今不知出何
  书耳。振者,救也。然语亦倒,以言前人受谏可觉,则其过乃可救。

<u>太史公</u>曰:吾适北边,自<u>直道</u>归,行观<u>蒙恬</u>所为<u>秦</u>筑长城亭障,
堑山堙谷,通<u>直道</u>,固轻百姓力矣。夫<u>秦</u>之初灭诸侯,天下之心未
定,痍伤者未瘳,而<u>恬</u>为名将,不以此时强谏,振百姓之急,养老存
孤,务修众庶之和,而阿意兴功,此其兄弟遇诛,不亦宜乎? 何乃罪
地脉哉?

【索隐述赞】<u>蒙</u>氏<u>秦</u>将,内史忠贤。长城首筑,万里安边。<u>赵高</u>矫制,<u>扶</u>
<u>苏</u>死焉。绝地何罪? 劳人是惮。呼天欲诉,三代良然。

史 记 卷 八 十 九

张耳陈馀列传第二十九

张耳者,大梁人也。①其少时,及魏公子毋忌为客。张耳尝亡命②游外黄。③外黄富人女甚美,嫁庸奴,亡其夫,④去抵父客。⑤父客素知张耳,乃谓女曰:"必欲求贤夫,从张耳。"女听,乃卒为请决,嫁之张耳。⑥张耳是时脱身游,女家厚奉给张耳,张耳以故致千里客。乃宦魏为外黄令。名由此益贤。陈馀者,亦大梁人也,好儒术,数游赵苦陉。⑦富人公乘氏以其女妻之,亦知陈馀非庸人也。馀年少,父事张耳,两人相与为刎颈交。⑧

2259

① 【索隐】臣瓒云:"今陈留大梁城是也。"

② 【索隐】晋灼曰:"命者,名也。谓脱名籍而逃。"崔浩曰:"亡,无也。命,名也。逃匿则削除名籍,故以逃为亡命。"

③ 【索隐】地理志属陈留。

④ 【集解】徐广曰:"一云'其夫亡'也。"

⑤【集解】如淳曰:"父时故宾客。" 【索隐】如淳曰:"抵,归也,音丁礼反。"

⑥【索隐】谓女请父客为决绝其夫,而嫁之张耳。

⑦【集解】张晏曰:"苦陉,汉章帝改曰汉昌。" 【索隐】地理志属中山。张晏曰:"章帝丑其名,改曰汉昌。" 【正义】音邢。郉州唐昌县。

⑧【索隐】崔浩云:"言要齐生死,断颈无悔。"

秦之灭大梁也,张耳家外黄。高祖为布衣时,尝数从张耳游,客数月。秦灭魏数岁,已闻此两人魏之名士也,购求有得张耳千金,陈馀五百金。张耳、陈馀乃变名姓,俱之陈,为里监门①以自食。两人相对。里吏尝有过笞陈馀,陈馀欲起,张耳蹑之,②使受笞。吏去,张耳乃引陈馀之桑下而数之曰:"始吾与公言何如? 今见小辱而欲死一吏乎?"陈馀然之。秦诏书购求两人,两人亦反用门者以令里中。③

①【集解】张晏曰:"监门,里正卫也。"

②【集解】徐广曰:"一作'摄'。"

③【索隐】案:门者即馀、耳也。自以其名而号令里中,诈更别求也。

陈涉起蕲,至入陈,兵数万。张耳、陈馀上谒陈涉。涉及左右生平数闻张耳、陈馀贤,未尝见,见即大喜。

陈中豪杰父老乃说陈涉曰:"将军身被坚执锐,率士卒以诛暴秦,复立楚社稷,存亡继绝,功德宜为王。且夫监临天下诸将,不为王不可,愿将军立为楚王也。"陈涉问此两人,两人对曰:"夫秦为无道,破人国家,灭人社稷,绝人后世,罢百姓之力,尽百姓之财。将军瞋目张胆,出万死不顾一生之计,为天下除残也。今始至陈而王之,示天下私。愿将军毋王,急引兵而西,遣人立六国后,自为树

史记卷八十九

2260

党,为秦益敌也。敌多则力分,与众则兵强。如此野无交兵,县无守城,诛暴秦,据咸阳以令诸侯。诸侯亡而得立,以德服之,如此则帝业成矣。今独王陈,恐天下解也。"①陈涉不听,遂立为王。

①【正义】解,纪卖反。言天下诸侯见陈胜称王王陈,皆解堕不相从也。

陈馀乃复说陈王曰:"大王举梁、楚而西,务在入关,未及收河北也。臣尝游赵,知其豪杰及地形,愿请奇兵北略赵地。"于是陈王以故所善陈人武臣为将军,邵骚为护军,以张耳、陈馀为左右校尉,予卒三千人,北略赵地。

武臣等从白马渡河①至诸县,说其豪杰曰:②"秦为乱政虐刑以残贼天下,数十年矣。北有长城之役,南有五岭之戍,③外内骚动,百姓罢敝,头会箕敛,④以供军费,财匮力尽,民不聊生。重之以苛法峻刑,使天下父子不相安。陈王奋臂为天下倡始,王楚之地,方二千里,莫不响应,家自为怒,人自为斗,各报其怨而攻其仇,县杀其令丞,郡杀其守尉。今已张大楚,王陈,使吴广、周文将卒百万西击秦。于此时而不成封侯之业者,非人豪也。诸君试相与计之! 夫天下同心而苦秦久矣。因天下之力而攻无道之君,报父兄之怨而成割地有土之业,此士之一时也。"豪杰皆然其言。乃行收兵,得数万人,号武臣为武信君。下赵十城,馀皆城守,莫肯下。

①【索隐】案:郦食其云"白马之津",白马是津渡,其地与黎阳对岸。
②【集解】邓展曰:"至河北县说之。"
③【集解】汉书音义曰:"岭有五,因以为名,在交址界中也。"【索隐】裴氏广州记云大庾、始安、临贺、桂阳、揭阳,斯五岭。
④【集解】汉书音义曰:"家家人头数出谷,以箕敛之。"

乃引兵东北击范阳。范阳人蒯通说范阳令曰:①"窃闻公之将

死,故吊。虽然,贺公得通而生。"范阳令曰:"何以吊之?"对曰:
"秦法重,足下为范阳令十年矣,杀人之父,孤人之子,断人之足,黥
人之首,不可胜数。然而慈父孝子莫敢傅刃②公之腹中者,畏秦法
耳。今天下大乱,秦法不施,然则慈父孝子且傅刃公之腹中以成其
名,此臣之所以吊公也。今诸侯畔秦矣,武信君兵且至,而君坚守
范阳,少年皆争杀君,下武信君。君急遣臣见武信君,可转祸为福,
在今矣。"

①【集解】汉书曰:"范阳令徐公。"

②【集解】徐广曰:"傅音戚。"李奇曰:"东方人以物插地皆为傅。"

范阳令乃使蒯通见武信君曰:"足下必将战胜然后略地,攻得
然后下城,臣窃以为过矣。诚听臣之计,可不攻而降城,不战而略
地,传檄而千里定,可乎?"武信君曰:"何谓也?"蒯通曰:"今范阳
令宜整顿其士卒以守战者也,怯而畏死,贪而重富贵,故欲先天下
降,畏君以为秦所置吏,诛杀如前十城也。然今范阳少年亦方杀其
令,自以城距君。君何不赍臣侯印,拜范阳令,范阳令则以城下君,
少年亦不敢杀其令。令范阳令乘朱轮华毂,使驱驰燕、赵郊。燕、
赵郊见之,皆曰此范阳令,先下者也,即喜矣,燕、赵城可毋战而降
也。此臣之所谓传檄而千里定者也。"武信君从其计,因使蒯通赐
范阳令侯印。赵地闻之,不战以城下者三十馀城。

至邯郸,张耳、陈馀闻周章军入关,至戏却;①又闻诸将为陈王
徇地,多以谗毁得罪诛,怨陈王不用其筞不以为将而以为校尉。乃
说武臣曰:"陈王起蕲,至陈而王,非必立六国后。将军今以三千人
下赵数十城,独介居河北,②不王无以填之。且陈王听谗,还报,恐

不脱于祸。又不如立其兄弟；不，即立赵后。将军毋失时，时间不容息。"③武臣乃听之，遂立为赵王。以陈馀为大将军，张耳为右丞相，邵骚为左丞相。

①【集解】苏林曰："戯，地名。却，兵退也。" 【正义】戯音羲。出骊山。

②【集解】晋灼曰："介音夏。"瓉曰："方言云介，特也。"

③【索隐】以言举事不可失时，时几之迅速，其间不容一喘息顷也。

使人报陈王，陈王大怒，欲尽族武臣等家，而发兵击赵。陈王相国房君谏曰："秦未亡而诛武臣等家，此又生一秦也。不如因而贺之，使急引兵西击秦。"陈王然之，从其计，徙击武臣等家宫中，封张耳子敖为成都君。

陈王使使者贺赵，令趣发兵西入关。张耳、陈馀说武臣曰："王王赵，非楚意，特以计贺王。楚已灭秦，必加兵于赵。愿王毋西兵，北徇燕、代，南收河内以自广。赵南据大河，北有燕、代，楚虽胜秦，必不敢制赵。"赵王以为然，因不西兵，而使韩广略燕，李良略常山，张黡略上党。

韩广至燕，燕人因立广为燕王。①赵王乃与张耳、陈馀北略地燕界。赵王间出，为燕军所得。燕将囚之，欲与分赵地半，乃归王。使者往，燕辄杀之以求地。张耳、陈馀患之。有厮养卒谢其舍中曰：②"吾为公说燕，与赵王载归。"舍中皆笑曰："使者往十馀辈，辄死，若何以能得王？"乃走燕壁。燕将见之，问燕将曰："知臣何欲？"燕将曰："若欲得赵王耳。"曰："君知张耳、陈馀何如人也？"燕将曰："贤人也。"曰："知其志何欲？"曰："欲得其王耳。"赵养卒乃笑曰："君未知此两人所欲也。夫武臣、张耳、陈馀杖马箠③下赵数十城,此亦各欲南面而王,岂欲为卿相终己邪? 夫臣与主岂可同日而道哉,顾其势初定,未敢参分而王,且以少长先立武臣为王,以持赵心。今赵地已服,此两人亦欲分赵而王,时未可耳。今君乃囚赵王。此两人名为求赵王,实欲燕杀之,此两人分赵自立。夫以一赵尚易燕,况以两贤王左提右挈,而责杀王之罪,④灭燕易矣。"燕将以为然,乃归赵王,养卒为御而归。

①【集解】徐广曰:"九月也。"

②【集解】如淳曰:"厮,贱者也。公羊传曰'厮役扈养'。"韦昭曰:"析薪为厮,炊烹为养。"晋灼曰:"以辞相告曰谢也。"【索隐】谓其同舍中之人也。汉书作"舍人"。

③【集解】张晏曰:"言其不用兵革,驱策而已也。"【索隐】杖音丈。箠音之委反。

④【集解】徐广曰:"平原君传曰'事成执右券以责'也,券契义同耳。"

李良已定常山,还报,赵王复使良略太原。至石邑,①秦兵塞井陉,未能前。秦将诈称二世使人遗李良书,不封,②曰:"良尝事我得显幸。良诚能反赵为秦,赦良罪,贵良。"良得书,疑不信。乃还之邯郸,益请兵。未至,道逢赵王姊出饮,从百馀骑。李良望见,以为王,伏谒道旁。王姊醉,不知其将,使骑谢李良。李良素贵,起,惭其从官。从官有一人曰:"天下畔秦,能者先立。且赵王素出将军下,今女儿乃不为将军下车,请追杀之。"李良已得秦书,固欲反赵,未决,因此怒,遣人追杀王姊道中,乃遂将其兵袭邯郸。邯郸不知,竟杀武臣、邵骚。赵人多为张耳、陈馀耳目者,以故得脱出。收其兵,得数万人。客有说张耳曰:"两君羁旅,而欲附赵,难;③独立赵后,④扶以义,可就功。"乃求得赵歇,⑤立为赵王,居信都。⑥李良进兵击陈馀,陈馀败李良,李良走归章邯。

①【索隐】地理志属常山。

②【集解】张晏曰："欲其漏泄,君臣相疑。"

③【索隐】案:羁旅势弱,难以立功也。

④【索隐】谓独有立六国赵王之后。

⑤【集解】徐广曰："正月也。音乌辖反。"骃案:张晏曰"赵之苗裔"。

⑥【集解】徐广曰："后项羽改曰襄国。"

章邯引兵至邯郸,皆徙其民河内,夷其城郭。张耳与赵王歇走入钜鹿城,王离围之。陈馀北收常山兵,得数万人,军钜鹿北。章邯军钜鹿南棘原,筑甬道属河,饷王离。王离兵食多,急攻钜鹿。钜鹿城中食尽兵少,张耳数使人召前陈馀,陈馀自度兵少,不敌秦,不敢前。数月,张耳大怒,怨陈馀,使张黡、陈泽①往让陈馀曰:"始吾与公为刎颈交,今王与耳旦暮且死,而公拥兵数万,不肯相救,安在其相为死! 苟必信,胡不赴秦军俱死? 且有十一二相全。"②陈馀曰:"吾度前终不能救赵,徒尽亡军。且馀所以不俱死,欲为赵王、张君报秦。今必俱死,如以肉委饿虎,何益?"张黡、陈泽曰:"事已急,要以俱死立信,安知后虑!"陈馀曰:"吾死顾以为无益。必如公言。"乃使五千人令张黡、陈泽先尝秦军,③至皆没。

①【正义】音释。

②【正义】十中冀一两胜秦。

③【索隐】崔浩云:"尝犹试。"

当是时,燕、齐、楚闻赵急,皆来救。张敖亦北收代兵,得万馀人,来,皆壁馀旁,未敢击秦。项羽兵数绝章邯甬道,王离军乏食,项羽悉引兵渡河,遂破章邯。①章邯引兵解,诸侯军乃敢击围钜鹿秦军,遂虏王离。涉闲自杀。卒存钜鹿者,楚力也。

①【集解】徐广曰:"三年十二月也。"

　　于是赵王歇、张耳乃得出钜鹿,谢诸侯。张耳与陈馀相见,责让陈馀以不肯救赵,及问张黡、陈泽所在。陈馀怒曰:"张黡、陈泽以必死责臣,臣使将五千人先尝秦军,皆没不出。"张耳不信,以为杀之,数问陈馀。陈馀怒曰:"不意君之望臣深也!①岂以臣为重去将哉?"②乃脱解印绶,推予张耳。张耳亦愕不受。陈馀起如厕。客有说张耳曰:"臣闻'天与不取,反受其咎'。③今陈将军与君印,君不受,反天不祥。急取之!"张耳乃佩其印,收其麾下。而陈馀还,亦望张耳不让,④遂趋出。张耳遂收其兵。陈馀独与麾下所善数百人之河上泽中渔猎。由此陈馀、张耳遂有郤。

①【索隐】望,怨责也。

②【索隐】案:重训难也。或云重,惜也。

③【索隐】此辞出国语。

④【正义】言陈馀如厕还,亦怨望张耳不让其印。

　　赵王歇复居信都。张耳从项羽诸侯入关。汉元年二月,项羽立诸侯王,张耳雅游,①人多为之言,项羽亦素数闻张耳贤,乃分赵立张耳为常山王,治信都。信都更名襄国。

①【集解】韦昭曰:"雅,素也。"　【索隐】郑氏云"雅,故也"。韦昭云"雅,素也"。然素亦故也。故游,言惯游从,故多为人所称誉。

　　陈馀客多说项羽曰:"陈馀、张耳一体有功于赵。"项羽以陈馀不从入关,闻其在南皮,①即以南皮旁三县以封之,而徙赵王歇王代。②

①【索隐】地理志属勃海。　【正义】故城在沧州南皮县北四里也。

②【集解】徐广曰:"都代县。"

张耳之国,陈馀愈益怒,曰:"张耳与馀功等也,今张耳王,馀独侯,此项羽不平。"及齐王田荣畔楚,陈馀乃使夏说说①田荣曰:"项羽为天下宰不平,尽王诸将善地,徙故王王恶地,今赵王乃居代!愿王假臣兵,请以南皮为扞蔽。"田荣欲树党于赵以反楚,乃遣兵从陈馀。陈馀因悉三县兵袭常山王张耳。张耳败走,念诸侯无可归者,曰:"汉王与我有旧故,②而项羽又强,立我,我欲之楚。"③甘公曰:④"汉王之入关,五星聚东井。东井者,秦分也。先至必霸。楚虽强,后必属汉。"故耳走汉。⑤汉王亦还定三秦,方围章邯废丘。张耳谒汉王,汉王厚遇之。

①【正义】上"说"音悦,下式锐反。

②【集解】张晏曰:"汉王为布衣时,尝从张耳游。"

③【集解】张晏曰:"羽既强盛,又为所立,是以狐疑莫知所往也。"

④【集解】文颖曰:"善说星者甘氏也。" 【索隐】天官书云齐甘公,艺文志云楚有甘公,齐楚不同。刘歆七略云"字逢,甘德"。志林云"甘公一名德"。

⑤【集解】徐广曰:"二年十月也。"

陈馀已败张耳,皆复收赵地,迎赵王于代,复为赵王。赵王德陈馀,立以为代王。陈馀为赵王弱,国初定,不之国,留傅赵王,而使夏说以相国守代。

汉二年,东击楚,使使告赵,欲与俱。陈馀曰:"汉杀张耳乃从。"于是汉王求人类张耳者斩之,持其头遗陈馀。陈馀乃遣兵助汉。汉之败于彭城西,陈馀亦复觉张耳不死,即背汉。

汉三年,韩信已定魏地,遣张耳与韩信击破赵井陉,①斩陈馀泜水上,②追杀赵王歇襄国。汉立张耳为赵王。③汉五年,张耳薨,谥为景王。子敖嗣立为赵王。高祖长女鲁元公主为赵王敖后。

①【集解】徐广曰："三年十月。"

②【集解】徐广曰："在常山。音迟，一音丁礼反。" 【索隐】徐广音迟，苏林音祇。晋灼音丁礼反，今俗呼此水则然。案：地理志音脂，则苏音为得。郭景纯注山海经云"泜水出常山中丘县"。 【正义】在赵州赞皇县界。

③【集解】徐广曰："四年十一月。"駰案：汉书"四年夏"。

汉七年，高祖从平城过赵，赵王朝夕袒韝蔽，①自上食，礼甚卑，有子婿礼。高祖箕踞②詈，甚慢易之。赵相贯高、赵午等年六十馀，③故张耳客也。生平为气，乃怒曰："吾王孱王也！"④说王曰："夫天下豪杰并起，能者先立。今王事高祖甚恭，而高祖无礼，请为王杀之！"张敖啮其指⑤出血，曰："君何言之误！且先人亡国，赖高祖得复国，德流子孙，秋豪皆高祖力也。愿君无复出口。"贯高、赵午等十馀人皆相谓曰："乃吾等非也。吾王长者，不倍德。且吾等义不辱，今怨高祖辱我王，故欲杀之，何乃污王⑥为乎？令事成归王，事败独身坐耳。"

①【集解】徐广曰："韝者，臂捍也。"

②【索隐】崔浩云："屈膝坐，其形如箕。"

③【集解】徐广曰："田叔传云'赵相赵午等数十人皆怒'，然则或宜言六十馀人。"

④【集解】孟康曰："音如'潺湲'之'潺'。冀州人谓懦弱为孱。"韦昭曰："仁谨貌。" 【索隐】案：服虔音钮闲反，弱小貌也。小颜音仕连反。

⑤【索隐】案：小颜曰："啮指以表至诚，为其约誓。"

⑥【索隐】萧该音一故反。说文云："污，秽也。"

汉八年，上从东垣还，过赵，贯高等乃壁人柏人，①要之置厕。②上过欲宿,心动,问曰:"县名为何?"曰:"柏人。""柏人者,迫于人也!"不宿而去。

①【索隐】谓于柏人县馆舍壁中著人,欲为变也。 【正义】柏人故城在邢州柏人县西北十二里,即高祖宿处也。

②【集解】韦昭曰:"为供置也。" 【索隐】文颖云:"置人厕壁中,以伺高祖也。"张晏云:"凿壁空之,令人止中也。"今按:云"置厕"者,置人于复壁中,谓之置厕,厕者隐侧之处,因以为言也。亦音侧。

汉九年,贯高怨家知其谋,乃上变告之。于是上皆并逮捕赵王、贯高等。十馀人皆争自刭,贯高独怒骂曰:"谁令公为之? 今王实无谋,而并捕王;公等皆死,谁白王不反者!"乃辎车胶致,①与王诣长安。治张敖之罪。上乃诏赵群臣宾客有敢从王皆族。贯高与客孟舒等十馀人,皆自髡钳,为王家奴,从来。贯高至,对狱,曰:"独吾属为之,王实不知。"吏治榜笞数千,刺剟,②身无可击者,终不复言。吕后数言张王以鲁元公主故,不宜有此。上怒曰:"使张敖据天下,岂少而女乎!"不听。廷尉以贯高事辞闻,上曰:"壮士!谁知者,以私问之。"③中大夫泄公曰:④"臣之邑子,素知之。此固赵国立名义不侵为然诺者也。"上使泄公持节问之箯舆前。⑤仰视曰:"泄公邪?"泄公劳苦如生平欢,与语,问张王果有计谋不。高曰:"人情宁不各爱其父母妻子乎? 今吾三族皆以论死,岂以王易吾亲哉! 顾为王实不反,独吾等为之。"具道本指所以为者王不知状。于是泄公入,具以报,上乃赦赵王。

①【正义】谓其车上著板,四周如槛形,胶密不得开,送致京师也。

②【集解】徐广曰:"丁劣反。" 【索隐】徐广音丁劣反。案:掇亦刺也,汉书作"刺爇",张晏云"爇,灼也"。说文云"烧也"。应劭云"以铁刺之"。

③【集解】瓒曰:"以私情相问。"

④【正义】泄,姓也。史有泄私。

⑤【集解】徐广曰:"箯音鞭。"駰案:韦昭曰"舆如今舆床,人舆以行"。

【索隐】服虔云:"音编,编竹木如今峻,可以粪除也。"何休注公羊:
"筍音峻。筍者,竹箯,一名编,齐、鲁已北名为筍。"郭璞三仓注云:
"箯舆,土器。"

上贤贯高为人能立然诺,使泄公具告之,曰:"张王已出。"因
赦贯高。贯高喜曰:"吾王审出乎?"泄公曰:"然。"泄公曰:"上多
足下,故赦足下。"贯高曰:"所以不死一身无馀者,白张王不反也。
今王已出,吾责已塞,死不恨矣。且人臣有篡杀之名,何面目复事
上哉!纵上不杀我,我不愧于心乎?"乃仰绝肮,遂死。①当此之时,
名闻天下。

①【集解】韦昭曰:"肮,咽也。"【索隐】苏林云:"肮,颈大脉也,俗所谓
胡脉,下郎反。"萧该或音下浪反。

张敖已出,以尚鲁元公主故,封为宣平侯。①于是上贤张王诸
客,以钳奴从张王入关,无不为诸侯相、郡守者。及孝惠、高后、文
帝、孝景时,张王客子孙皆得为二千石。

①【索隐】韦昭曰:"尚,奉也。不敢言取。"崔浩云:"奉事公主。"小颜
云:"尚,配也。易曰'得尚于中行',王弼亦以尚为配。恐非其义也。"

张敖,高后六年薨。①子偃为鲁元王。以母吕后女故,吕后封
为鲁元王。②元王弱,兄弟少,乃封张敖他姬子二人:寿为乐昌
侯,③侈为信都侯。高后崩,诸吕无道,大臣诛之,而废鲁元王及乐
昌侯、信都侯。孝文帝即位,复封故鲁元王偃为南宫侯,续张氏。④

①【集解】关中记曰:"张敖冢在安陵东。"【正义】鲁元公主墓在咸阳

县西北二十五里,次东有张敖冢,与公主同域。又张耳墓在咸阳县东
三十三里。

②【索隐】案:谓偃以其母号而封也。

③【集解】徐广曰:"汉纪张酺传曰张敖之子寿封乐昌侯,食细阳之池阳
乡也。"

④【集解】张敖谥武侯。张偃之孙有罪绝。信都侯名侈,乐昌侯名寿。

太史公曰:张耳、陈馀,世传所称贤者;其宾客厮役,莫非天下
俊杰,所居国无不取卿相者。然张耳、陈馀始居约时,①相然信以
死,岂顾问哉。②及据国争权,卒相灭亡,何乡者相慕用之诚,后相
倍之戾也!岂非以势利交哉?③名誉虽高,宾客虽盛,所由殆与太
伯、延陵季子异矣。

①【集解】汉书音义曰:"在贫贱时也。"

②【索隐】按:葛洪要用字苑云"然犹尔也"。谓相和同诺者何也。谓然
诺相信,虽死不顾也。

③【索隐】有本作"私利交",汉书作"势利",故廉颇传云"天下以市道
交,君有势则从君,无势则去,此固其理"是也。

【索隐述赞】张耳、陈馀,天下豪俊。忘年羁旅,刎颈相信。耳围钜鹿,馀
兵不进。张既望深,陈乃去印。势利倾夺,隙末成衅。

史 记 卷 九 十

魏豹彭越列传第三十

魏豹者,故魏诸公子也。其兄魏咎,①故魏时封为宁陵君。②秦灭魏,迁咎为家人。陈胜之起王也,③咎往从之。陈王使魏人周市徇魏地,魏地已下,欲相与立周市为魏王。周市曰:"天下昏乱,忠臣乃见。④今天下共畔秦,其义必立魏王后乃可。"齐、赵使车各五十乘,立周市为魏王。市辞不受,迎魏咎于陈。五反,陈王乃遣立咎为魏王。⑤

①【索隐】案:彭越传云"魏豹,魏王咎从弟,真魏后也"。

②【索隐】案:晋灼云"宁陵,梁国县也,即今宁陵是"。

③【正义】王,干放反。

④【索隐】老子曰:"国家昏乱有忠臣",此取以为说也。

⑤【集解】徐广曰:"元年十二月也。"

章邯已破陈王,乃进兵击魏王于临济。①魏王乃使周市出请救于齐、楚。齐、楚遣项它、田巴②将兵随市救魏。章邯遂击破杀周市等军,围临济。咎为其民约降。约定,咎自烧杀。

①【正义】故城在淄州高苑县北二里,本汉县。

②【索隐】案:项它,楚将;田巴,齐将也。　【正义】它,徒多反。

魏豹亡走楚。①楚怀王予魏豹数千人,复徇魏地。项羽已破秦,降章邯。豹下魏二十馀城。立豹为魏王。豹引精兵从项羽入关。汉元年,项羽封诸侯,欲有梁地,乃徙魏王豹于河东,都平阳,②为西魏王。

①【集解】徐广曰:“二年六月。”

②【正义】今晋州。

汉王还定三秦,渡临晋,①魏王豹以国属焉,遂从击楚于彭城。汉败,还至荥阳,豹请归视亲病,至国,即绝河津畔汉。汉王闻魏豹反,方东忧楚,未及击,谓郦生曰:“缓颊往说魏豹,能下之,吾以万户封若。”郦生说豹。豹谢曰:“人生一世间,如白驹过隙耳。②今汉王慢而侮人,骂詈诸侯群臣如骂奴耳,非有上下礼节也,吾不忍复见也。”于是汉王遣韩信击虏豹于河东,③传诣荥阳,以豹国为郡。④汉王令豹守荥阳。楚围之急,周苛遂杀魏豹。

①【正义】临晋在同州朝邑县界。

②【索隐】庄子云“无异骐骥之驰过隙”,则谓马也。小颜云“白驹谓日影也。隙,壁隙也”。以言速疾,若日影过壁隙也。

③【集解】徐广曰:“二年九月也。”

④【集解】高祖本纪曰:“置三郡,河东、太原、上党。”

彭越者,昌邑人也,①字仲。常渔钜野泽中,为群盗。陈胜、项梁之起,少年或谓越曰:"诸豪杰相立畔秦,仲可以来,亦效之。"彭越曰:"两龙方斗,且待之。"

①【正义】汉武更山阳为昌邑国,有梁丘乡。梁丘故城在曹州城武县东北三十三里。

居岁馀,泽间少年相聚百馀人,往从彭越,曰:"请仲为长。"越谢曰:"臣不愿与诸君。"少年强请,乃许。与期旦日日出①会,后期者斩。旦日日出,十馀人后,后者至日中,于是越谢曰:"臣老,诸君强以为长。今期而多后,不可尽诛,诛最后者一人。"令校长斩之。皆笑曰:"何至是?请后不敢。"于是越乃引一人斩之,设坛祭,乃令徒属。徒属皆大惊,畏越,莫敢仰视。乃行略地,收诸侯散卒,得千馀人。

①【索隐】旦日谓明日之朝日出时也。

沛公之从砀北①击昌邑,彭越助之。昌邑未下,沛公引兵西。彭越亦将其众居钜野中,收魏散卒。项籍入关,王诸侯,还归,彭越众万馀人毋所属。汉元年秋,齐王田荣畔项王,(汉)乃使人赐彭越将军印,使下济阴以击楚。楚命萧公角②将兵击越,越大破楚军。汉王二年春,与魏王豹及诸侯东击楚,彭越将其兵三万馀人归汉于外黄。汉王曰:"彭将军收魏地得十馀城,欲急立魏后。今西魏王豹亦魏王咎从弟也,真魏后。"乃拜彭越为魏相国,擅将其兵,③略定梁地。

①【正义】砀音徒郎反。宋州砀山县。

②【正义】萧县令。楚县令称公;角,名。

③【索隐】擅犹专也。

汉王之败彭城解而西也,彭越皆复亡其所下城,独将其兵北居河上。①汉王三年,彭越常往来为汉游兵,击楚,绝其后粮于梁地。汉四年冬,项王与汉王相距荥阳,彭越攻下睢阳、外黄十七城。②项王闻之,乃使曹咎守成皋,③自东收彭越所下城邑,皆复为楚。④越将其兵北走穀城。⑤汉五年秋,项王之南走阳夏,⑥彭越复下昌邑旁二十馀城,得谷十馀万斛,以给汉王食。

①【正义】渭州河上。

②【正义】睢阳,宋州宋城也。外黄在汴州雍丘县东。

③【正义】河南府 氾水是。

④【正义】为,于伪反。

⑤【正义】在齐州东阿县东二十六里是。

⑥【正义】夏,古雅反。陈州太康县也。

汉王败,使使召彭越并力击楚。越曰:"魏地初定,尚畏楚,未可去。"汉王追楚,为项籍所败固陵。①乃谓留侯曰:"诸侯兵不从,为之奈何?"留侯曰:"齐王信之立,非君王之意,信亦不自坚。彭越本定梁地,功多,始君王以魏豹故,拜彭越为魏相国。今豹死毋后,且越亦欲王,而君王不蚤定。与此两国约:即胜楚,睢阳以北至穀城,②皆以王彭相国;从陈以东傅海,③与齐王信。齐王信家在楚,此其意欲复得故邑。君王能出捐此地许二人,二人今可致;即不能,事未可知也。"于是汉王乃发使使彭越,如留侯策。使者至,彭越乃悉引兵会垓下,④遂破楚。(五年)项籍已死。春,立彭越为梁王,都定陶。⑤

①【正义】固陵,地名,在陈州宛丘县西北三十二里。

②【正义】从宋州已北至郓州以西,曹、濮、汴、滑并与彭越。

③【集解】傅音附。 【索隐】傅音附。 【正义】从陈、颍州北以东,亳、泗、徐、淮北之地,东至海,并淮南、淮阴之邑,尽与韩信。韩信又先有

故齐旧地。

④【正义】在亳州也。

⑤【正义】曹州。

六年,朝陈。九年,十年,皆来朝长安。

十年秋,陈豨反代地,高帝自往击,至邯郸,征兵梁王。梁王称病,使将将兵诣邯郸。高帝怒,使人让梁王。梁王恐,欲自往谢。其将扈辄曰:"王始不往,见让而往,往则为禽矣。不如遂发兵反。"梁王不听,称病。梁王怒其太仆,欲斩之。太仆亡走汉,告梁王与扈辄谋反。于是上使使掩梁王,梁王不觉,捕梁王,囚之雒阳。有司治反形已具,①请论如法。上赦以为庶人,传处蜀青衣。②西至郑,③逢吕后从长安来,欲之雒阳,道见彭王。彭王为吕后泣涕,自言无罪,愿处故昌邑。吕后许诺,与俱东至雒阳。吕后白上曰:"彭王壮士,今徙之蜀,此自遗患,④不如遂诛之。妾谨与俱来。"于是吕后乃令其舍人告彭越复谋反。廷尉王恬开奏请族之。上乃可,遂夷越宗族,国除。

①【集解】张晏曰:"扈辄劝越反,不听,而云'反形已见',有司非也。"瓒曰:"扈辄劝越反,而越不诛辄,是反形已具。"

②【集解】文颖曰:"青衣,县名,在蜀。"瓒曰:"今汉嘉是也。" 【索隐】苏林曰:"县名,今为临邛。"瓒曰:"今汉嘉是也。"

③【索隐】地理志郑属京兆。 【正义】华州。

④【正义】上唯季反。

太史公曰:"魏豹、彭越虽故贱,然已席卷千里,①南面称孤,喋血②乘胜日有闻矣。怀畔逆之意,及败,不死而虏囚,身被刑戮,何哉?"中材已上且羞其行,况王者乎! 彼无异故,智略绝人,独患无身耳。得摄尺寸之柄,其云蒸龙变,欲有所会其度,以故幽囚而不辞云。

①【正义】言魏地阔千里,如席卷舒。

②【集解】徐广曰:"喋,一作'唼'。韩传亦有'喋血'语也。"【索隐】音牒。喋犹践也。杀敌践血而行,孝文纪"喋血京师"是也。

【索隐述赞】魏咎兄弟,因时而王。豹后属楚,其国遂亡。仲起昌邑,归汉外黄。往来声援,再续军粮。征兵不往,菹醢何伤。

史 记 卷 九 十 一

黥布列传第三十一

　　黥布者,六人也,①姓英氏。②秦时为布衣。少年,有客相之曰:"当刑而王。"及壮,坐法黥。布欣然笑曰:"人相我当刑而王,几是乎?"③人有闻者,共俳笑之。④布已论输丽山,⑤丽山之徒数十万人,布皆与其徒长豪杰交通,乃率其曹偶,⑥亡之江中为群盗。

①【索隐】地理志庐江有六县。苏林曰:"今为六安也。"

②【索隐】按:布本姓英。英,国名也,咎繇之后。布以少时有人相云"当刑而王",故汉杂事云"布改姓黥,以厌当之"也。　【正义】故六城在寿州安丰县西南百三十三里。按:黥布封淮南王,都六,即此城。又春秋传六与蓼,咎繇之后,或封于英、六,盖英后改为蓼也。

③【集解】徐广曰:"几,一作'岂'。"骃谓几,近也。　【索隐】裴骃曰"臣瓒音机。几,近也"。楚汉春秋作"岂是乎",故徐广云一作"岂"。刘氏作"祈",祈者语辞也,亦通。

④【索隐】谓众共以俳优辈笑之。

⑤【正义】言布论决受黥竟,丽山作陵也。时会稽郡输身徒。

⑥【索隐】曹,辈也。偶,类也。谓徒辈之类。

陈胜之起也,布乃见番君,与其众叛秦,聚兵数千人。番君以其女妻之。章邯之灭陈胜,破吕臣军,布乃引兵北击秦左右校,破之清波,引兵而东。闻项梁定江东会稽,①涉江而西。陈婴以项氏世为楚将,乃以兵属项梁,渡淮南,英布、蒲将军亦以兵属项梁。

①【正义】时会稽郡所理在吴阖闾城中。

项梁涉淮而西,击景驹、秦嘉等,布常冠军。项梁至薛,①闻陈王定死,乃立楚怀王。项梁号为武信君,英布为当阳君。②项梁败死定陶,怀王徙都彭城,诸将英布亦皆保聚彭城。当是时,秦急围赵,赵数使人请救。怀王使宋义为上将,范曾为末将,项籍为次将,英布、蒲将军皆为将军,悉属宋义,北救赵。及项籍杀宋义于河上,怀王因立籍为上将军,诸将皆属项籍。项籍使布先渡河击秦,布数有利,籍乃悉引兵涉河从之,遂破秦军,降章邯等。楚兵常胜,功冠诸侯。诸侯兵皆以服属楚者,以布数以少败众也。

①【正义】薛古城在徐州滕县界也。

②【正义】南郡当阳县也。

项籍之引兵西至新安,①又使布等夜击阬章邯秦卒二十馀万人。至关,不得入,又使布等先从间道②破关下军,遂得入,至咸阳。布常为军锋。③项王封诸将,立布为九江王,都六。

①【正义】新安故城在河南府渑池县东二十二里。

②【索隐】邹氏云"间犹闲也,谓私也"。今以间音纪苋反。间道即他道,犹若反间之义。

③【索隐】案:汉书作"楚军前簿",簿者卤簿。

汉元年四月,诸侯皆罢戏下,各就国。项氏立怀王为义帝,徙
都长沙,乃阴令九江王布等行击之。其八月,布使将击义帝,追杀
之郴县。①

①【正义】郴,丑林反。今郴州有义帝冢及祠。

汉二年,齐王田荣畔楚,项王往击齐,征兵九江,九江王布称病
不往,遣将将数千人行。汉之败楚彭城,布又称病不佐楚。项王由
此怨布,数使使者诮让①召布,布愈恐,不敢往。项王方北忧齐、
赵,西患汉,所与者独九江王,又多布材,欲亲用之,以故未击。

①【集解】汉书音义曰:"诮,责也。"

汉三年,汉王击楚,大战彭城,不利,出梁地,至虞,①谓左右
曰:②"如彼等者,无足与计天下事。"谒者随何进曰:"不审陛下所
谓。"汉王曰:"孰能为我使淮南,令之发兵倍楚,留项王于齐数月,
我之取天下可以百全。"随何曰:"臣请使之。"乃与二十人俱,使淮
南。至,因太宰主之,③三日不得见。随何因说太宰曰:"王之不见
何,必以楚为强,以汉为弱,此臣之所以为使。使何得见,言之而是
邪,是大王所欲闻也;言之而非邪,使何等二十人伏斧质淮南市,以
明王倍汉而与楚也。"太宰乃言之王,王见之。随何曰:"汉王使臣
敬进书大王御者,窃怪大王与楚何亲也。"淮南王曰:"寡人北乡而
臣事之。"随何曰:"大王与项王俱列为诸侯,北乡而臣事之,必以
楚为强,可以托国也。项王伐齐,身负板筑,④以为士卒先,大王宜
悉淮南之众,身自将之,为楚军前锋,今乃发四千人以助楚。夫北
面而臣事人者,固若是乎? 夫汉王战于彭城,项王未出齐也,大王

宜骚⑤淮南之兵渡淮,日夜会战彭城下,大王抚万人之众,无一人渡淮者,垂拱而观其孰胜。夫托国于人者,固若是乎? 大王提空名以乡楚,而欲厚自托,臣窃为大王不取也。然而大王不背楚者,以汉为弱也。夫楚兵虽强,天下负之以不义之名,⑥以其背盟约而杀义帝也。然而楚王恃战胜自强,汉王收诸侯,还守成皋、荥阳,下蜀、汉之粟,深沟壁垒,分卒守徼乘塞,⑦楚人还兵,间以梁地,深入敌国八九百里,⑧欲战则不得,攻城则力不能,老弱转粮千里之外;楚兵至荥阳、成皋,汉坚守而不动,进则不得攻,退则不得解。故曰楚兵不足恃也。⑨使楚胜汉,则诸侯自危惧而相救。夫楚之强,适足以致天下之兵耳。故楚不如汉,其势易见也。今大王不与万全之汉而自托于危亡之楚,臣窃为大王惑之。臣非以淮南之兵足以亡楚也。夫大王发兵而倍楚,项王必留;留数月,汉之取天下可以万全。臣请与大王提剑而归汉,汉王必裂地而封大王,又况淮南,淮南必大王有也。故汉王敬使使臣进愚计,愿大王之留意也。"淮南王曰:"请奉命。"阴许畔楚与汉,未敢泄也。

①【正义】今宋州虞城也。

②【索隐】案:谓随何。

③【集解】汉书音义曰:"淮南太宰作内主也。"韦昭曰:"主,舍也。"

　【索隐】太宰,掌膳食之官。韦昭曰"主,舍"。

④【集解】李奇曰:"板,墙板也。筑,杵也。"

⑤【集解】音埽。

⑥【集解】负犹被也。以不义被其身。

⑦【索隐】徼谓边境亭鄣。以徼绕边陲,常守之也。乘者,登也,登塞垣而守之。

⑧【集解】张晏曰:"羽从齐还,当经梁地八九百里,乃得羽地。"

2282

⑨【集解】徐广曰:"恃,一作'罢'。言其已困,不足复苦也。"【索隐】
　案:汉书作"罢",音皮。

楚使者在,①方急责英布发兵,舍传舍。随何直入,坐楚使者
上坐,曰:"九江王已归汉,楚何以得发兵?"布愕然。楚使者起。
何因说布曰:"事已搆,②可遂杀楚使者,无使归,而疾走汉③并
力。"布曰:"如使者教,因起兵而击之耳。"于是杀使者,因起兵而
攻楚。楚使项声、龙且攻淮南,项王留而攻下邑。④数月,龙且击淮
南,破布军。布欲引兵走汉,恐楚王杀之,故间行与何俱归汉。

①【集解】文颖曰:"在淮南王所。"

②【索隐】按:搆训成也。

③【索隐】走音奏,向也。

④【正义】宋州砀山县。

淮南王至,①上方踞床洗,召布入见,布(甚)大怒,悔来,欲自
杀。出就舍,帐御饮食从官如汉王居,布又大喜过望。②于是乃使
人入九江。楚已使项伯收九江兵,尽杀布妻子。布使者颇得故人
幸臣,将众数千人归汉。汉益分布兵而与俱北,收兵至成皋。四年
七月,立布为淮南王,与击项籍。

①【集解】徐广曰:"三年十二月。"

②【正义】高祖以布先分为王,恐其自尊大,故峻礼令布折服;巳而美其
　帷帐,厚其饮食,多其从官,以悦其心:权道也。

汉五年,布使人入九江,得数县。六年,布与刘贾入九江,诱大
司马周殷,周殷反楚,遂举九江兵与汉击楚,破之垓下。

项籍死,天下定,上置酒。上折随何之功,谓何为腐儒,为天下

安用腐儒。①随何跪曰:"夫陛下引兵攻彭城,楚王未去齐也,陛下发步卒五万人,骑五千,能以取淮南乎?"上曰:"不能。"随何曰:"陛下使何与二十人使淮南,至,如陛下之意,是何之功贤于步卒五万人骑五千也。然而陛下谓何腐儒,为天下安用腐儒,何也?"上曰:"吾方图子之功。"乃以随何为护军中尉。布遂剖符为淮南王,都六,九江、庐江、衡山、豫章郡皆属布。

①【索隐】腐音辅。谓之腐儒者,言如腐败之物不任用。

七年,朝陈。八年,朝雒阳。九年,朝长安。

十一年,高后诛淮阴侯,布因心恐,夏,汉诛梁王彭越,醢之,盛其醢遍赐诸侯。至淮南,淮南王方猎,见醢,因大恐,阴令人部聚兵,候伺旁郡警急。①

①【集解】张晏曰:"欲有所会。"

布所幸姬疾,请就医,医家与中大夫贲赫①对门,姬数如医家,贲赫自以为侍中,乃厚馈遗,从姬饮医家。姬侍王,从容语次,誉赫长者也。王怒曰:"汝安从知之?"具说状。王疑其与乱。赫恐。称病。王愈怒,欲捕赫。赫言变事,乘传诣长安。布使人追,不及。赫至,上变,言布谋反有端,可先未发诛也。上读其书,语萧相国。相国曰:"布不宜有此,恐仇怨妄诬之。请系赫,使人微②验淮南王。"淮南王布见赫以罪亡,上变,固已疑其言国阴事;汉使又来,颇有所验,遂族赫家,发兵反。反书闻,上乃赦贲赫,以为将军。

①【集解】徐广曰:"贲音肥。" 【索隐】贲音肥,人姓也。赫音虚格反。
②【集解】一作"微"。

上召诸将问曰："布反,为之奈何?"皆曰："发兵击之,阬竖子耳,何能为乎!"汝阴侯滕公召故楚令尹问之。令尹曰："是故当反。"滕公曰："上裂地而王之,疏爵而贵之,①南面而立万乘之主,其反何也?"令尹曰："往年杀彭越,前年杀韩信,②此三人者,同功一体之人也。自疑祸及身,故反耳。"滕公言之上曰："臣客故楚令尹薛公者,其人有筹筴之计,可问。"上乃召见问薛公。薛公对曰："布反不足怪也。使布出于上计,山东非汉之有也;出于中计,胜败之数未可知也;出于下计,陛下安枕而卧矣。"上曰："何谓上计?"令尹对曰："东取吴,③西取楚,④并齐取鲁,传檄燕、赵,固守其所,山东非汉之有也。""何谓中计?""东取吴,西取楚,并韩取魏,据敖庾之粟,⑤塞成皋之口,胜败之数未可知也。""何谓下计?""东取吴,西取下蔡,⑥归重于越,身归长沙,⑦陛下安枕而卧,汉无事矣。"⑧上曰："是计将安出?"令尹对曰："出下计。"上曰："何谓废上中计而出下计?"令尹曰："布故丽山之徒也,自致万乘之主,此皆为身,不顾后为百姓万世虑者也,故曰出下计。"上曰："善。"封薛公千户。⑨乃立皇子长为淮南王。上遂发兵自将东击布。

①【集解】汉书音义曰:"疏,分也。'禹决江疏河'是也。"【索隐】疏,分也。汉书曰:"禹决江疏河。"尚书曰"列爵惟五,分土惟三"。按:裂地是对文,故知疏即分也。

②【集解】张晏曰:"往年、前年同耳,使文相避也。"

③【正义】荆王刘贾都吴,苏州阖庐城也。

④【正义】楚王刘交都徐州下邳。

⑤【索隐】案:太康地记云"秦建敖仓于成皋"。又云"庚",故云"敖庾"也。

⑥【正义】古州来国。

⑦【正义】今潭州。

⑧【集解】桓谭新论曰："世有围棋之戏，或言是兵法之类也。及为之上者，远棋疏张，置以会围，因而成多，得道之胜。中者，则务相绝遮要，以争便求利，故胜负狐疑，须计数而定。下者，则守边隅，趋作罫，以自生于小地，然亦必不如。"察薛公之言上计，云取吴、楚，并齐、鲁及燕、赵者，此广道地之谓。中计云取吴、楚，并韩、魏，塞成皋，据敖仓，此趋遮要争利者也。下计云取吴、下蔡，据长沙以临越，此守边隅，趋作罫者也。 【索隐】罫音乌卦反。

⑨【索隐】刘氏云："薛公得封千户，盖关内侯也。"

布之初反，谓其将曰："上老矣，厌兵，必不能来。使诸将，诸将独患淮阴、彭越，今皆已死，馀不足畏也。"故遂反。果如薛公筹之，东击荆，荆王刘贾走死富陵。①尽劫其兵，渡淮击楚。楚发兵与战徐、僮间，②为三军，欲以相救为奇。或说楚将曰："布善用兵，民素畏之。且兵法，诸侯战其地为散地。③今别为三，彼败吾一军，馀皆走，安能相救！"不听。布果破其一军，其二军散走。

①【正义】故城在楚州盱眙县东北六十里。

②【集解】如淳曰："地名也。" 【索隐】案：地理志临淮有徐县、僮县。
　　【正义】杜预云："徐在下邳僮县东。"括地志云："大徐城在泗州徐城县北四十里，古徐国也。"

③【集解】汉书音义曰："谓散灭之地。" 【正义】魏武帝注孙子曰："卒恋土地，道近而易败散。"

遂西，与上兵遇蕲西会甀。①布兵精甚，上乃壁庸城，②望布军置陈如项籍军，上恶之。与布相望见，遥谓布曰："何苦而反？"布曰："欲为帝耳。"上怒骂之，遂大战。布军败走，渡淮，数止战，不利,与百馀人走江南。布故与番君婚,以故长沙哀王③使人绐布,伪与亡,诱走越,故信而随之番阳。番阳人杀布兹乡④民田舍,遂灭黥布。⑤

①【索隐】上古外反,下持瑞反。韦昭云"蕲之乡名"。汉书作"鄡",应劭音保,(钲)〔铚〕下亭名。　【正义】蕲音机。沛郡蕲城也。甀,逐瑞反。

②【集解】邓展曰:"地名也。"

③【集解】徐广曰:"表云成王臣,吴芮之子也。"骃案:晋灼曰"芮之孙固"。或曰是成王,非哀王也,传误也。【索隐】"哀"字误也。是成王臣,吴芮之子也。

④【索隐】番阳郫县之乡。

⑤【正义】英布冢在饶州鄱阳县北百五十二里十三步。

立皇子长为淮南王,封贲赫为期思侯,①诸将率多以功封者。②

①【正义】期思故城在光州固始县界。

②【集解】汉书曰:"将率封者六人。"

太史公曰:"英布者,其先岂春秋所见楚灭英、六,皋陶之后哉?身被刑法,何其拔兴①之暴也!项氏之所阬杀人以千万数,而布常为首虐。功冠诸侯,用此得王,亦不免于身为世大僇。祸之兴自爱姬殖,妒媢②生患,竟以灭国!

①【索隐】坡,白曷反,疾也。

②【集解】音冒。媢亦妒也。　【索隐】案:王劭音冒,媢亦妒也。汉书外戚传亦云"或结宠妾妬媢之诛"。又论衡云"妬夫媢妇",则媢是妬之别名。今原英布之诛为疑贲赫与其妃有乱,故至灭国,所以不得言妬

媚是媚也。一云男妩曰媚。

【索隐述赞】九江初筮,当刑而王。既免徒中,聚盗江上。再雄楚卒,频破秦将。病为羽疑,归受汉杖。贲赫见毁,卒致无妄。

史 记 卷 九 十 二

淮阴侯列传第三十二

淮阴侯韩信者,淮阴人也。①始为布衣时,贫无行,不得推择为
吏,②又不能治生商贾,常从人寄食饮,人多厌之者。常数从其下
乡③南昌亭长④寄食,数月,亭长妻患之,乃晨炊蓐食。⑤食时信往,
不为具食。信亦知其意,怒,竟绝去。

①【正义】楚州淮阴县也。

②【集解】李奇曰:"无善行可推举选择。"

③【集解】张晏曰:"下乡,县,属淮阴也。"【索隐】案:下乡,乡名,属淮
　阴郡。

④【索隐】案:楚汉春秋作"新昌亭长"。

⑤【集解】张晏曰:"未起而床蓐中食。"

信钓于城下,①诸母漂,②有一母见信饥,饭信,竟漂数十日。
信喜,谓漂母曰:"吾必有以重报母。"母怒曰:"大丈夫不能自

食，③吾哀王孙而进食，④岂望报乎！"

①【正义】淮阴城北临淮水，昔信去下乡而钓于此。

②【集解】韦昭曰："以水击絮为漂，故曰漂母。"

③【正义】音寺。

④【集解】苏林曰："如言公子也。"【索隐】刘德曰："秦末多失国，言王
　　孙、公子，尊之也。"苏林亦同。张晏云"字王孙"，非也。

淮阴屠中少年有侮信者，曰："若虽长大，好带刀剑，中情怯
耳。"众辱之曰；"信能死，刺我；不能死，出我袴下。"①于是信孰视
之，俛出袴下，蒲伏。②一市人皆笑信，以为怯。

①【集解】徐广曰："袴，一作'胯'。胯，股也，音同。"又云汉书作"跨"，
　　同耳。【索隐】袴，汉书作"胯"。胯，股也，音枯化反。然寻此文作
　　"袴"，欲依字读，何为不通？袴下即胯下也，亦何必须作"胯"。

②【正义】俛音俯。伏，蒲北反。

及项梁渡淮，信杖剑从之，居戏下，①无所知名。项梁败，又属
项羽，羽以为郎中。数以策干项羽，羽不用。汉王之入蜀。信亡楚
归汉，未得知名，为连敖。②坐法当斩，其辈十三人皆已斩，次至信，
信乃仰视，适见滕公，曰："上不欲就天下乎？何为斩壮士！"滕公
奇其言，壮其貌，释而不斩。与语，大说之。言于上，上拜以为治粟
都尉，上未之奇也。

①【集解】徐广曰："戏，一作'麾'。"

②【集解】徐广曰："典客也。"【索隐】李奇云："楚官名。"张晏云："司
　　马也。"

信数与萧何语，何奇之。至南郑，诸将行道亡者数十人，信度
何等已数言上，上不我用，即亡。何闻信亡，不及以闻，自追之。人

有言上曰:"丞相何亡。"上大怒,如失左右手。居一二日,何来谒上,上且怒且喜,骂何曰:"若亡,何也?"何曰:"臣不敢亡也,臣追亡者。"上曰:"若所追者谁何?"曰:"韩信也。"上复骂曰:"诸将亡者以十数,公无所追;追信,诈也。"何曰:"诸将易得耳。至如信者,国士无双。王必欲长王汉中,无所事信;①必欲争天下,非信无所与计事者。顾王策安所决耳。"王曰:"吾亦欲东耳,安能郁郁久居此乎?"何曰:"王计必欲东,能用信,信即留;不能用,信终亡耳。"王曰:"吾为公以为将。"何曰:"虽为将,信必不留。"王曰:"以为大将。"何曰:"幸甚。"于是王欲召信拜之。何曰:"王素慢无礼,今拜大将如呼小儿耳,此乃信所以去也。王必欲拜之,择良日,斋戒,设坛场,具礼,乃可耳。"王许之。诸将皆喜,人人各自以为得大将。至拜大将,乃韩信也,一军皆惊。

①【集解】文颖曰:"事犹业也。"张晏曰:"无事用信。"

信拜礼毕,上坐。王曰:"丞相数言将军,将军何以教寡人计策?"信谢,因问王曰:"今东乡争权天下,岂非项王邪?"汉王曰:"然。"曰:"大王自料勇悍仁强孰与项王?"汉王默然良久,曰:"不如也。"信再拜贺曰:"惟信亦为大王不如也。然臣尝事之,请言项王之为人也。项王喑噁①叱咤,②千人皆废,③然不能任属贤将,此特匹夫之勇耳。项王见人恭敬慈爱,言语呕呕,④人有疾病,涕泣分食饮,至使人有功当封爵者,印刓敝,忍不能予,⑤此所谓妇人之仁也。项王虽霸天下而臣诸侯,不居关中而都彭城。有背义帝之约,而以亲爱王,诸侯不平。诸侯之见项王迁逐义帝置江南,亦皆归逐其主而自王善地。项王所过无不残灭者,天下多怨,百姓不亲附,特劫于威强耳。名虽为霸,实失天下心。故曰其强易弱。今大王诚能反其道:任天下武勇,何所不诛!⑥以天下城邑封功臣,何所不服!以义兵从思东归之士,何所不散!⑦且三秦王为秦将,将秦子弟数岁矣,所杀亡不可胜计,又欺其众降诸侯,至新安,项王诈阬秦降卒二十馀万,唯独邯、欣、翳得脱,秦父兄怨此三人,痛入骨髓。今楚强以威王此三人,秦民莫爱也。大王之入武关,秋豪无所害,⑧除秦苛法,与秦民约,法三章耳,秦民无不欲得大王王秦者。于诸侯之约,大王当王关中,关中民咸知之。大王失职入汉中,秦民无不恨者。今大王举而东,三秦可传檄而定也。"⑨于是汉王大喜,自以为得信晚。遂听信计,部署诸将所击。

①【索隐】上於金反,下乌路反。喑哑,怀怒气。

②【索隐】"咤"字或作"吒"。上昌栗反,下卓嫁反。叱咤,发怒声。

③【集解】晋灼曰:"废,不收也。"【索隐】孟康曰:"废,伏也。"张晏曰:"废,偃也。"

④【集解】音凶于反。【索隐】音吁。呕呕犹区区也。汉书作"姁姁"。邓展曰"姁姁,好也"。张晏音吁。

⑤【集解】汉书音义曰:"不忍授。"

⑥【索隐】何不诛。按:刘氏云"言何所不诛也"。

⑦【索隐】何不散。刘氏云:"用东归之兵击东方之敌,此敌无不散败也。"

⑧【索隐】案:"豪秋乃成。又王逸注楚词云"锐毛为豪,夏落秋生也"。

⑨【索隐】案:"说文云"檄,二尺书也"。此云"传檄",谓为檄书以责所伐者。

八月,汉王举兵东出陈仓,①定三秦。汉二年,出关,②收魏、河南,韩、殷王皆降。合齐、赵共击楚。四月,至彭城,汉兵败散而还。信复收兵与汉王会荥阳,复击破楚京、索之间,以故楚兵卒不能西。

①【正义】汉王从关北出岐州陈仓县。

②【正义】出函谷关。

汉之败却彭城,①塞王欣、翟王翳亡汉降楚,齐、赵亦反汉与楚和。六月,魏王豹谒归视亲疾,至国,即绝河关②反汉,与楚约和。汉王使郦生说豹,不下。其八月,以信为左丞相,击魏。魏王盛兵蒲坂,塞临晋,③信乃益为疑兵,④陈船欲度临晋,⑤而伏兵从夏阳以木罂𦈏渡军,⑥袭安邑。⑦魏王豹惊,引兵迎信,信遂虏豹,⑧定魏为河东郡。⑨汉王遣张耳与信俱,引兵东,北击赵、代。后九月,破代兵,禽夏说阏与。⑩信之下魏破代,汉辄使人收其精兵,诣荥阳以距楚。

①【正义】兵败散彭城而却退。

②【索隐】按:谓今蒲津关。

③【索隐】塞音先得反。临晋,县名,在河东之东岸,对旧关也。

④【集解】汉书音义曰:"益张旌旗,以疑敌者。"

⑤【索隐】刘氏云:"陈船,地名,在旧关之西,今之朝邑是也。"案:京兆有船司空县,不名"陈船"。陈船者,陈列船艘欲渡河也。

⑥【集解】徐广曰:"𦈏,一作'缶'。"服虔曰:"以木押缚罂𦈏以渡。"韦昭曰:"以木为器如罂𦈏,以渡军。无船,且尚密也。" 【正义】按:韩信诈陈列船艘于临晋,欲渡河,即此从夏阳木押罂𦈏渡军,袭安邑。临晋,同州东朝邑界。夏阳在同州北渭城界。

⑦【正义】安邑故城在绛州夏县东北十五里。

⑧【索隐】按:刘氏云"夏阳旧无船,豹不备之,而防临晋耳。今安邑被袭,故豹遂降也"。

⑨【正义】今安邑县故城。

⑩【集解】徐广曰:"音余。"骃案:李奇曰"夏说,代相也"。　【索隐】司
马彪郡国志上党沾县有阏与聚。阏音曷,又音焉。与音余,又音预。
沾音他廉反。　【正义】阏与聚城在潞州铜鞮县西北二十里。

信与张耳以兵数万,欲东下井陉击赵。①赵王、成安君陈馀闻
汉且袭之也,聚兵井陉口,②号称二十万。广武君李左车说成安君
曰:"闻汉将韩信涉西河,虏魏王,禽夏说,新喋血③阏与,今乃辅以
张耳,议欲下赵,此乘胜而去国远斗,其锋不可当。臣闻千里馈粮,
士有饥色,樵苏后爨,④师不宿饱。今井陉之道,车不得方轨,骑不
得成列,行数百里,其势粮食必在其后。愿足下假臣奇兵三万人,
从间道绝其辎重;足下深沟高垒,坚营勿与战。彼前不得斗,退不
得还,吾奇兵绝其后,使野无所掠,不至十日,而两将之头可致于戏
下。愿君留意臣之计。否,必为二子所禽矣。"成安君,儒者也,常
称义兵不用诈谋奇计,曰:"吾闻兵法十则围之,倍则战。今韩信兵
号数万,其实不过数千。能千里而袭我,亦已罢极。今如此避而不
击,后有大者,何以加之! 则诸侯谓吾怯,而轻来伐我。"不听广武
君策,广武君策不用。

①【索隐】案:地理志常山石邑县,井陉山在西。又穆天子传云"至于陉
　山之隧,升于三道之磴"是也。

②【正义】井陉故关在并州石艾县东十八里,即井陉口。

③【索隐】喋,旧音䐁,非也。案:陈汤传"喋血万里之外",如淳云"杀人
　血流滂沱也"。韦昭音徒协反。

④【集解】汉书音义曰:"樵,取薪也。苏,取草也。"

韩信使人间视,知其不用,还报,则大喜,乃敢引兵遂下。①未
至井陉口三十里,止舍。夜半传发,②选轻骑二千人,人持一赤帜,
从间道草山而望赵军,③诫曰:"赵见我走,必空壁逐我,若疾入赵

壁,拔赵帜,立汉赤帜。"令其裨将传飧,④曰:"今日破赵会食!"⑤诸将皆莫信,详应曰:"诺。"谓军吏曰:"赵已先据便地为壁,且彼未见吾大将旗鼓,未肯击前行,恐吾至阻险而还。"信乃使万人先行,出,背水陈。⑥赵军望见而大笑。平旦,信建大将之旗鼓,鼓行出井陉口,赵开壁击之,⑦大战良久。于是信、张耳详弃鼓旗,走水上军。水上军开入之,复疾战。赵果空壁争汉鼓旗,逐韩信、张耳。韩信、张耳已入水上军,军皆殊死战,不可败。信所出奇兵二千骑,共候赵空壁逐利,则驰入赵壁,皆拔赵帜,立汉赤帜二千。赵军已不胜,不能得信等,欲还归壁,壁皆汉赤帜,而大惊,以为汉皆已得赵王将矣,兵遂乱,遁走,赵将虽斩之,不能禁也。于是汉兵夹击,大破虏赵军,斩成安君泜水上,⑧禽赵王歇。

① 【正义】引兵入井陉狭道,出赵。

② 【集解】汉书音义曰:"传令军中使发。"

③ 【集解】如淳曰:"草音蔽。依山自覆蔽。" 【索隐】案:谓令从间道小路向前,望见陈馀军营即住,仍须隐山自蔽,勿令赵军知也。草音蔽。蔽者,盖覆也。楚汉春秋作"阜山",汉书作"萆山"。说文云"萆,蔽也,从竹卑声"。

④ 【集解】徐广曰:"音餐也。"

⑤ 【集解】服虔曰:"立驻传餐食也。"如淳曰:"小饭曰餐。言破赵后乃当共饱食也。" 【索隐】如淳曰:"小饭曰餐。谓立驻传餐,待破赵乃大食也。"

⑥ 【正义】绵蔓水,一名阜将,一名回星,自并州流入井陉界,即信背水阵陷之死地,即此水也。

⑦ 【正义】恒州鹿泉县,即六国时赵壁也。

⑧ 【集解】徐广曰:"泜音迟。" 【索隐】徐广音迟。刘氏音脂。

信乃令军中毋杀广武君,有能生得者购千金。于是有缚广武君而致戏下者,信乃解其缚,东乡坐,西乡对,师事之。

诸将效首虏,①(休)毕贺,因问信曰:"兵法右倍山陵,前左水泽,今者将军令臣等反背水阵,曰破赵会食,臣等不服。然竟以胜,此何术也?"信曰:"此在兵法,顾诸君不察耳。兵法不曰'陷之死地而后生,置之亡地而后存'?且信非得素拊循士大夫也,此所谓'驱市人而战之',其势非置之死地,使人人自为战;今予之生地,皆走,宁尚可得而用之乎!"诸将皆服曰:"善。非臣所及也。"

①【索隐】如淳曰:"效,致也。"晋灼云:"效,数也。"郑玄注礼"效犹呈见也。"

于是信问广武君曰:"仆欲北攻燕,东伐齐,何若而有功?"广武君辞谢曰:"臣闻败军之将,不可以言勇,亡国之大夫,不可以图存。今臣败亡之虏,何足以权大事乎!"信曰:"仆闻之,百里奚居虞而虞亡,在秦而秦霸,非愚于虞而智于秦也,用与不用,听与不听也。诚令成安君听足下计,若信者亦已为禽矣。以不用足下,故信得侍耳。"因固问曰:"仆委心归计,愿足下勿辞。"广武君曰:"臣闻智者千虑,必有一失;愚者千虑,必有一得。故曰'狂夫之言,圣人择焉'。顾恐臣计未必足用,愿效愚忠。夫成安君有百战百胜之计,一旦而失之,军败鄗下,①身死泜上,今将军涉西河,②虏魏王,禽夏说阏与,一举而下井陉,不终朝破赵二十万众,诛成安君。名闻海内,威震天下,农夫莫不辍耕释耒,褕衣甘食,③倾耳以待命者。④若此,将军之所长也。然而众劳卒罢,其实难用。今将军欲举倦獘之兵,顿之燕坚城之下,欲战恐久力不能拔,情见势屈,旷日粮竭,而弱燕不服,齐必距境以自强也。燕齐相持而不下,则刘项之权未有所分也。若此者,将军所短也。臣愚,窃以为亦过矣。故善用兵者不以短击长,而以长击短。"韩信曰:"然则何由?"广武君对曰:"方今为将军计,莫如案甲休兵,镇赵抚其孤,百里之内,牛酒日至,以飨士大夫醳兵,⑤北首燕路,⑥而后遣辩士奉咫尺之书,⑦暴其所长于燕,⑧燕必不敢不听从。燕已从,使喧言者东告齐,齐必从风而服,虽有智者,亦不知为齐计矣。如是,则天下事皆可图也。兵固有先声而后实者,此之谓也。"韩信曰:"善。"从其策,发使使燕,燕从风而靡。乃遣使报汉,因请立张耳为赵王,以镇抚其国。汉王许之,乃立张耳为赵王。

①【集解】李奇曰:"鄗音臛。今高邑是。"

②【索隐】此之西河当冯翊也。　【正义】即同州龙门河,从夏阳度者。

③【索隐】褕,邹氏音逾,美也。恐灭亡不久,故废止作业而事美衣甘食,日偷苟且也,虑不图久故也。汉书作"靡衣媮食"也。

④【集解】如淳曰:"恐灭亡不久故也。"

⑤【集解】魏都赋曰:"肴醳顺时。"刘逵曰:"醳酒也。"　【索隐】刘氏依刘逵音。醳酒谓以酒食养兵士也。案:史记古"释"字皆如此作,岂亦谓以酒食醳兵士,故字从酉乎?

⑥【正义】首音狩,向也。

⑦【正义】咫尺,八寸。言其简牍或长尺也。

⑧【正义】暴音仆。

楚数使奇兵渡河击赵,赵王耳、韩信往来救赵,因行定赵城邑,发兵诣汉。楚方急围汉王于荥阳,汉王南出,之宛、叶间,①得黥布,走入成皋,楚又复急围之。六月,汉王出成皋,东渡河,独与滕公俱,从张耳军修武。至,宿传舍。晨自称汉使,驰入赵壁。张耳、韩信未起,即其卧内上夺其印符,以麾召诸将,易置之。信、耳起,乃知汉王来,大惊。汉王夺两人军,即令张耳备守赵地,拜韩信为相国,收赵兵未发者击齐。②

①【正义】宛在邓州。叶在许州。

②【集解】文颖曰:"谓赵人未尝见发者。"

信引兵东,未渡平原,①闻汉王使郦食其已说下齐,韩信欲止。范阳辩士蒯通说信曰:"将军受诏击齐,而汉独发间使下齐,宁有诏止将军乎?何以得毋行也!且郦生一士,伏轼②掉三寸之舌,下齐七十馀城,将军将数万众,岁馀乃下赵五十馀城,为将数岁,反不如一竖儒之功乎?"于是信然之,从其计,遂渡河。齐已听郦生,即留纵酒,罢备汉守御。信因袭齐历下军,③遂至临菑。齐王田广以郦生卖己,乃亨之,而走高密,使使之楚请救。韩信已定临菑,遂东追广至高密西。楚亦使龙且将,号称二十万,救齐。

①【正义】怀州有平原津。

②【集解】韦昭曰:"轼,今小车中隆起者。"

③【集解】徐广曰:"济南历城县。"

齐王广、龙且并军与信战,未合。人或说龙且曰:"汉兵远斗穷战,其锋不可当。齐、楚自居其地战,兵易败散。①不如深壁,令齐王使其信臣招所亡城,亡城闻其王在,楚来救,必反汉。汉兵二千里客居,齐城皆反之,其势无所得食,可无战而降也。"龙且曰:"吾平生知韩信为人,易与耳。且夫救齐不战而降之,吾何功?今战而胜之,齐人半可得,何为止!"遂战,与信夹潍水陈。②韩信乃夜令人为万馀囊,满盛沙,壅水上流,引军半渡,击龙且,详不胜,还走。龙且果喜曰:"固知信怯也。"遂追信渡水。信使人决壅囊,水大至。

龙且军大半不得渡,即急击,杀龙且。龙且水东军散走,齐王广亡去。信遂追北至城阳,③皆虏楚卒。

①【正义】近其室家,怀顾望也。

②【集解】徐广曰:"出东莞而东北流,至北海都昌县入海。"【索隐】潍音维。地理志潍水出琅邪箕县东北,至都昌入海。徐广云"出东莞而东北流入海",盖据水经而说,少不同耳。

③【正义】城阳雷泽县是也,在濮州东南九十一里。

汉四年,遂皆降平齐。使人言汉王曰:"齐伪诈多变,反覆之国也,南边楚,不为假王以镇之,其势不定。愿为假王便。"当是时,楚方急围汉王于荥阳,韩信使者至,发书,①汉王大怒,骂曰:"吾困于此,旦暮望若来佐我,乃欲自立为王!"张良、陈平蹑汉王足,因附耳语曰:"汉方不利,宁能禁信之王乎? 不如因而立,善遇之,使自为守。不然,变生。"汉王亦悟,因复骂曰:"大丈夫定诸侯,即为真王耳,何以假为!"乃遣张良往立信为齐王,②征其兵击楚。

①【集解】张晏曰:"发信使者所赍书。"

②【集解】徐广曰:"四年二月。"

楚已亡龙且,项王恐,使盱眙人武涉①往说齐王信曰:"天下共苦秦久矣,相与戮力击秦。秦已破,计功割地,分土而王之,以休士卒。今汉王复兴兵而东,侵人之分,夺人之地,已破三秦,引兵出关,收诸侯之兵以东击楚,其意非尽吞天下者不休,其不知厌足如是甚也。且汉王不可必,身居项王掌握中数矣,②项王怜而活之,然得脱,辄倍约,复击项王,其不可亲信如此。今足下虽自以与汉王为厚交,为之尽力用兵,终为之所禽矣。足下所以得须臾至今者,以项王尚存也。当今二王之事,权在足下。足下右投则汉王

胜,左投则项王胜。项王今日亡,则次取足下。足下与项王有故,
何不反汉与楚连和,参分天下王之? 今释此时,而自必于汉以击
楚,且为智者固若此乎!"韩信谢曰:"臣事项王,官不过郎中,位不
过执戟,③言不听,画不用,故倍楚而归汉。汉王授我上将军印,予
我数万众,解衣衣我,推食食我,言听计用,故吾得以至于此。夫人
深亲信我,我倍之不祥,虽死不易。幸为信谢项王!"

①【集解】张华曰:"武涉墓在盱眙城东十五里。"

②【正义】数,色庚反。

③【集解】张晏曰:"郎中,宿卫执戟之人也。"

武涉已去,齐人蒯通知天下权在韩信,欲为奇策而感动之,以
相人说韩信曰:"仆尝受相人之术。"韩信曰:"先生相人何如?"对
曰:"贵贱在于骨法,忧喜在于容色,成败在于决断,以此参之,万不
失一。"韩信曰:"善。先生相寡人何如?"对曰:"愿少间。"信曰:
"左右去矣。"通曰:"相君之面,不过封侯,又危不安。相君之背,
贵乃不可言。"①韩信曰:"何谓也?"蒯通曰:"天下初发难也,俊雄
豪杰建号壹呼,天下之士云合雾集,鱼鳞杂遝,熛至风起。当此之
时,忧在亡秦而已。今楚汉分争,使天下无罪之人肝胆涂地,父子
暴骸骨于中野,不可胜数。楚人起彭城,转斗逐北,至于荥阳,乘利
席卷,威震天下。然兵困于京、索之间,迫西山而不能进者,三年于

此矣。汉王将数十万之众,距巩、雒,阻山河之险,一日数战,无尺
寸之功,折北不救,②败荥阳,伤成皋,③遂走宛、叶之间,此所谓智
勇俱困者也。夫锐气挫于险塞,而粮食竭于内府,百姓罢极怨望,
容容无所倚。以臣料之,其势非天下之贤圣固不能息天下之祸。
当今两主之命县于足下。足下为汉则汉胜,与楚则楚胜。臣愿披

腹心,输肝胆,效愚计,恐足下不能用也。诚能听臣之计,莫若两利而俱存之,参分天下,鼎足而居,其势莫敢先动。夫以足下之贤圣,有甲兵之众,据强<u>齐</u>,从<u>燕</u>、<u>赵</u>,出空虚之地而制其后,因民之欲,西乡④为百姓请命,⑤则天下风走而响应矣,孰敢不听!割大弱强,以立诸侯,诸侯已立,天下服听而归德于<u>齐</u>。案<u>齐</u>之故,有<u>胶</u>、<u>泗</u>之地,怀诸侯以德,深拱揖让,则天下之君王相率而朝于<u>齐</u>矣。盖闻天与弗取,反受其咎;时至不行,反受其殃。愿足下孰虑之。"

①【集解】<u>张晏</u>曰:"背畔则大贵。"

②【集解】<u>张晏</u>曰:"折,衄败也。北,奔走。"

③【集解】<u>张晏</u>曰:"于<u>成皋</u>伤胸也。"臣<u>瓒</u>曰:"谓军折伤。"

④【正义】乡音向。<u>齐</u>国在东,故曰西向也。

⑤【正义】止<u>楚</u><u>汉</u>之战斗,士卒不死亡,故云"请命"。

<u>韩信</u>曰:"<u>汉王</u>遇我甚厚,载我以其车,衣我以其衣,食我以其食。吾闻之,乘人之车者载人之患,衣人之衣者怀人之忧,食人之食者死人之事,吾岂可以乡利倍义乎!"<u>蒯生</u>曰:"足下自以为善<u>汉王</u>,欲建万世之业,臣窃以为误矣。始<u>常山王</u>、<u>成安君</u>为布衣时,相与为刎颈之交,后争<u>张黡</u>、<u>陈泽</u>之事,二人相怨。<u>常山王</u>背<u>项王</u>,奉<u>项婴</u>头而窜,逃归于<u>汉王</u>。<u>汉王</u>借兵而东下,杀<u>成安君</u><u>泜水</u>之南,头足异处,卒为天下笑。此二人相与,天下至欢也。然而卒相禽者,何也?患生于多欲而人心难测也。今足下欲行忠信以交于<u>汉王</u>,必不能固于二君之相与也,而事多大于<u>张黡</u>、<u>陈泽</u>。故臣以为足下必<u>汉王</u>之不危己,亦误矣。<u>大夫种</u>、<u>范蠡</u>存亡<u>越</u>,霸<u>句践</u>,立功成名而身死亡。野兽已尽而猎狗亨。夫以交友言之,则不如<u>张耳</u>之与<u>成安君</u>者也;以忠信言之,则不过<u>大夫种</u>、<u>范蠡</u>之于<u>句践</u>也。此二人者,足以观矣。愿足下深虑之。且臣闻勇略震主者身危,而

功盖天下者不赏。臣请言大王功略：足下涉<u>西河</u>，虏<u>魏王</u>，禽<u>夏说</u>，引兵下<u>井陉</u>，诛<u>成安君</u>，徇<u>赵</u>，协<u>燕</u>，定<u>齐</u>，南摧楚人之兵二十万，东杀<u>龙且</u>，西乡以报，此所谓功无二于天下，而略不世出者也。今足下戴震主之威，挟不赏之功，归<u>楚</u>，楚人不信；归<u>汉</u>，汉人震恐：足下欲持是安归乎？夫势在人臣之位而有震主之威，名高天下，窃为足下危之。"<u>韩信</u>谢曰："先生且休矣，吾将念之。"

后数日，<u>蒯通</u>复说曰："夫听者事之候也，计者事之机也，听过计失而能久安者，鲜矣。听不失一二者，不可乱以言；计不失本末者，不可纷以辞。夫随厮养之役者，失万乘之权；守儋石之禄者，① 阙卿相之位。故知者决之断也，疑者事之害也，审豪牦之小计，遗天下之大数，智诚知之，决弗敢行者，百事之祸也。故曰'猛虎之犹豫，不若蜂虿之致螫；② 骐骥之跼躅，③ 不如驽马之安步；<u>孟贲</u>之狐疑，不如庸夫之必至也；虽有<u>舜禹</u>之智，吟而不言，④ 不如喑聋之指麾也'。此言贵能行之。夫功者难成而易败，时者难得而易失也。时乎时，不再来。愿足下详察之。"<u>韩信</u>犹豫不忍倍<u>汉</u>，又自以为功多，汉终不夺我<u>齐</u>，遂谢<u>蒯通</u>。<u>蒯通</u>说不听，已详狂为巫。⑤

① 【集解】<u>晋灼</u>曰："<u>杨雄方言</u>'海<u>岱</u>之间名罂为儋'。石，斗石也。"<u>苏林</u>曰："齐人名小罂为儋。石，如今受鲐鱼石罂，不过一二石耳。一说，一儋与一斛之馀。"【索隐】儋音都滥反。石，斗也。<u>苏林</u>解为近之。鲐音胎。

② 【正义】音适。

③ 【集解】<u>徐广</u>曰："跼，一作'踖'也。"

④ 【索隐】吟，<u>邹氏</u>音拒荫反，又音琴。

⑤ 【集解】<u>徐广</u>曰："一本'遂不用<u>蒯通</u>，<u>蒯通</u>曰："夫迫于细苛者，不可与图大事；拘于臣虏者，固无君王之意。"说不听，因去详狂'也。"

【索隐】案："汉书及战国策皆有此文。

汉王之困固陵，用张良计，召齐王信，遂将兵会垓下。项羽已破，高祖袭夺齐王军。[1]汉五年正月，徙齐王信为楚王，都下邳。

①【集解】徐广曰："以齐为平原、千乘、东莱、齐郡。"

信至国，召所从食漂母，赐千金。[1]及下乡南昌亭长，赐百钱，曰："公，小人也，为德不卒。"召辱己之少年令出胯下者以为楚中尉。告诸将相曰："此壮士也。方辱我时，我宁不能杀之邪？杀之无名，故忍而就于此。"

①【集解】张华曰漂母冢在泗口南岸。

项王亡将钟离眜家在伊庐，[1]素与信善。项王死后，亡归信。汉王怨眜，闻其在楚，诏楚捕眜。信初之国，行县邑，陈兵出入。汉六年，人有上书告楚王信反。高帝以陈平计，天子巡狩会诸侯，南方有云梦，发使告诸侯会陈："吾将游云梦。"实欲袭信，信弗知。高祖且至楚，信欲发兵反，自度无罪，欲谒上，恐见禽。人或说信曰："斩眜谒上，上必喜，无患。"信见眜计事。眜曰："汉所以不击取楚，以眜在公所。若欲捕我以自媚于汉，吾今日死，公亦随手亡矣。"乃骂信曰："公非长者！"卒自刭。信持其首，谒高祖于陈。上令武士缚信，载后车。信曰："果若人言，'狡兔死，良狗亨；[2]高鸟尽，良弓藏；敌国破，谋臣亡'。天下已定，我固当亨！"上曰："人告公反。"遂械系信。至雒阳，赦信罪，以为淮阴侯。

①【集解】徐广曰："东海朐县有伊庐乡。"骃案：韦昭曰"今中庐县"。

【索隐】徐注出司马彪郡国志。　【正义】括地志云："中庐在义清县北二十里，本春秋时庐戎之国也，秦谓之伊庐，汉为中庐县。项羽之将钟离眜冢在。"韦昭及括地志云皆说之也。

②【集解】张晏曰："狡犹猾。"　【索隐】郊兔死。郊音狡。狡，猾也。吴越春秋作"郊兔"，亦通。汉书作"狡兔"。战国策曰"东郭逡，海内狡兔也"。

信知汉王畏恶其能，常称病不朝从。信由此日夜怨望，居常鞅鞅，羞与绛、灌等列。信尝过樊将军哙，哙跪拜送迎，言称臣，曰："大王乃肯临臣！"信出门，笑曰："生乃与哙等为伍！"上常从容与信言诸将能不，各有差。上问曰："如我能将几何？"信曰："陛下不过能将十万。"上曰："于君何如？"曰："臣多多而益善耳。"上笑曰："多多益善，何为为我禽"？信曰："陛下不能将兵，而善将将，此乃信之所以为陛下禽也。且陛下所谓天授，非人力也。"

陈豨拜为钜鹿守，①辞于淮阴侯。淮阴侯挈其手，辟左右与之步于庭，仰天叹曰："子可与言乎？欲与子有言也。"豨曰："唯将军令之。"淮阴侯曰："公之所居，天下精兵处也；而公，陛下之信幸臣也。人言公之畔，陛下必不信；再至，陛下乃疑矣；三至，必怒而自将。吾为公从中起，天下可图也。"陈豨素知其能也，信之，曰："谨奉教！"汉十年，陈豨果反。上自将而往，信病不从。阴使人至豨所，曰："弟举兵，吾从此助公。"信乃谋与家臣夜诈诏赦诸官徒奴，欲发以袭吕后、太子。部署已定，待豨报。其舍人②得罪于信，信囚，欲杀之。舍人弟上变，告信欲反状于吕后。吕后欲召，恐其党不就，乃与萧相国谋，诈令人从上所来，言豨已得死，列侯群臣皆贺。相国绐信曰："虽疾，强入贺。"信入，吕后使武士缚信，斩之长乐钟室。③信方斩，曰："吾悔不用蒯通之计，乃为儿女子所诈，岂非天哉！"遂夷信三族。

①【集解】徐广曰："表云为赵相国，将兵守代也。"

②【索隐】按:晋灼曰,楚汉春秋云谢公也。姚氏案功臣表云慎阳侯乐
　　说,淮阴舍人,告信反。未知孰是。

③【正义】长乐宫悬钟之室。

　　高祖已从豨军来,至,见信死,且喜且怜之,问:"信死亦何
言?"吕后曰:"信言恨不用蒯通计。"高祖曰:"是齐辩士也。"乃诏
齐捕蒯通。蒯通至,上曰:"若教淮阴侯反乎?"对曰:"然,臣固教
之。竖子不用臣之策,故令自夷于此。如彼竖子用臣之计,陛下安
得而夷之乎!"上怒曰:"亨之。"通曰:"嗟乎,冤哉亨也!"上曰:"若
教韩信反,何冤?"对曰:"秦之纲绝而维弛,山东大扰,异姓并起,
英俊乌集。秦失其鹿,天下共逐之,①于是高材疾足者先得焉。蹠
之狗吠尧,尧非不仁,狗因吠非其主。当是时,臣唯独知韩信,非知
陛下也。且天下锐精持锋欲为陛下所为者甚众,顾力不能耳。又
可尽亨之邪?"高帝曰:"置之。"乃释通之罪。

①【集解】张晏曰:"以鹿喻帝位也。"

　　太史公曰:吾如淮阴,淮阴人为余言,韩信虽为布衣时,其志与
众异。其母死,贫无以葬,然乃行营高敞地,令其旁可置万家。余
视其母冢,良然。假令韩信学道谦让,不伐己功,不矜其能,则庶几
哉,于汉家勋可以比周、召、太公之徒,后世血食矣。不务出此,而
天下已集,乃谋畔逆,夷灭宗族,不亦宜乎!

2305

【索隐述赞】君臣一体,自古所难。相国深荐,策拜登坛。沈沙决水,拔
帜传餐。与汉汉重,归楚楚安。三分不议,伪游可叹。

史 记 卷 九 十 三

韩信卢绾列传第三十三

韩王信者,①故韩襄王孽孙也,②长八尺五寸。及项梁之
立楚后怀王也,燕、齐、赵、魏皆已前王,唯韩无有后,故立韩诸
公子横阳君成③为韩王,④欲以抚定韩故地。项梁败死定陶,
成奔怀王。沛公引兵击阳城,⑤使张良以韩司徒⑥降下韩故
地,得信,以为韩将,将其兵从沛公入武关。

①【集解】徐广曰:"一云'信都'。"　【索隐】楚汉春秋云韩王信
都,恐谬也。诸书不言有韩信都。案:韩王信初为韩司徒,后讹
云"申徒",因误以为韩王名耳。

②【集解】张晏曰:"孽子为孽。"　【索隐】张晏云"庶子为孽子"。
何休注公羊以为"孽,贱子,犹之伐木有孽生也"。汉书晁错云
"孽子悼惠王"是也。

③【正义】故横城在宋州宋城县西南三十里。

④【集解】徐广曰:"二年六月也。都阳翟。"

⑤【正义】河南县也。

⑥【集解】徐广曰:"他本多作'申徒',申与司声相近,字由此错乱耳。今有申徒,云是司徒之后,言司声转为申。"

沛公立为汉王,韩信从入汉中,乃说汉王曰:"项王王诸将近地,而王独远居此,此左迁也。士卒皆山东人,跂而望归,①及其锋东乡,②可以争天下。"汉王还定三秦,乃许信为韩王,先拜信为韩太尉,将兵略韩地。

①【索隐】跂音企,起踵也。 【正义】跂音岐。

②【集解】文颖曰:"锋锐欲东向。" 【索隐】按:姚氏云"军中将士气锋"。韦昭曰"其气锋锐欲东也"。

项籍之封诸王皆就国,韩王成以不从无功,不遣就国,更以为列侯。①及闻汉遣韩信略韩地,乃令故项籍游吴时吴令郑昌②为韩王以距汉。汉二年,韩信略定韩十馀城。汉王至河南,韩信急击韩王昌阳城。昌降,汉王乃立韩信为韩王,③常将韩兵从。三年,汉王出荥阳,韩王信、周苛等守荥阳。及楚败荥阳,信降楚,已而得亡,复归汉,汉复立以为韩王,竟从击破项籍,天下定。五年春,遂与剖符为韩王,王颍川。

①【集解】徐广曰:"元年十一月,诛成。"骃案:汉书曰"封为穰侯"。 【索隐】地理志穰县属南阳。

②【正义】项籍在吴时,昌为吴县令。

③【集解】徐广曰:"二年十一月。"

明年春,①上以韩信材武,所王北近巩、洛,南迫宛、叶,东有淮阳,皆天下劲兵处,乃诏徙韩王信王太原以北,备御胡,都晋阳。信上书曰:"国被边,②匈奴数入,晋阳③去塞远,请治马邑。"④上许之,信乃徙治马邑。秋,匈奴冒顿⑤大围信,信数使使胡求和解。汉发兵救之,疑信数间使,有二心,使人责让信。信恐诛,因与匈奴约共攻汉,反,以马邑降胡,击太原。

①【集解】徐广曰:"即五年之二月。"骃案:汉书曰"六年春"。

②【集解】李奇曰:"被音'被马'〔之'被'〕也。"

③【正义】并州。

④【正义】朔州。

⑤【索隐】上音墨,又音莫报反。

七年冬,上自往击,破信军铜鞮,①斩其将王喜。信亡走匈奴。(与)其将白土人②曼丘臣、王黄等立赵苗裔赵利为王,复收信败散兵,而与信及冒顿谋攻汉。匈奴使左右贤王将万馀骑与王黄等屯广武以南,③至晋阳,与汉兵战,汉大破之,追至于离石,④复破之。匈奴复聚兵楼烦⑤西北,汉令车骑击破匈奴。匈奴常败走,汉乘胜追北,闻冒顿居代(上)谷,⑥高皇帝居晋阳,使人视冒顿,还报曰"可击"。上遂至平城。⑦上出白登,⑧匈奴骑围上,上乃使人厚遗阏氏。⑨阏氏乃说冒顿曰:"今得汉地,犹不能居;且两主不相厄。"居七日,胡骑稍引去。时天大雾,汉使人往来,胡不觉。护军中尉陈平言上曰:"胡者全兵,⑩请令强弩傅两矢外向,⑪徐行出围。"入平城,汉救兵亦到,胡骑遂解去。汉亦罢兵归。韩信为匈奴将兵往来击边。

①【正义】潞州县。

②【集解】张晏曰:"白土,县名,属上郡。"

③【正义】广武故城在代州雁门县界也。

④【正义】石州县。

⑤【正义】雁门郡楼烦县。

⑥【正义】今妫州。

⑦【正义】朔州定襄县是也。

⑧【集解】服虔曰:"白登,台名,去平城七里。"如淳曰:"平城旁之高地,若丘陵也。" 【索隐】姚氏案:北疆记"桑乾河北有白登山,冒顿围汉高之所,今犹有垒壁"。

⑨【正义】阏,于连反,又音燕。氏音支。单于嫡妻号,若皇后。

⑩【集解】汉书音义曰:"言唯弓矛,无杂仗也。"

⑪【索隐】傅音附。

汉十年,信令王黄等说误陈豨。十一年春,故韩王信复与胡骑入居参合,①距汉。汉使柴将军击之,②遗信书曰;"陛下宽仁,诸侯虽有畔亡,而复归,辄复故位号,不诛也。大王所知。今王以败亡走胡,非有大罪,急自归!"韩王信报曰:"陛下擢仆起闾巷,南面称孤,此仆之幸也。荥阳之事,仆不能死,因于项籍,此一罪也。及寇攻马邑,仆不能坚守,以城降之,此二罪也。今反为寇将兵,与将军争一旦之命,此三罪也。夫种、蠡无一罪,身死亡;③今仆有三罪于陛下,而欲求活于世,此伍子胥所以偾于吴也。④今仆亡匿山谷间,旦暮乞贷蛮夷,仆之思归,如痿人不忘起,⑤盲者不忘视也,势不可耳。"遂战。柴将军屠参合,斩韩王信。

①【集解】苏林曰:"代地也。" 【正义】故城在朔州定襄县北。

②【集解】邓展曰:"柴奇也。" 【索隐】应劭云柴武,邓展云柴奇;晋灼云奇,武之子。应劭说为得,此时奇未为将。

③【集解】文颖曰:"大夫种、范蠡也。"

④【索隐】苏林曰:"偾音奋。"张晏曰:"偾,僵仆也。" 【正义】信知归汉必死,故引子胥以为辞。

⑤【索隐】痿，耳谁反。旧音耳睡反，于义为疏。张揖云"痿不能起"，哀帝纪云"帝即位痿痹"是也。

信之入匈奴，与太子俱；及至颓当城，①生子，因名曰颓当。韩太子亦生子，命曰婴。至孝文十四年，颓当及婴率其众降汉。汉封颓当为弓高侯，②婴为襄城侯。③吴楚军时，弓高侯功冠诸将。④传子至孙，孙无子，失侯。婴孙以不敬失侯。⑤颓当孽孙韩嫣，⑥贵幸，名富显于当世。其弟说，再封，数称将军，卒为案道侯。子代，⑦岁馀坐法死。后岁馀，说孙曾⑧拜为龙頟侯，续说后。⑨

①【集解】汉书音义曰："县名。"韦昭曰："在匈奴地。"
②【集解】地理志河间有弓高县也。　【索隐】地理志属河间，汉书功臣表属营陵。　【正义】沧州县。
③【索隐】案：服虔云"县名。功臣表属魏郡"。
④【集解】徐广曰："谥曰壮。"
⑤【集解】徐广曰："表云婴子泽之，元朔四年不敬国除。"
⑥【集解】汉书音义曰："音'鄢陵'之'鄢'。"　【索隐】音偃，又一言反，又休延反，并通。
⑦【集解】徐广曰："名长君。"
⑧【集解】徐广曰："长君之子也。"　【索隐】徐广曰"长君之子"。案博物志，字季君也。

⑨【索隐】頟，五格反。又作"雒"，音洛。龙頟，县名。　【正义】史记表、卫青传及汉书表云韩说，元朔五年，从大将军有功，封龙頟侯，以酎金坐免。元封元年，击东越有功，封按道侯。征和二年，孙子曾复封为龙頟侯。汉书功臣表云武后元年，说孙曾绍封龙頟侯。汉表是也。

卢绾者,丰人也,与高祖同里。卢绾亲与高祖太上皇相爱,^①及生男,高祖、卢绾同日生,里中持羊酒贺两家。及高祖、卢绾壮,俱学书,又相爱也。里中嘉两家亲相爱,生子同日,壮又相爱,复贺两家羊酒。高祖为布衣时,有吏事辟匿,卢绾常随出入上下。及高祖初起沛,卢绾以客从,入汉中为将军,常侍中。从东击项籍,以太尉常从,出入卧内,衣被饮食赏赐,群臣莫敢望,虽萧曹等,特以事见礼,至其亲幸,莫及卢绾。绾封为长安侯。长安,故咸阳也。^②

①【集解】如淳曰:“亲谓父也。”

②【正义】秦咸阳在渭北,长安在渭南,萧何起未央宫处也。

汉五年冬,以破项籍,乃使卢绾别将,与刘贾击临江王共尉,^①破之。七月还,从击燕王臧荼,臧荼降。高祖已定天下,诸侯非刘氏而王者七人。欲王卢绾,为群臣觖望。^②及虏臧荼,乃下诏诸将相列侯,择群臣有功者以为燕王。群臣知上欲王卢绾,皆言曰:“太尉长安侯卢绾常从平定天下,功最多,可王燕。”诏许之。汉五年八月,乃立卢绾为燕王。诸侯王得幸莫如燕王。

①【集解】李奇曰:“共敖子。”

②【集解】如淳曰:“觖音‘决别’之‘决’。望犹怨也。”瓒曰:“觖谓相觖而怨望也。”韦昭曰:“觖犹冀也。” 【索隐】服虔音决。觖望犹怨望也。又音企。韦昭音冀。

汉十一年秋,陈豨反代地,高祖如邯郸击豨兵,燕王绾亦击其东北。当是时,陈豨使王黄求救匈奴。燕王绾亦使其臣张胜于匈奴,言豨等军破。张胜至胡,故燕王臧荼子衍出亡在胡,见张胜曰:"公所以重于燕者,以习胡事也。燕所以久存者,以诸侯数反,兵连不决也。今公为燕欲急灭豨等,豨等已尽,次亦至燕,公等亦且为虏矣。公何不令燕且缓陈豨而与胡和?事宽,得长王燕;即有汉急,可以安国。"张胜以为然,乃私令匈奴助豨等击燕。燕王绾疑张胜与胡反,上书请族张胜。胜还,具道所以为者。燕王寤,乃诈论它人,脱胜家属,使得为匈奴间,而阴使范齐之陈豨所,欲令久亡,①连兵勿决。

①【集解】晋灼曰:"使陈豨久亡畔。"

汉十二年,东击黥布,豨常将兵居代,汉使樊哙击斩豨。其裨将降,言燕王绾使范齐通计谋于豨所。高祖使使召卢绾,绾称病。上又使辟阳侯审食其、御史大夫赵尧往迎燕王,因验问左右。绾愈恐,闭匿,谓其幸臣曰:"非刘氏而王,独我与长沙耳。往年春,汉族淮阴,夏,诛彭越,皆吕后计。今上病,属任吕后。吕后妇人,专欲以事诛异姓王者及大功臣。"乃遂称病不行。其左右皆亡匿。语颇泄,辟阳侯闻之,归具报上,上益怒。又得匈奴降者,降者言张胜亡在匈奴,为燕使。于是上曰:"卢绾果反矣!"使樊哙击燕。燕王绾悉将其宫人家属骑数千居长城下,候伺,幸上病愈,自入谢。四月,高祖崩,卢绾遂将其众亡入匈奴,匈奴以为东胡卢王。绾为蛮夷所侵夺,常思复归。居岁馀,死胡中。

高后时,卢绾妻子亡降汉,会高后病,不能见,舍燕邸,为欲置酒见之。高后竟崩,不得见。卢绾妻亦病死。

孝景中六年,卢绾孙他之,^①以东胡王降,^②封为亚谷侯。^③

①【正义】他,徒何反。

②【集解】如淳曰:"为东胡王来降也。汉纪东胡,乌丸也。"

③【集解】徐广曰:"亚,一作'恶'。"　【正义】汉表在河内。

陈豨者,宛朐人也,^①不知始所以得从。及高祖七年冬,韩王信反,入匈奴,上至平城还,乃封豨为列侯,^②以赵相国将监赵、代边兵,边兵皆属焉。

①【索隐】地理志属济阴。下又云"梁人",是诸先生之说异也。

　【正义】宛朐,曹州县也。太史公云"陈豨,梁人"。按:宛朐,六国时属梁。

②【集解】徐广曰:"功臣表曰陈豨以特将将卒五百人,前元年从起宛朐,至霸上,为侯,以游击将军别定代,已破臧荼,封豨为阳夏侯。"

豨常告归过赵,赵相周昌见豨宾客随之者千馀乘,邯郸官舍皆满。豨所以待宾客布衣交,皆出客下。^①豨还之代,周昌乃求入见。见上,具言豨宾客盛甚,擅兵于外数岁,恐有变。上乃令人覆案豨客居代者财物诸不法事,多连引豨。豨恐,阴令客通使王黄、曼丘臣所。^②及高祖十年七月,太上皇崩,使人召豨,豨称病甚。九月,遂与王黄等反,自立为代王,劫略赵、代。

①【正义】言屈己礼之,不用富贵自尊大。

②【正义】二人韩王信将。

上闻,乃赦赵、代吏人为豨所诖误劫略者,皆赦之。上自往,至邯郸,喜曰:"豨不南据漳水,北守邯郸,知其无能为也。"赵相奏斩常山守、尉,曰:"常山二十五城,豨反,亡其二十城。"上问曰:"守、尉反乎?"对曰:"不反。"上曰:"是力不足也。"赦之,复以为常山守、尉。上问周昌曰:"赵亦有壮士可令将者乎?"对曰:"有四人。"四人谒,上谩骂曰:"竖子能为将乎?"四人惭伏。上封之各千户,以为将。左右谏曰:"从入蜀、汉,伐楚,功未遍行,今此何功而封?"上曰:"非若所知!陈豨反,邯郸以北皆豨有,吾以羽檄征天下兵,①未有至者,今唯独邯郸中兵耳。吾胡爱四千户封四人,不以慰赵子弟!"皆曰:"善。"于是上曰:"陈豨将谁?"曰:"王黄、曼丘臣,皆故贾人。"上曰:"吾知之矣。"乃各以千金购黄、臣等。

①【集解】魏武帝奏事曰:"今边有小警,辄露檄插羽,飞羽檄之意也。"駰案:推其言,则以鸟羽插檄书,谓之羽檄,取其急速若飞鸟也。

十一年冬,汉兵击斩陈豨将侯敞、王黄于曲逆下,①破豨将张春于聊城,②斩首万馀。太尉勃入定太原、代地。十二月,上自击东垣,东垣不下,卒骂上;东垣降,卒骂者斩之,不骂者黥之。更命东垣为真定。王黄、曼丘臣其麾下受购赏之,皆生得,以故陈豨军遂败。

①【正义】定州北平县东南十五里蒲阴故城是也。

②【正义】博州县。

上还至洛阳。上曰:"代居常山北,赵乃从山南有之,远。"乃立子恒为代王,①都中都,②代、雁门皆属代。

①【集解】徐广曰:"十一年正月。"

②【正义】中都故城在汾州平遥县西南十二里。

高祖十二年冬,樊哙军卒追斩豨于灵丘。①

①【正义】蔚州是。

太史公曰:韩信、卢绾非素积德累善之世,徼一时权变,以诈力成功,遭汉初定,故得列地,南面称孤。内见疑强大,外倚蛮貊以为援,是以日疏自危,事穷智困,卒赴匈奴,岂不哀哉!陈豨,梁人,其少时数称慕魏公子;及将军守边,招致宾客而下士,名声过实。周昌疑之,疵瑕颇起,惧祸及身,邪人进说,遂陷无道。于戏悲夫! 夫计之生孰成败于人也深矣!

【索隐述赞】韩襄遗孽,始从汉中。剖符南面,徙邑北通。颓当归国,龙雒有功。卢绾亲爱,群臣莫同。旧燕是王,东胡计穷。

史记卷九十四

田儋列传第三十四

田儋者,狄人也,^①故齐王田氏族也。儋从弟田荣,荣弟田横,皆豪,宗强,能得人。^②

①【集解】徐广曰:"今乐安临济县也。" 【正义】淄州高苑县西北北狄故县城。

②【索隐】儋子市,从弟荣,荣子广,荣弟横,各递为王。荣并王三齐。

陈涉之初起王楚也,使周市略定魏地,北至狄,狄城守。田儋详为缚其奴,从少年之廷,欲谒杀奴。^①见狄令,因击杀令,而召豪吏子弟曰:"诸侯皆反秦自立,齐,古之建国,儋,田氏,当王。"遂自立为齐王,^②发兵以击周市。周市军还去,□儋因率兵东略定齐地。

①【集解】服虔曰:"古杀奴婢皆当告官。儋欲杀令,故诈缚奴而以谒也。"

2317

②【集解】徐广曰:"二世元年九月也。"

秦将章邯围魏王咎于临济,急。魏王请救于齐,齐王田儋将兵救魏。①章邯夜衔枚击,大破齐、魏军,杀田儋于临济下。儋弟田荣收儋馀兵东走东阿。

①【集解】徐广曰:"二年六月。"

齐人闻王田儋死,乃立故齐王建之弟田假为齐王,田角为相,田閒为将,以距诸侯。

田荣之走东阿,章邯追围之。项梁闻田荣之急,乃引兵击破章邯军东阿下。章邯走而西,项梁因追之。而田荣怒齐之立假,乃引兵归,击逐齐王假。假亡走楚。齐相角亡走赵;角弟田閒前求救赵,因留不敢归。田荣乃立田儋子市为齐王,①荣相之,田横为将,平齐地。

①【集解】徐广曰:"二年八月。"

项梁既追章邯,章邯兵益盛,项梁使使告赵、齐,发兵共击章邯。田荣曰:"使楚杀田假,赵杀田角、田閒,乃肯出兵。"楚怀王曰:"田假与国之王,穷而归我,杀之不义。"赵亦不杀田角、田閒以市于齐。齐曰:"蝮螫手则斩手,螫足则斩足。何者? 为害于身也。①今田假、田角、田閒于楚、赵,非直手足戚也,②何故不杀? 且秦复得志于天下,则齮龁用事者坟墓矣。"③楚、赵不听,齐亦怒,终不肯出兵。章邯果败杀项梁,破楚兵,楚兵东走,而章邯渡河围赵于钜鹿。项羽往救赵,由此怨田荣。

①【集解】应劭曰:"蝮一名虺,螫人手足,则割去其肉,不然则致死。"

【索隐】蝮音芳伏反。螫音臁,又音释。 【正义】按:蝮,毒蛇,长二三

丈,岭南北有之。虵长一二尺,头腹皆一遍。说文云"虵博三寸,首大
如擘"。擘,手大指也,音步历反。

②【集解】文颖曰:"言将亡身,非手足忧也。"瓒曰:"于楚、赵非手足
之亲。"

③【集解】如淳曰:"龁齕犹酢咂。" 【索隐】龁音虵。齕音纥。龁齕,侧
齿咬也。 【正义】按:秦重得志,非但辱身,坟墓亦发掘矣,若子胥鞭
荆平王墓。一云坟墓,言死也。

项羽既存赵,降章邯等,西屠咸阳,灭秦而立侯王也,乃徙齐王
田市更王胶东,治即墨。齐将田都从共救赵,因入关,故立都为齐
王,治临淄。故齐王建孙田安,项羽方渡河救赵,田安下济北数城,
引兵降项羽,项羽立田安为济北王,治博阳。田荣以负项梁不肯出
兵助楚、赵攻秦,故不得王;赵将陈馀亦失职,不得王:二人俱怨
项王。

项王既归,诸侯各就国,田荣使人将兵助陈馀,令反赵地,而荣
亦发兵以距击田都,田都亡走楚。田荣留齐王市,无令之胶东。市
之左右曰:"项王强暴,而王当之胶东,不就国,必危。"市惧,乃亡
就国。田荣怒,追击杀齐王市于即墨,还攻杀济北王安。于是田荣
乃自立为齐王,尽并三齐之地。①

①【索隐】田市王胶东,田都王齐,田安王济北。

项王闻之,大怒,乃北伐齐。齐王田荣兵败,走平原,①平原人
杀荣。项王遂烧夷齐城郭,所过者尽屠之。②齐人相聚畔之。荣弟
横,收齐散兵,得数万人,反击项羽于城阳。③而汉王率诸侯败楚,
入彭城。项羽闻之,乃醳齐④而归,击汉于彭城,因连与汉战,相距
荥阳。以故田横复得收齐城邑,⑤立田荣子广为齐王,而横相之,
专国政,政无巨细皆断于相。

①【集解】徐广曰："三年正月。"　【正义】平原,德州也。

②【集解】徐广曰："立故王田假也。"

③【集解】徐广曰："假走楚,楚杀之。"　【正义】城阳,濮州雷泽是。

④【索隐】此岂亦以"醉酒"之义?并古"释"字。

⑤【集解】徐广曰："四月。"

　　横定齐三年,汉王使郦生往说下齐王广及其相国横。横以为然,解其历下军。汉将韩信引兵且东击齐。齐初使华无伤、田解军于历下以距汉,汉使至,乃罢守战备,纵酒,且遣使与汉平。汉将韩信已平赵、燕,用蒯通计,度平原,袭破齐历下军,因入临淄。齐王广、相横怒,以郦生卖己,而亨郦生。齐王广东走高密,①相横走博(阳),守相田光走城阳,将军田既军于胶东。楚使龙且救齐,齐王与合军高密。汉将韩信与曹参破杀龙且,②房齐王广。汉将灌婴追得齐守相田光。至博(阳),而横闻齐王死,自立为齐王,还击婴,婴败横之军于嬴下。③田横亡走梁,归彭越。彭越是时居梁地,中立,且为汉,且为楚。韩信已杀龙且,因令曹参进兵破杀田既于胶东,使灌婴破杀齐将田吸于千乘。④韩信遂平齐,乞自立为齐假王,⑤汉因而立之。

①【集解】徐广曰："高,一作'假'。"

②【集解】徐广曰："四年十一月。"

③【集解】晋灼曰："泰山嬴县也。"　【正义】故嬴城在兖州博城县东北百里。

④【正义】千乘故城在淄州高苑县北二十五里。

⑤【集解】徐广曰："二月也。"

后岁馀,汉灭项籍,汉王立为皇帝,以彭越为梁王。田横惧诛,而与其徒属五百馀人入海,居岛中。①高帝闻之,以为田横兄弟本定齐,齐人贤者多附焉,今在海中不收,后恐为乱,乃使使赦田横罪而召之。田横因谢曰:"臣亨陛下之使郦生,今闻其弟郦商为汉将而贤,臣恐惧,不敢奉诏,请为庶人,守海岛中。"使还报,高皇帝乃诏卫尉郦商曰:"齐王田横即至,人马从者敢动摇者致族夷!"乃复使使持节具告以诏商状,曰:"田横来,大者王,小者乃侯耳;不来,且举兵加诛焉。"田横乃与其客二人乘传诣雒阳。②

①【集解】韦昭曰:"海中山曰岛。"【正义】按:海州东海县有岛山,去岸八十里。

②【集解】如淳曰:"四马下足为乘传。"

未至三十里,至尸乡厩置,①横谢使者曰:"人臣见天子当洗沐。"止留。谓其客曰:"横始与汉王俱南面称孤,今汉王为天子,而横乃为亡虏而北面事之,其耻固已甚矣。且吾亨人之兄,与其弟并肩而事其主,纵彼畏天子之诏,不敢动我,我独不愧于心乎?且陛下所以欲见我者,不过欲一见吾面貌耳。今陛下在洛阳,今斩吾头,驰三十里间,形容尚未能败,犹可观也。"遂自刭,令客奉其头,②从使者驰奏之高帝。高帝曰:"嗟乎,有以也夫!起自布衣,兄弟三人更王,岂不贤乎哉!"为之流涕,而拜其二客为都尉,发卒二千人,以王者礼葬田横。③

2321

①【集解】应劭曰:"尸乡在偃师。"瓒曰:"厩置,置马以传驿也。"

②【正义】奉音捧。

③【正义】齐田横墓在偃师西十五里。崔豹古今注云:"薤露、蒿里,送哀歌也,出田横门人。横自杀,门人伤之而作悲歌,言人命如薤上露,易晞灭。至李延年乃分为二曲,薤露送王公贵人,蒿里送士大夫庶人,

使挽逝者歌之,俗呼为挽歌。"

　　既葬,二客穿其冢旁孔,皆自刭,下从之。高帝闻之,乃大惊,以田横之客皆贤。吾闻其馀尚五百人在海中,使使召之。至则闻田横死,亦皆自杀。于是乃知田横兄弟能得士也。

　　太史公曰:甚矣蒯通之谋,乱齐骄淮阴,其卒亡此两人!①蒯通者,善为长短说,②论战国之权变,为八十一首。③通善齐人安期生,安期生尝干项羽,项羽不能用其筴。已而项羽欲封此两人,两人终不肯受,亡去。田横之高节,宾客慕义而从横死,岂非至贤!余因而列焉。不无善画者,莫能图,何哉?④

①【集解】韩信、田横。

②【索隐】言欲令此事长,则长说之;欲令此事短,则短说之:故战国策亦名曰"短长书"是也。

③【集解】汉书曰:"号为隽永。"永,一作"求"。　【索隐】隽永,书名也。隽音松兖反。

④【索隐】言天下非无善画之人,而不知图画田横及其党慕义死节之事,何故哉? 叹画人不知画此也。

【索隐述赞】秦项之际,天下交兵。六国树党,自置豪英。田儋殒寇,立市相荣。楚封王假,齐破郦生。兄弟更王,海岛传声。

史 记 卷 九 十 五

樊郦滕灌列传第三十五

舞阳侯①樊哙②者,沛人也。③以屠狗为事,④与高祖俱隐。

①【正义】舞阳在许州叶县东十里。

②【正义】音快,又吉外反。

③【正义】沛,徐州县。

④【正义】时人食狗亦与羊豕同,故哙专屠以卖之。

初从高祖起丰,攻下沛。高祖为沛公,以哙为舍人。从攻胡陵、方与,①还守丰,击泗水监丰下,②破之。复东定沛,破泗水守薛西。③与司马𡰥④战砀东,⑤却敌,斩首十五级,赐爵国大夫。⑥常从,沛公击章邯军濮阳,攻城先登,斩首二十三级,赐爵列大夫。⑦复常从,从攻城阳,⑧先登。下户牖,⑨破李由军,斩首十六级,赐上间爵。⑩从攻围东郡守尉于成武,⑪却敌,斩首十四级,捕虏十一人,赐爵五大夫。从击秦军,出亳南。⑫河间守军于杠里,⑬破之。

2323

击破赵贲军开封⑭北,以却敌先登,斩侯一人,首六十八级,捕虏二十七人,赐爵卿。从攻破杨熊军于曲遇。⑮攻宛陵,⑯先登,斩首八级,捕虏四十四人,赐爵封号贤成君。⑰从攻长社、轘辕,⑱绝河津,⑲东攻秦军于尸,⑳南攻秦军于犫,㉑破南阳守齮于阳城。东攻宛城,先登。西至郦,㉒以却敌,斩首二十四级,捕虏四十人,赐重封。㉓攻武关,至霸上,斩都尉一人,首十级,捕虏百四十六人,降卒二千九百人。

①【正义】房预二音。

②【索隐】案:监者,秦时御史监郡也。丰下,丰县之下也。 【正义】泗水,郡名。

③【索隐】谓破其守于薛县之西也。

④【集解】张晏曰:"秦司马。" 【正义】秦将章邯司马尼。

⑤【正义】砀,宋州县也。

⑥【集解】文颖曰:"即官大夫也。" 【正义】爵第六级也。

⑦【集解】文颖曰:"即公大夫,爵第七。"

⑧【集解】徐广曰:"年表二年七月,破秦军濮阳东,屠城阳也。"

 【正义】按:城阳近濮阳,而汉书作"阳城",大错误。

⑨【正义】户牖,汴州东陈留县东北九十一里东昏故城是。

⑩【集解】孟康曰:"不在二十爵中,如执圭、执帛比也。"如淳曰:"间,或作'闻'。吕氏春秋曰'魏文侯东胜齐于长城,天子赏文侯以上间爵'。" 【索隐】赐上间爵。张晏云:"得径上闻。"晋灼曰:"名通于天子也。"如淳曰"或作'上闻'",又引吕氏春秋,当证"上间"。"间"音"中间"之"间"。

⑪【正义】曹州县。

⑫【索隐】案:亳,汤所都,今河南偃师有汤亳是也。 【正义】亳故城在宋州穀熟县西南四十里。

⑬【正义】地名,近城阳。

⑭【正义】汴州县。

⑮【索隐】音龋颥二音,邑名也。　【正义】曲,丘雨反。遇,牛恭反。郑州中牟县有曲遇聚。

⑯【索隐】地理志属河南。　【正义】宛陵故城在郑州新郑县东北三十八里。

⑰【集解】徐广曰:"时赐爵有执帛、执圭,又有赐爵封而加美名以为号也。又有功,则赐封列侯。"骃案:张晏曰"食禄比封君而无邑"。瓒曰"秦制,列侯乃有封爵也"。　【索隐】张晏曰:"食禄比封君而无邑。"徐广曰:"赐爵有执圭、执帛,又有爵封而加美号。"又小颜云:"楚汉之际,权设宠荣,假其位号,或得邑地,或空受爵,此例多矣。约以秦制,于义不通。"

⑱【正义】许州理县也。轘辕关在缑氏县东南三十里。

⑲【正义】古平阴津在河南府东北五十里也。

⑳【正义】在偃师南。

㉑【正义】在汝州鲁山县东南。

㉒【正义】郦音掷。在邓州新城县西北四十里。

㉓【集解】张晏曰:"益禄也。"如淳曰:"正爵名也。"瓒曰"增封也"。　【索隐】张晏云"益禄也"。臣瓒以为增封,义亦近是。而如淳曰正爵名,非也。小颜以为重封者,兼二号,盖为得也。

　　项羽在戏下,欲攻沛公。沛公从百馀骑因项伯面见项羽,谢无有闭关事。项羽既飨军士,中酒,①亚父谋欲杀沛公,令项庄拔剑舞坐中,欲击沛公,项伯常(肩)〔屏〕蔽之。时独沛公与张良得入坐,樊哙在营外,闻事急,乃持铁盾入到营。营卫止哙,哙直撞入,②立帐下。③项羽目之,问为谁。张良曰:"沛公参乘樊哙。"项

羽曰："壮士。"赐之卮酒彘肩。哙既饮酒,拔剑切肉食,尽之。项
羽曰："能复饮乎?"哙曰："臣死且不辞,岂特卮酒乎!且沛公先入
定咸阳,暴师霸上,以待大王。④大王今日至,听小人之言,与沛公
有隙,臣恐天下解,⑤心疑大王也。"项羽默然。沛公如厕,麾樊哙
去。既出,沛公留车骑,独骑一马,与樊哙等四人步从,从间道山下
归走霸上军,而使张良谢项羽。项羽亦因遂已,无诛沛公之心矣。
是日微樊哙奔入营谯让项羽,⑥沛公事几殆。⑦

①【集解】张晏曰："酒酹也。"

②【集解】汉书音义曰："撞音撞钟。"【正义】撞,直江反。

③【集解】徐广曰："一本作'立帷下,嗔目而视,眦皆血出'。"

④【正义】时羽未为王,史追书。

⑤【正义】纪买反。至此为绝句。

⑥【索隐】谯音诮,责也。或才笑反,或亦作"诮"。

⑦【正义】几音祈。

明日,项羽入屠咸阳,立沛公为汉王。汉王赐哙爵为列侯,号
临武侯。①迁为郎中,从入汉中。

①【正义】桂阳临武县。

还定三秦,别击西丞白水北,①雍轻车骑于雍南,破之。②从攻
雍、斄③城,先登。击章平军好畤,④攻城,先登陷阵,斩县令丞各
一人,首十一级,虏二十人,迁郎中骑将。从击秦车骑壤东,⑤却
敌,迁为将军。攻赵贲,下郿、⑥槐里、柳中、⑦咸阳;灌废丘,最。⑧
至栎阳,⑨赐食邑杜之樊乡。⑩从攻项籍,屠煮枣。⑪击破王武、程处
军于外黄。攻邹、鲁、瑕丘、薛。⑫项羽败汉王于彭城,尽复取鲁、梁
地。哙还至荥阳,益食平阴二千户,⑬以将军守广武。一岁,项羽

2326

引而东。从高祖击项籍，下阳夏，⑭虏楚周将军卒四千人。围项籍
于陈，⑮大破之。屠胡陵。⑯

①【集解】徐广曰："陇西有西县。白水在武都。"骃案：如淳曰"皆地名
　也"。晋灼曰"白水，今广平魏县也。地理志无'西丞'，似秦将名"。
　　【索隐】案：西谓陇西之西县。白水，水名，出武都，经西县东南流。
　言哙击西县之丞在白水之北耳，徐广等说皆非也。　【正义】括地志
　云："白马水源出文州曲水县西南，会经孙山下。"

②【正义】上"雍"于拱反。

③【集解】音胎。

④【索隐】案：雍即扶风雍县。釐音台，即后稷所封，今之武功故釐城是。
　章平即章邯子也。

⑤【索隐】小颜亦以为地名。　【正义】壤乡在武功县东南二十里。

⑥【正义】岐州县。

⑦【索隐】按：柳中即细柳，地在长安西也。

⑧【集解】李奇曰："以水灌废丘也。"张晏曰："最，功第一也。"晋灼曰：
　"京辅治华阴，灌北也。"　【索隐】灌谓以水灌废丘，城陷，其功最上
　也。李奇曰"废丘即槐里也。上有槐里，此又言者，疑此是小槐里"，
　非也。按：文云"攻赵贲，下郿、槐里、柳中、咸阳"，总言所攻陷之邑。
　别言以水灌废丘，其功特最也。何者？初云槐里，称其新名，后言功
　最，是重举，不欲再见其文，故因旧称废丘也。

⑨【正义】雍州县。

⑩【索隐】案：杜陵有樊乡。三秦记曰"长安正南，山名秦岭，谷名子午，
　一名樊川，一名御宿"。樊乡即樊川也。

⑪【索隐】检地理志无"煮枣"，晋说是。功臣表有煮枣侯，云清河有煮枣
　城。小颜以为"攻项籍，屠煮枣，合在河南，非清河之城明矣"。今案
　续汉书郡国志，在济阴宛朐也。　【正义】案：其时项羽未渡河北，冀

州信都县东北五十里煮枣非矣。

⑫【正义】邹，兖州县，在州东南六十二里。鲁，兖州曲阜县。瑕丘，兖州县。薛在徐州滕县界。

⑬【正义】平阴故城在济阳东北五里。

⑭【正义】夏音假。陈州太康县。

⑮【正义】陈州。

⑯【正义】在兖州南。

项籍既死，汉王为帝，以哙坚守战有功，益食八百户。从高帝攻反燕王臧荼，虏荼，定燕地。楚王韩信反，哙从至陈，取信，定楚。①更赐爵列侯，与诸侯剖符，世世勿绝，食舞阳，号为舞阳侯，除前所食。以将军从高祖攻反韩王信于代。自霍人以往②至云中，③与绛侯等共定之，益食千五百户。因击陈豨与曼丘臣军，④战襄国，⑤破柏人，⑥先登，降定清河、常山凡二十七县，残东垣，⑦迁为左丞相。破得綦毋卬、尹潘军于无终、广昌。⑧破豨别将胡人王黄军于代南，因击韩信军于参合。⑨军所将卒斩韩信，破豨胡骑横谷，⑩斩将军赵既，虏代丞相冯梁、守孙奋、大将王黄、将军、（太卜）太仆解福⑪等十人。与诸将共定代乡邑七十三。其后燕王卢绾反，哙以相国击卢绾，破其丞相抵蓟南，⑫定燕地，凡县十八，乡邑五十一。益食邑千三百户，定食舞阳五千四百户。从，斩首百七十六级，虏二百八十八人。别，破军七，下城五，定郡六，县五十二，得丞相一人，将军十二人，二千石已下至三百石十一人。

①【正义】徐州。

②【正义】先累反，又苏果反，又山寡反。杜预云"霍人，晋邑也。'霍人'当作'葰'，地理志云葰人县属太原郡"。括地志云："葰人故城在代州繁畤县界也。"

③【正义】云中郡县,皆朔州善阳县北三百八十里定襄故城是也。

④【集解】徐广曰:"曼,一作'宵'字。"

⑤【正义】邢州城。

⑥【正义】邢州县。

⑦【集解】张晏曰:"残,有所毁也。"瓒曰:"残谓多所杀伤也。孟子曰'贼义谓之残'。"

⑧【正义】在蔚州飞狐县北七里。

⑨【正义】在朔州定襄县界。

⑩【正义】谷音欲。盖在代。

⑪【正义】人姓名。

⑫【索隐】抵音丁礼反。抵训至。一云抵者,丞相之名。

哙以吕后女弟吕须为妇,生子伉,故其比诸将最亲。

先黥布反时,高祖尝病甚,恶见人,卧禁中,诏户者无得入群臣。群臣绛、灌等莫敢入。十馀日,哙乃排闼直入,①大臣随之。上独枕一宦者卧。哙等见上流涕曰:"始陛下与臣等起丰沛,定天下,何其壮也!今天下已定,又何惫也!且陛下病甚,大臣震恐,不见臣等计事,顾独与一宦者绝乎?且陛下独不见赵高之事乎?"高帝笑而起。

①【正义】闼,宫中小门。

其后卢绾反,高帝使哙以相国击燕。是时高帝病甚,人有恶哙党于吕氏,即上一日宫车晏驾,则哙欲以兵尽诛灭戚氏、赵王如意之属。高帝闻之大怒,乃使陈平载绛侯代将,而即军中斩哙。陈平畏吕后,执哙诣长安。至则高祖已崩,吕后释哙,使复爵邑。

孝惠六年,樊哙卒,谥为武侯。子伉代侯。而伉母吕须亦为临光侯,高后时用事专权,大臣尽畏之。伉代侯九岁,高后崩。大臣诛诸吕、吕须婘①属,因诛伉。舞阳侯中绝数月。孝文帝既立,乃复封哙他庶子市人为舞阳侯,复故爵邑。市人立二十九岁卒,谥为荒侯。子他广代侯。六岁,侯家舍人得罪他广,怨之,乃上书曰:"荒侯市人病不能为人,②令其夫人与其弟乱而生他广,他广实非荒侯子,不当代后。"诏下吏。孝景中六年,他广夺侯为庶人,国除。③

① 【索隐】音须卷二音。

② 【正义】言不能行人道。

③ 【索隐】案:汉书平帝元始二年,封哙玄孙之子章为舞阳侯,邑千户。

曲周侯①郦商者,高阳人。②陈胜起时,商聚少年东西略人,得数千。沛公略地至陈留,六月馀,③商以将卒四千人属沛公于岐。④从攻长社,先登,赐爵封信成君。从沛公攻缑氏,绝河津,破秦军洛阳东。从攻下宛、穰,定十七县。别将攻旬关,⑤定汉中。

① 【正义】故城在(洛)〔洺〕州曲周西南十五里。

② 【索隐】郦音历。高阳,聚名,属陈留。 【正义】雍(州)〔丘〕西南聚邑人也。

③ 【集解】徐广曰:"月表曰二世元年九月,沛公起兵;二世三年二月,袭陈留,用郦食其策。起兵至此十九月矣。食其传曰既说高帝已,乃言其弟商,使从沛公也。" 【索隐】事与郦生传及年表小不同,盖史官意异也。 【正义】徐注非也。言商先东西略得数千人,及沛公略地至陈留,商起兵,乃六月馀得四千人,以将军从高祖也。

④ 【索隐】此地名阙,盖在河南陈、郑之界。 【正义】高纪云"郦食其说

沛公袭陈留,乃以食其为广野君,郦商为将,将陈留兵,与偕攻开封"。郦生传云"沛公引兵随之,乃下陈留,为广阳君。言其弟郦商,使将数千人从沛公西南略地"。此传云"属沛公于岐,从攻长社"。案纪传此说,岐当与陈留、高阳相近也。

⑤【集解】汉书音义曰:"汉中旬阳县。音询。"【索隐】案:在汉中旬阳县,旬水上之关。

项羽灭秦,立沛公为汉王。汉王赐商爵信成君,以将军为陇西都尉。别将定北地、①上郡、②破雍将军焉氏、③周类军栒邑、④苏驵军于泥阳。⑤赐食邑武成六千户。⑥以陇西都尉从击项籍军五月,出钜野,与钟离眜战,疾斗,受梁相国印,益食邑四千户。以梁相国将从击项羽二岁三月,攻胡陵。

①【正义】宁州。

②【正义】鄜州。

③【集解】音支。【索隐】上音于然反,下音支。县名,属安定。汉书云破章邯别将。【正义】县在泾州安定县东四十里。

④【索隐】栒邑在豳州。地理志属右扶风。栒音荀。

⑤【集解】徐广曰:"驵,一作'驶'。"【索隐】北地县名。驵者,龙马也。【正义】故城在宁州罗川县北三十一里。泥谷水源出罗川县东北泥阳。源侧有泉,于泥中潜流二十餘步而流入泥谷。又有泥阳湫,在县东北四十里。

⑥【正义】县在华州郑县东十三里。

项羽既已死,汉王为帝。其秋,燕王臧荼反,商以将军从击荼,战龙脱,①先登陷阵,破荼军易下,②却敌,迁为右丞相,赐爵列侯,与诸侯剖符,世世勿绝,食邑涿五千户,③号曰涿侯。以右丞相别定上谷,④因攻代,受赵相国印。以右丞相赵相国别与绛侯等定代、雁门,得代丞相程纵、守相郭同、将军已下至六百石十九人。还,以将军为太上皇卫一岁七月。以右丞相击陈豨,残东垣。又以右丞相从高帝击黥布,攻其前拒,⑤陷两陈,得以破布军,更食曲周五千一百户,除前所食。凡别破军三,降定郡六,县七十三,得丞相、守相、大将各一人,小将二人,二千石已下至六百石十九人。

① 【集解】徐广曰:"在燕赵之界。"骃案:汉书音义曰"地名"。 【索隐】孟康曰"地名",在燕赵之界,其地阙。

② 【正义】易州易县。

③ 【正义】涿,幽州。

④ 【正义】妫州。

⑤ 【集解】徐广曰:"一作'和'。"骃谓拒,方陈。拒音矩。 【索隐】音巨,又音矩。裴骃云"拒,方阵"。邹氏引左传有"左拒右拒"。徐云"一作'和'。和,军门也"。汉书作"前垣",小颜以为攻其壁垒之前垣也。李奇以为"前锋坚蔽若垣墙",非也。

商事孝惠、高后时,商病,不治。①其子寄,字况,②与吕禄善。及高后崩,大臣欲诛诸吕,吕禄为将军,军于北军,太尉勃不得入北军,于是乃使人劫郦商,令其子况绐吕禄,③吕禄信之,故与出游,而太尉勃乃得入据北军,遂诛诸吕。是岁商卒,谥为景侯。子寄代侯。天下称郦况卖交也。④

① 【集解】文颖曰:"不能治官事。"

② 【索隐】郦寄字也。邹氏本作"兄",亦音况。

③ 【索隐】绐,欺也,诈也。音待。

④ 【集解】班固曰:"夫卖交者,谓见利而忘义也。若寄父为功臣,而又执劫,虽摧吕禄以安社稷,谊存君亲可也。"

孝景前三年,吴、楚、齐、赵反,上以寄为将军,围赵城,十月不能下。得俞侯①栾布自平齐来,乃下赵城,灭赵,王自杀,除国。孝景中二年,寄欲取平原君为夫人,②景帝怒,下寄吏,有罪,夺侯。景帝乃以商他子坚封为缪侯,③续郦氏后。缪靖侯卒,子康侯遂成立。遂成卒,子怀侯世宗立。④世宗卒,子侯终根立,为太常,坐法,国除。

①【集解】俞音舒。 【索隐】俞音欷,县名,又音输,在河东。

②【集解】苏林曰:"景帝王皇后母臧儿也。"

③【集解】徐广曰:"缪者,更封邑名。谥曰靖。" 【索隐】缪音穆,邑也。谥曰靖侯。汉书无谥。

④【集解】徐广曰:"世,一作'他'。"

汝阴侯①夏侯婴,沛人也。为沛厩司御。②每送使客还,过沛泗上亭,与高祖语,未尝不移日也。婴已而试补县吏,与高祖相爱。高祖戏而伤婴,人有告高祖。③高祖时为亭长,重坐伤人,④告故不伤婴,⑤婴证之。后狱覆,⑥婴坐高祖系岁馀,掠笞数百,终以是脱高祖。

①【正义】汝阴即今阳城。

②【索隐】案:楚汉春秋云滕公为御也。

③【集解】韦昭曰:"告,白也。白高祖伤人。"

④【集解】如淳曰:"为吏伤人,其罪重也。"

⑤【集解】邓展曰:"律有故乞鞠。高祖自告不伤人。" 【索隐】案:晋令云"狱结竟,呼囚鞠语罪状,囚若称枉欲乞鞠者,许之也"。

⑥【索隐】案:韦昭曰"高帝自言不伤婴,婴证之,是狱辞翻覆也"。

高祖之初与徒属欲攻沛也,婴时以县令史为高祖使。①上降沛

一日，^②高祖为沛公，赐婴爵七大夫，以为太仆。从攻胡陵，婴与萧
何降泗水监平，^③平以胡陵降，赐婴爵五大夫。从击秦军砀东，攻
济阳，下户牖，破李由军雍丘下，以兵车趣攻战疾，赐爵执帛。常以
太仆奉车从击章邯军东阿、濮阳下，以兵车趣攻战疾，破之，赐爵执
珪。复常奉车从击赵贲军开封，杨熊军曲遇。婴从捕虏六十八人，
降卒八百五十人，得印一匮。^④因复常奉车从击秦军雒阳东，以兵
车趣攻战疾，赐爵封转为滕公。^⑤因复奉车从攻南阳，战于蓝田、芷
阳，^⑥以兵车趣攻战疾，至霸上。项羽至，灭秦，立沛公为汉王。汉
王赐婴爵列侯，号昭平侯，复为太仆，从入蜀、汉。

① 【正义】为，于伪反。使，所吏反。

② 【正义】谓父老开城门迎高祖。

③ 【集解】张晏曰："胡陵，平所止县，何尝给之，故与降也。"

④ 【索隐】案：说文云"匮，匣也"。谓得其时自相部署之印。

⑤ 【集解】徐广曰："令也。"骃案：邓展曰"今沛郡公丘"。汉书曰婴为滕
　　令奉车，故号滕公。　【正义】滕即公丘故城是，在徐州滕县西南十
　　五里。

⑥ 【索隐】芷音止，地名，今霸陵也，在京兆。

还定三秦，从击项籍。至彭城，项羽大破汉军。汉王败，不利，
驰去。见孝惠、鲁元，载之。汉王急，马罢，虏在后，常蹶两儿^①欲
弃之，婴常收，竟载之，徐行面雍树乃驰。^②汉王怒，行欲斩婴者十
馀，卒得脱，而致孝惠、鲁元于丰。

① 【索隐】蹶音厥，又音巨月反，一音居卫反。汉书作"蹳"，音拨。

② 【集解】服虔曰："高祖欲斩之，故婴围树走也。面，向树也。"应劭曰：
　　"古者皆立乘，婴恐小儿坠，各置一面雍持之。树，立也。"苏林曰："南
　　(阳)〔方〕人谓抱小儿为'雍树'。面者，大人以面首向临之，小儿抱大

人颈似悬树也。"【索隐】苏林与晋灼皆言南方及京师谓抱儿为"拥树",今则无其言,或当时有此说。其应、服之说,盖疏也。

汉王既至荥阳,收散兵,复振,赐婴食祈阳。①复常奉车从击项籍,追至陈,卒定楚,至鲁,益食兹氏。②

①【集解】徐广曰:"祈,一作'沂'。"【索隐】盖乡名也。汉书作"沂",楚无其县。

②【索隐】县名也。地理志属太原。

汉王立为帝。其秋,燕王臧荼反,婴以太仆从击荼。明年,从至陈,取楚王信。更食汝阴,剖符世世勿绝。以太仆从击代,至武泉、云中,①益食千户。因从击韩信军胡骑晋阳旁,大破之。追北至平城,为胡所围,七日不得通。高帝使使厚遗阏氏,冒顿开围一角。高帝出欲驰,婴固徐行,弩皆持满外向,卒得脱。益食婴细阳②千户。复以太仆从击胡骑句注北,大破之。以太仆击胡骑平城南,三陷陈,功为多,赐所夺邑五百户。③以太仆击陈豨、黥布军,陷陈却敌,益食千户,定食汝阴六千九百户,除前所食。

①【索隐】地理志武泉属云中。【正义】二县,在朔州善阳县界。

②【索隐】地理志属汝南。

③【集解】汉书音义曰:"时有罪过夺邑者,以赐之。"

婴自上初起沛,常为太仆,竟高祖崩。以太仆事孝惠。孝惠帝及高后德婴之脱孝惠、鲁元于下邑之间也,①乃赐婴县北第第一,曰"近我",以尊异之。孝惠帝崩,以太仆事高后。高后崩,代王之来,婴以太仆与东牟侯入清宫,废少帝,以天子法驾迎代王代邸,与大臣共立为孝文皇帝,复为太仆。八岁卒,谥为文侯。②子夷侯灶立,七年卒。子共侯赐立,三十一年卒。子侯颇尚平阳公主。立十九岁,元鼎二年,坐与父御婢奸罪,自杀,国除。

①【正义】宋州砀山县。

②【索隐】案:姚氏云"三辅故事曰'滕文公墓在饮马桥东大道南,俗谓之马冢'。博物志曰'公卿送婴葬,至东都门外,马不行,踏地悲鸣,得石椁,有铭曰"佳城郁郁,三千年见白日,吁嗟滕公居此室"。乃葬之'"。

颍阴侯①灌婴者,睢阳贩缯者也。②高祖之为沛公,略地至雍丘下,章邯败杀项梁,而沛公还军于砀,婴初以中涓从击破东郡尉于成武及秦军于扛里,疾斗,赐爵七大夫。从攻秦军亳南、开封、曲遇,战疾力,③赐爵执帛,号宣陵君。从攻阳武以西至雒阳,破秦军尸北,北绝河津,南破南阳守齮阳城东,遂定南阳郡。西入武关,战于蓝田,疾力,至霸上,赐爵执珪,号昌文君。④

①【正义】今陈州南颍县西北十三里颍阴故城是。

②【正义】睢阳,宋州宋城县。

③【集解】服虔曰:"疾攻之。"

④【索隐】亦称宣陵君,皆非爵士,加美号耳。

沛公立为汉王,拜婴为郎中,从入汉中,十月,拜为中谒者。从还定三秦,下栎阳,降塞王。还围章邯于废丘,未拔。从东出临晋关,击降殷王,定其地。击项羽将龙且、魏相项他军定陶南,疾战,破之。赐婴爵列侯,号昌文侯,食杜平乡。①

①【索隐】谓食杜县之平乡。

复以中谒者从降下砀,以至彭城。项羽击,大破汉王。汉王遁而西,婴从还,军于雍丘。王武、魏公申徒反,①从击破之。攻下黄,②西收兵,军于荥阳。楚骑来众,汉王乃择军中可为(车)骑将者,皆推故秦骑士重泉人③李必、骆甲④习骑兵,今为校尉,可为骑将。汉王欲拜之,必、甲曰:"臣故秦民,恐军不信臣,臣愿得大王左右善骑者傅之。"⑤灌婴虽少,然数力战,乃拜灌婴为中大夫,令李必、骆甲为左右校尉,将郎中骑兵击楚骑于荥阳东,大破之。受诏别击楚军后,绝其饷道,起阳武至襄邑。击项羽之将项冠于鲁下,破之,所将卒斩右司马、骑将各一人。⑥击破柘公王武,⑦军于燕西,所将卒斩楼烦将五人,⑧连尹一人。⑨击王武别将桓婴白马下,破之,所将卒斩都尉一人。以骑渡河南,送汉王到雒阳,使北迎相国韩信军于邯郸。还至敖仓,婴迁为御史大夫。

①【集解】张晏曰:"秦将,降为公,今反。"

②【正义】故城在曹州考城县东二十四里。

③【集解】徐广曰:"重泉属冯翊。" 【正义】故城在同州蒲城县东南四十五里。

④【索隐】必、甲,二人名也。姚氏案:汉纪桓帝延熹三年,追录高祖功臣李必后黄门丞李遂为晋阳关内侯也。

⑤【集解】如淳曰:"傅音附。犹言随从者。"

⑥【集解】张晏曰:"王右方之马,左亦如之。"

⑦【集解】徐广曰:"柘属陈。" 【索隐】案:武,柘县令也。柘县属陈。【正义】柘属淮阳国。案:滑州胙城,本南燕国也。

⑧【集解】李奇曰:"楼烦,县名。其人善骑射,故以名射士为'楼烦',取其美称,未必楼烦人也。"张晏曰:"楼烦,胡国名也。"

⑨【集解】张晏曰:"大夫,楚官。" 【索隐】苏林曰:"楚官也。"案:左传"莫敖、连尹、宫厩尹"是。

三年,以列侯食邑杜平乡。以御史大夫受诏将郎中骑兵东属相国韩信,击破齐军于历下,所将卒虏车骑将军华毋伤及将吏四十六人。降下临菑,得齐守相田光。追齐相田横至嬴、博,破其骑,所将卒斩骑将一人,生得骑将四人。攻下嬴、博,破齐将军田吸于千乘,所将卒斩吸。东从韩信攻龙且、留公旋于高密,①卒斩龙且,②生得右司马、连尹各一人,楼烦将十人,身生得亚将周兰。

①【索隐】留,县。令称公,旋其名也。高密,县名,在北海。汉书作"假密"。假密,地名,不知所在,未知孰是。 【正义】留县在沛郡。公,其令。

②【集解】文颖曰:"所将卒。"

齐地已定,韩信自立为齐王,使婴别将击楚将公杲于鲁北,破之。转南,破薛郡长,身虏骑将一人。攻(博)〔傅〕阳,前至下相以东南僮、取虑、徐。①度淮,尽降其城邑,至广陵。②项羽使项声、薛公、郯公复定淮北。婴度淮北,击破项声、郯公下邳,③斩薛公,下下邳,击破楚骑于平阳,④遂降彭城,虏柱国项佗,降留、薛、沛、酂、萧、相。攻苦、谯,⑤复得亚将周兰。与汉王会颐乡。⑥从击项籍军于陈下,破之,所将卒斩楼烦将二人,虏骑将八人。赐益食邑二千五百户。

①【索隐】取音秋。虑音闾。取又音趣。僮、徐是二县,取虑是一县名。

②【集解】汉书音义曰:"住广陵以御敌。" 【正义】谓从下相以东南,尽降城邑,乃至广陵,皆平定也。

③【正义】郯音谈,东海县。

④【索隐】小颜云"此平阳在东郡"。地理志太山有东平阳县。 【正义】南平阳县城,今兖州邹县也,在兖州东南六十二里。案:邹县去徐州滕县界四十餘里也。

⑤【正义】户焦二音。

⑥【集解】徐广曰:"苦县有颐乡。" 【索隐】徐广云:"苦县有颐乡。"音

以之反。

　　项籍败垓下去也,婴以御史大夫受诏将车骑别追项籍至东城,①破之。所将卒五人共斩项籍,皆赐爵列侯。降左右司马各一人,卒万二千人,尽得其军将吏。下东城、历阳。②渡江,破吴郡长吴下,③得吴守,遂定吴、豫章、会稽郡。还定淮北,凡五十二县。

　　①【正义】县在濠州定远县东南五十五里。

　　②【正义】和州历阳县,即今州城是也。

　　③【集解】如淳曰:"'雄长'之'长'也。"　【索隐】下有郡守,此长即令也。如淳以为雄长,非也。　【正义】今苏州也。案:如说非也。吴郡长即吴郡守也。一破吴郡长兵于吴城下而得吴郡守身也。

　　汉王立为皇帝,赐益婴邑三千户。其秋,以车骑将军从击破燕王臧荼。明年,从至陈,取楚王信。还,剖符,世世勿绝,食颍阴二千五百户,号曰颍阴侯。

　　以车骑将军从击反韩王信于代,至马邑,受诏别降楼烦以北六县,斩代左相,破胡骑于武泉北。①复从击韩信胡骑晋阳下,所将卒斩胡白题将一人。②受诏并将燕、赵、齐、梁、楚车骑,击破胡骑于硰石。③至平城,为胡所围,从还军东垣。

　　①【正义】县名,在朔州北二百二十里。

　　②【集解】服虔曰:"胡名也。"

　　③【集解】服虔曰:"硰音沙。"　【索隐】服虔音沙,刘氏音千卧反。

　　从击陈豨,受诏别攻豨丞相侯敞军曲逆下,破之,卒斩敞及特将五人。①降曲逆、卢奴、上曲阳、安国、安平。②攻下东垣。

　　①【集解】文颖曰:"'特一'之'特'也。"

　　②【正义】卢奴,定州安喜县是。曲阳,定州曲阳县是。安平,定州安平县。

黥布反,以车骑将军先出,攻布别将于相,破之,斩亚将楼烦将三人。又进击破布上柱国军及大司马军。又进破布别将肥诛。[1]婴身生得左司马一人,所将卒斩其小将十人,追北至淮上。益食二千五百户。布已破,高帝归,定令婴食颍阴五千户,除前所食邑。凡从得二千石二人,别破军十六,降城四十六,定国一,郡二,县五十二,得将军二人,柱国、相国各一人,二千石十人。

[1]【集解】徐广曰:"一作'铢'。"　【索隐】案:汉书作"肥铢"。

婴自破布归,高帝崩,婴以列侯事孝惠帝及吕太后。太后崩,吕禄等以赵王自置为将军,军长安,为乱。齐哀王闻之,举兵西,且入诛不当为王者。上将军吕禄等闻之,乃遣婴为大将,将军往击之。婴行至荥阳,乃与绛侯等谋,因屯兵荥阳,风齐王以诛吕氏事,[1]齐兵止不前。绛侯等既诛诸吕,齐王罢兵归,婴亦罢兵自荥阳归,与绛侯、陈平共立代王为孝文皇帝。孝文皇帝于是益封婴三千户,赐黄金千斤,拜为太尉。

[1]【正义】风,方凤反。

三岁,绛侯勃免相就国,婴为丞相,罢太尉官。是岁,匈奴大入北地、上郡,令丞相婴将骑八万五千往击匈奴。匈奴去,济北王反,诏乃罢婴之兵。后岁馀,婴以丞相卒,谥曰懿侯。子平侯阿代侯。二十八年卒,子彊代侯。十三年,彊有罪,绝二岁。元光三年,天子封灌婴孙贤为临汝侯,续灌氏后,八岁,坐行赇有罪,国除。

太史公曰:吾适丰沛,问其遗老,观故萧、曹、樊哙、滕公之家,及其素,异哉所闻! 方其鼓刀屠狗卖缯之时,岂自知附骥之尾,垂名汉廷,德流子孙哉? 余与他广通,为言高祖功臣之兴时若此云。①

①【索隐】案:他广,樊哙之孙,后失封。盖尝讶太史公序萧、曹、樊、滕之功悉具,则从他广而得其事,故备也。

【索隐述赞】圣贤影响,云蒸龙变。屠狗贩缯,攻城野战。扶义西上,受封南面。郦况卖交,舞阳内援。滕灌更王,奕叶繁衍。

史 记 卷 九 十 六

张丞相列传第三十六

张丞相苍者,阳武人也。^①好书律历。秦时为御史,主柱下方书。^②有罪,亡归。及沛公略地过阳武,苍以客从攻南阳。苍坐法当斩,解衣伏质,^③身长大,肥白如瓠,时王陵见而怪其美士,乃言沛公,赦勿斩。遂从西入武关,至咸阳。沛公立为汉王,入汉中,还定三秦。陈馀击走常山王张耳,耳归汉,汉乃以张苍为常山守。从淮阴侯击赵,苍得陈馀。赵地已平,汉王以苍为代相,备边寇。已而徙为赵相,相赵王耳。耳卒,相赵王敖。复徙相代王。燕王臧荼反,高祖往击之,苍以代相从攻臧荼有功,以六年中封为北平侯,食邑千二百户。

2343

①【索隐】案:县名,属陈留。 【正义】郑州阳武县也。

②【集解】如淳曰:"方,版也,谓书事在版上者也。秦以上置柱下史,苍为御史,主其事。或曰四方文书。" 【索隐】周秦皆有柱下史,谓御史

也。所掌及侍立恒在殿柱之下,故老子为周柱下史。今苍在秦代亦
居斯职。方书者,如淳以为方板,谓小事书之于方也,或曰主四方文
书也。姚氏以为下云"明习天下图书计籍,主郡上计",则方为四方文
书是也。

③【索隐】小颜云:"质,椹也。"

迁为计相,①一月,更以列侯为主计四岁。②是时萧何为相国,
而张苍乃自秦时为柱下史,明习天下图书计籍。苍又善用算律历,
故令苍以列侯居相府,领主郡国上计者。黥布反亡,汉立皇子长为
淮南王,而张苍相之。十四年,迁为御史大夫。

①【集解】文颖曰:"能计,故号曰计相。"

②【集解】张晏曰:"以列侯典校郡国簿书。"如淳曰:"以其所主,因以为
官号,与计相同。时所卒立,非久施也。"【索隐】谓改计相之名,更
名主计也。此盖权时立号也。

周昌者,沛人也。其从兄曰周苛,秦时皆为泗水卒史。及高祖
起沛,击破泗水守监,于是周昌、周苛自卒史从沛公,沛公以周昌为
职志,①周苛为客。②从入关,破秦。沛公立为汉王,以周苛为御史
大夫,周昌为中尉。

①【集解】徐广曰:"主旗帜之属。"【索隐】官名也。职,主也。志,旗
帜也。谓掌旗帜之官也。音昌志反。

②【集解】张晏曰:"为帐下宾客,不掌官。"

汉王四年,楚围汉王荥阳急,汉王遁出去,而使周苛守荥阳城。
楚破荥阳城,欲令周苛将。苛骂曰:"若趣降汉王! 不然,今为虏
矣!"项羽怒,亨周苛。①于是乃拜周昌为御史大夫。常从击破项
籍。以六年中与萧、曹等俱封:封周昌为汾阴侯;周苛子周成以父
死事,封为高景侯。②

①【集解】徐广曰:"四年三月也。"

②【集解】徐广曰:"九年封,封三十九年,文帝后元四年谋反死,国除。"

　　昌为人强力,敢直言,自萧、曹等皆卑下之。昌尝燕时入奏事,①高帝方拥戚姬,昌还走,高帝逐得,骑周昌项,问曰:"我何如主也?"昌仰曰:"陛下即桀纣之主也。"于是上笑之,然尤惮周昌。及帝欲废太子,而立戚姬子如意为太子,大臣固争之,莫能得;上以留侯策即止。而周昌廷争之强,上问其说,昌为人吃,又盛怒,曰:"臣口不能言,然臣期期知其不可。②陛下虽欲废太子,臣期期不奉诏。"上欣然而笑。既罢,吕后侧耳于东箱听,③见周昌,为跪谢曰:"微君,太子几废。"④

①【集解】汉书音义曰:"以上燕时入奏事。"

②【正义】昌以口吃,每语故重言期期也。

③【集解】韦昭曰:"殿东堂也。"　【索隐】韦昭曰:"殿东堂也。"小颜云:"正寝之东西室,皆号曰箱,言似箱箧之形。"

④【索隐】几,钜依反。

　　是后戚姬子如意为赵王,年十岁,高祖忧即万岁之后不全也。赵尧年少,为符玺御史。赵人方与公①谓御史大夫周昌曰:"君之史赵尧,年虽少,然奇才也,君必异之,是且代君之位。"周昌笑曰:"尧年少,刀笔吏耳,②何能至是乎!"居顷之,赵尧侍高祖。高祖独心不乐,悲歌,群臣不知上之所以然。赵尧进请问曰:"陛下所为不乐,非为赵王年少而戚夫人与吕后有郤邪?备万岁之后而赵王不能自全乎?"高祖曰:"然。吾私忧之,不知所出。"③尧曰:"陛下独宜为赵王置贵强相,及吕后、太子、群臣素所敬惮乃可。"高祖曰:"然。吾念之欲如是,而群臣谁可者?"尧曰:"御史大夫周昌,其人

坚忍质直,且自吕后、太子及大臣皆素敬惮之。独昌可。"高祖曰:
"善。"于是乃召周昌,谓曰:"吾欲固烦公,公强为我相赵王。"④周
昌泣曰:"臣初起从陛下,陛下独奈何中道而弃之于诸侯乎?"高祖
曰:"吾极知其左迁,⑤然吾私忧赵王,念非公无可者。公不得已强
行!"于是徙御史大夫周昌为赵相。

①【集解】孟康曰:"方与,县名;公,其号。"瓒曰:"方与县令也。"

②【正义】古用简牍,书有错谬,以刀削之,故号曰"刀笔吏"。

③【索隐】谓不知其计所出也。

④【正义】桓谭新论云:"使周相赵,不如使取吕后家女为妃,令戚夫人善
　事吕后,则如意无毙也。"

⑤【索隐】按:诸侯王表有左官之律。韦昭以为"左犹下也,禁不得下仕
　于诸侯王也"。然地道尊右,右贵左贱,故谓贬秩为"左迁"。他皆
　类此。

既行久之,高祖持御史大夫印弄之,曰:"谁可以为御史大夫
者?"孰视赵尧,曰:"无以易尧。"遂拜赵尧为御史大夫。①尧亦前
有军功食邑,及以御史大夫从击陈豨有功,封为江邑侯。②

①【集解】徐广曰:"十年也。"

②【集解】徐广曰:"十一年〔封〕。"

高祖崩,吕太后使使召赵王,其相周昌令王称疾不行。使者三
反,周昌固为不遣赵王。于是高后患之,乃使使召周昌。周昌至,
谒高后,高后怒而骂周昌曰:"尔不知我之怨戚氏乎?而不遣赵王,
何?"昌既征,高后使使召赵王,赵王果来。至长安月馀,饮药而死。
周昌因谢病不朝见,三岁而死。①

①【集解】徐广曰:"谥悼也。"　【索隐】按:汉书列传及表咸言周昌谥
　悼,韦昭云"或谥惠",非也。汉书又曰"传子至孙意,有罪,国除。景

2346

帝复封昌孙左车为安阳侯,有罪,国除"。

后五岁,①高后闻御史大夫江邑侯赵尧高祖时定赵王如意之
画,乃抵尧罪,②以广阿侯任敖为御史大夫。

①【正义】高后之年。

②【集解】徐广曰:"吕后元年,国除。

任敖者,故沛狱吏。高祖尝辟吏,①吏系吕后,遇之不谨。任
敖素善高祖,怒,击伤主吕后吏。及高祖初起,敖以客从为御史,守
丰二岁。高祖立为汉王,东击项籍,敖迁为上党守。陈豨反时,敖
坚守,封为广阿侯,食千八百户。高后时为御史大夫。三岁免,②
以平阳侯曹窋为御史大夫。高后崩,(不)与大臣共诛吕禄等。免,
以淮南相张苍为御史大夫。

①【正义】辟音避。

②【集解】徐广曰:"文帝二年,任敖卒,谥懿侯。曾孙越人,元鼎二年为
太常,坐酒酸,国除。"骃案:汉书任敖孝文元年薨,徐误也。 【索隐】
此徐氏据汉书为说,而误云"二年",裴骃又引任安书证,为得其实。
【正义】按:史记书表云孝文二年卒,汉表又云封十九年卒,计高祖
十一年封,到文帝二年则十九年矣。而汉书误,裴氏不考,乃云徐误,
何其贰过也!

苍与绛侯等尊立代王为孝文皇帝。四年,丞相灌婴卒,张苍为
丞相。

自汉兴至孝文二十馀年,会天下初定,将相公卿皆军吏。张苍
为计相时,绪正律历。①以高祖十月始至霸上,因故秦时本以十月
为岁首,弗革。推五德之运,以为汉当水德之时,尚黑如故。②吹律

调乐,入之音声,及以比定律令。③若百工,天下作程品。④至于为丞相,卒就之,故汉家言律历者,本之张苍。苍本好书,无所不观,无所不通,而尤善律历。⑤

①【集解】文颖曰:"绪,寻也。或曰绪,业也。"

②【正义】姚察云:"苍是秦人,犹用推五胜之法,以周赤乌为火,汉胜火以水也。"

③【集解】如淳曰:"比谓五音清浊各有所比也。以定十二月律之法令于乐官,使长行之。"瓒曰:"谓以比故取类,以定法律与条令也。"【正义】比音鼻,或音必履反,谓比方也。

④【集解】如淳曰:"若,顺也。百工为器物皆有尺寸斤两,皆使得宜,此之谓顺也。"晋灼曰:"若,预及之辞。"【索隐】按:晋灼说以为"若预及之辞"为得也。

⑤【集解】汉书曰:"著书十八篇,言阴阳律历事。"

张苍德王陵。王陵者,安国侯也。及苍贵,常父事王陵。陵死后,苍为丞相,洗沐,常先朝陵夫人上食,然后敢归家。

苍为丞相十馀年,鲁人公孙臣上书言汉土德时,其符有黄龙当见。诏下其议张苍,张苍以为非是,罢之。其后黄龙见成纪,于是文帝召公孙臣以为博士,草土德之历制度,更元年。张丞相由此自绌,谢病称老。苍任人为中候,①大为奸利,上以让苍,苍遂病免。苍为丞相十五岁而免。孝景前五年,苍卒,谥为文侯。子康侯代,八年卒。子类②代为侯,八年,坐临诸侯丧后就位不敬,国除。③

①【集解】张晏曰:"所选保任者也。"瓒曰:"中候,官名。"

②【集解】徐广曰:"一作'颣',音聩。"

③【索隐】案:汉书云传子至孙毅有罪,国除,今此云康侯代,八年卒,子类代侯,则类即毅也,与汉书略同。

初,张苍父长不满五尺,及生苍,苍长八尺馀,为侯、丞相。苍子复长。①及孙类,长六尺馀,坐法失侯。苍之免相后,老,口中无齿,食乳,女子为乳母。妻妾以百数,尝孕者不复幸。苍年百有馀岁而卒。

①【集解】汉书云长八尺。

<u>申屠</u>丞相<u>嘉</u>者,<u>梁</u>人,以材官蹶张①从<u>高帝</u>击<u>项籍</u>,迁为队率。②从击<u>黥布</u>军,为都尉。<u>孝惠</u>时,为<u>淮阳</u>守。<u>孝文帝</u>元年,举故吏士二千石从<u>高皇帝</u>者,悉以为关内侯,食邑二十四人,而<u>申屠嘉</u>食邑五百户。<u>张苍</u>已为丞相,<u>嘉</u>迁为御史大夫。<u>张苍</u>免相,③<u>孝文帝</u>欲用皇后弟<u>窦广国</u>为丞相,曰:“恐天下以吾私<u>广国</u>。”<u>广国</u>贤有行,故欲相之,念久之不可,而<u>高帝</u>时大臣又皆多死,馀见无可者,乃以御史大夫<u>嘉</u>为丞相,因故邑封为<u>故安侯</u>。④

①【集解】<u>徐广</u>曰:“勇健有材力开张。”骃案:<u>如淳</u>曰“材官之多力,能脚蹋强弩张之,故曰蹶张。律有蹶张士”。 【索隐】<u>孟康</u>云:“主张强弩。”又<u>如淳</u>曰:“材官之多力,能蹋强弩张之,故曰蹶张。”蹶音其月反。汉令有蹶张士百人是也。

②【索隐】所类反。

③【集解】<u>徐广</u>曰:“后二年八月。”

④【正义】今<u>易州</u>界<u>武阳城</u>中东南隅故城是也。

<u>嘉</u>为人廉直,门不受私谒。是时太中大夫<u>邓通</u>方隆爱幸,赏赐累巨万。<u>文帝</u>尝燕饮<u>通</u>家,其宠如是。是时丞相入朝,而<u>通</u>居上傍,有怠慢之礼。丞相奏事毕,因言曰:“陛下爱幸臣,则富贵之;至于朝廷之礼,不可以不肃!”上曰:“君勿言,吾私之。”罢朝坐府中,<u>嘉</u>为檄召<u>邓通</u>诣丞相府,不来,且斩<u>通</u>。<u>通</u>恐,入言<u>文帝</u>。<u>文帝</u>曰:

"汝第往,吾今使人召若。"通至丞相府,免冠,徒跣,顿首谢。嘉坐自如,故不为礼,责曰:"夫朝廷者,高皇帝之朝廷也。通小臣,戏殿上,大不敬,当斩。吏今行斩之!"①通顿首,首尽出血,不解。文帝度丞相已困通,使使者持节召通,而谢丞相曰:"此吾弄臣,君释之。"邓通既至,为文帝泣曰:"丞相几杀臣。"

①【集解】如淳曰:"嘉语其吏曰:'今便行斩之。'"

嘉为丞相五岁,孝文帝崩,孝景帝即位。二年,晁错为内史,贵幸用事,诸法令多所请变更,议以谪罚侵削诸侯。而丞相嘉自绌所言不用,疾错。错为内史,门东出,不便,更穿一门南出。南出者,太上皇庙垣。①嘉闻之,欲因此以法错擅穿宗庙垣为门,奏请诛错。错客有语错,错恐,夜入宫上谒,自归景帝。②至朝,丞相奏请诛内史错。景帝曰:"错所穿非真庙垣,乃外垣,故他官居其中,③且又我使为之,错无罪。"罢朝,嘉谓长史曰:"吾悔不先斩错,乃先请之,为错所卖。"至舍,因欧血而死。谥为节侯。子共侯蔑代,三年卒。子侯去病代,三十一年卒。④子侯臾代,六岁,坐为九江太守受故官送有罪,国除。

①【集解】服虔曰:"宫外垣也。"如淳曰:"垣音'畏愢'之'愢'。"【索隐】如淳音"畏懦"之"懦",乃唤反。韦昭音而缘反。又音软。

②【正义】自归帝首露。

③【索隐】汉书作"宂官",谓散官也。

④【集解】徐广曰:"一本无侯去病,而云共侯蔑三十三年,子臾改封靖安侯。"

自申屠嘉死之后,景帝时开封侯陶青、桃侯刘舍为丞相。①及今上时,柏至侯许昌、②平棘侯薛泽、③武彊侯庄青翟、④高陵侯赵周⑤等为丞相。皆以列侯继嗣,娖娖⑥廉谨,为丞相备员而已,无所能发明功名有著于当世者。

①【集解】徐广曰:"陶青,高祖功臣陶舍之子也,谥夷。刘舍,本项氏亲也,赐姓刘氏。父襄佐高祖有功。舍谥哀侯。"

②【集解】徐广曰:"高祖功臣许温之孙,谥哀侯。"

③【集解】徐广曰:"高祖功臣广平侯薛欧之孙平棘节侯薛泽。"

④【集解】徐广曰:"高祖功臣庄不识之孙。"

⑤【集解】徐广曰:"周父夷吾为楚王戊太傅,谏争而死。"

⑥【集解】徐广曰:"娖音七角反。一作'断',一作'踖'。"【索隐】娖音侧角反。小颜云"持整之貌"。汉书作"踖",踖音初角反。断音都乱反。义如尚书"断断猗无他技"。

太史公曰:张苍文学律历,为汉名相,而绌贾生、公孙臣等言正朔服色事而不遵,明用秦之颛顼历,何哉?①周昌,木强人也。②任敖以旧德用。③申屠嘉可谓刚毅守节矣,然无术学,殆与萧、曹、陈平异矣。

①【集解】张晏曰:"不考经典,专用颛顼历,何哉?"

②【正义】言其质直掘强如木石焉。

③【集解】张晏曰:"谓伤辱吕后吏。"

孝武时丞相多甚,不记,莫录其行起居状略,且纪征和以来。

有车丞相,长陵人也。①卒而有韦丞相代。②韦丞相贤者,鲁人也。以读书术为吏,至大鸿胪。有相工相之,当至丞相。有男四人,使相工相之,至第二子,其名玄成。相工曰:"此子贵,当封。"韦丞相言曰:"我即为丞相,有长子,是安从得之?"后竟为丞相,病死,而长子有罪论,不得嗣,而立玄成。玄成时佯狂,不肯立,竟立之,有让国之名。后坐骑至庙,不敬,有诏夺爵一级,为关内侯,失列侯,得食其故国邑。韦丞相卒,有魏丞相代。

①【集解】名千秋。

②【索隐】自车千秋已下,皆褚先生等所记。然丞相传都省略,汉书则备。

魏丞相相者,济阴人也。以文吏至丞相。其人好武,皆令诸吏带剑,带剑前奏事。或有不带剑者,当入奏事,至乃借剑而敢入奏事。其时京兆尹赵君,①丞相奏以免罪,使人执魏丞相,欲求脱罪而不听。复使人胁恐魏丞相,以夫人贼杀侍婢事而私独奏请验之,发吏卒至丞相舍,捕奴婢笞击问之,实不以兵刃杀也。而丞相司直繁君②奏京兆尹赵君迫胁丞相,诬以夫人贼杀婢,发吏卒围捕丞相舍,不道;又得擅屏骑士事,赵京兆坐要斩。又有使掾陈平等劾中尚书,疑以独擅劫事而坐之,大不敬,长史以下皆坐死,或下蚕室。而魏丞相竟以丞相病死。子嗣。后坐骑至庙,不敬,有诏夺爵一级,为关内侯,失列侯,得食其故国邑。魏丞相卒,以御史大夫邴吉代。

①【集解】名广汉。

②【索隐】繁,姓也,音婆。

邴丞相吉者,鲁国人也。以读书好法令至御史大夫。孝宣帝时,以有旧故,封为列侯,而因为丞相。明于事,有大智,后世称之。以丞相病死。子显嗣。后坐骑至庙,不敬,有诏夺爵一级，失列侯，得食故国邑。显为吏至太仆，坐官耗乱，身及子男有奸赃，免为庶人。

邴丞相卒，黄丞相代。长安中有善相工田文者，与韦丞相、魏丞相、邴丞相微贱时会于客家，田文言曰："今此三君者，皆丞相也。"其后三人竟更相代为丞相，何见之明也。

黄丞相霸者，淮阳人也。以读书为吏，至颍川太守。治颍川，以礼义条教喻告化之。犯法者，风晓令自杀。化大行，名声闻。孝宣帝下制曰："颍川太守霸，以宣布诏令治民，道不拾遗，男女异路，狱中无重囚。赐爵关内侯，黄金百斤。"徵为京兆尹而至丞相，复以礼义为治。以丞相病死。子嗣，后为列侯。黄丞相卒，以御史大夫于定国代。于丞相已有廷尉传，在张廷尉语中。于丞相去，御史大夫韦玄成代。

韦丞相玄成者，即前韦丞相子也。代父，后失列侯。其人少时好读书，明于诗、论语。为吏至卫尉，徙为太子太傅。御史大夫薛君免，[①]为御史大夫。于丞相乞骸骨免，而为丞相，因封故邑为扶阳侯。数年，病死。孝元帝亲临丧，赐赏甚厚。子嗣后。其治容容随世俗浮沈，而见谓谄巧。而相工本谓之当为侯代父，而后失之；复自游宦而起，至丞相。父子俱为丞相，世间美之，岂不命哉！相工其先知之。韦丞相卒，御史大夫匡衡代。

①【集解】名广德也。

丞相匡衡者，东海人也。好读书，从博士受诗。家贫，衡佣作以给食饮。才下，数射策不中，至九，乃中丙科。其经以不中科故明习。补平原文学卒史。数年，郡不尊敬。御史徵之，以补百石属荐为郎，而补博士，拜为太子少傅，而事孝元帝。孝元好诗，而迁为光禄勋，居殿中为师，授教左右，而县官坐其旁听，甚善之，日以尊贵。御史大夫郑弘坐事免，而匡君为御史大夫。岁馀，韦丞相死，匡君代为丞相，封乐安侯。以十年之间，不出长安城门而至丞相，岂非遇时而命也哉！

太史公曰：深惟①士之游宦所以至封侯者，微甚。②然多至御史大夫即去者。诸为大夫而丞相次也，其心冀幸丞相物故也。③或乃阴私相毁害，欲代之。然守之日久不得，或为之日少而得之，至于封侯，真命也夫！御史大夫郑君守之数年不得，匡君居之未满岁，而韦丞相死，即代之矣，岂可以智巧得哉！多有贤圣之才，困厄不得者众甚也。

①【索隐】案：此论匡衡已来事，则后人所述也，而亦称"太史公"，其序述浅陋，一何诬也！

②【集解】徐广曰："微，一作'徽'。"

③【集解】高堂隆答魏朝访曰："物，无也。故，事也。言无复所能于事。"

【索隐述赞】张苍主计，天下作程。孙臣始绌，秦历尚行。御史亚相，相国阿衡。申屠面折，周子廷争。其他娓娓，无所发明。

史 记 卷 九 十 七

郦生陆贾列传第三十七

郦生食其者，①陈留高阳人也。②好读书，家贫落魄，③无以为
衣食业，为里监门吏。④然县中贤豪不敢役，县中皆谓之狂生。

①【正义】历异几三音也。

②【集解】徐广曰："今在圉县。" 【索隐】案：高阳属陈留圉县。高阳，
乡名也，故耆旧传云"食其，高阳乡人"。 【正义】陈留风俗传云"高
阳在雍丘西南"。括地志云"圉城在汴州雍丘县西南。食其墓在雍丘
西南二十八里"。盖谓此也。

③【集解】应劭曰："落魄，志行衰恶之貌也。"晋灼曰："落薄，落讬，义同
也。" 【索隐】案：郑氏云"魄音薄"。应劭云"志行衰恶之貌也"。

④【正义】监音甲衫反。战国策云齐宣谓颜斶曰："夫监门闾里，士之
贱也。"

及陈胜、项梁等起，诸将徇地过高阳者数十人，①郦生闻其将

2355

皆握齱②好苛礼③自用,不能听大度之言,郦生乃深自藏匿。后闻沛公将兵略地陈留郊,沛公麾下骑士适郦生里中子也,④沛公时时问邑中贤士豪俊。骑士归,郦生见谓之曰:"吾闻沛公慢而易人,多大略,此真吾所愿从游,莫为我先。⑤若见沛公,谓曰'臣里中有郦生,年六十馀,长八尺,人皆谓之狂生,生自谓我非狂生'。"骑士曰:"沛公不好儒,诸客冠儒冠来者,沛公辄解其冠,溲溺⑥其中。与人言,常大骂。未可以儒生说也。"郦生曰:"弟言之。"骑士从容言如郦生所诫者。

① 【正义】徇,略也。

② 【集解】应劭曰:"握齱,急促之貌。" 【索隐】应劭曰齱音若"促"。邹氏音麓角反。韦昭云"握齱,小节也"。

③ 【索隐】案:苛亦作"荷"。贾逵云"苛,烦也"。小颜云"苛,细也"。

④ 【集解】服虔曰:"食其里中子适作沛公骑士。" 【索隐】适食其里中子。适音释。服虔、苏林皆云沛公骑士适是食其里中人也。案:言适近作骑士。

⑤ 【索隐】案:先谓先容,言无人为我作绍介也。 【正义】为,于伪反。

⑥ 【索隐】上所由反。下乃吊反,亦如字。溲即溺也。

沛公至高阳传舍,①使人召郦生。郦生至,入谒,沛公方倨床使两女子洗足,②而见郦生。郦生入,则长揖不拜,曰:"足下欲助秦攻诸侯乎?且欲率诸侯破秦也?"沛公骂曰:"竖儒!③夫天下同苦秦久矣,故诸侯相率而攻秦,何谓助秦攻诸侯乎?"郦生曰:"必聚徒合义兵诛无道秦,不宜倨见长者。"于是沛公辍洗,起摄衣,④延郦生上坐,谢之。郦生因言六国从横时。沛公喜,赐郦生食,问曰:"计将安出?"郦生曰:"足下起纠合之众,⑤收散乱之兵,不满万人,欲以径入强秦,此所谓探虎口者也。夫陈留,天下之衝,四通

2356

五达之郊也,⑥今其城又多积粟。臣善其令,⑦请得使之,令下足下。⑧即不听,足下举兵攻之,臣为内应。"于是遣郦生行,沛公引兵随之,遂下陈留。号郦食其为广野君。

① 【集解】徐广曰:"二世三年二月。"

② 【索隐】案:乐产云"边床曰倨"。

③ 【索隐】案:竖者,僮仆之称。沛公轻之,以比奴竖,故曰"竖儒"也。

④ 【正义】摄犹言敛著也。

⑤ 【集解】一作"乌合",一作"瓦合"。

⑥ 【集解】如淳曰:"四面中央,凡五达也。"瓒曰:"四通五达,言无险阻也。"

⑦ 【正义】言食其与陈留县令相善也。

⑧ 【正义】令力征反。下谓降之也。

郦生言其弟郦商,使将数千人从沛公西南略地。郦生常为说客,驰使诸侯。

汉三年秋,项羽击汉,拔荥阳,汉兵遁保巩、洛。楚人闻淮阴侯破赵,彭越数反梁地,①则分兵救之。淮阴方东击齐,汉王数因荥阳、成皋,计欲捐成皋以东,屯巩、洛以拒楚。郦生因曰:"臣闻知天之天者,王事可成;不知天之天者,王事不可成。王者以民人为天,②而民人以食为天。夫敖仓,天下转输久矣,臣闻其下乃有藏粟甚多。楚人拔荥阳,不坚守敖仓,乃引而东,令適卒③分守成皋,此乃天所以资汉也。方今楚易取而汉反却,自夺其便,④臣窃以为过矣。且两雄不俱立,楚汉久相持不决,百姓骚动,海内摇荡,农夫释耒,工女⑤下机,天下之心未有所定也。愿足下急复进兵,收取荥阳,据敖仓之粟,⑥塞成皋之险,⑦杜大行之道,⑧距蜚狐之口,⑨

守白马之津,以示诸侯效实形制之势,则天下知所归矣。方今燕、赵已定,唯齐未下。今田广据千里之齐,田适将二十万之众,军于历城,诸田宗强,负海阻河济,南近楚,人多变诈,足下虽遣数十万师,未可以岁月破也。臣请得奉明诏说齐王,使为汉而称东藩。"上曰:"善。"

①【索隐】数音朔。

②【索隐】王者以人为天。案:此语出管子。

③【索隐】上音直革反。案:通俗文云"罚罪云谪",即所谓谪戍。又音陟革反。卒,租忽反。

④【索隐】汉反却自夺便。以言不取敖仓,是汉却,自夺其便利。

⑤【索隐】谓女工工巧也。汉书作"红",音工。

⑥【正义】敖仓在今郑州荥阳县西十有五里,石门之东,北临汴水,南带三皇山。秦始皇时置仓于敖山上,故名之曰敖仓也。

⑦【正义】即氾水县山也。

⑧【集解】韦昭曰:"在河内野王北也。"

⑨【集解】如淳曰:"上党壶关也。"骃案:蜚狐在代郡西南。 【正义】案:蔚州飞狐县北百五十里有秦汉故郡城,西南有山,俗号为飞狐口也。

乃从其画,复守敖仓,而使郦生说齐王曰:"王知天下之所归乎?"王曰:"不知也。"曰:"王知天下之所归,则齐国可得而有也;若不知天下之所归,即齐国未可得保也。"齐王曰:"天下何所归?"曰:"归汉。"曰:"先生何以言之?"曰:"汉王与项王戮力西面击秦,约先入咸阳者王之。汉王先入咸阳,项王负约不与而王之汉中。项王迁杀义帝,汉王闻之,起蜀汉之兵击三秦,出关而责义帝之处,收天下之兵,立诸侯之后。降城即以侯其将,得赂即以分其士,与

天下同其利,豪英贤才皆乐为之用。诸侯之兵四面而至,蜀汉之粟
方船而下。①项王有倍约之名,杀义帝之负;于人之功无所记,于人
之罪无所忘;战胜而不得其赏,拔城而不得其封;非项氏莫得用事;
为人刻印,刓而不能授;②攻城得赂,积而不能赏:天下畔之,贤才
怨之,而莫为之用。故天下之士归于汉王,可坐而策也。夫汉王发
蜀汉,定三秦;涉西河之外,援上党之兵;③下井陉,诛成安君;破北
魏,④举三十二城:此蚩尤之兵也,非人之力也,天之福也。今已据
敖仓之粟,塞成皋之险,守白马之津,杜大行之阪,距蜚狐之口,天
下后服者先亡矣。王疾先下汉王,齐国社稷可得而保也;不下汉
王,危亡可立而待也。"田广以为然,乃听郦生,罢历下兵守战备,与
郦生日纵酒。

①【索隐】案:方船谓并舟也。战国策"方船积粟,循江而下"也。

②【集解】孟康曰:"刓断无复廉锷也。"瓒曰:"项羽吝于爵赏,玩惜侯
印,不能以封其人也。" 【索隐】刓音五官反。案:郭象注庄子云"杌
团无圭角"。汉书作"玩",言玩惜不忍授人也。

③【正义】援音爰。

④【索隐】谓魏豹也。豹在河北故也。亦谓"西魏",以大梁在河南故也。

淮阴侯闻郦生伏轼下齐七十馀城,乃夜度兵平原袭齐。齐王
田广闻汉兵至,以为郦生卖己,乃曰:"汝能止汉军,我活汝;不然,
我将亨汝!"郦生曰:"举大事不细谨,盛德不辞让。而公不为若更
言!"齐王遂亨郦生,引兵东走。

汉十二年,曲周侯郦商以丞相将兵击黥布有功。高祖举列侯
功臣,思郦食其。郦食其子疥①数将兵,功未当侯,上以其父故,封
疥为高梁侯。后更食武遂,嗣三世。元狩元年中,武遂侯平②坐诈
诏衡山王取百斤金,当弃市,病死,国除也。

①【索隐】脐音界。后更封武遂三世。地理志武遂属河间。案:汉书作
　　"武阳子遂",衍文也。

②【正义】年表云"卒,子敫嗣。卒,子平嗣,元年有罪国除"。而汉书云
　　"更食武阳,子遂嗣",恐汉书误也。

陆贾者,楚人也。①以客从高祖定天下,名为有口辩士,居左
右,常使诸侯。

①【索隐】案:陈留风俗传云"陆氏,春秋时陆浑国之后。晋侯伐之,故陆
　　浑子奔楚。贾其后"。又陆氏谱云"齐宣公支子达食菜于陆。达生
　　发,发生皋,适楚。贾其孙也"。

及高祖时,中国初定,尉他①平南越,因王之。高祖使陆贾赐
尉他印为南越王。陆生至,尉他魋结②箕倨见陆生。陆生因进说
他曰:"足下中国人,亲戚昆弟坟墓在真定。③今足下反天性,弃冠
带,欲以区区之越与天子抗衡④为敌国,祸且及身矣。且夫秦失其
政,诸侯豪桀并起,唯汉王先入关,据咸阳。项羽倍约,自立为西楚
霸王,诸侯皆属,可谓至强。然汉王起巴蜀,鞭笞天下,劫略诸侯,
遂诛项羽灭之。五年之间,海内平定,此非人力,天之所建也。天
子闻君王王南越,不助天下诛暴逆,将相欲移兵而诛王,天子怜百
姓新劳苦,故且休之,遣臣授君王印,剖符通使。君王宜郊迎,北面
称臣,乃欲以新造未集之越,屈强于此。汉诚闻之,掘烧王先人冢,
夷灭宗族,使一偏将将十万众临越,则越杀王降汉,如反覆手耳。"

①【索隐】赵他为南越尉,故曰"尉他"。他音驰。

②【集解】服虔曰:"魋音椎。今兵士椎头结。"【索隐】魋,直追反。结
　　音计。谓为髻一撮似椎而结之,故字从结。且案其"魋结"二字,依字
　　读之亦得。谓夷人本被发左袵,今他同其风俗,但魋其发而结之。

③【索隐】赵地也。本名东垣,属常山。

④【索隐】案:崔浩云"抗,对也。衡,车扼上横木也。抗衡,言两衡相对拒,言不相避下"。

于是尉他乃蹶然①起坐,谢陆生曰:"居蛮夷中久,殊失礼义。"因问陆生曰:"我孰与萧何、曹参、韩信贤?"陆生曰:"王似贤。"复曰:"我孰与皇帝贤?"陆生曰:"皇帝起丰沛,讨暴秦,诛强楚,为天下兴利除害,继五帝三王之业,统理中国。中国之人以亿计,地方万里,居天下之膏腴,人众车舆,万物殷富,政由一家,自天地剖泮未始有也。今王众不过数十万,皆蛮夷,崎岖山海间,譬若汉一郡,王何乃比于汉!"尉他大笑曰:"吾不起中国,故王此。使我居中国,何渠不若汉?"②乃大说陆生,留与饮数月。曰:"越中无足与语,至生来,令我日闻所不闻。"赐陆生橐中装③直千金,他送亦千金。④陆生卒拜尉他为南越王,令称臣奉汉约。归报,高祖大悦,拜贾为太中大夫。

①【索隐】苏林音厥。礼记"子夏蹶然而起"。埤苍云"蹶,起也"。

②【集解】渠音讵。　【索隐】渠,刘氏音讵。汉书作"遽"字,小颜以为"有何迫促不如汉也"。

③【集解】张晏曰:"珠玉之宝也。装,裹也。"　【索隐】橐音托。案:如淳云以为明月珠之属也。又案:诗传曰"大曰橐,小曰囊"。埤苍云"有底曰囊,无底曰橐"。谓以宝物(以)入囊橐也。

④【集解】苏林曰:"非橐中物,故曰'他送'也。"

陆生时时前说称诗书。高帝骂之曰:"乃公居马上而得之,安事诗书!"陆生曰:"居马上得之,宁可以马上治之乎?且汤武逆取而以顺守之,文武并用,长久之术也。昔者吴王夫差、智伯极武而

亡;秦任刑法不变,卒灭赵氏。①乡使秦已并天下,行仁义,法先圣,
陛下安得而有之?"高帝不怿而有惭色,乃谓陆生曰:"试为我著秦
所以失天下,吾所以得之者何,及古成败之国。"陆生乃粗述存亡之
征,凡著十二篇。每奏一篇,高帝未尝不称善,左右呼万岁,号其书
曰"新语"。②

　①【集解】赵氏,秦姓也。　　【索隐】案:韦昭云"秦伯益后,与赵同出非
　　　廉,至造父,有功于穆王,封之赵城,由此一姓赵氏"。

　②【正义】七录云"新语二卷,陆贾撰"也。

　　孝惠帝时,吕太后用事,欲王诸吕,畏大臣有口者,陆生自度不
能争之,乃病免家居。以好畤田地善,①可以家焉。有五男,乃出
所使越得囊中装卖千金,②分其子,子二百金,令为生产。陆生常
安车驷马,从歌舞鼓琴瑟侍者十人,宝剑直百金,谓其子曰:"与汝
约:③过汝,汝给吾人马酒食,极欲,十日而更。所死家,得宝剑车
骑侍从者。一岁中往来过他客,率不过④再三过,数见不鲜,⑤无
久㤼公为也。"⑥

　①【正义】畤音止。雍州县也。

　②【正义】汉制一金直千贯。

　③【集解】徐广曰:"汝,一作'公'。"

　④【索隐】率音律。过音戈。

　⑤【索隐】数见音朔现。谓时时来见汝也。不鲜,言必令鲜美作食,莫令
　　　见不鲜之物也。汉书作"数击鲜",如淳云"新杀曰鲜"。

　⑥【集解】韦昭曰:"㤼,污辱。"　　【索隐】㤼,惠也。公,贾自谓也。言汝
　　　诸子无久厌惠公也。

　　吕太后时,王诸吕,诸吕擅权,欲劫少主,危刘氏。右丞相陈平患之,力不能争,恐祸及己,常燕居深念。陆生往请,①直入坐,而陈丞相方深念,②不时见陆生。陆生曰:"何念之深也?"陈平曰:"生揣我何念?"③陆生曰:"足下位为上相,食三万户④侯,可谓极富贵无欲矣。然有忧念,不过患诸吕、少主耳。"陈平曰:"然。为之奈何?"陆生曰:"天下安,注意相;天下危,注意将。将相和调,则士务附;士务附,⑤天下虽有变,即权不分。为社稷计,在两君掌握耳。臣常欲谓太尉绛侯,绛侯与我戏,易吾言。君何不交欢太尉,深相结?"为陈平画吕氏数事。陈平用其计,乃以五百金为绛侯寿,厚具乐饮;太尉亦报如之。此两人深相结,则吕氏谋益衰。陈平乃以奴婢百人,车马五十乘,钱五百万,遗陆生为饮食费。陆生以此游汉廷公卿间,名声藉甚。⑥

　　①【集解】汉书音义曰:"请,若问起居。"

　　②【索隐】深念,深思之也。

　　③【集解】孟康曰:"揣,度也。"韦昭曰:"揣音初委反。"

　　④【索隐】案:陈平传食户五千,以曲逆秦时有三万户,恐复业至此,故称。

　　⑤【集解】徐广曰:"务,一作'豫'。"

　　⑥【集解】汉书音义曰:"言狼籍甚盛。"

　　及诛诸吕,立孝文帝,陆生颇有力焉。孝文帝即位,欲使人之南越。陈丞相等乃言陆生为太中大夫,往使尉他,令尉他去黄屋称制,令比诸侯,皆如意旨。语在南越语中。陆生竟以寿终。

　　平原君朱建者,楚人也。故尝为淮南王黥布相,有罪去,后复事黥布。布欲反时,问平原君,平原君非之,布不听而听梁父侯,遂反。①汉已诛布,闻平原君谏不与谋,②得不诛。语在黥布语中。③

①【索隐】梁父侯,史失其名。如淳注汉书云"遂,布臣",非也。臣瓒曰
　　"布用梁父侯计遂反耳",其说是也。

②【正义】与音预。

③【集解】黥布列传无此语。

平原君为人辩有口,刻廉刚直,家于长安。行不苟合,义不取容。辟阳侯行不正,得幸吕太后。时辟阳侯欲知平原君,平原君不肯见。及平原君母死,陆生素与平原君善,过之。平原君家贫,未有以发丧,①方假贷服具,陆生令平原君发丧。陆生往见辟阳侯,贺曰:"平原君母死。"辟阳侯曰:"平原君母死,何乃贺我乎?"陆贾曰:"前日君侯欲知平原君,平原君义不知君,以其母故。②今其母死,君诚厚送丧,则彼为君死矣。"辟阳侯乃奉百金往税。③列侯贵人以辟阳侯故,往税凡五百金。

①【索隐】案:刘氏云谓欲葬时,须启其殡宫,故云"发丧"也。

②【集解】张晏曰:"相知当同恤灾危,母在,故义不知君。"【索隐】案:
　　崔浩云"建以母在,义不以身许人也"。

③【集解】韦昭曰:"衣服曰税。税当为'禭'。"【索隐】案:说文"税,赠
　　终服也"。禭音式芮反,亦音遂。

辟阳侯幸吕太后,人或毁辟阳侯于孝惠帝,孝惠帝大怒,下吏,欲诛之。吕太后惭,不可以言。大臣多害辟阳侯行,欲遂诛之。辟阳侯急,因使人欲见平原君。平原君辞曰:"狱急,不敢见君。"乃求见孝惠幸臣闳籍孺,①说之曰:"君所以得幸帝,天下莫不闻。今辟阳侯幸太后而下吏,道路皆言君谗,欲杀之。今日辟阳侯诛,旦日太后含怒,亦诛君。何不肉袒为辟阳侯言于帝?帝听君出辟阳

侯,太后大欢。两主共幸君,君贵富益倍矣。"于是闳籍孺大恐,从其计,言帝,果出辟阳侯。辟阳侯之囚,欲见平原君,平原君不见辟阳侯,辟阳侯以为倍己,大怒,及其成功出之,乃大惊。

①【索隐】案:佞幸传云高祖时有籍孺,孝惠时有闳孺。今总言"闳籍孺",误也。

吕太后崩,大臣诛诸吕,辟阳侯于诸吕至深,①而卒不诛。计画所以全者,皆陆生、平原君之力也。

①【集解】如淳曰:"辟阳侯与诸吕相亲信也,为罪宜诛者至深。"

【索隐】案:如淳说以为宜诛,非也。小颜云辟阳侯与诸吕相知至深重,得其理也。

孝文帝时,淮南厉王杀辟阳侯,以诸吕故。文帝闻其客平原君为计策,使吏捕欲治。闻吏至门,平原君欲自杀。诸子及吏皆曰:"事未可知,何早自杀为?"平原君曰:"我死祸绝,不及而身矣。"遂自刭。孝文帝闻而惜之,曰:"吾无意杀之。"乃召其子,拜为中大夫。①使匈奴,单于无礼,乃骂单于,遂死匈奴中。

①【索隐】案:下文所谓与太史公善者。

初,沛公引兵过陈留,郦生踵军门上谒曰:"高阳贱民郦食其,窃闻沛公暴露,将兵助楚讨不义,敬劳从者,愿得望见,口画天下便事。"使者入通,沛公方洗,问使者曰:"何如人也?"使者对曰:"状貌类大儒,衣儒衣,冠侧注。"①沛公曰:"为我谢之,言我方以天下为事,未暇见儒人也。"使者出谢曰:"沛公敬谢先生,方以天下为事,未暇见儒人也。"郦生瞋目案剑叱使者曰:"走! 复入言沛公,吾高阳酒徒也,②非儒人也。"使者惧而失谒,跪拾谒,还走,复入报曰:"客,天下壮士也,叱臣,臣恐,至失谒。曰'走! 复入言,而公高阳酒徒也’。"沛公<u>遽</u>雪足杖矛曰："延客入！"

①【集解】<u>徐广</u>曰："侧注冠一名高山冠，<u>齐王</u>所服，以赐谒者。"

②【集解】<u>徐广</u>曰："一本言'而公<u>高阳</u>酒徒'。"

<u>郦生</u>入，揖<u>沛公</u>曰："足下甚苦，暴衣露冠，将兵助<u>楚</u>讨不义，足下何不自喜也？臣愿以事见，而曰'吾方以天下为事，未暇见儒人也'。夫足下欲兴天下之大事而成天下之大功，而以目皮相，恐失天下之能士。且吾度足下之智不如吾，勇又不如吾。若欲就天下而不相见，窃为足下失之。"<u>沛公</u>谢曰："乡者闻先生之容，今见先生之意矣。"乃延而坐之，问所以取天下者。<u>郦生</u>曰："夫足下欲成大功，不如止<u>陈留</u>。<u>陈留</u>者，天下之据衝也，兵之会地也，积粟数千万石，城守甚坚。臣素善其令，愿为足下说之。不听臣，臣请为足下杀之，而下<u>陈留</u>。足下将<u>陈留</u>之众，据<u>陈留</u>之城，而食其积粟，招天下之从兵；从兵已成，足下横行天下，莫能有害足下者矣。"<u>沛公</u>曰："敬闻命矣。"

于是<u>郦生</u>乃夜见<u>陈留</u>令，说之曰："夫<u>秦</u>为无道而天下畔之，今足下与天下从则可以成大功。今独为亡<u>秦</u>婴城而坚守，臣窃为足下危之。"<u>陈留</u>令曰："<u>秦</u>法至重也，不可以妄言，妄言者无类，吾不可以应。先生所以教臣者，非臣之意也，愿勿复道。"<u>郦生</u>留宿卧，夜半时斩<u>陈留</u>令首，逾城而下报<u>沛公</u>。<u>沛公</u>引兵攻城，悬令首于长竿以示城上人，曰："趣下，而令头已断矣！今后下者必先斩之！"于是<u>陈留</u>人见令已死，遂相率而下<u>沛公</u>。<u>沛公</u>舍<u>陈留</u>南城门上，因其库兵，食积粟，留出入三月，从兵以万数，遂入破<u>秦</u>。

<u>太史公</u>曰：世之传<u>郦生</u>书，多曰<u>汉王</u>已拔<u>三秦</u>，东击<u>项籍</u>而引

军于巩洛之间,郦生被儒衣往说汉王。乃非也。自沛公未入关,与项羽别而至高阳,得郦生兄弟。余读陆生新语书十二篇,固当世之辩士。至平原君子与余善,是以得具论之。

【索隐述赞】广野大度,始冠侧注。踵门长揖,深器重遇。说齐历下,趣鼎何惧。陆贾使越,尉佗慑怖。相说国安,书成主悟。

史 记 卷 九 十 八

傅靳蒯成列传第三十八

阳陵侯①傅宽,以魏五大夫骑将从,为舍人,起横阳。②从攻安阳、③杜里,击赵贲军于开封,及击杨熊曲遇、④阳武,⑤斩首十二级,赐爵卿。从至霸上。沛公立为汉王,汉王赐宽封号共德君。⑥从入汉中,迁为右骑将。从定三秦,赐食邑雕阴。⑦从击项籍,待怀,⑧赐爵通德侯。从击项冠、周兰、龙且,所将卒斩骑将一人敖下,⑨益食邑。

①【集解】地理志云冯翊阳陵县。

②【索隐】按:横阳,邑名,在韩。韩公子成初封横阳君,张良立为韩王也。　【正义】括地志云:"故横城在宋州宋城县西南三十里,按盖横阳也。"

③【正义】后魏地形志云:"己氏有安阳城,隋改己氏为楚丘。"今宋州楚丘县西十里安阳故城是也。

④【正义】曲,丘羽反。遇,牛恭反。司马彪郡国志云"中牟有曲遇聚"。

按:郑州中牟县也。

⑤【正义】郑州县。

⑥【索隐】谓美号耳,非地邑。共音恭。

⑦【集解】徐广曰:"属上郡。" 【索隐】案:孟康、徐广云县名,属上郡。

　【正义】鄜州洛交县三十里雕阴故城是也。

⑧【集解】服虔曰:"待高帝于怀。" 【索隐】按:服虔云"待高祖于怀

　县"。小颜案地理志,怀属河内,今怀州也。

⑨【集解】徐广曰:"敖仓之下。"

　　属淮阴,①击破齐历下军,击田解。属相国参,残博,②益食邑。因定齐地,剖符世世勿绝,封为阳陵侯,二千六百户,除前所食。为齐右丞相,备齐。③五岁为齐相国。④

①【索隐】张晏云:"信时为相国,云'淮阴'者,终言之也。"

②【索隐】博,太山县也。顾祕监云:"属曹参,以残破博县也。"

③【集解】张晏曰:"时田横未降,故设屯备。" 【正义】按:为齐王韩
　信相。

④【正义】为齐悼惠王刘肥相五岁也。

　　四月,击陈豨,属太尉勃,以相国代丞相哙击豨。一月,徙为代相国,将屯。①二岁,为代丞相,将屯。

①【集解】如淳曰:"既为相国,有警则将卒而屯守也。"案:律谓勒兵而守
　曰屯。 【索隐】如淳云:"汉初诸王官属如汉朝,故代有丞相。"案:孔
　文祥云"边郡有屯兵,宽为代相国兼领屯兵,后因置将屯将军也"。

　　孝惠五年卒,谥为景侯。子顷侯精立,二十四年卒。子共侯则立,十二年卒。子侯偃立,三十一年,坐与淮南王谋反,死,国除。

　　信武侯靳歙,①以中涓从,起宛朐。②攻济阳。③破李由军。击秦军亳南、开封东北,斩骑千人将一人,④首五十七级,捕虏七十三

人,赐爵封号临平君。又战蓝田北,斩车司马二人,⑤骑长一人,⑥首二十八级,捕虏五十七人。至霸上。沛公立为汉王,赐歊爵建武侯,迁为骑都尉。

①【索隐】歊音"翕然"之"翕"。

②【正义】上于元反,下求俱反。曹州县也。

③【正义】曹州宛朐县西南三十五里济阳故城。

④【集解】徐广曰:"将,一作'候'。"

⑤【集解】张晏曰:"主官车。"

⑥【集解】张晏曰:"骑之长。"

从定三秦。别西击章平军于陇西,破之,定陇西六县,所将卒斩车司马、候各四人,骑长十二人。从东击楚,至彭城。汉军败还,保雍丘,去击反者王武等。略梁地,别将击邢说军①菑南,②破之,身得说都尉二人,司马、候十二人,降吏卒四千一百八十人。破楚军荥阳东。三年,赐食邑四千二百户。

①【集解】张晏曰:"特起兵者也。说音悦。"【索隐】邢,姓。说,名,音悦。

②【集解】徐广曰:"今曰考城。"【索隐】上音窦。今为考城,属济阴也。

别之河内,击赵将贲郝军①朝歌,破之,所将卒得骑将二人,车马二百五十四。从攻安阳以东,至棘蒲,下七县。别攻破赵军,得其将司马二人,候四人,降吏卒二千四百人。从攻下邯郸。别下平阳,②身斩守相,所将卒斩兵守、郡守各一人,③降邺。从攻朝歌、邯郸,及别击破赵军,降邯郸郡六县。④还军敖仓,破项籍军成皋南,击绝楚馈道,起荥阳至襄邑。破项冠军鲁下。⑤略地东至缯、郯、下邳,⑥南至蕲、竹邑。⑦击项悍济阳下。还击项籍陈下,破之。

别定江陵,降江陵柱国、大司马以下八人,身得江陵王,⑧生致之雒阳,因定南郡。从至陈,取楚王信,剖符世世勿绝,定食四千六百户,号信武侯。

①【集解】上音肥,下音释。　【索隐】汉书作"赵贲军"。案:此在河北,非曹参、樊哙之所击也。

②【集解】徐广曰:"邺有平阳城。"　【正义】括地志云:"平阳故城在相州临漳县西二十五里。"

③【集解】孟康曰:"将兵郡守。"

④【集解】徐广曰:"邯郸,高帝改曰赵国。"

⑤【正义】鲁城之下,今兖州曲阜县也。

⑥【索隐】案地理志,缯属东海。　【正义】今缯城在沂州丞县。下邳,泗水县。郯县属海州。

⑦【索隐】蕲、竹,二邑名。上音机。竹即竹邑。

⑧【索隐】案:孔文祥云"共敖子共尉"。

以骑都尉从击代,攻韩信平城下,还军东垣。有功,迁为车骑将军,并将梁、赵、齐、燕、楚车骑,别击陈豨丞相敞,破之,①因降曲逆。从击黥布有功,益封定食五千三百户。凡斩首九十级,虏百三十二人;别破军十四,降城五十九,定郡、国各一,县二十三;得王、柱国各一人,二千石以下至五百石②三十九人。

①【索隐】小颜云侯敞。

②【集解】徐广曰:"一本无此五字。"

高后五年,歂卒,谥为肃侯。子亭代侯。二十一年,坐事国人过律,①孝文后三年,夺侯,国除。

①【索隐】案:刘氏云"事,役使也。谓使人违律数多也"。

蒯成侯緤者,①沛人也,姓周氏。常为高祖参乘,以舍人从起沛。至霸上,西入蜀、汉,还定三秦,食邑池阳。②东绝甬道,从出度平阴,遇淮阴侯兵襄国,军卒利卒不利,终无离上心。③以緤为信武侯,食邑三千三百户。高祖十二年,以緤为蒯成侯,除前所食邑。

①【集解】服虔曰:"蒯音'菅蒯'之'蒯'。" 【索隐】姓周;名緤,音薛。蒯者,乡名。案:三苍云"蒯乡在城父县,音裴"。汉书作"鄳",从崩,从邑。今书本并作"蒯",音"菅蒯"之"蒯",非也。苏林音薄催反。晋灼案功臣表,属长沙。崔浩音薄坏反。楚汉春秋作"凭成侯",则裴凭声相近,此得其实也。 【正义】括地志云:"蒯亭在河南西十四里苑中。舆地志云蒯成县故陈仓县之故乡聚名也,周緤所封也。晋武帝咸宁四年,分陈仓立蒯成县,属始平郡也。"

②【正义】雍州泾阳县西北三里池阳故城是也。

③【集解】徐广曰:"蒯成侯,表云遇淮阴侯军襄国,楚汉约分鸿沟,以緤为信武侯。战不利,不敢离上。"

上欲自击陈豨,蒯成侯泣曰:"始秦攻破天下,未尝自行。今上常自行,是为无人可使者乎?"上以为"爱我",赐入殿门不趋,杀人不死。

至孝文五年,緤以寿终,谥为贞侯。①子昌代侯,有罪,国除。至孝景中二年,封緤子居代侯。②至元鼎三年,居为太常,有罪,国除。

①【正义】谥为尊侯。一作"卓"。

②【集解】徐广曰:"表云'孝景中元年,封緤子应为郿侯,谥康。中二年,侯居立'。沛郡有郿县。郿,一作'鄟'。" 【索隐】郿,苏林音多,属陈国。地理志云沛郡有郿县。案:此文云"子居",表"子应",不同也。

太史公曰:阳陵侯傅宽、信武侯靳歙皆高爵,^①从高祖起山东,攻项籍,诛杀名将,破军降城以十数,未尝困辱,此亦天授也。蒯成侯周緤操心坚正,^②身不见疑,上欲有所之,未尝不垂涕,此有伤心者^③然,可谓笃厚君子矣。

①【集解】徐广曰:"一无'高'字。又一本'皆从高祖'。"

②【索隐】操音仓高反。

③【集解】徐广曰:"此,一作'比'。"

【索隐述赞】阳陵、信武,结发从汉。动叶人谋,功实天赞。定齐破项,我军常冠。蒯成委质,夷险不乱。主上称忠,人臣扼腕。

史 记 卷 九 十 九

刘敬叔孙通列传第三十九

刘敬①者,齐人也。汉五年,戍陇西,过洛阳,高帝在焉。娄敬脱挽辂,②衣其羊裘,见齐人虞将军曰:"臣愿见上言便事。"虞将军欲与之鲜衣,③娄敬曰:"臣衣帛,衣帛见;衣褐,衣褐见:终不敢易衣。"于是虞将军入言上。上召入见,赐食。

①【索隐】敬本姓娄,汉书作"娄敬"。高祖曰"娄即刘也",因姓刘耳。

②【集解】苏林曰:"一木横鹿车前,一人推之。"孟康曰:"辂音胡格反。挽音晚。"　【索隐】挽者,牵也。音晚。辂者,鹿车前横木,二人前挽,一人后推之。音胡格反。

③【索隐】上音仙。鲜衣,美服也。

2375

已而问娄敬,娄敬说曰:"陛下都洛阳,岂欲与周室比隆哉?"上曰:"然。"娄敬曰:"陛下取天下与周室异。周之先自后稷,尧封之邰,①积德累善十有馀世。公刘避桀居豳。太王以狄伐故,去邰,杖马箠居岐,②国人争随之。及文王为西伯,断虞芮之讼,始受命,吕望、伯夷自海滨来归之。③武王伐纣,不期而会孟津之上八百诸侯,皆曰纣可伐矣,遂灭殷。成王即位,周公之属傅相焉,乃营成周洛邑,④以此为天下之中也,诸侯四方纳贡职,道里均矣,有德则易以王,无德则易以亡。凡居此者,欲令周务以德致人,不欲依阻险,令后世骄奢以虐民也。及周之盛时,天下和洽,四夷乡风,慕义怀德,附离⑤而并事天子,不屯一卒,不战一士,八夷大国之民莫不宾服,效其贡职。及周之衰也,分而为两,⑥天下莫朝,周不能制也。非其德薄也,而形势弱也。今陛下起丰沛,收卒三千人,以之径往而卷蜀汉,定三秦,与项羽战荥阳,争成皋之口,大战七十,小战四十,使天下之民肝脑涂地,父子暴骨中野,不可胜数,哭泣之声未绝,伤痍者未起,而欲比隆于成康之时,臣窃以为不侔也。且夫秦地被山带河,四塞以为固,卒然有急,百万之众可具也。因秦之故,资甚美膏腴之地,此所谓天府⑦者也。陛下入关而都之,山东虽乱,秦之故地可全而有也。夫与人斗,不搤其亢,⑧拊其背,未能全其胜也。今陛下入关而都,案秦之故地,此亦搤天下之亢而拊其背也。”

①【正义】邰音胎。雍州武功县西南二十三里故斄城是也。说文云:"邰,炎帝之后,姜姓所封国,弃外家也。"毛苌云:"邰,姜嫄国,尧见天因邰而生后稷,故因封于邰也。"

②【集解】张晏曰:"言马箠,示约。"

③【正义】吕望宅及庙在苏州海盐县西也。伯夷孤竹国在平州。皆滨东海也。

④【正义】括地志云:"故王城一名河南城,本郏鄏,周公所筑,在洛州河南县北九里苑中东北隅。帝王纪云武王伐纣,营洛邑而定鼎焉。"按

此即营都城也。书云"乃营成周"。括地志云:"洛阳故城在洛州洛阳城东二十六里,周公所筑,即成周城也。尚书〔序〕曰'成周既成,迁殷顽民'。帝王世纪云'居邺鄘之众'。"按:刘敬说周之美,岂言居顽民之所?以此而论,(汉书)〔书序〕非也。

⑤【集解】庄子曰"附离不以胶漆"也。 【索隐】案:谓使离者相附也。义见庄子。

⑥【正义】公羊传云:"东周者何?成周也。西周者何?王城也。"按:周自平王东迁,以下十二王皆都王城,至敬王乃迁都成周,王赧又居王城也。

⑦【索隐】案:战国策苏秦说惠王曰"大王之国,地势形便,此所谓天府"。高诱注云"府,聚也"。

⑧【集解】张晏曰:"亢,喉咙也。" 【索隐】搤音厄。亢音胡朗反,一音胡刚反。苏林以为亢,颈大脉,俗所谓"胡脉"也。

高帝问群臣,群臣皆山东人,争言周王数百年,秦二世即亡,不如都周。上疑未能决。及留侯明言入关便,即日车驾西都关中。①

①【索隐】案:谓即日西都之计定也。

于是上曰:"本言都秦地者娄敬,'娄'者乃'刘'也。"赐姓刘氏,拜为郎中,号为奉春君。①

①【索隐】案:张晏云"春为岁之始,以其首谋都关中,故号奉春君"。

汉七年,韩王信反,高帝自往击之。至晋阳,闻信与匈奴欲共击汉,上大怒,使人使匈奴。匈奴匿其壮士肥牛马,但见老弱及羸畜。①使者十辈来,皆言匈奴可击。上使刘敬复往使匈奴,还报曰:"两国相击,此宜夸矜见所长。②今臣往,徒见羸瘠③老弱,此必欲见短,伏奇兵以争利。愚以为匈奴不可击也。"是时汉兵已逾句注，④二十餘万兵已业行。上怒，骂刘敬曰："齐虏！以口舌得官，今乃妄言沮吾军。"⑤械系敬广武。⑥遂往，至平城，匈奴果出奇兵围高帝白登，七日然后得解。高帝至广武，赦敬，曰："吾不用公言，以困平城。吾皆已斩前使十辈言可击者矣。"乃封敬二千户，为关内侯，号为建信侯。

①【正义】上力为反，下许又反。

②【集解】韦昭曰："夸，张；矜，大也。"

③【索隐】上力为反。瘠音稷。瘠，瘦也。汉书作"胔"，音渍。胔，肉也，恐非。

④【正义】句注山在代州雁门县西北三十里。

⑤【索隐】沮音才叙反。诗传曰"沮，止也，坏也"。

⑥【索隐】地理志县名，属雁门。　【正义】广武故县在句注山南也。

高帝罢平城归，韩王信亡入胡。当是时，冒顿为单于，兵强，控弦三十万，①数苦北边。上患之，问刘敬。刘敬曰："天下初定，士卒罢于兵，未可以武服也。冒顿杀父代立，妻群母，以力为威，未可以仁义说也。独可以计久远子孙为臣耳，然恐陛下不能为。"上曰："诚可，何为不能！顾为奈何？"刘敬对曰："陛下诚能以適长公主妻之，厚奉遗之，彼知汉適女送厚，蛮夷必慕以为阏氏，生子必为太子，代单于。何者？贪汉重币。陛下以岁时汉所餘彼所鲜数问遗，因使辩士风谕以礼节。冒顿在，固为子婿；死，则外孙为单于。岂尝闻外孙敢与大父抗礼者哉？兵可无战以渐臣也。若陛下不能遣长公主，而令宗室及后宫诈称公主，彼亦知，不肯贵近，无益也。"高帝曰："善。"欲遣长公主。吕后日夜泣，曰："妾唯太子、一女，奈何弃之匈奴！"上竟不能遣长公主，而取家人子名为长公主，妻单于。使刘敬往结和亲约。

①【集解】应劭曰:"控,引也。"

刘敬从匈奴来,因言"匈奴河南白羊、楼烦王,①去长安近者七百里,轻骑一日一夜可以至秦中。秦中新破,少民,地肥饶,可益实。夫诸侯初起时,非齐诸田,楚昭、屈、景莫能兴。今陛下虽都关中,实少人。北近胡寇,东有六国之族,宗强,一日有变,陛下亦未得高枕而卧也。臣愿陛下徙齐诸田,楚昭、屈、景,燕、赵、韩、魏后,及豪桀名家居关中。无事,可以备胡;诸侯有变,亦足率以东伐。此强本弱末之术也"。上曰:"善。"乃使刘敬徙所言关中十馀万口。②

①【集解】张晏云:"白羊,匈奴国名。" 【索隐】案:张晏云白羊,国名。二者并在河南。河南者,案在朔方之河南,旧并匈奴地也,今亦谓之新秦中。

②【索隐】案:小颜云"今高陵、栎阳诸田,华阴、好畤诸景,及三辅诸屈诸怀尚多,皆此时所徙也"。

叔孙通者,①薛人也。②秦时以文学征,待诏博士。数岁,陈胜起山东,使者以闻,二世召博士诸儒生问曰:"楚戍卒攻蕲入陈,于公如何?"博士诸生三十馀人前曰:"人臣无将,将即反,罪死无赦。③愿陛下急发兵击之。"二世怒,作色。叔孙通前曰:"诸生言皆非也。夫天下合为一家,毁郡县城,铄其兵,示天下不复用。且明主在其上,法令具于下,使人人奉职,四方辐辏,安敢有反者!此特群盗鼠窃狗盗耳,何足置之齿牙间。郡守尉今捕论,何足忧。"二世喜曰:"善。"尽问诸生,诸生或言反,或言盗。于是二世令御史案诸生言反者下吏,非所宜言。诸言盗者皆罢之。乃赐叔孙通帛二十匹,衣一袭。④拜为博士。叔孙通已出宫,反舍,诸生曰:"先生何言之谀也?"通曰:"公不知也,我几不脱于虎口!"⑤乃亡去,之薛,薛已降楚矣。及项梁之薛,叔孙通从之。败于定陶,从怀王。怀王为义帝,徙长沙,叔孙通留事项王。汉二年,汉王从五诸侯入彭城,叔孙通降汉王。汉王败而西,因竟从汉。

①【集解】晋灼曰:"楚汉春秋名何。"

②【索隐】按:楚汉春秋云名何。薛,县名,属鲁国。

③【集解】瓒曰:"将谓逆乱也。公羊传曰'君亲无将,将而必诛'。"

④【索隐】案:国语谓之"一称"。贾逵案礼记"袍必有表不单,衣必有裳,谓之一称"。杜预云"衣单复具云称也"。

⑤【正义】几音祈。

叔孙通儒服,汉王憎之;乃变其服,服短衣,楚制,①汉王喜。

①【索隐】案:孔文祥云"短衣便事,非儒者衣服。高祖楚人,故从其俗裁制"。

叔孙通之降汉,从儒生弟子百馀人,然通无所言进,专言诸故群盗壮士进之。弟子皆窃骂曰:"事先生数岁,幸得从降汉,今不能进臣等,专言大猾,①何也?"叔孙通闻之,乃谓曰:"汉王方蒙矢石争天下,②诸生宁能斗乎? 故先言斩将搴旗③之士。诸生且待我,我不忘矣。"汉王拜叔孙通为博士,号稷嗣君。④

①【索隐】案:类集云"猾,狡也。音滑"。

②【集解】汉书音义曰:"谓发石以投人。"

③【集解】张晏曰:"搴,卷也。"瓒曰:"拔取曰搴。楚辞曰'朝搴阰之木兰'。" 【索隐】搴音起焉反,又己勉反。案:方言云"南方取物云搴"。许慎云"搴,取也"。王逸云"阰,山名"。又案:埤苍云"山在楚,音毗"。

④【集解】徐广曰:"盖言其德业足以继踪齐稷下之风流也。"骃案:汉书

<u>音义</u>曰"稷嗣,邑名"。

<u>汉</u>五年,已并天下,诸侯共尊<u>汉王</u>为皇帝于<u>定陶</u>,<u>叔孙通</u>就其仪号。<u>高帝</u>悉去<u>秦</u>苛仪法,为简易。群臣饮酒争功,醉或妄呼,拔剑击柱,<u>高帝</u>患之。<u>叔孙通</u>知上益厌之也,说上曰:"夫儒者难与进取,可与守成。臣愿征<u>鲁</u>诸生,与臣弟子共起朝仪。"<u>高帝</u>曰:"得无难乎?"<u>叔孙通</u>曰:"五帝异乐,三王不同礼。礼者,因时世人情为之节文者也。故<u>夏</u>、<u>殷</u>、<u>周</u>之礼所因损益可知者,谓不相复也。臣愿颇采古礼与<u>秦</u>仪杂就之。"上曰:"可试为之,令易知,度吾所能行为之。"

于是<u>叔孙通</u>使征<u>鲁</u>诸生三十馀人。<u>鲁</u>有两生不肯行,曰:"公所事者且十主,皆面谀以得亲贵。今天下初定,死者未葬,伤者未起,又欲起礼乐。礼乐所由起,积德百年而后可兴也。吾不忍为公所为。公所为不合古,吾不行。公往矣,无污我!"<u>叔孙通</u>笑曰:"若真鄙儒也,不知时变。"

遂与所征三十人西,及上左右为学者与其弟子百馀人为绵蕞①野外。习之月馀,<u>叔孙通</u>曰:"上可试观。"上既观,使行礼,曰:"吾能为此。"乃令群臣习肄,②会十月。

①【集解】<u>徐广</u>曰:"表位标准。音子外反。"<u>骃</u>案:<u>如淳</u>曰"置设绵索,为习肄处。蕞谓以茅翦树地为纂位。春秋传曰'置茅蕝'也"。【索隐】<u>徐</u>音子外反。<u>如淳</u>云"翦茅树地,为纂位尊卑之次"。<u>苏林</u>音纂。<u>韦昭</u>云"引绳为绵,立表为蕞。音兹会反"。按:<u>贾逵</u>云"束茅以表位为蕝"。又纂文云"蕝,今之'纂'字"。<u>包恺</u>音即悦反。又音纂"。

②【索隐】肄亦习也,音异。

<u>汉</u>七年,<u>长乐宫</u>成,诸侯群臣皆朝十月。①仪:先平明,谒者治

礼,引以次入殿门,廷中陈车骑步卒卫宫,设兵张旗志。②传言
"趋"。③殿下郎中侠陛,陛数百人。功臣列侯诸将军军吏以次陈西
方,东乡;文官丞相以下陈东方,西乡。大行设九宾,胪传。④于是
皇帝辇出房,⑤百官执职⑥传警,⑦引诸侯王以下至吏六百石以次
奉贺。自诸侯王以下莫不振恐肃敬。至礼毕,复置法酒。⑧诸侍坐
殿上皆伏抑首,⑨以尊卑次起上寿。觞九行,谒者言"罢酒"。御史
执法举不如仪者辄引去。竟朝置酒,无敢欢哗失礼者。于是高帝
曰:"吾乃今日知为皇帝之贵也。"乃拜叔孙通为太常,赐金五
百斤。

①【索隐】小颜云"汉以十月为正,故行朝岁之礼,史家追书十月也"。
案:诸书并云十月为岁首,不言以十月为正月。古今注示云"群臣始
朝十月"也。

②【集解】徐广曰:"一作'帜'。"

③【索隐】案:小颜云"传声教入者皆令趋。趋,疾行致敬也"。

④【集解】汉书音义曰:"传从上下为胪。" 【索隐】汉书云"设九宾胪句
传"。苏林云"上传语告下为胪,下传语告上为句"。胪犹行者矣。韦
昭云"大行人掌宾客之礼,今谓之鸿胪也。九宾,则周礼九仪也,谓
公、侯、伯、子、男、孤、卿、大夫、士也"。汉依此以为胪传,依次传令上
也。向秀注庄子云"从上语下为胪",音闾。句音九注反。

⑤【索隐】案:舆服志云"殷周以辇载军器,职载刍豢,至秦始去其轮而舆
为尊"也。

⑥【集解】徐广曰:"一作'帜'。"

⑦【索隐】职音帜,亦音试。传警者,汉仪云"帝辇动,则左右侍帷幄者称
警"是也。

⑧【集解】文颖曰:"作酒令法也。"苏林曰:"常会,须天子中起更衣,然
后入置酒矣。" 【索隐】按:文颖云"作酒法令也"。姚氏云"进酒有

礼也。古人饮酒不过三爵，君臣百拜，终日宴不为之乱也"。

⑨【集解】如淳曰："抑屈。"

　　叔孙通因进曰："诸弟子儒生随臣久矣，与臣共为仪，愿陛下官之。"高帝悉以为郎。叔孙通出，皆以五百斤金赐诸生。诸生乃皆喜曰："叔孙生诚圣人也，知当世之要务。"

　　汉九年，高帝徙叔孙通为太子太傅。汉十二年，高祖欲以赵王如意易太子，叔孙通谏上曰："昔者晋献公以骊姬之故废太子，立奚齐，晋国乱者数十年，为天下笑。秦以不蚤定扶苏，令赵高得以诈立胡亥，自使灭祀，此陛下所亲见。今太子仁孝，天下皆闻之；吕后与陛下攻苦食啖，①其可背哉！陛下必欲废適而立少，臣愿先伏诛，以颈血污地。"②高帝曰："公罢矣，吾直戏耳。"叔孙通曰："太子天下本，本一摇天下振动，奈何以天下为戏！"高帝曰："吾听公言。"及上置酒，见留侯所招客从太子入见，上乃遂无易太子志矣。

①【集解】徐广曰："攻犹今人言击也。啖，一作'淡'。"駰案：如淳曰"食无菜茹为啖"。　【索隐】案：孔文祥云"与帝共攻冒苦难，俱食淡也"。案：说文云"淡，薄味也"。音唐敢反。

②【索隐】楚汉春秋："叔孙何云'臣三谏不从，请以身当之'。抚剑将自杀。上离席云'吾听子计，不易太子'。"

　　高帝崩，孝惠即位，乃谓叔孙生曰："先帝园陵寝庙，群臣莫（能）习。"徙为太常，定宗庙仪法。及稍定汉诸仪法，皆叔孙生为太常所论箸也。

　　孝惠帝为东朝长乐宫，①及间往，数跸②烦人，乃作复道，方筑武库南。③叔孙生奏事，因请间曰："陛下何自筑复道高寝，衣冠月出游高庙？高庙，汉太祖，奈何令后世子孙乘宗庙道上行哉？"④孝惠帝大惧，曰："急坏之。"叔孙生曰："人主无过举。⑤今已作，百姓皆知之，今坏此，则示有过举。愿陛下为原庙渭北，衣冠月出游之，益广多宗庙，大孝之本也。"上乃诏有司立原庙。原庙起，以复道故。

①【集解】关中记曰："长乐宫本秦之兴乐宫也，汉太后常居之。"

②【索隐】韦昭云："跸，止人行也。"按：长乐、未央宫东西相去稍远。闲往谓非时也。中间往来，清道烦人也。

③【集解】韦昭曰："阁道也。"如淳曰："作复道，方始筑武库南。"

④【集解】应劭曰："月出高帝衣冠，备法驾，名曰游衣冠。"如淳曰："三辅黄图高寝在高庙西，高祖衣冠藏在高寝。"月出游于高庙，其道值所作复道下，故言乘宗庙道上行。

⑤【索隐】案：谓举动有过也。左传云"君举必书"。

孝惠帝曾春出游离宫，叔孙生曰："古者有春尝果，方今樱桃孰，可献，①愿陛下出，因取樱桃献宗庙。"上乃许之。诸果献由此兴。

①【索隐】案：吕氏春秋"仲春羞以含桃先荐寝庙"。高诱云"进含桃也。鹰鸟所含，故曰含桃"。今之朱樱即是也。

太史公曰：语曰"千金之裘，非一狐之腋也；台榭之榱，非一木之枝也；三代之际，非一士之智也"。信哉！夫高祖起微细，定海内，谋计用兵，可谓尽之矣。然而刘敬脱挽辂一说，建万世之安，智岂可专邪！叔孙通希世度务制礼，进退与时变化，卒为汉家儒宗。"大直若诎，①道固委蛇"，②盖谓是乎？

①【索隐】音屈。

②【索隐】音移。

【索隐述赞】厦藉众干,裘非一狐。委辂献说,绵蕞陈书。皇帝始贵,车驾西都。既安太子,又和匈奴。奉春、稷嗣,其功可图。

史 记 卷 一 百

季布栾布列传第四十

季布者,楚人也。为气任侠,①有名于楚。项籍使将兵,数窘汉王。②及项羽灭,高祖购求布千金,敢有舍匿,罪及三族。季布匿濮阳周氏。周氏曰:"汉购将军急,迹且至臣家,将军能听臣,臣敢献计;即不能,愿先自刭。"季布许之。乃髡钳季布,衣褐衣,置广柳车中,③并与其家僮数十人,之鲁朱家所卖之。朱家心知是季布,乃买而置之田。诫其子曰:"田事听此奴,必与同食。"朱家乃乘轺车④之洛阳,见汝阴侯滕公。滕公留朱家饮数日。因谓滕公曰:"季布何大罪,而上求之急也?"滕公曰:"布数为项羽窘上,上怨之,故必欲得之。"朱家曰:"君视季布何如人也?"曰:"贤者也。"朱家曰:"臣各为其主用,季布为项籍用,职耳。项氏臣可尽诛邪?今上始得天下,独以己之私怨求一人,何示天下之不广也!且以季布之贤而汉求之急如此,此不北走胡即南走越耳。夫忌壮士以资敌

国,此<u>伍子胥</u>所以鞭<u>荆平王</u>之墓也。君何不从容为上言邪?"<u>汝阴</u>
<u>侯滕公</u>心知<u>朱家</u>大侠,意<u>季布</u>匿其所,乃许曰:"诺。"待间,果言如
<u>朱家</u>指。上乃赦<u>季布</u>。当是时,诸公皆多<u>季布</u>能摧刚为柔,<u>朱家</u>亦
以此名闻当世。<u>季布</u>召见,谢,上拜为郎中。

①【集解】<u>孟康</u>曰:"信交道曰任。"<u>如淳</u>曰:"相与信为任,同是非为侠。
所谓'权行州里,力折公侯'者也。"或曰任,气力也;侠,俜也。

【索隐】任,而禁反。侠音协。<u>如淳</u>曰"相与为任,同是非为侠,权行
州里,力折公侯者",其说为近。俜音普丁反,其义难喻。

②【集解】<u>如淳</u>曰:"窘,困也。"

③【集解】<u>服虔</u>曰:"东郡谓广辙车为'柳'。"<u>邓展</u>曰:"皆棺饰也。载以
丧车,欲人不知也。"<u>李奇</u>曰:"大牛车也。车上覆为柳。"<u>瓒</u>曰:"<u>茂陵</u>
书中有广柳车,每县数百乘,是今运转大车是也。"【索隐】案:<u>服虔</u>、
<u>臣瓒</u>所据,云东郡谓广辙车为广柳车,及<u>茂陵</u>书称每县广柳车数百
乘,则凡大车任载运者,通名广柳车,然则柳为车通名。<u>邓展</u>所说"柳
皆棺饰,载以丧车,欲人不知也",事义相协,最为通允。故礼曰"设柳
翣,为使人勿恶也"。<u>郑玄</u>注周礼云"柳,聚也,诸饰所聚也"。则是丧
车称柳,后人通谓车为柳也。

④【集解】<u>徐广</u>曰:"马车也。"【索隐】案:谓轻车,一马车也。

<u>孝惠</u>时,为中郎将。单于尝为书嫚<u>吕后</u>,不逊,<u>吕后</u>大怒,召诸
将议之。上将军<u>樊哙</u>曰:"臣愿得十万众,横行<u>匈奴</u>中。"诸将皆阿
<u>吕后</u>意,曰"然"。<u>季布</u>曰:"<u>樊哙</u>可斩也!夫高帝将兵四十馀万
众,困于<u>平城</u>,今<u>哙</u>奈何以十万众横行<u>匈奴</u>中,面欺!且秦以事于
<u>胡</u>,<u>陈胜</u>等起。于今创痍未瘳,<u>哙</u>又面谀,欲摇动天下。"是时殿上
皆恐,太后罢朝,遂不复议击<u>匈奴</u>事。

季布为河东守，孝文时，人有言其贤者，孝文召，欲以为御史大夫。复有言其勇，使酒难近。①至，留邸一月，见罢。季布因进曰："臣无功窃宠，待罪河东。②陛下无故召臣，此人必有以臣欺陛下者；今臣至，无所受事，罢去，此人必有以毁臣者。夫陛下以一人之誉而召臣，一人之毁而去臣，臣恐天下有识闻之有以窥陛下也。"③上默然惭，良久曰："河东吾股肱郡，故特召君耳。"布辞之官。

①【索隐】使音如字。近音其靳反。因酒纵性谓之使酒，即酗酒也。

②【索隐】季布言己无功能，窃承恩宠，得待罪河东。其词典省而文也。

③【集解】韦昭曰："窥见陛下深浅也。"

楚人曹丘生，辩士，数招权顾金钱。①事贵人赵同等，②与窦长君善。季布闻之，寄书谏窦长君曰："吾闻曹丘生非长者，勿与通。"及曹丘生归，欲得书请季布。③窦长君曰："季将军不说足下，足下无往。"固请书，遂行。使人先发书，季布果大怒，待曹丘。曹丘至，即揖季布曰："楚人谚曰'得黄金百(斤)，不如得季布一诺'，足下何以得此声于梁楚间哉？且仆楚人，足下亦楚人也。仆游扬足下之名于天下，顾不重邪？何足下距仆之深也！"季布乃大说，引入，留数月，为上客，厚送之。季布名所以益闻者，曹丘扬之也。

①【集解】孟康曰："招，求也。以金钱事权贵，而求得其形势以自炫耀也。"文颖曰："事权贵也。与通势，以其所有辜较，请托金钱以自顾。"

【索隐】义如孟康、文颖所说。辜较音姑角。 【正义】言曹丘生依倚贵人，用权势属请，数求他人。顾钱，赏金钱也。

②【集解】徐广曰："汉书作'赵谈'，司马迁以其父名谈，故改之。"

③【集解】张晏曰："欲使窦长君为介于布，请见。"

季布弟季心，①气盖关中，遇人恭谨，为任侠，方数千里，士皆

季布栾布列传第四十

2389

争为之死。尝杀人，亡之吴，从袁丝<u>②</u>匿。长事袁丝，弟畜灌夫、籍
福之属。尝为中司马，<u>③</u>中尉郅都不敢不加礼。少年多时时窃籍
其名<u>④</u>以行。当是时，<u>季心</u>以勇，<u>布</u>以诺，著闻关中。

①【集解】<u>徐广</u>曰："一作'子'。"

②【索隐】盎字丝。

③【集解】<u>如淳</u>曰："中尉之司马。"　【索隐】<u>汉书</u>作"中尉司马"。

④【索隐】籍音子亦反。

<u>季布</u>母弟<u>丁公</u>，<u>①</u>为楚将。<u>丁公</u>为<u>项羽</u>逐窘<u>高祖彭城</u>西，短兵
接，<u>高祖</u>急，顾<u>丁公</u>曰："两贤岂相厄哉！"于是<u>丁公</u>引兵而还，<u>汉王</u>
遂解去。及<u>项王</u>灭，<u>丁公</u>谒见<u>高祖</u>。<u>高祖</u>以<u>丁公</u>徇军中，曰："<u>丁公</u>
为<u>项王</u>臣不忠，使<u>项王</u>失天下者，乃<u>丁公</u>也。"遂斩<u>丁公</u>，曰："使后
世为人臣者无效<u>丁公</u>！"

①【集解】<u>晋灼</u>曰："<u>楚汉春秋</u>云<u>薛</u>人，名<u>固</u>。"　【索隐】案：谓<u>布</u>之舅也。

<u>栾布</u>者，<u>梁</u>人也。始<u>梁王彭越</u>为家人时，<u>①</u>尝与<u>布</u>游。穷困，
赁佣于<u>齐</u>，为酒人保。<u>②</u>数岁，<u>彭越</u>去之<u>巨野</u>中为盗，而<u>布</u>为人所略
卖，为奴于<u>燕</u>。为其家主报仇，<u>燕</u>将<u>臧荼</u>举以为都尉。<u>臧荼</u>后为<u>燕</u>
<u>王</u>，以<u>布</u>为将。及<u>臧荼</u>反，<u>汉</u>击<u>燕</u>，虏<u>布</u>。<u>梁王彭越</u>闻之，乃言上，
请赎<u>布</u>以为<u>梁</u>大夫。

①【索隐】谓居家之人，无官职也。

②【集解】<u>汉书音义</u>曰："酒家作保佣也。可保信，故谓之保。"

使于<u>齐</u>，未还，<u>汉</u>召<u>彭越</u>，责以谋反，夷三族。已而枭<u>彭越</u>头于
<u>雒阳</u>下，诏曰："有敢收视者，辄捕之。"<u>布</u>从<u>齐</u>还，奏事<u>彭越</u>头下，
祠而哭之。吏捕<u>布</u>以闻。上召<u>布</u>，骂曰："若与<u>彭越</u>反邪？吾禁人

勿收,若独祠而哭之,与越反明矣。趣亨^①之。"方提趣^②汤,布顾曰:"愿一言而死。"上曰:"何言?"布曰:"方上之困于彭城,败荥阳、成皋间,项王所以(遂)不能〔遂〕西,徒以彭王居梁地,与汉合从苦楚也。当是之时,彭王一顾,与楚则汉破,与汉而楚破。且垓下之会,微彭王,项氏不亡。天下已定,彭王剖符受封,亦欲传之万世。今陛下一征兵于梁,彭王病不行,而陛下疑以为反,反形未见,以苛小^③案诛灭之,臣恐功臣人人自危也。今彭王已死,臣生不如死,请就亨。"于是上乃释布罪,拜为都尉。

①【索隐】上音促,下音普盲反。谓疾令赴镬也。

②【集解】徐广曰:"一作'走'。"【索隐】上音啼,下音趋。徐广云一作"走",走亦趣向之也。

③【集解】徐广曰:"小,一作'峭'。"

孝文时,为燕相,至将军。布乃称曰:"穷困不能辱身下志,非人也;富贵不能快意,非贤也。"于是尝有德者厚报之,有怨者必以法灭之。吴(军)〔楚〕反时,以军功封俞侯,^①复为燕相。燕齐之间皆为栾布立社,号曰栾公社。

①【集解】徐广曰:"击齐有功也。"

景帝中五年薨。子贲嗣,为太常,牺牲不如令,国除。

太史公曰:以项羽之气,而季布以勇显于楚,身屡(典)军^①搴旗者数矣,可谓壮士。然全被刑戮,为人奴而不死,何其下也!彼必自负其材,故受辱而不羞,欲有所用其未足也,故终为汉名将。贤者诚重其死。夫婢妾贱人感慨而自杀者,^②非能勇也,其计画无复之耳。^③栾布哭彭越,趣汤如归者,彼诚知所处,^④不自重其死。虽往古烈士,何以加哉!

①【集解】徐广曰:"屡,一作'屡',一曰'覆'。"骃案:孟康曰"屡,履蹈之
也"。瓒曰"屡,数也"。 【索隐】身屡军。按:徐氏云一作"覆",按
下云"搴旗",则"覆军"为是,胜于"屡"之与"履"。

②【集解】徐广曰:"或作'概'字,音义同。"

③【集解】徐广曰:"复,一作'冀'。"

④【集解】如淳曰:"非死者难,处死者难。"

【索隐述赞】季布、季心,有声梁、楚。百金然诺,十万致距。出守河东,
股肱是与。栾布哭越,犯禁见虏。赴鼎非冤,诚知所处。

史 记 卷 一 百 一

袁盎晁错列传第四十一

袁盎①者,楚人也,字丝。父故为群盗,徙处安陵。高后时,盎尝为吕禄舍人。及孝文帝即位,盎兄哙任盎为中郎。②

①【索隐】音如周礼"盎齐",乌浪反。

②【集解】如淳曰:"盎为兄所保任,故得为中郎。"

绛侯为丞相,朝罢趋出,意得甚。上礼之恭,常自送之。①袁盎进曰:"陛下以丞相何如人?"上曰:"社稷臣。"盎曰:"绛侯所谓功臣,非社稷臣。社稷臣主在与在,②主亡与亡。③方吕后时,诸吕用事,擅相王,刘氏不绝如带。是时绛侯为太尉,主兵柄,弗能正。吕后崩,大臣相与共畔诸吕,太尉土兵,适会其成功,所谓功臣,非社稷臣。丞相如有骄主色。陛下谦让,臣主失礼,窃为陛下不取也。"后朝,上益庄,④丞相益畏。已而绛侯望袁盎曰:⑤"吾与而兄善,今儿廷毁我!"盎遂不谢。

①【集解】徐广曰:"自,一作'目'。"

②【集解】如淳曰:"人主在时,与共治在时之事。"【索隐】按:如淳云"人主在时,与共理在时之事"也。

③【集解】如淳曰:"不以主亡而不行其政令。"【索隐】如淳云"不以人主亡而不行其政令"。按:如说为得。

④【索隐】庄,严也。

⑤【正义】望,怨也。

及绛侯免相之国,国人上书告以为反,征系清室,①宗室诸公莫敢为言,唯袁盎明绛侯无罪。绛侯得释,盎颇有力。绛侯乃大与盎结交。

①【集解】汉书作"请室"。应劭曰:"请室,请罪之室,若今钟下也。"如淳曰:"请室,狱也,若古刑于甸师氏也。"

淮南厉王朝,杀辟阳侯,居处骄甚。袁盎谏曰:"诸侯大骄必生患,可適削地。"上弗用。淮南王益横。及棘蒲侯柴武太子谋反事觉,治,连淮南王,淮南王征,上因迁之蜀,辒车传送。袁盎时为中郎将,乃谏曰:"陛下素骄淮南王,弗稍禁,以至此,今又暴摧折之。淮南王为人刚,如有遇雾露行道死,陛下竟为以天下之大弗能容,有杀弟之名,奈何?"上弗听,遂行之。

淮南王至雍,病死,闻,上辍食,哭甚哀。盎入,顿首请罪。上曰:"以不用公言至此。"盎曰:"上自宽,此往事,岂可悔哉!且陛下有高世之行者三,此不足以毁名。"上曰:"吾高世行三者何事?"盎曰:"陛下居代时,太后尝病,三年,陛下不交睫,不解衣,汤药非陛下口所尝弗进。夫曾参以布衣犹难之,今陛下亲以王者修之,过曾参孝远矣。夫诸吕用事,大臣专制,然陛下从代乘六乘传驰不测之渊,①虽贲育之勇②不及陛下。陛下至代邸,西向让天子位者再,南面让天子位者三。夫许由一让,而陛下五以天下让,过许由四矣。且陛下迁淮南王,欲以苦其志,使改过,有司卫不谨,故病死。”于是上乃解,曰:“将奈何?”盎曰:“淮南王有三子,唯在陛下耳。”于是文帝立其三子皆为王。盎由此名重朝廷。

①【集解】瓒曰:“大臣共诛诸吕,祸福尚未可知,故曰不测也。”

②【集解】孟康曰:“孟贲、夏育,皆古勇者也。”　【索隐】贲,孟贲;育,夏育也。尸子云“孟贲水行不避蛟龙,陆行不避兕虎”。战国策曰“夏育叱呼骇三军,身死庸夫”。高诱曰“育为申繻所杀”。贲音奔也。

袁盎常引大体忼慨。宦者赵同①以数幸,常害袁盎,袁盎患之。盎兄子种为常侍骑,②持节夹乘,说盎曰:③“君与斗,廷辱之,使其毁不用。”孝文帝出,赵同参乘,袁盎伏车前曰:“臣闻天子所与共六尺舆者,皆天下豪英。今汉虽乏人,陛下独奈何与刀锯馀人载!”于是上笑,下赵同。赵同泣下车。

①【集解】徐广曰:“汉书作‘谈’字。”

②【索隐】案:汉旧仪云“持节夹乘舆车骑从者云常侍骑”。

③【集解】徐广曰:“说,一作‘谋’。”

文帝从霸陵上,欲西驰下峻阪。袁盎骑,并车擥辔。上曰:“将军怯邪?”盎曰:“臣闻千金之子坐不垂堂,①百金之子不骑衡,②圣主不乘危而徼幸。今陛下骋六騑,③驰下峻山,如有马惊车败,陛下纵自轻,奈高庙、太后何?”上乃止。

①【索隐】案:张揖云“恐檐瓦堕中人”。或云临堂边垂,恐堕坠也。

②【集解】徐广曰:“一作‘行’。”骃案:服虔曰“自惜身,不骑衡”。如淳曰“骑,倚也。衡,楼殿边栏楯也”。韦昭曰“衡,车衡”。　【索隐】张

晏云"衡木行马也"。如淳云"骑音于岐反。衡,楼殿边栏楯也"。韦
昭云"衡,车衡也。骑音倚,谓跨之"。按:如淳之说为长。案:纂要云
"宫殿四面栏,纵者云槛,横者云楯"也。

③【集解】如淳曰:"六马之疾若飞。"

上幸上林,皇后、慎夫人从。其在禁中,常同席坐。及坐,郎署
长布席,①袁盎引却慎夫人坐。②慎夫人怒,不肯坐。上亦怒,起,
入禁中。盎因前说曰:"臣闻尊卑有序则上下和。今陛下既已立
后,慎夫人乃妾,妾主岂可与同坐哉!适所以失尊卑矣。且陛下幸
之,即厚赐之。陛下所以为慎夫人,适所以祸之。陛下独不见'人
彘'乎?"③于是上乃说,召语慎夫人。慎夫人赐盎金五十斤。

①【正义】苏林云:"郎署,上林中直卫之署。"

②【集解】如淳曰:"盎时为中郎将,天子幸署,豫设供帐待之,故得却慎
夫人坐。"

③【集解】张晏曰:"戚夫人。"

然袁盎亦以数直谏,不得久居中,调为陇西都尉。①仁爱士卒,
士卒皆争为死。迁为齐相。徙为吴相,辞行,种谓盎曰:"吴王骄日
久,国多奸。今苟欲劾治,彼不上书告君,即利剑刺君矣。南方卑
湿,君能日饮,毋何,时说王曰毋反而已。如此幸得脱。"盎用种之
计,吴王厚遇盎。

①【集解】如淳曰:"调选。"

盎告归,道逢丞相申屠嘉,下车拜谒,丞相从车上谢袁盎。袁
盎还,愧其吏,乃之丞相舍上谒,求见丞相。丞相良久而见之。盎
因跪曰:"愿请间。"丞相曰:"使君所言公事,之曹与长史掾议,吾
且奏之;即私邪,吾不受私语。"袁盎即跪说曰:"君为丞相,自度孰

与<u>陈平</u>、<u>绛侯</u>？"丞相曰："吾不如。"<u>袁盎</u>曰："善，君即自谓不如。夫<u>陈平</u>、<u>绛侯</u>辅翼<u>高帝</u>，定天下，为将相，而诛诸<u>吕</u>，存<u>刘氏</u>；君乃为材官蹶张，迁为队率，积功至<u>淮阳</u>守，非有奇计攻城野战之功。且陛下从<u>代</u>来，每朝，郎官上书疏，未尝不止辇受其言，言不可用置之，言可受采之，未尝不称善。何也？则欲以致天下贤士大夫。上日闻所不闻，明所不知，日益圣智；君今自闭钳天下之口而日益愚。夫以圣主责愚相，君受祸不久矣。"丞相乃再拜曰："<u>嘉</u>鄙野人，乃不知，将军幸教。"引入与坐，为上客。

<u>盎</u>素不好<u>晁错</u>，<u>晁错</u>所居坐，<u>盎</u>去；<u>盎</u>坐，<u>错</u>亦去：两人未尝同堂语。及<u>孝文帝</u>崩，<u>孝景帝</u>即位，<u>晁错</u>为御史大夫，使吏案<u>袁盎</u>受<u>吴王</u>财物，抵罪，诏赦以为庶人。

<u>吴楚</u>反，闻，<u>晁错</u>谓丞史曰：① "夫<u>袁盎</u>多受<u>吴王</u>金钱，专为蔽匿，言不反。今果反，欲请治<u>盎</u>宜知计谋。"丞史曰："事未发，治之有绝。②今兵西乡，治之何益！且<u>袁盎</u>不宜有谋。"③<u>晁错</u>犹与未决。人有告<u>袁盎</u>者，<u>袁盎</u>恐，夜见<u>窦婴</u>，为言<u>吴</u>所以反者，愿至上前口对状。<u>窦婴</u>入言上，上乃召<u>袁盎</u>入见。<u>晁错</u>在前，及<u>盎</u>请辟人赐间，<u>错</u>去，固恨甚。<u>袁盎</u>具言<u>吴</u>所以反状，以<u>错</u>故，独急斩<u>错</u>以谢<u>吴</u>，<u>吴</u>兵乃可罢。其语具在<u>吴</u>事中。使<u>袁盎</u>为太常，<u>窦婴</u>为大将军。两人素相与善。逮<u>吴</u>反，诸陵长者<u>长安</u>中贤大夫争附两人，车随者日数百乘。

①【集解】<u>如淳</u>曰："百官表御史大夫有两丞。丞史，丞及史也。"

②【集解】<u>如淳</u>曰："事未发之时治之，乃有所绝。" 【索隐】案：谓有绝<u>吴</u>反心也。

③【集解】<u>如淳</u>曰："<u>盎</u>大臣，不宜有奸谋。"

及晁错已诛，袁盎以太常使吴。吴王欲使将，不肯。欲杀之，使一都尉以五百人围守盎军中。袁盎自其为吴相时，(尝)有从史尝盗爱盎侍儿，①盎知之，弗泄，遇之如故。人有告从史，言"君知尔与侍者通"，乃亡归。袁盎驱自追之，遂以侍者赐之，复为从史。及袁盎使吴见守，从史适为守盎校尉司马，乃悉以其装赍置二石醇醪，会天寒，士卒饥渴，饮酒醉，西南陬卒皆卧，司马夜引袁盎起，曰："君可以去矣，吴王期旦日斩君。"盎弗信，曰："公何为者?"司马曰："臣故为从史盗君侍儿者。"盎乃惊谢曰："公幸有亲，②吾不足以累公。"司马曰："君弟去，臣亦且亡，辟吾亲，③君何患!"及以刀决张，④道⑤从醉卒(直)隧〔直〕出。司马与分背，袁盎解节毛怀之，⑥杖，步行七八里，明，见梁骑，骑驰去，⑦遂归报。

① 【集解】文颖曰："婢也。"

② 【集解】文颖曰："言汝有亲老。"

③ 【集解】如淳曰："藏匿吾亲，不使遇害也。" 【索隐】案:张晏云"辟，隐也。言自隐辟亲，不使遇祸也"。

④ 【集解】音帐。 【索隐】案:帐，军幕也。决之以出也。

⑤ 【集解】如淳曰："决开当所从亡者之道。"

⑥ 【集解】如淳曰："不欲令人见也。"

⑦ 【集解】文颖曰："梁骑击吴楚者也。或曰得梁马驰去也。

吴楚已破，上更以元王子平陆侯礼为楚王，袁盎为楚相。尝上书有所言，不用。袁盎病免居家，与闾里浮沈，相随行，斗鸡走狗。雒阳剧孟尝过袁盎，盎善待之。安陵富人有谓盎曰："吾闻剧孟博徒，①将军何自通之?"盎曰："剧孟虽博徒，然母死，客送葬车千馀乘，此亦有过人者。且缓急人所有。夫一旦有急叩门，不以亲为解，②不以存亡为辞，天下所望者，独季心、剧孟耳。今公常从数骑，③一旦有缓急，宁足恃乎！"骂富人，弗与通。诸公闻之，皆多袁盎。

①【集解】如淳曰："博荡之徒。"或曰博戏之徒。

②【集解】张晏曰："不语云'亲不听'也。"瓒曰："凡人之于赴难济危，多以有父母为解，而孟兼行之。"　【索隐】案：谓不以亲为辞也。今此云解者，亦谓不以亲在而自解。

③【集解】徐广曰："常，一作'详'。"

袁盎虽家居，景帝时时使人问筹策。梁王欲求为嗣，袁盎进说，其后语塞。①梁王以此怨盎，曾使人刺盎。刺者至关中，问袁盎，诸君誉之皆不容口。乃见袁盎曰："臣受梁王金来刺君，君长者，不忍刺君。然后刺君者十馀曹，②备之！"袁盎心不乐，家又多怪，乃之棓生③所问占。还，梁刺客后曹辈果遮刺杀盎安陵郭门外。

①【索隐】按邹氏云"塞"当作"露"，非也。案：以盎言不宜立弟之义，其后立梁王之语塞绝也。

②【集解】如淳曰："曹，辈也。"

③【集解】徐广曰："棓，一作'服'。"骃案：文颖曰"棓音陪。秦时贤士，善术者"。　【索隐】文颖云棓音陪。韦昭云棓，姓也。

晁错①者，颍川人也。学申商刑名于轵张恢先所，②与雒阳宋孟及刘礼同师。以文学为太常掌故。③

①【索隐】上音朝，下音厝，一如字读。案：朝氏出南阳，今西鄂晁氏，谓子朝之后也。

②【集解】徐广曰："先即先生。"　【索隐】轵张恢生所。轵县人张恢先

生所学申商之法。

③【集解】应劭曰:"掌故,百石吏,主故事。" 【索隐】服虔云"百石卒吏"。汉旧仪云"太常博士弟子试射策,中甲科补郎,中乙科补掌故"也。

错为人陗直刻深。①孝文帝时,天下无治尚书者,独闻济南伏生故秦博士,治尚书,年九十余,老不可征,乃诏太常使人往受之。太常遣错受尚书伏生所。②还,因上便宜事,以书称说。诏以为太子舍人、门大夫、家令。③以其辩得幸太子,太子家号曰"智囊"。数上书孝文时,言削诸侯事,及法令可更定者。书数十上,孝文不听,然奇其材,迁为中大夫。当是时,太子善错计策,袁盎诸大功臣多不好错。

①【集解】韦昭曰:"术岸高曰陗。"瓒曰:"陗峻。" 【索隐】案:韦昭注本无"术"字。或云术,道路也。陗,七笑反。陗,峻也。

②【正义】卫宏诏定古文尚书序云:"征之,老不能行,遣太常掌故晁错往读之。年九十余,不能正言,言不可晓,使其女传言教错。齐人语多与颍川异,错所不知者凡十二三,略以其意属读而已也。"

③【集解】服虔曰:"太子称家。"瓒曰:"茂陵书太子家令秩八百石。"

景帝即位,以错为内史。错常数请间言事,辄听,宠幸倾九卿,①法令多所更定。丞相申屠嘉心弗便,力未有以伤。内史府居太上庙壖中,门东出,不便,错乃穿两门南出,凿庙壖垣。②丞相嘉闻,大怒,欲因此过为奏请诛错。错闻之,即夜请间,具为上言之。丞相奏事,因言错擅凿庙垣为门,请下廷尉诛。上曰:"此非庙垣,乃壖中垣,不致于法。"丞相谢。罢朝,怒谓长史曰:"吾当先斩以闻,乃先请,为儿所卖,固误。"丞相遂发病死。错以此愈贵。

①【集解】徐广曰:"九,一作'公'。"

②【索隐】上音乃恋反。谓墙外之短垣也。又音而缘反。 【正义】上，
人缘反。壖者，庙内垣外游地也。

迁为御史大夫，请诸侯之罪过，削其地，①收其枝郡。奏上，上
令公卿列侯宗室集议，莫敢难，独窦婴争之，由此与错有郤。错所
更令三十章，诸侯皆喧哗疾<u>晁错</u>。错父闻之，从颍川来，谓错曰：
"上初即位，公为政用事，侵削诸侯，别疏人骨肉，人口议②多怨公
者，何也？"<u>晁错</u>曰："固也。不如此，天子不尊，宗庙不安。"错父
曰："刘氏安矣，而<u>晁</u>氏危矣，吾去公归矣！"遂饮药死，曰："吾不忍
见祸及吾身。"死十馀日，<u>吴楚</u>七国果反，以诛错为名。及窦婴、<u>袁
盎</u>进说，上令<u>晁错</u>衣朝衣斩东市。

①【集解】<u>徐广</u>曰："一云言<u>景帝</u>曰'诸侯或连数郡，非古之制，非久长策，
不便，请削之'，上令公卿云云。"

②【集解】<u>徐广</u>曰："一作'谁'。"

<u>晁错</u>已死，谒者仆射<u>邓公</u>①为校尉，击<u>吴楚</u>军为将。还，上书
言军事，谒见上。上问曰："道军所来，②闻<u>晁错</u>死，<u>吴楚</u>罢不？"<u>邓
公</u>曰："<u>吴王</u>为反数十年矣，发怒削地，以诛错为名，其意非在错也。
且臣恐天下之士噤口，③不敢复言也！"上曰："何哉？"<u>邓公</u>曰："夫
<u>晁错</u>患诸侯强大不可制，故请削地以尊京师，万世之利也。计画始
行，卒受大戮，内杜忠臣之口，外为诸侯报仇，臣窃为陛下不取也。"
于是<u>景帝</u>默然良久，曰："公言善，吾亦恨之。"乃拜<u>邓公</u>为<u>城阳</u>
中尉。

①【正义】<u>汉书</u>作"<u>邓先</u>"。<u>孔文祥</u>云名先。

②【集解】<u>如淳</u>曰："道路从<u>吴</u>军所来也。"<u>瓒</u>曰："道，由也。"

邓公,成固人也,①多奇计。建元中,上招贤良,公卿言邓公,时邓公免,起家为九卿。一年,复谢病免归。其子章以修黄老言显于诸公间。

①【正义】梁州成固县也。括地志云:"成固故城在梁州成固县东六里,汉城固城也。"

太史公曰:袁盎虽不好学,亦善傅会,仁心为质,引义慷慨。遭孝文初立,资适逢世。①时以变易,②及吴楚一说,说虽行哉,然复不遂。好声矜贤,竟以名败。晁错为家令时,数言事不用;后擅权,多所变更。诸侯发难,不急匡救,欲报私仇,反以亡躯。语曰"变古乱常,不死则亡",岂错等谓邪!

①【集解】张晏曰:"资,才也。适值其世,得骋其才。"

②【集解】张晏曰:"谓景帝立。"

【索隐述赞】袁丝公直,亦多附会。揽辔见重,却席翳赖。朝错建策,屡陈利害。尊主卑臣,家危国泰。悲彼二子,名立身败!

史 记 卷 一 百 二

张释之冯唐列传第四十二

张廷尉释之者,堵阳人也,①字季。有兄仲同居。以訾为骑郎,②事孝文帝,十岁不得调,无所知名。释之曰:"久宦减仲之产,不遂。"欲自免归。中郎将袁盎知其贤,惜其去,乃请徙释之补谒者。③释之既朝毕,因前言便宜事。文帝曰:"卑之,毋甚高论,令今可施行也。"④于是释之言秦汉之间事,秦所以失而汉所以兴者久之。文帝称善,乃拜释之为谒者仆射。

①【索隐】韦昭堵音赭,又音如字,地名,属南阳。 【正义】应劭曰:"哀帝改为顺阳,水东南入蔡。"括地志云:"顺阳故城在邓州穰县西三十里,楚之郇邑也。及苏秦传云'楚北有郇阳',并谓此也。"

②【集解】苏林曰:"顾钱若出谷也。"如淳曰:"汉仪注訾五百万得为常侍郎。"【索隐】訾音子移反。字苑云"訾,积财也"。

③【正义】百官表云"谒者,掌宾赞受事,员十七人,秩比六百石"也。

④【索隐】案:卑,下也。欲令且卑下其志,无甚高谈论,但令依时事,无

说古远也。

　　释之从行，登虎圈。①上问上林尉②诸禽兽簿，十馀问，尉左右视，尽不能对。虎圈啬夫③从旁代尉对上所问禽兽簿甚悉，欲以观其能口对响应无穷者。文帝曰："吏不当若是邪？尉无赖！"④乃诏释之拜啬夫为上林令。释之久之前曰："陛下以绛侯周勃何如人也？"上曰："长者也。"又复问："东阳侯张相如何如人也？"上复曰："长者。"释之曰："夫绛侯、东阳侯称为长者，此两人言事曾不能出口，岂敩此啬夫谍谍⑤利口捷给哉！且秦以任刀笔之吏，吏争以亟疾苛察相高，然其敝徒文具耳，⑥无恻隐之实。以故不闻其过，陵迟而至于二世，天下土崩。今陛下以啬夫口辩而超迁之，臣恐天下随风靡靡，争为口辩而无其实。且下之化上疾于景响，举错不可不审也。"文帝曰："善。"乃止不拜啬夫。

　　①【正义】求远反。
　　②【索隐】汉书表上林有八丞十二尉。百官志尉秩三百石。
　　③【正义】掌虎圈。百官表有乡啬夫，此其类也。
　　④【集解】张晏曰："才无可恃。"
　　⑤【集解】晋灼曰："音牒。"【索隐】音牒。汉书作"喋喋"，口多言。
　　⑥【索隐】案：谓空具其文而无其实也。

　　上就车，召释之参乘，徐行，问释之秦之敝。具以质言。①至宫，上拜释之为公车令。

　　①【集解】如淳曰："质，诚也。"

　　顷之，太子与梁王共车入朝，不下司马门，①于是释之追止太子、梁王无得入殿门。遂劾不下公门不敬，奏之。薄太后闻之，文帝免冠谢曰："教儿子不谨。"薄太后乃使使承诏赦太子、梁王，然后得入。文帝由是奇释之，拜为中大夫。

①【集解】如淳曰："宫卫令'诸出入殿门公车司马门，乘轺传者皆下，不如令，罚金四两'。"

　　顷之，至中郎将。从行至霸陵，居北临厕。①是时慎夫人从，上指示慎夫人新丰道，曰："此走邯郸道也。"②使慎夫人鼓瑟，上自倚瑟而歌，③意惨凄悲怀，顾谓群臣曰："嗟乎！以北山石为椁，④用纻絮⑤斫陈，蔡漆其间，⑥岂可动哉！"左右皆曰："善。"释之前进曰："使其中有可欲者，虽锢南山犹有郄；⑦使其中无可欲者，虽无石椁，又何戚焉！"文帝称善。其后拜释之为廷尉。

①【集解】李奇曰："霸陵北头厕近霸水，帝登其上，以远望也。"如淳曰："居高临垂边曰厕也。"苏林曰："厕，边侧也。"韦昭曰："高岸夹水为厕也。"【索隐】刘氏厕音初吏反。按：李奇曰"霸陵北头厕近霸水"。苏林曰"厕，边侧也"。包恺音侧，义亦两通也。

②【集解】张晏曰："慎夫人，邯郸人也。"如淳曰："走音奏，趋也。"【索隐】音奏。案：走犹向也。

③【集解】汉书音义曰："声气依倚瑟也。书曰'声依永'。"【索隐】倚，于绮反。案：谓歌声合于瑟声，相依倚也。

④【正义】颜师古云："美石出京师北山，今宜州石是。"

⑤【索隐】上张吕反，下息虑反。

⑥【集解】徐广曰："斫，一作'错'。"骃案：汉书音义曰"斫絮，以漆著其间也"。【索隐】斫陈絮漆其间。斫音侧略反。絮音女居反。案：斫陈絮以漆著其间也。

⑦【集解】张晏曰："锢，铸也。帝北向，故云'北山'；回顾南向，故云'南山'。"【索隐】案：张晏云"锢，铸也。帝北向，故云'北山'；回顾向南，故云'南山'"。今案：大颜云"北山青石肌理密，堪为碑椁，至今犹

然。故秦本纪作阿房或作郦山石椁是也”。故帝欲北山之石为椁,取其精牢。释之答言,但使薄葬,冢中无可贪,虽无石椁,有何忧焉。若使厚殉,冢中有物,虽并锢南山,犹为人所发掘也。言“南山”者,取其高厚之意,张晏殊失其旨也。

　　顷之,上行出中渭桥,[1]有一人从桥下走出,乘舆马惊。于是使骑捕,属之廷尉。释之治问。曰:“县人来,[2]闻跸,匿桥下。久之,以为行已过,即出,见乘舆车骑,即走耳。”廷尉奏当,一人犯跸,当罚金。[3]文帝怒曰:“此人亲惊吾马,吾马赖柔和,令他马,固不败伤我乎?而廷尉乃当之罚金!”释之曰:“法者天子所与天下公共也。[4]今法如此而更重之,是法不信于民也。且方其时,上使立诛之则已。今既下廷尉,廷尉,天下之平也,一倾而天下用法皆为轻重,民安所措其手足?唯陛下察之。”良久,上曰:“廷尉当是也。”

> [1]【集解】张晏曰:“在渭桥中路。”瓒曰:“中渭桥两岸之中。” 【索隐】张晏、臣瓒之说皆非也。案今渭桥有三所:一所在城西北咸阳路,曰西渭桥;一所在东北高陵道,曰东渭桥;其中渭桥在古城之北也。
>
> [2]【集解】如淳曰:“长安县人。”
>
> [3]【集解】如淳曰:“乙令‘跸先至而犯者罚金四两’。跸,止行人。”
>
> 【索隐】案:崔浩云“当谓处其罪也”。案:百官志云“廷尉平刑罚,奏当所应。郡国谳疑罪,皆处当以报之”也。
>
> [4]【索隐】小颜云:“公谓不私也。”

　　其后有人盗高庙坐前玉环,捕得,文帝怒,下廷尉治。释之案律盗宗庙服御物者为奏,奏当弃市。上大怒曰:“人之无道,乃盗先帝庙器,吾属廷尉者,欲致之族,而君以法奏之,[1]非吾所以共承宗庙意也。”释之免冠顿首谢曰:“法如是足也。[2]且罪等,[3]然以逆顺为差。今盗宗庙器而族之,有如万分之一,假令愚民取长陵一抔土,④陛下何以加其法乎?"久之,文帝与太后言之,乃许廷尉当。是时,中尉条侯周亚夫与梁相山都侯王恬开⑤见释之持议平,乃结为亲友。张廷尉由此天下称之。

①【索隐】案:法者,依律以断也。

②【集解】徐广曰:"足,一作'止'也。"

③【集解】如淳曰:"俱死罪也,盗玉环不若盗长陵土之逆也。"

④【集解】张晏曰:"不欲指言,故以取土譬也。" 【索隐】抔音步侯反。案:礼运云"污尊而抔饮",郑氏云"抔,手掬之,字从手"。字本或作"杯",言一勺一杯,两音并通。又音普回反。坯者,砖之未烧之名也。张晏云"不欲指言,故以取土譬"者,盖不欲言盗开长陵及说伤迫近先帝故也。

⑤【集解】徐广曰:"一作'闲'。汉书作'启'。启者,景帝讳也,故或为'开'。"

后文帝崩,景帝立,释之恐,①称病。欲免去,惧大诛至;欲见谢,则未知何如。用王生计,卒见谢,景帝不过也。

①【索隐】谓帝为太子时,与梁王入朝,不下司马门,释之曾劾,故恐也。

王生者,善为黄老言,处士也。尝召居廷中,三公九卿尽会立,王生老人,曰"吾袜解",①顾谓张廷尉:"为我结袜!"②释之跪而结之。既已,人或谓王生曰:"独奈何廷辱张廷尉,使跪结袜?"王生曰:"吾老且贱,自度终无益于张廷尉。张廷尉方今天下名臣,吾故聊辱廷尉,使跪结袜,欲以重之。"诸公闻之,贤王生而重张廷尉。

①【正义】上万越反,下闲买反。

②【索隐】结音如字,又音计。

张廷尉事景帝岁馀，为淮南王相，犹尚以前过也。久之，释之卒。其子曰张挚，字长公，官至大夫，免。以不能取容当世，故终身不仕。①

①【索隐】谓性公直，不能曲屈见容于当世，故至免官不仕也。

冯唐者，其大父赵人。父徙代。汉兴徙安陵。唐以孝著，为中郎署长，①事文帝。文帝辇过，②问唐曰："父老何自为郎？③家安在？"唐具以实对。文帝曰："吾居代时，吾尚食监高袪数为我言赵将李齐之贤，战于钜鹿下。今吾每饭，意未尝不在钜鹿也。④父知之乎？"唐对曰："尚不如廉颇、李牧之为将也。"上曰："何以？"唐曰："臣大父在赵时，为官（卒）〔率〕将，⑤善李牧。臣父故为代相，善赵将李齐，知其为人也。"上既闻廉颇、李牧为人，良⑥说，而搏髀曰："嗟乎！吾独不得廉颇、李牧时为吾将，吾岂忧匈奴哉！"唐曰："主臣！⑦陛下虽得廉颇、李牧，弗能用也。"上怒，起入禁中。良久，召唐让曰："公奈何众辱我，独无闲处乎？"唐谢曰："鄙人不知忌讳。"

①【集解】应劭曰："此云孝子郎也。"或曰以至孝闻。　【索隐】案：谓为郎署之长也。

②【索隐】过音戈。谓文帝乘辇，会过郎署。

③【索隐】案：崔浩云"自，从也。帝询唐何从为郎"。又小颜云"年老矣，乃自为郎，怪之也"。

④【集解】张晏曰："每食念监所说李齐在钜鹿时。"

⑤【集解】徐广曰："一云'官士将'。"骃案：晋灼曰"百人为彻行，亦皆帅将也"。【索隐】注"百人为彻行将帅"，案国语"百人为彻行，行头皆官师"。贾逵云"百人为一队也。官师，队大夫也"。

⑥【集解】如淳曰:"良,善也。"

⑦【索隐】案:乐彦云"人臣进对前称'主臣',犹上书前云'昧死'"。案:志林云"冯唐面折万乘,何言不惧",主臣为惊怖,其言益著也。又魏武谓陈琳云"卿为本初檄,何乃言及上祖",琳谢云"主臣",益明主臣是惊怖也。解已见前志也。

当是之时,匈奴新大入朝郍,①杀北地②都尉卬。③上以胡寇为意,乃卒复问唐曰:"公何以知吾不能用廉颇、李牧也?"唐对曰:"臣闻上古王者之遣将也,跪而推毂,曰阃以内者,④寡人制之;阃以外者,将军制之。军功爵赏皆决于外,归而奏之。此非虚言也。臣大父言,李牧为赵将居边,军市之租皆自用飨士,⑤赏赐决于外,不从中扰也。委任而责成功,故李牧乃得尽其智能,遣选车千三百乘,⑥彀骑万三千,⑦百金之士十万,⑧是以北逐单于,破东胡,⑨灭澹林,⑩西抑强秦,南支韩、魏。当是之时,赵几霸。⑪其后会赵王迁立,其母倡也。⑫王迁立,乃用郭开谗,卒诛李牧,⑬令颜聚代之。⑭是以兵破士北,为秦所禽灭。今臣窃闻魏尚为云中守,⑮其军市租尽以飨士卒,〔出〕私养钱,⑯五日一椎牛,⑰飨宾客军吏舍人,是以匈奴远避,不近云中之塞。虏曾一入,尚率车骑击之,所杀甚众。夫士卒尽家人子,⑱起田中从军,安知尺籍伍符。⑲终日力战,斩首捕虏,上功莫府,⑳一言不相应,㉑文吏以法绳之。其赏不行而吏奉法必用。臣愚,以为陛下法太明,赏太轻,罚太重。且云中守魏尚坐上功首虏差六级,陛下下之吏,削其爵,罚作之。由此言之,陛下虽得廉颇、李牧,弗能用也。㉒臣诚愚,触忌讳,死罪死罪!"文帝说。是日令冯唐持节赦魏尚,复以为云中守,而拜唐为车骑都尉,主中尉及郡国车士。㉓

①【索隐】上音朝,早也。下音乃何反,县名,属安定也。 【正义】在原

州百泉县西北十里,汉朝䝞县是也。

② 【正义】北地郡,今宁州也。

③ 【索隐】案:都尉姓孙名卬。

④ 【集解】韦昭曰:"此郭门之闑也。门中橛曰闑。".【索隐】橛音其月反。 【正义】闑音苦本反。谓门限也。

⑤ 【索隐】案:谓军中立市,市有税。税即租也。

⑥ 【索隐】案:六韬书有选车之法。

⑦ 【索隐】如淳云:"彀音构。彀骑,张弓之骑也。"

⑧ 【集解】服虔曰:"良士直百金也。"或曰直百金,言重。 【索隐】晋灼云:"百金取其贵重也。"服虔曰:"良士直百金也。"刘氏云:"其功可赏百金者。"事见管子及小尔雅。

⑨ 【索隐】案:崔浩云"乌丸之先也。国在匈奴之东,故云东胡也"。

⑩ 【集解】徐广曰:"澹,一作'禧'。" 【索隐】澹,丁甘反。一本作"檐槛"。

⑪ 【索隐】几音祈。

⑫ 【索隐】按:列女传云"邯郸之倡"。 【正义】赵幽王母,乐家之女也。

⑬ 【索隐】按:开是赵之宠臣。战国策云秦多与开金,使为反间。

⑭ 【索隐】聚音似喻反。汉书作"冣"。本齐将也。 【正义】绝庚反。

⑮ 【集解】汉书曰:"尚,槐里人也。" 【正义】云中郡故城在胜州榆林县东北三十里。

⑯ 【集解】服虔曰:"私廥假钱。" 【索隐】按:汉书"市肆租税之入为私奉养",服虔曰"私廥假钱"是也。或云官所别廥给也。

⑰ 【索隐】椎音直追反,击也。

⑱ 【索隐】按:谓庶人之家子也。

⑲ 【集解】如淳曰:"汉军法曰吏卒斩首,以尺籍书下县移郡,令人故行,不行夺劳二岁。五符亦什伍之符,约节度也。"或曰以尺简书,故曰尺籍也。 【索隐】按:尺籍者,谓书其斩首之功于一尺之板。伍符者,

命军人伍伍相保,不容奸诈。注"故行不行",案谓故命人行而身不自行,夺劳二岁也。"故"与"雇"同。

⑳【索隐】按:莫训大也。又崔浩云"古者出征无常处,以幕为府舍,故云莫府"。"莫"当为"幕",古字少耳。

㉑【索隐】音乙陵反,谓数不同也。

㉒【集解】班固称"杨子曰孝文帝亲诎帝尊以信亚夫之军,曷为不能用颇、牧? 彼将有激"。

㉓【集解】服虔曰:"车战之士。"

七年,<u>景帝</u>立,以<u>唐</u>为<u>楚</u>相,免。<u>武帝</u>立,求贤良,举<u>冯唐</u>。<u>唐</u>时年九十馀,不能复为官,乃以<u>唐</u>子<u>冯遂</u>为郎。<u>遂</u>字<u>王孙</u>,亦奇士,与余善。

<u>太史公</u>曰:<u>张季</u>之言长者,守法不阿意;<u>冯公</u>之论将率,有味哉! 有味哉! 语曰"不知其人,视其友"。二君之所称诵,可著廊庙。书曰"不偏不党,王道荡荡;不党不偏,王道便便"。①<u>张季</u>、<u>冯公</u>近之矣。

①【集解】<u>徐广</u>曰:"一作'辨'。"

【索隐述赞】<u>张季</u>未偶,见识<u>袁盎</u>。太子惧法,啬夫无状。惊马罚金,盗环悟上。<u>冯公</u>白首,味哉论将。因对<u>李齐</u>,收功<u>魏尚</u>。

史 记 卷 一 百 三

万石张叔列传第四十三

万石君^①名奋,其父赵人也,^②姓石氏。赵亡,徙居温。^③高祖东击项籍,过河内,时奋年十五,为小吏,侍高祖。高祖与语,爱其恭敬,问曰:"若何有?"对曰:"奋独有母,不幸失明。家贫。有姊,能鼓琴。"高祖曰:"若能从我乎?"曰:"愿尽力。"于是高祖召其姊为美人,以奋为中涓,^④受书谒,徙其家长安中戚里,^⑤以姊为美人故也。其官至孝文时,积功劳至大中大夫。无文学,恭谨无与比。

①【正义】以父及四子皆二千石,故号奋为万石君。

②【正义】洺州邯郸本赵国都。

③【正义】故温城在怀州温县三十里,汉县在也。

④【正义】颜师古云:"中涓,官名。居中而涓絜也。"如淳云:"主通书谒出入命也。"

⑤【索隐】小颜云:"于上有姻戚者皆居之,故名其里为戚里。"长安记戚里在城内。

2413

文帝时,东阳侯张相如为太子太傅,免。选可为傅者,皆推奋,奋为太子太傅。及孝景即位,以为九卿;迫近,惮之,①徙奋为诸侯相。奋长子建,次子甲,次子乙,②次子庆,皆以驯行孝谨,③官皆至二千石。于是景帝曰:"石君及四子皆二千石,人臣尊宠乃集其门。"号奋为万石君。

①【集解】张晏曰:"以其恭敬履度,故难之。"

②【集解】徐广曰:"一作'仁'。" 【正义】颜师古云:"史失其名,故云甲乙耳,非其名也。"

③【集解】徐广曰:"驯,一作'训'。" 【索隐】驯音巡。

孝景帝季年,万石君以上大夫禄归老于家,以岁时为朝臣。过宫门阙,万石君必下车趋,见路马必式焉。子孙为小吏,来归谒,万石君必朝服见之,不名。子孙有过失,不谯让,①为便坐,②对案不食。然后诸子相责,因长老肉袒固谢罪,改之,乃许。子孙胜冠者在侧,虽燕③居必冠,申申如也。僮仆䜣䜣如也,④唯谨。上时赐食于家,必稽首俯伏而食之,如在上前。其执丧,哀戚甚悼。子孙遵教,亦如之。万石君家以孝谨闻乎郡国,虽齐鲁诸儒质行,皆自以为不及也。

①【索隐】上才笑反。谯让,责让。

②【索隐】上于伪反,下"便"音婢绵反。盖谓为之不处正室,别坐他处,故曰便坐。坐音如字。便坐,非正坐处也。故王者所居有便殿、便房,义亦然也。音婢见反,亦通也。

③【索隐】燕谓闲燕之时。燕,安也。

④【集解】晋灼曰:"䜣,许慎曰古'欣'字。"韦昭曰:"声和貌。"

建元二年,郎中令①王臧以文学获罪。皇太后以为儒者文多质少,今万石君家不言而躬行,乃以长子建为郎中令,少子庆为内史。②

①【正义】百官表云郎中令秦官,掌居宫殿门户。武帝太初元年更名光禄勋也。

②【正义】百官表云内史,周官,秦因之,掌治京师。景帝分置左内史。武帝太初元年,更名京兆尹,左内史名左冯翊也。

建老白首,万石君尚无恙。建为郎中令,每五日洗沐归谒亲,①入子舍,②窃问侍者,取亲中裙厕牏,身自浣涤,③复与侍者,不敢令万石君知,以为常。建为郎中令,事有可言,屏人恣言,极切;至廷见,如不能言者。是以上乃亲尊礼之。

①【集解】文颖曰:"郎五日一下。"【正义】孔文祥云:"建为郎中令,即光禄勋,九卿之职也。直五日一下也。"按:五日一下直,洗沐。

②【索隐】案:刘氏谓小房内,非正堂也。小颜以为诸子之舍,若今诸房也。

③【集解】徐广曰:"牏,筑垣短板也,音住。厕牏谓厕溷垣墙,建隐于其侧浣涤也。一读'牏'为'窦',窦音豆。言建又自洗荡厕窦。厕窦,泻除秽恶之穴也。"吕静曰:"械窬,亵器也,音威豆。"骃案:苏林曰"牏音投。贾逵解周官,械,虎子也。窬,行清也"。孟康曰"厕,行清;窬,行中受粪者也。东南人谓凿木空中如曹谓之窬"。晋灼曰"今世谓反闭小袖衫为'侯窬(厕)',此最厕近身之衣也"。【索隐】案:亲谓父也。中裙,近身衣也。苏林曰"牏音投,又音豆"。孟康曰"厕,行清;牏,行清中受粪函也。言建又自洗荡厕窦。窦者,洗除秽污之穴也"。又晋灼云"今世谓反开小袖衫为'侯牏',此最厕近身之衣"。而徐广云"牏,短板,以筑厕墙",未知其义何从,恐非也。

万石君徙居陵里。①内史庆醉归,入外门不下车。万石君闻之,不食。庆恐,肉袒请罪,不许 。举宗及兄建肉袒,万石君让曰:"内史贵人,入闾里,里中长老皆走匿,而内史坐车中自如,固当!"乃谢罢庆。庆及诸子弟入里门,趋至家。

①【集解】徐广曰:"陵,一作'邻'。" 【索隐】小颜云:"陵里,里名,在茂陵,非长安之戚里也。" 【正义】茂陵邑中里也。茂陵故城,汉茂陵县也,在雍州始平县东北二十里。

万石君以元朔五年中卒。长子郎中令建哭泣哀思,扶杖乃能行。岁馀,建亦死。诸子孙咸孝,然建最甚,甚于万石君。

建为郎中令,书奏事,事下,建读之,曰:"误书!'馬'者与尾当五,今乃四,不足一。①上谴死矣!"甚惶恐。其为谨慎,虽他皆如是。

①【集解】服虔曰:"作'馬'字下曲而五,建时上事书误作四。" 【正义】颜师古云:"'馬'字下曲者尾,并四点为四足,凡五。"

万石君少子庆为太仆,御出,上问车中几马,庆以策数马毕,举手曰:"六马。"庆于诸子中最为简易矣,①然犹如此。为齐相,举齐国皆慕其家行,不言而齐国大治,为立石相祠。

①【正义】汉书"庆为大仆,御出,上问车中几马,庆以策数马毕,举手曰'六马'"。按:庆于兄弟最为简易矣,然犹如此也。

元狩元年,上立太子,选群臣可为傅者,庆自沛守为太子太傅,七岁迁为御史大夫。

元鼎五年秋,丞相有罪,罢。①制诏御史:"万石君先帝尊之,子孙孝,其以御史大夫庆为丞相,封为牧丘侯。"是时汉方南诛两越,东击朝鲜,北逐匈奴,西伐大宛,中国多事。天子巡狩海内,修上古神祠,封禅,兴礼乐。公家用少,桑弘羊等致利,王温舒之属峻法,兒宽等推文学至九卿,更进用事,事不关决于丞相,丞相醇谨而已。在位九岁,无能有所匡言。尝欲请治上近臣所忠、九卿咸②宣罪,不能服,反受其过,赎罪。

①【集解】赵周坐酎金免。　【索隐】案汉书而知也。

②【集解】服虔曰:"音'减损'之'减'。"

元封四年中,关东流民二百万口,无名数者四十万,①公卿议欲请徙流民于边以适之。上以为丞相老谨,不能与其议,乃赐丞相告归,而案御史大夫以下议为请者。丞相惭不任职,乃上书曰:"庆幸得待罪丞相,罢驽无以辅治,城郭仓库空虚,民多流亡,罪当伏斧质,上不忍致法。愿归丞相侯印,乞骸骨归,避贤者路。"天子曰:"仓廪既空,民贫流亡,而君欲请徙之,摇荡不安,动危之,而辞位,君欲安归难乎?②以书让庆,庆甚惭,遂复视事。

①【索隐】案:小颜云"无名数,若今之无户籍"。

②【索隐】难音乃弹反。言欲归于何人。

庆文深审谨,然无他大略,为百姓言。后三岁馀,太初二年中,丞相庆卒,谥为恬侯。庆中子德,庆爱用之,上以德为嗣,代侯。后为太常,坐法当死,赎免为庶人。庆方为丞相,诸子孙为吏更至二千石者十三人。及庆死后,稍以罪去,孝谨益衰矣。

建陵侯①卫绾者,代大陵人也。②绾以戏车为郎,③事文帝,功次迁为中郎将,醇谨无他。孝景为太子时,召上左右饮,而绾称病不行。④文帝且崩时,属孝景曰:"绾长者,善遇之。"及文帝崩,景帝立,岁馀不噍呵⑤绾,绾日以谨力。

①【正义】括地志云:"汉建陵县故城在沂州丞县界也。"

②【索隐】地理志县名,在代。 【正义】括地志云:"大陵县城在并州文水县北十二里。"按:代王耳时都中都,大陵属焉,故言代大陵人也。

③【集解】应劭曰:"能左右超乘也。"如淳曰:"栎机轊之类。"【索隐】按:应劭云"能左右超乘"。案今亦有弄车之戏。栎音历,谓超逾之也。轊音卫,谓车轴头也。

④【集解】张晏曰:"恐文帝谓豫有二心以事太子。"

⑤【索隐】谁何二音。谁何犹借访也。一作"谯呵"。谯,责让也,言不嗔责绾也。

景帝幸上林,诏中郎将参乘,还而问曰:"君知所以得参乘乎?"绾曰:"臣从车士幸得以功次迁为中郎将,不自知也。"上问曰:"吾为太子时召君,君不肯来,何也?"对曰:"死罪,实病!"上赐之剑。绾曰:"先帝赐臣剑凡六,剑不敢奉诏。"上曰:"剑,人之所施易,①独至今乎?"绾曰:"具在。"上使取六剑,剑尚盛,未尝服也。郎官有谴,常蒙其罪,不与他将争;有功,常让他将。上以为廉,忠实无他肠,②乃拜绾为河间王太傅。吴楚反,诏绾为将,将河间兵击吴楚有功,拜为中尉。三岁,以军功,孝景前六年中封绾为建陵侯。

①【集解】如淳曰:"施读曰移。言剑者人之所好,故多数移易贸换之也。"【索隐】上音移,下音亦。

②【索隐】小颜云:"心肠之内无他恶也。"

其明年,上废太子,诛栗卿之属。①上以为绾长者,不忍,乃赐绾告归,而使郅都治捕栗氏。既已,上立胶东王为太子,召绾,拜为太子太傅。久之,迁为御史大夫。五岁,代桃侯舍②为丞相,朝奏事如职所奏。③然自初官以至丞相,终无可言。天子以为敦厚,可相少主,尊宠之,赏赐甚多。

①【集解】苏林曰:"栗太子舅也。"如淳曰:"栗氏亲属也,卿,其名也。"

【索隐】栗姬之兄弟。苏林云栗太子之舅也。 【正义】颜师古云:"太子废为临江王,故诛其外家亲属也。"

②【正义】故桃城在渭州胙城县东三十里,刘舍所封也。

③【索隐】以言但守职分而已,不别有所奏议也。

为丞相三岁,景帝崩,武帝立。建元年中,丞相以景帝疾时诸官囚多坐不辜者,而君不任职,免之。其后绾卒,子信代。坐酎金失侯。

塞侯①直不疑者,南阳人也。②为郎,事文帝。其同舍有告归,误持同舍郎金去,已而金主觉,妄意不疑,③不疑谢有之,买金偿。而告归者来而归金,而前郎亡金者大惭,以此称为长者。文帝称举,稍迁至太中大夫。④朝廷见,人或毁曰:"不疑状貌甚美,然独无奈其善盗嫂⑤何也!"不疑闻,曰:"我乃无兄。"然终不自明也。

①【正义】上音先代反。古塞国,今陕州桃林县以西至潼关,皆桃林塞地也。

②【索隐】案:塞,国名,今桃林之塞也。直,姓也;不疑,名也。与隽不疑同字。

③【索隐】谓妄疑其盗取将也。

④【集解】徐广曰:"汉书云称为长者,稍迁至太中大夫,无'文帝称举'四字。"

⑤【索隐】案:小颜云盗谓私之。

吴楚反时,不疑以二千石将兵击之。景帝后元年,拜为御史大夫。天子修吴楚时功,乃封不疑为塞侯。武帝建元年中,与丞相绾俱以过免。

不疑学老子言。其所临,为官如故,唯恐人知其为吏迹也。不好立名称,称为长者。不疑卒,子相如代。孙望,坐酎金失侯。①

① 【索隐】汉书作彭祖,坐酎金,国除。

郎中令周文者,名仁,其先故任城人也。① 以医见。景帝为太子时,拜为舍人,积功稍迁,孝文帝时至太中大夫。景帝初即位,拜仁为郎中令。

① 【正义】任城,兖州县也。

仁为人阴重不泄,常衣敝补衣溺袴,① 期为不絜清,② 以是得幸。景帝入卧内,于后宫秘戏,③ 仁常在旁。至景帝崩,仁尚为郎中令,终无所言。上时问人,④ 仁曰:"上自察之。"然亦无所毁。以此景帝再自幸其家。家徙阳陵。上所赐甚多,然常让,不敢受也。诸侯群臣赂遗,终无所受。

① 【集解】服虔曰:"质重不泄人之阴谋也。"张晏曰:"阴重不泄,下湿,故溺袴,是以得比宦者,出入后宫。仁有子孙,先未得此病时所生。"韦昭曰:"阴重,如今带下病泄利。" 【索隐】案:其解二,各有理。服虔云"周仁性质重,不泄人之阴谋也"。小颜云"阴,密也,为性密重,不泄人言也。霍去病少言不泄,亦其类也"。其人又常衣弊补衣及溺袴,故为不絜清之服,是以得幸入卧内也。又张晏云"阴重不泄,阴下湿,故溺袴,是以得比宦者,出入后宫也。仁有子孙者,先未得此疾病所生也"。二者未知谁得其实也。

② 【索隐】谓心中常期不絜之服,则"期"是"故"之意也。小颜亦同。
【正义】清,清净;期犹常也。言为不絜净,下湿,故得入卧内后宫,比宦者。

③【索隐】谓后宫中戏剧所宜秘也。

④【正义】<u>颜师古</u>云:"问以他人之善恶也。"

<u>武帝</u>立,以为先帝臣,重之。<u>仁</u>乃病免,以二千石禄归老,子孙咸至大官矣。

御史大夫<u>张叔</u>者,名<u>欧</u>,①<u>安丘侯说</u>之庶子也。②<u>孝文</u>时以治刑名言③事太子。然<u>欧</u>虽治刑名家,④其人长者。<u>景帝</u>时尊重,常为九卿。至<u>武帝</u>元朔四年,<u>韩安国</u>免,诏拜<u>欧</u>为御史大夫。自<u>欧</u>为吏,未尝言案人,专以诚长者处官。官属以为长者,亦不敢大欺。上具狱事,有可却,却之;不可者,不得已,为涕泣面对而封之。其爱人如此。

①【集解】<u>史记音隐</u>曰:"<u>欧</u>,于友反。" 【索隐】<u>欧</u>音乌后反。<u>汉书</u>作"<u>欧</u>",<u>孟康</u>音驱也。

②【集解】<u>徐广</u>曰:"<u>张说</u>起于<u>方与</u>县,从<u>高祖</u>以入<u>汉</u>也。" 【索隐】<u>说</u>音悦。

③【集解】<u>韦昭</u>曰:"有刑名之书,欲令名实相副也。" 【索隐】案:<u>刘向别录</u>云"<u>申子</u>学号曰'刑名家'者,循名以责实,其尊君卑臣,崇上抑下,合于六经也"。说者云刑名家即<u>太史公</u>所说六家之二也。

④【正义】刑,刑家也。名,名家也。在<u>太史公自(有)</u>传,言治刑法及名实也。

老病笃,请免。于是天子亦策罢,以上大夫禄归老于家。家于<u>阳陵</u>。子孙咸至大官矣。

<u>太史公</u>曰:<u>仲尼</u>有言曰"君子欲讷于言①而敏于行",其<u>万石</u>、<u>建陵</u>、<u>张叔</u>之谓邪? 是以其教不肃而成,不严而治。<u>塞侯</u>微巧,②

而周文处诎，^③君子讥之，为其近于佞也。然斯可谓笃行君子矣！

①【集解】徐广曰："'诎'字多作'诎'，音同耳。古字假借。"

②【索隐】功微。案：直不疑以吴楚反时为二千石将，景帝封之，功微也。

【正义】不疑学老子，所临官，恐人知其为吏迹，不好立名称，称为长者，是微巧也。

③【索隐】周文处诎者，谓为郎中令，阴重，得幸出入卧内也。 【正义】上时问人，仁曰"上自察之"；上所赐，常不受；又诸侯群臣略遗，终无所受：此为处诎。故君子讥此二人，为其近于佞也。

【索隐述赞】万石孝谨，自家形国。郎中数马，内史匍匐。绾无他肠，塞有阴德。刑名张欧，垂涕恤狱。敏行讷言，俱嗣芳躅。

史记卷一百四

田叔列传第四十四

田叔①者,赵陉城人②也。其先,齐田氏苗裔也。叔喜剑,学黄老术于乐巨公③所。叔为人刻廉自喜,喜游诸公。④赵人举之赵相赵午,午言之赵王张敖所,赵王以为郎中。数岁,切直廉平,赵王贤之,未及迁。

①【索隐】案下文,字少卿。

②【索隐】陉音刑。按:县名也,属中山。

③【索隐】本燕人,乐毅之后。 【正义】乐,姓;巨公,名。

④【正义】喜音许记反。诸公谓丈人行也。

会陈豨反代,①汉七年,高祖往诛之,过赵,赵王张敖自持案进食,礼恭甚,高祖箕踞骂之。是时赵相赵午等数十人皆怒,谓张王曰:"王事上礼备矣,今遇王如是,臣等请为乱。"赵王啮指出血,曰:"先人失国,微陛下,臣等当虫出。②公等奈何言若是! 毋复出口矣！"于是<u>贯高</u>等曰："王长者，不倍德。"卒私相与谋弑上。会事发觉，③<u>汉</u>下诏捕<u>赵王</u>及群臣反者。于是<u>赵午</u>等皆自杀，唯<u>贯高</u>就系。是时<u>汉</u>下诏书："<u>赵</u>有敢随王者罪三族。"唯<u>孟舒</u>、<u>田叔</u>等十馀人赭衣自髡钳，称王家奴，随<u>赵王敖</u>至<u>长安</u>。<u>贯高</u>事明白，<u>赵王敖</u>得出，废为<u>宣平侯</u>，乃进言<u>田叔</u>等十馀人。上尽召见，与语，<u>汉</u>廷臣毋能出其右者，上说，尽拜为郡守、诸侯相。<u>叔</u>为<u>汉中</u>守十馀年，会<u>高后</u>崩，诸<u>吕</u>作乱，大臣诛之，立<u>孝文帝</u>。

①【集解】<u>徐广</u>曰："七年，<u>韩王信</u>反，<u>高帝</u>征之。十年，<u>代</u>相<u>陈豨</u>反。"

②【索隐】案：谓死而虫出也。<u>左传</u>"<u>齐桓公</u>死，未葬，虫流于户外"是也。

③【集解】<u>徐广</u>曰："九年十二月捕<u>贯高</u>等也。"

<u>孝文帝</u>既立，召<u>田叔</u>问之曰："公知天下长者乎？"对曰："臣何足以知之！"上曰："公，长者也，宜知之。"<u>叔</u>顿首曰："故<u>云中</u>守<u>孟舒</u>，长者也。"是时<u>孟舒</u>坐虏大入<u>塞</u>盗劫，<u>云中</u>尤甚，免。上曰："先帝置<u>孟舒</u><u>云中</u>十馀年矣，虏曾一入，<u>孟舒</u>不能坚守，毋故士卒战死者数百人。长者固杀人乎？公何以言<u>孟舒</u>为长者也？"<u>叔</u>叩头对曰："是乃<u>孟舒</u>所以为长者也。夫<u>贯高</u>等谋反，上下明诏，<u>赵</u>有敢随<u>张王</u>，罪三族。然<u>孟舒</u>自髡钳，随<u>张王敖</u>之所在，欲以身死之，岂自知为<u>云中</u>守哉！<u>汉</u>与<u>楚</u>相距，士卒罢敝。<u>匈奴</u><u>冒顿</u>新服北夷，来为边害，<u>孟舒</u>知士卒罢敝，不忍出言，士争临城死敌，如子为父，弟为兄，以故死者数百人。<u>孟舒</u>岂故驱战之哉！是乃<u>孟舒</u>所以为长者也。"于是上曰："贤哉<u>孟舒</u>！"复召<u>孟舒</u>以为<u>云中</u>守。

后数岁，<u>叔</u>坐法失官。<u>梁孝王</u>使人杀故<u>吴</u>相<u>袁盎</u>，<u>景帝</u>召<u>田叔</u>案<u>梁</u>，具得其事，还报。<u>景帝</u>曰："<u>梁</u>有之乎？"<u>叔</u>对曰："死罪！有

之。"上曰:"其事安在?"田叔曰:"上毋以梁事为也。"上曰:"何也?"曰:"今梁王不伏诛,是汉法不行也;如其伏法,而太后食不甘味,卧不安席,此忧在陛下也。"景帝大贤之,以为鲁相。

鲁相初到,民自言相,讼王取其财物百馀人。田叔取其渠率二十人,各笞五十,馀各搏二十,①怒之曰:"王非若主邪?何自敢言若主!"鲁王闻之大惭,发中府钱,②使相偿之。相曰:"王自夺之,使相偿之,是王为恶而相为善也。"相毋与偿之。于是王乃尽偿之。

①【索隐】搏音博。

②【正义】王之财物所藏也。

鲁王好猎,①相常从入苑中,②王辄休相就馆舍,相出,常暴坐③待王苑外。王数使人请相休,终不休,曰:"我王暴露苑中,我独何为就舍!"鲁王以故不大出游。

①【正义】鲁共王,景帝子,都兖州曲阜县故鲁城中。

②【正义】括地志云:"矍相圃在兖州曲阜县南三十里。礼记云孔子射于矍相之圃,观者如堵墙也。"

③【索隐】上音步卜反。

数年,叔以官卒,鲁以百金祠,少子仁不受也,曰:"不以百金伤先人名。"

仁以壮健为卫将军①舍人,数从击匈奴。卫将军进言仁,仁为郎中。数岁,为二千石丞相长史,失官。其后使刺举三河。②上东巡,仁奏事有辞,上说,拜为京辅都尉。③月馀,上迁拜为司直。④数岁,坐太子事。⑤时左丞相自将兵,⑥令司直田仁主闭守城门,坐纵太子,下吏诛死。仁发兵,长陵令车千秋上变仁,仁族死。陉城今在<u>中山国</u>。⑦

①【集解】<u>张晏</u>曰："<u>卫青</u>也。"

②【正义】<u>百官表</u>云："<u>监御史</u>，秦官，掌监郡，汉省，丞相遣御史分刺州，不常置也。"案：<u>三河</u>，<u>河南</u>、<u>河东</u>、<u>河内</u>也。

③【正义】<u>百官表</u>云："<u>右扶风</u>、<u>左冯翊</u>、<u>京兆尹</u>是为三辅。元鼎四年，置三辅都尉。"<u>服虔</u>云："皆治<u>长安城</u>中也。"

④【集解】<u>汉书百官表</u>曰："武帝元狩五年，初置司直，秩比二千石，掌佐丞相举不法。"【正义】<u>百官表</u>云："武帝元狩五年，初置司直，秩比二千石，掌佐丞相举不法也。"

⑤【正义】谓<u>戾太子</u>。

⑥【集解】<u>徐广</u>曰："<u>刘屈氂</u>时为丞相也。"

⑦【集解】<u>徐广</u>曰："<u>陉城</u>，县名也。"【正义】今<u>定州</u>也。

<u>太史公</u>曰：<u>孔子</u>称曰"居是国必闻其政"，<u>田叔</u>之谓乎！义不忘贤，明主之美以救过。<u>仁</u>与余善，余故并论之。

<u>褚先生</u>曰：臣为郎时，闻之曰<u>田仁</u>故与<u>任安</u>相善。<u>任安</u>，<u>荥阳</u>人也。少孤贫困，为人将车①之<u>长安</u>，留，求事为小吏，未有因缘也，因占著名数。②<u>武功</u>，<u>扶风</u>西界小邑也，谷口蜀划道近山。③<u>安</u>以为<u>武功</u>小邑，无豪，易高也，④<u>安</u>留，代人为求盗亭父。⑤后为亭长。⑥邑中人民俱出猎，<u>任安</u>常为人分麋鹿雉兔，部署老小当壮剧易处，众人皆喜，曰："无伤也，<u>任少卿</u>⑦分别平，有智略。"明日复合会，会者数百人。<u>任少卿</u>曰："某子甲何为不来乎？"诸人皆怪其见之疾也。其后除为三老，⑧举为亲民，出为三百石长，⑨治民。坐上行出游共帐不办，斥免。

①【索隐】将车犹御车也。

②【索隐】言卜占而自占著家口名数,隶于武功,犹今附籍然也。占音之艳反。

③【正义】括地志云:"汉武功县在渭水南,今盩厔县西界也。骆谷闗在雍州之盩厔县西南二十里,开骆谷道以通梁州也。"按:行谷有栈道也。

④【索隐】易音以豉反。言邑小无豪,易得高名也。

⑤【集解】郭璞曰:"亭卒也。"【正义】安留武功,替人为求盗亭父也。应劭云:"旧时亭有两卒,其一为亭父,掌关闭扫除;一为求盗,掌逐捕盗贼也。"

⑥【正义】百官表云:"十里一亭,亭有长也。"

⑦【正义】少卿,安字。

⑧【正义】百官表云:"十亭一乡,乡有三老一人,掌教化也。"

⑨【正义】百官表云:"万户已上为令,秩千石至六百石;减万户为长,秩五百石至三百石。皆有丞、尉也。"

乃为卫将军舍人,与田仁会,俱为舍人,居门下,同心相爱。此二人家贫,无钱用以事将军家监,家监使养恶啮马。两人同床卧,仁窃言曰:"不知人哉家监也!"任安曰:"将军尚不知人,何乃家监也!"卫将军①从此两人过平阳主,主家令两人与骑奴同席而食,此二子拔刀列断席别坐。主家皆怪而恶之,莫敢呵。

①【正义】卫青也。

其后有诏募择卫将军舍人以为郎,将军取舍人中富给者,令具鞍马绛衣玉具剑,欲入奏之。会贤大夫少府赵禹来过卫将军,将军呼所举舍人以示赵禹。赵禹以次问之,十馀人无一人习事有智略者。赵禹曰:"吾闻之,将门之下必有将类。传曰'不知其君视其所使,不知其子视其所友'。今有诏举将军舍人者,欲以观将军而能得贤者文武之士也。今徒取富人子上之,又无智略,如木偶人衣之绮绣耳,将奈之何?"于是赵禹悉召卫将军舍人百馀人,以次问之,得田仁、任安,曰:"独此两人可耳,馀无可用者。"卫将军见此两人贫,意不平。赵禹去,谓两人曰:"各自具鞍马新绛衣。"两人对曰:"家贫无用具也。"将军怒曰:"今两君家自为贫,何为出此言?鞅鞅如有移德于我者,何也?"[①]将军不得已,上籍以闻。有诏召见卫将军舍人,此二人前见,诏问能略,相推第也。田仁对曰:"提桴鼓立军门,使士大夫乐死战斗,仁不及任安。"任安对曰:"夫决嫌疑,定是非,辩治官,使百姓无怨心,安不及仁也。"武帝大笑曰:"善。"使任安护北军,使田仁护边田谷于河上。此两人立名天下。

① 【集解】徐广曰:"移犹施。"

其后用任安为益州刺史,[①]以田仁为丞相长史。[②]

① 【正义】地理志云武帝改曰梁州。百官表云:"元封五年,初置部刺史,掌奉诏条察州,秩六百石,员十三。"按:若今采访按察六条也。

② 【正义】百官表云:"丞相有两长史,秩千石。"

田仁上书言:"天下郡太守多为奸利,三河尤甚,臣请先刺举三河。三河太守皆内倚中贵人,与三公有亲属,无所畏惮,宜先正三河以警天下奸吏。"是时河南、河内太守皆御史大夫杜父兄子弟也,[①]河东太守石丞相子孙也。[②]是时石氏九人为二千石,方盛贵。田仁数上书言之。杜大夫及石氏使人谢,谓田少卿曰："吾非敢有语言也，愿少卿无相诬污也。"仁已刺三河，三河太守皆下吏诛死。仁还奏事，武帝说，以仁为能不畏强御，拜仁为丞相司直①，威振天下。

①【集解】杜，杜周也。
②【正义】谓石庆。

其后逢太子有兵事，丞相自将兵，使司直主城门。司直以为太子骨肉之亲，父子之间不甚欲近，去之诸陵过。是时武帝在甘泉，使御史大夫暴君①下责丞相"何为纵太子"，丞相对言"使司直部守城门而开太子"。上书以闻，请捕系司直。司直下吏，诛死。

①【集解】徐广曰："暴胜之为御史大夫。"

是时任安为北军使者护军，太子立车北军南门外，召任安，与节令发兵。安拜受节，入，闭门不出。武帝闻之，以为任安为详邪，①不傅事，何也？②任安笞辱北军钱官小吏，小吏上书言之，以为受太子节，言"幸与我其鲜好者"。③书上闻，武帝曰："是老吏也，见兵事起，欲坐观成败，见胜者欲合从之，有两心。安有当死之罪甚众，吾常活之，今怀诈，有不忠之心。"下安吏，诛死。

①【集解】徐广曰："佯，或作'详'也。"【索隐】详音羊。谓诈受节不发兵，不傅会太子也。
②【索隐】不傅事可也。傅音附，谓不附会也。
③【索隐】鲜音仙。谓太子请其鲜好之兵甲也。

夫月满则亏，物盛则衰，天地之常也。知进而不知退，久乘富贵，祸积为祟。故范蠡之去越，辞不受官位，名传后世，万岁不忘,岂可及哉！后进者慎戒之。

【索隐述赞】田叔长者,重义轻生。张王既雪,汉中是荣。孟舒见废,抗说相明。按梁以礼,相鲁得情。子仁坐事,刺举有声。

史　记　卷　一　百　五

扁鹊仓公列传第四十五

【索隐】王劭云："此医方，宜与日者、龟策相接，不合列于此，后人误也。"　【正义】此传是医方，合与龟策、日者相次。以淳于意孝文帝时医，奉诏问之，又为齐太仓令，故太史公以次述之。扁鹊乃春秋时良医，不可别序，故引为传首，太仓公次之也。

扁鹊者，①勃海郡郑人也，②姓秦氏，名越人。少时为人舍长。③舍客长桑君④过，⑤扁鹊独奇之，常谨遇之。长桑君亦知扁鹊非常人也。出入十馀年，乃呼扁鹊私坐，间与语曰：⑥"我有禁方，年老，欲传与公，公毋泄。"扁鹊曰："敬诺。"乃出其怀中药予扁鹊："饮是以上池之水，三十日当知物矣。"⑦乃悉取其禁方书尽与扁鹊。忽然不见，殆非人也。扁鹊以其言饮药三十日，视见垣一方人。⑧以此视病，尽见五藏症结，⑨特以诊脉⑩为名耳。为医或在齐，⑪或在赵。在赵者名扁鹊。

① 【正义】黄帝八十一难序云:"秦越人与轩辕时扁鹊相类,仍号之为扁鹊。又家于卢国,因命之曰卢医也。"

② 【集解】徐广曰:"'郑'当为'鄚'。鄚,县名,今属河间。"【索隐】案:勃海无郑县,当作鄚县,音莫,今属河间。

③ 【索隐】为舍长。刘氏云:"守客馆之帅。"【正义】长音丁丈反。

④ 【索隐】隐者,盖神人。

⑤ 【正义】过音戈。

⑥ 【正义】閒音闲。

⑦ 【索隐】案:旧说云上池水谓水未至地,盖承取露及竹木上水,取之以和药,服之三十日,当见鬼物也。

⑧ 【索隐】方犹边也。言能隔墙见彼边之人,则眼通神也。

⑨ 【正义】五藏谓心、肺、脾、肝、肾也。六府谓大小肠、胃、胆、膀胱、三焦也。王叔和脉经云:"左手脉横,症在左;右手脉横,症在右。脉,头大者在上,头小者在下。两手脉,结上部者濡,结中部者缓,结三里者豆起。阳邪来见浮洪,阴邪来见沈细,水谷来见坚实。"

⑩ 【索隐】诊,邹氏音丈忍反,刘氏音陈忍反。司马彪云:"诊,占也。"

⑪ 【正义】号卢医。今济州卢县。

当晋昭公时,①诸大夫强而公族弱,赵简子为大夫,专国事。简子疾,五日不知人,②大夫皆惧,于是召扁鹊。扁鹊入视病,出,董安于问扁鹊,扁鹊曰:"血脉治也,而何怪! 昔秦穆公尝如此,七日而寤。寤之日,告公孙支与子舆③曰:'我之帝所甚乐。吾所以久者,适有所学也。④帝告我:"晋国且大乱,五世不安。其后将霸,未老而死。霸者之子且令而国男女无别。"'公孙支书而藏之,秦策于是出。夫献公之乱,文公之霸,而襄公败秦师于殽而归纵淫,此子之所闻。今主君之病与之同,不出三日必间,间必有言也。"

① 【索隐】案左氏，简子专国在定、顷二公之时，非当昭公之世。且赵系家叙此事亦在定公之初。

② 【索隐】案：韩子云“十日不知人”，所记异也。

③ 【索隐】案：二子皆秦大夫。公孙支，子桑也。子舆未详。

④ 【索隐】适音释。言我适来有所受教命，故云学也。

居二日半，简子寤，语诸大夫曰：“我之帝所甚乐，与百神游于钧天，广乐九奏万舞，不类三代之乐，其声动心。有一熊欲援我，帝命我射之，中熊，熊死。有罴来，我又射之，中罴，罴死。帝甚喜，赐我二笥，皆有副。吾见儿在帝侧，帝属我一翟犬，曰：‘及而子之壮也以赐之。’帝告我：‘晋国且世衰，七世而亡。①嬴姓将大败周人于范魁之西，②而亦不能有也。’”董安于受言，书而藏之。以扁鹊言告简子，简子赐扁鹊田四万亩。

① 【正义】晋定公、出公、哀公、幽公、烈公、孝公、静公为七世。静公二年，为三晋所灭。据此及赵世家，简子疾在定公之十一年也。

② 【正义】嬴，赵氏本姓也。周人谓卫也。晋亡之后，赵成侯三年，伐卫，取乡邑七十三是也。贾逵云“小阜曰魁”也。

其后扁鹊过虢。①虢太子②死，③扁鹊至虢宫门下，问中庶子喜方者④曰：“太子何病，国中治穰过于众事？”中庶子曰：“太子病血气不时，交错而不得泄，暴发于外，则为中害。精神不能止邪气，邪气畜积而不得泄，是以阳缓而阴急，故暴蹶而死。”⑤扁鹊曰：“其死何如时？”曰：“鸡鸣至今。”曰：“收乎？”⑥曰：“未也，其死未能半日也。”“言臣齐勃海秦越人也，家在于郑，未尝得望精光侍谒于前也。闻太子不幸而死，臣能生之。”中庶子曰：“先生得无诞之乎？何以言太子可生也！臣闻上古之时，医有俞跗，⑦治病不以汤液醴洒，⑧镵石挢引，案抏毒熨，⑨一拨见病之应，因五藏之输，⑩乃割皮解肌,诀脉结筋,搦髓脑,揲荒⑪爪幕,⑫湔浣⑬肠胃,漱涤五藏,练精易形。先生之方能若是,则太子可生也;不能若是而欲生之,曾不可以告咳婴之儿。"终日,扁鹊仰天叹曰:"夫子之为方也,若以管窥天,以郄视文。越人之为方也,不待切脉⑭望色⑮听声⑯写形,⑰言病之所在。闻病之阳,论得其阴;闻病之阴,论得其阳。⑱病应见于大表,不出千里,决者至众,不可曲止也。⑲子以吾言为不诚,试入诊太子,当闻其耳鸣而鼻张,⑳循其两股以至于阴,当尚温也。"

①【正义】陕州城,古虢国。又陕州河北县东北下阳故城,古虢,即晋献公灭者。又洛州氾水县古东虢国。而未知扁鹊过何者,盖虢至此并灭也。

②【集解】傅玄曰:"虢是晋献公时先是百二十餘年灭矣,是时焉得有虢?"【索隐】案:傅玄云"虢是晋献所灭,先此百二十餘年,此时焉得有虢",则此云"虢太子",非也。然案虢后改称郭,春秋有郭公,盖郭之太子也。

③【正义】下云"色废脉乱",故形静如死状也。

④【索隐】喜音许既反。喜,好也,爱也。方,方技之人也。【正义】中庶子,古官号也。喜方,好方术,不书姓名也。

⑤【索隐】蹷音厥。【正义】释名云:"蹷,气从下蹷起上行,外及心胁也。"

⑥【集解】收谓棺敛。

⑦【索隐】音史附。下又音跗。【正义】臾附二音。应劭云:"黄帝时将也。"

⑧【正义】上音礼,下山解反。

⑨【索隐】镵音士咸反,谓石针也。挢音九兆反,谓为按摩之法,天挢引身,如熊顾鸟伸也。抚音玩,亦谓按摩而玩弄身体使调也。毒熨谓毒

病之处以药物熨贴也。

⑩【索隐】音束注反。　【正义】八十一难云:"肺之原出于太渊,心之原出于太陵,肝之原出于太冲,脾之原出于太白,肾之原出于太谿,少阴之原出于兑骨,胆之原出于丘虚,胃之原出于冲阳,三焦之原出于阳池,膀胱之原出于京骨,大肠之原出于合谷,小肠之原出于腕骨。十二经皆以输为原也。"按:此五藏六府之输也。

⑪【集解】徐广曰:"揲音舌。"　【索隐】搦音女角反。揲音舌。荒,膏荒也。

⑫【索隐】幕音漠。漠,病也。谓以爪决之。　【正义】以爪决其阑幕也。

⑬【正义】上子钱反,下胡管反。

⑭【正义】黄帝素问云:"待切脉而知病。寸口六脉,三阴三阳,皆随春秋冬夏观其脉之变,则知病之逆顺也。"杨玄操云:"切,按也。"

⑮【正义】素问云:"面色青,脉当弦急;面色赤,脉当浮而短;面色黑,脉当沈浮而滑也。"

⑯【正义】素问云:"好哭者肺病,好歌者脾病,好妄言者心病,好呻吟者肾病,好叫呼者肝病也。"

⑰【正义】素问云:"欲得温而不欲见人者藏家病,欲得寒而见人者府家病也。"

⑱【正义】八十一难云:"阴病行阳,阳病行阴,故令幕在阴,俞在阳。"杨玄操云:"腹为阴,五藏幕皆在腹,故云幕皆在阴。背为阳,五藏俞皆在背,故云俞皆在阳。内藏有病则出行于阳,阳俞在背也。外体有病则入行于阴,阴幕在腹也。"针法云:"从阳引阴,从阴引阳也。"

⑲【索隐】止,语助也。不可委曲具言。　【正义】言皆有应见,不可曲言病之止住所在也。

⑳【正义】音涨。

中庶子闻扁鹊言,目眩然而不瞚,①舌挢然而不下,②乃以扁

鹊言入报虢君。虢君闻之大惊,出见扁鹊于中阙,曰:"窃闻高义之
日久矣,然未尝得拜谒于前也。先生过小国,幸而举之,偏国寡
臣③幸甚。有先生则活,无先生则弃捐填沟壑,长终而不得反。"言
未卒,因嘘唏服臆,④魂精泄横,流涕长潸,⑤忽忽承睐,⑥悲不能自
止,容貌变更。扁鹊曰:"若太子病,所谓'尸蹷'者也。夫以阳入
阴中,动胃⑦缠⑧缘,⑨中经维络,⑩别下于三焦、膀胱,⑪是以阳脉
下遂,⑫阴脉上争,⑬会气闭而不通,⑭阴上而阳内行,下内鼓而不
起,上外绝而不为使,上有绝阳之络,下有破阴之纽,⑮破阴绝阳,
(之)色(已)废⑯脉乱,故形静如死状。太子未死也。夫以阳入阴支
兰藏者生,⑰以阴入阳支兰藏者死。凡此数事,皆五藏蹷中之时暴
作也。良工取之,⑱拙者疑殆。"

① 【索隐】眩音县。瞚音舜。

② 【索隐】挢音纪兆反。挢,举也。

③ 【索隐】谓虢君自谦,云己是偏远之国,寡小之臣也。

④ 【索隐】上音皮力皮,下音忆。

⑤ 【集解】徐广曰:"一云'言未卒,因涕泣交流,嘘唏不能自止'也。"
　【索隐】潸音山。长潸谓长垂泪也。

⑥ 【索隐】音接。睐即睫也。承睐,言泪恒垂以承于睫也。

⑦ 【正义】八十一难云:"脉居阴部反阳脉见者,为阳入阴中,是阳乘阴
也,脉虽时沈濇而短,此谓阳中伏阴也。脉居阳部而阴脉见者,是阴
乘阳也,脉虽时沈滑而长,此谓阴中伏阳也。胃,水谷之海也。"

⑧ 【索隐】音直延反。

⑨ 【正义】缠音直延反。缠缘谓脉缠绕胃也。素问云"延缘落,络脉也",
恐非此义也。

⑩ 【集解】徐广曰:"维,一作'结'。"　【正义】八十一难云:"十二经脉,
十五络脉,阳维阴维之脉也。"

⑪【正义】八十一难云:"三焦者,水谷之道路,气之所终始也。上焦在心下,下鬲在胃上口也。中焦在胃中脘,不上不下也。下焦在脐下,当膀胱上口也。膀胱者,津液之府也,溺九升九合也。"言经络下于三焦及膀胱也。

⑫【集解】徐广曰:"一作'队'。"

⑬【正义】遂音直类反。素问云:"阳脉下遂难反,阴脉上争如弦也。"

⑭【正义】八十一难云:"府会太仓,藏会季胁,筋会阳陵泉,髓会绝骨,血会鬲俞,骨会大杼,脉会大渊,气会三焦,此谓八会也。"

⑮【正义】女九反。素问云:"纽,赤脉也。"

⑯【集解】徐广曰:"一作'发'。"

⑰【正义】素问云:"支者顺节,兰者横节,阴支兰胆藏也。"

⑱【正义】八十一难云:"知一为下工,知二为中工,知三为上工。上工者十全九,中工者十全八,下工者十全六。"吕广云:"五藏一病辄有五,解一藏为下工,解三藏为中工,解五藏为上工也。"

扁鹊乃使弟子子阳①厉针砥石,②以取外三阳五会。③有间,太子苏。乃使子豹为五分之熨,以八减之齐④和煮之,以更⑤熨两胁下。太子起坐。更适阴阳,但服汤二旬而复故。故天下尽以扁鹊为能生死人。扁鹊曰:"越人非能生死人也,此自当生者,越人能使之起耳。"

①【索隐】阳,扁鹊之弟子也。

②【索隐】针音针。厉谓磨也。砥音脂。

③【正义】素问云:"手足各有三阴三阳:太阴,少阴,厥阴;太阳,少阳,阳明也。五会谓百会、胸会、听会、气会、臑会也。"

④【索隐】五分之熨,八减之齐。案:言五分之熨者,谓熨之令温暖之气入五分也。八减之齐者,谓药之齐和所减有八。并越人当时有此方也。

⑤【正义】格彭反。

扁鹊过齐,齐桓侯客之。① 入朝见,曰:"君有疾在腠理,②不治将深。"桓侯曰:"寡人无疾。"扁鹊出,桓侯谓左右曰:"医之好利也,欲以不疾者为功。"后五日,扁鹊复见,曰:"君有疾在血脉,不治恐深。"桓侯曰:"寡人无疾。"扁鹊出,桓侯不悦。后五日,扁鹊复见,曰:"君有疾在肠胃间,不治将深。"桓侯不应。扁鹊出,桓侯不悦。后五日,扁鹊复见,望见桓侯而退走。桓侯使人问其故。扁鹊曰:"疾之居腠理也,汤熨之所及也;在血脉,针石之所及也;其在肠胃,酒醪之所及也;其在骨髓,虽司命无奈之何。今在骨髓,臣是以无请也。"后五日,桓侯体病,使人召扁鹊,扁鹊已逃去。桓侯遂死。

①【集解】傅玄曰:"是时齐无桓侯。"駰谓是齐侯田和之子桓公午也。

【索隐】案:傅玄曰"是时齐无桓侯"。裴駰云"谓是齐侯田和之子桓公午也"。盖与赵简子颇亦相当。

②【正义】上音凑,谓皮肤。

使圣人预知微,能使良医得蚤从事,则疾可已,身可活也。人之所病,病疾多;①而医之所病,病道少。②故病有六不治:骄恣不论于理,一不治也;轻身重财,二不治也;衣食不能适,三不治也;阴阳并,藏气不定,四不治也;形羸不能服药,五不治也;信巫不信医,六不治也。有此一者,则重难治也。

①【正义】病厌患多也,言人厌患疾病多甚也。

②【集解】徐广曰:"所病犹疗病也。"

扁鹊名闻天下。过邯郸,闻贵妇人,即为带下医;过雒阳,闻周人爱老人，即为耳目痹①医；来入咸阳，闻秦人爱小儿，即为小儿医：随俗为变。秦太医令李醯自知伎不如扁鹊也，使人刺杀之。至今天下言脉者，由扁鹊也。

①【索隐】音必二反。

太仓公者，齐太仓长，临菑人也，姓淳于氏，名意。①少而喜医方术。高后八年，更受师同郡元里公乘阳庆。②庆年七十馀，无子，使意尽去其故方，更悉以禁方予之，传黄帝、扁鹊之脉书，五色诊病，③知人死生，决嫌疑，定可治，及药论，甚精。受之三年，为人治病，决死生多验。然左右行游诸侯，不以家为家，或不为人治病，病家多怨之者。

①【正义】括地志云："淳于国城在密州安丘县东北三十里，古之斟灌国也。春秋'州公如曹'，传云'冬，淳于公如曹'。注水经云'淳于县，故夏后氏之斟灌国也，周武王以封淳于公，号淳于国也'。"

②【正义】百官表云公乘，第八爵也。颜师古云："言其得乘公之车也。"

③【正义】八十一难云："五藏有色，皆见于面，亦当与寸口尺内相应也。"其面色与相应，已见前也。

文帝四年中，人上书言意，以刑罪当传西之长安。①意有五女，随而泣。意怒，骂曰："生子不生男，缓急无可使者！"于是少女缇萦伤父之言，②乃随父西。上书曰："妾父为吏，齐中称其廉平，今坐法当刑。妾切痛死者不可复生而刑者不可复续，③虽欲改过自新，其道莫由，终不可得。妾愿入身为官婢，以赎父刑罪，使得改行自新也。"书闻，上悲其意，此岁中亦除肉刑法。④

①【索隐】传音竹恋反。传，乘传送之。

②【索隐】缇音啼。萦音纡营反。

③【集解】徐广曰:"一作'赎'。"

④【集解】徐广曰:"案年表孝文十二年除肉刑。"　【正义】汉书刑法志
云"孝文帝即位十三年,除肉刑三"。孟康云:"黥劓二,左右趾一,凡
三也。"班固诗曰:"三王德弥薄,惟后用肉刑。太仓令有罪,就递长安
城。自恨身无子,困急独茕茕。小女痛父言,死者不可生。上书诣阙
下,思古歌鸡鸣。忧心摧折裂,晨风扬激声。圣汉孝文帝,恻然感至
情。百男何愤愤,不如一缇萦!"

意家居,诏召问所为治病死生验者几何人也,主名为谁。

诏问故太仓长臣意:"方伎所长,及所能治病者?① 有其书无
有? 皆安受学? 受学几何岁? 尝有所验,何县里人也? 何病? 医
药已,其病之状皆何如? 具悉而对。"臣意对曰:

①【集解】徐广曰:"一作'为',为亦治。"

　　自意少时,喜医药,医药方试之多不验者。至高后八
年,① 得见师临菑元里公乘阳庆。庆年七十馀,意得见事之。
谓意曰:"尽去而方书,非是也。庆有古先道遗传黄帝、扁鹊
之脉书,五色诊病,知人生死,决嫌疑,定可治,及药论书,甚
精。我家给富,心爱公,欲尽以我禁方书悉教公。"臣意即曰:
"幸甚,非意之所敢望也。"臣意即避席再拜谒,受其脉书上下
经、五色诊、奇咳② 术、揆度阴阳外变、药论、石神、接阴阳禁
书,受读解验之,可一年所。明岁即验之,有验,然尚未精也。
要事之三年所,即尝已为人治,诊病决死生,有验,精良。今
庆已死十年所,臣意年尽三年,年三十九岁也。

①【集解】徐广曰:"意年三十六。"

②【集解】奇音羁。咳音该。　【正义】八十一难云:"奇经八脉者,有阳

维,有阴维,有阳跻,有阴跻,有冲,有督,有任,有带之脉。凡此八者,皆不拘于经,故云奇经八脉也。"<u>顾野王</u>云:"胲当突也。"又云:"胲指毛皮也。"<u>艺文志</u>有五音奇胲用兵二十六卷。<u>许慎</u>云:"胲,军中约也。"

　　<u>齐侍御史成</u>自言病头痛,臣意诊其脉,告曰:"君之病恶,不可言也。"即出,独告<u>成</u>弟<u>昌</u>曰:"此病疽①也,内发于肠胃之间,后五日当臃肿,②后八日呕脓③死。"<u>成</u>之病得之饮酒且内。<u>成</u>即如期死。所以知<u>成</u>之病者,臣意切其脉,得肝气。肝气浊④而静,⑤此内关之病也。⑥脉法曰"脉长而弦,不得代四时者,⑦其病主在于肝。和即经主病也,⑧代则络脉有过"。⑨经主病和者,其病得之筋髓里。其代绝而脉贲者,病得之酒且内。所以知其后五日而臃肿,八日呕脓死者,切其脉时,少阳初代。代者经病,病去过人,人则去。络脉主病,当其时,少阳初关一分,故中热而脓未发也,及五分,则至少阳之界,⑩及八日,则呕脓死,故上二分而脓发,至界而臃肿,尽泄而死。热上则熏阳明,烂流络,流络动则脉结发,脉结发则烂解,故络交。热气已上行,至头而动,故头痛。

①【集解】七如反。

②【正义】上于恭反,下之勇反。

③【正义】女东反。

④【集解】<u>徐广</u>曰:"一作'皂'。"

⑤【集解】<u>徐广</u>曰:"一作'清'。"

⑥【正义】<u>八十一难</u>云:"关遂入尺为内关。"<u>吕广</u>云:"脉从关至尺泽,名内关也。"

⑦【正义】<u>王叔和脉经</u>云:"来数而中止,不能自还,因而复动者,名曰代。

代者死。"素问曰:"病在心,愈在夏,甚于冬;病在脾,愈在秋,甚于春;病在肺,愈在冬,甚于夏;病在肾,愈在春,甚于夏;病在肝,愈在夏,甚于秋也。"

⑧【正义】王叔和脉经云:"脉长而弦,病于肝也。"素问云:"得病于筋,肝之和也。"

⑨【正义】素问云:"脉有不及,有太过,有经,有络。和即经主病,代则络有过也。"八十一难云:"关之前者,阳之动也,脉当见九分而浮。过者法曰太过,减者法曰不及。遂上鱼际为溢,为外关内格,此阴乘之脉也。关以后者,阴之动也,脉当见一寸而沈。过者法曰太过,减者法曰不及。遂入尺为覆,为内关外格,此阳乘之脉也。故曰覆溢,是其真藏之脉,人不病而死也。"吕广云:"过九分,出一寸,各名太过也。不及九分,至二分或四分五分,此太过。不满一寸,见八分或五分六分,此不及。"

⑩【集解】徐广曰:"一作'分'。下章曰'肝与心相去五分,故曰五日尽'也。"【正义】王叔和脉经云:"分别三门(镜)〔境〕界脉候所主,云从鱼际至高骨,却行一寸,其中名曰寸口;共自高骨从寸至尺,名曰尺泽,故曰尺。寸后尺前,名曰关。阳出阴入,以关为界,阳出三分,故曰三阴三阳。阳生于尺,动于寸;阴生于寸,动于尺。寸主射上焦,出头及皮毛,竟手。关主射中焦,腹及于腰。尺主射下焦,少腹至足也。"

　　齐王中子诸婴儿小子病,召臣意诊切其脉,告曰:"气鬲病。病使人烦懑,食不下,时呕沫。病得之(少)〔心〕忧,数忔食饮。"①臣意即为之作下气汤以饮之,一日气下,二日能食,三日即病愈。所以知小子之病者,诊其脉,心气也,浊②躁而经也,此络阳病也。脉法曰"脉来数疾去难而不一者,病主在心"。周身热,脉盛者,为重阳。③重阳者,逿心主。④故烦懑食不下则络脉有过,络脉有过则血上出,血上出者死。此悲心所生也,病得之忧也。

① 【索隐】怆音疑乙反。怆者,风痹怆然不得动也。

② 【集解】徐广曰:"一作'曼',又作'猛'。"

③ 【索隐】上音直陇反。

④ 【集解】徐广曰:"遏音唐。遏者,荡也。谓病荡心者,犹刺其心。"

　【索隐】遏,依字读。　【正义】八十一难云:"手心主中宫,在中部。"
杨玄操云:"手心主胞络也。自脐已上至带鬲为中焦也。"

齐郎中令循病,众医皆以为蛊入中,而刺之。臣意诊之,
曰:"涌疝也,①令人不得前后溲。"②循曰:"不得前后溲三日
矣。"臣意饮以火齐汤,③一饮得前〔后〕溲,再饮大溲,三饮而
疾愈。病得之内。所以知循病者,切其脉时,右口气急,④脉
无五藏气,右口⑤脉大而数。数者中下热而涌,左为下,右为
上,皆无五藏应,故曰涌疝。中热,故溺赤也。⑥

① 【索隐】上音勇。下音汕,所谏反。邹诞生疝音山也。

② 【索隐】溲音所留反。前溲谓小便。后溲,大便也。

③ 【正义】饮,于禁反。

④ 【集解】徐广曰:"右,一作'有'。"　【正义】王叔和脉经云:"右手寸口
乃气口也。"

⑤ 【正义】谓右手寸口也。

⑥ 【正义】溺,徒吊反。

齐中御府长信病,臣意入诊其脉,告曰:"热病气也。然暑
汗,脉少衰,不死。"曰:"此病得之当浴流水而寒甚,已则热。"
信曰:"唯,然!①往冬时,为王使于楚,至莒县②阳周水,而莒
桥梁颇坏,信则擊③车辕未欲渡也,马惊,即堕,信身入水中,
几死,吏即来救信,出之水中,衣尽濡,有间而身寒,已热如火,

扁鹊仓公列传第四十五

2443

至今不可以见寒。"臣意即为之液汤火齐逐热,一饮汗尽,再饮
热去,三饮病已。即使服药,出入二十日,身无病者。所以知
信之病者,切其脉时,并阴。脉法曰"热病阴阳交者死"。切
之不交,并阴。并阴者,脉顺清而愈,其热虽未尽,犹活也。肾
气有时间浊,④在太阴脉口而希,是水气也。肾固主水,故以
此知之。失治一时,即转为寒热。

①【正义】唯,惟癸反。

②【正义】莒,密州县。

③【正义】音牵。

④【集解】徐广曰:"一作'黾'。"

齐王太后病,召臣意入诊脉,曰:"风瘅客脬,①难于大小
溲,溺赤。"臣意饮以火齐汤,一饮即前后溲,再饮病已,溺如
故。病得之流汗出溣。②溣者,去衣而汗晞也。所以知齐王太
后病者,臣意诊其脉,切其太阴之口,湿然风气也。脉法曰"沈
之而大坚,③浮之而大紧者,④病主在肾"。肾切之而相反也,
脉大而躁。大者,膀胱气也;躁者,中有热而溺赤。

①【索隐】瘅,病也,音亶。脬音普交反,字或作"胞"。 【正义】瘅音单
旱(也)〔反〕。脬亦作"胞",膀胱也。言风瘅之病客居在膀胱。

②【索隐】刘氏音巡。

③【正义】沈,一作"深"。王叔和脉经云:"脉大而坚,病出于肾也。"

④【正义】紧音吉忍反。素问云:"脉短实而数,有似切绳,名曰紧也。"

齐章武里曹山跗病,①臣意诊其脉,曰:"肺消瘅也,加以
寒热。"即告其人曰:"死,不治。适其共养,此不当医②治。"
法曰"后三日而当狂,妄起行,欲走;后五日死"。即如期死。
山跗病得之盛怒而以接内。所以知山跗之病者,臣意切其脉,

肺气热也。脉法曰"不平不鼓，形弊"。③此五藏高之远数以经病也，故切之时不平而代。④不平者，血不居其处；代者，时参击并至，乍躁乍大也。此两络脉绝，故死不治。所以加寒热者，言其人尸夺。尸夺者，形弊；形弊者，不当关灸镵石及饮毒药也。臣意未往诊时，齐太医先诊山跗病，灸其足少阳脉口，而饮之半夏丸，病者即泄注，腹中虚；又灸其少阴脉，是坏肝刚绝深，如是重损病者气，以故加寒热。所以后三日而当狂者，肝一络连属结绝乳下阳明，⑤故络绝，开阳明脉，阳明脉伤，即当狂走。后五日死者，肝与心相去五分，故曰五日尽，尽即死矣。

①【索隐】跗，方符反。

②【索隐】适音释。共音恭。案：谓山跗家适近所持财物共养我，我不敢当，以言其人不堪疗也。

③【集解】徐广曰："一作'散'。"　【正义】王叔和脉经云："平谓春肝木王，其脉细而长；夏心火王，其脉洪大而散；六月脾土王，其脉大阿阿而缓；秋肺金王，其脉浮濇而短；冬肾水王，其脉沈而滑：名平脉也。"

④【正义】素问云："血气易处曰不平，脉候动不定曰代。"

⑤【正义】素问云："乳下阳明，胃络也。"

　　齐中尉潘满如病少腹痛，①臣意诊其脉，曰："遗积瘕也。"②臣意即谓齐太仆臣饶、内史臣繇曰："中尉不复自止于内，则三十日死。"后二十馀日，溲血死。病得之酒且内。所以知潘满如病者，臣意切其脉深小弱，其卒然合③合也，是脾气也。④右脉口气至紧小，⑤见瘕气也。以次相乘，故三十日死。三阴俱抟者，⑥如法；不俱抟者，决在急期；一抟一代者，近也。故其三阴抟，溲血如前止。⑦

①【正义】少音式妙反。王叔和脉经云:“脉急,疝瘕少腹痛也。”

②【索隐】刘氏音加雅反,旧音遐,邹氏音嫁。 【正义】龙鱼河图云:
“犬狗鱼鸟不熟食之,成瘕痛。”

③【集解】徐广曰:“一云‘来然合’。”

④【正义】卒音葱忽反。卒,一本作“来”。素问云:“疾病之生,生于五
藏。五藏之合,合于六府。肝合气于胆,心合气于小肠,脾合气于胃,
肺合气于大肠,肾合气于膀胱。三焦内主劳。”

⑤【正义】上音结忍反。

⑥【正义】如淳云:“音徒端反。”素问云:“左脉口曰少阴,少阴之前名厥
阴,右脉口曰太阴,此三阴之脉也。”

⑦【集解】徐广曰:“前,一作‘筋’也。”

　　阳虚侯相赵章病,召臣意。众医皆以为寒中,臣意诊其脉
曰:“迵风。”①迵风者,饮食下嗌②而辄出不留。法曰“五日
死”,而后十日乃死。病得之酒。所以知赵章之病者,臣意切
其脉,脉来滑,是内风气也。饮食下嗌而辄出不留者,法五日
死,皆为前分界法。③后十日乃死,所以过期者,其人嗜粥,故
中藏实,中藏实故过期。师言曰“安谷者过期,不安谷者不及
期”。

①【集解】迵音洞。言洞彻入四支。 【索隐】下云“饮食下嗌辄出之”,
是风疾洞彻五藏,故曰迵风。

②【集解】音益,谓喉下也。

③【正义】分,扶问反。

　　济北王病,召臣意诊其脉,曰:“风蹶胸满。”即为药酒,尽
三石,病已。得之汗出伏地。所以知济北王病者,臣意切其脉
时,风气也,心脉浊。①病法“过入其阳,阳气尽而阴气入”。阴

气入张,则寒气上而热气下,故胸满。汗出伏地者,切其脉,气阴。阴气者,病必入中,出及灢水也。②

①【集解】徐广曰:"一作'黾'。"

②【索隐】灢音士咸反。　【正义】顾野王云:"手足液,身体汋。音常灼反。"

　　齐北宫司空命妇①出於②病,众医皆以为风入中,病主在肺,③刺其足少阳脉。臣意诊其脉,曰:"病气疝,客于膀胱,难于前后溲,而溺赤。病见寒气则遗溺,使人腹肿。"出於病得之欲溺不得,因以接内。所以知出於病者,切其脉大而实,其来难,是蹶阴之动也。④脉来难者,疝气之客于膀胱也。腹之所以肿者,言蹶阴之络结小腹也。蹶阴有过则脉结动,动则腹肿。臣意即灸其足蹶阴之脉,左右各一所,即不遗溺而溲清,小腹痛止。即更为火齐汤以饮之,三日而疝气散,即愈。

①【集解】徐广曰:"一作'奴'。奴盖女奴。"

②【正义】命妇名也。

③【集解】徐广曰:"一作'肝'。"

④【正义】邹〔云〕:"厥阴之脉也。"

　　故济北王阿母①自言足热而懑,臣意告曰:"热蹶也。"则刺其足心各三所,案之无出血,病旋已。②病得之饮酒大醉。

①【集解】徐广曰:"济,一作'齐王'。"　【索隐】案:是王之奶母也。

　【正义】服虔云:"乳母也。"郑〔云〕:"慈己者。"

②【索隐】言寻则已止也。　【正义】谓旋转之间,病则已止也。

　　济北王召臣意诊脉诸女子侍者,至女子竖,竖无病。臣意告永巷长曰:"竖伤脾,不可劳,法当春呕血死。"臣意言王曰:

"才人女子竖何能?"王曰:"是好为方,多伎能,为所是案法新,①往年市之民所,四百七十万,曹偶四人。"②王曰:"得毋有病乎?"臣意对曰:"竖病重,在死法中。"王召视之,其颜色不变,以为不然,不卖诸侯所。至春,竖奉剑从王之厕,王去,竖后,王令人召之,即仆于厕,③呕血死。病得之流汗。流汗者,(同)法病内重,毛发而色泽,脉不衰,此亦(关)内〔关〕之病也。

①【集解】徐广曰:"所,一作'取'。" 【索隐】谓于旧方技能生新意也。

②【索隐】案:当今之四千七百贯也。曹偶犹等辈也。

③【索隐】仆音赴,又音步北反。

齐中大夫病龋齿,①臣意灸其左大阳明脉,即为苦参汤,日嗽三升,出入五六日,病已。得之风,及卧开口,食而不嗽。

①【正义】上丘羽反。释名云:"龋,朽也。虫啮之,缺朽也。"

菑川王美人怀子而不乳,①来召臣意。臣意往,饮以莨菪②药一撮,以酒饮之,旋乳。③臣意复诊其脉,而脉躁。躁者有馀病,即饮以消石一齐,出血,血如豆比五六枚。④

①【索隐】乳音人喻反。乳,生也。

②【正义】浪宕二音。

③【索隐】旋乳者,言回旋即生也。

④【索隐】比音必利反。

齐丞相舍人奴从朝入宫,臣意见之食闺门外,望其色有病气。臣意即告宦者平。平好为脉,学臣意所,臣意即示之舍人奴病,告之曰:"此伤脾气也,当至春鬲塞不通,不能食饮,法至夏泄血死。"宦者平即往告相曰:"君之舍人奴有病,病重,死期有日。"相君曰:"卿何以知之?"曰:"君朝时入宫,君之舍人奴尽食闰门外,平与仓公立,即示平曰,病如是者死。"相即召舍人(奴)而谓之曰:"公奴有病不?"舍人曰:"奴无病,身无痛者。"至春果病,至四月,泄血死。所以知奴病者,脾气周乘五藏,伤部而交,故伤脾之色也,望之杀然黄,①察之如死青之兹。众医不知,以为大虫,②不知伤脾。所以至春死病者,胃气黄,黄者土气也,土不胜木,故至春死。所以至夏死者,脉法曰"病重而脉顺清者曰内关",内关之病,人不知其所痛,心急然无苦。若加以一病,死中春;一愈顺,及一时。其所以四月死者,诊其人时愈顺。愈顺者,人尚肥也。奴之病得之流汗数出,(灸)〔炙〕于火而以出见大风也。

①【集解】徐广曰:"杀音苏葛反。" 【正义】杀,苏亥反。

②【索隐】即蚘虫也。

菑川王病,召臣意诊脉,曰:"蹶上①为重,头痛身热,使人烦懑。"②臣意即以寒水拊其头,③刺足阳明脉,左右各三所,病旋已。病得之沐发未干而卧。诊如前,所以蹶,头热至肩。

①【正义】时掌反。蹶,逆气上也。

②【正义】亡本反。非但有烦也。

③【索隐】拊音附,又音抚。

齐王黄姬兄黄长卿家有酒召客,召臣意。诸客坐,未上食。臣意望见王后弟宋建,告曰:"君有病,往四五日,君要胁痛不可俯仰,①又不得小溲。不亟治,病即入濡肾。及其未舍五藏,急治之。病方今客肾濡,②此所谓'肾痹'也。"宋建曰:"然,建故有要脊痛。往四五日,天雨,黄氏诸倩③见建家京下方石，④即弄之，建亦欲效之，效之不能起，即复置之。暮，要脊痛，不得溺，至今不愈。"建病得之好持重。所以知建病者，臣意见其色，太阳色干，肾部上及界要以下者枯四分所，故以往四五日知其发也。臣意即为柔汤使服之，十八日所而病愈。

①【正义】上音免。

②【正义】濡，溺也。病方客在肾，欲溺，肾也。

③【集解】徐广曰："倩者，女婿也。"骃案：方言曰"东齐之间，婿谓之倩"。郭璞曰"言可假倩也"。　【正义】倩音七姓反。

④【集解】徐广曰："京者，仓廪之属也。"

济北王侍者韩女病要背痛，寒热，众医皆以为寒热也。臣意诊脉，曰："内寒，月事不下也。"即窜以药，①旋下，病已。病得之欲男子而不可得也。所以知韩女之病者，诊其脉时，切之，肾脉也，啬而不属。啬而不属者，其来难，坚，故曰月不下。肝脉弦，出左口，故曰欲男子不可得也。

①【索隐】谓以熏熏之，故云。窜音七乱反。

临菑氾①里女子薄吾病甚，众医皆以为寒热笃，当死，不治。臣意诊其脉，曰："蛲瘕。"②蛲瘕为病，腹大，上肤黄粗，循之戚戚然。臣意饮以芫华一撮，即出蛲可数升，病已，三十日如故。病蛲得之于寒湿，寒湿气宛③笃不发，化为虫。臣意所以知薄吾病者，切其脉，循其尺，④其尺索刺粗，而毛美奉发，⑤是虫气也。其色泽者，中藏无邪气及重病。

①【索隐】氾音凡。

②【集解】徐广曰："蛲音饶。"　【索隐】音饶赜，旧音绕退。　【正义】人腹中短虫。

③【集解】音郁。　【索隐】又如字。

④【正义】王叔和云："寸、关、尺。寸谓三分，尺谓八分。寸口在关上，尺在关下。寸、关、尺共有一寸九分也。"

⑤【集解】徐广曰："奉，一作'奏'，又作'秦'。"　【索隐】循音巡。案：谓手循其尺索也。刺音七赐反。粗音七胡反。言循其尺索，刺人手而粗，是妇人之病也。徐氏云奉一作"奏"，非其义也。又云一作"秦"，秦谓蝽首，言发如蜥蝽，事盖近也。

　　齐淳于司马病，臣意切其脉，告曰："当病迵风。迵风之状，饮食下嗌辄后之。①病得之饱食而疾走。"淳于司马曰："我之王家食马肝，食饱甚，见酒来，即走去，驱疾至舍，即泄数十出。"臣意告曰："为火齐米汁饮之，七八日而当愈。"时医秦信在旁，臣意去，信谓左右阁都尉②曰："意以淳于司马病为何？"曰："以为迵风，可治。"信即笑曰："是不知也。淳于司马病，法当后九日死。"即后九日不死，其家复召臣意。臣意往问之，尽如意诊。臣即为一火齐米汁，使服之，七八日病已。所以知之者，诊其脉时，切之，尽如法。其病顺，故不死。

①【集解】徐广曰："如厕。"

②【索隐】案：阁者，姓也，为都尉。一云阁即宫阁，都尉掌之，故曰阁都尉也。

　　齐中郎破石病，臣意诊其脉，告曰："肺伤，不治，当后十日丁亥溲血死。"即后十一日，溲血而死。破石之病，得之堕马僵石上。所以知破石之病者，切其脉，得肺阴气，其来散，数道至而不一也。色又乘之。所以知其堕马者，切之得番阴脉。①番阴脉入虚里，乘肺脉。肺脉散者，固色变也乘之。所以不中期死者，师言曰"病者安谷即过期，不安谷则不及期"。其人嗜黍，黍主肺，故过期。所以溲血者，诊脉法曰"病养喜阴处者顺死,养喜阳处者逆死"。其人喜自静,不躁,又久安坐,伏几而寐,故血下泄。

①【索隐】番音芳袁反。

　　齐王侍医遂病,自练五石服之。臣意往过之,遂谓意曰:"不肖有病,幸诊遂也。"臣意即诊之,告曰:"公病中热。论曰'中热不溲者,不可服五石'。石之为药精悍,公服之不得数溲,亟勿服。色将发臃。"遂曰:"扁鹊曰'阴石以治阴病,阳石以治阳病'。夫药石者有阴阳水火之齐,故中热,即为阴石柔齐治之;中寒,即为阳石刚齐治之。"臣意曰:"公所论远矣。扁鹊虽言若是,然必审诊,起度量,立规矩,称权衡,合色脉①表里有馀不足顺逆之法,参其人动静与息相应,乃可以论。论曰'阳疾处内,阴形应外者,不加悍药及镵石'。夫悍药入中,则邪气辟矣,②而宛气愈深。③诊法曰'二阴应外,一阳接内者,不可以刚药'。刚药入则动阳,阴病益衰,阳病益箸,邪气流行,为重困于俞,④忿发为疽。"意告之后百馀日,果为疽发乳上,入缺盆,死。⑤此谓论之大体也,必有经纪。拙工有一不习,文理阴阳失矣。

①【集解】徐广曰:"合,一作'占'。"

②【索隐】辟音必亦反,犹聚也。

③【索隐】愈音庾。

④【集解】徐广曰:"音始喻反。"

⑤【索隐】按:缺盆,人乳房上骨名也。

　　齐王故为阳虚侯时,病甚,①众医皆以为蹷。臣意诊脉,以为痹,根在右胁下,大如覆杯,令人喘,逆气不能食。臣意即

以火齐粥且饮,六日气下;即令更服丸药,出入六日,病已。病
得之内。诊之时不能识其经解,大识其病所在。

①【集解】徐广曰:"齐悼惠王子也,名将庐,以文帝十六年为齐王,即位
　　十一年卒,谥孝王。"

　　臣意尝诊安阳武都里成开方,开方自言以为不病,臣意谓
之病苦沓风,①三岁四支不能自用,使人喑,②喑即死。今闻
其四支不能用,喑而未死也。病得之数饮酒以见大风气。所
以知成开方病者,诊之,其脉法奇咳言曰"藏气相反者死"。③
切之,得肾反肺,④法曰"三岁死"也。

①【索隐】沓音徒合反,风病之名也。

②【集解】徐广曰:"一作'脊',音才亦反。"　【索隐】喑者,失音也,读如
　　音。又作"厝"。厝者,置也。言使人运置其手足也。

③【集解】徐广曰:"反,一作'及'。"

④【集解】徐广曰:"反,一作'及'。"

　　安陵阪里公乘项处病,①臣意诊脉,曰:"牡疝。"②牡疝在
鬲下,上连肺。病得之内。臣意谓之:"慎毋为劳力事,为劳力
事则必呕血死。"处后蹴③鞠,④要蹶寒,汗出多,即呕血。臣
意复诊之,曰:"当旦日日夕死。"⑤即死。病得之内。所以知
项处病者,切其脉得番阳。⑥番阳入虚里,处旦日死。一番一
络者,⑦牡疝也。

①【索隐】案:公乘,官名也。项,姓;处,名。故上云仓公之师,元里公乘
　　阳庆,亦然也。

②【索隐】上音母,下音色谏反。

③【集解】徐广曰:"一作'蹹'。"

④【正义】上千六反,下九六反,谓打球也。

⑤【索隐】案:旦日,明日也。言明日之夕死也。

⑥【索隐】脉病之名曰番阳者,以言阳脉之翻入虚里也。

⑦【集解】徐广曰:"络,一作'结'。"

臣意曰:他所诊期决死生及所治已病众多,久颇忘之,不能尽识,不敢以对。

问臣意:"所诊治病,病名多同而诊异,或死或不死,何也?"对曰:"病名多相类,不可知,故古圣人为之脉法,以起度量,立规矩,县权衡,案绳墨,调阴阳,别人之脉各名之,与天地相应,参合于人,故乃别百病以异之,有数者能异之,①无数者同之。然脉法不可胜验,诊疾人以度异之,乃可别同名,命病主在所居。今臣意所诊者,皆有诊籍。所以别之者,臣意所受师方适成,师死,以故表籍所诊,期决死生,观所失所得者合脉法,以故至今知之。"

①【索隐】数音色住反。谓术数之人乃可异其状也。

问臣意曰:"所期病决死生,或不应期,何故?"对曰:"此皆饮食喜怒不节,或不当饮药,或不当针灸,以故不中期死也。"

问臣意:"意方能知病死生,论药用所宜,诸侯王大臣有尝问意者不? 及文王病时,①不求意诊治,何故?"对曰:"赵王、胶西王、济南王、吴王皆使人来召臣意,臣意不敢往。文王病时,臣意家贫,欲为人治病,诚恐吏以除拘臣意也,②故移名数,左右③不修家生,出行游国中,问善为方数者事之久矣,④见事数师,⑤悉受其要事,尽其方书意,及解论之。身居阳虚侯国,因事侯。侯入朝,臣意从之长安,以故得诊安陵项处等病也。"

①【集解】徐广曰:"齐文王也,以文帝十五年卒。"

②【集解】徐广曰："时诸侯得自拜除吏。"

③【正义】以名籍属左右之人。

④【索隐】数音"术数"之"数"。

⑤【正义】上色庚反。

问臣意："知文王所以得病不起之状?"臣意对曰："不见文王病，然窃闻文王病喘，头痛，目不明。臣意心论之，以为非病也。以为肥而蓄精，身体不得摇，骨肉不相任，故喘，不当医治。脉法曰'年二十脉气当趋，年三十当疾步，年四十当安坐，年五十当安卧，年六十已上气当大董'。①文王年未满二十，方脉气之趋也而徐之，不应天道四时。后闻医灸之即笃，此论病之过也。臣意论之，以为神气争而邪气入，非年少所能复之也，以故死。所谓气者，当调饮食，择晏日，车步广志，以适筋骨肉血脉，以泻气。故年二十，是谓'易贸'，②法不当砭灸，砭灸至气逐。"

①【集解】徐广曰："董谓深藏之。一作'董'。"【索隐】董音谨。

②【集解】徐广曰："一作'贺'，又作'质'。"

问臣意："师庆安受之? 闻于齐诸侯不?"对曰："不知庆所师受。庆家富，善为医，不肯为人治病，当以此故不闻。庆又告臣意曰：'慎毋令我子孙知若学我方也。'"

问臣意："师庆何见于意而爱意，欲悉教意方?"对曰："臣意不闻师庆为方善也。意所以知庆者，意少时好诸方事，臣意试其方，皆多验，精良。臣意闻菑川唐里公孙光善为古传方，①臣意即往谒之。得见事之，受方化阴阳及传语法，②臣意悉受书之。臣意欲尽受他精方，公孙光曰：'吾方尽矣，不为爱公所。③吾身已衰，无所复事之。是吾年少所受妙方也，悉与公，毋以教人。'臣意曰：'得见事侍公前,悉得禁方,幸甚。意死不敢妄传人。'居有间,公孙光闲处,④臣意深论方,见言百世为之精也。师光喜曰:'公必为国工。吾有所善者皆疏,同产处临菑,善为方,吾不若,其方甚奇,非世之所闻也。吾年中时,⑤尝欲受其方,杨中倩⑥不肯,曰"若非其人也"。胥与公往见之,⑦当知公喜方也。其人亦老矣,其家给富。'时者未往,会庆子男殷来献马,因师光奏马王所,意以故得与殷善。光又属意于殷曰:'意好数,⑧公必谨遇之,其人圣儒。'⑨即为书以意属阳庆,以故知庆。臣意事庆谨,以故爱意也。"

①【索隐】谓好能传得古方也。 【正义】谓全传写得古人之方书。

②【集解】徐广曰:"法,一作'五'。"

③【索隐】言于意所,不爱惜方术也。

④【正义】上音闲,下昌汝反。

⑤【索隐】按:年中谓中年时也。中年亦壮年也,古人语自尔。

⑥【索隐】倩音七见反,人姓名也。

⑦【集解】徐广曰:"胥犹言须也。"

⑧【索隐】数,色句反。谓好术数也。

⑨【索隐】言意儒德,慕圣人之道,故云圣儒也。

问臣意曰:"吏民尝有事学意方,及毕尽得意方不? 何县里人?"对曰:"临菑人宋邑。①邑学,臣意教以五诊,②岁馀。济北王遣太医高期、王禹③学,臣意教以经脉高下及奇络结,④当论俞⑤所居,及气当上下出入邪〔正〕逆顺,以宜镵石,定砭灸处,岁馀。菑川王时遣太仓马长冯信正方,臣意教以案法逆顺,论药法,定五味及和齐汤法。高永侯家丞杜信,喜脉,来学,臣意教以上下经脉五诊,二岁馀。临菑召里唐安来学,臣意教以五诊上下经脉,奇咳,四时应阴阳重,未成,除为齐王侍医。"

①【集解】徐广曰："一作'昆'。"

②【正义】谓诊五藏之脉。

③【集解】徐广曰："一作'龋'。"

④【正义】素问云："奇经八脉,往来舒时,一止而复来,名之曰结也。"

⑤【正义】式喻反。

问臣意:"诊病决死生,能全无失乎?"臣意对曰:"意治病人,必先切其脉,乃治之。败逆者不可治,其顺者乃治之。心不精脉,所期死生视可治,时时失之,臣意不能全也。"

太史公曰:女无美恶,居宫见妒;士无贤不肖,入朝见疑。故扁鹊以其伎见殃,仓公乃匿迹自隐而当刑。缇萦通尺牍,父得以后宁。故老子曰"美好者不祥之器",岂谓扁鹊等邪?若仓公者,可谓近之矣。

【索隐述赞】上池秘术,长桑所传。始候赵简,知梦钧天。言占虢嗣,尸蹷起焉。仓公赎罪,阳庆推贤。效验多状,式具于篇。

【正义】胃大一尺五寸,径五寸,长二尺六寸,横尺,受水谷三斗五升,其中常留谷二斗,水一斗五升。凡人食,入于口而聚于胃中,谷熟,传入小肠也。小肠大二寸半,径八分分之少半,长三丈二尺,受谷二斗四升,水六升三合合之大半。回肠(小)〔大〕肠,谓受谷而传入于大肠也。大四寸,径一寸半,长二丈二尺,受谷一斗,水七升半。广肠大八寸,径二寸半,长二尺八寸,受谷九升三合八分合之一。故肠胃凡长五丈八尺四寸,合受水谷八斗七升六合八分合之一,此肠胃长短受水谷之数也。甲乙经"肠胃凡长丈六尺四寸四分",从口至肠而数之。此径从胃至肠而数之,故短也。肝重四斤四两,左三叶,右四叶,凡七叶,主藏魂。肝者,干也。于五行为木,其体状有枝干也。肝之神七人,老子名曰明堂宫,兰台府,从官三千六百人。又云肝神六:童子三,女子三。心重十二两,中有七孔,三毛,盛精汁三合，主藏神。心，纤也，所识纤微也。其神九，太尉公名曰绛宫，太始、南极老人、员光之身，其从官三千六百人。又为帝王，身之王也。脾重二斤三两，扁广三寸，长五寸，有散膏半斤，主(里)〔裹〕血温五藏，主藏意。脾，裨也。在助气，主化谷。其神云光玉女子母，其从官三千六百人也。肺重三斤三两，六叶两耳，凡八叶，主藏魂魄。肺，孛也。言其气孛，故短也，郁也。其神八人，太和君名曰玉堂宫，尚书府。其从官三千六百人。又云肺神十四：童子七，女子七也。肾有两枚，重一斤一两，主藏志。肾，引也。肾属水，主引水气，灌注诸脉也。其神六人，司徒、司空、司命、司录、司隶校尉、尉卿也。胆在肝之短叶间，重三两三铢，盛精汁三合。胆，敢也。言人有胆气而能果敢也。其神五人，太一道君居紫房宫中，其从官三千六百人也。胃重二斤十四两，纡曲屈申，长二尺六寸，大一尺五寸，径五寸，盛谷二斗，水一斗五升。胃，围也。言围受食物也。其神十二人，五元之气，谏议大夫。小肠重二斤十四两，长三丈二尺，广二寸半，径八分分之少半，回积十六曲，盛谷二斗四升，水六升三合合之大半。肠，畅也。言通畅胃气，牵去秽也。其神二人，元梁使者也。大肠重三斤十二两，长二丈一尺，广四寸，径一寸半，当齐，右回十六曲，盛谷一斗水七升半。大肠即回肠也。其回曲，因以名之。其神二人，元梁使者也。膀胱重九两二铢，纵广九寸，盛溺九升九合。膀，横也。胱，广也。体短而又名胞。胞，虚空也，主以虚承水液。口广二寸半。唇至齿长九分。齿已后至会厌，深三寸半，大容五合也。舌重十两，长七寸，广二寸半。舌，泄也。言可舒泄言语也。咽门重十两，广二寸半，至胃长一尺六寸。咽，嚥也。言嚥物也。又谓之咽，主地气。胃为土，故云主地气也。喉咙重十二两，广二寸，长一尺二寸九节。喉咙，空虚也。言其中空虚，可以通气息焉。心，肺之系也，呼吸之道路。喉咙与咽并行，其实两异，而人多惑也。肛门重十二两，大八寸，径二寸太半，长二尺八寸，受谷九升三合八分合之一。肛，钉也。言其处似车钉，故曰钉门。即广肠之门，又名(瞙)〔膭肠〕也。

手三阳之脉，从手至头长五尺，五六合三丈。一手有三阳，两手为六阳，故云五六三丈。手三阴之脉，从手至胸中长三尺五寸，三六一丈八尺，五六三尺，合二丈一尺。两手各有三阴，合为六阴，故云三六一丈八尺也。足三阳之脉，从足至头长八尺，六八合四丈八尺。两足各有三阳，故曰六八四丈八尺也。足三阴之脉，从足至胸长六尺五寸，六六三丈六尺，五六三尺，合三丈九尺。两足各有三阴，故云六六三丈六尺也。按：足太阴、少阴皆至舌下，厥阴至于项上。今言至胸中者，盖据其相接之次者也。人两足跻脉，从足至目长七尺五寸，二七一丈四尺，二五一尺，合一丈五尺。督任脉各长四尺五寸，二四八尺，二五一尺，合九尺。凡脉长一十六丈二尺也，此所谓十二经脉长短之数也。督脉起于胲头，上于面，至口齿缝，计此不止长四尺五寸，当取其上极于风府而言之也。手足各十二脉，为二十四，并督任两跻四脉，都合二十八脉，以应二十八宿。凡长十六丈二尺，营卫行周此数，则一度也。寸口，脉之大会，手太阴之动也。太阴者，脉之会也。肺，诸藏主，盖主通□阳，故十二经皆手太阴，所以决吉凶者。十二经有病，皆寸口，知其何经之动浮沈滑濇逆顺，知其死生之兆也。人一呼脉行三寸，一吸脉行三寸，呼吸定息，脉行六寸。十二经，十五络，二十七气，皆候于寸口，随呼吸上下。呼脉上行三寸，吸脉下行三寸，二十七气皆逐上下行，无有息时。人一日一夜凡一万三千五百息。脉行五十周于身，漏水下百刻。营卫行阳二十五度，行阴二十五度。度为一周也，故五十度复会于手太阴。寸口者，五藏六府之所终始，故法于寸口也。人一息行六寸，百息六丈，千息六十丈，一万三千五百息合为八百一十丈。阳脉出行二十五度，阴脉入行二十五度，阴阳出入行二十五度，阴阳呼吸覆行周毕度数也。脉行身毕，即水下百刻亦毕。谓一旦夜刻尽，天明，日出东方，脉还得寸口，当更始也。故寸口者，五藏六府之所终始也。

　　肺气通于鼻，鼻和则知臭香矣。肝气通于目，目和则知白黑矣。脾气通于口，口和则知谷味矣。心气通于舌，舌和则知五味矣。肾气通于耳，耳和则闻五音矣。五藏不和，则九窍不通；六府不和，则留为痈也。

史 记 卷 一 百 六

吴王濞列传第四十六

吴王濞①者,高帝兄刘仲之子也。②高帝已定天下七年,立刘仲为代王。而匈奴攻代,刘仲不能坚守,弃国亡,间行③走雒阳,自归天子。天子为骨肉故,不忍致法,废以为郃阳侯。④高帝十一年秋,淮南王英布反,东并荆地,劫其国兵,西度淮,击楚,高帝自将往诛之。刘仲子沛侯濞年二十,有气力,以骑将从破布军蕲西会甀,⑤布走。荆王刘贾为布所杀,无后。上患吴、会稽轻悍,无壮王以填之,⑥诸子少,乃立濞于沛为吴王,⑦王三郡五十三城。已拜受印,高帝召濞相之,谓曰:"若状有反相。"心独悔,业已拜,因拊其背,⑧告曰:"汉后五十年东南有乱者,岂若邪?⑨然天下同姓为一家也,慎无反!"濞顿首曰:"不敢。"

①【索隐】案:澎濞字也,音披位反。

②【集解】徐广曰:"仲名喜。"

2461

③【索隐】谓独行从他道逃走。间音纪闲反。

④【索隐】地理志冯翊县名,在邻水之阳。音合。 【正义】邻阳故城在
同州河西县南三十里。

⑤【索隐】地名也。在薪县之西。会音古兑反。瓯音锤。

⑥【索隐】填音镇。

⑦【集解】徐广曰:"十二年十月辛丑。"

⑧【索隐】拊音抚。

⑨【集解】徐广曰:"汉元年至景帝三年反,五十有三年。"骃案:应劭曰
"克期五十,占者所知。若秦始皇东巡以厌气,后刘项起东南,疑当如
此耳"。如淳曰"度其贮积足用为难,又吴楚世不宾服"。 【索隐】
案:应氏之意,以后五十年东南有乱,本是占气者所说,高祖素闻此
说,自以前难未弭,恐后灾更生,故说此言,更以戒濞。如淳之说,亦
合事理。

会孝惠、高后时,天下初定,郡国诸侯各务自拊循其民。吴有
豫章郡铜山,①濞则招致天下亡命者(益)〔盗〕铸钱,煮海水为盐,
以故无赋,国用富饶。②

①【集解】韦昭曰:"今故鄣。" 【索隐】案:鄣郡后改曰故鄣。或称"豫
章"为衍字也。 【正义】括地志云:"秦兼天下,以为鄣郡,今湖州长
城县西南八十里故章城是也。"铜山,今宣州及润州句容县有,并属
章也。

②【集解】如淳曰:"铸钱煮盐,收其利以足国用,故无赋于民。" 【正义】
按:既盗铸钱,何以收其利足国之用?吴国之民又何得无赋?如说非
也。言吴国山既出铜,民多盗铸钱,及煮海水为盐,以山海之利不赋之,
故言无赋也。其民无赋,国用乃富饶也。

孝文时,吴太子入见,①得侍皇太子饮博。吴太子师傅皆楚

人,轻悍,又素骄,博,争道,不恭,皇太子引博局提吴太子,杀之。②
于是遣其丧归葬。至吴,吴王愠③曰:"天下同宗,死长安即葬长
安,何必来葬为!"复遣丧之长安葬。吴王由此稍失藩臣之礼,称病
不朝。京师知其以子故称病不朝,验问实不病,诸吴使来,辄系责
治之。吴王恐,为谋滋甚。及后使人为秋请,④上复责问吴使者,使者
对曰:"王实不病,汉系治使者数辈,以故遂称病。且夫'察见渊中鱼,
不祥'。⑤今王始诈病,及觉,见责急,愈益闭,恐上诛之,计乃无聊。唯
上弃之而与更始。"于是天子乃赦吴使者归之,而赐吴王几杖,老,不
朝。吴得释其罪,谋亦益解。然其居国以铜盐故,百姓无赋。⑥卒践更,
辄与平贾。⑦岁时存问茂材,赏赐闾里。佗郡国吏欲来捕亡人者,讼共
禁弗予。⑧如此者四十馀年,⑨以故能使其众。

① 【索隐】姚氏案:楚汉春秋云"吴太子名贤,字德明"。

② 【索隐】提音啼,又音底,又音弟。

③ 【正义】於问反,怨也。

④ 【集解】应劭曰:"冬当断狱,秋先请择其轻重也。"孟康曰:"律,春日
朝,秋日请,如古诸侯朝聘也。"如淳曰:"濞不得行,使人代己致请礼
也。"【索隐】音净。孟说是也。应劭所云断狱先请,不知何凭。如
淳云代己致请,亦是臆说。且文云"使人为秋请",谓使人为此秋请之
礼也。

⑤ 【集解】张晏曰:"喻人君不当见尽下之私。"【索隐】案:此语见韩子
及文子。韦昭曰"知臣下阴私,使忧患生变,为不祥。故当赦宥,使自
新也"。

⑥ 【索隐】按:吴国有铸钱煮盐之利,故百姓不别徭赋也。

⑦ 【集解】汉书音义曰:"以当为更卒,出钱三百文,谓之'过更'。自行
为卒,谓之'践更'。吴王欲得民心,为卒者顾其庸,随时月与平贾,如
汉桓、灵时有所兴作,以少府钱借民比也。"【索隐】案:汉律,卒更有

三,践更、居更、过更也。此言践更辄与平贾者,谓为践更合自出钱,今王欲得人心,乃与平贾,官雠之也。 【正义】践更,若今唱更、行更者也,言民自著卒。更有三品:有卒更,有践更,有过更。古者正卒无常人,皆当迭为之,是为卒更。贫者欲顾更钱者,次直者出钱顾之,月二千,是为践更。天下人皆直戍边三月,亦各为更,律所谓繇戍也。虽丞相子亦在戍边之调,不可人人自行三月戍,又行者出钱三百入官,官给戍者,是为过更。此汉初因秦法而行之,后改为谪,乃戍边一岁。

⑧【集解】徐广曰:"讼音松。"骃案:如淳曰"讼,公也"。 【正义】讼音容。言其相容禁止不与也。

⑨【正义】言四十馀年者,太史公尽言吴王一代行事也。汉书作"三十馀年",而班固见其语在孝文之代,乃减十年,是班固不晓其理也。

晁错为太子家令,得幸太子,数从容言吴过可削。数上书说孝文帝,文帝宽,不忍罚,以此吴日益横。及孝景帝即位,错为御史大夫,说上曰:"昔高帝初定天下,昆弟少,诸子弱,大封同姓,故王孽子悼惠王王齐七十馀城,庶弟元王王楚四十馀城,兄子濞王吴五十馀城:封三庶孽,分天下半。今吴王前有太子之郄,诈称病不朝,于古法当诛,文帝弗忍,因赐几杖。德至厚,当改过自新。乃益骄溢,即山①铸钱,煮海水为盐,诱天下亡人,谋作乱。今削之亦反,不削之亦反。削之,其反亟,祸小;不削,反迟,祸大。"三年冬,楚王朝,晁错因言楚王戊往年为薄太后服,私奸服舍,②请诛之。诏赦,罚削东海郡。因削吴之豫章郡、会稽郡。及前二年赵王有罪,削其河间郡。③胶西王卬以卖爵有奸,削其六县。

①【索隐】案:即山,山名。又即者,就也。

②【集解】服虔曰:"服舍,在丧次,而私奸宫中也。"

③【索隐】案:汉书作"常山郡"也。

汉廷臣方议削吴。吴王濞恐削地无已,因以此发谋,欲举事。念诸侯无足与计谋者,闻胶西王勇,好气,喜兵,诸齐①皆惮畏,于是乃使中大夫应高诳②胶西王。无文书,口报曰:"吴王不肖,有宿夕之忧,不敢自外,使喻其欢心。"王曰:"何以教之?"高曰:"今者主上兴于奸,饰于邪臣,好小善,听谗贼,擅变更律令,侵夺诸侯之地,征求滋多,诛罚良善,日以益甚。里语有之,'舐糠及米'。③吴与胶西,知名诸侯也,一时见察,恐不得安肆矣。吴王身有内病,不能朝请二十馀年,尝患见疑,无以自白,今胁肩累足,犹惧不见释。窃闻大王以爵事有适,④所闻诸侯削地,罪不至此,此恐不得削地而已。"王曰:"然,有之。子将奈何?"高曰:"同恶相助,同好相留,同情相成,同欲相趋,同利相死。今吴王自以为与大王同忧,愿因时循理,弃躯以除患害于天下,亿亦可乎?"王瞿然骇曰:⑤"寡人何敢如是?今主上虽急,固有死耳,安得不戴?"高曰:"御史大夫晁错,荧惑天子,侵夺诸侯,蔽忠塞贤,朝廷疾怨,诸侯皆有倍畔之意,人事极矣。彗星出,蝗虫数起,此万世一时,而愁劳圣人之所以起也。⑥故吴王欲内以晁错为讨,外随大王后车,彷徉天下,所乡者降,所指者下,天下莫敢不服。大王诚幸而许之一言,则吴王率楚王略函谷关,守荥阳敖仓之粟,距汉兵。治次舍,须大王。大王有幸而临之,则天下可并,两主分割,不亦可乎?"王曰:"善。"高归报吴王,吴王犹恐其不与,乃身自为使,使于胶西,面结之。

①【集解】韦昭曰:"故为齐分为国者胶东、济北之属。"

②【索隐】音徒鸟反。

③【索隐】案:言舐糠尽则至米,谓削土尽则至灭国也。

④【正义】张革反。

⑤【索隐】刘氏瞿音九具反。又说文云"瞿，远视貌"。音九缚反。

⑥【索隐】案：所谓"殷忧以启明圣"也。

胶西群臣或闻王谋，谏曰："承一帝，至乐也。今大王与吴西乡，弟令事成，两主分争，患乃始结。诸侯之地不足为汉郡什二，而为畔逆以忧太后，非长策也。"①王弗听。遂发使约齐、菑川、胶东、济南、济北，皆许诺，而曰"城阳景王有义，攻诸吕，勿与，事定分之耳"。②

①【集解】文颖曰："王之太后也。"

②【集解】徐广曰："尔时城阳恭王喜，景王之子。"

诸侯既新削罚，振恐，多怨晁错。及削吴会稽、豫章郡书至，则吴王先起兵，胶西正月丙午诛汉吏二千石以下，胶东、菑川、济南、楚、赵亦然，遂发兵西。齐王后悔，饮药自杀，畔约。济北王城坏未完，其郎中令劫守其王，不得发兵。胶西为渠率，胶东、菑川、济南共攻围临菑。赵王遂亦反，阴使匈奴与连兵。

七国之发也，吴王悉其士卒，下令国中曰："寡人年六十二，①身自将。少子年十四，亦为士卒先。诸年上与寡人比，下与少子等者，皆发。"发二十馀万人。南使闽越、东越，东越亦发兵从。

①【集解】徐广曰："吴王封吴四十二年矣。"

孝景帝三年正月甲子，初起兵于广陵。①西涉淮，因并楚兵。发使遗诸侯书曰："吴王刘濞敬问胶西王、胶东王、菑川王、济南王、赵王、楚王、淮南王、衡山王、庐江王、故长沙王子：②幸教寡人！以汉有贼臣，无功天下，侵夺诸侯地，使吏劾系讯治，以僇辱之为故，③不以诸侯人君礼遇刘氏骨肉，绝先帝功臣，进任奸宄，诖乱天下，④欲危社稷。陛下多病志失，不能省察。欲举兵诛之，谨闻教。

敝国虽狭,地方三千里;人虽少,精兵可具五十万。寡人素事南越三十馀年,其王君皆不辞分其卒以随寡人,又可得三十馀万。寡人虽不肖,愿以身从诸王。越直⑤长沙者,⑥因王子定长沙以北,⑦西走蜀、汉中。⑧告越、⑨楚王、淮南三王,与寡人西面;⑩齐诸王与赵王定河间、河内,或入临晋关,⑪或与寡人会雒阳;燕王、赵王固与胡王有约,燕王北定代、云中,抟胡众⑫入萧关,⑬走长安,匡正天子,以安高庙。愿王勉之。楚元王子、淮南三王或不沐洗十馀年,怨入骨髓,欲一有所出之久矣,寡人未得诸王之意,未敢听。今诸王苟能存亡继绝,振弱伐暴,以安刘氏,社稷之所愿也。敝国虽贫,寡人节衣食之用,积金钱,修兵革,聚谷食,夜以继日,三十馀年矣。凡为此,愿诸王勉用之。能斩捕大将者,赐金五千斤,封万户;列将,三千斤,封五千户;裨将,二千斤,封二千户;二千石,千斤,封千户;千石,五百斤,封五百户:皆为列侯。其以军若城邑降者,卒万人,邑万户,如得大将;人户五千,如得列将;人户三千,如得裨将;人户千,如得二千石;其小吏皆以差次受爵金。佗封赐皆倍军法。⑭其有故爵邑者,更益勿因。愿诸王明以令士大夫,弗敢欺也。寡人金钱在天下者往往而有,非必取于吴,诸王日夜用之弗能尽。有当赐者告寡人,寡人且往遗之。敬以闻。”

①【集解】徐广曰:“荆王刘贾都吴,吴王移广陵也。”

②【集解】徐广曰:“吴芮之玄孙靖王著,以文帝七年卒,无嗣,国除。”骃案:如淳曰“吴芮后四世无子,国除。庶子二人为列侯,不得嗣王,志将不满,故诱与之反也”。

③【集解】汉书音义曰:“故,事也。”【正义】按:专以僇辱诸侯为事。

④【正义】诖音挂。

⑤【集解】音值。

⑥【索隐】服虔云:"直音值。谓其境相接也。"

⑦【集解】如淳曰:"南越直长沙者,因王子定也。"【索隐】案:谓南越之地与长沙地相接。值者,因长沙王子以定长沙以北也。

⑧【正义】走音奏,向也。王子,长沙王子也。南越之地对长沙之南者,其民因王子卒而镇定长沙以北,西向蜀及汉中,咸委王子定矣。

⑨【集解】如淳曰:"告东越使定之。"

⑩【正义】越,东越也。又告东越、楚、淮南三王,与吴王共西面击之。三王谓淮南、衡山、庐江也。

⑪【正义】今蒲津关。

⑫【索隐】抟音专。专谓专统领胡兵也。

⑬【正义】今名陇山关,在原州平凉县界。

⑭【集解】服虔曰:"封赐倍汉之常法。"

七国反书闻天子,天子乃遣太尉条侯周亚夫将三十六将军,往击吴楚;遣曲周侯郦寄击赵;将军栾布击齐;大将军窦婴屯荥阳,监齐赵兵。

吴楚反书闻,兵未发,窦婴未行,言故吴相袁盎。盎时家居,诏召入见。上方与晁错调兵笇军食,上问袁盎曰:"君尝为吴相,知吴臣田禄伯为人乎?今吴楚反,于公何如?"对曰:"不足忧也,今破矣。"上曰:"吴王即山铸钱,煮海水为盐,诱天下豪桀,白头举事。若此,其计不百全,岂发乎?何以言其无能为也?"袁盎对曰:"吴有铜盐利则有之,安得豪桀而诱之!诚令吴得豪桀,亦且辅王为义,不反矣。吴所诱皆无赖子弟,亡命铸钱奸人,故相率以反。"晁错曰:"袁盎策之善。"上问曰:"计安出?"盎对曰:"愿屏左右。"上屏人,独错在。盎曰:"臣所言,人臣不得知也。"乃屏错。错趋避东厢,恨甚。上卒问盎,盎对曰:"吴楚相遗书,曰'高帝王子弟各

有分地,今贼臣晁错擅适过诸侯,①削夺之地'。故以反为名,西共
诛晁错,复故地而罢。方今计独斩晁错,发使赦吴楚七国,复其故
削地,则兵可无血刃而俱罢。"于是上嘿然良久,曰:"顾诚何如,吾
不爱一人以谢天下。"盎曰:"臣愚计无出此,愿上孰计之。"乃拜盎
为太常,②吴王弟子德侯为宗正。③盎装治行。后十馀日,上使中
尉召错,绐载行东市。错衣朝衣斩东市。则遣袁盎奉宗庙,宗正辅
亲戚,④使告吴如盎策。至吴,吴楚兵已攻梁壁矣。宗正以亲故,
先入见,谕吴王使拜受诏。吴王闻袁盎来,亦知其欲说己,笑而应
曰:"我已为东帝,尚何谁拜?"不肯见盎而留之军中,欲劫使将。
盎不肯,使人围守,且杀之,盎得夜出,步亡去,走梁军,遂归报。

①【索隐】适音直革反,又音宅。

②【正义】令盎为太常,以示奉宗庙之指意。

③【集解】徐广曰:"名通,其父名广。"骃案:汉书曰"吴王弟子德侯广为
宗正"也。

④【正义】以亲戚之意辅汉训谕。

条侯将乘六乘传,①会兵荥阳。至雒阳,见剧孟,喜曰:"七国
反,吾乘传至此,不自意全。②又以为诸侯已得剧孟,剧孟今无动。
吾据荥阳,以东无足忧者。"至淮阳,问父绛侯故客邓都尉曰:"策
安出?"客曰:"吴兵锐甚,难与争锋。楚兵轻,③不能久。方今为将
军计,莫若引兵东北壁昌邑,以梁委吴,吴必尽锐攻之。将军深沟
高垒,使轻兵绝淮泗口,塞吴饷道。彼吴梁相敝而粮食竭,乃以全
强制其罢极,破吴必矣。"条侯曰:"善。"从其策,遂坚壁昌邑南,④
轻兵绝吴饷道。

①【正义】上音乘,下竹恋反。

②【正义】言不自意洛阳得全,及见剧孟。

③【正义】遭正反。

④【正义】在曹州城武县东北四十二里也。

吴王之初发也,吴臣田禄伯为大将军。田禄伯曰:"兵屯聚而西,无佗奇道,难以就功。臣愿得五万人,别循江淮而上,收淮南、长沙,入武关,与大王会,此亦一奇也。"吴王太子谏曰:"王以反为名,此兵难以藉人,藉人亦且反王,奈何?且擅兵而别,多佗利害,未可知也,①徒自损耳。"吴王即不许田禄伯。

①【集解】苏林曰:"禄伯傥将兵降汉,自为利己,于吴为生患也。"

吴少将桓将军说王曰:"吴多步兵,步兵利险;汉多车骑,车骑利平地。愿大王所过城邑不下,直弃去,疾西据雒阳武库,食敖仓粟,阻山河之险以令诸侯,虽毋入关,天下固已定矣。即大王徐行,留下城邑,汉军车骑至,驰入梁楚之郊,事败矣。"吴王问诸老将,老将曰:"此少年推锋之计可耳,安知大虑乎!"于是王不用桓将军计。

吴王专并将其兵,未度淮,诸宾客皆得为将、校尉、候、司马,独周丘不得用。周丘者,下邳人,亡命吴,酤酒无行,吴王濞薄之,弗任。周丘上谒,说王曰:"臣以无能,不得待罪行间。臣非敢求有所将,愿得王一汉节,必有以报王。"王乃予之。周丘得节,夜驰入下邳。下邳时闻吴反,皆城守。至传舍,召令。令入户,使从者以罪斩令。遂召昆弟所善豪吏告曰:"吴反兵且至,至,屠下邳不过食顷。今先下,家室必完,能者封侯矣。"出乃相告,下邳皆下。周丘一夜得三万人,使人报吴王,遂将其兵北略城邑。比至城阳,①兵十馀万,破城阳中尉军。闻吴王败走,自度无与共成功,即引兵归下邳。未至，疽发背死。

①【正义】地理志云城阳国，故齐，汉文帝二年别为国，属兖州。

二月中，吴王兵既破，败走，于是天子制诏将军曰："盖闻为善者，天报之以福；为非者，天报之以殃。高皇帝亲表功德，建立诸侯，幽王、悼惠王绝无后，孝文皇帝哀怜加惠，王幽王子遂、悼惠王子卬等，令奉其先王宗庙，为汉藩国，德配天地，明并日月。吴王濞倍德反义，诱受天下亡命罪人，乱天下币，①称病不朝二十馀年，有司数请濞罪，孝文皇帝宽之，欲其改行为善。今乃与楚王戊、赵王遂、胶西王卬、济南王辟光、菑川王贤、胶东王雄渠约从反，为逆无道，起兵以危宗庙，贼杀大臣及汉使者，迫劫万民，夭杀无罪，烧残民家，掘其丘冢，甚为暴虐。今卬等又重逆无道，烧宗庙，卤御物，②朕甚痛之。朕素服避正殿，将军其劝士大夫击反虏。击反虏者，深入多杀为功，斩首捕虏比三百石以上者皆杀之，无有所置。③敢有议诏及不如诏者，皆要斩。"

①【集解】如淳曰："币，钱也。以私钱淆乱天下钱也。"

②【集解】如淳曰："卤，抄掠也。宗庙在郡县之物，皆为御物。"

【正义】颜师古曰："御物，宗庙之服器也。"

③【正义】置，放释也。

初，吴王之度淮，与楚王遂西败棘壁，①乘胜前，锐甚。梁孝王恐，遣六将军击吴，又败梁两将，士卒皆还走梁。梁数使使报条侯求救，条侯不许。又使使恶条侯于上，上使人告条侯救梁，复守便宜不行。梁使韩安国及楚死事相弟张羽为将军，②乃得颇败吴兵。吴兵欲西，梁城守坚，不敢西，即走条侯军，会下邑。③欲战，条侯壁，不肯战。吴粮绝，卒饥，数挑战，遂夜奔条侯壁，惊东南。条侯使

备西北,果从西北入。吴大败,士卒多饥死,乃畔散。于是吴王乃
与其麾下壮士数千人夜亡去,度江走丹徒,保东越。④东越兵可万
馀人,乃使人收聚亡卒。汉使人以利啖东越,⑤东越即绐吴王,吴
王出劳军,即使人鏦杀吴王,⑥盛其头,⑦驰传以闻。吴王子子华、
子驹亡走闽越。吴王之弃其军亡也,军遂溃,往往稍降太尉、梁军。
楚王戊军败,自杀。

①【正义】在宋州宁陵县西南七十里。

②【集解】徐广曰:"楚相张尚谏王而死。" 【正义】按:羽,尚弟也。

③【集解】徐广曰:"属梁国。" 【正义】宋州砀山县,本汉下邑县。

④【正义】东越传云:"独东瓯受汉之购,杀吴王。"丹徒,润州也。东瓯即
　东越也。东越将兵从吴在丹徒也。

⑤【集解】韦昭曰:"啖音徒览反。"

⑥【集解】孟康曰:"方言'戟谓之鏦'。" 【索隐】鏦音七江反。谓以戈
　刺杀之。邹氏又音春。亦音"从容"之"从",谓撞杀之也。

⑦【集解】吴地记曰:"吴王濞葬武进县南,地名相唐。" 【索隐】张勃云
　"吴王濞葬丹徒县南,其地名相唐"。今注本云"武进县",恐错也。
　【正义】括地志云:"汉吴王濞冢在润州丹徒县东练壁聚北,今入于江。
　吴录云丹徒有吴王冢,在县北,其处名为相唐。"

三王之围齐临菑也,三月不能下。汉兵至,胶西、胶东、菑川王
各引兵归。胶西王乃袒跣,席稿,饮水,谢太后。王太子德曰:"汉
兵远,臣观之已罢,可袭,愿收大王馀兵击之,击之不胜,乃逃入海,
未晚也。"王曰:"吾士卒皆已坏,不可发用。"弗听。汉将弓高侯颓
当①遗王书曰:"奉诏诛不义,降者赦其罪,复故;不降者灭之。王
何处,须以从事。"王肉袒叩头汉军壁,谒曰:"臣卬奉法不谨,惊骇
百姓,乃苦将军远道至于穷国,敢请菹醢之罪。"弓高侯执金鼓见

之，曰："王苦军事，愿闻王发兵状。"王顿首膝行对曰："今者，晁错天子用事臣，变更高皇帝法令，侵夺诸侯地。卬等以为不义，恐其败乱天下，七国发兵，且以诛错。今闻错已诛，卬等谨以罢兵归。"将军曰："王苟以错不善，何不以闻？（及）〔乃〕未有诏虎符，擅发兵击义国。以此观之，意非欲诛错也。"乃出诏书为王读之。读之讫，曰："王其自图。"王曰："如卬等死有馀罪。"遂自杀。太后、太子皆死。胶东、菑川、济南王皆死，②国除，纳于汉。郦将军围赵十月而下之，赵王自杀。济北王以劫故，得不诛，徙王菑川。

> ①【集解】徐广曰："姓韩。"
>
> ②【集解】徐广曰："一云'自杀'。"

初，吴王首反，并将楚兵，连齐赵。正月起兵，三月皆破，独赵后下。复置元王少子平陆侯礼为楚王，续元王后。徙汝南王非王吴故地，为江都王。

太史公曰：吴王之王，由父省也。①能薄赋敛，使其众，以擅山海利。逆乱之萌，自其子兴。争技发难，②卒亡其本；亲越谋宗，竟以夷陨。晁错为国远虑，祸反近身。袁盎权说，初宠后辱。故古者诸侯地不过百里，山海不以封。"毋亲夷狄，以疏其属"，盖谓吴邪？"毋为权首，反受其咎"，岂盎、错邪？

> ①【集解】言濞之王吴，由父代王被省封郐阳侯。省音所幸反。【索隐】
> 省音所景反。省者，减也。谓父仲从代王省封郐阳侯也。
>
> ②【索隐】谓与太子争博为争技也。

【索隐述赞】吴楚轻悍，王濞倍德。富因采山，衅成提局。憍矜贰志，连结七国。婴命始监，错诛未塞。天之悔祸，卒取奔北。

史 记 卷 一 百 七

魏其武安侯列传第四十七

魏其侯窦婴者,孝文后从兄子也。父世观津人。①喜宾客。孝
文时,婴为吴相,病免。孝景初即位,为詹事。②

①【索隐】按:地理志观津县属信都。以言其累叶在观津,故云"父世"
也。　【正义】观津城在冀州武邑县东南二十五里。

②【正义】百官表云"詹事,秦官,掌皇后、太子家"也。

梁孝王者,孝景弟也,其母窦太后爱之。梁孝王朝,因昆弟燕
饮。是时上未立太子,酒酣,从容言曰:"千秋之后传梁王。"太后
欢。窦婴引卮酒进上,曰:"天下者,高祖天下,父子相传,此汉之约
也,上何以得擅传梁王!"太后由此憎窦婴。窦婴亦薄其官,因病
免。太后除窦婴门籍,不得入朝请。①

①【集解】律,诸侯春朝天子曰朝,秋曰请。　【正义】才性反。

孝景三年,吴楚反,上察宗室诸窦①毋如窦婴贤,乃召婴。婴

入见，固辞谢病不足任。太后亦惭。于是上曰："天下方有急，王孙宁可以让邪？"②乃拜婴为大将军，赐金千斤。婴乃言袁盎、栾布诸名将贤士在家者进之。所赐金，陈之廊庑下，军吏过，辄令财取为用，③金无入家者。窦婴守荥阳，监齐赵兵。④七国兵已尽破，封婴为魏其侯。诸游士宾客争归魏其侯。孝景时每朝议大事，条侯、魏其侯，诸列侯莫敢与亢礼。

> ①【索隐】按：谓宗室之中及诸窦之宗室也。又姚氏案：酷吏传"周阳由，其父赵兼，以淮南王舅侯周阳，故因改氏。由以宗室任为郎"。则似是与国有亲戚属籍者，亦得呼为宗室也。
>
> ②【集解】汉书曰："窦婴字王孙。"
>
> ③【集解】苏林曰："令自裁度取为用也。"
>
> ④【正义】监音甲衫反。吴王濞传云"窦婴屯荥阳，监齐赵兵"也。

孝景四年，立栗太子，①使魏其侯为太子傅。孝景七年，栗太子废，魏其数争不能得。魏其谢病，屏居蓝田南山之下数月，诸宾客辩士说之，莫能来。梁人高遂乃说魏其曰："能富贵将军者，上也；能亲将军者，太后也。今将军傅太子，太子废而不能争；争不能得，又弗能死。自引谢病，拥赵女，屏闲处②而不朝。相提而论，③是自明扬主上之过。有如两宫螫将军，④则妻子毋类矣。"⑤魏其侯然之，乃遂起，朝请如故。

> ①【正义】栗姬之子，后废之，故书母姓也。
>
> ②【正义】上音闲，下昌汝反。
>
> ③【集解】徐广曰："提音徒抵反。"【索隐】提音弟，又音啼。相提犹相抵也。论音路顿反。
>
> ④【集解】张晏曰："两宫，太后、景帝也。螫，怒也。毒虫怒必螫人。又火各反。"【索隐】螫音释。谓怒也，毒虫怒必螫人。又音火各反。

汉书作"奭",奭即螫也。 【正义】两宫，太子、景帝也。

⑤【索隐】谓见诛灭无遗类。

桃侯免相，①窦太后数言魏其侯。孝景帝曰："太后岂以为臣
有爱，②不相魏其？魏其者，沾沾③自喜耳，多易。④难以为相，持
重。"遂不用，用建陵侯卫绾为丞相。

①【集解】服虔曰："刘舍也。"

②【索隐】爱犹惜也。

③【集解】徐广曰："沾，一作'怙'。又昌兼反，又当牒反。"

④【集解】张晏曰："沾沾，言自整顿也。多易，多轻易之行也。或曰沾沾
　　　幨也。" 【索隐】沾音禧，又音当牒反。小颜音他兼反。幨音如字，又
　　　天牒反。幨音尺占反。

武安侯田蚡①者，孝景后同母弟也，生长陵。魏其已为大将军
后，方盛，蚡为诸郎，②未贵，往来侍酒魏其，跪起如子姓。及孝景
晚节，③蚡益贵幸，为太中大夫。蚡辩有口，学槃盂诸书，④王太后
贤之。⑤孝景崩，即日太子立，称制，所镇抚多有田蚡宾客计策。蚡
弟田胜，皆以太后弟，孝景后三年⑥封蚡为武安侯，胜为周阳侯。⑦

①【索隐】扶粉反。如"蚡鼠"之"蚡"，音坟。

②【集解】徐广曰："一云'诸卿'。时人相号长老老者为'诸公'，年少者
　　　为'诸卿'，如今人相号为'士大夫'也。"

③【索隐】按：谓晚年也。

④【集解】应劭曰："黄帝史孔甲所作铭也。凡二十九篇，书槃盂中，所为
　　　法戒。诸书，诸子文书也。"孟康曰："孔甲槃盂二十六篇，杂家书，兼
　　　儒、墨、名、法。"

⑤【集解】徐广曰："即蚡同母姊者。"

⑥【集解】徐广曰:"孝景后三年即是孝武初嗣位之年也。"

⑦【正义】绛州闻喜县东二十里周阳故城也。

武安侯新欲用事为相,卑下宾客,进名士家居者贵之,欲以倾魏其诸将相。建元元年,丞相绾病免,上议置丞相、太尉。籍福说武安侯曰:"魏其贵久矣,天下士素归之。今将军初兴,未如魏其,即上以将军为丞相,必让魏其。魏其为丞相,将军必为太尉。太尉、丞相尊等耳,又有让贤名。"武安侯乃微言太后风上,于是乃以魏其侯为丞相,武安侯为太尉。籍福贺魏其侯,因吊曰:"君侯资性喜善疾恶,方今善人誉君侯,故至丞相;然君侯且疾恶,恶人众,亦且毁君侯。君侯能兼容,则幸久;不能,今以毁去矣。"魏其不听。

魏其、武安俱好儒术,推毂赵绾为御史大夫,①王臧为郎中令。迎鲁申公,欲设明堂,令列侯就国,除关,②以礼为服制,③以兴太平。举适诸窦④宗室毋节行者,除其属籍。时诸外家为列侯,列侯多尚公主,皆不欲就国,以故毁日至窦太后。太后好黄老之言,而魏其、武安、赵绾、王臧等务隆推儒术,贬道家言,是以窦太后滋不说魏其等。及建元二年,御史大夫赵绾请无奏事东宫。⑤窦太后大怒,乃罢逐赵绾、王臧等,而免丞相、太尉,以柏至侯许昌为丞相,武强侯庄青翟为御史大夫。魏其、武安由此以侯家居。

①【索隐】案:推毂谓自卑下之,如为之推车毂也。

②【索隐】谓除关门之税也。

③【索隐】案:其时礼度逾侈,多不依礼,今令吉凶服制皆法于礼也。

④【索隐】适音直革反。

⑤【集解】韦昭曰:"欲夺其政也。"

武安侯虽不任职,以王太后故,亲幸,数言事多效,天下吏士趋势利者,皆去魏其归武安。武安日益横。建元六年,窦太后崩,丞相昌、御史大夫青翟坐丧事不办,免。以武安侯蚡为丞相,以大司农韩安国为御史大夫。天下士郡诸侯愈益附武安。①

①【索隐】按:谓仕诸郡及仕诸侯王国者,犹言仕郡国也。

武安者,貌侵,①生贵甚。②又以为诸侯王多长,③上初即位,富于春秋,蚡以肺腑为京师相,④非痛折节以礼诎之,天下不肃。⑤当是时,丞相入奏事,坐语移日,所言皆听。荐人或起家至二千石,权移主上。上乃曰:"君除吏已尽未? 吾亦欲除吏。"尝请考工地益宅,⑥上怒曰:"君何不遂取武库!"是后乃退。尝召客饮,坐其兄盖侯⑦南乡,自坐东乡,以为汉相尊,不可以兄故私桡。武安由此滋骄,治宅甲诸第。⑧田园极膏腴,而市买郡县器物相属于道。前堂罗钟鼓,立曲旃;⑨后房妇女以百数。诸侯奉金玉狗马玩好,不可胜数。

①【集解】韦昭曰:"侵音寝,短小也"。又云丑恶也,刻确也。音核。"

【索隐】案:服虔云"侵,短小也"。韦昭云"刻确也"。按:确音刻。又孔文祥"侵,丑恶也。音寝"。

②【索隐】按:小颜云"生贵谓自尊高示贵宠",其说疏也。按:生谓蚡自生尊贵之势特甚,故下云"又以诸侯王多长年,蚡以肺腑为相,非痛折节以礼屈之,则天下不肃"者也。

③【集解】张晏曰:"多长年。"

④【索隐】腑音府。肺音废。言如肝肺之相附。又云柿,木札;附,木皮也。诗云"如涂涂附",以言如皮之附木也。　【正义】颜师古曰:"旧解云肺附,如肝肺之相附著也。一说柿,斫木札也,喻其轻薄附著大材。"按:颜此说并是疏谬。又改"腑"为"附"就其义,重谬矣。八十一难云:"寸口者,脉之大会,手太阴之动脉也。"吕广云:"太阴者,肺

之脉也。肺为诸藏之主,通阴阳,故十二经脉皆会乎太阴,所以决吉凶者。十二经有病皆寸口,知其何经之动浮沈濇滑,春秋逆顺,知其死生。"顾野王云:"肺腑,腹心也。"案:说田蚡为相,若人之肺,知阴阳逆顺,又为帝之腹心亲戚也。

⑤【索隐】案:痌,甚也。欲令士折节屈下于己;不然,天下不肃。或解以为蚡欲折节下士,非也。案:下文不让其兄盖侯,知或说为非也。

⑥【集解】汉书百官表曰少府有考工室。如淳曰:"官名也。"

⑦【集解】徐广曰:"王后兄王信也。泰山有盖县,乐安有益县也。"

⑧【集解】徐广曰:"为诸第之上也。"

⑨【集解】如淳曰:"旌旗之名。通帛曰旂。曲旃,僭也。"苏林曰:"礼,大夫建旃。曲旃,柄上曲也。"【索隐】按:曲旃,旌旗柄上曲,僭礼也。通帛曰旂。说文云曲旃者,所以招士也。

魏其失窦太后,益疏不用,无势,诸客稍稍自引而怠傲,唯灌将军独不失故。魏其日默默不得志,而独厚遇灌将军。

灌将军夫者,颍阴人也。夫父张孟,尝为颍阴侯婴舍人,得幸,因进之至二千石,故蒙灌氏姓为灌孟。吴楚反时,颍阴侯灌何为将军,①属太尉,请灌孟为校尉。夫以千人与父俱。②灌孟年老,颍阴侯强请之,郁郁不得意,故战常陷坚,遂死吴军中。军法,父子俱从军,有死事,得与丧归。灌夫不肯随丧归,奋曰:③"愿取吴王若将军头,以报父之仇。"于是灌夫被甲持戟,募军中壮士所善愿从者数十人。及出壁门,莫敢前。独二人及从奴十数骑驰入吴军,至吴将麾下,④所杀伤数十人。不得前,复驰还,走入汉壁,皆亡其奴,独与一骑归。夫身中大创十余,适有万金良药,故得无死。夫创少瘳,又复请将军曰:"吾益知吴壁中曲折,请复往。"将军壮义之,恐

2480

亡夫,乃言太尉,太尉乃固止之。吴已破,灌夫以此名闻天下。

①【索隐】案:何是婴子,汉书作"婴",误也。

②【集解】汉书音义曰"官主千人,如候司马"。

③【集解】张晏曰:"自奋励也。"

④【正义】谓大将之旗。

颍阴侯言之上,上以夫为中郎将。数月,坐法去。后家居长安,长安中诸公莫弗称之。孝景时,至代相。孝景崩,今上初即位,以为淮阳天下交,劲兵处,故徙夫为淮阳太守。建元元年,入为太仆。二年,夫与长乐卫尉窦甫饮,轻重不得,①夫醉,搏甫。②甫,窦太后昆弟也。上恐太后诛夫,徙为燕相。数岁,坐法去官,家居长安。

①【集解】晋灼曰:"饮酒轻重不得其平也。"

②【索隐】搏音博,谓击也。

灌夫为人刚直使酒,不好面谀。贵戚诸有势在己之右,不欲加礼,必陵之;诸士在己之左,愈贫贱,尤益敬,与钧。稠人广众,荐宠下辈。士亦以此多之。

夫不喜文学,好任侠,已然诺。①诸所与交通,无非豪杰大猾。家累数千万,食客日数十百人。陂池田园,宗族宾客为权利,横于颍川。颍川儿乃歌之曰:"颍水清,灌氏宁;颍水浊,灌氏族。"

①【索隐】已音以。谓已许诺,必使副其前言也。

灌夫家居虽富,然失势,卿相侍中宾客益衰。及魏其侯失势,亦欲倚灌夫引绳批根生平慕之后弃之者。①灌夫亦倚魏其而通列侯宗室为名高。两人相为引重,②其游如父子然。相得欢甚,无厌,恨相知晚也。

①【集解】苏林曰："二人相倚，引绳直之，意批根宾客也。弃之者，不与交通。"孟康曰："根，根括。引绳以持弹。" 【索隐】案：刘氏云"二人相倚，事如合绳共相依引也"。批音步结反。批者，排也。汉书作"排"。排根者，苏林云"宾客去之者不与通也"。孟康云"音根格，谓引绳排弹其根格，平生慕婴交而弃者令不得通也。小颜根音痕，格音下各反。骃谓引绳，排弹绳根括以退之者也"。持弹，案汉书本作"抨弹"，音普耕反。

②【集解】张晏曰："相荐达为声势。"

灌夫有服，过丞相。丞相从容曰："吾欲与仲孺过魏其侯，①会仲孺有服。"②灌夫曰："将军乃肯幸临况魏其侯，夫安敢以服为解！请语魏其侯帐具，将军旦日蚤临。"武安许诺。灌夫具语魏其侯如所谓武安侯。魏其与其夫人益市牛酒，夜洒埽，早帐具至旦。平明，令门下候伺。至日中，丞相不来。魏其谓灌夫曰："丞相岂忘之哉？"灌夫不怿，曰："夫以服请，宜往。"③乃驾，自往迎丞相。丞相特前戏许灌夫，殊无意往。及夫至门，丞相尚卧。于是夫入见，曰："将军昨日幸许过魏其，魏其夫妻治具，自旦至今，未敢尝食。"武安鄂④谢曰："吾昨日醉，忽忘与仲孺言。"乃驾往，又徐行，灌夫愈益怒。及饮酒酣，夫起舞属丞相，⑤丞相不起，夫从坐上语侵之。魏其乃扶灌夫去，谢丞相。丞相卒饮至夜，极欢而去。

①【集解】汉书曰："灌夫字仲孺。"

②【索隐】案：服谓期功之服也。故应璩书曰"仲孺不辞同生之服"是也。

③【集解】徐广曰："一云'以服请，不宜往'。" 【索隐】案：徐广云"以服请，不宜往"，其说非也。正言夫请不以服为解，蚡不宜忘，故驾自往迎也。

④【集解】徐广曰："一作'愕'。"

⑤【索隐】属音之欲反。属犹委也，付也。小颜云"若今之舞讫相劝也"。

丞相尝使籍福请魏其城南田。魏其大望曰："老仆虽弃，将军虽贵，宁可以势夺乎！"不许。灌夫闻，怒，骂籍福。籍福恶两人有郤，乃谩自好谢丞相曰："魏其老且死，易忍，且待之。"已而武安闻魏其、灌夫实怒不予田，亦怒曰："魏其子尝杀人，蚡活之。蚡事魏其无所不可，何爱数顷田？且灌夫何与也？吾不敢复求田。"武安由此大怨灌夫、魏其。

元光四年春，①丞相言灌夫家在颍川，横甚，民苦之。请案。上曰："此丞相事，何请。"灌夫亦持丞相阴事，为奸利，受淮南王金与语言。宾客居间，遂止，俱解。

①【集解】徐广曰："疑此当是三年也。其说在后。"

夏，丞相取燕王女为夫人，①有太后诏，召列侯宗室皆往贺。魏其侯过灌夫，欲与俱。夫谢曰："夫数以酒失得过丞相，丞相今者又与夫有郤。"魏其曰："事已解。"强与俱。饮酒酣，武安起为寿，②坐皆避席伏。已魏其侯为寿，独故人避席耳，馀半膝席。③灌夫不悦。起行酒，至武安，武安膝席曰："不能满觞。"夫怒，因嘻笑曰："将军贵人也，属之！"④时武安不肯。行酒次至临汝侯，⑤临汝侯方与程不识耳语，又不避席。夫无所发怒，乃骂临汝侯曰："生平毁程不识不直一钱，今日长者为寿，乃效女儿呫嗫耳语！"⑥武安谓灌夫曰："程李俱东西宫卫尉，⑦今众辱程将军，仲孺独不为李将军地乎？"⑧灌夫曰："今日斩头陷匈，⑨何知程李乎！"坐乃起更衣，稍稍去。魏其侯去，麾灌夫出。武安遂怒曰："此吾骄灌夫罪。"乃令骑留灌夫。灌夫欲出不得。籍福起为谢，案灌夫项令谢。夫愈怒，不肯谢。武安乃麾骑缚夫置传舍，召长史曰："今日召宗室，有诏。"劾灌夫骂坐不敬,系居室。⑩遂按其前事,遣吏分曹逐捕诸灌氏支属,皆得弃市罪。魏其侯大愧,为资使宾客请,莫能解。⑪武安吏皆为耳目,诸灌氏皆亡匿,夫系,遂不得告言武安阴事。

①【索隐】案:蚡娶燕王刘泽子康王嘉之女也。

②【集解】如淳曰:"上酒为称寿,非大行酒。"

③【集解】苏林曰:"下席而膝半在席上。"如淳曰:"以膝跪席上也。"

④【集解】徐广曰:"属,一作'毕'。"　【索隐】案:汉书作"毕"。毕,尽也。

⑤【集解】徐广曰:"灌婴孙,名贤也。"　【索隐】案:汉书云临汝侯灌贤,则贤是婴之孙,临汝是改封也。

⑥【集解】韦昭曰:"呫嗫,附耳小语声。"　【索隐】女儿犹云儿女也。汉书作"女曹儿"。曹,辈也,犹言儿女辈。呫,邹氏音蚩辄反。嗫音女辄反。说文"附耳小语也"。

⑦【集解】汉书音义曰:"李广为东宫,程不识为西宫。"

⑧【集解】如淳曰:"李将军,李广也。犹今人言为除地也。"　【索隐】案:小颜云"言今既毁程,令李何地自处也"。

⑨【索隐】韦昭云:"言不避死亡也。"汉书作"穴匈"。

⑩【集解】如淳曰:"百官表居室为保宫,今守宫也。"

⑪【集解】如淳曰:"为出资费,使人为夫言。"

魏其锐身为救灌夫。夫人谏魏其曰:"灌将军得罪丞相,与太后家忤,宁可救邪?"魏其侯曰:"侯自我得之,自我捐之,无所恨。且终不令灌仲孺独死,婴独生。"乃匿其家,①窃出上书。立召入,具言灌夫醉饱事,不足诛。上然之,赐魏其食,曰:"东朝廷辩之。"②

①【集解】晋灼曰:"恐其夫人复谏止也。"

②【集解】如淳曰:"东朝,太后朝。"

魏其之东朝,盛推灌夫之善,言其醉饱得过,乃丞相以他事诬罪之。武安又盛毁灌夫所为横恣,罪逆不道。魏其度不可奈何,因言丞相短。武安曰:"天下幸而安乐无事,蚡得为肺腑,所好音乐狗马田宅。蚡所爱倡优巧匠之属,不如魏其、灌夫日夜招聚天下豪桀壮士与论议,腹诽而心谤,不仰视天而俯画地,①辟倪两宫间,②幸天下有变,而欲有大功。③臣乃不知魏其等所为。"于是上问朝臣:"两人孰是?"御史大夫韩安国曰:"魏其言灌夫父死事,身荷戟驰入不测之吴军,身被数十创,名冠三军,此天下壮士,非有大恶,争杯酒,不足引他过以诛也。魏其言是也。丞相亦言灌夫通奸猾,侵细民,家累巨万,横恣颍川,凌轹宗室,侵犯骨肉,此所谓'枝大于本,胫大于股,不折必披',④丞相言亦是。唯明主裁之。"主爵都尉汲黯是魏其。内史郑当时是魏其,后不敢坚对。馀皆莫敢对。上怒内史曰:"公平生数言魏其、武安长短,今日廷论,局趣效辕下驹,⑤吾并斩若属矣。"即罢起入,上食太后。太后亦已使人候伺,具以告太后。太后怒,不食,曰:"今我在也,而人皆藉吾弟,⑥令我百岁后,皆鱼肉之矣。且帝宁能为石人邪!⑦此特帝在,即录录,设百岁后,⑧是属宁有可信者乎?"上谢曰:"俱宗室外家,⑨故廷辩之。不然,此一狱吏所决耳。"是时郎中令石建为上分别言两人事。

①【集解】张晏曰:"视天,占三光也。画地,知分野所在也。画地谕欲作反事。"

②【集解】徐广曰:"辟音芳细反。倪音诣。"张晏曰:"占太后与帝吉凶之期。"【索隐】辟普系反。倪,五系反。埤仓云:"睥睨,邪视也。"

③【集解】张晏曰:"幸为反者,当得为大将立功也。"瓒曰:"天下有变谓天子崩,因变难之际得立大功。"

④【索隐】案:包恺音足彼反。　【正义】铺被反。披,分析也。

⑤【集解】张晏曰:"俛头于车辕下,随母而已。"瓒曰:"小马在辕下。"
　【正义】应劭云:"驹马加著辕。局趣,纤小之貌。"按:应说为长也。

⑥【索隐】案:晋灼云"藉,蹈也。以言躁藉之"。

⑦【索隐】谓帝不如石人得长存也。　【正义】颜师古云:"言徒有人形耳,不知好恶。"按:今俗云人不辨事,骂云机机若木人也。

⑧【索隐】案:设者,脱也。

⑨【正义】婴,景帝从舅。蚡,太后同母弟。

武安已罢朝,出止车门,召韩御史大夫载,怒曰:"与长孺共一老秃翁,何为首鼠两端?"①韩御史良久谓丞相曰:"君何不自喜?②夫魏其毁君,君当免冠解印绶归,曰'臣以肺腑幸得待罪,固非其任,魏其言皆是'。如此,上必多君有让,不废君。魏其必内愧,杜门齰舌自杀。③今人毁君,君亦毁人,譬如贾竖女子争言,何其无大体也!"武安谢罪曰:"争时急,不知出此。"

①【集解】汉书音义曰:"秃老翁,言婴无官位扳援也。首鼠,一前一却也。"　【索隐】按:谓共治一老秃翁,指窦婴也。服虔云"首鼠,一前一却也"。

②【集解】苏林曰:"何不自解释为喜乐邪?"　【索隐】按:小颜云"何不自谦逊为可喜之事"。音许既反。

③【索隐】按:说文云"齰,啮也"。音侧革反。

于是上使御史簿责魏其所言灌夫,颇不雠,①欺谩。劾系都司空。②孝景时,魏其常受遗诏,曰"事有不便,以便宜论上"。及系,灌夫罪至族,事日急,诸公莫敢复明言于上。魏其乃使昆弟子上书言之,幸得复召见。书奏上,而案尚书大行无遗诏。③诏书独藏魏其家,家丞封。④乃劾魏其矫先帝诏,罪当弃市。五年十月,⑤悉论灌夫及家属。魏其良久乃闻,闻即恚,病痱,⑥不食欲死。或闻上无意杀魏其,魏其复食,治病,议定不死矣。乃有蜚语为恶言闻上,⑦故以十二月晦⑧论弃市渭城。⑨

①【正义】雠音市周反,对也。言簿责魏其所言灌夫实颍川事,故魏其不对为欺谩者也。

②【索隐】案:百官表云宗正属官,主诏狱也。 【正义】如淳云:"律,司空主水及罪人。"

③【集解】如淳曰:"太行,主诸侯官也。" 【索隐】案:尚书无此景帝崩时大行遗诏,乃魏其家臣印封之。如淳说非也。 【正义】天子崩曰大行也。按:尚书之中,景帝崩时无遗诏赐魏其也。百官表云诸受尚书事也。

④【集解】汉书音义曰:"以家臣印封遗诏。"

⑤【集解】徐广曰:"疑非五年,亦非十月。" 【索隐】徐氏云疑非者,案武纪四年三月蚡薨,窦婴死在前,今云五年,故疑非也。 【正义】汉书云元光四年冬,魏其侯婴有罪弃市。春三月乙卯,丞相蚡薨。按:五年者,误也。

⑥【索隐】痱音肥,又音扶味反,风病也。

⑦【集解】张晏曰:"蚡伪作飞扬诽谤之语。"

⑧【集解】徐广曰:"疑非十二月也。"駰案:张晏曰"月晦者,春垂至也"。 【索隐】著日月者,见春垂至,恐遇赦赎也。

⑨【正义】故咸阳也。

2487

其春,武安侯病,①专呼服谢罪。②使巫视鬼者视之,见魏其、灌夫共守,欲杀之。竟死。子恬嗣。③元朔三年,武安侯坐衣襜褕④入宫,不敬。⑤

①【正义】其春,即四年春也。元光四年十月,灌夫弃市。十二月末,魏其弃市。至三月乙卯,田蚡薨。则三人死同在一年明矣。汉以十月

为岁首故也。秦楚之际表云〔十月〕，十一月，十二月，端月，二月，三
月，至九为终。周建子为正月，十一月为正月，十二月为二月，正月为
三月，二月为四月，至十月为岁终。汉初至武帝太初以前，并依秦法，
以后改用夏正月，至今不改。然夫子作春秋依夏正。

②【集解】汉书音义曰："言蚡号呼谢服罪也。"

③【集解】徐广曰："蚡疾，见魏其、灌夫鬼杀之，则其(春)〔死〕共在一春
内邪？武帝本纪'四年三月乙卯，田蚡薨'，婴死在蚡薨之前，何复云
五年十二月邪？疑十二月当为二月也。"案侯表，蚡事武帝九年而卒，
元光四年侯恬之元年，建元元年讫元光三年而九年。大臣表蚡以元
光四年卒，亦云婴四年弃市，未详此正安在。然蚡薨在婴死后分明。

④【正义】尔雅云"衣蔽前谓之襜"。郭璞云"蔽膝也"。说文、字林并谓
之短衣。

⑤【集解】徐广曰："表云坐衣不敬，国除。"　【索隐】襜，尺占反。襜音
逾。谓非正朝衣，若妇人服也。表云恬坐衣不敬，国除。

淮南王安谋反觉，治。王前朝，①武安侯为太尉，时迎王至霸
上，谓王曰："上未有太子，大王最贤，高祖孙，即宫车晏驾，非大王
立当谁哉！"淮南王大喜，厚遗金财物。上自魏其时不直武安，特为
太后故耳。②及闻淮南王金事，上曰："使武安侯在者，族矣。"

①【集解】徐广曰："建元二年。"

②【索隐】案：武帝以魏其、灌夫事为枉，于武安侯为不直，特为太后
故耳。

太史公曰：魏其、武安皆以外戚重，灌夫用一时决筴而名显。
魏其之举以吴楚，武安之贵在日月之际。然魏其诚不知时变，灌夫
无术而不逊，两人相翼，乃成祸乱。武安负贵而好权，杯酒责望，陷

彼两贤。呜呼哀哉！迁怒及人，命亦不延。众庶不载，竟被恶言。
呜呼哀哉！祸所从来矣！

【索隐述赞】窦婴、田蚡，势利相雄。咸倚外戚，或恃军功。灌夫自喜，引重其中。意气杯酒，瞵睨两宫。事竟不直，冤哉二公！

史 记 卷 一 百 八

韩长孺列传第四十八

御史大夫韩安国者,梁成安人也,①后徙睢阳。②尝受韩子、杂家说于驺田生所。③事梁孝王为中大夫。吴楚反时,孝王使安国及张羽为将,扞④吴兵于东界。张羽力战,安国持重,以故吴不能过梁。吴楚已破,安国、张羽名由此显。

①【集解】徐广曰:"在汝颍之间也。"　【索隐】按:徐广云"在汝颍之间"。汉书地理志县名,属陈留。　【正义】括地志云:"成安故城在汝州梁县东二十三里。"地理志云成安属颍川郡。陈留郡又有成安县,亦属梁,未知孰是也。

②【正义】今宋州宋城。

③【索隐】案:安国学韩子及杂家说于驺县田生之所。

④【索隐】上音酱,下音汗。

梁孝王,景帝母弟,窦太后爱之,令得自请置相、二千石,出入游戏,僭于天子。天子闻之,心弗善也。太后知帝不善,乃怒梁使者,弗见,案责王所为。韩安国为梁使,见大长公主①而泣曰:"何梁王为人子之孝,为人臣之忠,而太后曾弗省也?②夫前日吴、楚、齐、赵七国反时,自关以东皆合从西乡,惟梁最亲为艰难。梁王念太后、帝在中,③而诸侯扰乱,一言泣数行下,跪送臣等六人将兵击却吴楚,吴楚以故兵不敢西,而卒破亡,梁王之力也。今太后以小节苛礼④责望梁王。梁王父兄皆帝王,所见者大,故出称跸,入言警,车旗皆帝所赐也,即欲以侘鄙县,⑤驱驰国中,以夸诸侯,令天下尽知太后、帝爱之也。今梁使来,辄案责之。梁王恐,日夜涕泣思慕,不知所为。何梁王之为子孝,为臣忠,而太后弗恤也?"大长公主具以告太后,太后喜曰:"为言之帝。"言之,帝心乃解,而免冠谢太后曰:"兄弟不能相教,乃为太后遗忧。"悉见梁使,厚赐之。其后梁王益亲欢。太后、长公主更赐安国可直千馀金。名由此显,结于汉。

> ①【集解】徐广曰:"景帝姊。"　【索隐】案:即馆陶公主。　【正义】如淳云:"景帝妹也。"
>
> ②【索隐】省音仙井反。省者,察也。
>
> ③【正义】谓关中也。又云京师在天下之中。
>
> ④【索隐】案:谓苛细小礼以责之。
>
> ⑤【集解】徐广曰:"侘,一作'纤'也。"骃案:侘音丑亚反,夸也。
>
> 　【索隐】侘音丑亚反,字如"蛇"。侘者,夸也。汉书作"嗄",音火亚反。纤音寒孟反。

其后安国坐法抵罪,蒙①狱吏田甲辱安国。安国曰:"死灰独不复然乎?"田甲曰:"然即溺之。"居无何,梁内史缺,汉使使者拜安国为梁内史，起徒中为二千石。田甲亡走。安国曰：“甲不就官，我灭而宗。”甲因肉袒谢。安国笑曰：“可溺矣！公等足与治乎？”②卒善遇之。

①【集解】蒙，县名。 【索隐】抵音丁礼反。蒙，县名，属梁国也。

②【索隐】案：谓不足与绳（持）〔治〕之。治音持也。

梁内史之缺也，孝王新得齐人公孙诡，说之，欲请以为内史。窦太后闻，乃诏王以安国为内史

公孙诡、羊胜说孝王求为帝太子及益地事，恐汉大臣不听，乃阴使人刺汉用事谋臣。及杀故吴相袁盎，景帝遂闻诡、胜等计画，乃遣使捕诡、胜，必得。汉使十辈至梁，相以下举国大索，月馀不得。内史安国闻诡、胜匿孝王所，安国入见王而泣曰：“主辱臣死。①大王无良臣，故事纷纷至此。今诡、胜不得，请辞赐死。”王曰：“何至此？”安国泣数行下，曰：“大王自度于皇帝，孰与太上皇之与高皇帝及皇帝之与临江王亲？”孝王曰：“弗如也。”安国曰：“夫太上、临江亲父子之间，然而高帝曰‘提三尺剑取天下者朕也’，故太上皇终不得制事，居于栎阳。临江王，適长太子也，以一言过，废王临江；②用宫垣事，卒自杀中尉府。何者？治天下终不以私乱公。语曰：‘虽有亲父，安知其不为虎？虽有亲兄，安知其不为狼？’今大王列在诸侯，悦一邪臣③浮说，犯上禁，桡明法。天子以太后故，不忍致法于王。太后日夜涕泣，幸大王自改，而大王终不觉寤。有如太后宫车即晏驾，大王尚谁攀乎？”语未卒，孝王泣数行下，谢安国曰：“吾今出诡、胜。”诡、胜自杀。汉使还报，梁事皆得释，安国之力也。于是景帝、太后益重安国。孝王卒，共王即位，

安国坐法失官,居家。

①【索隐】此语见国语。

②【集解】如淳曰:"景帝尝属诸姬,太子母栗姬言不逊,由是废太子,栗
姬忧死。"

③【索隐】悦,汉书作"诛"。说文云"诛,诱也"。

　　建元中,武安侯田蚡为汉太尉,亲贵用事,安国以五百金物遗
蚡。蚡言安国太后,天子亦素闻其贤,即召以为北地都尉,迁为大
司农。闽越、东越相攻,安国及大行王恢将。未至越,越杀其王降,
汉兵亦罢。建元六年,武安侯为丞相,安国为御史大夫。

　　匈奴来请和亲,天子下议。大行王恢,燕人也,数为边吏,习知
胡事。议曰:"汉与匈奴和亲,率不过数岁即复倍约。不如勿许,兴
兵击之。"安国曰:"千里而战,兵不获利。今匈奴负戎马之足,怀
禽兽之心,迁徙鸟举,难得而制也。得其地不足以为广,有其众不
足以为强,自上古不属为人。①汉数千里争利,则人马罢,虏以全制
其敝。且强弩之极,矢不能穿鲁缟;②冲风之末,力不能漂鸿毛。
非初不劲,末力衰也。击之不便,不如和亲。"群臣议者多附安国,
于是上许和亲。

①【索隐】按:晋灼云"不内属于汉为人"。

②【集解】许慎曰:"鲁之缟尤薄。"

　　其明年,则元光元年,雁门马邑豪聂翁壹①因大行王恢言上
曰:"匈奴初和亲,亲信边,可诱以利。"阴使聂翁壹为间,亡入匈
奴,谓单于曰:"吾能斩马邑令丞吏,以城降,财物可尽得。"单于爱
信之,以为然,许聂翁壹。聂翁壹乃还,诈斩死罪囚,悬其头马邑
城,示单于使者为信。曰:"马邑长吏已死,可急来。"于是单于穿

塞将十馀万骑,入武州塞。②

①【集解】张晏曰:"豪犹帅也。" 【索隐】聂,姓也;翁壹,名也。汉书云
"聂壹"。

②【集解】徐广曰:"在雁门。" 【索隐】地理志县名,属雁门。又崔浩云
"今平城直西百里有武州城"是也。

当是时,汉伏兵车骑材官三十馀万,匿马邑旁谷中。卫尉李广
为骁骑将军,①太仆公孙贺为轻车将军,②大行王恢为将屯将军,③
太中大夫李息为材官将军。④御史大夫韩安国为护军将军,诸将皆
属护军。约单于入马邑而汉兵纵发。王恢、李息、李广别从代主击
其辎重。⑤于是单于入汉长城武州塞。未至马邑百馀里,行掠卤,
徒见畜牧于野,不见一人。单于怪之,攻烽燧,得武州尉史。欲刺
问尉史。尉史曰:"汉兵数十万伏马邑下。"单于顾谓左右曰:"几
为汉所卖!"⑥乃引兵还。出塞,曰:"吾得尉史,乃天也。"命尉史
为"天王"。塞下传言单于已引去。汉兵追至塞,度弗及,即罢。
王恢等兵三万,闻单于不与汉合,度往击辎重,必与单于精兵战,汉
兵势必败,则以便宜罢兵,皆无功。

①【集解】汉书曰:"北貉燕人来致枭骑。"应劭曰:"枭,健也。"张晏曰:
"枭,勇也,若六博之枭矣。"

②【正义】司马绣汉书云:"轻车,古之战车。"

③【正义】李奇云:"监主诸屯。"

④【正义】臣瓒云:"材官,骑射之官。"

⑤【正义】释名云:"辎,厠也。所载衣服杂厠其中。"

⑥【正义】几音祈。

天子怒王恢不出击单于辎重,擅引兵罢也。恢曰:"始约虏入
马邑城,兵与单于接,而臣击其辎重,可得利。今单于闻,不至而

还,臣以三万人众不敌,褆取辱耳。①臣固知还而斩,然得完陛下士三万人。"于是下恢廷尉。廷尉当恢逗桡,当斩。②恢私行千金丞相蚡。蚡不敢言上,而言于太后曰:"王恢首造马邑事,今不成而诛恢,是为匈奴报仇也。"上朝太后,太后以丞相言告上。上曰:"首为马邑事者,恢也,故发天下兵数十万,从其言,为此。且纵单于不可得,恢所部击其辎重,犹颇可得,以慰士大夫心。今不诛恢,无以谢天下。"于是恢闻之,乃自杀。

①【集解】徐广曰:"褆,一作'只'也。"

②【集解】汉书音义曰:"逗,曲行避敌也;桡,顾望。军法语也。"

　【索隐】案:劭云"逗,曲行而避敌,音豆"。又音住,住谓留止也。

　桡,屈弱也,女孝反。一云桡,顾望也

安国为人多大略,智足以当世取合,而出于忠厚焉。①贪嗜于财。所推举皆廉士,贤于己者也。于梁举壶遂、臧固、郅他,②皆天下名士,士亦以此称慕之,唯天子以为国器。安国为御史大夫四岁馀,丞相田蚡死,安国行丞相事,奉引堕车蹇。③天子议置相,欲用安国,使使视之,蹇甚,乃更以平棘侯薛泽为丞相。安国病免数月,蹇愈,上复以安国为中尉。岁馀,徙为卫尉。

①【索隐】案:出者,去也。言安国为人无忠厚之行。

②【索隐】上音质,下徒河反。谓三人姓名也,壶遂也,臧固也,郅他也。

　若汉书则云"至他",言至于他处,亦举名士也。

③【集解】如淳曰:"为天子导引而堕车,跛足。"

车骑将军卫青击匈奴,①出上谷,破胡茏城。②将军李广为匈奴所得,复失之;公孙敖大亡卒:皆当斩,赎为庶人。明年,匈奴大入边,杀辽西太守,及入雁门,所杀略数千人。车骑将军卫青击之,出雁门。卫尉安国为材官将军,屯于渔阳。③安国捕生虏,言匈奴远去。即上书言方田作时,请且罢军屯。罢军屯月馀,匈奴大入上谷、渔阳。安国壁乃有七百馀人,出与战,不胜,复入壁。匈奴虏略千馀人及畜产而去。天子闻之,怒,使使责让安国。徙安国益东,屯右北平。④是时匈奴虏言当入东方。

① 【集解】徐广曰:"元光六年也。"

② 【集解】茫音龙。　【索隐】音龙。

③ 【正义】幽州县。

④ 【正义】幽州渔阳县东南七十七里北平城,即汉右北平也。

安国始为御史大夫及护军,后稍斥疏,下迁;而新幸壮将军卫青等有功,益贵。安国既疏远,默默也;将屯又为匈奴所欺,失亡多,甚自愧。幸得罢归,乃益东徙屯,意忽忽不乐。数月,病欧血死。安国以元朔二年中卒。

太史公曰:余与壶遂定律历,观韩长孺之义,壶遂之深中隐厚。①世之言梁多长者,不虚哉!壶遂官至詹事,天子方倚以为汉相,会遂卒。不然,壶遂之内廉行修,斯鞠躬君子也。

① 【集解】徐广曰:"一云'廉正忠厚'。"

【索隐述赞】安国忠厚,初为梁将。因事坐法,免徒起相。死灰更然,生虏失防。推贤见重,贿金贻谤。雪泣悟主,臣节可亮。

史 记 卷 一 百 九

李将军列传第四十九

　　李将军广者,陇西成纪人也。①其先曰李信,秦时为将,逐得燕太子丹者也。故槐里,徙成纪。广家世世受射。②孝文帝十四年,匈奴大入萧关,而广以良家子③从军击胡,用善骑射,杀首虏多,为汉中郎。广从弟李蔡亦为郎,皆为武骑常侍,④秩八百石。尝从行,有所冲陷折关及格猛兽,而文帝曰:"惜乎,子不遇时! 如令子当高帝时,万户侯岂足道哉!"

　　①【正义】成纪,秦州县。

　　②【索隐】案:小颜云"世受射法"。

　　③【索隐】案:如淳云"非医、巫、商贾、百工也"。

　　④【索隐】案:谓为郎而补武骑常侍。

　　及孝景初立,广为陇西都尉,徙为骑郎将。①吴楚军时,广为骁骑都尉,从太尉亚夫击吴楚军,取旗,显功名昌邑下。以梁王授广

2499

将军印,还,赏不行。②徙为上谷太守,匈奴日以合战。典属国公孙昆邪③为上泣曰:"李广才气,天下无双,自负其能,数与虏敌战,恐亡之。"于是乃徙为上郡太守。后广转为边郡太守,徙上郡。尝为陇西、北地、雁门、代郡、云中太守,皆以力战为名。

①【集解】张晏曰:"为武骑郎将。"【索隐】小颜云:"为骑郎将谓主骑郎也。"

②【集解】文颖曰:"广为汉将,私受梁印,故不以赏也。"

③【集解】昆音魂。【索隐】按:典属国,官名。公孙,姓也;昆邪,名。服虔云"中国人"。包恺云"昆音魂"也。

匈奴大入上郡,天子使中贵人从广①勒习兵击匈奴。中贵人将骑数十纵,②见匈奴三人,与战。三人还射,③伤中贵人,杀其骑且尽。中贵人走广。广曰:"是必射雕者也。"④广乃遂从百骑往驰三人。三人亡马步行,行数十里。广令其骑张左右翼,而广身自射彼三人者,杀其二人,生得一人,果匈奴射雕者也。已缚之上马,望匈奴有数千骑,见广,以为诱骑,皆惊,上山陈。广之百骑皆大恐,欲驰还走。广曰:"吾去大军数十里,今如此以百骑走,匈奴追射我立尽。今我留,匈奴必以我为大军〔之〕诱(之),必不敢击我。"广令诸骑曰:"前!"前未到匈奴陈二里所,止,令曰:"皆下马解鞍!"其骑曰:"虏多且近,即有急,奈何?"广曰:"彼虏以我为走,今皆解鞍以示不走,用坚其意。"于是胡骑遂不敢击。有白马将⑤出护其兵,李广上马与十馀骑奔射杀胡白马将,而复还至其骑中,解鞍,令士皆纵马卧。是时会暮,胡兵终怪之,不敢击。夜半时,胡兵亦以为汉有伏军于旁欲夜取之,胡皆引兵而去。平旦,李广乃归其大军。大军不知广所之,故弗从。

①【集解】汉书音义曰:"内官之幸贵者。"【索隐】案:董巴舆服志云

2500

"黄门丞至密近,使听察天下,谓之中贵人使者"。崔浩云"在中而贵

幸,非德望,故名不见也"。

②【集解】徐广曰:"放纵驰骋。"

③【正义】射音石。还谓转也。

④【集解】文颖曰:"雕,鸟也,故使善射者射也。" 【索隐】案:服虔云

"雕,鹗也"。说文云"似鹫,黑色,多子"。一名鹫,以其毛作矢羽。韦

昭云"鹗,一名雕也"。

⑤【正义】其将乘白马,而出监护也。

居久之,孝景崩,武帝立,左右以为广名将也,于是广以上郡太
守为未央卫尉,而程不识亦为长乐卫尉。程不识故与李广俱以边
太守将军屯。及出击胡,而广行无部伍行陈,①就善水草屯,舍止,
人人自便,②不击刀斗以自卫,③莫府④省约文书籍事,然亦远斥
候,⑤未尝遇害。程不识正部曲行伍营陈,击刀斗,士吏治军簿至
明,军不得休息,然亦未尝遇害。不识曰:"李广军极简易,然虏卒
犯之,无以禁也;而其士卒亦佚乐,咸乐为之死。我军虽烦扰,然虏
亦不得犯我。"是时汉边郡李广、程不识皆为名将,然匈奴畏李广之
略,士卒亦多乐从李广而苦程不识。程不识孝景时以数直谏为太
中大夫。为人廉,谨于文法。

①【索隐】案:百官志云"将军领军皆有部曲。大将军营五部,部校尉一

人,部下有曲,曲有军候一人"也。

②【索隐】音去声。

③【集解】孟康曰:"以铜作鐎器,受一斗,昼炊饭食,夜击持行,名曰刀

斗。" 【索隐】刀音貂。案:荀悦云"刀斗,小铃,如宫中传夜铃也"。

苏林云"形如锅,以铜作之,无缘,受一斗,故云刀斗"。锅即铃也。埤

仓云"鐎,温器,有柄斗,似铫无缘。音焦"。

2501

④【索隐】案:大颜云"凡将军谓之莫府者,盖兵行舍于帷帐,故称(莫)〔幕〕府。古字通用,遂作'莫'耳"。小尔雅训莫为大,非也。

⑤【索隐】案:许慎注淮南子云"斥,度也。候,视也,望也"。

后汉以马邑城诱单于,使大军伏马邑旁谷,而广为骁骑将军,领属护军将军。是时单于觉之,去,汉军皆无功。其后四岁,广以卫尉为将军,出雁门击匈奴。匈奴兵多,破败广军,生得广。单于素闻广贤,令曰:"得李广必生致之。"胡骑得广,广时伤病,置广两马间,络而盛卧广。行十馀里,广详死,睨其旁有一胡儿骑善马,广暂腾而上胡儿马,因推堕儿,①取其弓,鞭马南驰数十里,复得其馀军,因引而入塞。匈奴捕者骑数百追之,广行取胡儿弓,射杀追骑,以故得脱。于是至汉,汉下广吏。吏当广所失亡多,为虏所生得,当斩,赎为庶人。

①【集解】徐广曰:"一云'抱儿鞭马南驰'也。"

顷之,家居数岁。广家与故颍阴侯孙①屏野居蓝田南山中射猎。尝夜从一骑出,从人田间饮。还至霸陵亭,霸陵尉②醉,呵止广。广骑曰:"故李将军。"尉曰:"今将军尚不得夜行,何乃故也!"止广宿亭下。居无何,匈奴入杀辽西太守,败韩将军,③后韩将军徙右北平。于是天子乃召拜广为右北平太守。广即请霸陵尉与俱,至军而斩之。

①【集解】(孙)灌婴之孙,名强。 【索隐】案:灌婴之孙,名强。

②【索隐】案:百官志云"尉,大县二人,主盗贼。凡有贼发,则推索寻案之"也。

③【集解】苏林曰韩安国。

广居右北平,匈奴闻之,号曰"汉之飞将军",避之数岁,不敢入右北平。

广出猎,见草中石,以为虎而射之,中石没镞,①视之石也。因复更射之,终不能复入石矣。广所居郡闻有虎,尝自射之。及居右北平射虎,虎腾伤广,广亦竟射杀之。

①【集解】徐广曰:"一作'没羽'。"

广廉,得赏赐辄分其麾下,饮食与士共之。终广之身,为二千石四十馀年,家无馀财,终不言家产事。广为人长,猿臂,①其善射亦天性也,虽其子孙他人学者,莫能及广。广讷口少言,与人居则画地为军陈,射阔狭以饮。②专以射为戏,竟死。③广之将兵,乏绝之处,见水,士卒不尽饮,广不近水,士卒不尽食,广不尝食。宽缓不苛,士以此爱乐为用。其射,见敌急,非在数十步之内,度不中不发,发即应弦而倒。用此,其将兵数困辱,其射猛兽亦为所伤云。

①【集解】如淳曰:"臂如猿,通肩。"

②【集解】如淳曰:"射戏求疏密,持酒以饮不胜者。"【正义】饮音于禁反。

③【索隐】谓终竟广身至死,以为恒也。

居顷之,石建卒,于是上召广代建为郎中令。元朔六年,广复为后将军,从大将军军出定襄,击匈奴。诸将多中首虏率,以功为侯者,①而广军无功。后二岁,广以郎中令将四千骑出右北平,博望侯张骞将万骑与广俱,异道。行可数百里,匈奴左贤王将四万骑围广,广军士皆恐,广乃使其子敢往驰之。敢独与数十骑驰,直贯胡骑,出其左右而还,告广曰:"胡虏易与耳。"军士乃安。广为圜陈外向,胡急击之,矢下如雨。汉兵死者过半,汉矢且尽。广乃令士持满毋发,而广身自以大黄②射其裨将,杀数人,胡虏益解。会日暮,吏士皆无人色,而广意气自如,益治军。军中自是服其勇也。明日,复力战,而博望侯军亦至,匈奴军乃解去。汉军罢,弗能追。是时广军几没,罢归。汉法,博望侯留迟后期,当死,赎为庶人。广军功自如,无赏。

①【集解】如淳曰:"中犹充也。充本法得首若干封侯。"

②【集解】徐广曰:"南都赋曰'黄间机张,善弩之名'。"骃案:郑德曰"黄肩弩,渊中黄朱之"。孟康曰"太公六韬曰'陷坚败强敌,用大黄连弩'"。韦昭曰"角弩色黄而体大也"。【索隐】按:大黄,黄间,弩名也。故韦昭曰"角弩也,色黄体大"是也。

初,广之从弟李蔡与广俱事孝文帝。景帝时,蔡积功劳至二千石。孝武帝时,至代相。以元朔五年为轻车将军,从大将军击右贤王,有功中率,①封为乐安侯。元狩二年中,代公孙弘为丞相。蔡为人在下中,②名声出广下甚远,然广不得爵邑,官不过九卿,而蔡为列侯,位至三公。诸广之军吏及士卒或取封侯。广尝与望气王朔燕语,曰:"自汉击匈奴而广未尝不在其中,而诸部校尉以下,才能不及中人,然以击胡军功取侯者数十人,而广不为后人,③然无尺寸之功以得封邑者,何也?岂吾相不当侯邪?且固命也?"朔曰:"将军自念,岂尝有所恨乎?"广曰:"吾尝为陇西守,羌尝反,吾诱而降,降者八百余人,吾诈而同日杀之。至今大恨独此耳。"朔曰:"祸莫大于杀已降,此乃将军所以不得侯者也。"

①【索隐】中音丁仲反。率音律,亦音双笔反。小颜云:"率谓军功封赏之科,著在法令,故云中率。"

②【索隐】按:以九品而论,在下之中,当第八。

③【索隐】按:谓不在人后。

　　后二岁,大将军、骠骑将军大出击匈奴,广数自请行。天子以为老,弗许;良久乃许之,以为前将军。是岁,元狩四年也。

　　广既从大将军青击匈奴,既出塞,青捕虏知单于所居,乃自以精兵走之,而令广并于右将军军,①出东道。东道少回远,而大军行水草少,其势不屯行。②广自请曰:"臣部为前将军,今大将军乃徙令臣出东道,且臣结发而与匈奴战,今乃一得当单于,③臣愿居前,先死单于。"大将军青亦阴受上诫,以为李广老,数奇,④毋令当单于,恐不得所欲。而是时公孙敖新失侯,为中将军从大将军,大将军亦欲使敖与俱当单于,故徙前将军广。广时知之,固自辞于大将军。大将军不听,令长史封书与广之莫府,曰:"急诣部,如书。"⑤广不谢大将军而起行,意甚愠怒而就部,引兵与右将军食其⑥合军出东道。军亡导,或失道,⑦后大将军。大将军与单于接战,单于遁走,弗能得而还。南绝幕,⑧遇前将军、右将军。广已见大将军,还入军。大将军使长史持糒醪遗广,因问广、食其失道状,青欲上书报天子军曲折。⑨广未对,大将军使长史急责广之幕府对簿。广曰:"诸校尉无罪,乃我自失道。吾今自上簿。"

①【集解】徐广曰:"主爵赵食其为右将军。"

②【集解】张晏曰:"以水草少,不可群辈。"

③【索隐】今得当单于。按:广言自少时结发而与匈奴战,唯今者得与单于相当遇也。

④【集解】如淳曰:"数为匈奴所败,奇为不偶也。"　【索隐】按:服虔云"作事数不偶也"。音朔。小颜音所具反。奇,萧该音居宜反。

⑤【正义】令广如其文牒,急引兵徙东道也。

⑥【索隐】音异基。案:赵将军名也。或亦依字读。

⑦【索隐】谓无人导引,军故失道也。

⑧【正义】绝,度也。南归度沙幕。

⑨【正义】言委曲而行回折,使军后大将军也。

至莫府,广谓其麾下曰:"广结发与匈奴大小七十馀战,今幸从大将军出接单于兵,而大将军又徙广部行回远,而又迷失道,岂非天哉! 且广年六十馀矣,终不能复对刀笔之吏。"遂引刀自刭。广军士大夫一军皆哭。百姓闻之,知与不知,无老壮皆为垂涕。而右将军独下吏,当死,赎为庶人。

广子三人,曰当户、椒、敢,为郎。天子与韩嫣①戏,嫣少不逊,当户击嫣,嫣走。于是天子以为勇。当户早死,拜椒为代郡太守,皆先广死。当户有遗腹子名陵。广死军时,敢从骠骑将军。广死明年,李蔡以丞相坐侵孝景园壖地,②当下吏治,蔡亦自杀,不对狱,国除。李敢以校尉从骠骑将军击胡左贤王,力战,夺左贤王鼓旗,斩首多,赐爵关内侯,食邑二百户,代广为郎中令。顷之,怨大将军青之恨其父,③乃击伤大将军,大将军匿讳之。居无何,敢从上雍,④至甘泉宫猎。骠骑将军去病与青有亲,射杀敢。去病时方贵幸,上讳云鹿触杀之。居岁馀,去病死。⑤而敢有女为太子中人,爱幸,敢男禹有宠于太子,然好利,李氏陵迟衰微矣。

①【索隐】或音偃,又音许乾反。

②【索隐】壖音人绢反,又音乃段反,又音而宣反。案:壖地,神道之地也。黄图云"阳陵阙门西出,神道四通。茂陵神道广四十三丈"也。

【正义】汉书云:"诏赐冢地阳陵,当得二十亩,蔡盗取三顷,颇卖得四十馀万，又盗取神道外壖地一亩，葬其中。当下狱，自杀。"

③【索隐】小颜云："令其父恨而死。"

④【索隐】刘氏音尚。大颜云"雍地形高，故云上"。

⑤【集解】徐广曰："元狩六年。"

　　李陵既壮，选为建章监，监诸骑。善射，爱士卒。天子以
为李氏世将，而使将八百骑。尝深入匈奴二千馀里，过居延①
视地形，无所见虏而还。拜为骑都尉，将丹阳楚人五千人，教
射酒泉、张掖以屯卫胡。

①【集解】徐广曰："属张掖。"　【正义】括地志云："居延海在甘州张掖
　县东北六十四里。地理志云'居延泽古文以为流沙'。甘州在京西北
　二千四百六十里。"

　　数岁，天汉二年秋，贰师将军李广利将三万骑击匈奴右贤
王于祁连天山，①而使陵将其射士步兵五千人出居延北可千
馀里，欲以分匈奴兵，毋令专走贰师也。陵既至期还，而单于
以兵八万围击陵军。陵军五千人，兵矢既尽，士死者过半，而
所杀伤匈奴亦万馀人。且引且战，连斗八日，还未到居延百馀
里，匈奴遮狭绝道，陵食乏而救兵不到，虏急击招降陵。陵曰：
"无面目报陛下。"遂降匈奴。其兵尽没，馀亡散得归汉者四
百馀人。

①【集解】徐广曰："出燉煌至天山。"　【索隐】按：晋灼云"在西域，近
　蒲类海"。又西河旧事云"白山冬夏有雪，匈奴谓之天山也"。
【正义】括地志云："祁连山在甘州张掖县西南二百里。天山一名白
　山，今名初罗漫山，在伊吾县北百二十里。伊州在京西北四千四百
　一十六里。"

单于既得陵,素闻其家声,及战又壮,乃以其女妻陵而贵
之。汉闻,族陵母妻子。自是之后,李氏名败,而陇西之士居
门下者皆用为耻焉。

太史公曰:传曰"其身正,不令而行;其身不正,虽令不从"。
其李将军之谓也? 余睹李将军悛悛①如鄙人,口不能道辞。及死
之日,天下知与不知,皆为尽哀。彼其忠实心诚信于士大夫也? 谚
曰"桃李不言,下自成蹊"。②此言虽小,可以谕大也。

①【索隐】音七旬反。汉书作"恂恂",音询。
②【索隐】案:姚氏云"桃李本不能言,但以华实感物,故人不期而往,其
　下自成蹊径也。以喻广虽不能出辞,能有所感,而忠心信物故也"。

【索隐述赞】猿臂善射,实负其能。解鞍却敌,圆阵摧锋。边郡屡守,大军
再从。失道见斥,数奇不封。惜哉名将,天下无双!

史 记 卷 一 百 十

匈奴列传第五十

【正义】此卷或有本次平津侯后,第五十二。今第五十者;先生旧本如此,刘伯庄音亦然。若先诸传而次四夷,则司马、汲郑不合在后也。

匈奴,其先祖夏后氏之苗裔也,曰淳维。①唐虞以上有山戎、②猃狁、荤粥,③居于北蛮,随畜牧而转移。其畜之所多则马、牛、羊,其奇畜则橐驼、④驴、骡、⑤駃騠、⑥騊駼、⑦驒騱。⑧逐水草迁徙,毋城郭常处耕田之业,然亦各有分地。⑨毋文书,以言语为约束。儿能骑羊,引弓射鸟鼠;少长⑩则射狐兔:用为食。士力能毋弓,⑪尽为甲骑。其俗,宽则随畜,因射猎禽兽为生业,急则人习战攻以侵伐,其天性也。其长兵则弓矢,短兵则刀铤。⑫利则进,不利则退,不羞遁走。苟利所在,不知礼义。自君王以下,咸食畜肉,衣其皮革,被旃裘。壮者食肥美,老者食其馀。贵壮健,贱老弱。父死,妻其后母;兄弟死,皆取其妻妻之。其俗有名不讳,而无姓字。⑬

2509

① 【集解】汉书音义曰："匈奴始祖名。"【索隐】张晏曰"淳维以殷时奔北边"。又乐产括地谱云"夏桀无道,汤放之鸣条,三年而死。其子獯粥妻桀之众妾,避居北野,随畜移徙,中国谓之匈奴"。其言夏后苗裔,或当然也。故应劭风俗通云"殷时曰獯粥,改曰匈奴"。又服虔云"尧时曰荤粥,周曰猃狁,秦曰匈奴"。韦昭云"汉曰匈奴,荤粥其别名"。则淳维是其始祖,盖与獯粥是一也。

② 【正义】左传庄三十年"齐人伐山戎",杜预云"山戎、北戎、无终三名也"。括地志云"幽州渔阳县,本北戎无终子国"。

③ 【集解】晋灼云："尧时曰荤粥,周曰猃狁,秦曰匈奴。"

④ 【索隐】橐他。韦昭曰："背肉似橐,故云橐也。"包恺音托。他,或作"驼"。【正义】畜,许又反。

⑤ 【索隐】按:古今注云"驴牡马牝,生騾"。【正义】騾音力戈反。

⑥ 【集解】徐广曰："北狄骏马。"【索隐】说文云"駃騠,马父騾子也"。广异志音决蹄也。发蒙记"剖其母腹而生"。列女传云"生七日超其母"。

⑦ 【集解】徐广曰："似马而青。"【索隐】按:郭璞注尔雅云"駒騟马,青色,音洵涂"。又字林云野马。山海经云"北海有兽,其状如马,其名駒騟"也。

⑧ 【集解】徐广曰："音颠。巨虚之属。"【索隐】騨奚。韦昭騨音颠。说文"野马属"。徐广云"巨虚之类"。一云青骊白鳞,文如鼍鱼。邹诞生本"奚"字作"騱"。

⑨ 【索隐】上音扶粪反。

⑩ 【索隐】上音式绍反,下音陟两反。少长谓年稍长。

⑪ 【索隐】上音弯,如字亦通也。

⑫ 【集解】韦昭曰："铤形似予,铁柄。音时年反。"【索隐】音蝉。埤苍云"铤,小矛铁矜"。古今字诂云"鋋,通作'矜'"。

⑬【集解】汉书曰:"单于姓挛鞮氏。" 【索隐】挛音六缘反。鞮音丁啼反。

夏道衰,而公刘失其稷官,①变于西戎,邑于幽。其后三百有馀岁,戎狄攻大王亶父,②亶父亡走岐下,而幽人悉从亶父而邑焉,作周。③其后百有馀岁,周西伯昌伐畎夷氏。④后十有馀年,武王伐纣而营雒邑,复居于酆鄗,放逐戎夷泾、洛之北,⑤以时入贡,命曰"荒服"。其后二百有馀年,周道衰,⑥而穆王伐犬戎,得四白狼四白鹿以归。自是之后,荒服不至。于是周遂作甫刑之辟。穆王之后二百有馀年,周幽王用宠姬褒姒之故,与申侯有郤。⑦申侯怒而与犬戎共攻杀周幽王于骊山之下,⑧遂取周之焦获,⑨而居于泾渭之间,侵暴中国。秦襄公救周,于是周平王去酆鄗而东徙雒邑。当是之时,秦襄公伐戎至岐,始列为诸侯。⑩是后六十有五年,而山戎⑪越燕而伐齐,齐釐公与战于齐郊。其后四十四年,而山戎伐燕。燕告急于齐,齐桓公北伐山戎,山戎走。其后二十有馀年,而戎狄至洛邑,伐周襄王,襄王奔于郑之氾邑。⑫初,周襄王欲伐郑,故娶戎狄女为后,与戎狄兵共伐郑。已而黜狄后,狄后怨,而襄王后母曰惠后,有子子带,欲立之,于是惠后与狄后、子带为内应,开戎狄,戎狄以故得入,破逐周襄王,而立子带为天子。于是戎狄或居于陆浑,⑬东至于卫,侵盗暴虐中国。中国疾之,故诗人歌之曰"戎狄是应","薄伐猃狁,至于大原",⑭"出舆彭彭,城彼朔方"。⑮周襄王既居外四年,乃使使告急于晋。晋文公初立,欲修霸业,乃兴师伐逐戎翟,诛子带,迎内周襄王,居于雒邑。

①【集解】徐广曰:"后稷之曾孙。" 【正义】周本纪云"不窋失其官"。此云公刘,未详也。

②【集解】徐广曰:"公刘九世孙。"

③【索隐】按:谓始作周国也。

④【索隐】韦昭云:"春秋以为犬戎。"按:畎音犬。大颜云"即昆夷也"。山海经云"黄帝生苗龙,苗龙生融吾,融吾生弄明,弄明生白犬。白犬有二牡,是为犬戎"。说文云"赤狄本犬种,字从犬"。又山海经云"有人面兽身,名曰犬夷"。贾逵云"犬夷,戎之别种也"。

⑤【索隐】晋灼曰:"洛水在冯翊怀德县,东南入渭。"又案:水经云出上郡雕阴泰昌山,过华阴入渭,即漆沮水也。

⑥【索隐】按:周纪云"懿王时,王室衰,诗人作怨刺之诗",不能复雅也。

⑦【正义】故申城在邓州南阳县北三十里,周宣王舅所封。

⑧【集解】韦昭曰:"戎后来居此山,故号曰骊戎。"

⑨【正义】括地志云:"焦获亦名刬口,亦曰刬中,在雍州泾阳县城北十数里。周有焦获也。"

⑩【正义】今岐州。高诱云"秦襄公救周有功,受周故地酆鄗,列为诸侯"也。

⑪【索隐】服虔云:"山戎盖今鲜卑。"按:胡广云"鲜卑,东胡别种"。又应奉云"秦筑长城,徒役之士亡出塞外,依鲜卑山,因以为号"。

⑫【索隐】苏林氾音凡。今颍川襄城是。按:春秋地名云"氾邑,襄王所居,故云襄城"也。

⑬【集解】徐广曰:"一为'陆邑'。"【索隐】春秋左氏"秦晋迁陆浑之戎于伊川"。杜预以为"允姓之戎居陆浑,在秦晋之间,二国诱而徒之伊川,遂从戎号,今陆浑县"是也。

⑭【集解】毛诗传曰:"言逐出之而已。"

⑮【集解】毛诗传曰:"彭彭,四马貌。朔方,北方。"【正义】猃狁既去,北方安静,乃筑城守之。

当是之时,秦晋为强国。晋文公攘戎翟,居于河西圁、洛之间，①号曰赤翟、②白翟。③秦穆公得由余，西戎八国服于秦，故自陇以西有绵诸、④绲戎、⑤翟、豲之戎，⑥岐、梁山、泾、漆之北有义渠、⑦大荔、⑧乌氏、⑨朐衍之戎。⑩而晋北有林胡、⑪楼烦之戎，⑫燕北有东胡、山戎。⑬各分散居谿谷，自有君长，往往而聚者百有馀戎，然莫能相一。

①【集解】徐广曰："固在西河，音银。洛在上郡、冯翊间。" 【索隐】西河固、洛。晋灼音嚣。三苍作"圜"。地理志云圜水出上郡白土县西，东流入河。韦昭云"圜当为'固'"。续郡国志及太康地志并作"固"字也。 【正义】括地志云："白土故城在盐州白池东北三百九十里。"又云："近延州、绥州、银州，本春秋时白狄所居，七国属魏，后入秦，秦置三十六郡。"洛，漆沮也。

②【索隐】按：左氏传云"晋师灭赤狄潞氏"。杜氏以"潞，赤狄之别种也，今上党潞县"。又春秋地名云"今曰赤涉胡"。

③【索隐】左氏"晋师败狄于箕，郤缺获白狄子"。杜氏以为"白狄之别种，故西河郡有白部胡"。又国语云"桓公西征，攘白狄之地，遂至于西河"也。 【正义】括地志云："潞州本赤狄地。延、银、绥三州白翟地。"按：文言"固、潞之间号赤狄"，未详。

④【索隐】地理志天水有绵诸道。 【正义】括地志云："绵诸城，秦州秦岭县北五十六里。汉绵诸道，属天水郡。"

⑤【正义】上音昆。字当作"混"。颜师古云："混夷也。"韦昭云："春秋以为犬戎。"

⑥【集解】徐广曰·"在天水。豲音九。" 【索隐】地理志天水豲道。应劭以"豲戎邑。音桓"。 【正义】括地志云："豲道故城在渭州襄武县东南三十七里。古之豲戎邑。汉豲道，属天水郡。"

⑦【索隐】韦昭云："义渠本西戎国，有王，秦灭之。今在北地郡。" 【正义】括地志云："宁州、庆州，西戎，即刘拘邑城，时为义渠戎国，

秦为北地郡也。"

⑧【集解】徐广曰："后更名临晋，在冯翊。" 【索隐】按：秦本纪厉共公伐大荔，取其王城，后更名临晋。故地理志云临晋故大荔国也。

【正义】括地志云："同州冯翊县及朝邑县，本汉临晋县地，古大荔戎国。今朝邑县东三十步故王城，即大荔王城。"荔，力计反。

⑨【集解】徐广曰："在安定。" 【正义】氏音支。括地志云："乌氏故城在泾州安定县东三十里。周之故地，后入戎，秦惠王取之，置乌氏县也。"

⑩【集解】徐广曰："在北地。朐音诩。" 【索隐】按：地理志朐衍，县名，在北地。徐广音诩。郑氏音呼。 【正义】括地志云："盐州，古戎狄居之，即朐衍戎之地，秦北地郡也。"

⑪【索隐】如淳云："林胡即儋林，为李牧所灭也。" 【正义】括地志云："朔州，春秋时北地也。如淳云即儋林也，为李牧灭。"

⑫【索隐】地理志楼烦，县名，属雁门。应劭云"故楼烦胡地"。 【正义】括地志云："岚州，楼烦胡地也。风俗通云故楼烦胡地也。"

⑬【集解】汉书音义曰："乌丸，或云鲜卑。" 【索隐】服虔云："东胡，乌丸之先，后为鲜卑。在匈奴东，故曰东胡。"案：续汉书曰"汉初，匈奴冒顿灭其国，馀类保乌桓山，以为号。俗随水草，居无常处。以父之名字为姓。父子男女悉髡头为轻便也"。

自是之后百有馀年，晋悼公使魏绛和戎翟，戎翟朝晋。后百有馀年，赵襄子逾句注①而破并代以临胡貉。②其后既与韩魏共灭智伯，分晋地而有之，则赵有代、句注之北，魏有河西、上郡，以与戎界边。其后义渠之戎筑城郭以自守，而秦稍蚕食，至于惠王，遂拔义渠二十五城。惠王击魏，魏尽入西河及上郡于秦。秦昭王时，义渠戎王与宣太后③乱，有二子。宣太后诈而杀义渠戎王于甘泉，遂起兵伐残义渠。于是秦有陇西、北地、上郡,筑长城以拒胡。而赵武灵王亦变俗胡服,习骑射,北破林胡、楼烦。筑长城,④自代并⑤阴山⑥下,至高阙为塞。⑦而置云中、雁门、代郡。其后燕有贤将秦开,为质于胡,胡甚信之。归而袭破走东胡,东胡却千馀里。与荆轲刺秦王秦舞阳者,开之孙也。燕亦筑长城,自造阳⑧至襄平。⑨置上谷、渔阳、右北平、辽西、辽东郡以拒胡。当是之时,冠带战国七,而三国边于匈奴。⑩其后赵将李牧时,匈奴不敢入赵边。后秦灭六国,而始皇帝使蒙恬将十万之众北击胡,悉收河南地。因河为塞,⑪筑四十四县城临河,徙适⑫戍以充之。而通直道,⑬自九原至云阳,⑭因边山险堑谿谷可缮者治之,起临洮至辽东万馀里。⑮又度河据阳山北假中。⑯

①【集解】音钩,山名,在雁门。　【索隐】服虔云:"句音拘。"韦昭云:"山名,在阴馆。"

②【索隐】按:貉即涉也。音亡格反。

③【集解】昭王母也。　【索隐】服虔云"昭王之母"也。

④【正义】括地志云:"赵武灵王长城在朔州善阳县北。案水经云白道长城北山上有长垣,若颓毁焉,沿谿亘岭,东西无极,盖赵武灵王所筑也。"

⑤【集解】音傍,白浪反。

⑥【索隐】徐广云:"五原西安阳县北有阴山。阴山在河南,阳山〔在河〕北。并音傍,白浪反。"　【正义】括地志云:"阴山在朔州北塞外突厥界。"

⑦【集解】徐广曰:"在朔方。"　【正义】地理志云朔方临戎县北有连山,险于长城,其山中断,两峰俱峻,土俗名为高阙也。

⑧【集解】韦昭曰:"地名,在上谷。"　【正义】按:上谷郡今妫州。

⑨【索隐】韦昭云:"今辽东所理也。"

⑩【索隐】案:三国,燕、赵、秦也。

⑪【索隐】案:太康地记"秦塞自五原北九百里,谓之造阳。东行终利贲山南,汉阳西也"。汉,一作"渔"。

⑫【集解】音丁革反。　【索隐】丁革反。

⑬【索隐】苏林云:"去长安八千里,正南北相直道也。"

⑭【索隐】韦昭云:"九原,县名,属五原也。"　【正义】括地志云:"胜州连谷县,本秦九原郡,汉武帝更名五原。云阳雍县,秦之林光宫,即汉之甘泉宫在焉。"又云:"秦故道在庆州华池县西四十五里子午山上。自九原至云阳,千八百里。"

⑮【索隐】韦昭云:"临洮,陇西县。"　【正义】括地志云:"秦陇西郡临洮县,即今岷州城。本秦长城首,起岷州西十二里,延袤万馀里,东入辽水。"

⑯【集解】北假,北方田官。主以田假与贫人,故云北假。　【索隐】应劭云:"北假在北地阳山北。"韦昭云:"北假,地名。"又按:汉书元纪云"北假,田官"。苏林以为北方田官也。主以田假与贫人,故曰北假也。　【正义】括地志云:"汉五原郡河目县故城在北假中。北假,地名也,在河北,今属胜州银城县。汉书王莽传云'五原北假,膏壤殖谷'也。"

当是之时,东胡强而月氏盛。①匈奴单于②曰头曼,③头曼不胜秦,北徙。十馀年而蒙恬死,诸侯畔秦,中国扰乱,诸秦所徙適戍边者皆复去,于是匈奴得宽,复稍度河南与中国界于故塞。

①【正义】氏音支。括地志云:"凉、甘、肃、延、沙等州地,本月氏国。"

②【集解】汉书音义曰:"单于者,广大之貌,言其象天单于然。"　【索隐】按:汉书"单于姓挛鞮氏,其国称之曰'撑黎孤涂单于'"。而匈奴谓天为'撑黎',谓子为'孤涂',单于者,广大之貌也。言其象天,故曰撑黎孤涂单于"。又玄晏春秋云"士安读汉书,不详此言,有胡奴在侧,言之

日：'此胡所谓天子。'与古书所说符会也"。

③【集解】韦昭曰："音瞒。"【索隐】音莫官反。韦昭音瞒。

单于有太子名冒顿。①后有所爱阏氏，②生少子，而单于欲废冒顿而立少子，乃使冒顿质于月氏。冒顿既质于月氏，而头曼急击月氏。月氏欲杀冒顿，冒顿盗其善马，骑之亡归。头曼以为壮，令将万骑。冒顿乃作为鸣镝，③习勒其骑射，令曰："鸣镝所射而不悉射者，斩之。"行猎鸟兽，有不射鸣镝所射者，辄斩之。已而冒顿以鸣镝自射其善马，左右或不敢射者，冒顿立斩不射善马者。居顷之，复以鸣镝自射其爱妻，左右或颇恐，不敢射，冒顿又复斩之。居顷之，冒顿出猎，以鸣镝射单于善马，左右皆射之。于是冒顿知其左右皆可用。从其父单于头曼猎，以鸣镝射头曼，其左右亦皆随鸣镝而射杀单于头曼，遂尽诛其后母与弟及大臣不听从者。冒顿自立为单于。

①【索隐】冒音墨，又如字。

②【索隐】旧音於连、於曷反二音。匈奴皇后号也。习凿齿与燕王书曰："山下有红蓝，足下先知不？北方人探取其花染绯黄，接取其上英鲜者作烟肢，妇人将用为颜色。吾少时再三过见烟肢，今日始视红蓝，后当为足下致其种。匈奴名妻作'阏支'，言其可爱如烟肢也。阏音烟。想足下先亦不作此读汉书也。"

③【集解】汉书音义曰："镝，箭也，如今鸣箭也。"韦昭曰："矢镝飞则鸣。"【索隐】应劭云："髐箭也。"韦昭云："矢镝飞则鸣。"

冒顿既立，①是时东胡强盛，闻冒顿杀父自立，乃使使谓冒顿，欲得头曼时有千里马。冒顿问群臣，群臣皆曰："千里马，匈奴宝马也,勿与。"冒顿曰:"奈何与人邻国而爱一马乎?"遂与之千里马。居顷之,东胡以为冒顿畏之,乃使使谓冒顿,欲得单于一阏氏。冒顿复问左右,左右皆怒曰:"东胡无道,乃求阏氏!请击之。"冒顿曰:"奈何与人邻国爱一女子乎?"遂取所爱阏氏予东胡。东胡王愈益骄,西侵。与匈奴间,中有弃地,莫居,千馀里,各居其边为瓯脱。②东胡使使谓冒顿曰:"匈奴所与我界瓯脱外弃地,匈奴非能至也,吾欲有之。"冒顿问群臣,群臣或曰:"此弃地,予之亦可,勿予亦可。"于是冒顿大怒曰:"地者,国之本也,奈何予之!"诸言予之者,皆斩之。冒顿上马,令国中有后者斩,遂东袭击东胡。东胡初轻冒顿,不为备。及冒顿以兵至,击,大破灭东胡王,而虏其民人及畜产。既归,西击走月氏,南并楼烦、白羊河南王。③(侵燕代)悉复收秦所使蒙恬所夺匈奴地者,与汉关故河南塞,至朝㐌、肤施,④遂侵燕、代。是时汉兵与项羽相距,中国罢于兵革,以故冒顿得自强,控弦之士三十馀万。

①【集解】徐广曰:"秦二世元年壬辰岁立。"

②【集解】韦昭曰:"界上屯守处。" 【索隐】服虔云"作土室以伺汉人"。又纂文曰"瓯脱,土穴也"。又云是地名,故下云"生得瓯脱王"。韦昭云"界上屯守处也"。瓯音一侯反。脱音徒活反。 【正义】按:境上斥候之室为瓯脱也。

③【索隐】如淳云:"白羊王居河南。"

④【集解】徐广曰:"在上郡。" 【正义】汉朝朐故城在原州百泉县西七十里,属安定郡。肤施,县,〔因〕秦(因)不改,今延州肤施县是。

自淳维以至头曼千有馀岁,时大时小,别散分离,尚矣,其世传不可得而次云。然至冒顿而匈奴最强大,尽服从北夷,而南与中国为敌国,其世传国官号乃可得而记云。

置左右贤王,左右谷蠡王,①左右大将,左右大都尉,左右大当户,左右骨都侯。②匈奴谓贤曰"屠耆",③故常以太子为左屠耆王。自如左右贤王以下至当户,大者万骑,小者数千,凡二十四长,立号曰"万骑"。诸大臣皆世官。呼衍氏,兰氏,④其后有须卜氏,⑤此三姓其贵种也。诸左方王将居东方,直上谷⑥以往者,东接秽貉、朝鲜;右方王将居西方,直上郡⑦以西,接月氏、氐、羌;⑧而单于之庭直代、云中;⑨各有分地,逐水草移徙。而左右贤王、左右谷蠡王最为大(国),左右骨都侯辅政。诸二十四长亦各自置千长、百长、什长、⑩裨小王、相封、⑪都、尉当户、且渠之属。⑫

① 【集解】服虔曰:"谷音鹿。蠡音离。" 【索隐】服虔音鹿离。蠡,又音黎。

② 【集解】骨都,异姓大臣。 【索隐】按:后汉书云"骨都侯,异姓大臣"。

③ 【集解】徐广曰:"屠,一作'诸'。"

④ 【正义】颜师古云:"呼衍,即今鲜卑姓呼延者也。兰姓今亦有之。"

⑤ 【集解】呼衍氏、须卜氏常与单于婚姻。须卜氏主狱讼。 【索隐】按:后汉书云"呼衍氏、须卜氏常与单于婚姻。须卜氏主狱讼"也。 【正义】后汉书云:"呼衍氏、须卜氏常与单于婚姻。"

⑥ 【索隐】按:姚氏云"古字例以'直'为'值'。值者,当也。" 【正义】上谷郡,今妫州也。言匈奴东方南出,直当妫州也。

⑦ 【正义】上郡故城在泾州上县东南五十里。言匈奴西方南直当绥州也。

⑧ 【索隐】西接氐、羌。按:风俗通云"二氐,本西南夷种。地理志武都有白马氐"。又鱼豢魏略云"汉置武都郡,排其种人,分窜山谷,或号青氐,或号白氐"。纂文云"氐亦羊称"。说文云"羌,西方牧羊人"。续

汉书云“羌,三苗姜姓之别,舜徙于三危,今河关之西南羌是也”。

⑨【索隐】按:谓匈奴所都处为“庭”。乐产云“单于无城郭,不知何以国之。穹庐前地若庭,故云庭”。 【正义】代郡城,北狄代国,秦汉代县城也,在蔚州羌胡县北百五十里。云中故城,赵云中城,秦云中郡,在胜州榆林县东北四十里。言匈奴之南直当代、云中也。

⑩【索隐】按:续汉书(郡国)〔百官〕志云“里有魁,人有什伍。里魁主一里百家,什主十家,伍长五家,以相检察”。故贾谊过秦论以为“俯起什百之中”是也。

⑪【集解】徐广曰:“一作‘将’。”

⑫【正义】且,子馀反。颜师古云:“今之沮渠姓,盖本因此官。”

岁正月,诸长小会单于庭,祠。五月,大会茏城,①祭其先、天地、鬼神。秋,马肥,大会蹛林,②课校人畜③计。其法,拔刃尺者死,坐盗者没入其家;有罪小者轧,④大者死。狱久者不过十日,一国之囚不过数人。而单于朝出营,拜日之始生,夕拜月。其坐,长左而北乡。⑤日上戊己。其送死,有棺椁金银衣裳,而无封树丧服;⑥近幸臣妾从死者,多至数千百人。⑦举事而候星月,月盛壮则攻战,月亏则退兵。其攻战,斩首虏赐一卮酒,而所得卤获因以予之,得人以为奴婢。故其战,人人自为趣利,善为诱兵以冒敌。故其见敌则逐利,如鸟之集;其困败,则瓦解云散矣。战而扶舆死者,尽得死者家财。

①【索隐】汉书作“龙城”,亦作“茏”字。崔浩云“西方胡皆事龙神,故名大会处为龙城”。后汉书云“匈奴俗,岁有三龙祠,祭天神”。

②【集解】汉书音义曰:“匈奴秋社八月中皆会祭处。蹛音带。” 【索隐】服虔云:“音带。匈奴秋社八月中皆会祭处。”郑氏云:“地名也。”晋灼云“李陵与苏武书‘相竞趋蹛林’”,则服虔说是也。又韦昭音多蓝

反。姚氏按：李牧传"大破匈奴,灭襜褴",此字与韦昭音颇同,然林襜声相近,或以"林"为"襜"也。【正义】颜师古云："蹛者,逸林木而祭也。鲜卑之俗,自古相传,秋祭无林木者,尚竖柳枝,众骑驰绕三周乃止,此其遗法也。"

③【正义】许又反。

④【集解】汉书音义曰："刃刻其面。"【索隐】服虔云："刀割面也,音乌八反。"邓展云："历也。"如淳云："挺,扶也。"三苍云："轧,辗也。"说文云："辗,轹也。"【正义】颜师古云："轧者谓辗轹其骨节,若今之厌踝者也。"

⑤【正义】其座北向,长者在左,以左为尊也。

⑥【集解】张华曰："匈奴名冢曰逗落。"

⑦【正义】汉书作"数十百人"。颜师古云："或数十人,或百人。"

后北服浑庾、屈射、①丁零、②鬲昆、薪犁之国。③于是匈奴贵人大臣皆服,以冒顿单于为贤。

①【索隐】国名。射音亦,又音石。

②【索隐】按：魏略云"丁零在康居北,去匈奴庭接习水七千里"。又云"匈奴北有浑窳国"。

③【正义】已上五国在匈奴北。

是时汉初定中国,徙韩王信于代,都马邑。匈奴大攻围马邑,韩王信降匈奴。匈奴得信,因引兵南逾句注,攻太原,至晋阳下。高帝自将兵往击之。会冬大寒雨雪,卒之堕指者十二三,于是冒顿详败走,诱汉兵。汉兵逐击冒顿,冒顿匿其精兵,见其羸弱,于是汉悉兵,多步兵,三十二万,北逐之。高帝先至平城,①步兵未尽到,冒顿纵精兵四十万骑围高帝于白登,②七日,汉兵中外不得相救

饷。匈奴骑,其西方尽白马,东方尽青駹马,③北方尽乌骊马,④南
方尽骍马。⑤高帝乃使使间厚遗阏氏,阏氏乃谓冒顿曰:"两主不相
困。今得汉地,而单于终非能居之也。且汉王亦有神,单于察之。"
冒顿与韩王信之将王黄、赵利期,而黄、利兵又不来,疑其与汉有
谋,亦取阏氏之言,乃解围之一角。于是高帝令士皆持满傅⑥矢外
乡,从解角直出,竟与大军合,而冒顿遂引兵而去。汉亦引兵而罢,
使刘敬结和亲之约。

①【集解】徐广曰:"在雁门。"
②【正义】白登台在白登山上,朔州定襄县东三十里。定襄县,汉平城
　县也。
③【索隐】駹音武江反。按:青駹马,色青。　【正义】郑玄云:"駹,不纯
　也。"说文云:"駹,面颡皆白。"尔雅云黑马面白也。
④【索隐】说文云:"骊,黑色。"
⑤【索隐】案:诗传云"赤黄曰骍"。
⑥【索隐】音附。

是后韩王信为匈奴将,及赵利、王黄等数倍约,侵盗代、云中。
居无几何,陈豨反,又与韩信合谋击代。汉使樊哙往击之,复拔代、
雁门、云中郡县,不出塞。是时匈奴以汉将众往降,故冒顿常往来
侵盗代地。于是汉患之,高帝乃使刘敬奉宗室女公主为单于阏氏,
岁奉匈奴絮缯酒米食物各有数,约为昆弟以和亲,冒顿乃少止。后
燕王卢绾反,率其党数千人降匈奴,往来苦上谷以东。

高祖崩,孝惠、吕太后时,汉初定,故匈奴以骄。冒顿乃为书遗
高后,妄言。高后欲击之,①诸将曰:"以高帝贤武,然尚困于平
城。"于是高后乃止,②复与匈奴和亲。

①【索隐】案:汉书云"高后时,冒顿寖骄,乃使使遗高后书曰:'孤偾之

君,生于沮泽之中,长于平野牛马之域,数至边境,愿游中国。陛下独立,孤偾独居,两主不乐,无以自娱,愿以所有,易其所无。'高后怒,欲击之"。

②【索隐】案汉书,季布谏,高后乃止。

至孝文帝初立,复修和亲之事。其三年五月,匈奴右贤王入居河南地,侵盗上郡葆塞蛮夷,杀略人民。于是孝文帝诏丞相灌婴发车骑八万五千,诣高奴,①击右贤王。右贤王走出塞。文帝幸太原。是时济北王反,文帝归,罢丞相击胡之兵。

①【正义】延州城本汉高奴县旧都。

其明年,单于遗汉书曰:"天所立匈奴大单于敬问皇帝无恙。前时皇帝言和亲事,称书意,合欢。汉边吏侵侮右贤王,右贤王不请,听后义卢侯难氏①等计,与汉吏相距,绝二主之约,离兄弟之亲。皇帝让书再至,发使以书报,不来,汉使不至,汉以其故不和,邻国不附。今以小吏之败约故,罚右贤王,使之西求月氏击之。以天之福,吏卒良,马强力,以夷灭月氏,尽斩杀降下之。定楼兰、②乌孙、呼揭③及其旁二十六国,皆以为匈奴。④诸引弓之民,并为一家。北州已定,愿寝兵休士卒养马,除前事,复故约,以安边民,以应始古,使少者得成其长,老者安其处,世世平乐。未得皇帝之志也,故使郎中系雩浅奉书⑤请,献橐他一匹,骑马二匹,驾二驷。⑥皇帝即不欲匈奴近塞,则且诏吏民远舍。使者至,即遣之。"以六月中来至薪望之地。⑦书至,汉议击与和亲孰便。公卿皆曰:"单于新破月氏,乘胜,不可击。且得匈奴地,泽卤,⑧非可居也。和亲甚便。"汉许之。

①【集解】徐广曰:"音支。"【索隐】匈奴将名也。氏音支。

②【集解】徐广曰:"一云'楼湟'。" 【正义】汉书云鄯善国名楼兰,去长安一千六百里也。

③【集解】音桀。 【索隐】音杰,又音丘列反。 【正义】揭音桀,又其例反。二国皆在瓜州西北。乌孙,战国时居瓜州。

④【索隐】案:谓皆入匈奴一国。

⑤【集解】雩音火胡反。 【索隐】系,胡计反。雩,火胡反。

⑥【正义】颜师古云:"驾,可驾车也。二驷,八匹马也。"

⑦【集解】汉书音义曰:"塞下地名。" 【索隐】望薪之地。服虔云:"汉界上塞下地名,今匈奴使至于此也。"

⑧【正义】上音焉。

孝文皇帝前六年,汉遗匈奴书曰:"皇帝敬问匈奴大单于无恙。使郎中系雩浅遗朕书曰:'右贤王不请,听后义卢侯难氏等计,绝二主之约,离兄弟之亲,汉以故不和,邻国不附。今以小吏败约,故罚右贤王使西击月氏,尽定之。愿寝兵休士卒养马,除前事,复故约,以安边民,使少者得成其长,老者安其处,世世平乐。'朕甚嘉之,此古圣主之意也。汉与匈奴约为兄弟,所以遗单于甚厚。倍约离兄弟之亲者,常在匈奴。然右贤王事已在赦前,单于勿深诛。单于若称书意,明告诸吏,使无负约,有信,敬如单于书。使者言单于自将伐国有功,甚苦兵事。服绣袷绮衣、①绣袷长襦、②锦袷袍各一,比余一、③黄金饰具带一、④黄金胥纰一、⑤绣十匹,锦三十匹,赤绨、⑥绿缯各四十匹,使中大夫意、谒者令肩遗单于。"

①【索隐】案:小颜云"服者,天子所服也,以绣为表,绮为里"。以赐冒顿。字林云"袷衣无絮也。音公洽反"。

②【集解】徐广曰:"一本无'袷'字。"

③【集解】徐广曰:"或作'疏比'也。"　【索隐】案:汉书作"比疏一"。比音鼻。小颜云"辫发之饰也,以金为之"。广雅云"比,栉也"。苍颉篇云"靡者为比,麄者为梳"。按苏林说,今亦谓之"梳比",或亦带饰者也。

④【集解】汉书音义曰:"要中大带。"　【索隐】按:谓要中大带。

⑤【集解】徐广曰:"或作'犀毗',而无'一'字。"　【索隐】汉书见作"犀毗",或无下"一"字。此作"胥"者,犀声相近,或误。张晏云"鲜卑郭落带,瑞兽名也,东胡好服之"。按:战国策云"赵武灵王赐周绍具带黄金师比"。延笃云"胡革带钩也"。则此带钩亦名"师比",则"胥""犀"与"师"并相近,而说各异耳。班固与窦宪笺云"赐犀比金头带"是也。

⑥【正义】音啼。　【索隐】案:说文云"绨,厚缯也"。

后顷之,冒顿死,子稽粥立,①号曰老上单于。

①【索隐】稽音鸡。粥音育。

老上稽粥单于初立,①孝文皇帝复遣宗室女公主为单于阏氏,使宦者燕人中行说②傅公主。说不欲行,汉强使之。说曰:"必我行也,为汉患者。"中行说既至,因降单于,单于甚亲幸之。

①【集解】徐广曰:"一云'稽粥第二单于',自后皆以弟别之。"

②【正义】行音胡郎反。中行,姓;说,名也。

初,匈奴好汉缯絮食物,中行说曰:"匈奴人众不能当汉之一郡,然所以强者,以衣食异,无仰于汉也。今单于变俗好汉物,汉物不过什二,则匈奴尽归于汉矣。①其得汉缯絮,以驰草棘中,衣裤皆裂敝,以示不如旃裘之完善也。得汉食物皆去之,以示不如湩酪②之便美也。"于是说教单于左右疏记,以计课其人众畜物。③

①【集解】韦昭曰："言汉物什中之二入匈奴，匈奴则动心归汉矣。"

②【集解】湩，乳汁也。音都奉反。 【索隐】重骆。音潼酪二音。按：三苍云"潼，乳汁也"。字林云"竹用反"。穆天子传云"牛马之湩，臣虦人所具"。

③【正义】上许又反。

汉遗单于书，牍以尺一寸，辞曰"皇帝敬问匈奴大单于无恙"，所遗物及言语云云。中行说令单于遗汉书以尺二寸牍，及印封皆令广大长，倨傲其辞曰"天地所生日月所置匈奴大单于敬问汉皇帝无恙"，所以遗物言语亦云云。

汉使或言曰："匈奴俗贱老。"中行说穷汉使曰："而汉俗屯戍从军当发者，其老亲岂有不自脱温厚肥美以赍送饮食行戍乎？"汉使曰："然。"中行说曰："匈奴明以战攻为事，其老弱不能斗，故以其肥美饮食壮健者，盖以自为守卫，如此父子各得久相保，何以言匈奴轻老也？"汉使曰："匈奴父子乃同穹庐而卧。①父死，妻其后母；兄弟死，尽取其妻妻之。无冠带之饰，阙庭之礼。"中行说曰："匈奴之俗，人食畜肉，饮其汁，衣其皮；畜食草饮水，随时转移。故其急则人习骑射，宽则人乐无事，其约束轻，易行也。君臣简易，一国之政犹一身也。父子兄弟死，取其妻妻之，恶种姓之失也。故匈奴虽乱，必立宗种。今中国虽详②不取其父兄之妻，亲属益疏则相杀，至乃易姓，皆从此类。且礼义之敝，上下交怨望，而室屋之极，生力必屈。③夫力耕桑以求衣食，筑城郭以自备，故其民急则不习战功，缓则罢于作业。嗟土室之人，顾无多辞，令喋喋④而佔佔，⑤冠固何当？"⑥

①【集解】汉书音义曰："穹庐，旃帐。"

②【索隐】汉书作"阳"，此亦音羊。

③【索隐】以言栋宇室屋之作，人尽极以营其生，至于气力屈竭也。屈音
其勿反。

④【集解】音谍，利口也。

⑤【集解】音昌占反，衣裳貌。

⑥【集解】言虽复著冠，固何当所益。　【索隐】邓展曰："喋音牒。佔，
嗫耳语。"服虔曰："口舌喋喋。"如淳曰："言汝汉人多居室中，固自宜
著冠，且不足贵也。"小颜云："喋喋，利口也。佔佔，衣裳貌。喋音昌
涉反，占音占。言当思念，无为喋喋佔佔耳。虽自谓著冠，何所当
益也。"

自是之后，汉使欲辩论者，中行说辄曰："汉使无多言，顾汉所
输匈奴缯絮米糵，令其量中，必善美而已矣，何以为言乎？且所给
备善则已；不备，苦恶，①则候秋孰，以骑驰蹂而稼穑耳。"②日夜教
单于候利害处。

①【集解】韦昭曰："苦，窳也。音若'靡盬'之'盬'。"

②【集解】徐广曰："蹂音而九反。"

汉孝文皇帝十四年，匈奴单于十四万骑入朝邢、萧关，杀北地
都尉卬，①虏人民畜产甚多，遂至彭阳。②使奇兵入烧回中宫，③候
骑④至雍甘泉。⑤于是文帝以中尉周舍、郎中令张武为将军，发车
千乘，骑十万，军长安旁以备胡寇。而拜昌侯卢卿⑥为上郡将军，
甯侯魏遫为北地将军，隆虑侯周竈为陇西将军，东阳侯张相如为大
将军，成侯董赤⑦为前将军，大发车骑往击胡。⑧单于留塞内月馀
乃去，汉逐出塞即还，不能有所杀。匈奴日已骄，岁入边，杀略人民
畜产甚多，云中、辽东最甚，至代郡万馀人。汉患之，乃使使遗匈奴
书。单于亦使当户报谢，复言和亲事。

①【集解】徐广曰："姓孙。其子单,封为𰚁侯。白丁反。"【索隐】𰚁音五郎反。徐广云："姓孙,其后子单封为瓶侯。音白丁反。"

②【集解】徐广曰："在安定。"【索隐】出彭阳。韦昭云："安定县。"【正义】"城"字误也。括地志云:"彭城故城在泾州临城县东二十里。"按:彭城在妫州,与北地郡甚远,明非彭城也。

③【索隐】服虔云"在北地,武帝作宫"。始皇本纪二十七年,"登鸡头山,过回中"。武帝元封四年,通回中道。【正义】括地志云:"秦回中宫在岐州雍县西四十里,即匈奴所烧者也。"

④【索隐】崔浩云:"候,逻骑。"

⑤【正义】括地志云:"云阳也。秦之林光宫,汉之甘泉,在雍州云阳西北八十里。秦始皇作甘泉宫,去长安三百里,望见长安。秦皇帝以来祭天圜丘处。"

⑥【索隐】按:表"卢"作"旅",古今字耳。

⑦【正义】音赫。

⑧【集解】徐广曰："内史栾布亦为将军。"

孝文帝后二年,使使遗匈奴书曰:"皇帝敬问匈奴大单于无恙。使当户且居①雕渠难、②郎中韩辽遗朕马二匹,已至,敬受。先帝制:长城以北,引弓之国,受命单于;长城以内,冠带之室,朕亦制之。使万民耕织射猎衣食,父子无离,臣主相安,俱无暴逆。今闻渫恶民贪降其进取之利,倍义绝约,忘万民之命,离两主之驩,然其事已在前矣。书曰:'二国已和亲,两主驩说,寝兵休卒养马,世世昌乐,阗然更始。'③朕甚嘉之。圣人者日新,改作更始,使老者得息,幼者得长,各保其首领而终其天年。朕与单于俱由此道,顺天恤民,世世相传,施之无穷,天下莫不咸便。汉与匈奴邻国之敌,匈奴处北地,寒,杀气早降,故诏吏遗单于秫糵金帛丝絮佗物岁有数。

今天下大安,万民熙熙,朕与单于为之父母。朕追念前事,薄物细故,谋臣计失,皆不足以离兄弟之驩。朕闻天不颇覆,地不偏载。朕与单于皆捐往细故,俱蹈大道,堕坏前恶,以图长久,使两国之民若一家子。元元万民,下及鱼鳖,上及飞鸟,跂行喙息④蠕动之类,⑤莫不就安利而辟危殆。故来者不止,天之道也。俱去前事:朕释逃虏民,单于无言章尼等。⑥朕闻古之帝王,约分明而无食言。单于留志,天下大安,和亲之后,汉过不先。单于其察之。"

① 【索隐】汉书作"且渠",匈奴官号。

② 【索隐】按:乐彦云"当户、且渠各自一官。雕渠难为此官也"。

【正义】雕渠难者,其姓名也。且,子余反。

③ 【集解】徐广曰:"阐音揞,安定意也。"

④ 【索隐】按:跂音岐,又音企。言虫豸之类,或企踵而行,或以喙而息,皆得其安也。

⑤ 【索隐】按:三苍云"蠕蠕,动貌,音软"。淮南子云"昆虫蠕动"。

⑥ 【索隐】按:文帝云我今日并释放彼国逃亡虏,遣之归本国,汝单于无得更以言词诉于章尼等,责其逃也。

单于既约和亲,于是制诏御史曰:"匈奴大单于遗朕书,言和亲已定,亡人不足以益众广地,匈奴无入塞,汉无出塞,犯(令)〔今〕约者杀之,可以久亲,后无咎,俱便。朕已许之。其布告天下,使明知之。"

后四岁,老上稽粥单于死,子军臣立为单于。既立,①孝文皇帝复与匈奴和亲。而中行说复事之。

① 【集解】徐广曰:"后元三年立。"

军臣单于立四岁,①匈奴复绝和亲,大入上郡、云中各三万骑,所杀略甚众而去。于是汉使三将军军屯<u>北地</u>,<u>代</u>屯<u>句注</u>,<u>赵</u>屯<u>飞狐口</u>,缘边亦各坚守以备<u>胡</u>寇。又置三将军,军<u>长安</u>西<u>细柳</u>、<u>渭北</u><u>棘门</u>、<u>霸上</u>以备<u>胡</u>。<u>胡</u>骑入<u>代</u><u>句注</u>边,烽火通于<u>甘泉</u>、<u>长安</u>。数月,<u>汉</u>兵至边,<u>匈奴</u>亦去远塞,<u>汉</u>兵亦罢。后岁馀,<u>孝文帝</u>崩,<u>孝景帝</u>立,而<u>赵王遂</u>乃阴使人于<u>匈奴</u>。吴楚反,欲与<u>赵</u>合谋入边。<u>汉</u>围破<u>赵</u>,<u>匈奴</u>亦止。自是之后,<u>孝景帝</u>复与<u>匈奴</u>和亲,通关市,给遗<u>匈奴</u>,遣公主,如故约。终<u>孝景</u>时,时小入盗边,无大寇。①

①【集解】<u>徐广</u>曰:"<u>孝文后元七年</u>崩,而二年答单于书,其间五年。而此云'后四年',又'立四岁',数不容尔也。<u>孝文后六年</u>冬,<u>匈奴</u>入<u>上郡</u>、<u>云中</u>也。"

今帝即位,明和亲约束,厚遇,通关市,饶给之。<u>匈奴</u>自单于以下皆亲<u>汉</u>,往来长城下。

<u>汉</u>使<u>马邑</u>下人<u>聂翁壹</u>①奸<u>兰</u>②出物③与<u>匈奴</u>交,④详为卖<u>马邑</u>城以诱单于。单于信之,而贪<u>马邑</u>财物,乃以十万骑入<u>武州</u>塞。⑤<u>汉</u>伏兵三十馀万<u>马邑</u>旁,御史大夫<u>韩安国</u>为护军,护四将军以伏单于。单于既入<u>汉</u>塞,未至<u>马邑</u>百馀里,见畜布野而无人牧者,怪之,乃攻亭。是时<u>雁门</u>尉史⑥行徼,见寇,葆此亭,知<u>汉</u>兵谋,单于得,欲杀之,⑦尉史乃告单于<u>汉</u>兵所居。单于大惊曰:"吾固疑之。"乃引兵还。出曰:"吾得尉史,天也,天使若言。"以尉史为"天王"。<u>汉</u>兵约单于入<u>马邑</u>而纵,单于不至,以故<u>汉</u>兵无所得。<u>汉</u>将军<u>王恢</u>部出<u>代</u>击<u>胡</u>辎重,闻单于还,兵多,不敢出。<u>汉</u>以<u>恢</u>本造兵谋而不进,斩<u>恢</u>。⑧自是之后,<u>匈奴</u>绝和亲,攻当路塞,⑨往往入盗于<u>汉</u>边,不可胜数。然<u>匈奴</u>贪,尚乐关市,嗜<u>汉</u>财物,<u>汉</u>亦尚关市不绝以中之。⑩

①【索隐】按:卫青传唯称"聂壹"。顾氏云"壹,名也。老,故称翁",义或然也。

②【集解】奸音干。干兰,犯禁私出物也。

③【索隐】上音干。干兰谓犯禁私出物也。

④【集解】汉书音义曰:"私出塞与匈奴交市。"

⑤【索隐】苏林云在雁门也。

⑥【索隐】如淳云:"律,近塞郡皆置尉,百里一人,士史、尉史各二人也。"

⑦【集解】徐广曰:"一云'乃下,具告单于'。"

⑧【集解】韩长孺传曰:"恢自杀。"

⑨【索隐】苏林云:"直当道之塞。"

⑩【正义】如淳云:"得具以利中伤之。"

自马邑军后五年之秋,汉使四将军各万骑击胡关市下。将军卫青出上谷,至茏城,得胡首虏七百人。公孙贺出云中,无所得。公孙敖出代郡,为胡所败七千馀人。李广出雁门,为胡所败,而匈奴生得广,广后得亡归。汉因敖、广、敖、广赎为庶人。其冬,匈奴数入盗边,渔阳尤甚。汉使将军韩安国屯渔阳备胡。其明年秋,匈奴二万骑入汉,杀辽西太守,略二千馀人。胡又入败渔阳太守军千馀人,围汉将军安国,安国时千馀骑亦且尽,会燕救至,匈奴乃去。匈奴又入雁门,杀略千馀人。于是汉使将军卫青将三万骑出雁门,李息出代郡,击胡。得首虏数千人。其明年,卫青复出云中以西至陇西,击胡之楼烦、白羊王于河南,得胡首虏数千,牛羊百馀万。于是汉遂取河南地,筑朔方,复缮故秦时蒙恬所为塞,因河为固。汉亦弃上谷之什辟县造阳地以予胡。①是岁,汉之元朔二年也。

2531

①【集解】什音斗。汉书音义曰:"言县斗辟,(西)〔曲〕近胡。"【索隐】

按:孟康云"县斗辟,(西)〔曲〕近胡"也。什音斗。辟音僻。造阳即斗辟县中地。【正义】按:曲幽辟县入匈奴界者造阳地弃与胡也。

其后冬,匈奴军臣单于死。军臣单于弟左谷蠡王伊稚斜①自立为单于,攻破军臣单于太子于单。②于单亡降汉,汉封于单为涉安侯,数月而死。

①【索隐】伊稚斜。稚音持利反。斜音士嗟反,邹诞生音直牙反。盖稚斜,胡人语,近得其实。

②【索隐】音丹。

伊稚斜单于既立,其夏,匈奴数万骑入杀代郡太守恭友,略千馀人。其秋,匈奴又入雁门,杀略千馀人。其明年,匈奴又复入代郡、定襄、①上郡,各三万骑,杀略数千人。匈奴右贤王怨汉夺之河南地而筑朔方,数为寇,盗边,及入河南,侵扰朔方,杀略吏民甚众。

①【正义】括地志云:"定襄故城在朔州善阳县北三百八十里。地理志定襄郡,高帝置也。"

其明年春,汉以卫青为大将军,将六将军,十馀万人,出朔方、高阙击胡。右贤王以为汉兵不能至,饮酒醉,汉兵出塞六七百里,夜围右贤王。右贤王大惊,脱身逃走,诸精骑往往随后去。汉得右贤王众男女万五千人,裨小王十馀人。其秋,匈奴万骑入杀代郡都尉朱英,略千馀人。

其明年春,汉复遣大将军卫青将六将军,兵十馀万骑,乃再出定襄数百里击匈奴,得首虏前后凡万九千馀级,而汉亦亡两将军,军三千馀骑。①右将军建得以身脱,②而前将军翕侯赵信兵不利,降匈奴。赵信者,故胡小王,降汉,汉封为翕侯,以前将军与右将军并军分行,③独遇单于兵,故尽没。单于既得翕侯,以为自次王,④

用其姊妻之,与谋汉。信教单于益北绝幕,⑤以诱罢汉兵,徼极而取之,⑥无近塞。单于从其计。其明年,胡骑万人入上谷,杀数百人。

①【集解】徐广曰:"合有三千耳。"

②【正义】建,苏武父也。

③【正义】与大军别行也。

④【正义】自次者,尊重次于单于。

⑤【集解】应劭曰:"幕,沙幕,匈奴之南界。"瓒曰:"沙土曰幕,直度曰绝。"

⑥【索隐】按:徼,要也。谓要其疲极而取之。 【正义】徼音古尧反。徼,要也。要汉兵疲极则取之,无近塞居止。

其明年春,汉使骠骑将军去病将万骑出陇西,过焉支山①千馀里,击匈奴,得胡首虏(骑)万八千馀级,破得休屠王祭天金人。②其夏,骠骑将军复与合骑侯数万骑出陇西、北地二千里,击匈奴。过居延,③攻祁连山,④得胡首虏三万馀人,裨小王以下七十馀人。是时匈奴亦来入代郡、雁门,杀略数百人。汉使博望侯及李将军广出右北平,击匈奴左贤王。左贤王围李将军,卒可四千人,且尽,杀虏亦过当。会博望侯军救至,李将军得脱。汉失亡数千人,合骑侯后骠骑将军期,及与博望侯皆当死,赎为庶人。

①【正义】焉音烟。括地志云:"焉支山一名删丹山,在甘州删丹县东南五十里。西河故事云'匈奴失祁连、焉支二山,乃歌曰:"亡我祁连山,使我六畜不蕃息;失我焉支山,使我妇女无颜色。"其愁惜乃如此'。"

②【集解】汉书音义曰:"匈奴祭天处本在云阳甘泉山下,秦夺其地,后徙之休屠王右地,故休屠有祭天金人,象祭天人也。" 【索隐】韦昭云:"作金人以为祭天主。"崔浩云:"胡祭以金人为主,今浮图金人是也。"

又汉书音义称"金人祭天,本在云阳甘泉山下,秦夺其地,徙之于休屠王右地,故休屠有祭天金人,象祭天人也"。事恐不然。案:得休屠金人,后置之于甘泉也。　【正义】括地志云:"径路神祠在雍州云阳县西北九十里甘泉山下,本匈奴祭天处,秦夺其地,后徙休屠右地。"按:金人即今佛像,是其遗法,立以为祭天主也。

③【索隐】韦昭曰:"张掖县。"

④【索隐】按:西河旧事云"山在张掖、酒泉二界上,东西二百馀里,南北百里,有松柏五木,美水草,冬温夏凉,宜畜牧。匈奴失二山,乃歌云:'亡我祁连山,使我六畜不蕃息;失我燕支山,使我嫁妇无颜色'"。祁连一名天山,亦曰白山也。

其秋,单于怒浑邪王、休屠王居西方为汉所杀虏数万人,欲召诛之。浑邪王与休屠王恐,谋降汉,①汉使骠骑将军往迎之。浑邪王杀休屠王,并将其众降汉。凡四万馀人,号十万。于是汉已得浑邪王,则陇西、北地、河西益少胡寇,徙关东贫民处所夺匈奴河南、新秦中②以实之,而减北地以西戍卒半。其明年,匈奴入右北平、定襄各数万骑,杀略千馀人而去。

①【集解】徐广曰:"元狩二年也。"

②【索隐】如淳云"在长安以北,朔方以南"。汉书食货志云"徙贫人充朔方以南新秦中"是也。　【正义】服虔云:"地名,在北地,广六七百里,长安北,朔方南。史记以为秦始皇遣蒙恬斥逐北胡,得肥饶之地七百里,徙内郡人民皆往充实之,号曰新秦中也。"

其明年春,汉谋曰"翕侯信为单于计,居幕北,以为汉兵不能至"。乃粟马,发十万骑,(负)私〔负〕从①马凡十四万匹,粮重不与焉。令大将军青、骠骑将军去病中分军,大将军出定襄,骠骑将军出代,咸约绝幕击匈奴。单于闻之,远其辎重,以精兵待于幕北。

与汉大将军接战一日,会暮,大风起,汉兵纵左右翼围单于。单于自度战不能如汉兵,单于遂独身与壮骑数百溃汉围西北遁走。汉兵夜追不得。行斩捕匈奴首虏万九千级,北至寘颜山赵信城②而还。

①【正义】谓负担衣粮,私募从者,凡十四万匹。

②【集解】如淳曰:"信前降匈奴,匈奴筑城居之。"

单于之遁走,其兵往往与汉兵相乱而随单于。单于久不与其大众相得,其右谷蠡王以为单于死,乃自立为单于。真单于复得其众,而右谷蠡王乃去其单于号,复为右谷蠡王。

汉骠骑将军之出代二千馀里,与左贤王接战,汉兵得胡首虏凡七万馀级,左贤王将皆遁走。骠骑封于狼居胥山,禅姑衍,临翰海①而还。

①【集解】如淳曰:"翰海,北海名。" 【正义】按:翰海自一大海名,群鸟解羽伏乳于此,因名也。

是后匈奴远遁,而幕南无王庭。汉度河自朔方以西至令居,①往往通渠置田,官吏卒五六万人,稍蚕食,地接匈奴以北。②

①【集解】徐广曰:"在金城。" 【索隐】徐广云在金城。地理志云张掖令居县。姚氏令音连。小颜云音零。

②【正义】匈奴旧以幕为王庭。今远徙幕北,更蚕食之,汉境连接匈奴旧地以北也。

初,汉两将军大出围单于,所杀虏八九万,而汉士卒物故①亦数万,汉马死者十馀万。匈奴虽病,远去,而汉亦马少,无以复往。匈奴用赵信之计,遣使于汉,好辞请和亲。天子下其议,或言和亲,或言遂臣之。丞相长史任敞曰："匈奴新破,困,宜可使为外臣,朝请于边。"汉使任敞于单于。单于闻敞计,大怒,留之不遣。先是汉亦有所降匈奴使者,单于亦辄留汉使相当。汉方复收士马,会骠骑将军去病死,[1]于是汉久不北击胡。

①【索隐】汉士物故。按:释名云"汉以来谓死为'物故',物就朽故也"。又魏台访议高堂崇对曰"闻之先师:物,无也;故,事也。言无复所能于事者也"。

数岁,伊稚斜单于立十三年死,子乌维立为单于。是岁,汉元鼎三年也。乌维单于立,而汉天子始出巡郡县。其后汉方南诛两越,[1]不击匈奴,匈奴亦不侵入边。

①【正义】南越、东越。

乌维单于立三年,汉已灭南越,遣故太仆贺将万五千骑出九原二千馀里,至浮苴井[1]而还,不见匈奴一人。汉又遣故从骠侯赵破奴万馀骑出令居数千里,至匈河水[2]而还,亦不见匈奴一人。

①【索隐】苴音子馀反。臣瓒云:"去九原二千里,见汉舆地图。"

②【索隐】臣瓒云:"水名,去令居千里。"

是时天子巡边,至朔方,勒兵十八万骑以见武节,而使郭吉风告单于。郭吉既至匈奴,匈奴主客[1]问所使,郭吉礼卑言好,曰:"吾见单于而口言。"单于见吉,吉曰:"南越王头已悬于汉北阙。今单于(能)即〔能〕前与汉战,天子自将兵待边;单于即不能,即南面而臣于汉。何徒远走,亡匿于幕北寒苦无水草之地,毋为也。"语卒而单于大怒,立斩主客见者,而留郭吉不归,迁之北海上。[2]而单于终不肯为寇于汉边,休养息士马,习射猎,数使使于汉,好辞甘言求请和亲。

①【集解】韦昭曰："主使来客官也。"【正义】官名,若鸿胪卿。

②【正义】北海即上海也,苏武亦迁也。

汉使王乌等窥匈奴。匈奴法,汉使非去节而以墨黥其面者不得入穹庐。王乌,北地人,习胡俗,去其节,黥面,得入穹庐。单于爱之,详许甘言,为遣其太子入汉为质,①以求和亲。

①【正义】音致。

汉使杨信于匈奴。是时汉东拔秽貉、朝鲜以为郡,①而西置酒泉郡②以鬲绝胡与羌通之路。汉又西通月氏、大夏,③又以公主妻乌孙王,以分匈奴西方之援国。又北益广田至眩雷为塞,④而匈奴终不敢以为言。是岁,翕侯信死,汉用事者以匈奴为已弱,可臣从也。杨信为人刚直屈强,素非贵臣,单于不亲。单于欲召入,不肯去节,单于乃坐穹庐外见杨信。杨信既见单于,说曰:"即欲和亲,以单于太子为质于汉。"单于曰:"非故约。故约,汉常遣翁主,给缯絮食物有品,以和亲,而匈奴亦不扰边。今乃欲反古,令吾太子为质,无几矣。"⑤匈奴俗,见汉使非中贵人,其儒先,⑥以为欲说,折其辩;其少年,以为欲刺,折其气。每汉使入匈奴,匈奴辄报偿。汉留匈奴使,匈奴亦留汉使,必得当乃肯止。

①【正义】即玄菟、乐浪二郡。

②【正义】今肃州。

③【正义】汉书西域传云:"大月氏国去长安城万一千六百里,本居敦煌、祁连间,冒顿单于破月氏,而老上单于杀月氏王,以头为饮器,月氏乃远去,过大宛西,击大夏而臣之,都妫水北,为王庭也。"

④【集解】汉书音义曰:"眩雷,地名,在乌孙北。"

⑤【正义】几音记。言反古无所冀望也。

⑥【集解】先,先生也。汉书作"儒生"也。

杨信既归,汉使王乌,而单于复谄以甘言,欲多得汉财物,绐谓王乌曰:"吾欲入汉见天子,面相约为兄弟。"王乌归报汉,汉为单于筑邸于长安。匈奴曰:"非得汉贵人使,吾不与诚语。"匈奴使其贵人至汉,病,汉予药,欲愈之,不幸而死。而汉使路充国佩二千石印绶往使,因送其丧,厚葬直数千金,曰"此汉贵人也"。单于以为汉杀吾贵使者,乃留路充国不归。诸所言者,单于特空绐王乌,殊无意入汉及遣太子来质。于是匈奴数使奇兵侵犯边。汉乃拜郭昌为拔胡将军,及浞野侯①屯朔方以东,备胡。路充国留匈奴三岁,单于死。

①【集解】徐广曰赵破奴。

乌维单于立十岁而死,子乌师庐立为单于。①年少,号为兒单于。是岁元封六年也。自此之后,单于益西北,左方兵直云中,右方直酒泉、敦煌郡。②

①【集解】徐广曰:"乌,一作'詹'。"

②【正义】括地志云:"铁勒国,匈奴冒顿之后,在突厥国北。乐胜州经秦长城、太鬡长路正北,经沙碛,十三日行至其国。"

兒单于立,汉使两使者,一吊单于,一吊右贤王,欲以乖其国。使者入匈奴,匈奴悉将致单于。单于怒而尽留汉使。汉使留匈奴者前后十馀辈,而匈奴使来,汉亦辄留相当。

是岁,汉使贰师将军广利西伐大宛,而令因杅①将军敖筑受降城。其冬,匈奴大雨雪,畜多饥寒死。兒单于年少,好杀伐,国人多不安。左大都尉欲杀单于,使人间告汉曰:"我欲杀单于降汉,汉远,即兵来迎我,我即发。"初,汉闻此言,故筑受降城,犹以为远。

①【正义】音于。

其明年春,汉使浞野侯破奴将二万馀骑出朔方西北二千馀里,期至浚稽山①而还。浞野侯既至期而还,左大都尉欲发而觉,单于诛之,发左方兵击浞野。浞野侯行捕首虏得数千人。还,未至受降城四百里,匈奴兵八万骑围之。浞野侯夜自出求水,匈奴间捕,生得浞野侯,因急击其军。军中郭纵为护,维王为渠,②相与谋曰:"及诸校尉畏亡将军而诛之,莫相劝归。"军遂没于匈奴。匈奴兒单于大喜,遂遣奇兵攻受降城。不能下,乃寇入边而去。其明年,单于欲自攻受降城,未至,病死。

①【索隐】应劭云:"在武威县北。"

②【正义】为渠帅也。

兒单于立三岁而死。子年少,匈奴乃立其季父乌维单于弟右贤王呴①犁湖为单于。是岁太初三年也。

①【集解】音钩,又音吁。　【索隐】音钩,又音吁。

呴犁湖单于立,汉使光禄徐自为出五原塞①数百里,远者千馀里,筑城鄣列亭②至庐朐,③而使游击将军韩说、长平侯卫伉屯其旁,使强弩都尉路博德筑居延泽上。④

①【正义】即五原郡榆林塞也。在胜州榆林县四十里也。

②【正义】顾胤云:"鄣,山中小城。亭,候望所居也。"

③【集解】音衢,匈奴地名,又山名。　【索隐】服虔云:"匈奴地名。"张晏云:"山名。"　【正义】地理志云五原郡稒阳县北出石门鄣,得光禄城,又西北得支就城,又西北得头曼城,又西北得虖河城,又西北得宿虏城。按:即筑城鄣列亭至庐朐也。服虔云:"庐朐,匈奴地名也。"张晏云:"山名也。"

④【正义】括地志云:"汉遮虏障城在甘州张掖县东北一千五百三十里,有汉遮虏鄣,强弩都尉路博德之所筑。李陵败,与士众期至遮虏

郭,即此也。长老传云郭北百八十里,直居延之西北,是李陵战地也。"

其秋,匈奴大入定襄、云中,杀略数千人,败数二千石而去,行破坏光禄所筑城列亭郭。又使右贤王入酒泉、张掖,略数千人。会任文①击救,尽复失所得而去。是岁,贰师将军破大宛,斩其王而还。匈奴欲遮之,不能至。其冬,欲攻受降城,会单于病死。

①【集解】汉书音义曰:"汉将也。"

呴犁湖单于立一岁死。匈奴乃立其弟左大都尉且鞮①侯为单于。

①【索隐】上音子馀反,下音低。

汉既诛大宛,威震外国。天子意欲遂困胡,乃下诏曰:"高皇帝遗朕平城之忧,高后时单于书绝悖逆。昔齐襄公复九世之雠,春秋大之。"①是岁太初四年也。

①【集解】公羊传曰:"九世犹可以复雠乎? 曰虽百世可也。"

且鞮侯单于既立,尽归汉使之不降者。路充国等得归。单于初立,恐汉袭之,乃自谓"我儿子,安敢望汉天子! 汉天子,我丈人行①也"。汉遣中郎将苏武厚币赂遗单于。单于益骄,礼甚倨,非汉所望也。其明年,浞野侯破奴得亡归汉。

①【正义】胡朗反。

其明年,汉使贰师将军广利以三万骑出酒泉,击右贤王于天山,①得胡首虏万馀级而还。匈奴大围贰师将军,几不脱。汉兵物故什六七。汉复使因杆将军敖出西河,与强弩都尉会涿涂山，②毋所得。又使骑都尉李陵将步骑五千人，出居延北千馀里，与单于会，合战，陵所杀伤万馀人，兵及食尽，欲解归，匈奴围陵，陵降匈奴，其兵遂没，得还者四百人。单于乃贵陵，以其女妻之。

①【正义】在伊州。

②【集解】徐广曰："涂音邪"。　【索隐】涿音卓。涂音以奢反。

　【正义】匈奴中山也。

　　后二岁，复使贰师将军将六万骑，步兵十万，出朔方。强弩都尉路博德将万馀人，与贰师会。游击将军说将步骑三万人，出五原。因杆将军敖将万骑步兵三万人，出雁门。匈奴闻，悉远其累重于余吾水北，①而单于以十万骑待水南，与贰师将军接战。贰师乃解而引归，与单于连战十馀日。贰师闻其家以巫蛊族灭，因并众降匈奴，②得来还千人一两人耳。游击说无所得。因杆敖与左贤王战，不利，引归。是岁③汉兵之出击匈奴者不得言功多少，功不得御。④有诏捕太医令随但，言贰师将军家室族灭，使广利得降匈奴。⑤

①【集解】徐广曰："余，一作'斜'，音邪。"　【索隐】徐广云："一作'斜'，音邪。"山海经云："北鲜之山，鲜水出焉，北流注余吾。"　【正义】累，力为反。重，丈用反。

②【集解】徐广曰："按史记将相年表及汉书，征和二年，巫蛊始起。三年，广利与商丘成出击胡军，败，乃降。"

③【集解】徐广曰："天汉四年。"　【正义】自此以下，上至贰师闻其家，非天汉四年事，似错误，人所知。

④【正义】御音语。其功不得相御当也。

⑤【索隐】汉书云："明年，且鞮死，长子狐鹿姑单于立。"张晏云："自狐

鹿姑单于已下，皆刘向、褚先生所录，班彪又撰而次之，所以汉书匈奴传有上下两卷。"

太史公曰：孔氏著春秋，隐桓之间则章，至定哀之际则微，①为其切当世之文而罔褒，忌讳之辞也。②世俗之言匈奴者，患其徼一时之权，③而务谄纳其说，④以便偏指，不参⑤彼己；将率⑥席中国广大，气奋，人主因以决策，是以建功不深。尧虽贤，兴事业不成，得禹而九州宁。⑦且欲兴圣统，唯在择任将相哉！唯在择任将相哉！

①【索隐】按：讳国恶，礼也。仲尼仕于定哀，故其著春秋，不切论当世而微其词也。

②【索隐】按：罔者，无也。谓其无实而褒之是也，忌讳当代故也。

③【集解】徐广曰："徼音皎。"　【索隐】按：徐音皎，刘伯庄音叫，皆非也。按其字宜音侥。徼者，求也，言求一时权宠。

④【索隐】音税。

⑤【索隐】按：谓说者谋匈奴，皆患其直徼求一时权幸，但务谄进其说，以自便其偏指，不参详终始利害也。

⑥【集解】诗云："彼己之子。"　【索隐】彼己者，犹诗人讥词云"彼己之子"是也。将率则指樊哙、卫、霍等也。

⑦【正义】言尧虽贤圣，不能独理，得禹而九州安宁。以刺武帝不能择贤将相，而务谄纳小人浮说，多伐匈奴，故坏齐民。故太史公引禹圣成其太平，以攻当代之罪。

【索隐述赞】猃狁、薰粥，居于北边。既称夏裔，式憬周篇。颇随畜牧，屡扰尘烟。爰自冒顿，尤聚控弦，虽空帑藏，未尽中权。

史记卷一百一十一

卫将军骠骑列传第五十一

大将军卫青者,平阳人也。①其父郑季,为吏,给事平阳侯家,与侯妾卫媪通,②生青。青同母兄卫长子,而姊卫子夫自平阳公主家得幸天子,③故冒姓为卫氏。字仲卿。长子更字长君。长君母号为卫媪。媪长女卫孺,④次女少兒,次女即子夫。后子夫男弟步广⑤皆冒卫氏。

① 【正义】汉书云"其父郑季,河东平阳人,以县吏给事平阳侯之家"也。

② 【索隐】卫,姓也。媪,妇人老少通称。汉书曰与主家僮卫媪通。案:即云家僮,故非老。或者媪是老称,后追称媪耳。又外戚传云"薄姬父与魏王宗女魏媪通",则亦魏是媪姓。而小颜云"卫者,举其夫姓也"。然案此云"侯妾卫媪",似更无别夫也。下云"同母兄卫长子及姊子夫皆冒卫姓",又似有夫。其所冒之姓为父与母,皆未明也。

③ 【集解】徐广曰:"曹参曾孙平阳夷侯,时尚武帝姊平阳公主,生子襄。"

【索隐】案:如淳云"本阳信长公主,为平阳侯所尚,故称平阳公主"。

案徐广云"夷侯,曹参曾孙,名襄"。又按系家及功臣表"时"或作
"畴",汉书作"寿",并文字残缺,故不同也。

④【索隐】汉书云"君孺"。

⑤【集解】徐广曰:"步,一作'少'。"

青为侯家人,少时归其父,其父使牧羊。先母之子①皆奴畜
之,不以为兄弟数。②青尝从入至甘泉居室,③有一钳徒④相青曰:
"贵人也,官至封侯。"青笑曰:"人奴之生,得毋笞骂即足矣,安得
封侯事乎!"

①【集解】服虔曰:"先母,嫡妻也。青之嫡母。" 【索隐】汉书作"民
母"。服虔云"母,嫡妻也。青之嫡母"。顾氏云"郑季本妻编于民户
之间,故曰民母"。今本亦或作"民母"也。

②【索隐】音去声。

③【正义】按:居室,署名,武帝改曰保宫。灌夫系居室是也。

④【集解】张晏曰:"甘泉中徒所居也。"

青壮,为侯家骑,从平阳主。建元二年春,青姊子夫得入宫幸
上。皇后,堂邑大长公主女也,①无子,妒。大长公主闻卫子夫幸,
有身,妒之,乃使人捕青。青时给事建章,②未知名。大长公主执
囚青,欲杀之。其友骑郎公孙敖与壮士往篡取之,③以故得不死。
上闻,乃召青为建章监,侍中,及同母昆弟贵,赏赐数日间累千金。
孺为太仆公孙贺妻。少儿故与陈掌通,④上召贵掌。公孙敖由此
益贵。子夫为夫人。青为大中大夫。

①【集解】徐广曰:"堂邑安侯陈婴之孙夷侯午,尚景帝姊长公主,子季
须。元鼎元年,季须坐奸自杀。" 【正义】文颖云:"陈皇后,武帝姑
女也。"

②【索隐】案:晋灼云"上林中宫名也"。

③【索隐】篡犹劫也,夺也。

④【集解】徐广曰:"陈平曾孙,名掌也。"

　　元光五年,青为车骑将军,击匈奴,出上谷;太仆公孙贺为轻车将军,出云中;大中大夫公孙敖为骑将军,出代郡;卫尉李广为骁骑将军,出雁门:军各万骑。青至茏城,斩首虏数百。骑将军敖亡七千骑;卫尉李广为虏所得,得脱归:皆当斩,赎为庶人。贺亦无功。

　　元朔元年春,卫夫人有男,①立为皇后。其秋,青为车骑将军,出雁门,三万骑击匈奴,斩首虏数千人。明年,匈奴入杀辽西太守,虏略渔阳二千馀人,败韩将军军。汉令将军李息击之,出代;令车骑将军青出云中以西至高阙,②遂略河南地,至于陇西,捕首虏数千,畜数十万,走白羊、楼烦王。遂以河南地为朔方郡。③以三千八百户封青为长平侯。青校尉苏建有功,以千一百户封建为平陵侯。使建筑朔方城。④青校尉张次公有功,封为岸头侯。⑤天子曰:"匈奴逆天理,乱人伦,暴长虐老,以盗窃为务,行诈诸蛮夷,造谋藉兵,数为边害,⑥故兴师遣将,以征厥罪。诗不云乎,'薄伐猃狁,⑦至于太原','出车彭彭,城彼朔方'。⑧今车骑将军青度西河⑨至高阙,获首虏二千三百级,车辎畜产毕收为卤,已封为列侯,遂西定河南地,按榆谿旧塞,⑩绝梓领、梁北河,⑪讨蒲泥,破符离,⑫斩轻锐之卒,捕伏听者三千七十一级,⑬执讯获丑,⑭驱马牛羊百有馀万,全甲兵而还,益封青三千户。"其明年,匈奴入杀代郡太守友,⑮入略雁门千馀人。其明年,匈奴大入代、定襄、上郡,杀略汉数千人。

①【索隐】即卫太子据也。

②【索隐】按:山名也。小颜云"一曰塞名,在朔方之北"。

③【索隐】按:谓北地郡之北,黄河之南。　　【正义】今夏州也。

④【正义】括地志云:"夏州朔方县北什贲故城是。"按:苏建筑,什贲之号盖出蕃语也。

⑤【索隐】案:晋灼云"河东皮氏县之亭名也"。 【正义】服虔云:"乡名也。"

⑥【集解】张晏曰:"从蛮夷借兵钞边也。"

⑦【索隐】薄伐猃狁。此小雅六月诗,美宣王北伐也。薄伐者,言逐出之也。

⑧【索隐】小雅出车之诗也。

⑨【正义】即云中郡之西河,今胜州东河也。

⑩【集解】如淳曰:"案,行也。榆谿,旧塞名。"或曰按,寻也。 【索隐】按榆谷旧塞。如淳云:"按,行也,寻也。榆谷,旧塞名也。"案:水经云"上郡之北有诸次水,东经榆林塞为榆谿",是榆谷旧塞也。

⑪【集解】如淳曰:"绝,度也。为北河作桥梁。" 【正义】括地志云:"梁北河在灵州界也。"

⑫【集解】晋灼曰:"二王号。" 【索隐】晋灼云:"二王号。"崔浩云:"漠北塞名。"

⑬【集解】张晏曰:"伏于隐处,听军虚实。"

⑭【正义】讯,问也。丑,众。言执其生口问之,知虏处,获得众类也。

⑮【集解】徐广曰:"友者,太守名也。姓共也。"

2546

其明年,元朔之五年春,汉令车骑将军青将三万骑,出高阙;卫尉苏建为游击将军,左内史李沮①为强弩将军,太仆公孙贺为骑将军,代相李蔡为轻车将军,皆领属车骑将军,俱出朔方;大行李息、岸头侯张次公为将军,出右北平:咸击匈奴。匈奴右贤王当卫青等兵,以为汉兵不能至此,饮醉。汉兵夜至,围右贤王,右贤王惊,夜逃,独与其爱妾一人壮骑数百驰,溃围北去。汉轻骑校尉郭成等逐数百里,不及,得右贤裨王十馀人,②众男女万五千馀人,畜数千百万,于是引兵而还。至塞,天子使使者持大将军印,即军中拜车骑将军青为大将军,诸将皆以兵属大将军,大将军立号而归。③天子曰:"大将军青躬率戎士,师大捷,获匈奴王十有馀人,益封青六千户。"而封青子伉为宜春侯,④青子不疑为阴安侯,青子登为发干侯。青固谢曰:"臣幸得待罪行间,赖陛下神灵,军大捷,皆诸校尉力战之功也。陛下幸已益封臣青。臣青子在襁褓中,⑤未有勤劳,上幸列地封为三侯,非臣待罪行间所以劝士力战之意也。伉等三人何敢受封!"天子曰:"我非忘诸校尉功也,今固且图之。"乃诏御史曰:"护军都尉公孙敖三从大将军击匈奴,常护军,傅校获王,⑥以千五百户封敖为合骑侯。⑦都尉韩说从大将军出窳浑,⑧至匈奴右贤王庭,为麾下搏战获王,⑨以千三百户封说为龙额侯。骑将军公孙贺从大将军获王,以千三百户封贺为南窌侯。⑩轻车将军李蔡再从大将军获王,以千六百户封蔡为乐安侯。校尉李朔,校尉赵不虞,校尉公孙戎奴,各三从大将军获王,以千三百户封朔为涉轵侯,以千三百户封不虞为随成侯,以千三百户封戎奴为从平侯。将军李沮、李息及校尉豆如意有功,赐爵关内侯,食邑各三百户。"其秋,匈奴入代,杀都尉朱英。

①【集解】文颖曰:"音俎。"

②【索隐】裨王十人。贾逵云:"裨,益也。"小颜云:"裨王,小王也,若裨将然。音频移反。"

③【索隐】案:谓立大将军之号令而归。

④【正义】伉音口浪反。

⑤【正义】襁长尺二寸,阔八寸,以约小儿于背。褓,小儿被也。

⑥【索隐】顾秘监云:"傅,领也。五百人谓之校。"小颜云:"傅音附。言

敖总护诸军，每附部校，以致克捷而获王也。”

⑦【索隐】案：非邑地，而以战功为号。谓以军合骠骑，故云"合骑"，若"冠军"、"从骠"然也。

⑧【集解】徐广曰："窳浑在朔方，音庚。"【索隐】音庚。服虔云"塞名"。徐广云"在朔方"。汉书作"置浑"，置音田也。

⑨【索隐】搏音博。搏，击也。小颜同。今史、汉本多作"传"，传犹转也。

⑩【集解】徐广曰："窌宜作'奅'，音匹孝反。"【索隐】徐音匹教反。韦昭云县名。或作"窖"，音干校反。字林云"大"下"卯"与"穴"下"卯"并音匹孝反。

其明年春，大将军青出定襄，合骑侯敖为中将军，太仆贺为左将军，翕侯赵信为前将军，卫尉苏建为后将军，郎中令李广为后将军，右内史李沮为强弩将军，咸属大将军，斩首数千级而还。月馀，悉复出定襄击匈奴，斩首虏万馀人。右将军建、前将军信并军三千馀骑，独逢单于兵，与战一日馀，汉兵且尽。前将军故胡人，降为翕侯，见急，匈奴诱之，遂将其馀骑可八百，奔降单于。右将军苏建尽亡其军，独以身得亡去，自归大将军。大将军问其罪正闳、①长史安、②议郎周霸等：③"建当云何？"霸曰；"自大将军出，未尝斩裨将。今建弃军，可斩以明将军之威。"闳、安曰："不然。兵法'小敌之坚，大敌之禽也'。今建以数千当单于数万，力战一日馀，士尽，不敢有二心，自归。自归而斩之，是示后无反意也。不当斩。"大将军曰："青幸得以肺腑待罪行间，不患无威，而霸说我以明威，甚失臣意。且使臣职虽当斩将，以臣之尊宠而不敢自擅专诛于境外，而具归天子，天子自裁之，于是以见为人臣不敢专权，不亦可乎？"军吏皆曰"善"。遂囚建诣行在所。④入塞罢兵。

①【集解】张晏曰："正，军正也。闳，名也。"

史记卷一百一十一

2548

②【正义】律,都军官长史一人也。

③【集解】徐广曰:"儒生。"　【索隐】徐广云儒生也。案:郊祀志议封禅有周霸,故知也。

④【集解】蔡邕曰:"天子自谓所居曰'行在所',言今虽在京师,行所至耳。巡狩天下,所奏事处皆为宫。在长安则曰奏长安宫,在泰山,则曰奉高宫,唯当时所在。"

是岁也,大将军姊子霍去病①年十八,幸,为天子侍中。善骑射,再从大将军,受诏与壮士,为剽姚②校尉,与轻勇骑八百直弃大军数百里赴利,斩捕首虏过当。③于是天子曰:"剽姚校尉去病斩首虏二千二十八级,及相国、当户,斩单于大父行④籍若侯产,⑤生捕季父罗姑比,⑥再冠军,以千六百户封去病为冠军侯。上谷太守郝贤四从大将军,捕斩首虏二千馀人,以千一百户封贤为众利侯。"是岁,失两将军军,亡翕侯,军功不多,故大将军不益封。右将军建至,天子不诛,赦其罪,赎为庶人。

①【集解】徐广曰:"姊即少儿也。"

②【索隐】上音匹遥反,下音遥。大颜案荀悦汉纪作"票鹞"。票鹞,劲疾之貌也。上音频妙反,下音弋召反。

③【索隐】案:小颜云"计其所将之人数,则捕首虏为多,过于所当也。一云汉军亡失者少,而杀获匈奴数多,故曰过当也"。

④【索隐】行音胡浪反。谓籍若侯是匈奴祖之行也。汉书云"籍若侯产,产即大父之名"。

⑤【集解】张晏曰:"籍若,胡侯。"

⑥【索隐】案:颜氏云"罗姑比,单于季父名也"。小颜云"比,频也"。案:下文既云"再冠军",无容更言频也。

大将军既还,赐千金。是时王夫人方幸于上,甯乘说大将军曰:"将军所以功未甚多,身食万户,三子皆为侯者,徒以皇后故也。今王夫人幸而宗族未富贵,愿将军奉所赐千金为王夫人亲寿。"大将军乃以五百金为寿。天子闻之,问大将军,大将军以实言,上乃拜甯乘为东海都尉。

张骞从大将军,以尝使大夏,①留匈奴中久,导军,知善水草处,军得以无饥渴,因前使绝国功,封骞博望侯。

①【正义】大夏国在大宛西。

冠军侯去病既侯三岁,元狩二年春,以冠军侯去病为骠骑将军,①将万骑出陇西,有功。天子曰:"骠骑将军率戎士逾乌盭,②讨遫濮,③涉狐奴,④历五王国,辎重人众慑慑⑤者弗取,冀获单于子。⑥转战六日,过焉支山千有馀里,合短兵,杀折兰王,斩卢胡王,⑦诛全甲,⑧执浑邪王子及相国、都尉,首虏八千馀级,收休屠祭天金人,⑨益封去病二千户。"

①【集解】徐广曰:"骠,一亦作'剽'。" 【正义】汉书云霍去病征匈奴有绝幕之勋,始置骠骑将军,位在三司,品秩同大将军。说文云:"骠,黄马鬃白色。一曰白髦尾。"

②【集解】汉书音义曰:"音庚,山名也。"

③【索隐】音速卜二音。崔浩云"匈奴部落名"。案:下有"遫濮王",是国名也。

④【集解】晋灼曰:"水名也。"

⑤【集解】文颖曰:"恐惧也。" 【索隐】案:说文云"慹,失气也"。刘氏云"上式涉反,下之涉反"。

⑥【集解】徐广曰:"一作'与'。"

⑦【集解】张晏曰:"折兰,卢胡,国名也。杀者,杀之而已。斩者,获其

首。"【正义】颜师古云:"折兰,匈奴中姓也。今鲜卑有是兰姓者,即其种。"

⑧【集解】徐广曰:"全,一作'金'。"　【正义】全甲谓具足不失落也。

⑨【集解】如淳曰:"祭天为主。"　【索隐】案:张婴云"佛徒祠金人也"。如淳云"祭天以金人为主也"。屠音储。

其夏,骠骑将军与合骑侯敖俱出北地,异道;博望侯张骞、郎中令李广俱出右北平,异道:皆击匈奴。郎中令将四千骑先至,博望侯将万骑在后至。匈奴左贤王将数万骑围郎中令,郎中令与战二日,死者过半,所杀亦过当。博望侯至,匈奴兵引去。博望侯坐行留,当斩,赎为庶人。而骠骑将军出北地,已遂深入,与合骑侯失道,不相得,骠骑将军逾居延至祁连山,捕首虏甚多。天子曰:"骠骑将军逾居延①遂过小月氏②攻祁连山,③得酋涂王,④以众降者二千五百人,斩首虏三万二百级,获五王,五王母,单于阏氏、王子五十九人,相国、将军、当户、都尉六十三人,师大率⑤减什三,⑥益封去病五千户。赐校尉从至小月氏爵左庶长。鹰击司马破奴再从骠骑将军斩遫濮⑦王,捕稽沮王,⑧千骑将得王、王母各一人,⑨王子以下四十一人,捕虏三千三百三十人,前行捕虏千四百人,以千五百户封破奴为从骠侯。⑩校尉句王高不识,⑪从骠骑将军捕呼于屠王⑫王子以下十一人,捕虏千七百六十八人,以千一百户封不识为宜冠侯。⑬校尉仆多⑭有功,封为煇渠侯。"⑮合骑侯敖坐行留不与骠骑会,当斩,赎为庶人。诸宿将所将士马兵亦不如骠骑,骠骑所将常选,⑯然亦敢深入,常与壮骑先其大(将)军,军亦有天幸,未尝困绝也。然而诸宿将常坐留落不遇。⑰由此骠骑日以亲贵,比大将军。

①【集解】张晏曰:"水名也。"

②【索隐】韦昭云:"音支。"西域传:"大月氏本居敦煌、祁连间,馀众保南山,遂号小月氏。"

③【索隐】小颜云:"即天山也。匈奴谓天〔为〕祁连。"西河旧事谓白山,天山。祁连恐非即天山也。

④【集解】张晏曰:"胡王也。"【索隐】酋音才由反。涂音徒。汉书云"扬武乎鱳得,得单于单桓、酋涂王",此文省也。

⑤【正义】率音律也。

⑥【索隐】案:汉书云"减什七",不同也。小颜云"破匈奴之师,十减其七。一云汉兵亡失之数,下皆类此"。案:后说为是也。

⑦【正义】速卜二音。

⑧【索隐】沮音子余反。

⑨【索隐】案:汉书云"右千骑将王",然则此千骑将汉之将,属赵破奴,得匈奴五王及王母也。或云右千骑将即匈奴王之名。

⑩【集解】张晏曰:"从骠骑将军有功,因以为号。"

⑪【集解】徐广曰:"句音钩。匈奴以为号。"【索隐】案:二人并匈奴人也。

⑫【索隐】案:三字共为王号。

⑬【正义】孔文祥云:"从冠军将军战故。宜冠,从骠之类也。"

⑭【索隐】案:汉百官表作"仆朋",疑多是误。

⑮【索隐】辉音晖。

⑯【索隐】音宣变反。谓骠骑常选择取精兵。

⑰【索隐】案:谓迟留零落,不偶合也。

其秋,单于怒浑邪王居西方数为汉所破,亡数万人,以骠骑之兵也。单于怒,欲召诛浑邪王。浑邪王与休屠王等谋欲降汉,使人先要边。①是时大行李息将城河上,得浑邪王使,即驰传以闻。天子闻之,于是恐其以诈降而袭边,乃令骠骑将军将兵往迎之。骠骑既渡河,与浑邪王众相望。浑邪王裨将见汉军而多欲不降者,颇遁去。骠骑乃驰入与浑邪王相见,斩其欲亡者八千人,遂独遣浑邪王乘传先诣行在所,尽将其众渡河,降者数万,号称十万。既至长安,天子所以赏赐者数十巨万。封浑邪王万户,为漯阴侯。②封其裨王呼毒尼③为下摩侯,鹰庇为煇渠侯,④禽梨⑤为河綦侯,大当户铜离⑥为常乐侯。于是天子嘉骠骑之功曰:"骠骑将军去病率师攻匈奴西域王浑邪,王及厥众萌咸相奔,率以军粮接食,并将控弦万有馀人,诛猲駻,⑦获首虏八千馀级,降异国之王三十二人,战士不离伤,十万之众咸怀集服,仍与之劳,爰及河塞,庶几无患,⑧幸既永绥矣。以千七百户益封骠骑将军。"减陇西、北地、上郡戍卒之半,以宽天下之繇。

① 【索隐】按:谓先于边境要候汉人,言其欲降。

② 【索隐】漯音他合反。案地理志,县名,在平原郡。

③ 【集解】文颖曰:"胡王名。"

④ 【集解】徐广曰:"一云'篇訾'。"【索隐】汉书鹰作"雁"。庇音必二反,又音疋履反。按:汉书功臣表云元狩二年以煇渠封仆朋,至三年又封鹰庇。其地俱属鲁阳,未详所以。【正义】煇渠,表作"顺梁"。

⑤ 【集解】徐广曰:"禽,一作'鸟'。"【索隐】案:表作"鸟梨"。

⑥ 【集解】徐广曰:"一作'稠离'也。"【索隐】徐广一作"稠离",与汉书功臣表同。此文云"铜离",文异也。

⑦ 【集解】晋灼曰:"猲音欺谯反。"【索隐】上音丘昭反。说文作"趫",行遮貌。遮,一作"疾"。駻音胡旦反。

⑧ 【正义】言匈奴右地浑邪王降,而塞外并河诸郡之民无忧患也。

居顷之,乃分徙降者边五郡故塞外,①而皆在河南,因其故俗,为属国。②其明年,匈奴入右北平、定襄,杀略汉千馀人。

> ①【正义】五郡谓陇西、北地、上郡、朔方、云中,并是故塞外,又在北海西南。
>
> ②【正义】以降来之民徙置五郡,各依本国之俗而属于汉,故言"属国"也。

其明年,天子与诸将议曰:"翕侯赵信为单于画计,常以为汉兵不能度幕轻留,①今大发士卒,其势必得所欲。"是岁元狩四年也。

> ①【索隐】案:幕即沙漠,古字少耳。轻留者,谓匈奴以汉军不能至,故轻易留而不去也。

元狩四年春,上令大将军青、骠骑将军去病将各五万骑,步兵转者踵军数十万,①而敢力战深入之士皆属骠骑。骠骑始为出定襄,当单于。捕虏言单于东,乃更令骠骑出代郡,令大将军出定襄。郎中令为前将军,太仆为左将军,主爵赵食其为右将军,平阳侯襄为后将军,皆属大将军。兵即度幕,人马凡五万骑,与骠骑等咸击匈奴单于。赵信为单于谋曰:"汉兵既度幕,人马罢,匈奴可坐收虏耳。"乃悉远北其辎重,皆以精兵待幕北。而适值大将军军出塞千馀里,见单于兵陈而待,于是大将军令武刚车②自环为营,而纵五千骑往当匈奴。匈奴亦纵可万骑。会日且入,大风起,沙砾击面,两军不相见,汉益纵左右翼绕单于。单于视汉兵多,而士马尚强,战而匈奴不利,薄莫,单于遂乘六骡,壮骑可数百,直冒汉围西北驰去。时已昏,汉匈奴相纷挐,③杀伤大当。④汉军左校捕虏言单于未昏而去,汉军因发轻骑夜追之,大将军军因随其后。匈奴兵亦散走。迟明,⑤行二百馀里,不得单于,颇捕斩首虏万馀级,遂至寘颜山赵信城,⑥得匈奴积粟食军。军留一日而还,悉烧其城馀粟以归。

①【正义】言转运之士及步兵接后又数十万人。

②【集解】孙吴兵法曰："有巾有盖,谓之武刚车也。"

③【正义】三苍解诂云："纷挐,相牵也。"

④【索隐】以言所杀伤大略相当。

⑤【集解】徐广曰："迟,一作'黎'。"　【索隐】上音值,待也。待天欲明,
谓平明也。诸本多作"黎明"。邹氏云"黎,迟也"。然黎,黑也,候天
将明犹黑也。　【正义】迟音值。

⑥【集解】徐广曰："寘音田。"

大将军之与单于会也,而前将军广、右将军食其军别从东道,
或失道,后击单于。大将军引还过幕南,乃得前将军、右将军。大
将军欲使使归报,令长史簿责前将军广,广自杀。右将军至,下吏,
赎为庶人。大将军军入塞,凡斩捕首虏万九千级。

是时匈奴众失单于十馀日,右谷蠡①王闻之,自立为单于。单
于后得其众,右王乃去单于之号。

①【索隐】上音禄;下音梨,又音离。

骠骑将军亦将五万骑,车重与大将军军等,而无裨将。悉以李
敢等为大校,当裨将,出代、右北平千馀里,直左方兵,所斩捕功已
多大将军。军既还,天子曰："骠骑将军去病率师,躬将所获荤粥之
士,①约轻赍,绝大幕,涉获章渠,②以诛比车耆,③转击左大将,④
斩获旗鼓,历涉离侯。⑤济弓闾,⑥获屯头王、⑦韩王等三人,⑧将
军、相国、当户、都尉八十三人,封狼居胥山,禅于姑衍,⑨登临翰
海。⑩执卤获丑七万有四百四十三级,师率减什三,取食于敌,逴⑪
行殊远而粮不绝,以五千八百户益封骠骑将军。"右北平太守路博
德属骠骑将军,会与城⑫不失期,从至梼余⑬山,斩首捕虏二千七

百级,以千六百户封博德为符离侯。北地都尉邢山⑭从骠骑将军获王,以千二百户封山为义阳侯。故归义因淳王复陆支、⑮楼专王⑯伊即轩⑰皆从骠骑将军有功,以千三百户封复陆支为壮侯,以千八百户封伊即轩为众利侯。从骠侯破奴、昌武侯安稽⑱从骠骑有功,益封各三百户。校尉敢得旗鼓,为关内侯,食邑二百户。校尉自为⑳爵大庶长。军吏卒为官,赏赐甚多。而大将军不得益封,军吏卒皆无封侯者。

①【集解】徐广曰:"粥,一作'允'。"骃案:应劭曰"所降士有材力者"。

②【集解】徐广曰:"获,一作'护'。"【索隐】小颜云:"涉谓涉水也。章渠,单于之近臣,谓涉水而破获之。"汉书云"涉获单于章渠"也。

③【集解】晋灼曰:"王号也。"【索隐】比,必耳反。

④【索隐】案:汉书名双。

⑤【索隐】汉书作"度难侯"。小颜云"山名"。历,度也。

⑥【集解】晋灼曰:"水名也。"【索隐】弓,包恺音穹,亦如字读。

⑦【集解】汉书音义曰:"胡王号也。"

⑧【集解】徐广曰:"王,一作'藉'。"【索隐】按:汉书云"屯头韩王等三人"。李奇曰"皆匈奴王号"。

⑨【正义】积土为坛于山上,封以祭天也。祭地曰禅。

⑩【集解】张晏曰:"登海边山以望海也。"【索隐】按:崔浩云"北海名,群鸟之所解羽,故云翰海"。广异志云"在沙漠北"。

⑪【索隐】音与"卓"同。卓,远也。

⑫【正义】与音余。

⑬【索隐】音桃徒二音。

⑭【集解】徐广曰:"一作'卫山'。"

⑮【索隐】复,刘氏音伏,小颜音福。

⑯【索隐】汉书作"剸",并音专。小颜音之究反也。

⑰【索隐】九言反。

⑱【集解】徐广曰:"姓赵,故匈奴王。" 【索隐】故匈奴王,姓赵也。

⑲【索隐】李广子也。

⑳【索隐】案:徐自为也。

两军之出塞,塞阅官及私马凡十四万匹,而复入塞者不满三万匹。乃益置大司马位,大将军、骠骑将军皆为大司马。①定令,令骠骑将军秩禄与大将军等。自是之后,大将军青日退,而骠骑日益贵。举大将军故人门下多去事骠骑,辄得官爵,唯任安不肯。

①【集解】如淳曰:"大将军、骠骑将军皆有大司马之号也。" 【索隐】案:如淳云"本无大司马,今新置耳"。案:前谓太尉,其官又省,今武帝始置此位,卫将军、霍骠骑皆加此官。

骠骑将军为人少言不泄,①有气敢任。②天子尝欲教之孙吴兵法,对曰:"顾方略何如耳,不至学古兵法。"天子为治第,令骠骑视之,对曰:"匈奴未灭,无以家为也。"由此上益重爱之。然少而侍中,贵,不省士。其从军,天子为遣太官赍数十乘,既还,重车馀弃粱肉,而士有饥者。其在塞外,卒乏粮,或不能自振,而骠骑尚穿域蹋鞠。③事多此类。大将军为人仁善退让,以和柔自媚于上,然天下未有称也。

①【索隐】案:孔文祥云"谓质重少言,胆气在中也。周仁'阴重不泄',其行亦同也"。

②【索隐】谓果敢任气也。汉书作"往",亦作"任"也。

③【集解】徐广曰:"穿地为营域。" 【索隐】穿域蹋鞠。徐氏云"穿地为营域"。蹋鞠书有域说篇,又以杖打,亦有限域也。今之鞠戏,以皮为之,中实以毛,蹋蹴为戏。刘向别录云"蹋鞠,兵势,所以陈武事,知有材力也"。汉书作"蹹鞠"。三仓云"鞠毛可蹹以为戏"。鞠音巨六

反。　【正义】按:蹴鞠书有域说篇,即今之打毬也。黄帝所作,起战国时。程武士,知其材力也,若讲武。

骠骑将军自四年军后三年,元狩六年而卒。天子悼之,发属国玄甲①军,陈自长安至茂陵,为冢象祁连山。②谥之,并武与广地曰景桓侯。③子嬗④代侯。嬗少,字子侯,上爱之,幸其壮而将之。居六岁,元封元年,嬗卒,谥哀侯。无子,绝,国除。

①【正义】属国即上分置边五郡者也。玄甲,铁甲也。

②【索隐】案:崔浩云"去病破昆邪于此山,故令为冢象之以旌功也"。姚氏案:冢在茂陵东北,与卫青冢并。西者是青,东者是去病冢。上有竖石,前有石马相对,又有石人也。

③【集解】苏林曰:"景,武谥也;桓,广地谥也。"张晏曰:"谥法'布义行刚曰景,辟土服远曰桓'。"　【索隐】案:景,桓,两谥也。谥法"布义行刚曰景",是武谥也;又曰"辟土服远曰桓",是广地之谥也。以去病平生有武艺及广边地之功,故云"谥之并武与广地曰景桓侯"。

④【索隐】音市战反。

自骠骑将军死后,大将军长子宜春侯伉坐法失侯。后五岁,伉弟二人,阴安侯不疑及发干侯登皆坐酎金失侯。失侯后二岁,冠军侯国除。其后四年,大将军青卒,①谥为烈侯。子伉代为长平侯。

①【集解】徐广曰:"元封五年。"

自大将军围单于之后,十四年而卒。竟不复击匈奴者,以汉马少,而方南诛两越,东伐朝鲜,击羌、西南夷,以故久不伐胡。

大将军以其得尚平阳长公主①故,长平侯伉代侯。六岁,坐法失侯。

①【正义】汉书云:"平阳侯曹寿有恶疾,就国,乃诏青尚平阳公主。"如淳

云:"本阳信长公主,为平阳侯所尚,故称平阳公主云。"

左方两大将军及诸裨将名:

最①大将军青,凡七出击匈奴,斩捕首虏五万馀级。一与单于战,收河南地,遂置朔方郡,再益封,凡万一千八百户。封三子为侯,侯千三百户。并之,万五千七百户。其校尉裨将以从大将军侯者九人。其裨将及校尉已为将者十四人。②为裨将者曰李广,自有传。无传者曰:

①【索隐】谓凡计也。

②【索隐】案:汉书云"为特将者十五人",盖通李广也。此李广一人自有传,若汉书则七人自有传,八人附见。七人谓李广、张骞、公孙贺、李蔡、曹襄、韩说、苏建也。

将军公孙贺。贺,义渠人,①其先胡种。贺父浑邪,景帝时为平曲侯,②坐法失侯。贺,武帝为太子时舍人。武帝立八岁,以太仆为轻车将军,军马邑。后四岁,以轻车将军出云中。后五岁,以骑将军从大将军有功,封为南窌侯。后一岁,以左将军再从大将军出定襄,无功。后四岁,以坐酎金失侯。后八岁,③以浮沮④将军出五原二千馀里,无功。后八岁,⑤以太仆为丞相,封葛绎侯。贺七为将军,出击匈奴无大功,而再侯,为丞相。坐子敬声与阳石公主奸,⑥为巫蛊,族灭,无后。

①【正义】今庆州,本义渠戎国也。地理志云北义渠道也。

②【集解】徐广曰:"为陇西太守。"

③【集解】徐广曰:"元鼎六年。"

④【索隐】沮音子馀反。

⑤【集解】徐广曰:"太初二年。"

⑥【集解】徐广曰:"阳石,一云'德邑'。"

　　将军李息,郁郅人。①事景帝。至武帝立八岁,为材官将军,军马邑;后六岁,为将军,出代;后三岁,为将军,从大将军出朔方:皆无功。凡三为将军,其后常为大行。

①【集解】服虔曰:"郅音窒。"【索隐】服虔音窒,小颜音质。案:北地县名也。【正义】之栗反。今庆州弘化县是。

　　将军公孙敖,义渠人。以郎事武帝。武帝立十二岁,为(骠)骑将军,出代,亡卒七千人,当斩,赎为庶人。后五岁,以校尉从大将军有功,封为合骑侯。后一岁,以中将军从大将军,再出定襄,无功。后二岁,以将军出北地,后骠骑期,当斩,赎为庶人。后二岁,以校尉从大将军,无功。后十四岁,以因杅①将军筑受降城。七岁,复以因杅将军再出击匈奴,至余吾,②亡士卒多,下吏,当斩,诈死,亡居民间五六岁。后发觉,复系。坐妻为巫蛊,族。凡四为将军,出击匈奴,一侯。

①【索隐】音于。

②【索隐】余音馀,又音徐。案:水名,在朔方。

　　将军李沮,①云中人。②事景帝。武帝立十七岁,以左内史为强弩将军。后一岁,复为强弩将军。

①【索隐】音"俎豆"之"俎"。

②【正义】今岚、胜州也。

　　将军李蔡,成纪人也。①事孝文帝、景帝、武帝。以轻车将军从大将军有功,封为乐安侯。已为丞相,坐法死。

①【正义】秦州县也。

　　将军张次公,河东人。以校尉从卫将军青有功,封为岸头侯。其后太后崩,为将军,军北军。后一岁,为将军,从大将军,再为将军,坐法失侯。次公父隆,轻车武射也。以善射,景帝幸近之也。

将军苏建,杜陵人。以校尉从卫将军青,有功,为平陵侯,以将军筑朔方。后四岁,为游击将军,从大将军出朔方。后一岁,以右将军再从大将军出定襄,亡翕侯,失军,当斩,赎为庶人。其后为代郡太守,卒,冢在大犹乡。

将军赵信,以匈奴相国降,为翕侯。武帝立十七岁,为前将军,与单于战,败,降匈奴。

将军张骞,以使通大夏,还,为校尉。从大将军有功,封为博望侯。后三岁,为将军,出右北平,失期,当斩,赎为庶人。其后使通乌孙,为大行而卒,冢在汉中。

将军赵食其,祋祤人也。①武帝立二十二岁,以主爵为右将军,从大将军出定襄,迷失道,当斩,赎为庶人。

①【索隐】县名,在冯翊。祋音都活反,又音丁外反。祤音诩。 【正义】上都诲反。雍州同官县,本汉祋祤县也。

将军曹襄,以平阳侯为后将军,从大将军出定襄。襄,曹参孙也。

将军韩说,弓高侯庶孙也。以校尉从大将军有功,为龙领侯,坐酎金失侯。元鼎六年,以待诏为横海将军,击东越有功,为按道侯。以太初三年为游击将军,屯于五原外列城。为光禄勋,掘蛊太子宫,卫太子杀之。

将军郭昌,云中人也。以校尉从大将军。元封四年,以太中大夫为拔胡将军,屯朔方。还击昆明,毋功,夺印。

将军荀彘,太原广武人。以御见,^①侍中,为校尉,数从大将军。以元封三年为左将军击朝鲜,毋功。以捕楼船将军坐法死。

①【正义】以善御求见也。

最骠骑将军去病,凡六出击匈奴,其四出以将军,^①斩捕首虏十一万馀级。及浑邪王以众降数万,遂开河西酒泉之地,^②西方益少胡寇。四益封,凡万五千一百户。其校吏有功为侯者凡六人,而后为将军二人。

①【集解】徐广曰:"再出以剽姚校尉也。"

②【正义】河谓陇右兰州之西河也。〔酒泉〕谓凉、肃等州。汉书西域传云骠骑将军击破匈奴右地,置酒泉郡,后分置武威、张掖、敦煌等郡。

将军路博德,平州人。^①以右北平太守从骠骑将军有功,为符离侯。骠骑死后,博德以卫尉为伏波将军,伐破南越,益封。其后坐法失侯。为强弩都尉,屯居延,卒。

①【正义】汉书云西河平州。按:西河郡今汾州。

将军赵破奴,故九原人。^①尝亡入匈奴,已而归汉,为骠骑将军司马。出北地时有功,封为从骠侯。坐酎金失侯。后一岁,为匈河将军,攻胡至匈河水,无功。后二岁,^②击虏楼兰王,复封为浞野侯。后六岁,^③为浚稽将军,将二万骑击匈奴左贤王,左贤王与战,兵八万骑围破奴,破奴生为虏所得,遂没其军。居匈奴中十岁,复与其太子安国亡入汉。^④后坐巫蛊,族。

①【正义】今胜州。

②【集解】徐广曰:"元封二年。"

③【集解】徐广曰:"太初二年。"

④【集解】徐广曰:"以太初二年入匈奴,天汉元年亡归,涉四年。"

　　自卫氏兴,大将军青首封,其后枝属为五侯。凡二十四岁而五侯尽夺,卫氏无为侯者。

　　太史公曰:苏建语余曰:"吾尝责大将军至尊重,而天下之贤大夫毋称焉,①愿将军观古名将所招选择贤者,勉之哉。大将军谢曰:'自魏其、武安之厚宾客,天子常切齿。彼亲附士大夫,招贤绌不肖者,人主之柄也。人臣奉法遵职而已,何与②招士!'"骠骑亦放此意,其为将如此。

①【索隐】谓不为贤士大夫所称誉。

②【索隐】音预。

【索隐述赞】君子豹变,贵贱何常。青本奴虏,忽升戎行。姊配皇极,身尚平阳。宠荣斯僭,取乱彝章。嫖姚继踵,再静边方。

史 记 卷 一 百 一 十 二

平津侯主父列传第五十二

丞相公孙弘者,齐菑川国薛县人也,①字季。少时为薛狱吏,有罪,免。家贫,牧豕海上。年四十馀,乃学春秋杂说。养后母孝谨。

①【索隐】案:薛县属鲁国,汉置菑川国,后割入齐也。 【正义】表云菑川国,文帝分齐置,都剧。括地志云:"故剧城在青州寿光县南三十一里。故薛城在徐州滕县界。地理志云薛县属鲁国。"按:薛与剧隔兖州及太山,未详。公孙弘墓又在青州北鲁县西二十里也。

建元元年,天子初即位,招贤良文学之士。是时弘年六十,征以贤良为博士。使匈奴,还报,不合上意,上怒,以为不能,弘乃病免归。

元光五年,有诏征文学,菑川国复推上公孙弘。弘让谢国人曰:"臣已尝西应命,以不能罢归,愿更推选。"国人固推弘,弘至太常。太常令所征儒士各对策,百馀人,弘第居下。策奏,天子擢弘对为第一。召入见,状貌甚丽,拜为博士。是时通西南夷道,置郡,巴蜀民苦之,诏使弘视之。还奏事,盛毁西南夷无所用,上不听。

弘为人恢奇多闻,常称以为人主病不广大,人臣病不俭节。弘为布被,食不重肉。后母死,服丧三年。每朝会议,开陈其端,令人主自择,不肯面折庭争。于是天子察其行敦厚,辩论有馀,习文法吏事,而又缘饰以儒术,①上大说之。二岁中,②至左内史。弘奏事,有不可,不庭辩之。尝与主爵都尉汲黯请间,汲黯先发之,弘推其后,天子常说,所言皆听,以此日益亲贵。尝与公卿约议,至上前,皆倍其约以顺上旨。汲黯庭诘弘曰:“齐人多诈而无情实,始与臣等建此议,今皆倍之,不忠。”上问弘。弘谢曰:“夫知臣者以臣为忠,不知臣者以臣为不忠。”上然弘言。左右幸臣每毁弘,上益厚遇之。

①【索隐】谓以儒术饰文法,如衣服之有领缘以为饰也。

②【集解】徐广曰:“一云一岁。”

元朔三年,张欧免,以弘为御史大夫。是时通西南夷,东置沧海,北筑朔方之郡。弘数谏,以为罢敝中国以奉无用之地,愿罢之。于是天子乃使朱买臣等难弘置朔方之便。发十策,弘不得一。①弘乃谢曰:“山东鄙人,不知其便若是,愿罢西南夷、沧海而专奉朔方。”上乃许之。

①【集解】韦昭曰:“以弘之才,非不能得一也,以为不可,不敢逆上耳。”

【索隐】按:韦昭以弘之才非不能得一,以为不可,不敢逆上故耳。

【正义】颜师古曰:“言其利害十条,弘无以应。”

汲黯曰:“弘位在三公,奉禄甚多,然为布被,此诈也。”上问弘。弘谢曰："有之。夫九卿与臣善者无过黯,然今日庭诘弘,诚中弘之病。夫以三公为布被,诚饰诈欲以钓名。且臣闻管仲相齐,有三归,侈拟于君,桓公以霸,亦上僭于君。晏婴相景公,食不重肉,妾不衣丝,齐国亦治,此下比于民。①今臣弘位为御史大夫,而为布被,自九卿以下至于小吏,无差,诚如汲黯言。且无汲黯忠,陛下安得闻此言。"天子以为谦让,愈益厚之。卒以弘为丞相,封平津侯。②

① 【索隐】比音鼻。比者,近也。小颜音"比方"之"比"。

② 【集解】徐广曰:"大臣表曰元朔五年十一月乙丑,公孙弘为丞相。功臣表曰元朔(三)〔五〕年十一月乙丑,封平津侯。"骃案汉书,高成之平津乡也。【索隐】案:汉书曰"汉兴,皆以列侯为丞相,弘本无爵,乃诏封弘高成之平津乡六百五十户为平津侯。丞相封侯,自弘始也"。

弘为人意忌,外宽内深。①诸尝与弘有郤者,虽详与善,阴报其祸。杀主父偃,徙董仲舒于胶西,皆弘之力也。食一肉脱粟之饭。②故人所善宾客,仰衣食,弘奉禄皆以给之,家无所馀。士亦以此贤之。

① 【索隐】谓弘外宽内深,意多有忌害也。

② 【索隐】案:一肉,言不兼味也。脱粟,才脱谷而已,言不精凿也。

淮南、衡山谋反,治党与方急。弘病甚,自以为无功而封,位至丞相,宜佐明主填抚国家,使人由臣子之道。今诸侯有畔逆之计,此皆宰相奉职不称,恐窃病死,①无以塞责。乃上书曰:"臣闻天下之通道五,所以行之者三。②曰君臣,父子,兄弟,夫妇,长幼之序,此五者天下之通道也。智,仁,勇,此三者天下之通德,所以行之者也。故曰'力行近乎仁,好问近乎智,知耻近乎勇'。知此三者,则知所以自治;知所以自治,然后知所以治人。天下未有不能自治而能治人者也,此百世不易之道也。今陛下躬行大孝,鉴三王,建周道,兼文武,厉贤予禄,③量能授官。今臣弘罢驽之质,无汗马之劳,陛下过意擢臣弘卒伍之中,封为列侯,致位三公。臣弘行能不足以称,素有负薪之病,恐先狗马填沟壑,终无以报德塞责。愿归侯印,乞骸骨,避贤者路。”天子报曰:“古者赏有功,褒有德,守成尚文,遭遇右武,④未有易此者也。朕宿昔庶几获承尊位,惧不能宁,惟所与共为治者,君宜知之。盖君子善善恶恶,(君宜知之)君若谨行,常在朕躬。君不幸罹霜露之病,何恙不已,⑤乃上书归侯,乞骸骨,是章朕之不德也。今事少闲,君其省思虑,一精神,辅以医药。”因赐告牛酒杂帛。居数月,病有瘳,视事。

①【索隐】案:人臣委质于君,死生由君。今若一朝病死,是窃死也。

②【索隐】案:此语出子思子,今见礼记中庸篇。

③【集解】徐广曰:“厉,一作‘广’也。”

④【索隐】小颜云:“右亦上也。言遭遇乱时则上武也。”

⑤【集解】汉书音义曰:“何恙,喻小疾不以时愈。” 【索隐】恙,忧也。言罹霜露寒凉之疾,轻,何忧于病不止。礼曰“疾止复初”也。

元狩二年,弘病,竟以丞相终。①子度嗣为平津侯。度为山阳太守十馀岁,坐法失侯。②

①【集解】汉书曰:“年八十。” 【索隐】汉书云凡为御史、丞相六岁,年八十终。

②【索隐】汉书云坐不遣钜野令史成诣公车,论为城旦。元始中诏复弘后为关内侯也。

主父偃者,齐临菑人也。学长短纵横之术,晚乃学易、春秋、百家言。游<u>齐</u>诸生间，莫能厚遇也。<u>齐</u>诸儒生相与排摈，不容于<u>齐</u>。家贫，假贷无所得，乃北游<u>燕</u>、<u>赵</u>、<u>中山</u>，皆莫能厚遇，为客甚困。<u>孝武元光</u>元年中，以为诸侯莫足游者，乃西入关见<u>卫将军</u>。<u>卫将军</u>数言上，上不召。资用乏，留久，诸公宾客多厌之，乃上书阙下。朝奏，暮召入见。所言九事，其八事为律令，一事谏伐<u>匈奴</u>。其辞曰：

臣闻明主不恶切谏以博观，忠臣不敢避重诛以直谏，是故事无遗策而功流万世。今臣不敢隐忠避死以效愚计，愿陛下幸赦而少察之。

<u>司马法</u>曰："国虽大，好战必亡；天下虽平，忘战必危。"天下既平，天子大凯，①春搜秋狝，诸侯春振旅，秋治兵，所以不忘战也。②且夫怒者逆德也，兵者凶器也，争者末节也。古之人君一怒必伏尸流血，故圣王重行之。夫务战胜穷武事者，未有不悔者也。昔<u>秦皇帝</u>任战胜之威，蚕食天下，并吞战国，海内为一，功齐<u>三代</u>。务胜不休，欲攻<u>匈奴</u>，<u>李斯</u>谏曰："不可。夫<u>匈奴</u>无城郭之居，委积之守，迁徙鸟举，难得而制也。轻兵深入，粮食必绝；踵粮以行，重不及事。得其地不足以为利也，遇其民不可役而守也。胜必杀之，非民父母也。靡獘③中国，快心<u>匈奴</u>，非长策也。"<u>秦皇帝</u>不听，遂使<u>蒙恬</u>将兵攻胡，辟地千里，以<u>河</u>为境。地固泽(咸)卤，④不生五谷。然后发天下丁男以守北河。暴兵露师十有馀年，死者不可胜数，终不能逾<u>河</u>而北。是岂人众不足，兵革不备哉？其势不可也。又使天下蜚刍輓粟，⑤起于<u>黄</u>、<u>腄</u>、⑥<u>琅邪</u>负海之郡，转输<u>北河</u>，率三十钟而致一石。男子疾耕不足于粮饷，女子纺绩不足于帷幕。百姓靡敝，孤寡老弱不能相养，道路死者相望，盖天下始畔

秦也。

① 【集解】应劭曰："大凯,周礼还师振旅之乐。"

② 【集解】宋均曰："春秋少阳少阴,气弱未全,须人功而后用,士庶法之,教而后成,宗仁本义。天子诸侯必春秋讲武,简阅车徒,以顺时气,不忘战也。"【索隐】按:宋均云"宗本仁义,助少阴少阳之气,因而教以简阅车徒"。

③ 【索隐】靡音糜。樊犹凋散也。

④ 【集解】徐广曰："泽,一作'斥'。"瓒曰："其地多水泽,又有卤。"

⑤ 【集解】文颖曰："转刍谷就战是也。"

⑥ 【集解】徐广曰："腄在东莱,音缍。"【索隐】县名,在东莱,音逐瑞反,注音缍。

及至高皇帝定天下,略地于边,闻匈奴聚于代谷之外而欲击之。御史成进谏曰："不可。夫匈奴之性,兽聚而鸟散,从之如搏影。今以陛下盛德攻匈奴,臣窃危之。"高帝不听,遂北至于代谷,果有平城之围。高皇帝盖悔之甚,乃使刘敬往结和亲之约,然后天下忘干戈之事。故兵法曰"兴师十万,日费千金"。夫秦常积众暴兵数十万人,虽有覆军杀将系虏单于之功,亦适足以结怨深雠,不足以偿天下之费。夫上虚府库,下敝百姓,甘心于外国,非完事也。夫匈奴难得而制,非一世也。行盗侵驱,所以为业也,天性固然。上及虞夏殷周,固弗程督,禽兽畜之,不属为人。夫上不观虞夏殷周之统,而下(脩)〔循〕近世之失,此臣之所大忧,百姓之所疾苦也。且夫兵久则变生,事苦则虑易。乃使边境之民樊靡愁苦而有离心,将吏相疑而外市,① 故尉佗、章邯得以成其私也。夫秦政之所以不行者,权分乎二子,此得失之效也。故周书曰"安危在出令,存亡在所用"。愿陛下详察之，少加意而熟虑焉。

①【集解】张晏曰："与外国交求利己，若章邯之比。"

是时赵人<u>徐乐</u>、①<u>齐</u>人<u>严安</u>②俱上书言世务，各一事。<u>徐乐</u>曰：

①【索隐】乐音岳。

②【索隐】按：本姓庄，避<u>明帝</u>讳，后并改"严"也。<u>安</u>及<u>徐乐</u>并拜郎中。<u>乐</u>后为中大夫。

臣闻天下之患在于土崩，不在于瓦解，古今一也。何谓土崩？<u>秦</u>之末世是也。<u>陈涉</u>无千乘之尊，尺土之地，身非王公大人名族之后，无乡曲之誉，非有<u>孔</u>、<u>墨</u>、<u>曾子</u>之贤，<u>陶朱</u>、<u>猗顿</u>之富也，然起穷巷，奋棘矜，①偏袒大呼而天下从风，此其故何也？由民困而主不恤，下怨而上不知(也)，俗已乱而政不脩，此三者<u>陈涉</u>之所以为资也。是之谓土崩。故曰天下之患在于土崩。何谓瓦解？<u>吴</u>、<u>楚</u>、<u>齐</u>、<u>赵</u>之兵是也。七国谋为大逆，号皆称万乘之君，带甲数十万，威足以严其境内，财足以劝其士民，然不能西攘尺寸之地而身为禽于中原者，此其故何也？非权轻于匹夫而兵弱于<u>陈涉</u>也，当是之时，先帝之德泽未衰而安土乐俗之民众，故诸侯无境外之助。此之谓瓦解，故曰天下之患不在瓦解。由是观之，天下诚有土崩之势，虽布衣穷处之士或首恶而危海内，<u>陈涉</u>是也。况<u>三晋</u>之君或存乎！天下虽未有大治也，诚能无土崩之势，虽有强国劲兵不得旋踵而身为禽矣，<u>吴</u>、<u>楚</u>、<u>齐</u>、<u>赵</u>是也。况群臣百姓能为乱乎哉！此二体者，安危之明要也，贤主所留意而深察也。

①【集解】矜音勤。　【索隐】下音勤。矜，今载柄。棘，戟也。

间者关东五谷不登，年岁未复，民多穷困，重之以边境之事，推数循理而观之，则民且有不安其处者矣。不安故易动。易动者，土崩之势也。故贤主独观万化之原，明于安危之机，脩之庙堂之上，而销未形之患。其要，期使天下无土崩之势而已矣。故虽有强国劲兵，陛下逐走兽，射蜚鸟，弘游燕之囿，淫纵恣之观，极驰骋之乐，自若也。金石丝竹之声不绝于耳，帷帐之私俳优侏儒之笑不乏于前，而天下无宿忧。名何必汤武，俗何必成康！虽然，臣窃以为陛下天然之圣，宽仁之资，而诚以天下为务，则汤武之名不难侔，而成康之俗可复兴也。此二体者立，然后处尊安之实，扬名广誉于当世，亲天下而服四夷，馀恩遗德为数世隆，南面负扆摄袂而揖王公，此陛下之所服也。臣闻图王不成，其敝足以安。安则陛下何求而不得，何为而不成，何征而不服乎哉！

严安上书曰：

臣闻周有天下，其治三百馀岁，成康其隆也，刑错四十馀年而不用。及其衰也，亦三百馀岁，故五伯更起。五伯者，常佐天子兴利除害，诛暴禁邪，匡正海内，以尊天子。五伯既没，贤圣莫续，天子孤弱，号令不行。诸侯恣行，强陵弱，众暴寡，田常篡齐，六卿分晋，并为战国，此民之始苦也。于是强国务攻，弱国备守，合从连横，驰车击毂，介胄生虮虱，民无所告诉。

及至秦王，蚕食天下，并吞战国，称号曰皇帝，主海内之政，坏诸侯之城，销其兵，铸以为钟虡，[1]示不复用。元元黎民得免于战国，逢明天子，人人自以为更生。向使秦缓其刑罚，薄赋敛，省繇役，贵仁义，贱权利，上笃厚，[2]下智巧，[3]变风易俗，化于海内，则世世必安矣。秦不行是风而（脩）〔循〕其故俗，为智巧权利者进，笃厚忠信者退；法严政峻，谄谀者众，日闻其美，意广心轶。欲肆威海外，乃使蒙恬将兵以北攻胡，辟地进境，戍于北河，蜚刍挽粟以随其后。又使尉（佗）屠睢④将楼船之士南攻百越，使监禄⑤凿渠运粮，深入越，越人遁逃。旷日持久，粮食绝乏，越人击之，秦兵大败。秦乃使尉佗将卒以戍越。当是时，秦祸北构于胡，南挂于越，宿兵无用之地，进而不得退。行十馀年，丁男被甲，丁女转输，苦不聊生，自经于道树，死者相望。及秦皇帝崩，天下大叛。陈胜、吴广举陈，⑥武臣、张耳举赵，项梁举吴，田儋举齐，景驹举郢，周市举魏，韩广举燕，穷山通谷豪士并起，不可胜载也。然皆非公侯之后，非长官之吏也。无尺寸之势，起闾巷，杖棘矜，应时而皆动，不谋而俱起，不约而同会，壤长地进，⑦至于霸王，时教使然也。秦贵为天子，富有天下，灭世绝祀者，穷兵之祸也。故周失之弱，秦失之强，不变之患也。

①【索隐】下音巨。邹氏本作"镢"，音同。

②【索隐】上犹尚也，贵也。

③【索隐】谓智巧为下也。

④【索隐】案：尉，官也。他，赵他也，音徒何反。屠睢，人姓名。睢音虽。

⑤【集解】韦昭曰："监御史名禄也。"

⑥【索隐】谓胜、广举兵于陈。举音如字。或音据，恐疏也。下同。

⑦【集解】张晏曰："长，进益也。"

今欲招南夷，朝夜郎，降羌僰，①略濊州②建城邑，深入匈奴，燔其茏城，③议者美之。此人臣之利也，非天下之长策也。

今中国无狗吠之惊,而外累于远方之备,靡敝国家,非所以子民也。行无穷之欲,甘心快意,结怨于匈奴,非所以安边也。祸结而不解,兵休而复起,近者愁苦,远者惊骇,非所以持久也。今天下锻甲砥剑,桥箭累弦,转输运粮,未见休时,此天下之所共忧也。夫兵久而变起,事烦而虑生。今外郡之地或几千里,列城数十,形束壤制,④旁胁诸侯,非公室之利也。上观齐晋之所以亡者,公室卑削,六卿大盛也;下观秦之所以灭者,严法刻深,欲大无穷也。今郡守之权,非特六卿之重也;地几千里,非特闾巷之资也;甲兵器械,非特棘矜之用也;以遭万世之变,则不可称讳也。

①【索隐】獶,白北反,又皮逼反。

②【集解】如淳曰:"东夷也。" 【索隐】涉州,地名,即古涉貊国也。音纤废反。

③【索隐】匈奴城名,音龙。燔音烦。燔,烧也。

④【集解】服虔曰:"言所束在郡守,土壤足以专民制。"苏林曰:"言其土地形势足以束制其民也。" 【索隐】案:谓地形及土壤皆束制在诸侯也。

书奏天子,天子召见三人,谓曰:"公等皆安在? 何相见之晚也!"①于是上乃拜主父偃、徐乐、严安为郎中。〔偃〕数见,上疏言事,诏拜偃为谒者,迁(乐)为中大夫。一岁中四迁偃。

①【集解】徐广曰:"它史记本皆不见严安,此旁所舊者,皆取汉书耳。然汉书不宜乃容大异,或写史记相承阙脱也。" 【索隐】舊音撰。

偃说上曰:"古者诸侯不过百里,强弱之形易制。今诸侯或连城数十,地方千里,缓则骄奢易为淫乱,急则阻其强而合从以逆京师。今以法割削之,则逆节萌起,前日晁错是也。今诸侯子弟或十数,而适嗣代立,馀虽骨肉,无尺寸地封,则仁孝之道不宣。愿陛下令诸侯得推恩分子弟,以地侯之。彼人人喜得所愿,上以德施,实分其国,不削而稍弱矣。”于是上从其计。① 又说上曰:“茂陵初立,天下豪桀并兼之家,乱众之民,皆可徙茂陵,内实京师,外销奸猾,此所谓不诛而害除。”上又从其计。

①【集解】徐广曰:“元朔二年,始令诸侯王分封子弟也。”

尊立卫皇后,及发燕王定国阴事,盖偃有功焉。大臣皆畏其口,赂遗累千金。人或说偃曰:“太横矣。”主父曰:“臣结发游学四十馀年,身不得遂,亲不以为子,昆弟不收,宾客弃我,我阸日久矣。且丈夫生不五鼎食,死即五鼎烹耳。吾日暮途远,故倒行暴施之。”①

①【索隐】按:偃言吾日暮途远,恐赴前途不跌,故须倒行而逆施,乃可及耳。今此本作“暴”。暴者,言已困久得申,须急暴行事以快意也。暴者,卒也,急也。

偃盛言朔方地肥饶,外阻河,蒙恬城之以逐匈奴,内省转输戍漕,广中国,灭胡之本也。上览其说,下公卿议,皆言不便。公孙弘曰:“秦时常发三十万众筑北河,终不可就,已而弃之。”主父偃盛言其便,上竟用主父计,立朔方郡。

元朔二年,主父言齐王内淫佚行僻,上拜主父为齐相。至齐,遍召昆弟宾客,散五百金予之,数之曰:“始吾贫时,昆弟不我衣食,宾客不我内门;今吾相齐,诸君迎我或千里。吾与诸君绝矣,毋复入偃之门!”乃使人以王与姊奸事动王,王以为终不得脱罪,恐效燕王论死,乃自杀。有司以闻。

主父始为布衣时,尝游燕、赵,及其贵,发燕事。赵王恐其为国患,欲上书言其阴事,为偃居中,不敢发。及为齐相,出关,即使人上书,告言主父偃受诸侯金,以故诸侯子弟多以得封者。及齐王自杀,上闻大怒,以为主父劫其王令自杀,乃征下吏治。主父服受诸侯金,实不劫王令自杀。上欲勿诛,是时公孙弘为御史大夫,乃言曰:"齐王自杀无后,国除为郡,入汉,主父偃本首恶,陛下不诛主父偃,无以谢天下。"乃遂族主父偃。

主父方贵幸时,宾客以千数,及其族死,无一人收者,唯独洨孔车①收葬之。天子后闻之,以为孔车长者也。

①【集解】徐广曰:"孔车,洨人也。沛有洨县。"　【索隐】洨,户交反。按:县名,在沛。车,尺奢反。

太史公曰:公孙弘行义虽修,然亦遇时。汉兴八十馀年矣,①上方向文学,招俊义,以广儒墨,弘为举首。主父偃当路,诸公皆誉之,及名败身诛,士争言其恶。悲夫!

①【集解】徐广曰:"汉初至元朔二年八十年也。"

太皇太后诏大司徒大司空:①"盖闻治国之道,富民为始;富民之要,在于节俭。孝经曰'安上治民,莫善于礼'。'礼,与奢也宁俭'。昔者管仲相齐桓,霸诸侯,有九合一匡之功,而仲尼谓之不知礼,以其奢泰侈拟于君故也。夏禹卑宫室,恶衣服,后圣不循。由此言之,治之盛也,德优矣,莫高于俭。俭化俗民,则尊卑之序得,而骨肉之恩亲,争讼之原息。斯乃家给人足,刑错之本也欤? 可不务哉! 夫三公者,百寮之率,万民之表也。未有树直表而得曲影者也。孔子不云乎,'子率而正,孰敢不正'。'举善而教不能则劝'。维汉兴以来,股肱宰臣身行俭约,轻财重义,较然著明,②未有若故丞相平津侯公孙弘者也。位在丞相而为布被,脱粟之饭,不过一肉。故人所善宾客皆分奉禄以给之,无有所馀。诚内自克约而外从制。汲黯诘之,乃闻于朝,此可谓减于制度③而可施行者也。德优则行,否则止,与内奢泰而外为诡服以钓虚誉者殊科。以病乞骸骨,孝武皇帝即制曰'赏有功,褒有德,善善恶恶,君宜知之。其省思虑,存精神,辅以医药'。赐告治病,牛酒杂帛。居数月,有瘳,视事。至元狩二年,竟以善终于相位。夫知臣莫若君,此其效也。弘子度嗣爵,后为山阳太守,坐法失侯。夫表德章义,所以率俗厉化,圣王之制,不易之道也。其赐弘后子孙之次当为后者爵关内侯,食邑三百户,征诣公车,上名尚书,朕亲临拜焉。"

①【集解】徐广曰:"此诏是平帝元始中王元后诏,后人写此及班固所称,以续卷后。"【索隐】按:徐广云"此是平帝元始中诏,以续卷后",则又非褚先生所录也。

②【索隐】较音角。较,明也。

③【集解】应劭曰:"礼,贵有常尊,衣服有常品。"

　　班固称曰:公孙弘、卜式、兒宽皆以鸿渐之翼困于燕雀,①远迹羊豕之间,②非遇其时,焉能致此位乎?是时汉兴六十馀载,海内乂安,③府库充实,而四夷未宾,制度多阙,上方欲用文武,求之如弗及。始以蒲轮迎枚生,④见主父而叹息。⑤群臣慕向,异人并出。卜式试于刍牧,弘羊擢于贾竖,卫青奋于奴仆,日䃅出于降虏,斯亦曩时版筑饭牛之朋矣。汉之得人,于兹为盛。儒雅则公孙弘、董仲舒、兒宽，笃行则石建、石庆，质直则汲黯、卜式，推贤则韩安国、郑当时，定令则赵禹、张汤，文章则司马迁、相如，滑稽则东方朔、枚皋，应对则严助、朱买臣，历数则唐都、落下闳，协律则李延年，运筹则桑弘羊，奉使则张骞、苏武，将帅则卫青、霍去病，受遗则霍光、金日磾。其餘不可胜纪。是以兴造功业，制度遗文，后世莫及。孝宣承统，纂修洪业，亦讲论六蓺，招选茂异，而萧望之、梁丘贺、夏侯胜、韦玄成、严彭祖、尹更始以儒术进，刘向、王褒以文章显。将相则张安世、赵充国、魏相、邴吉、于定国、杜延年，治民则黄霸、王成、龚遂、郑弘、邵信臣、韩延寿、尹翁归、赵广汉之属，皆有功迹见述于后。累其名臣，亦其次也。

① 【集解】李奇曰："渐，进也。鸿一举而进千里者，羽翼之材也。弘等皆以大材，初为俗所薄，若燕雀不知鸿鹄之志也。" 【索隐】按：谓公孙弘等未遇，为时所轻，若飞鸿之未渐，受困于燕雀也。是燕雀安知鸿鹄之志也？

② 【集解】韦昭曰："远迹谓耕牧在于远方。" 【索隐】案：公孙弘牧豕，卜式牧羊也。

③ 【索隐】义，理也。

④ 【索隐】案：谓枚乘也。汉始迎申公，亦以蒲轮。谓以蒲裹车轮，恐伤草木也。且蒲是草之美者，故礼有"蒲璧"，盖画蒲于轮以为荣饰也。

⑤ 【索隐】案：上文严安等上书，上曰"公等安在，何相见之晚"是也。

【索隐述赞】平津巨儒，晚年始遇。外示宽俭，内怀嫉妒。宠备荣爵，身受肺腑。主父推恩，观时设度。生食五鼎，死非时蠹。

史 记 卷 一 百 一 十 三

南越列传第五十三

　　南越王①尉佗者,②真定人也,③姓赵氏。秦时已并天下,略定杨越,④置桂林、⑤南海、象郡,⑥以谪⑦徙民,与越杂处十三岁。⑧佗,秦时用为南海龙川令。⑨至二世时,南海尉⑩任嚣⑪病且死,召龙川令赵佗语曰:"闻陈胜等作乱,秦为无道,天下苦之,项羽、刘季、陈胜、吴广等州郡各共兴军聚众,虎争天下,中国扰乱,未知所安,豪杰畔秦相立。南海僻远,吾恐盗兵侵地至此,吾欲兴兵绝新道,⑫自备,待诸侯变,会病甚。且番禺负山险,阻南海,东西数千里,颇有中国人相辅,此亦一州之主也,可以立国。郡中长吏无足与言者,故召公告之。"即被佗书,⑬行南海尉事。⑭嚣死,佗即移檄告横浦、⑮阳山、⑯湟谿⑰关曰:"盗兵且至,急绝道聚兵自守!"因稍以法诛秦所置长吏,以其党为假守。⑱秦已破灭,佗即击并桂林、象郡,自立为南越武王。⑲高帝已定天下,为中国劳苦,故释佗弗

2579

诛。汉十一年,遣陆贾因立佗为南越王,与剖符通使,和集百越,毋为南边患害,与长沙接境。

①【正义】都广州南海县。

②【索隐】尉他。尉,官也;他,名也;姓赵。他音徒河反。又十三州记云"大郡曰守,小郡曰尉"。

③【索隐】韦昭曰:"故郡名,后更为县,在常山。"

④【集解】张晏曰:"杨州之南越也。"【索隐】案:战国策云吴起为楚收杨越。【正义】夏禹九州本属杨州,故云杨越。

⑤【索隐】按:地理志武帝更名郁林。

⑥【索隐】案:本纪始皇三十三年略陆梁地,以为南海、桂林、象郡。地理志云"武帝更名日南"。

⑦【索隐】音直革反。

⑧【集解】徐广曰:"秦并天下,至二世元年十三年。并天下八岁,乃平越地,至二世元年六年耳。"

⑨【索隐】地理志县名,属南海也。【正义】颜师古云:"龙川南海县也,即今之循州也。"裴氏广州记云:"本博罗县之东乡,有龙穿地而出,即穴流泉,因以为号也。"

⑩【集解】徐广曰:"尔时未言都尉也。"

⑪【索隐】五刀反。

⑫【索隐】案:苏林云"秦所通越道"。

⑬【集解】韦昭曰:"被之以书。音'光被'之'被'。"【索隐】韦昭云"被之以书",音皮义反。

⑭【索隐】服虔云:"嚣诈作诏书,使为南海尉。"

⑮【索隐】案:南康记云"南野县大庾岭三十里至横浦,有秦时关,其下谓为'塞上'。"

⑯【索隐】姚氏案:地理志云揭阳有阳山县。今此县上流百馀里有骑田

岭,当是阳山关。

⑰【集解】徐广曰:"在桂阳,通四会也。"【索隐】湟豁。邹氏、刘氏本
并作"涅",音年结反。汉书作"湟豁",音皇。又(卫青传)〔南粤传〕云
"出桂阳,下湟水"是也。而姚察云史记作"涅",今本作"湟",涅及湟
不同,良由随闻则辄改故也。水经云含汇县南有汇浦关,未知孰是。
然邹诞作"涅",汉书作"湟",盖近于古。

⑱【索隐】案:谓他立其所亲党为郡县之职或假守。

⑲【集解】韦昭曰:"生以'武'为号,不稽于古也。"

高后时,有司请禁南越关市铁器。佗曰:"高帝立我,通使物,
今高后听谗臣,别异蛮夷,隔绝器物,此必长沙王计也,欲倚中国,
击灭南越而并王之,自为功也。"于是佗乃自尊号为南越武帝,发兵
攻长沙边邑,败数县而去焉。高后遣将军隆虑侯灶①往击之。会
暑湿,士卒大疫,兵不能逾岭。②岁馀,高后崩,即罢兵。佗因此以
兵威边,财物赂遗闽越、西瓯、骆,役属焉,③东西万馀里。乃乘黄
屋左纛,称制,与中国侔。

①【索隐】韦昭云:"姓周。隆虑,县名,属河内。音林间二音。"

②【索隐】案:此岭即阳山岭。

③【集解】汉书音义曰:"骆越也。"【索隐】邹氏云"又有骆越"。姚氏
案:广州记云"交趾有骆田,仰潮水上下,人食其田,名为'骆人'。有
骆王、骆侯。诸县自名为'骆将',铜印青绶,即今之令长也。后蜀王
子将兵讨骆侯,自称为安阳王,治封溪县。后南越王尉他攻破安阳
王,令二使典主交趾、九真二郡人"。寻此骆即瓯骆也。

及孝文帝元年,初镇抚天下,使告诸侯四夷从代来即位意,喻
盛德焉。乃为佗亲冢在真定,置守邑,岁时奉祀。召其从昆弟,尊
官厚赐宠之。诏丞相陈平等举可使南越者,平言好畤陆贾,先帝时

习使南越。乃召贾以为太中大夫,往使。因让佗自立为帝,曾无一介之使报者。陆贾至南越,王甚恐,为书谢,称曰:"蛮夷大长老夫臣佗,前日高后隔异南越,窃疑长沙王谗臣,又遥闻高后尽诛佗宗族,掘烧先人冢,以故自弃,犯长沙边境。且南方卑湿,蛮夷中间,其东闽越千人众号称王,其西瓯骆裸国①亦称王。老臣妄窃帝号,聊以自娱,岂敢以闻天王哉!"乃顿首谢,愿长为藩臣,奉贡职。于是乃下令国中曰:"吾闻两雄不俱立,两贤不并世。皇帝,贤天子也。自今以后,去帝制黄屋左纛。"陆贾还报,孝文帝大悦。遂至孝景时,称臣,使人朝请。然南越其居国窃如故号名,其使天子,称王朝命如诸侯。至建元四年卒。

①【索隐】裸国。音和寡反。裸,露形也。

佗孙胡为南越王。①此时闽越王郢兴兵击南越边邑,胡使人上书曰:"两越俱为藩臣,毋得擅兴兵相攻击。今闽越兴兵侵臣,臣不敢兴兵,唯天子诏之。"于是天子多南越义,守职约,为兴师,遣两将军②往讨闽越。兵未逾岭,闽越王弟馀善杀郢以降,于是罢兵。

①【集解】徐广曰:"皇甫谧曰越王赵佗以建元四年卒,尔时汉兴七十年,佗盖百岁矣。"

②【索隐】王恢、韩安国。

天子使庄助往谕意南越王,胡顿首曰:"天子乃为臣兴兵讨闽越,死无以报德!"遣太子婴齐入宿卫。谓助曰:"国新被寇,使者行矣。胡方日夜装入见天子。"助去后,其大臣谏胡曰:"汉兴兵诛郢,亦行以惊动南越。且先王昔言,事天子期无失礼,要之不可以悦好语入见。①入见则不得复归,亡国之势也。"于是胡称病,竟不入见。后十馀岁,胡实病甚,太子婴齐请归。胡薨,谥为文王。

①【索隐】悦好语入见。悦，汉书作"怢"。韦昭云"诱怢好语"。

婴齐代立，即藏其先武帝玺。①婴齐其入宿卫在长安时，取邯郸摎氏女，②生子兴。③及即位，上书请立摎氏女为后，兴为嗣。汉数使使者风谕婴齐，婴齐尚乐擅杀生自恣，惧入见要用汉法，比内诸侯，固称病，遂不入见。遣子次公入宿卫。婴齐薨，谥为明王。

①【索隐】李奇云"去其僭号"。

②【索隐】摎氏女。摎，纪虬反。摎姓出邯郸。

③【集解】徐广曰："一作'典'。"

太子兴代立，其母为太后。太后自未为婴齐姬时，尝与霸陵人安国少季①通。及婴齐薨后，元鼎四年，汉使安国少季往谕王、王太后以入朝，比内诸侯；令辩士谏大夫终军等宣其辞，勇士魏臣等辅其缺，②卫尉路博德将兵屯桂阳，待使者。王年少，太后中国人也，尝与安国少季通，其使复私焉。国人颇知之，多不附太后。太后恐乱起，亦欲倚汉威，数劝王及群臣求内属。即因使者上书，请比内诸侯，三岁一朝，除边关。于是天子许之，赐其丞相吕嘉银印，及内史、中尉、大傅印，馀得自置。除其故黥劓刑，用汉法，比内诸侯。使者皆留填抚之。王、王太后饬治行装重赍，为入朝具。

①【索隐】安国，姓也；少季名也。

②【集解】徐广曰："一作'决'。"

其相吕嘉年长矣，相三王，宗族官仕为长吏者七十馀人，男尽尚王女，女尽嫁王子兄弟宗室，及苍梧秦王有连。①其居国中甚重，越人信之，多为耳目者，得众心愈于王。王之上书，数谏止王，王弗听。有畔心，数称病不见汉使者。使者皆注意嘉，势未能诛。王、王太后亦恐嘉等先事发,乃置酒,介汉使者权,②谋诛嘉等。使者皆东向,太后南向,王北向,相嘉、大臣皆西向,侍坐饮。嘉弟为将,将卒居宫外。酒行,太后谓嘉曰:"南越内属,国之利也,而相君苦不便者,何也?"以激怒使者。使者狐疑相杖,遂莫敢发。嘉见耳目非是,即起而出。太后怒,欲铁嘉③以矛,王止太后。嘉遂出,分其弟兵就舍,④称病,不肯见王及使者。乃阴与大臣作乱。王素无意诛嘉,嘉知之,以故数月不发。太后有淫行,国人不附,欲独诛嘉等,力又不能。

① 【集解】汉书音义曰:"苍梧越中王自名为秦王,连亲婚也。"【索隐】案:苍梧越中王自名为秦王,即下赵光是也,故云"有连"。连者,连姻也。赵与秦同姓,故称秦王。

② 【集解】韦昭曰:"恃使者为介胄也。"【索隐】韦昭曰"恃使者为介胄,志林云'介者因也,欲因使者权诛吕嘉',然二家之说皆通。韦昭以介为恃。介者间也,以言间恃汉使者之权,意即得;云恃为介胄,则非也。虞喜以介为因,亦有所由。案:介者,宾主所由也。

③ 【集解】韦昭曰:"铁,撞也。"【索隐】韦昭云:"铁,撞也。"案:字林七凶反。又吴王濞传"铁杀吴王",与此同。

④ 【索隐】分弟兵就舍。案:谓分取其兵也。汉书作"介"。介,被也,恃也。

天子闻嘉不听王,王、王太后弱孤不能制,使者怯无决。又以为王、王太后已附汉,独吕嘉为乱,不足以兴兵,欲使庄参以二千人往使。参曰:"以好往,数人足矣;以武往,二千人无足以为也。"辞不可,天子罢参也。郏①壮士故济北相韩千秋奋曰:"以区区之越,又有王、太后应,独相吕嘉为害,愿得勇士二百人,必斩嘉以报。"于是天子遣千秋②与王太后弟樛乐将二千人往,入越境。吕嘉等乃遂反,下令国中曰:"王年少。太后,中国人也,又与使者乱,专欲内属,尽持先王宝器入献天子以自媚,多从人,行至长安,虏卖以为童仆。取自脱一时之利,无顾赵氏社稷,为万世虑计之意。"乃与其弟将卒攻杀王、太后及汉使者。遣人告苍梧秦王及其诸郡县,立明王长男越妻子术阳侯③建德为王。而韩千秋兵入,破数小邑。其后越直开道给食,未至番禺四十里,越以兵击千秋等,遂灭之。使人函封汉使者节置塞上,④好为谩辞谢罪,发兵守要害处。于是天子曰:"韩千秋虽无成功,亦军锋之冠。"封其子延年为成安侯。⑤樛乐,其姊为王太后,首愿属汉,封其子广德为龙亢侯。⑥乃下赦曰:"天子微,诸侯力政,讥臣不讨贼。今吕嘉、建德等反,自立晏如,令罪人及江淮以南⑦楼船十万师⑧往讨之。"

①【集解】徐广曰:"县属颍川,音古洽反。"【索隐】如淳云:"郏,县名,在颍川。"【正义】今汝州郏城县。

②【集解】徐广曰:"为校尉。"

③【集解】徐广曰:"元鼎四年,以南越王兄越封高昌侯。"【索隐】韦昭云汉所封。案功臣表,术阳属下邳。

④【索隐】函封汉使节置塞上。案:南康记以为大庾名"塞上"也。

⑤【索隐】案功臣表,成安属郏。

⑥【索隐】案:龙亢属谯国。汉书作"褾侯",服虔音邶,晋灼云古"龙"字。

⑦【集解】徐广曰:"淮,一作'汇'也。"

⑧【集解】应劭曰:"时欲击越,非水不至,故作大船。船上施楼,故号曰'楼船'也。"

元鼎五年秋,卫尉路博德为伏波将军,出桂阳,下汇水;①主爵都尉杨仆为楼船将军,出豫章,下横浦;故归义越侯二人②为戈船、下厉将军,③出零陵,或下离水,④或抵苍梧;使驰义侯⑤因巴蜀罪人,发夜郎兵,⑥下牂柯江:⑦咸会番禺。

①【集解】徐广曰:"一作'湟'。"骃案:地理志曰桂阳有汇水,通四会。或作"淮"字。　【索隐】刘氏云"汇当作'湟'"。汉书云"下湟水"。或本作"洭"。

②【集解】张晏曰:"故越人,降为侯。"

③【集解】徐广曰:"厉,一作'濑'。"骃案:张晏曰"越人于水中负人船,又有蛟龙之害,故置戈于船下,因以为名也"。应劭曰"濑,水流涉上也"。瓒曰"伍子胥书有戈船,以载干戈,因谓之'戈船'也"。

④【集解】徐广曰:"在零陵,通广信。"　【正义】地理志云零陵县有离水,东至广信入郁林,九百八十里。

⑤【集解】徐广曰:"越人也,名遗。"

⑥【正义】曲州、协州以南是夜郎国。

⑦【正义】江出南徼外,东通四会,至番禺入海也。

元鼎六年冬,楼船将军将精卒先陷寻陕,①破石门,②得越船粟,因推而前,挫越锋,以数万人待伏波。伏波将军将罪人,道远,会期后,与楼船会乃有千馀人,遂俱进。楼船居前,至番禺。建德、嘉皆城守。楼船自择便处,居东南面;伏波居西北面。会暮,楼船攻败越人,纵火烧城。越素闻伏波名,日暮,不知其兵多少。伏波乃为营,遣使者招降者,赐印,复纵令相招。楼船力攻烧敌,反驱而入伏波营中。犁旦,③城中皆降伏波。吕嘉、建德已夜与其属数百人亡入海,以船西去。伏波又因问所得降者贵人,以知吕嘉所之,遣人追之。以其故校尉司马苏弘得建德,封为海常侯;④越郎⑤都稽⑥得嘉,封为临蔡侯。⑦

①【索隐】姚氏云:"寻陕在始兴西三百里,近连口也。"

②【索隐】按:广州记"在番禺县北三十里。昔吕嘉拒汉,积石镇江,名曰石门。又俗云石门水名曰'贪泉',饮之则令人变。故吴隐之至石门,酌水饮,乃为之歌云也"。

③【集解】徐广曰:"吕静云犁,结也,音力奚反。结,犹连及、逮至也。"汉书"犁旦"为"迟旦",谓待明也。 【索隐】邹氏云"犁,一作'比',比音必至反"。然犁即比义。又解犁,黑也,天未明尚黑时也。汉书亦作"迟明"。迟音稚。迟,待也,亦犁之义也。

④【集解】徐广曰:"在东莱。"

⑤【集解】徐广曰:"南越之郎官。"

⑥【集解】徐广曰:"表曰孙都。"

⑦【索隐】案:表属河内。

苍梧王赵光者,越王同姓,闻汉兵至,及越揭阳令定①自定属汉;越桂林监居翁②谕瓯骆属汉:③皆得为侯。④戈船、下厉将军兵及驰义侯所发夜郎兵未下,南越已平矣。遂为九郡。⑤伏波将军益封。楼船将军兵以陷坚为将梁侯。

①【集解】韦昭曰:"揭音其逝反。" 【索隐】地理志揭阳县属南海。揭音桀。韦昭音其逝反,刘氏音求例反。定者,令之名也。案:汉功臣表云"定揭阳令",意又别也。

②【集解】汉书音义曰:"桂林郡中监,姓居名翁也。"

③【索隐】案汉书,瓯骆三十馀万口降汉。

④【索隐】案:汉书云"光闻汉兵至,降,封为随桃侯。揭阳令史定为安道侯,越将毕取为瞭侯,桂林监居翁为湘城侯"。韦昭云"湘城属堵阳。随桃、安道、瞭三县皆属南阳。瞭音辽也"。

⑤【集解】徐广曰:"儋耳,珠崖,南海,苍梧,九真,郁林,日南,合浦,交趾。" 【索隐】徐广皆据汉书为说。

自尉佗初王后,五世九十三岁而国亡焉。

太史公曰：尉佗之王，本由任嚣。遭汉初定，列为诸侯。隆虑离湿疫，佗得以益骄。瓯骆相攻，南越动摇。汉兵临境，婴齐入朝。其后亡国，徵自樛女；吕嘉小忠，令佗无后。楼船从欲，怠傲失惑；伏波困穷，智虑愈殖，因祸为福。成败之转，譬若纠墨。

【索隐述赞】中原鹿走，群雄莫制。汉事西驱，越权南裔。陆贾骋说，尉他去帝。嫪后内朝，吕嘉狼戾。君臣不协，卒从剿弃。

史 记 卷 一 百 一 十 四

东越列传第五十四

　　闽越①王无诸及越东海王摇者,其先皆越王句践之后也,姓驺
氏。②秦已并天下,皆废为君长,以其地为闽中郡。③及诸侯畔秦,
无诸、摇率越归鄱阳令吴芮,所谓鄱君者也,从诸侯灭秦。当是之
时,项籍主命,弗王,④以故不附楚。汉击项籍,无诸、摇率越人佐
汉。汉五年,复立无诸为闽越王,王闽中故地,都东冶。孝惠三年,
举高帝时越功,曰闽君摇功多,其民便附,乃立摇为东海王,⑤都东
瓯,⑥世俗号为东瓯王。

　　①【集解】韦昭曰:"闽音武巾反。东越之别名。" 【索隐】案:说文云
　　　　"闽,东越蛇种也",故字从"虫"。闽音旻。

　　②【集解】徐广曰:"驺,一作'骆'。" 【索隐】徐广云一作"骆",是上云
　　　　"欧骆",不姓驺。

　　③【集解】徐广曰:"今建安侯官是。" 【索隐】徐广云"本建安侯官是"。
　　　　案:为闽州。案:下文"都东冶",韦昭以为在侯官。 【正义】今闽州

又改为福也。

④【集解】汉书音义曰："主号令诸侯,不王无诸、摇等。"

⑤【集解】应劭曰："在吴郡东南滨海云。"

⑥【集解】徐广曰："今之永宁也。"【索隐】韦昭曰："今永宁。"姚氏云："瓯,水名。"永嘉记:"水出永宁山,行三十馀里,去郡城五里入江。昔有东瓯王都城,有亭,积石为道,今犹在也。"

后数世,至孝景三年,吴王濞反,欲从闽越,闽越未肯行,独东瓯从吴。及吴破,东瓯受汉购,杀吴王丹徒,以故皆得不诛,归国。

吴王子子驹亡走闽越,怨东瓯杀其父,常劝闽越击东瓯。至建元三年,闽越发兵围东瓯。东瓯食尽,困,且降,乃使人告急天子。天子问太尉田蚡,蚡对曰："越人相攻击,固其常,又数反覆,不足以烦中国往救也。自秦时弃弗属。"于是中大夫庄助诘蚡曰："特患力弗能救,德弗能覆;诚能,何故弃之?且秦举咸阳而弃之,何乃越也!今小国以穷困来告急天子,天子弗振,彼当安所告诉?又何以子万国乎?"上曰："太尉未足与计。吾初即位,不欲出虎符发兵郡国。"乃遣庄助以节发兵会稽。会稽太守欲距不为发兵,助乃斩一司马,谕意指,遂发兵浮海救东瓯。未至,闽越引兵而去。东瓯请举国徙中国,乃悉举众来,处江淮之间。①

①【集解】徐广曰："年表云东瓯王广武侯望,率其众四万馀人来降,家庐江郡。"【索隐】徐广据年表而为说。

至建元六年,闽越击南越。南越守天子约,不敢擅发兵击而以闻。上遣大行王恢出豫章,大农韩安国出会稽,皆为将军。兵未逾岭,闽越王郢发兵距险。其弟馀善乃与相、宗族谋曰："王以擅发兵击南越,不请,故天子兵来诛。今汉兵众强,今即幸胜之,后来益多,终灭国而止。今杀王以谢天子。天子听,罢兵,固一国完;不听,乃力战;不胜,即亡入海。"皆曰"善"。即鈹①杀王,使使奉其头致大行。大行曰:"所为来者诛王。今王头至,谢罪,不战而耘,②利莫大焉。"乃以便宜案兵告大农军,而使使奉王头驰报天子。诏罢两将兵,曰:"郢等首恶,独无诸孙繇君丑③不与谋焉。"乃使郎中将立丑为越繇王,奉闽越先祭祀。

①【索隐】刘氏又音窗。鈹,撞也。

②【集解】徐广曰:"汉书作'殒'。耘义当取'耘除'。或言耘音于粉反,此楚人声重耳。陨耘当同音,但字有假借,声有轻重。"【索隐】耘音云。耘,除也。汉书作"陨",音于粉反。

③【索隐】繇音摇,邑号也。丑,名。

　　餘善已杀郢,威行于国,国民多属,窃自立为王。繇王不能矫其众持正。天子闻之,为餘善不足复兴师,曰:"餘善数与郢谋乱,而后首诛郢,师得不劳。"因立餘善为东越王,与繇王并处。

　　至元鼎五年,南越反,东越王餘善上书,请以卒八千人从楼船将军击吕嘉等。兵至揭扬,以海风波为解,不行,持两端,阴使南越。及汉破番禺,不至。是时楼船将军杨仆使使上书,愿便引兵击东越。上曰士卒劳倦,不许,罢兵,令诸校屯豫章梅岭待命。①

①【集解】徐广曰:"在会稽界。"【索隐】案:徐广云"在会稽",非也。今案:豫章三十里有梅岭,在洪崖山足,当古驿道。此文云"豫章梅岭",知非会稽也。【正义】括地志云:"梅岭在虔化县东北百二十八里。"虔州汉亦属豫章郡,二所未详。

　　元鼎六年秋,餘善闻楼船请诛之,汉兵临境,且往,乃遂反,发兵距汉道。号将军驺力等为"吞汉将军",入白沙、武林、①梅岭,杀汉三校尉。是时汉使大农张成、故山州侯齿②将屯,弗敢击,却就便处,皆坐畏懦诛。

①【集解】徐广曰:"在豫章界。"【索隐】徐广云在豫章界。案:今豫章
北二百里,接鄱阳界,地名白沙,有小水入湖,名曰白沙阬。东南八十
里有武阳亭,亭东南三十里地名武林。此白沙、武林,今当闽越入
京道。

②【集解】徐广曰:"成阳共王子。"

馀善刻"武帝"玺自立,诈其民,为妄言。天子遣横海将军韩
说出句章,①浮海从东方往;楼船将军杨仆出武林;中尉王温舒出
梅岭;越侯为戈船、下濑将军,出若邪、②白沙。③元封元年冬,咸入
东越。东越素发兵距险,使徇北将军守武林,败楼船军数校尉,杀
长吏,楼船将军率钱唐辕终古④斩徇北将军,为御儿侯。⑤自兵
未往。

①【索隐】郑氏音勾,会稽县也。【正义】句章故城在越州鄮县西一百
里,汉县。

②【索隐】案:姚氏云"地名,今阙"。

③【正义】越州有若耶山、若耶溪。"若""如"一。预州有白沙山。盖从
如此邪。白沙东故闽州。

④【正义】钱唐,杭州县。辕,姓;终古,名。

⑤【集解】汉书音义曰:"今吴南亭是也。"【正义】"御"字今作"语"。
语儿乡在苏州嘉兴县南七十里,临官道也。

2592

故越衍侯吴阳前在汉,汉使归谕馀善,馀善弗听。及横海将军
先至,越衍侯吴阳以其邑七百人反,攻越军于汉阳。从建成侯
敖,①与其率,从繇王居股谋曰:"馀善首恶,劫守吾属。今汉兵至,
众强,计杀馀善,自归诸将,傥幸得脱。"乃遂俱杀馀善,以其众降横
海将军,故封繇王居股为东成侯,②万户;封建成侯敖为开陵侯;③

封越衍侯吴阳为北石侯;封横海将军说为案道侯;封横海校尉福为缭嫈侯。④福者,成阳共王子,故为海常侯,坐法失侯。旧从军无功,以宗室故侯。诸将皆无成功,莫封。东越将多军,⑤汉兵至,弃其军降,封为无锡侯。

①【集解】徐广曰:"亦东越臣。"

②【索隐】韦昭曰:"在九江。"

③【索隐】徐广云:"敖,东越臣。"韦昭云:"开陵属临淮。"

④【集解】汉书音义曰:"音辽萦。"【索隐】服虔云:"嫈音荣,县名。"刘伯庄云:"缭音辽,下音纡营反。成阳王子也。"

⑤【集解】汉书音义曰:"多军,名也。"【索隐】李奇云:"多军,名。"韦昭云:"多,姓;军,名也。"

于是天子曰东越狭多阻,闽越悍,数反覆,诏军吏皆将其民徙处江淮间。东越地遂虚。

太史公曰:越虽蛮夷,其先岂尝有大功德于民哉,何其久也!历数代常为君王,句践一称伯。然馀善至大逆,灭国迁众,其先苗裔繇王居股等犹尚封为万户侯,由此知越世世为公侯矣。盖禹之馀烈也。

【索隐述赞】句践之裔,是曰无诸。既席汉宠,实因秦馀。驺、骆为姓,闽中是居。王摇之立,爰处东隅。后嗣不道,自相诛锄。

史 记 卷 一 百 一 十 五

朝鲜列传第五十五

【集解】张晏曰:"朝鲜有湿水、洌水、汕水,三水合为洌水,疑乐浪、朝鲜取名于此也。"【索隐】案:朝音潮,直骄反。鲜首仙。以有汕水,故名也。汕一音讪。

朝鲜①王满者,故燕人也。②自始全燕时③尝略属真番、④朝鲜,⑤为置吏,筑鄣塞。秦灭燕,属辽东外徼。汉兴,为其远难守,复修辽东故塞,至浿水为界,⑥属燕。燕王卢绾反,入匈奴,满亡命,⑦聚党千馀人,魋结蛮夷服而东走出塞,渡浿水,居秦故空地上下鄣,⑧稍役属真番、朝鲜蛮夷及故燕、齐亡命者王之,都王险。⑨

2595

①【正义】湖仙二音。括地志云:"高骊都平壤城,本汉乐浪郡王险城,又古云朝鲜地也。"

②【索隐】案汉书,满,燕人,姓卫,击破朝鲜而自王之。

③【索隐】始全燕时,谓六国燕方全盛之时。

④【集解】徐广曰："一作'莫'。辽东有番汗县。番音普寒反。"【索隐】徐氏据地理志而知也。番音潘，又音盘。汗音寒。

⑤【索隐】如淳云："燕尝略二国以属己也。"应劭云："玄菟本真番国。"

⑥【集解】汉书音义曰："浿音傍沛反。"【索隐】浿音旁沛反。【正义】地理志云浿水出辽东塞外，西南至乐浪县西入海。浿普大反。

⑦【正义】命谓教令。

⑧【索隐】案：地理志乐浪有云鄣。

⑨【集解】徐广曰："昌黎有险渎县也。"【索隐】韦昭云"古邑名"。徐广曰"昌黎有险渎县"。应劭注"地理志辽东险渎县，朝鲜王旧都"。臣瓒云"王险城在乐浪郡浿水之东"也。

会孝惠、高后时天下初定，辽东太守即约满为外臣，保塞外蛮夷，无使盗边；诸蛮夷君长欲入见天子，勿得禁止。以闻，上许之，以故满得兵威财物侵降其旁小邑，真番、临屯①皆来服属，方数千里。②

①【索隐】东夷小国，后以为郡。

②【正义】括地志云："朝鲜、高骊、貊、东沃沮五国之地，国东西千三百里，南北二千里，在京师东，东至大海四百里，北至营州界九百二十里，南至新罗国六百里，北至靺鞨国千四百里。"

传子至孙右渠，①所诱汉亡人滋多，又未尝入见；真番旁众国欲上书见天子，又拥阏不通。元封二年，汉使涉何谯谕②右渠，终不肯奉诏。何去至界上，临浿水，使御刺杀送何者③朝鲜裨王长，④即渡，驰入塞，⑤遂归报天子曰"杀朝鲜将"。上为其名美，⑥即不诘，拜何为辽东东部都尉。⑦朝鲜怨何，发兵袭攻杀何。

①【正义】其孙名也。

②【索隐】说文云："谯，让也。"谕，晓也。谯音才笑反。

史记卷一百一十五

2596

③【索隐】即送何之御也。

④【正义】颜师古云:"长者,裨王名也。送何至浿水,何因刺杀也。"按:
裨王及将士长,恐颜非也。

⑤【正义】入平州榆林关也。

⑥【索隐】有杀将之美名。

⑦【正义】地理志云辽东郡武次县,东部都尉所理也。

天子募罪人击朝鲜。其秋,遣楼船将军杨仆从齐浮渤海;兵五
万人,左将军荀彘出辽东:讨右渠。右渠发兵距险。左将军卒正多
率辽东兵先纵,败散,多还走,坐法斩。楼船将军将齐兵七千人先
至王险。右渠城守,窥知楼船军少,即出城击楼船,楼船军败散走。
将军杨仆失其众,遁山中十馀日,稍求收散卒,复聚。左将军击朝
鲜浿水西军,未能破自前。

天子为两将未有利,乃使卫山因兵威往谕右渠。右渠见使者
顿首谢:"愿降,恐两将诈杀臣;今见信节,请服降。"遣太子入谢,
献马五千匹,及馈军粮。人众万馀,持兵,方渡浿水,使者及左将军
疑其为变,谓太子已服降,宜命人毋持兵。太子亦疑使者左将军诈
杀之,遂不渡浿水,复引归。山还报天子,天子诛山。

左将军破浿水上军,乃前,至城下,围其西北。楼船亦往会,居
城南。右渠遂坚守城,数月未能下。

左将军素侍中,幸,将燕代卒,悍,乘胜,军多骄。楼船将齐卒,
入海,固已多败亡;其先与右渠战,困辱亡卒,卒皆恐,将心惭,其围
右渠,常持和节。左将军急击之,朝鲜大臣乃阴间使人私约降楼
船,往来言,尚未肯决。左将军数与楼船期战,楼船欲急就其约,不
会;左将军亦使人求间郤降下朝鲜,朝鲜不肯,心附楼船:以故两将

不相能。左将军心意楼船前有失军罪，今与朝鲜私善而又不降，疑其有反计，未敢发。天子曰将率不能，前（及）〔乃〕使卫山谕降右渠，右渠遣太子，山使不能剸决，与左将军计相误，卒沮约。今两将围城，又乖异，以故久不决。使济南太守公孙遂往（征）〔正〕之，有便宜得以从事。遂至，左将军曰："朝鲜当下久矣，不下者有状。"言楼船数朝不会，具以素所意告遂，曰："今如此不取，恐为大害，非独楼船，又且与朝鲜共灭吾军。"遂亦以为然，而以节召楼船将军入左将军营计事，即命左将军麾下执捕楼船将军，并其军，以报天子。天子诛遂。

左将军已并两军，即急击朝鲜。朝鲜相路人、相韩阴、尼谿相参、将军王唊①相与谋曰："始欲降楼船，楼船今执，独左将军并将，战益急，恐不能与，（战）王又不肯降。"阴、唊、路人皆亡降汉。路人道死。元封三年夏，尼谿相参乃使人杀朝鲜王右渠来降。王险城未下，故右渠之大臣成巳又反，复攻吏。左将军使右渠子长降、②相路人之子最③告谕其民，诛成巳，以故遂定朝鲜，为四郡。④封参为澅清侯，⑤阴为狄苴侯，⑥唊为平州侯⑦，长〔降〕为几侯。⑧最以父死颇有功，为温阳侯。⑨

① 【集解】汉书音义曰："凡五人也。戎狄不知官纪，故皆称相。唊音颊。" 【索隐】应劭云："凡五人。戎狄不知官纪，故皆称相也。路人，渔阳县人。"如淳云："相，其国宰相。路人，名也。唊音颊，一音协。"

② 【集解】徐广曰："表云'长路'。汉书表云'长路'，音各。" 【索隐】案：汉书表云"长路"，音各。

③ 【索隐】路人子也，名最。

④ 【集解】真番、临屯、乐浪、玄菟也。

⑤ 【集解】韦昭曰："属齐。" 【索隐】参，澅清侯。韦昭云"县名，属齐"。

顾氏潷音获。

⑥【集解】韦昭曰："属勃海。"　【索隐】阴，狄苴侯。晋灼云"属勃海"。获音狄，苴音子馀反。

⑦【集解】韦昭曰："属梁父。"　【索隐】唊，平州侯。韦昭云"属梁父"。

⑧【集解】韦昭曰："属河东。"　【索隐】长，几侯。韦昭云"县名，属河东"。

⑨【集解】韦昭曰："属齐。"　【索隐】最，涅阳侯。韦昭云"属齐"也。

左将军征至，坐争功相嫉，乖计，弃市。楼船将军亦坐兵至洌口，①当待左将军，擅先纵，失亡多，当诛，赎为庶人。

①【索隐】苏林曰："县名。度海先得之。"

太史公曰：右渠负固，国以绝祀。涉何诬功，为兵发首。楼船将狭，①及难离咎。悔失番禺，乃反见疑。荀彘争劳，与遂皆诛。两军俱辱，将率莫侯矣。

①【集解】徐广曰："言其所将卒狭少。"

【索隐述赞】卫满燕人，朝鲜是王。王险置都，路人作相。右渠首差，涉何冈上。兆祸自斯，狐疑二将。山、遂伏法，纷纭无状。

史 记 卷 一 百 一 十 六

西南夷列传第五十六

西南夷君长①以什数,②夜郎最大;③其西靡莫④之属⑤以什数,滇最大;⑥自滇以北君长以什数,邛都最大:此皆魋结,⑦耕田,有邑聚。其外西自同师以东,⑧北至楪榆,⑨名为嶲、昆明,⑩皆编发,随畜迁徙,⑪毋常处,毋君长,地方可数千里。自嶲以东北,君长以什数,徙、筰都⑫最大;自筰以东北,君长以什数,冄、駹最大。⑬其俗或士箸,或移徙,在蜀之西。自冉駹以东北,君长以什数,白马最大,⑭皆氐类也。此皆巴蜀西南外蛮夷也。

①【正义】在蜀之南。

②【索隐】刘氏音所具反。邹氏音所主反。

③【索隐】荀悦云:"犍为属国也。"韦昭云:"汉为县,属牂柯。"按:后汉书云"夜郎东接交阯,其地在胡南,其君长本出于竹,以竹为姓也。"

【正义】今泸州南大江南岸协州、曲州,本夜郎国。

④【索隐】夷邑名,滇与同姓。

2601

⑤【正义】在蜀南以下及西也。靡非在姚州北,去京西南四千九百三十
　五里,即靡莫之夷。

⑥【集解】如淳曰:"滇音颠。颠马出其国也。"　【索隐】崔浩云:"后为
　县,越巂太守所理也。"　【正义】昆州、郎州等本滇国,去京西五千三
　百七十里也。

⑦【索隐】魋,汉书作"椎",音直追反。结音计。

⑧【集解】韦昭曰:"邑名也。"　【索隐】韦昭云邑名。汉书作"桐师"。

⑨【集解】韦昭曰:"在益州。楪音叶。"　【索隐】韦昭曰:"益州县。楪
　音叶。"　【正义】上音叶。楪泽在靡北百馀里。汉楪榆县在泽西益
　都。靡非,本叶榆王属国也。

⑩【集解】徐广曰:"永昌有嶲唐县。"　【索隐】崔浩云:"二国名。"韦昭
　云:"嶲,益州县。"　【正义】嶲音髓。今嶲州也。昆明,嶲州县,盖南
　接昆明之地,因名也。

⑪【正义】编,步典反。畜,许又反。皆嶲、昆明之俗也。

⑫【集解】徐广曰:"徙在汉嘉。笮音昨,在越巂。"　【索隐】服虔云:
　"二国名。"韦昭云:"徙县属蜀。笮县在越巂。徐广云:"笮音昨。"
　【正义】徙音斯。括地志云:"笮州本西蜀徼外,曰猫羌嶲。地理志
　云徙县也。华阳国志雅州邛郲山本名邛笮山,故邛人、笮人界。"

⑬【索隐】案:应劭云"汶江郡本冄駹。音亡江反"。　【正义】括地志
　云:"蜀西徼外羌,茂州、冉州本冄駹国地也。后汉书云冄駹其山有六
　夷、七羌、九氐,各有部落也。"

⑭【索隐】案:夷邑名,即白马氐。　【正义】括地志云:"陇右成州、武州
　皆白马氐,其豪族杨氏居成州仇池山上。"

始楚威王时,使将军庄蹻①将兵循江上;略巴、(蜀)黔中以西。
庄蹻者,故楚庄王苗裔也。蹻至滇池,(地)方三百里,②旁平地,肥
饶数千里,以兵威定属楚。欲归报,会秦击夺楚巴、黔中郡,道塞不

通,因还,以其众王滇,变服,从其俗,以长之。秦时常頞③略通五
尺道,④诸此国颇置吏焉。十馀岁,秦灭。及汉兴,皆弃此国而开
蜀故徼。巴蜀民或窃出商贾,取其筰马、僰僮、⑤髦牛,以此巴蜀
殷富。

①【索隐】音炬灼反。楚庄王弟,为盗者。　【正义】其略反。郎州、昆州
　　即庄蹻所王。

②【索隐】滇池方三百里。地理志益州滇池县,泽在西北。后汉书云:
　　"其池水源深广,而〔末〕更浅狭,有似倒流,故谓滇池。"　【正义】括
　　地志云:"滇池泽在昆州晋宁县西南三十里。其水源深广而〔末〕更浅
　　狭,有似倒流,故谓滇池。"

③【集解】音案。

④【索隐】谓栈道广五尺。　【正义】括地志云:"五尺道在郎州。颜师
　　古云其处险院,故道才广五尺。如淳云道广五尺。"

⑤【索隐】韦昭云:"僰蜀犍为,音蒲北反。"服虔云:"旧京师有僰婢。"
　　【正义】今益州南戎州北临大江,古僰国。

建元六年,大行王恢击东越,东越杀王郢以报。恢因兵威使番
阳令①唐蒙风指晓南越。南越食蒙蜀枸酱,②蒙问所从来,曰"道
西北牂柯,牂柯江③广数里,出番禺城下"。蒙归至长安,问蜀贾
人,贾人曰:"独蜀出枸酱,多持窃出市夜郎。夜郎者,临牂柯江,江
广百馀步,足以行船。南越以财物役属夜郎,西至同师,然亦不能
臣使也。"蒙乃上书说上曰:"南越王黄屋左纛,地东西万馀里,名
为外臣,实一州主也。今以长沙、豫章往,水道多绝,难行。窃闻夜
郎所有精兵,可得十馀万,浮船牂柯江,出其不意,此制越一奇也。
诚以汉之强,巴蜀之饶,通夜郎道,为置吏,易甚。"上许之。乃拜蒙

为郎中将,将千人,食重万馀人,④从巴蜀笮关入,遂见夜郎侯多同。蒙厚赐,喻以威德,约为置吏,使其子为令。夜郎旁小邑皆贪汉缯帛,以为汉道险,终不能有也,乃且听蒙约。还报,乃以为犍为郡。发巴蜀卒治道,自僰道指牂柯江。⑤蜀人司马相如亦言西夷邛、笮可置郡。使相如以郎中将往喻,皆如南夷,为置一都尉,十馀县,属蜀。

①【正义】番音婆。

②【集解】徐广曰:"枸,一作'蒟',音窭。"骃案:汉书音义曰"枸木似榖树,其叶如桑叶。用其叶作酱酢,美,蜀人以为珍味"。 【索隐】蒟。案:晋灼音矩。刘德云"蒟树如桑,其椹长二三寸,味酢;取其实以为酱,美"。又云"蒟缘树而生,非木也。今蜀土家出蒟,实似桑椹,味辛似姜,不酢"。又云"取叶"。此注又云叶似桑叶,非也。广志云"色黑,味辛,下气消谷"。窭,求羽反。

③【正义】崔浩云:"牂柯,系船杙也。"常氏华阳国志云:"楚顷襄王时,遣庄蹻伐夜郎,军至且兰,椓船于岸而步战。既灭夜郎,以且兰有椓船柯处,乃改其名为牂柯。"

④【索隐】案:食货辎重车也。音持用反。

⑤【索隐】道牂柯江。崔浩云:"牂柯,系船杙也,以为地名。"道犹从也。地理志夜郎又有豚水,东至南海四会入海,此牂柯江。

当是时,巴蜀四郡①通西南夷道,戍转相饷。数岁,道不通,士罢饿离湿,死者甚众;西南夷又数反,发兵兴击,耗费无功。上患之,使公孙弘往视问焉。还对,言其不便。及弘为御史大夫,是时方筑朔方以据河逐胡,弘因数言西南夷害,可且罢,专力事匈奴。上罢西夷,独置南夷夜郎两县一都尉,②稍令犍为自葆就。③

①【集解】徐广曰:"汉中,巴郡,广汉,蜀郡。"

②【集解】徐广曰:"元光六年,南夷始置邮亭。"

③【正义】令犍为自葆守,而渐修成其郡县也。

及元狩元年,博望侯张骞使大夏来,言居大夏时见蜀布、邛竹杖,①使问所从来,曰"从东南身毒国,②可数千里,得蜀贾人市"。或闻邛西可二千里有身毒国。骞因盛言大夏在汉西南,慕中国,患匈奴隔其道,诚通蜀,身毒国道便近,有利无害。于是天子乃令王然于、柏始昌、吕越人等,使间出西夷西,指求身毒国。至滇,滇王尝羌③乃留,为求道西十馀辈。岁馀,皆闭昆明,④莫能通身毒国。

①【集解】韦昭曰:"邛县之竹,属蜀。"瓒曰:"邛,山名。此竹节高实中,可作杖。"

②【集解】徐广曰:"字或作'竺'。汉书直云'身毒',史记一本作'乾毒'。"骃案:汉书音义曰"一名'天竺',则浮屠胡是也"。【索隐】身音捐,毒音笃。一本作"乾毒"。汉书音义一名"天竺"也。

③【集解】徐广曰:"尝,一作'赏'。"

④【集解】如淳曰:"为昆明所闭道。"【正义】昆明在今巂州南,昆县是也。

滇王与汉使者言曰:"汉孰与我大?"及夜郎侯亦然。以道不通故,各自以为一州主,不知汉广大。使者还,因盛言滇大国,足事亲附。天子注意焉。

及至南越反,上使驰义侯因犍为发南夷兵。且兰①君恐远行,旁国虏其老弱,乃与其众反,杀使者及犍为太守。汉乃发巴蜀罪人尝击南越者八校尉击破之。会越已破,汉八校尉不下,即引兵还,行诛头兰。②头兰,常隔滇道者也。已平头兰,遂平南夷为牂柯郡。

夜郎侯始倚南越,南越已灭,会还诛反者,夜郎遂入朝。上以为夜
郎王。

①【索隐】上音子馀反。小国名也。后县,属牂柯。

②【索隐】即且兰也。

南越破后,及汉诛且兰、邛君,并杀笮侯,冄駹皆振恐,诸臣置
吏。乃以邛都为越巂郡,笮都为沈犁郡,冄駹为汶山郡,①广汉西
白马为武都郡。

①【集解】应劭曰:"今蜀郡岷江。"

上使王然于以越破及诛南夷兵威风喻滇王入朝。滇王者,其
众数万人,其旁东北有劳浸、靡莫,①皆同姓相扶,未肯听。劳浸、
靡莫数侵犯使者吏卒。元封二年,天子发巴蜀兵击灭劳浸、靡莫,
以兵临滇。滇王始首善,以故弗诛。滇王离难西南夷,举国降,诸
置吏入朝。于是以为益州郡,赐滇王王印,复长其民。

①【索隐】劳浸、靡莫。二国与滇王同姓。

西南夷君长以百数,独夜郎、滇受王印。滇小邑,最宠焉。

太史公曰:楚之先岂有天禄哉? 在周为文王师,封楚。及周之
衰,地称五千里。秦灭诸侯,唯楚苗裔尚有滇王。汉诛西南夷,国
多灭矣,唯滇复为宠王。然南夷之端,见枸酱番禺,大夏杖邛竹。
西夷后揱,①剽分二方,②卒为七郡。③

①【集解】汉书音义曰:"音蒻。"【索隐】音剪。揱谓被分割也。

②【索隐】剽音匹妙反。言西夷后被揱迫逐,遂剽居西南二方,各属郡
县。剽亦分义。

2606

③【集解】徐广曰："犍为、牂柯、越嶲、益州、武都、沈犁、汶山地也。"

【索隐述赞】西南外徼，庄蹻首通。汉因大夏，乃命唐蒙。劳浸、靡莫，异俗殊风。夜郎最大，邛、筰称雄。及置郡县，万代推功。

史记卷一百一十七

司马相如列传第五十七

司马相如者,蜀郡成都人也,字长卿。少时好读书,学击剑,①故其亲名之曰犬子。②相如既学,③慕蔺相如之为人,更名相如。以赀为郎,事孝景帝,为武骑常侍,④非其好也。会景帝不好辞赋,是时梁孝王来朝,从游说之士齐人邹阳、淮阴枚乘、吴庄忌夫子⑤之徒,相如见而说之,因病免,客游梁。梁孝王令与诸生同舍,相如得与诸生游士居数岁,乃著子虚之赋。

①【索隐】吕氏春秋剑伎云"持短入长,倏忽纵横之术也"。魏文典论云"余好击剑,善以短乘长"是也。

②【索隐】孟康云:"爱而字之也。"

③【索隐】案:秦密云:文翁遣相如受七经"。

④【索隐】张揖曰:"秩六百石,常侍从格猛兽。"

⑤【集解】徐广曰:"名忌,字夫子。"　【索隐】徐广、郭璞皆云名忌字夫子。案:邹阳传云枚先生、严夫子,此则夫子是美称,时人以为号。汉

2609

书作"严忌"者,案忌本姓庄,避明帝讳改姓严也。

会梁孝王卒,相如归,而家贫,无以自业。素与临邛令王吉相善,吉曰:"长卿久宦游不遂,而来过我。"于是相如往,舍都亭。①临邛令缪为恭敬,日往朝相如。相如初尚见之,后称病,使从者谢吉,吉愈益谨肃。临邛中多富人,而卓王孙家僮八百人,程郑亦数百人,二人乃相谓曰:"令有贵客,为具召之。"并召令。令既至,卓氏客以百数。至日中,谒司马长卿,长卿谢病不能往,临邛令不敢尝食,自往迎相如。相如不得已,强往,一坐尽倾。酒酣,临邛令前奏琴曰:"窃闻长卿好之,愿以自娱。"相如辞谢,为鼓一再行。②是时卓王孙有女文君新寡,好音,故相如缪与令相重,而以琴心挑之。③相如之临邛,从车骑,雍容闲雅甚都;④及饮卓氏,弄琴,文君窃从户窥之,心悦而好之,恐不得当也。既罢,相如乃使人重赐文君侍者通殷勤。文君夜亡奔相如,⑤相如乃与驰归成都。家居徒四壁立。⑥卓王孙大怒曰:"女至不材,我不忍杀,不分一钱也。"人或谓王孙,王孙终不听。文君久之不乐,曰:"长卿第俱如临邛,⑦从昆弟假贷犹足为生,何至自苦如此!"相如与俱之临邛,尽卖其车骑,买一酒舍酤酒,而令文君当炉。⑧相如身自著犊鼻裈,⑨与保庸杂作,⑩涤器于市中。⑪卓王孙闻而耻之,为杜门不出。昆弟诸公⑫更谓王孙曰:"有一男两女,所不足者非财也。今文君已失身于司马长卿,长卿故倦游,⑬虽贫,其人材足依也,且又令客,独奈何相辱如此!"卓王孙不得已,分予文君僮百人,钱百万,及其嫁时衣被财物。文君乃与相如归成都,买田宅,为富人。

①【索隐】案:临邛郭下之亭也。

②【索隐】案:乐府长歌行、短歌行,行者曲也。此言"鼓一再行",谓一

两曲。

③【集解】郭璞曰:"以琴中音挑动之。"【索隐】张揖云:"挑,娆也。以琴中娆之。"挑音徒了反。娆音奴了反。其诗曰"凤兮凤兮归故乡,游遨四海求其皇,有一艳女在此堂,室迩人遐毒我肠,何由交接为鸳鸯"也。又曰"凤兮凤兮从皇栖,得托子尾永为妃。交情通体必和谐,中夜相从别有谁"。

④【集解】韦昭曰:"閒,读曰'闲',甚得都邑之容也。"郭璞曰:"都犹姣也。诗曰'恂美且都'。"

⑤【索隐】郭璞云:"婚不以礼为亡也。"

⑥【集解】郭璞曰:"言贫穷也。"【索隐】案:孔文祥云"徒,空也。家空无资储,但有四壁而已,云就此中以安立也"。

⑦【集解】弟如临邛。文颖云:"弟,且也。"郭璞云:"弟,语辞。如,往也。"

⑧【集解】韦昭曰:"炉,酒肆也。以土为堕,边高似炉。"

⑨【集解】韦昭曰:"今三尺布作形如犊鼻矣。称此者,言其无耻也。今铜印言犊纽,此其类矣。"

⑩【集解】方言曰:"保庸谓之甬,奴婢贱称也。"

⑪【集解】韦昭曰:"瓦器也。每食必涤溉者。"

⑫【集解】郭璞曰:"诸公,父行也。"

⑬【集解】郭璞曰:"厌游宦也。"

居久之,蜀人杨得意为狗监,①侍上。上读子虚赋而善之,曰:"朕独不得与此人同时哉!"得意曰:"臣邑人司马相如自言为此赋。"上惊,乃召问相如。相如曰:"有是。然此乃诸侯之事,未足观也。请为天子游猎赋,赋成奏之。"上许,令尚书给笔札。相如以"子虚",虚言也,为楚称;②"乌有先生"者,③乌有此事也,为齐难；④"无是公"者，无是人也，明天子之义。⑤故空藉⑥此三人为辞，以推天子诸侯之苑囿。其卒章归之于节俭，因以风谏。奏之天子，天子大说。其辞曰：

①【集解】郭璞曰："主猎犬也。"

②【集解】郭璞曰："称说楚之美。"

③【集解】徐广曰："乌，一作恶。"

④【集解】郭璞曰："诘难楚事也。"

⑤【集解】郭璞曰："以为折中之谈也。"

⑥【索隐】音假借，与积同音。

楚使子虚使于齐，齐王悉发境内之士，备车骑之众，与使者出田。田罢，子虚过诧①乌有先生，而无是公在焉。坐定，乌有先生问曰："今日田乐乎？"子虚曰："乐。""获多乎？"曰："少。""然则何乐？"曰："仆乐齐王之欲夸仆以车骑之众，而仆对以云梦之事也。"曰："可得闻乎？"

①【集解】郭璞曰："诧，夸也。音托夏反。" 【索隐】上音戈，下音敕亚反。夸诧是也。

子虚曰："可。王驾车千乘，选徒万骑，田于海滨。列卒满泽，罘罔弥山，①掩兔辚鹿，射麋脚麟。②鹜于盐浦，割鲜染轮。③射中获多，矜而自功。顾谓仆曰：'楚亦有平原广泽游猎之地饶乐若此者乎？楚王之猎何与寡人？'④仆下车对曰：'臣，楚国之鄙人也，幸得宿卫十有馀年，时从出游，游于后园，览于有无，然犹未能遍睹也，又恶足以言其外泽者乎！'齐王曰：'虽然，略以子之所闻见而言之。'

①【集解】郭璞曰："罘，罝也。音浮。" 【正义】说文云"罘，兔罟也"。今幡车罟也。弥，竟也。

②【集解】徐广曰："轥音客。"骃案：郭璞曰"脚，掎足。轥，车轹"。

【索隐】脚麟，韦昭云"谓持其一脚也"。司马彪曰"脚，掎也"。说文云"掎，偏引一脚也"。

③【集解】郭璞曰："盐浦，海边地多盐卤。鲜，生肉也。染，擩也。音而沿反，又音而悦反。擩之于轮，盐而食之。鹜，驰也。音务。"【索隐】李奇云："鲜，生肉也。染，濡也。切生肉濡盐而食之。"染或为"淬"，与下文"脟割轮淬"意同也。

④【集解】郭璞曰："与犹如也。"

"仆对曰：'唯唯。臣闻楚有七泽，尝见其一，未睹其馀也。臣之所见，盖特其小小者耳，①名曰云梦。②云梦者，方九百里，其中有山焉。其山则盘纡茀郁，隆崇律崒；岑岩参差，日月蔽亏；③交错纠纷，上干青云；罢池陂陁，下属江河。其土则丹青赭垩，④雌黄⑤白坿，⑥锡碧⑦金银，众色炫耀，照烂龙鳞。⑧其石则赤玉玫瑰，⑨琳瑉琨珸，⑩瑊玏玄厉，⑪瓀石武夫。⑫其东则有蕙圃⑬衡兰，芷若⑭射干，⑮穹穷⑯昌蒲，江离麋芜，诸蔗猼且。⑰其南则有平原广泽，登降陁靡，⑱案衍坛曼，⑲缘以大江，限以巫山。⑳其高燥则生葴菥苞荔，㉑薛莎青薠。㉒其卑湿㉓则生藏莨兼葭，东蔷㉔雕胡，㉕莲藕菰芦，㉖庵䕡轩芋，㉗众物居之，不可胜图。㉘其西则有涌泉清池，激水推移；外发芙蓉菱华，内隐钜石白沙。其中则有神龟蛟鼍，㉙瑇瑁㉚鳖鼋。其北则有阴林㉛巨树，楩楠豫章，㉜桂椒㉝木兰，㉞蘖离朱杨，㉟樝梸梬栗，㊱橘柚芬芳。㊲其上则有赤猿蠼蝚，㊳鹓雏孔鸾，腾远射干。㊴其下则有白虎玄豹，蟃蜒貙犴，㊵兕象野犀，㊶穷奇獌狿。

①【索隐】郭璞云："特，独也。"

②【索隐】褚诠音亡栋反,又音莫凤反。裴骃云"孙叔敖激沮水作此泽"。张揖云"楚薮也,在南郡华容县"。郭璞曰"江夏安陆有云梦城,南郡枝江亦有云梦城。华容县又有巴丘湖,俗云即古云梦泽也"。则张揖云在华容者,指巴湖也。今安陆东见有云梦城、云梦县,而枝江亦有者,盖县名远取此泽,故有城也。

③【集解】汉书音义曰:"高山雍蔽,日月亏缺半见。"【索隐】案:汉书注此卷多不题注者姓名,解者云是张揖,亦兼有馀人也。

④【集解】徐广曰:"一作'瑕'。"【索隐】张揖云:"赭,赤土,出少室山。垩,白垩,本草云一名白墡也。"

⑤【正义】药对曰:"雌黄出武都山谷,与雄黄同山。"

⑥【集解】徐广曰:"音符。"骃案:汉书音义曰"白坿,白石英也"。【索隐】张揖曰:"白石英也,出鲁阳山。"苏林音附,郭璞音符也。

⑦【正义】颜云:"锡,青金也。碧谓玉之青白色者也。"

⑧【集解】郭璞曰:"如龙之鳞采。"

⑨【集解】郭璞曰:"赤玉,赤瑾也。见楚辞。玫瑰,石珠也。"

⑩【集解】汉书音义曰:"琳,球也。珉,石次玉者,琨珸,山名也,出善金,尸子曰'昆吾之金'者。"【索隐】琨珸,司马彪云"石之次玉者"。按:河图云"流州多积石,名昆吾石,炼之成铁,以作剑,光明昭如水精"。案:字或作"昆吾"。

⑪【集解】徐广曰:"瑊音古咸反,玏音勒,皆次玉者。"骃案:汉书音义曰"玄厉,黑石可用磨者"。

⑫【集解】徐广曰:"石似玉。"骃案:汉书音义曰"瑊石出雁门,武夫出长沙也"。

⑬【索隐】司马彪云:"蕙,香草也。"本草云:"薰草一名蕙。"广志云:"蕙草绿叶紫茎,魏武帝以此烧香,今东下田有此草,茎叶似麻,其华正紫也。"

⑭【集解】汉书音义曰:"衡,杜衡也。其状若葵,其臭如蘪芜。芷,白芷。

若,杜若。" 【索隐】张揖云"衡,杜衡,生下田山"。案:山海经云"天帝之山有草,叶如葵,臭如蘪芜,可以走马"。博物志云"一名土杏,其根一似细辛,叶似葵"。故药对亦为似细辛是也。兰,张揖云"秋兰"。芷若,张揖云"若,杜若;芷,白芷也"。本草云"一名茞"。埤苍云"齐曰茝,晋曰虈"。字林曰"茞音昌亥反,又音昌里反。虈音火娇反"。本草又曰"杜若,一名杜衡"。今杜若叶似姜而有文理,茎叶皆有长毛。古今名号不同,故其所呼别也。

⑮【索隐】广雅云"乌蓬,射干"。本草名乌扇。

⑯【索隐】芎藭。司马彪云:"芎藭似藁本。"郭璞云:"今历阳呼为江离。"淮南子云:"夫乱人者,若芎藭之与藁本。"

⑰【集解】徐广曰:"猇音匹沃反。"骃案:汉书音义曰"江离,香草。蘪芜,蕲芷也,似蛇床而香。诸蔗,甘柘也。猇且,蘘荷也"。 【索隐】吴录曰"临海县海水中生江离,正青似乱发,即离骚所云者是也"。广志云"赤叶红华",则与张勃所说又别。案:今芎藭苗曰江离,绿叶白华,又不同。孟康云"蘪芜,蕲芷也,似蛇床而香"。樊光曰"藁本一名蘪芜,根名蕲芷"。又药对以为蘪芜一名江离,芎藭苗也。则芎藭、藁本、江离、蘪芜并相似,非是一物也。诸柘,张揖云"诸柘,甘柘也"。猇且,上音并卜反,下音子余反。汉书作"巴且",文颖云"巴蕉也"。郭璞云"猇且,蘘荷属"。未知孰是也。

⑱【集解】音移糜。

⑲【索隐】司马彪云:"案衍,窳下;坛曼,平博也。"衍音弋战反。

⑳【集解】郭璞曰:"巫山今在建平巫县也。"

㉑【集解】徐广曰:"葴音针,马蓝也。蒲,或曰草,生水中,华可食。荔音力诣反。草,似蒲。"骃案:汉书音义曰"苞,蔗也"。 【索隐】葴析。音针斯二音。孟康曰"葴,马蓝也"。郭璞曰"葴,酸浆,江东名乌葴"。析,汉书作"斯",孟康云"斯,禾,似燕麦"。埤苍又云"生水中,华可食"。广志云"凉州地生析草,皆如中国燕麦"是也。

㉒【集解】徐广曰："薜音先结反。"駰案：汉书音义曰"薜，赖蒿也。莎，镐侯也。青蘋，似莎而大也。音烦"。

㉓【索隐】其庳湿。庳音婢。庳，下也。

㉔【集解】徐广曰："乌桓国有葴，似蓬草，实如葵子，十月熟。"駰案：汉书音义曰"葴，似葴而叶大。菉，莨尾草也。蒹，薕也。葭，芦也"。
【索隐】葴莨，郭璞云"狼尾，似茅"。蒹葭音兼加。孟康云"蒹葭似芦也"。郭璞云"蒹，薕也。似萑而细小，高数尺，江东人呼为蒹蒿"。又云"葭，芦也。似苇而细小，江东人呼为乌蓲"。葴音五患反。薕音敀。东蔷，案续汉书云"东蔷似蓬草，实如葵子，十一月熟"。广志云"子色青黑，河西语云'贷我东蔷，偿我白粱'也。"

㉕【索隐】雕胡。案谓菰米。

㉖【集解】徐广曰："生水中。"【索隐】郭璞云："菰，蒋也。芦，苇也。"

㉗【集解】汉书音义曰："奄闾，蒿也。轩芋，菀草也。"【索隐】郭璞云："庵闾，蒿，子可疗病也。轩芋生水中，今杨州有也。"

㉘【集解】郭璞曰："图，画也。"

㉙【正义】郭注山海经云："蛟，似蛇而四脚，小头细颈，有白婴，大者数十围，卵生，子如一二斛瓮，吞人。鼍，似蜥蜴而大，身有甲，皮可以冒鼓。"

㉚【正义】似龟鼊，甲有文，出南海，可以饰器物也。

㉛【集解】郭璞曰："林在山北阴地。"

㉜【集解】郭璞曰："楩，杞也，似梓。楠，叶似桑，豫章，大木也，生七年乃可知也。"【正义】案：(温)活人云"豫，今之枕木也。章，今之樟木也。二木生至七年，枕樟乃可分别"。

㉝【正义】郭璞云："桂，似枇杷叶而大，白花，花而不著子，丛生岩岭间，无杂木，冬夏常青。"案：今诸寺有桂树，叶若枇杷而小，光静，冬夏常青，其皮不中食，盖二色桂树。

㉞【集解】骃案:郭璞曰"木兰,树,皮辛香可食"。 【正义】广雅云:"似桂,皮辛可食,叶冬夏荣,常以冬华,其实如小(甘)柿,辛美,南人以为梅也。"

㉟【集解】徐广曰:"蘽音扶庾反。"汉书音义曰:"离,山梨。朱杨,赤杨也。" 【索隐】朱杨,郭璞云"赤茎柳,生水边",尔雅云柽河柳是也。

㊱【集解】徐广曰:"樗音郢。"骃案:汉书音义曰"樗,樗枣也"。

㊲【正义】小曰橘,大曰柚。树有刺,冬不凋,叶青,花白,子黄赤。二树相似,非橙也。

㊳【集解】徐广曰:"音劬柔。" 【正义】蠷音劬,蜼音柔,皆猿猴类。

㊴【集解】郭璞曰:"鵷雏,凤属也。孔,孔雀;鸑,鸑鸟也。"汉书音义曰:"腾远,鸟名。射干,似狐,能缘木。" 【索隐】孟康"腾远,鸟名",非也。司马彪云:"腾远,蛇也。"郭璞云:"腾蛇,龙属,能兴云雾。"张揖云:"射干,似狐,能缘木。"

㊵【集解】郭璞曰:"蛩蛩,大兽,长百寻。貙,似狸而大。"汉书音义曰:"豻,胡地野犬,似狐而小也。" 【索隐】郭璞云:"蛩蛩,大兽,长百寻。"张揖云:"貙,似狸而大。豻,胡地野犬,似狐而小,黑喙。"应劭音颜,韦昭一音岸。邹诞生音苦奸反,协音,是。

㊶【正义】兕,状如水牛。象,大兽,长鼻,牙长一丈,俗呼为江猪。犀,头似猪,一角在额。汉书无此一句。

"'于是乃使专诸之伦,手格此兽。楚王乃驾驯驳之驷,①乘雕玉之舆,靡鱼须之桡旃,②曳明月之珠旗,③建干将之雄戟,④左乌嗥之雕弓,⑤右夏服之劲箭:⑥阳子骖乘,纤阿为御;⑦案节未舒,⑧即陵狡兽,辚邛邛,蹴距虚,⑨轶野马而辚騊駼,⑩乘遗风而射游骐;⑪儵眒凄浰,⑫雷动猋至,星流霆击,弓不虚发,中必决眦,⑬洞胸达腋,绝乎心系,获若雨兽,掩草蔽地。于是楚王乃弭节裴回,⑭翱翔容与,⑮览乎阴林,观壮士之暴怒,与猛兽之恐惧,徼䝔受诎,⑯殚睹众物之变态。

①【集解】汉书音义曰:"驯,扰也。驳,如马,白身,黑尾,一角,锯牙,食虎豹。扰而驾之,以当驷马也。"

②【集解】郭璞曰:"以海鱼须为鏐旌,言桡弱也。通帛为旃也。"

③【集解】汉书音义曰:"以明月珠缀饰旗。"

④【集解】汉书音义曰:"干将,韩王剑师。雄戟,胡中有鎚,干将所造也。"　【索隐】应劭曰:"干将,吴善冶者姓。"如淳曰:"干将,铁所出。"晋灼曰:"阖闾铸干将剑。"应劭说是。方言云:"戟中小子刺者,所谓雄戟也。"周处风土记云:"戟为五兵雄也。"鎚音巨。案:周礼"冶氏为戈,胡三之"。注云"胡其子"也。又礼图谓"戟支曲下为胡"也。

⑤【索隐】乌号之雕弓。黄帝上仙,群臣举弓抱之而号,见封禅书及郊祀志文。韩诗外传云弓工之妻曰"此弓大山南乌号之柘"。案:淮南子云"乌号,柘桑,其材坚劲,乌栖其上,将飞,枝劲复起,号呼其上。伐取其材为弓,因曰'乌号'。"古史考、风俗通皆同此说也。

⑥【集解】徐广曰:"韦昭云夏,夏羿也。矢室名曰服。"吕静曰:"步叉谓之服也。"　【索隐】案:夏羿,善射者。又服,箭室之名,故云"夏服"。又夏后氏有良弓名"繁弱",其矢亦良,即"繁弱箭服"是也。

⑦【集解】汉书音义曰:"阳子,仙人陵阳子。纤阿,月御也。"韦昭曰:"阳子,古贤也。"　【索隐】服虔云:"阳子,仙人陵阳子也。"张揖云:"阳子,伯乐也。孙阳字伯乐,秦缪公臣,善御者也。"服虔云:"纤阿为月御。或曰美女姣好貌。"又乐产曰:"纤阿,山名,有女子处其岩,月历岩度,跃入月中,因名月御也。"

⑧【索隐】郭璞曰:"言顿辔也。"司马彪云"案辔徐行得节,故曰案节,马足未展,故曰未舒之也",亦(日未)〔为〕得也。

⑨【集解】郭璞曰:"邛邛,似马而色青。距虚即邛邛,变文互言之。穆天子传曰'邛邛距虚,日走五百里'也。"

⑩【集解】徐广曰："辖音锐。"骃案：郭璞曰"野马，如马而小。駏驉，似马。辖，车轴头"。 【索隐】辖駏驉。上音卫。辖，车轴头也。谓车轴冲杀之。駏驉，野马。

⑪【集解】汉书音义曰："遗风，千里马。尔雅曰䮝，如马，一角。不角者，騠也。" 【索隐】吕氏春秋云："遗风之乘。"古今注云："秦始皇马名。"韦昭云："騠如马，一角。"尔雅云："䮝无角曰騠。"非麒麟之騠。䮝音携。

⑫【集解】徐广曰："凄音七见反。浰音力诣反。"骃案：汉书音义曰"皆疾貌"。

⑬【集解】韦昭曰："在目所指，中必决于眼眦也。"

⑭【集解】郭璞曰："或云节，今之所杖信节也。" 【索隐】司马彪云："弭犹低也。或云节，今之所言杖〔节〕信〔节〕也。"

⑮【索隐】郭璞曰："言自得。"

⑯【集解】徐广曰："瓵音剧。"骃案：郭璞曰"瓵，疲极也。诎，尽也。言兽有倦游者，则徼而取之"。 【索隐】徼瓵受诎。司马彪云："徼，遮也。瓵，倦也。谓遮其倦者。"瓵音剧。诎音屈。说文云："瓵，劳也。燕人谓劳为瓵。"徼音古尧反。

　　"'于是郑女曼姬，①被阿锡，②揄纻缟，③杂纤罗，垂雾縠；④襞积褰绉，纡徐委曲，郁桡谿谷；⑤粉粉䋽䋽，⑥扬袘恤削，⑦蜚纤垂髾；⑧扶与猗靡，⑨噏呷萃蔡，⑩下摩兰蕙，上拂羽盖，错翡翠之威蕤，⑪缪绕玉绥；⑫缥乎忽忽，若神仙之仿佛。⑬ 2619

①【集解】郭璞曰："曼姬谓邓曼。姬，妇人之总称。" 【正义】文颖云："邓国出好女。曼者，其色理曼泽也。"如淳云："郑女，夏姬也。曼姬，楚武王夫人邓曼。"

②【集解】汉书音义曰："阿，细缯也。锡，布也。" 【正义】按：东阿出缯也。

③【集解】徐广曰："揄音戈。"　【正义】揄，曳也。韦昭云："纻之色若縞也。"颜云："纻，织纻也。縞，鲜支也。"

④【集解】郭璞曰："言细如雾，垂以覆头。"

⑤【集解】汉书音义曰："襞积，简齰也。褰，缩也。纫，裁也。其绉中文理，幂郁迟曲，有似于縠谷也。"　【索隐】小颜云："襞积，今之裙褶，古谓之素积。"苏林曰"褰纫，缩魇之"是也。纫音侧救反。齰音叉革反。裁音在代反。郁桡縠谷，孟康曰"其绉中文理，幂郁迟曲，有似于縠谷也"。迟，字林音丘亦反。

⑥【索隐】郭璞云："衣长貌。"　【正义】上芳云反，下方非反。

⑦【集解】徐广曰："袘音迤，衣袖也。"骃案：汉书音义曰"恤削，裁制貌也"。　【索隐】扬袘恤削。张晏曰："扬，举也。袘，衣袖也。恤削，裁制貌也。"

⑧【集解】徐广曰："纤音芟。"骃案：郭璞云"纤，裨衣饰；髾，髻髾也"。

⑨【集解】郭璞曰："淮南所谓'曾折摩地，扶与猗委'也。"　【正义】舆音馀。猗，于绮反。谓郑女曼姬侍从王者，扶其车舆而猗靡。

⑩【集解】汉书音义曰："嗡呷，衣裳张起也。萃蔡，衣声也。"　【索隐】孟康曰："嗡呷，衣起张也。"韦昭云："呷音呼甲反。"萃粲，孟康云"萃粲，衣声也"。郭璞曰"萃粲犹璀璨也"。　【正义】呷，火甲反。萃音翠。蔡，千贿反。

⑪【集解】徐广曰："错音措。或作'错粉翠蕤'。"

⑫【集解】郭璞曰："绥，所执以登车。"　【正义】颜云："下摩兰蕙，谓垂髾也。上拂羽盖，谓飞襳也。玉绥，以玉饰绥也。"言飞襳垂髾，错杂翡翠之旌幡，或绕玉绥也。张揖云："翡翠大小一如雀，雄赤曰翡，雌青曰翠。"博物志云："翡身通黑，唯胸前背上翼后有赤毛。翠身通青黄，唯六翮上毛长寸馀青。其飞则羽鸣翠翠翡翡然，因以为名也。"

⑬【正义】仿佛，言似神仙也。战国策云："郑之美女粉白黛黑而立于衢，不知者谓之神仙。"

2620

"'于是乃相与獠于蕙圃,①翯珊勃窣②上金堤,掩翡翠,射骏鸃,③微矰出,纤缴施,④弋白鹄,连驾鹅,⑤双鸧下,玄鹤加。⑥怠而后发,游于清池;浮文鹢,⑦扬桂枻,⑧张翠帷,建羽盖,罔瑇瑁,钓紫贝,⑨摐金鼓,吹鸣籁,⑩榜人歌,⑪声流喝,⑫水虫骇,波鸿沸,涌泉起,奔扬会,礧石相击,硠硠礚礚,若雷霆之声,闻乎数百里之外。

① 【集解】郭璞曰:"獠,猎也。音辽。" 【索隐】尔雅云:"宵猎曰獠。"郭璞曰:"獠,猎也。又音辽也。"

② 【索隐】翯珊勃窣。韦昭曰:"盘珊,匍匐上下也。"窣音素忽反。

③ 【集解】汉书音义曰:"骏鸃,鸟,似凤也。" 【索隐】司马彪云:"骏鸃,山鸡也。"许慎云:"鷩鸟也。"郭璞曰:"似凤,有光彩。音浚宜。"李彤云:"骏鸃,神鸟,飞光竟天也。"

④ 【集解】徐广曰:"缴音斫。"

⑤ 【集解】郭璞曰:"野鹅也。驾音加。" 【索隐】驾鹅。尔雅云:"舒雁,鹅也。"郭璞曰:"野鹅也。" 【正义】鹄,水鸟也。驾鹅连谓兼护也。抱朴子云:"千岁之鹄纯白,能登于木。"

⑥ 【集解】郭璞曰:"诗云'弋言加之'是也。" 【正义】司马彪云:"鸧似雁而黑,亦呼为鸧括。"韩诗外传云胎生也。"相鹤经云:"鹤寿二百六十岁则色纯黑。"案:弋双鸧既下,又加玄鹤之上也。

⑦ 【集解】汉书音义曰:"鹢,水鸟也。画其象于船首。淮南子曰'龙舟鹢首,天子之乘也'。"

⑧ 【集解】徐广曰:"音曳。"骃案:韦昭曰"枻,楫也"。

⑨ 【集解】郭璞曰:"紫质黑文也。" 【正义】毛诗虫鱼疏云:"贝,水之介虫。大者钪,音下郎反。小者为贝,其白质如玉,紫点为文,皆成行列。当大者径一尺,小者七八寸。今九真、交趾以为杯盘实物也。"货殖传云"贝宝龟"是也。

⑩【集解】汉书音义曰:"揪,撞也。籁,箫也。"

⑪【集解】郭璞曰:"唱棹歌也。榜,船也,音谤。"

⑫【集解】徐广曰:"乌迈反。"

　　"'将息獠者,击灵鼓,①起烽燧,车案行,骑就队,绵乎淫淫,班乎裔裔。②于是楚王乃登阳云之台,③泊乎无为,澹乎自持,勺药之和具而后御之。④不若大王终日驰骋而不下舆,脟割轮淬,自以为娱。⑤臣窃观之,齐殆不如。'于是王默然无以应仆也。"

①【集解】郭璞曰:"灵鼓,六面也。"

②【集解】郭璞曰:"皆群行貌也。"

③【集解】徐广曰:"宋玉云楚王游于阳云之台。"骃案:郭璞曰"在云梦之中"。

④【集解】郭璞曰:"勺药,五味也。"

⑤【集解】徐广曰:"淬,千内反。"骃案:郭璞曰"脟,脬;淬,染也。脟音商也"。

　　乌有先生曰:"是何言之过也!足下不远千里,来况齐国,①王悉发境内之士,而备车骑之众,以出田,乃欲戮力致获,以娱左右也,何名为夸哉!问楚地之有无者,愿闻大国之风烈,先生之馀论也。今足下不称楚王之德厚,而盛推云梦以为高,奢言淫乐而显侈靡,窃为足下不取也。必若所言,固非楚国之美也。有而言之,是章君之恶;无而言之,是害足下之信。章君之恶而伤私义,二者无一可,而先生行之,必且轻于齐而累于楚矣。且齐东陼巨海,②南有琅邪,③观乎成山,④射乎之罘,⑤浮勃澥,⑥游孟诸,⑦邪与肃慎为邻,⑧右以汤谷为界,⑨秋田乎青丘,⑩傍偟乎海外,吞若云梦者八九,其于胸中

曾不蒂芥。⑪若乃俶傥瑰伟,异方殊类,珍怪鸟兽,万端鳞萃,
充仞其中者,不可胜记,禹不能名,契不能计。⑫然在诸侯之
位,不敢言游戏之乐,苑囿之大;先生⑬又见客,⑭是以王辞而
不复,⑮何为无用应哉!"

①【集解】郭璞曰:"言有惠况也。"

②【索隐】陼,苏林音渚,小洲曰陼。谓东有大海之陼也。

③【集解】郭璞曰:"山名,在琅邪县界。"【正义】山名,在密州东南百
　　三十里。琅邪台在山上。

④【集解】徐广曰:"在东莱不夜县。"【索隐】张揖云:"观,阙也。于山
　　上筑宫阙。"郭璞云:"言在山下游观,音馆也。"【正义】封禅书云
　　"成山斗入海",言上山观也。括地志云:"成山在莱州文登县东北百
　　八十里也。"

⑤【集解】汉书音义曰:"之罘山在牟平县。射猎其上也。"【正义】括
　　地志云:"罘山在莱州文登县西北百九十里。"言射猎其上也。罘
　　音浮。

⑥【集解】汉书音义曰:"海别枝名也。"【索隐】案:齐都赋云"海傍曰
　　勃,断水曰澥"也。

⑦【集解】郭璞曰:"宋之薮泽名。"【正义】周礼职方氏"青州薮曰望
　　诸",郑玄云"望诸,孟潴也"。

⑧【正义】邪谓东北接之。括地志云:"靺鞨国,古肃慎也,亦曰挹娄,在
　　京东北八千四百里,南去扶馀千五百里,东及北各抵大海也。"

⑨【正义】言右者,北向天子也。海外经:"汤谷在黑齿北,上有扶桑
　　木,水中十日所浴。"张揖云:"日所出也。"许慎云:"热如汤。"

⑩【集解】郭璞曰:"青丘,山名。亦有田,出九尾狐,在海外矣。"【索隐】
　　郭璞云:"山名。出九尾狐也。"【正义】服虔云:"青丘国在海东三百
　　里。"郭璞云:"青丘,山名。上有田,亦有国,出九尾狐,在海外。"

⑪【索隐】张揖曰:"刺鯁也。"郭璞云:"言不觉有也。"

⑫【正义】禹为尧司空,辨九州土地山川草木禽兽。契为司徒,敷五教,主四方会计。言二人犹不能名计其数。

⑬【索隐】指子虚也。

⑭【索隐】如淳曰:"见宾客礼待故也。"李善曰:"言见先生是(宾)客(之)也。"

⑮【索隐】郭璞曰:"复,答也。"

无是公听然而笑①曰:"楚则失矣,齐亦未为得也。夫使诸侯纳贡者,非为财币,所以述职也;②封疆画界者,非为守御,所以禁淫也。③今齐列为东藩,而外私肃慎,捐国逾限,越海而田,其于义故未可也。且二君之论,不务明君臣之义而正诸侯之礼,徒事争游猎之乐,苑囿之大,欲以奢侈相胜,荒淫相越,此不可以扬名发誉,而适足以贬君自损也。且夫齐楚之事又焉足道邪!君未睹夫巨丽也,独不闻天子之上林乎?

①【集解】郭璞曰:"听,笑貌也。" 【索隐】说文云:"听,笑皃。"

②【集解】郭璞曰:"诸侯朝于天子曰述职,言述所职。见孟子。"

③【集解】郭璞曰:"禁绝淫放也。"

"左苍梧,右西极,①丹水更其南,②紫渊径其北;③终始霸浐,出入泾渭;④酆鄗⑤潦潏,⑥纡馀委蛇,经营乎其内。荡荡兮八川分流,相背而异态。⑦东西南北,驰骛往来,出乎椒丘之阙,行乎洲淤之浦,⑧径乎桂林之中,⑨过乎泱莽之野。⑩汩乎浑流,顺阿而下,⑪赴隘陕之口。触穹石,激堆埼,⑫沸乎暴怒,汹涌滂湃,⑬滭浡滵汩,⑭湢测泌瀄,⑮横流逆折,转腾潎洌,⑯澎濞沆瀣,⑰穹隆云挠,⑱蜿灗胶戾,⑲逾波趋浥,⑳莅莅下濑,㉑批壧冲壅,㉒奔扬滞沛,㉓临坻注壑,㉔瀺灂㉕霣坠,㉖

湛湛㉗隐隐,砰磅訇礚,㉘潏潏淈淈,湁潗鼎沸,㉙驰波跳沫,㉚汩滒漂疾,㉛悠远长怀,㉜寂漻无声,肆乎永归。然后灏溔潢漾,㉝安翔徐徊,翯乎滈滈,㉞东注大湖,㉟衍溢陂池。于是乎蛟龙赤螭,㊱鮊鰽鰊离,㊲鰅鳙鳜魠,㊳禺禺魼鳎,㊴揵鳍㊵擢尾,振鳞奋翼,潜处于深岩;鱼鳖讙声,万物众夥,明月珠子,玓瓅江靡,㊶蜀石黄碝,㊷水玉磊砢,㊸磷磷烂烂,采色澔旰,丛积乎其中。鸿鹄鹔鸨,鴐鹅鸀鴜,㊹䴔鹮㊺鹮目,㊻烦鹜鹔鹴,㊼鵁鸬鵁鸬,㊽群浮乎其上。汎淫泛滥,㊾随风澹淡,与波摇荡,掩薄草渚,㊿唼喋51菁藻,52咀嚼菱藕。

①【集解】郭璞曰:"西极,邻国也。见尔雅。"【正义】文颖云:"苍梧郡属交州,在长安东南,故言左。尔雅云西至于豳国为极。在长安西,故言右。"

②【集解】汉书音义曰:"丹水出上洛冢领山。"

③【集解】郭璞曰:"紫渊所未详。"【正义】山海经云:"紫渊水出根耆之山,西流注河。"文颖云:"西河谷罗县有紫泽,(其水紫色注亦紫)在县北,于长安为北。"

④【索隐】张揖云:"灞出蓝田西北而入渭。"浐亦出蓝田谷,北至霸陵入灞。灞浐二水尽于苑中不出,故云终始也。泾渭二水从苑外来,又出苑去也。泾水出安定泾阳县幵头山,东至阳陵入渭。渭水出陇西首阳县鸟鼠同穴山,东北至华阴入河。"

⑤【索隐】丰镐。张揖云:"丰水出鄠县南山丰谷,北入渭。镐在昆明池北。"郭璞云:"镐水,丰水下流也。"

⑥【集解】郭璞曰:"皆水流貌,音决。"【索隐】应劭云:"潦,流也。潏,涌出声也。"张揖云:"又有潏水,出南山。"姚氏云:"潦,或作'涝'也。涝水出鄠县,北注渭。潏水出杜陵,今名沈水,自南山皇子陂西北流注昆明池入渭。"案:此下文"八川分流",则从泾、渭、灞、浐、丰、镐、

潦、潏为八。晋灼曰:"从丹水下则有九,从灞以下则七。"案:今潏既是水名,除丹紫二川,自泾渭以下适足八川,是经营乎其内也。又潘岳关中记曰"泾、渭、灞、镐、丰、镐、涝、潏,上林赋所谓'八川分流'。"

⑦【集解】郭璞曰:"八川名在上。"

⑧【集解】郭璞曰:"椒丘,丘名,言有岩阙也,见楚辞。淤亦洲名,蜀人云,见方言。"【索隐】服虔云:"丘名,楚词曰'驰椒丘且焉止息'也。"案:两山俱起,象双阙。如淳云"丘多椒也"。

⑨【集解】郭璞曰:"桂林,林名也,见南海经也。"

⑩【集解】汉书音义曰:"山海经所谓大荒之野。"

⑪【集解】郭璞曰:"阿,大陵。"

⑫【集解】郭璞曰:"穹隆,大石貌。堆,沙堆。埼,曲岸头,音祁。"【索隐】郭璞曰:"堆,沙堆;埼,曲岸头也。"

⑬【集解】汹音许勇反。涌音勇。滂音浦横反。湃音浦拜反。【索隐】汹涌澎湃。司马彪云:"汹涌,跳起貌。澎湃,相戾也。"涌,或作"容"。澎,或作"滂"。

⑭【索隐】司马彪云:"泮沸,盛貌。滭泏,去疾也。"【正义】毕渤密三音。泏,于笔反。

⑮【集解】郭璞曰:"逼侧笔柿四音。"【索隐】司马彪云:"滭测,相迫也。泌㳻,相楔也。"郭璞云:"逼侧笔柿四音。"

⑯【索隐】苏林曰:"流轻疾也。"

⑰【索隐】滂濞沉溉。溉,亦作"瀣"。司马彪云:"滂濞,水流声也。沉溉,徐流。"郭璞云:"鼓怒郁𩰚之皃也。"【正义】澎,普彭反。濞,普秘反。沉,胡朗反。溉,胡代反。

⑱【索隐】穹崇云桡。服虔云:"水旋还作泉也。"郭璞云:"水陇起回窟也。"

⑲【索隐】司马彪云:"蜿潭,展转也。胶戾,邪屈也。"音婉善交戾四音也。【正义】蜿音婉。蝉音善。

⑳【集解】徐广曰："乌狭反。" 【索隐】陶波趉泄。司马彪云："陶波,后陵前也。趉泄,输于深泉也。"泄音焉浃反。

㉑【索隐】司马彪云："茬茬,水声也。"音利。

㉒【正义】批,白结反。壤,岩。司马彪云："批,反击也。壅,曲隈也。"

㉓【索隐】滞沛,郭璞云"水洒散兒"。滞音丑制反。

㉔【正义】坁音遟。坁,水中沙微起出水者也。尔雅云"小沚曰坁"。窒,墟也。

㉕【索隐】上音士湛反,下音士卓反。说文云"水小声也"。

㉖【正义】霣音陨,隧,直类反。

㉗【集解】徐广曰："湛音沈。"

㉘【正义】砰,披萌反。磅,蒲黄反。訇,呼宏反。礚,苦盖反。皆水流鼓怒之声也。

㉙【集解】郭璞曰："潗音敕立反。濈音缉。" 【索隐】潗濈沸濈。郭云,皆水微转细涌貌。潗濈音决骨。潗音敕力反。濈音缉。广雅云"濈濈,决流也"。周成杂字云"沸濈,水沸之兒也"。

㉚【集解】徐广曰："一云'吸呷'。"

㉛【索隐】澩,晋灼曰"华给反",郭璞云"许立反"。泂澩,急转兒也。

㉜【正义】放散貌也。

㉝【正义】晃养二音。郭云"皆水无涯际也"。

㉞【索隐】翯音鹤。滈音镐。诗曰"白鸟翯翯"。郭璞云"水白光兒"。翯音晶,滈音昊也。

㉟【正义】太湖在苏州西南。

㊱【索隐】文颖曰："龙子曰螭。"张揖云："雌龙也。" 【正义】螭,丑知反。文颖云"龙子为螭",张揖曰"雌龙也",二说皆非。广雅云："有角曰虬,无角曰螭。"案:虬螭皆龙类而非龙。

㊲【集解】徐广曰："螹音渐。"骃案:郭璞曰"鮔鳎,鮋也。"音亘蕾。螹离未闻。 【正义】鮔,古邓反。鳎,末邓反。李奇云："周洛曰鮋,蜀曰

鮋鳊。出巩山穴中,三月溯河上,能度龙门之限,则为龙矣。”

㊳【集解】徐广曰:鰩音娱匈反。皮有文,出乐浪。鮸音虔。魠音托,哆口鱼。”骃案:郭璞曰“鳙似鲢而黑”。汉书音义曰“鮸似鲤而大”也。

㊴【集解】徐广曰:“禺禺,鱼牛也。鲽,一作‘魼’,音榻。魶音纳,一作‘鳎’。”骃案:汉书音义曰“魼,比目鱼也。魶,鲵鱼”。

㊵【正义】捷音乾,鳍音祁。捷,举也。鳍者,鱼背上鬣也。

㊶【集解】郭璞曰:“靡,崖也。”【索隐】旳皪江靡。应劭曰:“靡,边也。明月珠子生于江中,其光耀乃照于江边。”张揖曰:“靡,涯也。”郭璞曰:“旳皪,照也。”

㊷【集解】郭璞曰:“磭石黄色也。”

㊸【集解】郭璞曰:“水玉,水精也。”

㊹【集解】郭璞曰:“鹔,鹔霜。鹔鸹,似鸭而大,长颈赤目,紫绀色也。”【索隐】鸹音保。郭璞云:“鸹似雁,无后指。”毛诗鸟兽疏云:“鸹似雁而虎文也。”【正义】鹔鸹,烛玉二音。郭云:“似鸭而大,长颈赤目,紫绀色。辟水毒,生子在深谷涧中。若时有雨,鸣。雌者生子,善斗。江东呼为烛玉。”

㊺【正义】郭璞云:“鵁鸹似凫而脚高,有毛冠,辟火灾。”

㊻【集解】徐广曰:“鹮音环。”【索隐】鹮目。郭璞云未详。小颜云:“荆郢间有水鸟,大如鹭而短尾,其色红白,深目,目旁毛长而旋,此其旋目乎?”鹮音旋。

㊼【集解】徐广曰:“烦鹜,一作‘番鹥’。鹋音容。”骃案:汉书音义曰“烦鹜,凫也。鹋鹏似鹜,灰色而鸡足”。【索隐】烦鹜鹍渠。郭璞云:“烦鹜,鸭属。鹍渠,一名章渠也。”

㊽【集解】徐广曰:“䴔音斟。水鸟也。鸬音斯。鸡音火交反。”骃案:汉书音义曰“䴔鸬,苍黑色”。郭璞曰“鸡,鱼鸡也,脚近尾。鸬,鸬鹚也”。【索隐】葳鸬。张揖云“葳鸬似鱼虎而苍黑”。邹诞本作“鸥鸬”也。

(49)【索隐】郭璞曰："皆鸟任风波自纵漂皃。"泛音冯。泛音芳剑反。广雅云："汎汎，泛泛，浮也。"

(50)【索隐】张揖云："掩，覆也。草丛生曰薄也。"【正义】掩，覆也。薄，依也。言或依草渚而游戏也。

(51)【正义】唼，疏甲反。喋，丈甲反。鸟食之声也。

(52)【集解】郭璞云："菁，水草。吕氏春秋曰'太湖之菁'也。"【索隐】郭璞曰："菁，水草；藻，薻也。吕氏春秋曰'太湖之菁'。左传云'蘋蘩蕴藻'。蕴即聚。"

于是乎崇山巃嵸，崔巍嵯峨，①深林钜木，崭岩嵾嵳，②九嵕、巀嶭、南山峨峨，③岩陁④甗锜，⑤摧崣崛崎，振谿通谷，⑥蹇产沟渎，⑦谽呀豁閜，⑧阜陵别岛，⑨崴磈嵔瘣，⑩丘虚崛礨，⑪隐辚郁嵸，⑫登降施靡，⑬陂池貏豸，⑭沇溶淫鬻，⑮散涣夷陆，⑯亭皋千里，靡不被筑。掩以绿蕙，⑱被以江离，糅以蘪芜，⑲杂以流夷。⑳尃结缕，㉑欑戾莎，㉒揭车衡兰，稿本射干，㉓茈姜㉔蘘荷，㉕葴橙若荪，㉖鲜枝黄砾，㉗蒋苎青薠，㉘布濩闳泽，延曼太原，丽靡广衍，应风披靡，吐芳扬烈，㉙郁郁斐斐，众香发越，肸蚃布写，晻暧苾勃。㉚

①【正义】巃，力孔反。嵸，子孔反。崔，在回反。巍，五回反。郭云："皆峻貌。"

②【正义】崭音咸，又仕衔反。嵾音楚林反。嵳楚宜反。颜云："崭岩，尖锐貌。嵾嵳，不齐也。"

③【集解】汉书音义曰："九嵕山在左冯翊谷口县西。巀嶭山在池阳县北。"【正义】嵕，子公反。巀，才切反。嶭，五结反。

④【集解】音遲。

⑤【集解】郭璞曰："陁，崖际。甗音鱼晚反。锜音蚁。崔音作罪反。"

【索隐】崔崒崛崎，郭璞云："皆崇屈窳折皃。崔音作罪反。崒音委。崛音掘。崎音倚。"

⑥【索隐】张揖云："振，拔也。水注川曰溪，注溪曰谷。"郭璞曰："振犹洒也。"

⑦【集解】汉书音义曰："寋产，屈折也。"

⑧【集解】郭璞曰："皆涧谷之形容也。豅音呼含反。呀音呼加反。阆音呼下反。"【索隐】豅呀豁阆。司马彪云："豅呀，大皃。豁阆，空虚也。"

⑨【正义】高平曰陆，大陆曰阜，大阜曰陵，水中山曰岛。

⑩【正义】巌，于鬼反。嵬，鱼鬼反。崴，乌罪反。瘣，胡罪反。皆高峻貌。

⑪【正义】虚音墟。崛，口忽反，又口罪反。礨，力罪反。皆堆垒不平貌。

⑫【正义】崛音律。郭云："皆其形势也。"

⑬【正义】郭云："施靡犹连延。"

⑭【集解】郭璞曰："婢音衣被。豸音虫豸也。"【索隐】郭璞曰："陂池，旁颓皃。陂音皮。婢音'衣被'之'被'。"

⑮【索隐】郭璞云："游激淖衍皃。"【正义】溶音容。鬻音育。张云："水流谿谷之间。"

⑯【索隐】司马彪曰："平地。"

⑰【集解】郭璞曰："言为亭候于皋隰，皆筑地令平，贾山所谓'隐以金椎'也。"

⑱【正义】张云："绿，王刍也。蕙，薰草也。"颜云："绿蕙，言蕙草色绿耳，非王刍也。"尔雅云菉一名王刍。

⑲【正义】糵，女又反。

⑳【集解】汉书音义曰："流夷，新夷也。"

㉑【集解】徐广曰："専，古'布'字，一作'布'。"骃案：汉书音义曰"结缕似白茅，蔓联而生，布种之者"。

㉒【集解】徐广曰:"草,可染紫。"

㉓【集解】徐广曰:"揭音桀。"骃案:郭璞曰"揭车,一名乞舆。稾本,稾
茇;射干,十月生:皆香草"。 【索隐】稾本,案桐君药录云"苗似芎藭
也"。

㉔【索隐】张揖云:"子姜也。"案:四人月令云"生姜谓之茈姜,音紫"。

㉕【正义】蘘,人羊反。柯根旁生笋,若芙蓉,可以为菹,又治蛊毒也。

㉖【集解】郭璞曰:"葴,未详。橙,柚。若荪,香草也。" 【索隐】张揖
云:"葴,持阙。"郭璞云:"橙,柚也。"姚氏以为此前后皆香草,非橙也。
小颜云:"葴,寒浆也。持当为'符',符,鬼目也。"案:今读者亦呼为
登,谓金登草也。张揖云:"荪,香草也。"姚氏云:"荪草似昌蒲而无脊
也,生溪涧中。荪音孙。"

㉗【集解】郭璞曰:"皆未详。" 【索隐】鲜支黄砾。张揖云:"皆草也,未
详。"司马彪云:"鲜支,支子。或云鲜支亦香草也。"小颜云"黄砾,黄
屑木",恐非也。

㉘【集解】徐广曰:"芧音仁。"骃案:汉书音义曰"蒋,菰也。芧,三棱"。
【索隐】蒋,菰也。郭璞芧音仁。又云三棱芧。蘋音烦。

㉙【集解】郭璞曰:"香酷烈也。"

㉚【正义】晻暧,奄爱二音。皆芳香之盛也。诗云"苾苾芬芬",气也。

"于是乎周览泛观,瞋盼轧沕,①芒芒恍忽,视之无端,察
之无崖。日出东沼,入于西陂。②其南则隆冬生长,踊水躍波;
兽则㺎旄獏犛,③沈牛麈麋,④赤首圜题,⑤穷奇象犀。⑥其北
则盛夏含冻裂地,涉冰揭河;⑦兽则麒麟⑧角端,⑨骐骗橐驼,
蛩蛩驒騱,駃騠驴骡。⑩

①【集解】徐广曰:"瞋音丑人反。盼,一作'缗'。"骃案:郭璞曰"皆不可
分貌"。

②【索隐】张揖云:"日朝出苑之东池,暮入于苑西陂中也。"

2631

③【集解】徐广曰:"㺎音容,兽类也。犛音狸,一音茅。"骃案:郭璞曰"旄,旄牛。獏似熊,庳脚锐头。犛,黑色,出西南徼外也"。 【索隐】郭璞云:"㺎,㺎牛,领有肉堆,音容。"案:今之犎牛也。张揖云"旄,旄牛,状如牛而四节生毛。獏,白豹也,似熊,庳脚锐头,骨无髓,食铜铁。音陌。犛音狸,又音茅,或以为猫牛。犛牛黑色,出西南徼外,毛可为拂是也。"

④【集解】汉书音义曰:"沈牛,水牛也。" 【正义】麈似鹿而大。案:麈似水牛。

⑤【集解】郭璞曰:"题,额也,所未详。"

⑥【集解】汉书音义曰:"穷奇状如牛而猬毛,其音如嗥狗,食人也。"
【索隐】张揖云:"穷奇状如牛而猬毛,其音如嗥狗,食人。"郭璞云:"象,大兽,长鼻,牙长一丈。犀,头似猪,庳脚,一角在头也。"

⑦【集解】郭璞曰:"言水漫冻不解,地坼裂也。揭,褰衣。"

⑧【索隐】张揖云:"雄曰麒,雌曰麟。其状麇身,牛尾,狼蹄,一角。"郭璞云:"麒似麟而无角。"毛诗疏云:"麟黄色,角端有肉。"京房传云:"有五采,腹下黄色也。"

⑨【集解】郭璞曰:"角䚷,音端,似猪,角在鼻上,堪作弓。李陵尝以此弓十张遗苏武也。" 【索隐】张揖云:"音端。角䚷似牛。"郭璞云:"似猪,角在鼻上。毛诗疏云可以为弓。李陵曾以此弓遗苏武。"

⑩【正义】驹馲,桃徒二音。橐音托。驼,徒河反。蛩音其恭反。驒骒,颠奚二音。𩣡𩦏音决啼。

"于是乎离宫别馆,弥山跨谷,①高廊四注,重坐曲阁,②华榱璧珰,③辇道𦀗属,步櫩周流,长途中宿。④夷嵕筑堂,累台增成,岩突洞房,⑤俯杳眇而无见,仰攀橑而扪天,奔星更于闺闼,宛虹拖于楯轩。⑥青虬蚴蟉于东箱,⑦象舆婉蝉于西清,⑧灵圉⑨燕于闲观,偓佺⑩之伦暴于南荣,⑪醴泉涌于清

室,通川过乎中庭。槃石裖崖,⑫嵚岩倚倾,嵯峨磼礏,⑬刻削
峥嵘,⑭玫瑰碧琳,珊瑚丛生,⑮瑉玉旁唐,⑯瑌邪文鳞,⑰赤瑕
驳荦,⑱杂臿其间,⑲垂绥琬琰,和氏出焉。⑳

①【正义】弥,满也。跨犹骑也。言宫馆满山,又跨谿谷也。

②【集解】郭璞曰:"重坐,重轩也。曲阁,阁道曲也。"

③【索隐】韦昭曰:"裁玉为璧,以当栨头。"司马彪曰:"以璧为瓦当。"

④【集解】郭璞曰:"途,楼阁间陛道。中宿言长远也。"

⑤【集解】郭璞曰:"嶐,山名。平之以安堂其上。成亦重也。周礼曰'为
坛三成'。在岩穴底为室,潜通台上者。"【索隐】服虔云:"平此山
以为堂。"如淳云:"嶐,山名也。"张揖云:"重累而成之,故曰增成。礼
曰'为坛三成'也。"郭璞曰:"言在岩突底为室,潜通台上。"突音一吊
反,释名以为突,幽也。楚辞云"冬有突厦夏屋寒",王逸以为复室也。

⑥【集解】徐广曰:"楯音食尹反。"【正义】拖音徒我反。颜云:"宛虹,
屈曲之虹。拖谓中加于上也。楯,轩之阑板也。言室宇之高,故星虹
得经加之。"

⑦【正义】蚴,一纠反。蟉,力纠反。

⑧【集解】汉书音义曰:"山出象舆,瑞应车也。"郭璞曰:"西清,西箱清
净地也。"【正义】婉蝉,宛善二音。颜云:"蚴蟉婉蝉,皆行动之
貌也。"

⑨【集解】郭璞曰:"灵圉,淳圉,仙人名也。"【索隐】张揖云:"众仙
号。"淮南子云"骑飞龙,从淳圉",许慎曰"淳圉,仙人也。"

⑩【集解】汉书音义曰:"偓佺,仙人名也。"【索隐】韦昭曰:"古仙人,
姓偓。"列仙传云:"槐里采药父也,食松,形体生毛数寸,方眼,能行追
走马也。"

⑪【索隐】应劭云"屋檐两头如翼也"。故郑玄云"荣,屋翼也"。七诱云
"飞荣似鸟舒翼"是也。暴,偃卧日中也。

⑫【集解】徐广曰:"裖音振。"【索隐】盘石裖崖。如淳曰:"裖音振,盛多也。"李奇曰:"裖,整也,整顿池外之崖,音之忍反也。"

⑬【集解】徐广曰:"峨,一作'池'。磈音杂。磈音五合反。"【索隐】磈磈,埤苍云"高兒也"。上士劫反,下鱼揖反。又字林音磈,才币反。磈,五币反。

⑭【正义】郭云:"言自然若雕刻也。"

⑮【正义】郭云:"珊瑚生水底石边,大者树高三尺馀,枝格交错,无有叶。"

⑯【索隐】郭璞云:"旁唐言盘薄。"

⑰【集解】徐广曰:"璸音彬。瑈音班。"

⑱【索隐】赤瑕驳荦。说文云:"瑕,玉之小赤色。"张揖曰:"赤玉也。"司马彪曰:"驳荦,采点也。荦音洛角反。"

⑲【集解】徐广曰:"杂,一云'插'。砳,一云'遝'。"

⑳【集解】徐广曰:"垂绥,一作'朝采'。"骃案:郭璞曰"汲冢竹书曰'桀伐岷山,得女二人,曰琬曰琰。桀爱二女,斲其名于苕华之玉'。苕是琬,华是琰也"。

"于是乎卢橘夏孰,①黄甘橙楱,②枇杷橪柿,③楟奈厚朴,④梬枣⑤杨梅,⑥樱桃⑦蒲陶,⑧隐夫郁棣,楛榽荔枝,⑨罗乎后宫,列乎北园。贴丘陵,⑩下平原,扬翠叶,扤紫茎,⑪发红华,秀朱荣,煌煌扈扈,照曜钜野。沙棠栎槠,⑫华泛欂栌,⑬留落胥馀,仁频并闾,⑭櫭檀木兰,豫章女贞,⑮长千仞,大连抱,夸条直畅,实叶葰茂,攒立丛倚,连卷累佹,崔错登骩,⑯阬衡闳砢,⑰垂条扶於,落英幡纚,⑱纷容萧蓡,旖旎从风,⑲浏莅芔吸,⑳盖象金石之声,㉑管籥之音。㉒柴池茈虒,㉓旋环后宫,杂遝累辑,㉔被山缘谷,循阪下隰,视之无端,究之无穷。

①【集解】郭璞曰："今蜀中有给客橙，似橘而非，若柚而芬香，冬夏华实相继，或如弹丸，或如拳，通岁食之，即卢橘也。" 【索隐】应劭曰："伊尹书'果之美者，箕山之东，青鸟之所，有卢橘，夏孰'。"晋灼曰："此虽赋上林，博引异方珍奇，不系于一也。"案：广州记云"卢橘皮厚，大小如甘，酢多，九月结实，正赤，明年二月更青黑，夏孰"。吴录云"建安有橘，冬月树上覆裹，明年夏色变青黑，其味甚甘美"。卢即黑是也。

②【集解】徐广曰："音凑，橘属。"

③【集解】徐广曰："橪音而善反，果也。" 【索隐】张揖曰："橪，橪支，香草也。"韦昭曰："橪音汝萧反。"郭璞云："橪支，木也。橪音烟。"徐广曰："橪，枣也，而善反。"说文曰："橪，酸小枣也。"淮南子云："伐橪枣以为矜。"音勤也。

④【集解】徐广曰："楟音亭，山梨。" 【索隐】张揖云："楟柰，山梨也。"司马彪曰："上党谓之楟柰。"齐都赋云"楟柰棎熟"也。厚朴，药名。

⑤【集解】徐广曰："梬音弋井反。梬枣似柿。" 【索隐】上音弋井反。梬枣似柿也。

⑥【索隐】张揖云："其大小似谷子而有核，其味酢。出江南。"荆杨异物志："其实外肉著核，熟时正赤，味甘酸。"

⑦【索隐】张揖曰："一名含桃。"吕氏春秋"为莺鸟所含，故曰含桃"。尔雅云为荆桃也。

⑧【集解】郭璞曰："蒲陶似燕薁，可作酒也。"

⑨【集解】徐广曰："郁，一作'薁'。榙音苔。"骃案：郭璞曰"郁，车下李也。棣，实似樱桃。榙槺似李。槺音逮。椟音沓。隐夫未闻"。

【索隐】苔遝离支。郭璞云："苔遝似李，出蜀。"晋灼曰："离支大如鸡子，皮粗，剥去皮，肌如鸡子中黄，其味甘多酢少。"广异志云："树高五六丈，如桂树，绿叶，冬夏青茂，有华朱色。"离字或作"荔"，音力致反。

⑩【集解】郭璞曰："貤犹延也，音施。"【索隐】貤丘陵。郭璞曰："貤，延也。"

⑪【集解】郭璞曰："杫，摇也。"

⑫【集解】汉书音义曰："沙棠似棠，黄华赤实，其味如李。吕氏春秋曰'果之美者沙棠之实'。栎，果名。楮似栎，叶冬不落也。"

⑬【集解】徐广曰："泛，一作'枫'。"骃案：汉书音义曰"华，木，皮可以为索"。【索隐】华枫櫒栌。张揖曰："华皮可以为索。"古今字林云："栌，合桦之木。枫，木，厚叶弱支，善摇。"郭璞云："似白杨，叶圆而岐，有脂而香。揵为舍人曰'枫为树厚叶弱茎，大风则鸣，故曰枫'。"尔雅云一名櫒。櫒枰即平仲木也。栌，今黄栌木也。一云玉精，食其子得仙也。

⑭【集解】徐广曰："频，一作'宾'。"骃案：郭璞曰"落，榷也。胥馀似并闾，并闾，棕也，皮可作索。馀未详"。【索隐】留落胥邪。晋灼云："留落，未详。"郭璞曰："落，榷也，中作器索。胥邪似并闾。"司马彪云："胥邪，树高十寻，叶在其末。"异物志："实大如瓠，系在颠，若挂物。实外有皮，中有核，如胡桃。核里有肤，厚半寸，如猪膏。里有汁斗馀，清如水，味美于蜜。"孟康曰："仁频，棕也。"张揖云："并闾皮可为索。"姚氏云："槟，一名棕，即仁频也。"林邑记云："树叶似甘蕉。"频音宾。

⑮【集解】汉书音义曰："欃檀，檀别名也。女贞，木，叶冬不落。"【索隐】欃音谗，檀别名也。皇览云"孔子墓后有欃檀树"也。荆州记云："宜都有乔木，丛生，名为女贞，叶冬不落。"

⑯【集解】古"委"字。

⑰【集解】徐广曰："夔音拔。"骃案：郭璞曰"欹音委。阋音恶可反。砢音鲁可反"。【索隐】崔错夔欹，郭璞云"蟠戾相撐"。楚词云林木。夔音跋。欹音委。阮衡阋砢，郭璞云"揭蕈倾欹皃"。

⑱【集解】郭璞曰："扶於犹扶疏也。幡缅，偏幡也，音洒。"【索隐】张

晏云:"飞扬兒。"缅音所绮反。

⑲【索隐】张揖云:"旖旎,阿那也。"

⑳【集解】徐广曰:"莅音栗。" 【索隐】刘莅出歈歈。郭璞云:"皆林木鼓
动之声。浏音留。莅如字,又音栗也。"

㉑【正义】金,钟。石,磬。

㉒【正义】广雅云:"象箎,长一尺,围一寸,有六孔,无底。籥谓之笛,有
七孔。"说文云:"箎,三孔籥也。"

㉓【集解】徐广曰:"柴音差。虒音豸。" 【索隐】张揖曰:"柴池,参差
也。茈虒,不齐也。柴音差。虒音恻氏反。"

㉔【集解】徐广曰:"杂,一作'插'。"

　　"于是玄猿素雌,蜼玃飞鸓,①蛭蜩蠼蝚,②螹胡豰蛫,③
栖息乎其间;长啸哀鸣,翩幡互经,④夭蟜枝格,偃蹇杪颠;⑤
于是乎隃绝梁,⑥腾殊榛,⑦捷垂条,⑧踔稀间,⑨牢落陆离,烂
曼远迁。⑩

①【集解】徐广曰:"蜼音于季反。"骃案:汉书音义曰"蜼似猕猴,仰鼻而
长尾。玃似猕猴而大。飞鸓,飞鼠也。其状如兔而鼠首,以其髯飞
也"。 【索隐】张揖曰:"蜼似猕猴,卬鼻而长尾。玃似猕猴而大。飞
鸓,飞鼠也。其状如兔而鼠首,以其髯飞。"郭璞曰:"鸓,飞鼠也。毛
紫赤色。飞且生,一名飞生。蜼音遗。鸓音诔。玄猿,猿之雄者色
也。素雌,猿之雌者色也。"玃音矍。蜼似猴,尾端有两岐,天雨便以
尾窒鼻两孔。郭璞云:"玃色苍黑,能攫搏人,故云玃也。"

②【集解】徐广曰:"蛭音质。"骃案:汉书音义曰"山海经曰'不咸之山有
飞蛭,四翼'。郭璞曰"蠼蝚似猕猴而黄。蜩未闻'。" 【索隐】蛭蜩
蠼蝚。司马彪云:"山海经云'不咸之山有飞蛭,四翼'。蜩,蝉也。蠼
蝚,猕猴也。郭璞云:"蛭蜩未闻。"如淳曰:"蛭音质。"顾氏云:"玃音
涂卓反。山海经曰'皋涂之山下有兽,似鹿,马足人首,四角,名为玃'。

獼猴即此也。字作‘玃’。郭璞云玃，非也。上巳有雌玃，此不应重
见。又神异经云‘西方深山有兽，毛色如猴，能缘高木，其名曰蜩’。
字林蠼音狄，蛭音质，蛭蜩二兽名。”

③【集解】徐广曰：“蜥音在廉反，似猿，黑身。毂音呼谷反。蜡音诡。”骃
案：汉书音义曰“毂，白狐子也”。 【索隐】猞胡毂蜡。张揖曰：“猞
胡似猕猴，头上有髦，腰以后黑。”郭璞曰：“毂似鼯而大，腰以后黄，一
名黄腰，食猕猴。毂，白狐子也。蜡未闻。”姚氏案：山海经“即山有
兽，状如龟，白身赤首，其名曰蜡”。又说文云“猞胡黑身，白腰若带，
手有长白毛，似握板也”。

④【正义】郭云：“互经，互相经过。”

⑤【正义】夭音妖。蛲音矫。杪音弭沼反。郭云：“皆猿猴在树共戏恣态
也。夭蛲，频申也。”

⑥【正义】张云：“绝梁，断桥也。”郭云：“梁，厚石绝水也。”

⑦【正义】榛，仕斤反。(尔)〔广〕雅云“木丛生为榛”也。殊，异也。

⑧【正义】捷音才业反。张云：“捷持悬垂之条。”

⑨【集解】郭璞曰：“踔，县蹢也，托钓反。” 【索隐】踔，悬蹢也。

⑩【正义】郭云：“奔走崩腾状也。”颜云：“言其聚散不常，杂乱移徙。”

　　“若此辈者，数千百处。嬉游往来，宫宿馆舍，庖厨不徙，
后宫不移，①百官备具。

①【正义】说文云：“庖，厨屋。”郑玄注周礼云：“庖之言苞也。苞裹肉曰
苞苴也。”后宫，内人也。言宫馆各自有。

　　“于是乎背秋涉冬，天子校猎。乘镂象，六玉虬，①拖霓
旌，②靡云旗，③前皮轩，后道游；④孙叔奉辔，卫公骖乘，⑤扈
从横行，出乎四校之中。⑥鼓严簿，纵獠者，⑦江河为阹，泰山
为橹，⑧车骑雷起，隐天动地，先后陆离，离散别追，淫淫裔裔，

缘陵流泽,云布雨施。

① 【集解】徐广曰:"以玉为饰。"骃案:郭璞曰"镂象山所出舆,言有雕镂。虬,龙属也。韩子曰'黄帝驾象车六交龙'是也。"

② 【正义】拖音徒可反。张云:"析毛羽,染以五采,缀以缕为旄,有似虹蜺气。"

③ 【正义】张云:"画熊虎于旄似云气也。"

④ 【集解】郭璞曰:"皮轩,革车也。或曰即曲礼'产有士师,则载虎皮'者也。道,道车;游,游车:皆见周礼也。"

⑤ 【集解】汉书音义曰:"孙叔者,太仆公孙贺也。卫公者,卫青也。太仆御,大将军骖乘也。"【索隐】孙叔,郑氏云太仆公孙贺。卫公,大将军卫青也。案:大驾出,太仆御,大将军骖乘也。

⑥ 【集解】郭璞曰:"言跋扈纵恣,不安卤簿矣。"【索隐】晋灼曰:"扈,大也。"张揖曰:"跋扈纵横,不案卤簿也。"文颖曰:"凡五校,今言四者,一校随天子乘舆也。"

⑦ 【集解】汉书音义曰:"鼓严,严鼓也。薄,卤簿也。"骃谓鼓严于林薄之中,然后纵猎。【索隐】张揖曰:"鼓,严鼓也。薄,卤簿也。谓击严鼓于卤簿中也。"

⑧ 【集解】郭璞曰:"櫓,望楼也。因山谷遮禽兽为阹,音去车反。"【索隐】郭璞曰:"因山谷遮禽兽为阹。櫓,望楼也。"

"生貔豹,① 搏豺狼,② 手熊罴,③ 足野羊,④ 蒙鹖苏,⑤ 绔白虎,⑥ 被豳文,⑦ 跨壄马。⑧ 陵三嵏之危,⑨ 下碛历之坻;⑩ 径陵赴险,越壑厉水。推蜚廉,⑪ 弄解豸,⑫ 格瑕蛤,铤猛氏,⑬ 罥騕褭,射封豕。⑭ 箭不苟害,解脰陷脑;⑮ 弓不虚发,应声而倒。于是乎乘舆弥节裴回,翱翔往来,睨部曲之进退,览将率之变态。然后浸潭促节,⑯ 儵夐远去,⑰ 流离轻禽,蹴履狡兽,辖白鹿,捷狡兔,⑱ 轶赤电,遗光耀,⑲ 追怪物,出宇宙,⑳ 弯繁弱,㉑

满白羽,㉒射游枭,栎蜚虡,㉓择肉后发,先中命处,弦矢分,艺
殪仆。㉔

① 【集解】郭璞曰:"貔,执夷,虎属也,音毗。"

② 【正义】搏,击也。杜林云:"豼似貙,白色。"说文云:"狼爪。"

③ 【正义】张云:"熊,犬身人足,黑色。黑大于熊,黄白色。皆能攀沿上
高树。冬至入穴而蛰,始春而出也。"

④ 【集解】郭璞曰:"野羊如羊,千斤。手足,谓拍蹹杀之。"

⑤ 【集解】徐广曰:"苏,尾也。" 【索隐】孟康曰:"鹖尾也。苏,析羽
也。"张揖曰:"鹖似雉,斗死不却。"案:蒙谓覆而取之。鹖以苏为奇,
故特言之以成文耳。鹖音曷。决疑注云"鸟尾为苏"也。

⑥ 【集解】徐广曰:"绔音袴。"骃案:郭璞曰"绔谓绊络之"。 【索隐】张
揖曰:"著白虎文绔。"郭璞曰:"绔谓绊络也。"

⑦ 【集解】郭璞曰:"著斑衣。" 【索隐】被斑文。文颖曰:"著斑文之衣。
舆服志云'虎贲骑被虎文单衣',单衣即此斑文也。"

⑧ 【索隐】跨壄马。案:壄音野。跨,乘之也。

⑨ 【集解】汉书音义曰:"三嵏,三成之山。"

⑩ 【集解】郭璞曰:"碛历,阪名也。" 【正义】坻音迟。碛历,浅水中沙
石也。坻,水中高处。言猎人下此也。

⑪ 【集解】郭璞曰:"飞廉,龙雀也,鸟身鹿头者。" 【索隐】椎蜚廉。郭
璞曰:"飞廉,龙雀也,鸟身鹿头,象在平乐观。"椎音直追反。

⑫ 【集解】汉书音义曰:"解豸似鹿而一角。人君刑罚得中则生于朝廷,
主触不直者。可得而弄也。" 【索隐】张揖曰:"解豸似鹿而一角。人
君刑罚中则生于朝,主触不直者。言今可得而弄也。"解音蟹。豸音
丈妳反,又音丈介反。

⑬ 【集解】汉书音义曰:"瑕蛤、猛氏皆兽名。" 【索隐】格虾蛤,鋋猛氏。
孟康曰:"虾蛤、猛氏皆兽名。"晋灼曰:"虾蛤阙。"郭璞曰:"今蜀中有

兽,状如熊而小,毛浅有光泽,名猛氏。"说文云"鋋,小矛也",音蝉。

⑭【集解】郭璞曰:"駏騱,神马,日行万里。两音窃袅。封豕,大猪。"

⑮【索隐】张揖云:"脰,颈也。"陷音苦念反,亦依字读也。

⑯【索隐】浸潭犹渐苒也。汉书作"浸淫"。或作"乘舆案节"也。潭音寻。

⑰【集解】郭璞曰:"敻音诩盛反。"

⑱【集解】徐广曰:"轊音锐。一作'惠'也。"【正义】轊音卫。抱朴子云:"白鹿寿千岁,满五百岁色纯白也。"晋微祥记云:"白鹿色若霜,不与他鹿为群。"

⑲【集解】徐广曰:"超陵赤电,电光不及,言去速也。"

⑳【正义】怪物,谓游枭飞虡也。张揖云:"天地四方曰宇,往古来今曰宙。"许慎云:"宙,舟舆所极也。"案:许说宙是也。

㉑【正义】上乌繁反。文颖云:"弯,牵也。繁弱,夏后氏良弓名。左传云'分鲁公以夏后之璜,封父之繁弱'。"

㉒【正义】文颖云:"引弓尽箭镝为满。以白羽羽箭,故云白羽也。"

㉓【集解】郭璞曰:"枭,枭羊也。似人,长唇,反踵,被发,食人。蜚虡,鹿头龙身,神兽。栎,梢也。"

㉔【集解】徐广曰:"射准的曰艺。仆音赴。"

　　"然后扬节而上浮,陵惊风,历骇飙,①乘虚无,与神俱,②鳞玄鹤,③乱昆鸡,遒孔鸾,促鹓鸡,拂翳鸟,捎凤皇,④捷鸳雏,俺焦明。⑤

①【正义】飙音必遥反。尔雅云扶摇暴风,从下升上,故曰飙。

②【正义】张揖云:"虚无寥廓,与天通灵,言其所乘气之高,故能出飞鸟之上而与神俱也。"

③【集解】徐广曰:"鳞音蹁。"【正义】鳞音客。鹤二百六十岁则浅黑色也。

④【集解】汉书音义曰："道,秦由反。鹥,乌鸡反。张云'山海经云九疑之山有五采之鸟,名曰鹥鸟'也。" 【正义】捎,山交反。京房易传云："凤皇,雁前麟后,鸡喙燕颌,蛇颈龟背,鱼尾骈翼,高丈二尺。"东山经云："其状如鹤,五采,而首文曰经,翼文曰顺,背文曰义,膺文曰仁,股文曰信。是鸟自歌自舞,雄曰凤,雌曰皇。"

⑤【集解】焦明似凤。 【索隐】张揖曰："焦明似凤,西方鸟。"乐叶图徵曰："焦明状似凤皇。"宋衷曰水鸟。 【正义】案:长喙,疏翼,员尾,非幽闲不集,非珍物不食。

"道尽涂殚,回车而还。招摇乎襄羊,①降集乎北纮,②率乎直指,闇乎反乡。蹴石（阙）〔关〕,历封峦,过鳷鹊,望露寒,③下棠梨,④息宜春,⑤西驰宣曲,濯鹢牛首,⑥登龙台,⑦掩细柳,⑧观士大夫之勤略,钧獠者之所得获。⑨徒车之所辚轹,⑩乘骑之所蹂若,⑪人民之所蹈躤,与其穷极倦谻,⑫惊惮慑伏,不被创刃而死者,佗佗籍籍,填阬满谷,掩平弥泽。

①【索隐】消摇乎襄羊。郭璞曰："襄羊犹仿佯。"

②【集解】郭璞曰："纮,维也。北方之纮曰委羽。"

③【集解】徐广曰："鳷音支。"骃案:汉书音义曰"皆甘泉宫左右观名也"。

④【集解】汉书音义曰："宫名也,在云阳县东南三十里。"

⑤【正义】括地志云："宜春宫在雍州万年县西南三十里。"

⑥【集解】汉书音义曰："宣曲,宫名,在昆明池西。牛首,池名,在上林苑西头。"

⑦【集解】汉书音义曰："观名,在丰水西北近渭。"

⑧【正义】郭云："观名,在昆明南柳市。"

⑨【集解】徐广曰："钧,一作'诊'也。"

⑩【正义】辚,践也。轹,辗也。

⑪【集解】徐广曰:"蹂音人久反。"

⑫【集解】徐广曰:"音剧。"

　　"于是乎游戏懈怠,置酒乎昊天之台,①张乐乎轇輵之宇;②撞千石之钟,立万石之钜;建翠华之旗,树灵鼍之鼓。③奏陶唐氏之舞,听葛天氏之歌,④千人唱,万人和,山陵为之震动,⑤川谷为之荡波。巴俞宋蔡,淮南于遮,⑥文成颠歌,⑦族举递奏,⑧金鼓迭起,铿锵铛鼞,洞心骇耳。⑨荆吴郑卫之声,韶濩武象之乐,阴淫案衍之音,鄢郢缤纷,激楚结风,⑩俳优侏儒,狄鞮之倡,⑪所以娱耳目而乐心意者,丽靡烂漫于前,⑫靡曼美色于后。⑬

①【索隐】张揖云:"台高上干昊天也。"

②【集解】徐广曰:"輵音葛。" 【索隐】郭璞云:"言旷远深貌也。"

③【集解】郭璞曰:"木贯鼓中,加羽葆其上,所谓树鼓。"

④【集解】汉书音义曰:"葛天氏,古帝王号也。吕氏春秋曰'葛天氏之乐,三人操牛尾,投足以歌'。" 【索隐】张揖曰:"葛天氏,三皇时君号也。吕氏春秋云'其乐三人持牛尾,投足以歌。八阕:一曰载人,二曰玄鸟,三曰遂草木,四曰奋五谷,五曰敬天常,六曰建帝功,七曰依地德,八曰总禽兽之极'。"

⑤【集解】徐广曰:"一作'勋'。"

⑥【集解】郭璞曰:"巴西阆中有俞水,獠人居其上,皆刚勇好舞,汉高募取以平三秦。后使乐府习之,因名巴俞舞也。"汉书音义曰:"于遮,歌曲名。" 【索隐】郭璞曰:"巴西阆中有俞水,獠人居其上,好舞。初,高祖募取以平三秦,后使乐人习之,因名巴俞舞也。"张揖曰:"礼乐记曰'宋音宴女溺志'。蔡人讴,员三人。楚词云'吴谣蔡讴'。淮南鼓,员四人,于遮曲是其意也。"

⑦【集解】郭璞曰:"未闻也。" 【索隐】郭璞云:"未闻。"文颖曰:"文成,

辽西县名，其县人善歌。颠，益州颠县，其人能作西南夷歌。颠即滇也。"

⑧【集解】徐广曰："举，一作'居'。"

⑨【集解】郭璞曰："鞈鼛，鼓音。"

⑩【集解】郭璞曰："激楚，歌曲也。列女传曰'听激楚之遗风'也。"【索隐】文颖曰："激，冲激，急风也。结风，回风，回亦急风也。楚地风气既自漂疾，然歌乐者犹复依激结之急风以为节，其乐促迅哀切也。"

⑪【集解】徐广曰："韦昭云狄鞮，地名，在河内，出善倡者。"

⑫【索隐】郭璞云："言恣其观也。列女传曰'桀造烂漫之乐'。"

⑬【索隐】张揖曰："靡，细；曼，泽也。韩子'曼服皓齿'也。"

"若夫青琴宓妃之徒，①绝殊离俗，②姣冶娴都，③靓庄刻饬，便嬛绰约，④柔桡嫚嫚，⑤妩媚姌袅；⑥抴独茧之褕袘，⑦眇阎易以戌削，⑧媥姺徶循，⑨与世殊服；芬香沤郁，酷烈淑郁；皓齿粲烂，宜笑的皪；⑩长眉连娟，微睇绵藐；⑪色授魂与，心愉于侧。⑫

①【集解】汉书音义曰："皆古神女名。"【索隐】伏俨曰："青琴，古神女也。"如淳曰："宓妃，伏羲女，溺死洛水，遂为洛水之神。"宓音伏。

②【索隐】郭璞云："俗无双。"

③【索隐】姣冶闲都。郭璞云："姣，好也。都，雅也。"诗云："姣人嫽兮。"方言云："自关而东，河济之间，凡好或谓之姣。"音绞。说文曰："娴，雅也。"或作"闲"。小雅曰都，盛也。

④【集解】郭璞曰："靓庄，粉白黛黑也。"

⑤【集解】徐广曰："音娟。"【索隐】郭璞曰："柔桡嫚嫚，皆骨体耎弱长艳皃也。"广雅云："嫚嫚，容也。"张揖曰："嫚嫚犹婉婉也。"

⑥【集解】徐广曰："姌音乃冉反。袅音弱。"【索隐】妩媚孅弱。埤苍云："妩媚，悦也。"通俗文云："颊辅谓之妩媚。"郭璞云："孅弱，弱

兒。"埤苍曰:"筡弱,谓容体纤细柔弱也。"

⑦【集解】徐广曰:"抴音曳。襜褕。"【索隐】褕袘。张揖云:"褕,襜褕也。袘,袖也。"郭璞曰:"独茧,一茧丝也。"埤苍云:"袘,衣长兒也。"

⑧【集解】徐广曰:"阎易,衣长貌。戌削,言如刻画作之。"【索隐】眇阎易以戌削。郭璞曰:"阎易,衣长兒。戌削,言如刻画作也。"

⑨【集解】郭璞曰:"衣服婆娑貌。"【正义】媥,白眠反。姺音先。徶音白结反。俙音屑。

⑩【索隐】郭璞曰:"鲜明兒也。"楚词曰:"美人皓齿〔嫭〕以姱。"又曰:"娥眉笑以的皪。"皪音砾也。

⑪【索隐】郭璞曰:"连娟,眉曲细也。绵藐,远视兒也。"娟音一全反。睇,大计反。藐音邈。

⑫【索隐】张揖曰:"彼色来授我,我魂往与接也。"愉音逾,往也。愉,悦也。二义并通也。

"于是酒中乐酣,天子芒然而思,似若有亡。曰:'嗟乎,此泰奢侈!朕以览听徐闲,无事弃日,顺天道以杀伐,时休息于此,恐后世靡丽,遂往而不反,非所以为继嗣创业垂统也。'于是乃解酒罢猎,而命有司曰:'地可以垦辟,悉为农郊,以赡萌隶;隤墙填堑,使山泽之民得至焉。实陂池而勿禁,①虚宫观而勿仞。②发仓廪以振贫穷,补不足,恤鳏寡,存孤独。出德号,省刑罚,改制度,易服色,更正朔,与天下为始。'

①【正义】实,满也。言人满陂池,任采捕所取也。

②【正义】仞音刃,亦满也。言离宫别馆勿令人居止,并废罢也。

"于是历吉日以斋戒,袭朝衣,乘法驾,建华旗,鸣玉鸾,游乎六艺之囿,①骛乎仁义之涂,览观春秋之林,②射貍首,兼驺虞,③弋玄鹤,建干戚,载云罕,④掩群雅,⑤悲伐檀,⑥乐乐胥,⑦修容乎礼园,⑧翱翔乎书圃,⑨述易道,⑩放怪兽,⑪登明堂,坐清庙,⑫恣群臣,奏得失,四海之内,靡不受获。⑬于斯之时,天下大说,向风而听,随流而化,喟然⑭兴道而迁义,刑错而不用,德隆乎三皇,功羡于五帝。⑮若此,故猎乃可喜也。

①【正义】六艺,云言田猎讫,则遍游六艺,而疾驱于仁义之道也。

②【集解】郭璞曰:"春秋所以观成败,明善恶者。"

③【集解】礼射义曰:"天子以驺虞为节,诸侯以狸首为节。驺虞者,乐官备也。狸首者,乐会时也。"

④【索隐】张揖云:"罕,毕也。"文颖曰:"即天毕,星名。前有九旒云罕之车。"案:说者以云罕为旌旗,非也。且案中朝卤簿图云"云罕驾驷",不兼言九旒,罕车与九旒车别。

⑤【集解】汉书音义曰:"大雅、小雅也。"【索隐】掩,捕也。张揖曰:"诗小雅之材七十四人,大雅之材三十一人,故曰群雅也。言云罕载之于车,以捕群雅之士。"

⑥【索隐】张揖曰:"其诗刺贤者不遇明主也。"

⑦【索隐】毛诗云"君子乐胥,受天之祜"。言王者乐得贤材之人,使之在位,故天与之福禄也。胥音先吕反。

⑧【正义】礼所以自修饰整威仪也。

⑨【正义】尚书所以明帝王君臣之道也。

⑩【正义】易所以絜静微妙,上辨二仪阴阳,中知人事,下明地理也。言田猎乃射讫,又历涉六经之要也。

⑪【正义】张揖云:"苑中奇怪之兽,不复猎也。"

⑫【正义】明堂有五帝庙,故言"清庙",王者朝诸侯之处。

⑬【正义】言天下之人无不受恩惠。

⑭【索隐】喟,汉书作"舟",音许贵反。

⑮【索隐】司马彪云:"羡,溢也。"音怡战反。

"若夫终日暴露驰骋,劳神苦形,罢车马之用,抚士卒之精,①费府库之财,而无德厚之恩,务在独乐,不顾众庶,忘国家之政,而贪雉兔之获,则仁者不由也。从此观之,齐楚之事,岂不哀哉!地方不过千里,而囿居九百,是草木不得垦辟,而民无所食也。夫以诸侯之细,而乐万乘之所侈,仆恐百姓之被其尤也。"

①【索隐】抚音五官反。

于是二子愀然①改容,超若自失,逡巡避席曰:"鄙人固陋,不知忌讳,乃今日见教,谨闻命矣。"

①【索隐】郭璞云:"变色皃。"音作酉反。

赋奏,天子以为郎。无是公言天子<u>上林</u>广大,山谷水泉万物,及<u>子虚</u>言楚云梦所有甚众,侈靡过其实,且非义理所尚,故删取其要,归正道而论之。①

①【索隐】大颜云:"不取其夸奢靡丽之论,唯取终篇归于正道耳。"小颜云:"删要,非谓削除其词,而说者谓此赋已经史家刊剟,失之也。"

<u>相如</u>为郎数岁,会<u>唐蒙</u>使略通①<u>夜郎西僰</u>中,②发<u>巴蜀</u>③吏卒千人,郡又多为发转漕万馀人,用兴法④诛其渠帅,<u>巴蜀</u>民大惊恐。上闻之,乃使<u>相如</u>责<u>唐蒙</u>,因喻告<u>巴蜀</u>民以非上意。檄曰:

①【索隐】张揖曰:"蒙,故酅阳令,今为郎中,使行略取之。"

②【集解】徐广曰:"羌之别种也。音扶逼反。"　【索隐】夜郎、僰中,文颖曰皆西〔南〕夷。后以为夜郎属牂柯,僰属犍为。音步北反。

③【索隐】案:巴、蜀,二郡名。

④【集解】汉书曰"用军兴法"也。

告巴蜀太守:蛮夷自擅不讨之日久矣,时侵犯边境,劳士大夫。陛下即位,存抚天下,辑安中国。然后兴师出兵,北征匈奴,单于怖骇,交臂受事,诎膝请和。康居西域,重译请朝,稽首来享。移师东指,闽越相诛。右吊番禺,太子入朝。①南夷之君,西僰之长,常效贡职,不敢怠堕,延颈举踵,喁喁然②皆争归义,欲为臣妾,道里辽远,山川阻深,不能自致。夫不顺者已诛,而为善者未赏,故遣中郎将往宾之,③发巴蜀士民各五百人,以奉币帛,卫使者不然,靡有兵革之事,战斗之患。今闻其乃发军兴制,④惊惧子弟,忧患长老,郡又擅为转粟运输,皆非陛下之意也。当行者或亡逃自贼杀,亦非人臣之节也。

①【索隐】文颖曰:"番禺,南海郡理也。吊,至也。东伐闽越,后至番禺,故言右至也。"案:姚氏吊读如字。小颜云"两国相伐,汉发兵救之,今吊番禺,故遣太子入朝,吊非至也"。

②【正义】喁,五恭反,口向上也。

③【索隐】贾逵云:"宾,伏也。"

④【索隐】张揖曰:"发三军之众也。兴制,谓起军法制也。"案:唐蒙为使,而用军兴法制也。

夫边郡之士,闻烽举燧燔,①皆摄弓②而驰,荷兵而走,流汗相属,唯恐居后,触白刃,冒流矢,义不反顾,计不旋踵,人怀怒心,如报私仇。彼岂乐死恶生,非编列之民,而与巴蜀异主哉?计深虑远,急国家之难,而乐尽人臣之道也。故有剖符之封,析珪③而爵,位为通侯,居列东第,④终则遗显号于后世,传土地于子孙,行事甚忠敬,居位甚安佚,名声施于无穷,功烈著而不灭。是以贤人君子,肝脑涂中原,膏液润野草而不辞也。今奉币役至南夷,即自贼杀,或亡逃抵诛,身死无名,谥为至愚,耻及父母,为天下笑。人之度量相越,岂不远哉!然此非独行者之罪也,父兄之教不先,子弟之率不谨也;寡廉鲜耻,而俗不长厚也。其被刑戮,不亦宜乎!

①【集解】汉书音义曰:"烽如覆米䉛,县著桔槔头,有寇则举之。燧,积薪,有寇燔然之。"【索隐】燧燧。韦昭曰:"燧,束草置之长木之端,如挈皋,见敌则烧举之。燧者,积薪,有难则焚之。燧主昼,燧主夜。"字林云:"䉛,漉米籔也,音一六反。"又纂要云:"䉛,淅箕也。"此注是孟康说。

②【索隐】上音奴颊反。

③【索隐】如淳曰:"析,中分也。白藏天子,青在诸侯也。"

④【索隐】列甲第在帝城东,故云东第也。

陛下患使者有司之若彼,悼不肖愚民之如此,故遣信使晓喻百姓以发卒之事,因数之以不忠死亡之罪,让三老孝弟以不教诲之过。方今田时,重烦百姓,①已亲见近县,恐远所谿谷山泽之民不遍闻,檄到,亟下县道,②使咸知陛下之意,唯毋忽也。

①【索隐】重犹难也。

②【集解】汉书百官表曰:"县有蛮夷曰道。"【索隐】亟音纪力反。亟,急也。

相如还报。唐蒙已略通夜郎,因通西南夷道,发巴、蜀、广汉卒,作者数万人。治道二岁,道不成,士卒多物故,费以巨万计。①蜀民及汉用事者②多言其不便。是时邛筰之君长③闻南夷与汉通,得赏赐多,多欲愿为内臣妾,请吏,比南夷。④大子问相如,相如曰:"邛、筰、冄、駹者近蜀,道亦易通,秦时尝通为郡县,至汉兴而罢。今诚复通,为置郡县,愈于南夷。"⑤天子以为然,乃拜相如为中郎将,⑥建节往使。副使王然于、壶充国、⑦吕越人驰四乘之传,因巴蜀吏币物以赂西夷。至蜀,蜀太守以下郊迎,县令负弩矢先驱,⑧蜀人以为宠。⑨于是卓王孙、临邛诸公皆因门下献牛酒以交欢。卓王孙喟然而叹,自以得使女尚司马长卿晚,⑩而厚分与其女财,与男等同。司马长卿便略定西夷,邛、筰、冄、駹、斯榆⑪之君皆请为内臣。除边关,关益斥,⑫西至沫、若水,⑬南至牂柯为徼,⑭通零关道,⑮桥孙水⑯以通邛都。⑰还报天子,天子大说。

① 【索隐】案:巨万犹万万也。案:数有大小二法。张揖曰“算法万万为亿”,是大数也。鬻子曰“十万为亿”,是小数也。

② 【索隐】案:谓公孙弘也。

③ 【索隐】邛筰之君长。文颖曰:“邛者,今为邛都县;筰者,今为定筰县:皆属越巂郡。”

④ 【索隐】谓请置汉吏,与南夷为比例也。

⑤ 【索隐】张揖曰:“愈,差也。”又云:“愈犹胜也。”晋灼曰:“南夷谓犍为、牂柯也。西夷谓越巂、益州。”

⑥ 【索隐】张揖曰:“秩四百石,五岁迁补大县令。”

⑦ 【索隐】案:汉书公卿表太初元年为鸿胪卿也。

⑧ 【索隐】案:亭吏二人,弩矢合是亭长负之;今县令自负矢,则亭长当负弩也。且负弩亦守宰无定,或随轻重耳。案:霍去病出击匈奴,河东太守郊迎负弩。又魏公子救赵击秦,秦军解去,平原君负韝矢迎公子于界上。

⑨ 【索隐】蜀以为宠。华阳国志云:“蜀大城北十里有升仙桥,有送客观也。相如初入长安,题其门云‘不乘赤车驷马,不过汝下’也。”

⑩ 【索隐】小颜云:“尚犹配也。”本或作“当”也。

⑪ 【索隐】斯,郑氏音曳。张揖云“斯俞,国也”。案:今斯读如字,益部耆旧传谓之“斯臾”。华阳国志邛都县有四部,斯臾一也。

⑫ 【索隐】张揖曰:“斥,广也。”

⑬【索隐】张揖曰："沫水出蜀广平徼外，与青衣水合也。若水出旄牛徼外，至僰道入江。"华阳国志汉嘉县有沫水。音妹，又音末。

⑭【索隐】张揖曰："徼，塞也，以木栅水为蛮夷界。"

⑮【集解】徐广曰："越嶲有零关县。"

⑯【集解】韦昭曰："为孙水作桥。"

⑰【索隐】桥孙水通筰。韦昭曰："为孙水作桥也。"案：华阳国志云"相如卒开僰道通南夷，置越嶲郡。韩说开益州，唐蒙开牂柯，斩筰王首，置牂柯郡"也。

相如使时，蜀长老多言通西南夷不为用，唯大臣亦以为然。相如欲谏，业已建之，①不敢，乃著书，籍以蜀父老为辞，而己诘难之，以风天子，且因宣其使指，令百姓知天子之意。其辞曰：

①【索隐】案：业者，本也。谓本由相如立此事也。

汉兴七十有八载，①德茂存乎六世，②威武纷纭，湛恩③汪濊，群生澍濡，洋溢乎方外。于是乃命使西征，随流而攘，④风之所被，罔不披靡。因朝冄从駹，定筰存邛，略斯榆，举苞满，⑤结轶⑥还辕，东乡将报，至于蜀都。

①【集解】徐广曰："元光六年也。"

②【正义】高祖、惠帝、高后、孝文、孝景、孝武。

③【索隐】韦昭云："上音沈。"

④【索隐】攘，却也，汝羊反。

⑤【索隐】服虔云："夷种也。""满"字或作"蒲"也。

⑥【索隐】下音辙。汉书作"轨"。张揖云"结，屈也"。

耆老大夫荐绅先生之徒二十有七人，俨然造焉。辞毕，因进曰："盖闻天子之于夷狄也，其义羁縻①勿绝而已。今罢三郡之士，通夜郎之涂，三年于兹，而功不竟，士卒劳倦，万民不

赡,今又接以西夷,百姓力屈,恐不能卒业,此亦使者之累也,
窃为左右患之。且夫邛、筰、西僰之与中国并也,历年兹多,不
可记已。仁者不以德来,强者不以力并,意者其殆不可乎! 今
割齐民以附夷狄,弊所恃以事无用,鄙人固陋,不识所谓。"

① 【索隐】案:羁,马络头也。縻,牛缰也。汉官仪"马云羁,牛云縻"。言
制四夷如牛马之受羁縻也。

使者曰:"乌谓此邪? 必若所云,则是蜀不变服而巴不化
俗也。余尚恶闻若说?① 然斯事体大,固非观者之所觏也。余
之行急,其详不可得闻已,请为大夫粗陈其略。

① 【索隐】张揖曰:"恶闻若曹之言也。"包恺音一故反。又音乌,乌者,
安也。

"盖世必有非常之人,然后有非常之事;有非常之事,然后
有非常之功。非常者,固常〔人〕之所异也。① 故曰非常之原,
黎民惧焉;② 及臻厥成,天下晏如也。

① 【索隐】案:常人见之以为异。

② 【索隐】张揖曰:"非常之事,其本难知,众人惧也。"

"昔者鸿水浡出,泛滥衍溢,民人登降移徙,陭陒而不安。
夏后氏戚之,乃堙鸿水,决江疏河,漉沈赡菑,① 东归之于海,
而天下永宁。当斯之勤,岂唯民哉。② 心烦于虑而身亲其劳,
躬胝无胈,肤不生毛。③ 故休烈显乎无穷,声称浃乎于兹。

① 【集解】徐广曰:"漉,一作'洒'。"【索隐】漉沈澹菑。漉音鹿。菑音
灾。汉书作"渐沈澹菑",解者云"渐作'洒',洒,分也,音所绮反。
澹,安;沈,深也。澹音徒暂反"。

② 【索隐】案:谓非独人勤,禹亦亲其劳也。

③【集解】徐广曰:"胝音竹移反。胲,踵也。一作'腠',音凑。肤,理
也。胝音魁。"【索隐】躬奏胲无胈。张揖曰:"奏,作'戚',躬,体
也。戚,腠理也。"韦昭曰:"胈,其中小毛也。"胝音丁私反。庄子云
"禹腓无胈,胫不生毛"。李颐云"胈,白肉也,音蒲末反"。

"且夫贤君之践位也。岂特委琐握龊,①拘文牵俗,循诵
习传,当世取说云尔哉! 必将崇论闳议,创业垂统,为万世规。
故驰骛乎兼容并包,而勤思乎参天贰地。②且诗不云乎:'普天
之下,莫非王土;率土之滨,莫非王臣。'③是以六合之内,八方
之外,浸浔④衍溢,怀生之物有不浸润于泽者,贤君耻之。今
封疆之内,冠带之伦,咸获嘉祉,靡有阙遗矣。而夷狄殊俗之
国,辽绝异党之地,舟舆不通,人迹罕至,政教未加,流风犹微。
内之则犯义侵礼于边境,外之则邪行横作,放弑其上。君臣易
位,尊卑失序,父兄不辜,幼孤为奴,系累号泣,内向而怨,曰
'盖闻中国有至仁焉,德洋而恩普,物靡不得其所,今独曷为遗
己'。举踵思慕,若枯旱之望雨。鷙夫为之垂涕,⑤况乎上圣,
又恶能已? 故北出师以讨强胡,南驰使以诮劲越。四面风德,
二方之君⑥鳞集仰流,愿得受号者以亿计。故乃关沫、若,⑦
徼牂柯,镂零山,梁孙原。创道德之涂,垂仁义之统。将博恩
广施,远抚长驾,使疏逖不闭,⑧阻深闇昧⑨得耀乎光明,以偃
甲兵于此,而息诛伐于彼。遐迩一体,中外提福,⑩不亦康乎?
夫拯民于沈溺,奉至尊之休德,反衰世之陵迟,继周氏之绝业,
斯乃天子之急务也。百姓虽劳,又恶可以已哉?

①【索隐】孔文祥云:"委琐,细碎。握龊,局促也。"
②【索隐】案:天子比德于地,是贰地也。与己并天为三,是参天也。故
礼曰"天子与天地参"是也。

司马相如列传第五十七

2653

③【集解】毛诗传曰:“滨,涯也。”

④【索隐】浸淫。案:浸淫犹渐浸。

⑤【集解】徐广曰:“蔪音戾。” 【索隐】张揖曰:“很戾之夫也。”字或作“戾”。蔪,古“戾”字。

⑥【索隐】谓西夷邛、僰,南夷牂柯、夜郎也。

⑦【集解】汉书音义曰:“以沫、若水为关。”

⑧【索隐】邈,远。言其疏远者不被闭绝也。

⑨【索隐】暗爽闇昧。三苍云:“暗爽,早朝也。暗音昧。”案:字林又音忽。

⑩【集解】徐广曰:“提,一作‘褆’,音支。” 【索隐】褆福。说文云:“褆,安也。”市支反。

“且夫王事固未有不始于忧勤,而终于佚乐者也。然则受命之符,合在于此矣。①方将增泰山之封,加梁父之事,鸣和鸾,扬乐颂,上咸五,下登三。②观者未睹指,听者未闻音,犹鹪明已翔乎寥廓,而罗者犹视乎薮泽。悲夫!”

①【索隐】张揖云:“在于忧勤佚乐之中也。”

②【集解】徐广曰:“咸,一作‘函’。”骃案:韦昭曰“咸同于五帝,登三王之上”。 【索隐】上减五,下登三。李奇曰:“五帝之德,汉比为减;三王之德,汉出其上:故云‘减五登三’也。”虞喜志林云:“相如欲减五帝之一,以汉盈之。然以汉为五帝之数,自然是登于三王之上也。”今本“减”或作“咸”,是韦昭之说也。

于是诸大夫芒然丧其所怀来而失厥所以进,喟然并称曰:“允哉汉德,此鄙人之所愿闻也。百姓虽怠,请以身先之。”敞罔靡徙,①因迁延而辞避。

①【索隐】案:敞罔,失容也。靡徙,失正也。

其后人有上书言相如使时受金,失官。居岁馀,复召为郎。

相如口吃而善著书。常有消渴疾。与卓氏婚,饶于财。其进
仕宦,未尝肯与公卿国家之事,称病闲居,不慕官爵。常从上至长
杨猎,①是时天子方好自击熊彘,驰逐野兽,相如上疏谏之。其
辞曰:

①【正义】括地志云:"秦长杨宫在雍州盩厔县东南三里。上起以宫,内
　有长杨树,以为名。"

　　臣闻物有同类而殊能者,故力称乌获,①捷言庆忌,②勇
期贲、育。③臣之愚,窃以为人诚有之,兽亦宜然。今陛下好陵
阻险,射猛兽,卒然④遇轶材之兽,骇不存之地,⑤犯属车之清
尘,⑥舆不及还辕,人不暇施巧,虽有乌获、逢蒙之伎,力不得
用,⑦枯木朽株尽为害矣。是胡越起于毂下,而羌夷接轸也,
岂不殆哉!虽万全无患,然本非天子之所宜近也。

①【索隐】张揖曰:"秦武王力士,举龙文鼎者也。"

②【索隐】张揖曰:"吴王僚之子。"

③【正义】贲音奔。孟贲,古之勇士,水行不避蛟龙,陆行不避豺狼,发怒
　吐气,声音动天。夏育,亦古之猛士也。

④【索隐】猝然。广雅云:"猝,暴也,音仓兀反。"

⑤【索隐】谓所不虑而猛兽骇发也。

⑥【集解】蔡邕曰:"古者诸侯贰车九乘,秦灭九国,兼其车服,故大驾属
　车八十一乘。"

⑦【集解】吴越春秋曰:"羿传射于逢蒙。"【索隐】孟子云"逢蒙学射于
　羿,尽羿之道"也。

　　且夫清道而后行,中路而后驰,犹时有衔橛之变,①而况

涉乎蓬蒿,驰乎丘坟,前有利兽之乐而内无存变之意,其为祸也不亦难矣!夫轻万乘之重不以为安而乐,出于万有一危之涂以为娱,臣窃为陛下不取也。

①【集解】徐广曰:"橜音巨月反。钩逆者谓之橜矣。" 【索隐】衔橜之变。张揖曰:"衔,马勒衔也。橜,騑马口长衔也。"周迁舆服志云:"钩逆上者为橜。橜在衔中,以铁为之,大如鸡子。"盐铁论云:"无衔橜而御捍马。"橜音巨月反。

盖明者远见于未萌而智者避危于无形,祸固多藏于隐微而发于人之所忽者也。故鄙谚曰"家累千金,坐不垂堂"。①此言虽小,可以喻大。臣愿陛下之留意幸察。

①【索隐】张揖云:"畏檐瓦堕中人。"乐产云:"垂,边也。恐堕坠(之)也。"

上善之。还过宜春宫,①相如奏赋以哀二世行失也。其辞曰:

①【正义】括地志云:"秦宜春宫在雍州万年县西南三十里。宜春苑在宫之东,杜之南。始皇本纪云葬二世杜南宜春苑中。"案:今宜春宫见二世陵,故作赋以哀也。

登陂陁①之长岅阪兮,坌入②曾宫之嵯峨。临曲江之隑州兮,③望南山之参差。岩岩深山之谾谾兮,④通谷豁兮谽谺。⑤汩淢噏⑥习以永逝兮,注平皋之广衍。观众树之塕薆兮,⑦览竹林之榛榛。东驰土山兮,北揭石濑。⑧弥节容与兮,⑨历吊二世。持身不谨兮,亡国失埶。信谗不寤兮,宗庙灭绝。呜呼哀哉!操行之不得兮,坟墓芜秽而不脩兮,魂无归而不食。敻邈绝而不齐兮,弥久远而愈佅。精罔阆而飞扬兮,拾九天而永逝。⑩呜呼哀哉!

①【索隐】登陂陁。陂音普何反。陁音徒何反。

②【集解】汉书音义曰:"坌,并也。"　【索隐】上音步寸反。

③【集解】汉书音义曰:"陁,长也。苑中有曲江之象,泉中有长洲也。"
　　【索隐】案:陁音祈。陁即碕,谓曲岸头也。张揖曰:"陁,长也。苑中
　　有曲江之象,中有长州,又有宫阁路,谓之曲江,在杜陵西北五里。"又
　　三辅旧事云"乐游原在北"是也。

④【集解】徐广曰:"矼音力工反。"　【索隐】矼音苦江反。晋灼曰:"音
　　笼,古'筇'字。"萧该云:"矼,或作'筇',长大皃也。"

⑤【索隐】呼含呼加二反。

⑥【索隐】上音于笔反。减音域,疾皃也。噏音许及反。汉书作"赦",
　　赦,轻举意也。

⑦【索隐】葳音葳,谓隐也。

⑧【集解】说文云:"濑,水流沙上也。"

⑨【索隐】容与,游戏貌也。

⑩【正义】太玄经云:"九天谓一为中天,二为羡天,三为从天,四为更天,
　　五为睟天,六为廓天,七为减天,八为沈天,九为成天。"

相如拜为<u>孝文园令</u>。①天子既美<u>子虚</u>之事,相如见上好仙道,
因曰:"<u>上林</u>之事未足美也,尚有靡者。臣尝为<u>大人</u>赋,未就,请具
而奏之。"相如以为列仙之传居山泽间,②形容甚臞,③此非帝王之
仙意也,乃遂就<u>大人</u>赋。其辞曰:

①【索隐】百官志云"陵园令,六百石,掌案行扫除"也。

②【索隐】列仙之传居山泽。案:传者,谓相传以列仙居山泽间,音持全
　　反。<u>小颜</u>及<u>刘氏</u>并作"儒"。儒,柔也,术士之称,非。

③【集解】徐广曰:"臞,瘦也。"　【索隐】韦昭曰:"臞,瘠也。"舍人云:
　　"臞,瘦也。"文子云:"尧瘫瘦。"音巨俱反。

世有大人①兮,在于<u>中州</u>。宅弥万里兮,曾不足以少留。

悲世俗之迫隘兮，②朅轻举而远游。垂绛幡之素蜺兮，载云气而上浮。建格泽之长竿兮，总光耀之采旄。③垂旬始以为幓兮，抴彗星而为髾。④掉指桥以偃蹇兮，⑤又旖旎以招摇。揽欃枪以为旌兮，⑥靡屈虹而为绸。⑦红杳渺以眩湣兮，⑧猋风涌而云浮。驾应龙象舆之蠖略逶丽兮，骖赤螭青虬之蚴蟉蜿蜒。低卬夭蟜据以骄骜兮，⑨诎折隆穷蠼以连卷。⑩沛艾赳螑仡以佁拟兮，⑪放散畔岸骧以孱颜。⑫跮踱輵辖容以委丽兮，绸缪偃蹇怵臭以梁倚。⑬纠蓼叫奡蹋以艐路兮，⑭蔑蒙踊跃腾而狂趡。⑮莅飒卉翕熛至电过兮，焕然雾除，霍然云消。

①【索隐】张揖云："喻天子。"向秀云："圣人在位，谓之大人。"张华云："相如作远游之体，以大人赋之也。"

②【索隐】如淳曰："武帝云'诚得如黄帝，去妻子如脱屣'，是悲世俗迫隘也。"

③【集解】汉书音义曰："格泽之气如炎火状，黄白色，起地上至天，以此气为竿。旄，葆也。总，系也。系光耀之气于长竿，以为葆者。"

④【集解】汉书音义曰："旬始气如雄鸡，县于葆下以为旒也。髾，燕尾也。抴慧星，缀著旒以为燕尾。"

⑤【集解】汉书音义曰："指桥，随风指靡。" 【索隐】棹音徒吊反。指音居桀反。桥音矫。张揖曰："指矫，随风指靡。偃蹇，高皃。"应劭云："旌旗屈挠之皃。"

⑥【集解】天官书云："天欃长四丈，末锐。天枪长数丈，两头锐，其形类彗也。"

⑦【集解】汉书音义曰："绸，韬也。以断虹为旌杠之韬。" 【索隐】绸音筹，或音韬。屈虹，断虹也。

⑧【集解】汉书音义曰："旬始，屈虹，气色。红杳渺，眩湣，闇冥无光也。"
【索隐】红杳眇以泫湣。苏林曰："泫音炫。湣音面。"晋灼曰："红，

赤色兒。杳眇,深远;泫湣,混合也。”红,或作“虹”也。

⑨【索隐】张揖曰:“据,直项也。骄骜,纵恣也。”据音據。骄音居召反。
骜音五到反。

⑩【索隐】蜿以连卷。韦昭曰:“龙之形兒也。”蜿音起碧反。连卷音挛
卷也。

⑪【集解】汉书音义曰:“赳螟,申颈低卬也。佁拟,不前也。”【索隐】
孟康曰:“赳螟,申颈低头也。”张揖曰:“赳螟,牙跳也。”赳音居幼反。螟
音许救反。张揖曰:“仡,举头也。佁拟,不前也。”佁音敕吏反。拟音
鱼吏反也。

⑫【索隐】服虔曰:“马仰头,其口开,正屏颜也。”韦昭曰:“颜音吾板
反。”诗云“两服上骧”,注云“骧,马”是也。

⑬【集解】徐广曰:“跮踱,乍前乍却也。跮音丑栗反。踱音敕略反。辖,
乌葛反。辖音曷。绸,一作‘雕’。曐音他略反。”骃案:汉书音义曰
“怵曐,走也。梁倚,相著也。”【索隐】跮踱辖磍。张揖曰:“跮踱,
疾行兒。辖磍,前却也。”跮音褚栗反。踱音褚略反。辖音乌葛反。
磍音曷。蜩蟉偃寋。蜩音徒吊反。蟉音敕吊反。张揖曰:“偃寋,却
距也。”广雅曰:“偃寋,天矫之兒也。”张揖曰:“怵曐,奔走。梁倚,相
著。”韦昭曰:“曐音答略反。相如传云‘倏曐远去’,曐,视也。”

⑭【集解】徐广曰:“艐音介,至也。”【索隐】蓼音了。稾音五到反。小
颜云:“叫稾,高举兒。”踏音徒答反。艐音届。三仓云:“踏,著地。”孙
炎云:“艐,古‘界’字也。”

2659

⑮【集解】汉书音义曰:“蔑蒙,飞扬也。趡,走。”【索隐】蔑蒙。张揖
曰:“蔑蒙,飞扬也。趡,走兒。”

　　邪绝少阳而登太阴兮,与真人乎相求。①互折窈窕以右转
兮,横厉飞泉以正东。②悉征灵圉而选之兮,部乘众神于瑶
光。③使五帝先导兮,④反太一而后陵阳。⑤左玄冥而右含雷

兮,⑥前陆离而后潏湟。⑦厮征伯侨⑧而役羡门兮,⑨属岐伯使尚方。⑩祝融惊而跸御兮,⑪清雾气而后行。屯余车其万乘兮,绰云盖而树华旗。⑫使句芒其将行兮,⑬吾欲往乎南嬉。

① 【集解】汉书音义曰:"少阳,东极;太阴,北极。邪度,东极而升北极者也。"

② 【正义】厉,渡也。张云:"飞泉,谷也,在昆仑山西南。"

③ 【集解】汉书音义曰:"摇光,北斗杓头第一星。"

④ 【正义】遵,导。应云"五帝,五畤,帝太昊之属也。"

⑤ 【集解】汉书音义曰:"仙人陵阳子明也。" 【正义】天官书云:"中官天极星,其一明者,太一常居也。"列仙传云:"子明于沛铚县旋溪钓得白龙,放之,后白龙来迎子明去,止陵阳山上百馀年,遂得仙也。"

⑥ 【集解】汉书音义曰:"含雷,黔蠃也,天上造化神名也。或曰水神。"

⑦ 【集解】汉书音义曰:"皆神名。"

⑧ 【集解】徐广曰:"燕人也,形解而仙也。" 【索隐】应劭曰:"厮,役也。"张揖曰:"王子乔也。"汉书郊祀志作"正伯侨",此当别人,恐非王子乔也。

⑨ 【正义】张云:"羡门,碣石山上仙人羡门高也。"

⑩ 【集解】徐广曰:"岐伯,黄帝臣。"骃案:汉书音义曰"尚,主也。岐伯,黄帝太医,属使主方药"。

⑪ 【正义】张云:"祝融,南方炎帝之佐也。兽身人面,乘两龙,应火正也。火正祝融警跸清氛气也。"

⑫ 【索隐】绰音祖内反。如淳曰:"绰,合也。合五彩云为盖也。"

⑬ 【正义】张云:"句芒,东方青帝之佐也。鸟身人面,乘两龙。"颜云:"将行,领从者也。"

历唐尧于崇山兮,过虞舜于九疑。①纷湛湛②其差错兮,杂遝胶葛③以方驰。骚扰冲苁④其相纷挐兮,滂濞泱轧洒以

林离。钻罗列聚丛以茏茸兮,衍曼流烂坛以陆离。⑤径入雷室
之砰磷郁律兮,洞出鬼谷之崛嵣嵬磈。⑥遍览八纮而观四荒
兮,朅渡九江而越五河。⑦经营炎火而浮弱水兮,⑧杭绝浮渚
而涉流沙。⑨奄息总极泛滥水嬉兮,⑩使灵娲鼓瑟而舞冯夷。⑪
时若薆薆将混浊兮,召屏翳⑫诛风伯⑬而刑雨师。⑭西望昆
仑⑮之轧沕洸忽兮,直径驰乎三危。⑯排阊阖而入帝宫兮,⑰载
玉女而与之归。⑱舒阆风而摇集兮,⑲亾乌腾而一止。⑳低回阴
山翔以纡曲兮,㉑吾乃今目睹西王母皬然白首。㉒载胜而穴处
兮,㉓亦幸有三足乌为之使。㉔必长生若此而不死兮,虽济万
世不足以喜。

①【正义】张云:"崇山,狄山也。海外经云'狄山,帝尧葬其阳'。九疑
山,零陵营道县,舜所葬处。"

②【索隐】音徒感反。

③【索隐】胶辀。广雅云:"胶辀,驱驰也。"

④【索隐】上昌勇反,下息宂反。

⑤【集解】徐广曰:"坛音坦。"

⑥【集解】汉书音义曰:"鬼谷在北辰下,众鬼之所聚也。楚辞曰'贽鬼谷
于北辰'也。"【正义】崛,口骨反。嵣音力罪反。嵬音乌回反。磈音
回。张云:"崛嵣嵬磈,不平也。"

⑦【正义】颜云:"五色之河也。仙经云紫、碧、绛、青、黄之河也。"

⑧【正义】姚丞云:"大荒西经云昆仑之丘,其外有炎火之山,投物辄然。"
括地志云:"弱水有二原,俱出女国北阿傉达山,南流会于国北,又南
历国北,东去一里,深丈馀,阔六十步,非乘舟不可济,流入海。"阿傉
达山一名昆仑山,其山为天柱,在雍州西南一万五千三百七十里。"又
云:"弱水在甘州张掖县南山下也。"

⑨【集解】汉书音义曰:"杭,船也。绝,渡也。浮渚,流沙中渚也。"

2661

司马相如列传第五十七

⑩【集解】汉书音义曰："总极,葱领山也,在西域中也。"

⑪【集解】徐广曰："娲,一作'贻'。"骃案:汉书音义曰"灵娲,女娲也。冯夷,河伯字也。淮南子曰'冯夷得道,以潜大川'"。　【正义】姓冯名夷,以庚日溺死。河常以庚日好溺死人。

⑫【正义】应云:"屏翳,天神使也。"韦云:"雷师也。"

⑬【正义】张云:"风伯字飞廉。"

⑭【正义】沙州有雨师祠。

⑮【正义】张云:"海内经云昆仑去中国五万里,天帝之下都也。其山广袤百里,高八万仞,增城九重,面九井,以玉为槛,旁有五门,开明兽守之。"括地志云:"昆仑在肃州酒泉县南八十里。十六国春秋后魏昭成帝建国十年,凉张骏酒泉太守马岌上言:'酒泉南山即昆仑之体,周穆王见西王母,乐而忘归,即谓此山。有石室,王母堂,珠玑镂饰,焕若神言。'又删丹西河名云弱水,禹贡昆仑在临羌之西,即此明矣。"括地志云:"又阿傉达山亦名建末达山,亦名昆仑山。恒河出其南吐师子口,经天竺入达山。妫水今名为浒海,出于昆仑西北隅吐马口,经安息、大夏国入西海。黄河出东北隅吐牛口,东北流经滥泽,潜出大积石山,至华山北,东入海。其三河去山入海各三万里。此谓大昆仑,肃州谓小昆仑也。禹本纪云'河出昆仑二千五里馀里,日月所相隐避为光明也'。"

⑯【集解】三危,山名也。　【正义】括地志云:"三危山在沙州东南三十里。"

⑰【正义】韦昭云:"阊阖,天门也。淮南子曰'西方曰西极之山,阊阖之门'。"

⑱【正义】张云:"玉女,青要、乘弋等也。"

⑲【正义】张云:"阆风在昆仑阊阖之中。楚辞云'登阆风而缫马'也。"

⑳【集解】汉书音义曰:"亢然高飞,如乌之腾也。"

㉑【正义】张云:"阴山在大昆仑西二千七百里。"

㉒【集解】徐广曰:"矐音下沃反。"【索隐】矐音鹤也。【正义】张云:"西王母,其状如人,豹尾,虎齿,蓬鬓,矐然白首。石城金穴,居其中。"

㉓【集解】郭璞曰:"胜,玉胜也。"【正义】颜云:"胜(代),妇人首饰也,汉代谓之华胜也。"

㉔【正义】张云:"三足乌,青乌也。主为西王母取食,在昆墟之北。"

　　回车朅来兮,绝道不周,①会食幽都。呼吸沆瀣〔兮〕餐朝霞(兮),嚼咀芝英兮叽琼华。②媱侵浔③而高纵兮,纷鸿涌而上厉。贯列缺之倒景兮,④涉丰隆之滂沛。⑤驰游道而脩降兮,⑥骛遗雾而远逝。迫区中之隘陕兮,舒节出乎北垠,遗屯骑于玄阙兮,轶先驱于寒门。⑦下峥嵘而无地兮,上寥廓而无天。视眩眠而无见兮,听惝恍而无闻。乘虚无而上假兮,超无友而独存。⑧

①【集解】汉书音义曰:"不周山在昆仑东南。"

②【集解】徐广曰:"叽音祈,小食也。"骃案:韦昭曰"琼华,玉英"。

③【集解】徐广曰:"媱音笔。"【索隐】汉书"媱"作"偨"。偨,仰也,音襟。媱音鱼锦反。

④【集解】汉书音义曰:"列缺,天闪也。倒景,日在下。"

⑤【正义】张云:"丰崇,云师也。淮南子云'季春三月,丰崇乃出以将雨'。"案:丰崇将云雨,故云"滂沛"。

⑥【正义】游,游车也。道,道车也。修,长也。降,下也。

⑦【集解】汉书音义曰:"玄阙,北极之山。寒门,天北门。"

⑧【集解】徐广曰:"假音古下反,至也。"

　　相如既奏大人之颂,天子大说,飘飘有凌云之气,似游天地之间意。

相如既病免,家居茂陵。天子曰:"司马相如病甚,可往从悉取其书;若不然,后失之矣。"使所忠①往,而相如已死,家无书。问其妻,对曰:"长卿固未尝有书也,时时著书,人又取去,即空居。长卿未死时,为一卷书,曰有使者来求书,奏之。无他书。"其遗札书言封禅事,奏所忠。忠奏其书,天子异之。其书曰:

①【索隐】张揖曰:"使者姓名,见食货志。"【正义】姓所,名忠也。风俗通姓氏云:"汉书有谏大夫所忠氏。"

伊上古之初肇,自昊穹兮生民,历撰①列辟,以迄于秦。率迩者踵武,②逖听者风声。③纷纶葳蕤,④堙灭而不称者,不可胜数也。续昭夏,崇号谥,略可道者七十有二君。⑤罔若淑而不昌,畴逆失而能存?⑥

①【集解】徐广曰:"撰,一作'选'。"【索隐】历选。文颖曰:"选,数之也。"

②【集解】徐广曰:"率,循也。迩,近也。武,迹也。循省近世之遗迹。"【索隐】案:率,循也。迩,近也。言循览近代之事,则继迹可知也。

③【集解】徐广曰:"逖,远也。听察远古之风声。"【索隐】风声,风雅之声。以言听远古之事,则著在风雅之声也。

④【索隐】纷纶葳蕤。胡广曰:"纷,乱也。纶,没也。葳蕤,委顿也。"张揖云:"乱皃。"

⑤【集解】汉书音义曰:"昭,明也。夏,大也。德明大,相继封禅于泰山者七十有二人。"【索隐】七十有二君,韩诗外传及封禅书皆然。

⑥【集解】徐广曰:"若,顺也。"骃案:韦昭曰"畴,谁也。言顺善必昌,逆失必亡"。

轩辕之前,遐哉邈乎,其详不可得闻也。五三六经①载籍之传,维见可观也。书曰"元首明哉,股肱良哉"。因斯以谈,君莫盛于唐尧,臣莫贤于后稷。后稷创业于唐,公刘发迹于西戎,文王改制,爰周郅隆,②大行越成,③而后陵夷衰微,千载无声,④岂不善始善终哉。然无异端,慎所由于前,谨遗教于后耳。故轨迹夷易,易遵也;湛恩蒙涌,易丰也;宪度著明,易则也;垂统理顺,易继也。是以业隆于褓褓而崇冠于二后。⑤揆厥所元,终都攸卒,⑥未有殊尤绝迹可考于今者也。然犹蹑梁父,登泰山,建显号,施尊名。大汉之德,逢涌原泉,⑦沕潏漫衍,旁魄四塞,云尃雾散,⑧上畅九垓,下溯八埏。⑨怀生之类沾濡浸润,协气横流,武节飘逝,迆陕游原,迵阔泳沫,⑩首恶湮没,闇昧昭晳,⑪昆虫凯泽,回首面内。⑫然后囿驺虞之珍群,徼麋鹿之怪兽,⑬嘉一茎六穗于庖,⑭牺双觡共抵之兽,⑮获周馀珍收龟于岐,⑯招翠黄乘龙于沼。⑰鬼神接灵圉,宾于闲馆。⑱奇物谲诡,俶傥穷变。钦哉,符瑞臻兹,犹以为薄,不敢道封禅。盖周跃鱼陨杭,休之以燎,⑲微夫斯之为符也,以登介丘,不亦恧乎!⑳进让之道,其何爽与?⑳

①【索隐】胡广云:"五,五帝也。三,三王也。六,六经也。"案:六经,诗、书、礼、乐、易、春秋也。

②【集解】徐广曰:"'郅'盖字误。皇甫谧曰'王季徙郢',故周书曰'维王季宅郢'。孟子称'文王(生)〔卒〕于毕郢'。或者'郅'字宜为'郢'乎?或为'胵',北地有郁郅县。胵,大也,音质。"骃案:汉书音义云"郅,至也"。 【索隐】爰,于,及也。郅,大也。隆,盛也。应劭曰"郅,至也"。樊光云"郅,可见之大也"。徐及皇甫之说皆非也。以言文王改制,及周而大盛也。

③【集解】汉书音义曰:"行,道也。文王始开王业,改正朔,易服色,太平之道于是成矣。" 【索隐】案:行,道也。越,于也。以言道德大行,于

是而成之也。

④【集解】徐广曰："周之王四海，千载之后声教乃绝。"骃案：韦昭曰"无恶声"。

⑤【集解】汉书音义曰："褓禖谓成王也。二后谓文、武也。周公负成王致太平，功德冠于文武者，道成法易故也。"

⑥【集解】汉书音义曰："都，于；卒，终也。"

⑦【集解】韦昭曰："汉德逢涌如泉原也。" 【索隐】逢源泉。张揖曰："逢，遇也。喻其德盛若遇泉源之流也。"又作"峰"，读曰烽。胡广曰："自此已下，论汉家之德也。"

⑧【集解】徐广曰："尃音布。"

⑨【集解】徐广曰："音衍。"骃案：汉书音义曰"畅，达；垓，重也。溯，流也。埏音延，地之际也。言其德上达于九重之天，下流于地之八际也"。

⑩【集解】汉书音义曰："迩，近；原，本也。迥，远；阔，广也。泳，浮也。恩德比之于水，近者游其原，远者浮其沫。"

⑪【集解】汉书音义曰："始为恶者皆湮灭。暗昧，喻夷狄皆化。"

⑫【集解】韦昭曰："面，向也。"

⑬【集解】汉书音义曰："徼，遮也。麋鹿得其奇怪者，谓获白麟也。"

⑭【集解】徐广曰："䆃，瑞禾也。"骃案：汉书音义曰"谓嘉禾之米，于庖厨以供祭祀"。 【索隐】䆃一茎六蕙。郑玄云："䆃，择也。"说文云："嘉禾一名䆃。"字林云："禾一茎六蕙谓之䆃也。"

⑮【集解】徐广曰："抵音底。"骃案：汉书音义曰"牺，牲也。觡，角也。底，本也。武帝获白麟，两角共一本，因以为牲也"。

⑯【集解】徐广曰："一作'放龟'。"骃案：汉书音义曰"馀珍，得周鼎也。岐，水名也"。 【索隐】馀珍，案谓得周鼎也。

⑰【集解】汉书音义曰："翠黄，乘黄也。龙翼马身，黄帝乘之而登仙。言见乘黄而招呼之。礼乐志曰'訾黄其何不来下'。余吾渥洼水中出神

马,故曰乘龙于沼。"【索隐】服虔云"龙翠色"。又云"即乘黄也。
乘四龙也"。周书云"乘黄似狐,背上有两角"也。

⑱【集解】徐广曰:"言至德与神明通接,故灵圉为宾旅于闲馆矣。"郭璞
曰:"灵圉,仙人名也。"

⑲【索隐】杭,舟也。胡广云:"武王渡河,白鱼入于王舟,俯取以燎。陨,
坠之于舟中也。"

⑳【集解】汉书音义曰:"介,大;丘,山也。言周以白鱼为瑞,登太山封
禅,不亦惭乎!"

㉑【集解】徐广曰:"爽,差异也。"骃案:汉书音义曰"进,周也。让,汉也。
言周未可封禅而封禅为进,汉可封禅而不封禅为让也"。【索隐】何
其爽与。爽犹差也。言周未可封而封,汉可封而不封,为进让之道皆差
之也。

于是大司马进曰:"陛下仁育群生,义征不憓,①诸夏乐
贡,百蛮执贽,德侔往初,功无与二,休烈浃洽,符瑞众变,期应
绍至,不特创见。②意者泰山、梁父设坛场望幸,③盖号以况
荣,④上帝垂恩储祉,将以荐成,⑤陛下谦让而弗发也。挈三
神之欢,⑥缺王道之仪,群臣恧焉。或谓且天为质闇,珍符固
不可辞;⑦若然辞之,是泰山靡记而梁父靡几也。⑧亦各并时
而荣,咸济世而屈,⑨说者尚何称于后,⑩而云七十二君乎?
夫修德以锡符,奉符以行事,不为进越。⑪故圣王弗替,而修礼
地祇,谒款天神,⑫勒功中岳,以彰至尊,舒盛德,发号荣,受厚
福,以浸黎民也。皇皇哉斯事!天下之壮观,王者之丕业,不
可贬也。愿陛下全之。而后因杂荐绅先生之略术,使获燿日
月之末光绝炎,以展采错事,⑬犹兼正列其义,校饬厥文,作春
秋一艺,⑭将袭旧六为七,⑮摅之无穷,⑯俾万世得激清流,扬

微波,蜚英声,腾茂实。⑰前圣之所以永保鸿名而常为称首者用此,⑱宜命掌故悉奏其义而览焉。"⑲

①【集解】汉书音义曰:"大司马,上公也,故先进议。憪音惠,顺也。"

②【集解】徐广曰:"不但初显符瑞而已,盖将终以封禅之事。"【索隐】文颖曰:"不独一物,造次见之。"胡广云:"符瑞众多,应期相继而至也。"

③【索隐】设坛场望幸华。案:诸本或作"望华盖"。华盖,星名,在紫微太帝之上。今言望华盖、太帝耳。且言设坛场望幸者,望圣帝之临幸也,义亦两通。而孟康、服虔注本皆云"望幸"下有"华"字,而挚虞流别集则唯云"望幸",当是也,于义易通。直以后人见"幸"下有"盖"字,又"幸"字似"华"字,因疑惑,遂定"华"字,使之误也。

④【集解】徐广曰:"以况受上天之荣为名号。"【索隐】案:文颖曰"盖,合也。言考合前代之君,揆其荣而相比况而为号也"。大颜云"盖,语辞也。言盖欲纪功立号,受天之况赐荣名也"。于义为惬。然其文云"盖",词义典质,又上与"幸"字连文,致令有'华盖'之谬也。

⑤【集解】徐广曰:"以众瑞物初至封禅处,荐之上天,告成功也。"【索隐】荐,案汉书作"庆",义亦通也。

⑥【集解】徐广曰:"挈犹言垂也。"骃案:韦昭曰"挈,缺也。三神,上帝、泰山、梁父也"。【索隐】案:徐氏云"挈犹垂",非也。应劭作"绝",李奇、韦昭作"阙",意亦不远。三神,韦昭以为上帝、太山、梁父,如淳谓地祇、天神、山岳也。

⑦【集解】汉书音义曰:"言天道质昧,以符瑞见意,不可辞让也。"【索隐】孟康曰:"言天道质昧,以符瑞见意,不可辞让也。"

⑧【集解】汉书音义曰:"太山之上无所表记,梁父坛场无所庶几。"【索隐】案:几音冀。

⑨【集解】汉书音义曰:"屈,绝之也。言古帝王但作一时之荣,毕代而绝

也。"【索隐】言自古封禅之帝王,是各并时而荣贵,咸有济代之勋;而屈者,谓言抑屈总不封禅,使说者尚何称述于后代也,如上文云"七十二君"者哉?

⑩【集解】徐广曰:"若无封禅之遗迹,则荣尽于当时,至于历世之后,人何所述?"

⑪【索隐】文颖曰:"越,逾也。不为苟进逾礼也。"

⑫【集解】汉书音义曰:"款,诚也。谒告之报诚也。"

⑬【集解】徐广曰:"错音厝。"骃案:汉书音义曰"采,官也。使诸儒记功著业,得睹日月末光殊绝之用,以展其官职,设厝其事业者也"。

⑭【集解】徐广曰:"校,一作'袯'。袯犹拂也,音废也。"骃按:汉书音义曰"春秋者,正天时,列人事,诸儒既得展事业,因兼正天时,列人事,叙述大义为一经"。

⑮【集解】韦昭曰:"今汉书增一,仍旧六为七也。"

⑯【集解】徐广曰:"摅,一作'胪'。胪,叙也。"【索隐】广雅云:"摅,张舒也。"

⑰【索隐】胡广曰:"飞扬英华之声,腾驰茂盛之实也。"

⑱【索隐】案:谓用此封禅。

⑲【集解】汉书音义曰:"掌故,太史官属,主故事也。"

于是天子沛然改容,曰:"愉乎,朕其试哉!"乃迁思回虑,总公卿之议,询封禅之事,诗大泽之博,广符瑞之富。①乃作颂曰:

①【集解】汉书音义曰:"诗,歌咏功德也,下四章之颂也。大泽之博,谓'自我天覆,云之油油'。广符瑞之富,谓'斑斑之兽'以下三章,言符瑞广大富饶也。"

自我天覆,云之油油。①甘露时雨,厥壤可游。滋液渗漉,②何生不育;嘉谷六穗,我穑曷蓄。③

①【集解】汉书音义曰:"油油,云行貌。孟子曰'油然作云,沛然下雨'。"

②【集解】徐广曰:"渗音色荫反。"【索隐】案:说文云"渗漉,水下流之皃也"。

③【集解】徐广曰:"何所畜邪? 畜嘉谷。"

　　非唯雨之,又润泽之;非唯濡之,泛専濩之。①万物熙熙,怀而慕思。名山显位,望君之来。②君乎君乎,侯不迈哉!③

①【集解】徐广曰:"古'布'字作'専'。"【索隐】胡广曰:"泛,普也。言雨泽非偏于我,普遍布散,无所不濩之也。"

②【集解】韦昭曰:"名山,大山也。显位,封禅也。"

③【索隐】李奇云:"侯,何也。言君何不行封禅之事也。"案:迈训行也。如淳云"侯,维也"。

　　般般之兽,①乐我君囿;白质黑章,其仪可(嘉)〔喜〕;旼旼睦睦,君子之能。②盖闻其声,今观其来。厥涂靡踪,天瑞之征。③兹亦于舜,虞氏以兴。④

①【索隐】案:般般,文彩之皃也,音班。胡广曰"谓驺虞也"。

②【集解】徐广曰:"旼音旻,和貌也。能,一作'态'。"駰案:汉书音义曰"旻和穆敬,言和且敬,有似君子"。【索隐】旼音旻。

③【集解】徐广曰:"其所来路非有迹,盖自天降瑞,不行而至也。"

④【索隐】文颖曰:"舜百兽率舞,则驺虞亦在其中者已。"

　　濯濯之麟,①游彼灵畤。②孟冬十月,君俎郊祀。驰我君舆,帝以享祉。三代之前,盖未尝有。

①【索隐】诗人云"麀鹿濯濯",注云"濯濯,嬉游皃"也。

②【集解】汉书音义曰:"武帝祠五畤,获白麟,故言游灵畤。"

宛宛黄龙,①兴德而升;采色炫燿,爗炳辉煌。②正阳
显见,③觉寤黎烝。于传载之,云受命所乘。④

①【索隐】胡广曰:"屈伸也。"

②【集解】徐广曰:"爗音晃。辉音魂。"

③【索隐】文颖曰:"阳,明也。谓南面受朝也。"

④【索隐】如淳云:"书传所载,搉其比类,以为汉土德,黄龙为之应,见之
于成纪,故云受命所乘也。"

厥之有章,不必谆谆。①依类托寓,谕以封峦。②

①【集解】徐广曰:"谆,止纯反。告之丁宁。"骃案:汉书音义曰"天之所
命,表以符瑞,章明其德,不必谆谆然有语言也"。

②【集解】汉书音义曰:"寓,寄也。峦,山也。言依事类托寄,以喻封
禅者。"

披艺观之,天人之际已交,上下相发允答。圣王之德,兢
兢翼翼也。故曰"兴必虑衰,安必思危"。是以汤武至尊严,
不失肃祇;舜在假典,①顾省厥遗:此之谓也。

①【集解】徐广曰:"假,大也。"

司马相如既卒①五岁,天子始祭后土,八年而遂先礼中岳,②
封于太山,③至梁父禅肃然。④

①【集解】徐广曰:"元狩五年也。"

②【正义】嵩高也,在洛州阳城县西北二十二里。

③【正义】在兖州博城县西北三十里。

④【集解】徐广曰:"小山,在泰山下趾东北。"

相如他所著,若遗平陵侯①书、与五公子相难、草本书篇不采,
采其尤著公卿者云。

①【集解】徐广曰：“苏建也。”

太史公曰：“春秋推见至隐，①易本隐之以显，②大雅言王公大人而德逮黎庶，③小雅讥小己之得失，其流及上。④所以言虽外殊，其合德一也。相如虽多虚辞滥说，然其要归引之节俭，此与诗之风谏何异。杨雄以为靡丽之赋，劝百风一，犹驰骋郑卫之声，曲终而奏雅，不已亏乎？余采其语可论者著于篇。

①【集解】韦昭曰：“推见事至于隐讳，谓若晋文召天子，经言‘狩河阳’之属。”【索隐】李奇曰：“隐犹微也。言其义彰而文微，若隐公见弑，而经不书，讳之。”韦昭曰：“推见事至于隐讳，谓若晋文召天子，经言‘狩河阳’之属。”

②【集解】韦昭曰：“易本隐微妙，出为人事乃显著也。”【索隐】韦昭曰：“易本阴阳之微妙，出为人事乃更昭著也。”虞喜志林曰：“春秋以人事通天道，是推见以至隐也。易以天道接人事，是本隐以之明显也。”

③【集解】韦昭曰：“先言王公大人之德，乃后及众庶也。”【索隐】文颖曰：“大雅先言大人王公之德，后及众庶。”

④【集解】韦昭曰：“小雅之人志狭小，先道己之忧苦，其流乃及上政之得失者。”【索隐】文颖曰：“小雅之人材志狭小，先道己之忧苦，其末流及上政之得失也。故礼纬云小雅讥己得失，及之于上也。”

2672

【索隐述赞】相如纵诞，窃赀卓氏。其学无方，其才足倚。子虚过吒，上林非侈。四马还邛，百金献伎。惜哉封禅，遗文卓尔。

史记卷一百一十八

淮南衡山列传第五十八

淮南厉王长者,高祖少子也,其母故赵王张敖美人。高祖八年,从东垣过赵,①赵王献之美人。厉王母得幸焉,有身。赵王敖弗敢内宫,为筑外宫而舍之。及贯高等谋反柏人事发觉,并逮治王,尽收捕王母兄弟美人,系之河内。厉王母亦系,告吏曰:"得幸上,有身。"吏以闻上,上方怒赵王,夫理厉王母。厉王母弟赵兼因辟阳侯言吕后,吕后妒,弗肯白,辟阳侯不强争。及厉王母已生厉王,恚,即自杀。吏奉厉王诣上,上悔,②令吕后母之,而葬厉王母真定。真定,厉王母之家在焉,父世县也。③

①【正义】赵,张耳所都,今邢州也。

②【正义】悔不理厉王母。

③【索隐】案:汉书曰"母家县"。案:谓父祖代居真定也。

高祖十一年(十)〔七〕月,淮南王黥布反,立子长为淮南王,王黥布故地,凡四郡。①上自将兵击灭布,厉王遂即位。厉王蚤失母,常附吕后,孝惠、吕后时以故得幸无患害,而常心怨辟阳侯,弗敢发。及孝文帝初即位,淮南王自以为最亲,骄蹇,数不奉法。上以亲故,常宽赦之。三年,入朝。甚横。从上入苑囿猎,与上同车,常谓上"大兄"。厉王有材力,力能扛鼎,乃往请辟阳侯。辟阳侯出见之,即自袖铁椎椎辟阳侯,②令从者魏敬刭之。③厉王乃驰走阙下,肉袒谢曰:"臣母不当坐赵事,其时辟阳侯力能得之吕后,弗争,罪一也。赵王如意子母无罪,吕后杀之,辟阳侯弗争,罪二也。吕后王诸吕,欲以危刘氏,辟阳侯弗争,罪三也。臣谨为天下诛贼臣辟阳侯,报母之仇,谨伏阙下请罪。"孝文伤其志,为亲故,弗治,赦厉王。当是时,薄太后及太子诸大臣皆惮厉王,厉王以此归国益骄恣,不用汉法,出入称警跸,称制,自为法令,拟于天子。

①【集解】徐广曰:"九江、庐江、衡山、豫章也。"

②【索隐】案:汉书作"袖金椎椎之"。案:魏公子无忌使朱亥袖四十斤铁椎槌之也。

③【正义】刭,古鼎反。刭谓刺颈。

六年,令男子但等七十人与棘蒲侯柴武太子奇谋,以辇车四十乘①反谷口,②令人使闽越、匈奴。事觉,治之,使使召淮南王。淮南王至长安。

①【集解】徐广曰:"大车驾马曰辇。音己足反。"

②【集解】汉书音义曰:"谷口在长安北,故县也,处多险阻。"【正义】括地志云:"谷口故城在雍州醴泉县东北四十里,汉谷口县也。"

"丞相臣张仓、典客臣冯敬、行御史大夫事宗正臣逸、廷尉臣贺、备盗贼中尉臣福昧死言:淮南王长废先帝法,不听天子诏,居处无度,为黄屋盖乘舆,出入拟于天子,擅为法令,不用汉法。及所置吏,以其郎中春为丞相,聚收汉诸侯人及有罪亡者,匿与居,为治家室,赐其财物爵禄田宅,爵或至关内侯,奉以二千石,①所不当得,②欲以有为。大夫但、③士五开章等七十人④与棘蒲侯太子奇谋反,⑤欲以危宗庙社稷。使开章阴告长,与谋使闽越及匈奴发其兵。开章之淮南见长,长数与坐语饮食,为家室娶妇,以二千石俸奉之。开章使人告但,已言之王。春使使报但等。吏觉知,使长安尉奇等往捕开章。长匿不予,与故中尉蕑忌⑥谋,杀以闭口。⑦为棺椁衣衾,葬之肥陵邑,⑧谩吏曰⑨'不知安在'。⑩又详聚土,树表其上,曰'开章死,埋此下'。及长身自贼杀无罪者一人;令吏论杀无罪者六人;为亡命弃市罪诈捕命者以除罪;⑪擅罪人,罪人无告劾,系治城旦舂以上十四人;赦免罪人,死罪十八人,城旦舂以下五十八人;赐人爵关内侯以下九十四人。前日长病,陛下忧苦之,使使者赐书、枣脯。长不欲受赐,不肯见拜使者。南海民处庐江界中者反,淮南吏卒击之。陛下以淮南民贫苦,遣使者赐长帛五千匹,以赐吏卒劳苦者。长不欲受赐,谩言曰'无劳苦者'。南海民王织上书献璧皇帝,忌擅燔其书,不以闻。⑫吏请召治忌,长不遣,谩言曰'忌病'。春又请长,愿入见,长怒曰'女欲离我自附汉'。长当弃市,臣请论如法。"

① 【集解】如淳曰:"赐亡畔来者如赐其国二千石也。"瓒曰:"奉以二千石之秩禄。"

② 【索隐】案:谓有罪之人不得关内侯及二千石。

③ 【集解】张晏曰:"大夫,姓也。上云'男子但',明其姓大夫也。"瓒曰:"官为大夫,名但者也。" 【索隐】张揖曰大夫姓,非也。案:上云"男子但",此云"大夫但"及"士伍开章",则知大夫是官也。

④【集解】如淳曰:"律'有罪失官爵称士五'者也。开章,名。"

⑤【集解】徐广曰:"棘蒲侯柴武以文帝后元年卒,谥刚。嗣子谋反,不得置后,国除。"

⑥【索隐】蔺,姓也,音奸。严助传则作"閒忌",亦同音奸。

⑦【正义】谋杀开章,以闭绝谋反之口也。

⑧【正义】括地志云:"肥陵故县在寿州安丰县东六十里,在故六城东北百馀里。"

⑨【索隐】上音慢。慢,诳也。

⑩【索隐】按:实葬肥陵,诳云不知处。肥陵,地名,在肥水之上也。

⑪【集解】晋灼曰:"亡命者当弃市,而王藏之,诈捕不命者而言命,以脱命者之罪。"

⑫【集解】文颖曰:"忌,蔺忌。"

制曰:"朕不忍致法于王,其与列侯二千石议。"

"臣仓、臣敬、臣逸、臣福、臣贺昧死言:臣谨与列侯吏二千石臣婴等四十三人议,皆曰'长不奉法度,不听天子诏,乃阴聚徒党及谋反者,厚养亡命,欲以有为'。臣等议论如法。"

制曰:"朕不忍致法于王,其赦长死罪,废勿王。"

"臣仓等昧死言:长有大死罪,陛下不忍致法,幸赦,废勿王。臣请处蜀郡严道邛邮,①遣其子母从居,②县为筑盖家室,皆廪食给薪菜盐豉炊食器席蓐。臣等昧死请,请布告天下。"

①【集解】徐广曰:"严道有邛僰九折阪,又有邮置。" 骃案:张晏曰"严道,蜀郡县"。 【索隐】按:严道,蜀郡之县也。县有蛮夷曰道。严道有邛莱山,有邮置,故曰"严道邛邮"也。

②【索隐】案:乐产云"妾媵之有子者从去也"。

制曰:"计食长给肉日五斤,酒二斗。令故美人才人得幸者十人从居。他可。"①

　　尽诛所与谋者。于是乃遣淮南王,载以辎车,令县以次传。是时袁盎谏上曰:"上素骄淮南王,弗为置严傅相,以故至此。且淮南王为人刚,今暴摧折之,臣恐卒逢雾露病死,陛下为有杀弟之名,奈何!"上曰:"吾特苦之耳,今复之。"县传淮南王者皆不敢发车封。①淮南王乃谓侍者曰:"谁谓乃公勇者?②吾安能勇!吾以骄故不闻吾过至此。人生一世间,安能邑邑如此!"乃不食死。至雍,③雍令发封,以死闻。上哭甚悲,谓袁盎曰:"吾不听公言,卒亡淮南王。"盎曰:"不可奈何,愿陛下自宽。"上曰:"为之奈何?"盎曰:"独斩丞相、御史以谢天下乃可。"④上即令丞相、御史逮考诸县传送淮南王不发封馈侍者,皆弃市。乃以列侯葬淮南王于雍,守冢三十户。

①【集解】汉书音义曰:"槛车有槛封也。"

②【索隐】乃,汝也。汝公,淮南王自谓也。

③【正义】今岐州雍县也。

④【索隐】案:刘氏云"袁盎此言亦大过也"。

　　孝文八年,上怜淮南王,淮南王有子四人,皆七八岁,乃封子安为阜陵侯,子勃为安阳侯,子赐为阳周侯,子良为东成侯。

　　孝文十二年,民有作歌歌淮南厉王曰:"一尺布,尚可缝;一斗粟,尚可舂。兄弟二人不能相容。"①上闻之,乃叹曰:"尧舜放逐骨肉,②周公杀管蔡,天下称圣。何者?不以私害公。天下岂以我为贪淮南王地邪?"乃徙城阳王王淮南故地,③而追尊谥淮南王为厉王,④置园复如诸侯仪。

①【集解】汉书音义曰:"尺布斗粟犹尚不弃,况于兄弟而更相逐乎。"瓒曰:"一尺布尚可缝而共衣,一斗粟尚可舂而共食也,况以天下之广而不能相容。"

②【正义】帝系云尧,黄帝之后;舜,颛顼之后。四凶之内,有承黄帝、颛顼者,而尧舜窜之,故放逐骨肉耳。四凶者,共工、三苗、伯鲧及骓兜,皆尧舜之同姓,故云骨肉也。

③【集解】徐广曰:"景王章之子。"

④【正义】谥法云:"暴慢无亲曰厉。"

孝文十六年,徙淮南王喜①复故城阳。上怜淮南厉王废法不轨,自使失国蚤死,乃立其三子:阜陵侯安为淮南王,安阳侯勃为衡山王,阳周侯赐为庐江王,皆复得厉王时地,参分之。东城侯良前薨,无后也。

①【索隐】故城阳景王之子也。

孝景三年,吴楚七国反,吴使者至淮南,淮南王欲发兵应之。其相曰:"大王必欲发兵应吴,臣愿为将。"王乃属相兵。淮南相已将兵,因城守,不听王而为汉;汉亦使曲城侯①将兵救淮南:淮南以故得完。吴使者至庐江,庐江王弗应,而往来使越。吴使者至衡山,衡山王坚守无二心。孝景四年,吴楚已破,衡山王朝,上以为贞信,乃劳苦之曰:"南方卑湿。"徙衡山王王济北,所以褒之。及薨,遂赐谥为贞王。庐江王边越,数使使相交,故徙为衡山王,王江北。淮南王如故。

①【集解】徐广曰:"曲城侯姓虫名捷,其父名逢,高祖功臣。"

淮南王安为人好读书鼓琴,不喜弋猎狗马驰骋,亦欲以行阴德拊循百姓,流誉天下。时时怨望厉王死,时欲畔逆,未有因也。及建元二年,淮南王入朝。素善武安侯,武安侯时为太尉,乃逆王霸上,与王语曰:"方今上无太子,大王亲高皇帝孙,①行仁义,天下莫不闻。即宫车一日晏驾,非大王当谁立者!"淮南王大喜,厚遗武安侯金财物。阴结宾客,②拊循百姓,为畔逆事。建元六年,彗星见,淮南王心怪之。或说王曰:"先吴军起时,彗星出长数尺,然尚流血千里。今彗星长竟天,天下兵当大起。"王心以为上无太子,天下有变,诸侯并争,愈益治器械攻战具,积金钱赂遗郡国诸侯游士奇材。诸辨士为方略者,妄作妖言,谄谀王,王喜,多赐金钱,而谋反滋甚。

①【正义】汉书云:"武帝以安属为诸父。"

②【索隐】淮南要略云安养士数千,高才者八人,苏非、李尚、左吴、陈由、伍被、毛周、雷被、晋昌,号曰"八公"也。

淮南王有女陵,慧,有口辩。王爱陵,常多予金钱,为中诇①长安,约结上左右。元朔三年,上赐淮南王几杖,不朝。淮南王王后荼,王爱幸之。王后生太子迁,迁取王皇太后外孙修成君女为妃。②王谋为反具,畏太子妃知而内泄事,乃与太子谋,令诈弗爱,三月不同席。王乃详为怒太子,闭太子使与妃同内三月,太子终不近妃。妃求去,王乃上书谢归去之。王后荼、太子迁及女陵得爱幸王,擅国权,侵夺民田宅,妄致系人。③

①【集解】徐广曰:"诇,伺候采察之名也。音空政反。安平侯鄂千秋玄孙伯与淮南王女陵通而中绝,又遗淮南王书称臣尽力,故弃市。"

【索隐】邓展曰:"诇,捕也。"徐广曰:"伺候探察之名。"孟康曰:"诇音侦。西方人以反间为侦。"刘氏及包恺并音丑政反。服虔云:"侦,候也。"

②【集解】应劭曰:"王太后先适金氏女也。"

③【集解】徐广曰:"一云'殴击'。"

元朔五年,太子学用剑,自以为人莫及,闻郎中雷被巧,①乃召与戏。被一再辞让,②误中太子。太子怒,被恐。此时有欲从军者辄诣京师,被即愿奋击匈奴。太子迁数恶被于王,王使郎中令斥免,欲以禁后,③被遂亡至长安,上书自明。诏下其事廷尉、河南。④河南治,逮淮南太子,⑤王、王后计欲无遣太子,遂发兵反,计犹豫,十馀日未定。会有诏,即讯太子。⑥当是时,淮南相怒寿春丞留太子逮不遣,⑦劾不敬。王以请相,相弗听。王使人上书告相,事下廷尉治。踪迹连王,王使人候伺汉公卿,公卿请逮捕治王。王恐事发,太子迁谋曰:“汉使即逮王,王令人衣卫士衣,持戟居庭中,王旁有非是,则刺杀之,臣亦使人刺杀淮南中尉,乃举兵,未晚。”是时上不许公卿请,而遣汉中尉宏⑧即讯验王。王闻汉使来,即如太子谋计。汉中尉至,王视其颜色和,讯王以斥雷被事耳,王自度无何,⑨不发。中尉还,以闻。公卿治者曰:“淮南王安拥閼奋击匈奴者雷被等,废格明诏,⑩当弃市。”诏弗许。公卿请废勿王,诏弗许。公卿请削五县,诏削二县。使中尉宏赦淮南王罪,罚以削地。中尉入淮南界,宣言赦王。王初闻汉公卿请诛之,未知得削地,闻汉使来,恐其捕之,乃与太子谋刺之如前计。及中尉至,即贺王,王以故不发。其后自伤曰:“吾行仁义见削,甚耻之。”然淮南王削地之后,其为反谋益甚。诸使道从长安来,⑪为妄妖言,言上无男,汉不治,即喜;即言汉廷治,有男,王怒,以为妄言,非也。

①【索隐】案:巧,言善用剑也。

②【索隐】乐产云:“初一让,至二让,后遂不让,故云一再让而误中。”

③【正义】言屏斥免郎中令官,而令后人不敢效也。

④【正义】雷被告章下廷尉及河南共治之。

⑤【正义】逮谓追赴河南也。

⑥【索隐】案:乐产云"即,就也。讯,问也。就淮南案之,不逮诣河南也"。

⑦【集解】如淳曰:"丞主刑狱囚徒,丞顺王意,不遣太子应逮书。"

⑧【索隐】案:百官表姓殷也。

⑨【集解】如淳曰:"无何罪。"

⑩【索隐】崔浩云:"诏书募击匈奴,而雍遏应募者,汉律所谓废格。"案:如淳注梁孝王传云"妓阁,不行也。音各也"。

⑪【索隐】道长安来。如淳曰:"道犹言路。由长安来。"姚承云:"道,或作'从'。"

王日夜与伍被、①左吴等案舆地图,②部署兵所从入。王曰:"上无太子,宫车即晏驾,廷臣必征胶东王,不即常山王,③诸侯并争,吾可以无备乎! 且吾高祖孙,亲行仁义,陛下遇我厚,吾能忍之;万世之后,吾宁能北面臣事竖子乎!"

①【集解】汉书曰:"伍被,楚人。或言其先伍子胥后。"

②【集解】苏林曰:"舆犹尽载之意。"【索隐】按:志林云"舆地图汉家所画,非出远古也"。

③【集解】徐广曰:"皆景帝子也。"

王坐东宫,召伍被与谋,曰:"将军上。"被怅然曰:"上宽赦大王,王复安得此亡国之语乎! 臣闻子胥谏吴王,吴王不用,乃曰'臣今见麋鹿游姑苏之台也'。今臣亦见宫中生荆棘,露沾衣也。"王怒,系伍被父母,囚之三月。复召曰:"将军许寡人乎?"被曰:"不,直来为大王画耳。臣闻聪者听于无声,明者见于未形,故圣人万举万全。昔文王一动而功显于千世,列为三代,此所谓因天心以动作者也,故海内不期而随。此千岁之可见者。夫百年之秦,近世之吴

2681

楚,亦足以喻国家之存亡矣。臣不敢避子胥之诛,愿大王毋为吴王之听。昔秦绝圣人之道,杀术士,燔诗书,弃礼义,尚诈力,任刑罚,转负海之粟致之西河。当是之时,男子疾耕不足于糟糠,女子纺绩不足于盖形。遣蒙恬筑长城,东西数千里,暴兵露师常数十万,死者不可胜数,僵尸千里,流血顷亩,百姓力竭,欲为乱者十家而五。又使徐福入海求神异物,还为伪辞曰:'臣见海中大神,言曰:"汝西皇之使邪?"臣答曰:"然。""汝何求?"曰:"愿请延年益寿药。"神曰:"汝秦王之礼薄,得观而不得取。"即从臣东南至蓬莱山,见芝成宫阙,有使者铜色而龙形,光上照天。于是臣再拜问曰:"宜何资以献?"海神曰:"以令名男子若振女①与百工之事,即得之矣。"秦皇帝大说,遣振男女三千人,资之五谷种种百工而行。徐福得平原广泽,止王不来。②于是百姓悲痛相思,欲为乱者十家而六。又使尉佗逾五岭攻百越。尉佗知中国劳极,止王不来,使人上书,求女无夫家者三万人,以为士卒衣补。秦皇帝可其万五千人。于是百姓离心瓦解,欲为乱者十家而七。客谓高皇帝曰:'时可矣。'高皇帝曰:'待之,圣人当起东南间。'不一年,陈胜吴广发矣。高皇始于丰沛,一倡天下不期而响应者不可胜数也。此所谓蹈瑕候间,因秦之亡而动者也。百姓愿之,若旱之望雨,故起于行陈之中而立为天子,功高三王,德传无穷。今大王见高皇帝得天下之易也,独不观近世之吴楚乎?夫吴王赐号为刘氏祭酒,③复不朝,王四郡之众,地方数千里,内铸消铜以为钱,东煮海水以为盐,上取江陵木以为船,一船之载当中国数十两车,国富民众。行珠玉金帛赂诸侯宗室大臣,独窦氏不与。计定谋成,举兵而西。破于大梁,败于狐父,④奔走而东,至于丹徒,越人禽之,身死绝祀,为天下笑。

夫以吴越之众不能成功者何？诚逆天道而不知时也。方今大王之兵众不能十分吴楚之一，天下安宁有万倍于秦之时，愿大王从臣之计。大王不从臣之计，今见大王事必不成而语先泄也。臣闻微子过故国而悲，于是作麦秀之歌，是痛纣之不用王子比干也。故孟子曰'纣贵为天子，死曾不若匹夫'。是纣先自绝于天下久矣，非死之日而天下去之。今臣亦窃悲大王弃千乘之君，必且赐绝命之书，为群臣先，死于东宫也。⑤于是(王)气怨结而不扬，涕满匡而横流，即起，历阶而去。

①【集解】徐广曰："西京赋曰'振子万童'。"骃案：薛综曰"振子，童男女"。

②【正义】括地志云："亶州在东海中，秦始皇遣徐福将童男女，遂止此州。其后复有数洲万家，其上人有至会稽市易者。"阙文。

③【集解】应劭曰："礼'饮酒必祭，示有先也'，故称祭酒，尊也。"

④【集解】徐广曰："在梁砀之间。"

⑤【集解】如淳曰："王时所居也。"

王有孽子不害，最长，王弗爱，王、王后、太子皆不以为子兄数。①不害有子建，材高有气，常怨望太子不省其父；②又怨时诸侯皆得分子弟为侯，而淮南独二子，一为太子，建父独不得为侯。建阴结交，欲告败太子，以其父代之。太子知之，数捕系而榜笞建。建具知太子之谋欲杀汉中尉，即使所善寿春庄芷③以元朔六年上书于天子曰："毒药苦于口利于病，忠言逆于耳利于行。今淮南王孙建，材能高，淮南王王后荼、荼子太子迁常疾害建。建父不害无罪，擅数捕系，欲杀之。今建在，可征问，具知淮南阴事。"书闻，上以其事下廷尉，廷尉下河南治。是时故辟阳侯孙审卿善丞相公孙弘,怨淮南厉王杀其大父,乃深购淮南事于弘,弘乃疑淮南有畔逆计谋,深穷治其狱。河南治建,辞引淮南太子及党与。淮南王患之,欲发,问伍被曰:"汉廷治乱?"伍被曰:"天下治。"王意不说,谓伍被曰:"公何以言天下治也?"被曰:"被窃观朝廷之政,君臣之义,父子之亲,夫妇之别,长幼之序,皆得其理,上之举错遵古之道,风俗纪纲未有所缺也。重装富贾,周流天下,道无不通,故交易之道行。南越宾服,羌僰入献,东瓯入降,广长榆,④开朔方,匈奴折翅伤翼,失援不振。虽未及古太平之时,然犹为治也。"王怒,被谢死罪。王又谓被曰:"山东即有兵,汉必使大将军将而制山东,公以为大将军何如人也?"被曰:"被所善者黄义,从大将军击匈奴,还,告被曰:'大将军遇士大夫有礼,于士卒有恩,众皆乐为之用。骑上下山若蜚,材干绝人。'被以为材能如此,数将习兵,未易当也。及谒者曹梁使长安来,言大将军号令明,当敌勇敢,常为士卒先。休舍,穿井未通,须士卒尽得水,乃敢饮。军罢,卒尽已度河,乃度。皇太后所赐金帛,尽以赐军吏。虽古名将弗过也。"王默然。

①【集解】如淳曰:"不以为子兄秩数。"

②【集解】服虔曰:"不省录著兄弟数中。"

③【索隐】汉书作"严正"也。

④【集解】如淳曰:"广谓拓大之也。长榆,塞名,王恢所谓'树榆为塞'。"

淮南王见建已征治,恐国阴事且觉,欲发,被又以为难,乃复问被曰:"公以为吴兴兵是邪非也?"被曰:"以为非也。吴王至富贵也,举事不当,身死丹徒,头足异处,子孙无遗①类。臣闻吴王悔之甚。愿王孰虑之,无为吴王之所悔。"王曰:"男子之所死者一言耳。②且吴何知反，③汉将一日过成皋者四十餘人。④今我令楼缓⑤先要成皋之口，⑥周被下颍川兵塞轘辕、伊阙之道，⑦陈定发南阳兵守武关。⑧河南太守独有雒阳耳，何足忧。然此北尚有临晋关、河东、上党与河内、赵国。人言曰'绝成皋之口，天下不通'。据三川之险，⑨招山东之兵，举事如此，公以为何如？"被曰："臣见其祸，未见其福也。"王曰："左吴、赵贤、朱骄如皆以为有福，什事九成，公独以为有祸无福，何也？"被曰："大王之群臣近幸素能使众者，皆前系诏狱，餘无可用者。"王曰："陈胜、吴广无立锥之地，千人之聚，起于大泽，奋臂大呼而天下响应，西至于戏而兵百二十万。今吾国虽小，然而胜兵者可得十餘万，非直適戍之众，钁凿⑩棘矜也，公何以言有祸无福？"被曰："往者秦为无道，残贼天下。兴万乘之驾，作阿房之宫，收太半之赋，发闾左之戍，⑪父不宁子，兄不便弟，政苛刑峻，天下熬然若焦，⑫民皆引领而望，倾耳而听，悲号仰天，叩心而怨上，故陈胜大呼，天下响应。当今陛下临制天下，一齐海内，泛爱蒸庶，布德施惠。口虽未言，声疾雷霆，令虽未出，化驰如神，心有所怀，威动万里，下之应上，犹影响也。而大将军材能不特章邯、杨熊也。大王以陈胜、吴广谕之，被以为过矣。"王曰："苟如公言，不可徼幸邪？"被曰："被有愚计。"王曰："奈何？"被曰："当今诸侯无异心，百姓无怨气。朔方之郡田地广，水草美，民徙者不足以实其地。臣之愚计，可伪为丞相御史请书，徙郡国豪杰任侠及有耐罪以上，⑬赦令除其罪，产五十万以上者，皆徙其家属朔方之郡，益发甲卒，急其会日。又伪为左右都司空上林中都官诏狱（逮）书，〔逮〕诸侯太子幸臣，⑭如此则民怨，诸侯惧，即使辩武⑮随而说之，傥可徼幸什得一乎？"王曰："此可也。虽然，吾以为不至若此。"于

是王乃令官奴入宫,作皇帝玺,丞相、御史、大将军、军吏、中二千
石、都官令、丞印,及旁近郡太守、都尉印,汉使节法冠,⑯欲如伍被
计。使人伪得罪而西,⑰事大将军、丞相;一日发兵,⑱使人即刺杀
大将军青,而说丞相下之,如发蒙耳。⑲

①【集解】徐广曰:"一作'噭',音寂笑反。"

②【集解】徐广曰:"一本无此'言'字。"駰案:张晏曰"不成则死,一计
耳"。瓒曰"或有一言之交,以死报之矣"。

③【集解】瓒曰:"言吴王不知举兵反。"【索隐】案:知犹解。

④【集解】如淳曰:"言吴不塞成皋口,而令汉将得出之。"

⑤【集解】汉书直云"缓",无"楼"字。楼缓乃六国时人,疑此后人所益
也。李奇曰:"缓,似人姓名。"韦昭曰:"淮南臣名。"

⑥【正义】成皋故城在河南(湿)〔汜〕水县东南二里。

⑦【正义】轘辕故关在河南缑氏县南四十里。伊阙故关在河南县南十
九里。

⑧【正义】故武关在商州商洛县东九十里。春秋时。阙文。

⑨【正义】即成皋关也。

⑩【集解】徐广曰:"大镰谓之刿,音五哀反。或是铩乎?"【索隐】刘氏
音上吾里反,下自洛反。又铩,邹音机也。注"大镰谓之刿",镰音廉,
刿音五哀反。

⑪【正义】间左边不役之民,秦则役之也。

⑫【索隐】若焦。音即消反。

⑬【集解】应劭曰:"轻罪不至于髡,完其耏鬓,故曰耏。古'耏'字从
'彡',发肤之意。杜林以为法度之字皆从'寸',后改如是。耏音若
能。"如淳曰:"律'耏为司寇,耏为鬼薪、白粲'。耏犹任也。"苏林曰:
"一岁为罚作,二岁刑已上为耏。耏,能任其罪。"

⑭【集解】晋灼曰:"百官表宗正有左右都司空,上林有水司空,皆主囚徒

官也。"

⑮【集解】徐广曰:"淮南人名士曰武。"

⑯【集解】蔡邕曰:"法冠,楚王冠也。秦灭楚,以其君冠赐御史。"
【索隐】崔浩云:"一名獬豸冠。"按:蔡邕云"楚王冠也。秦灭楚,以
其君冠赐御史"者也。

⑰【集解】苏林曰:"诈作罪人而西也。"

⑱【集解】如淳曰:"发淮南兵也。" 【索隐】崔浩云:"一日犹一朝,卒然
无定时也。"

⑲【集解】如淳曰:"以物蒙覆其头,而为发去,其人欲之耳。"韦昭曰:
"如蒙巾,发之甚易。"

王欲发国中兵,恐其相、二千石不听。王乃与伍被谋,先杀相、
二千石;伪失火宫中,相、二千石救火,至即杀之。计未决,又欲令
人衣求盗衣,①持羽檄,从东方来,呼曰"南越兵入界",欲因以发
兵。乃使人至庐江、会稽为求盗,未发。王问伍被曰:"吾举兵西
乡,诸侯必有应我者;即无应,奈何?"被曰:"南收衡山以击庐江,
有寻阳之船,守下雉之城,②结九江之浦,绝豫章之口,③强弩临江
而守,以禁南郡之下,东收江都、会稽,④南通劲越,屈强江淮间,犹
可得延岁月之寿。"王曰:"善,无以易此。急则走越耳。"

①【集解】汉书音义曰:"卒衣也。"

②【集解】徐广曰:"在江夏。"骃案:苏林曰"下雉,县名"。 【索隐】雉
音徐尔反。案:县名,在江夏。

③【正义】即彭蠡湖口,北流出大江者。

④【正义】江都,扬州也。会稽,苏州也。

于是廷尉以王孙建辞连淮南王太子迁闻。上遣廷尉监因拜淮
南中尉,逮捕太子。至淮南,淮南王闻,与太子谋召相、二千石,欲

杀而发兵。召相,相至;内史以出为解。中尉曰:"臣受诏使,不得
见王。"王念独杀相而内史中尉不来,无益也,即罢相。王犹豫,计
未决。太子念所坐者谋刺汉中尉,所与谋者已死,以为口绝,乃谓
王曰:"群臣可用者皆前系,今无足与举事者。王以非时发,恐无
功,臣愿会逮。"王亦偷欲休,①即许太子。太子即自刭,不殊。②伍
被自诣吏,因告与淮南王谋反,反踪迹具如此。

①【集解】徐广曰:"偷,苟且也。"

②【集解】晋灼曰:"不殊,不死。"

吏因捕太子、王后,围王宫,尽求捕王所与谋反宾客在国中者,
索得反具以闻。上下公卿治,所连引与淮南王谋反列侯二千石豪
杰数千人,皆以罪轻重受诛。衡山王赐,淮南王弟也,当坐收,有司
请逮捕衡山王。天子曰:"诸侯各以其国为本,不当相坐。与诸侯
王列侯会肄丞相诸侯议。"①赵王彭祖、列侯臣让等四十三人议,皆
曰:"淮南王安甚大逆无道,谋反明白,当伏诛。"胶西王臣端议曰:
"淮南王安废法行邪,怀诈伪心,以乱天下,荧惑百姓,倍畔宗庙,妄
作妖言。春秋曰'臣无将,将而诛'。安罪重于将,谋反形已定。
臣端所见其书节印图及他逆无道事验明白,甚大逆无道,当伏其
法。而论国吏二百石以上及比者,②宗室近幸臣不在法中者,不能
相教,当皆免官削爵为士伍,毋得宦为吏。其非吏,他赎死金二斤
八两。③以章臣安之罪,使天下明知臣子之道,毋敢复有邪僻倍畔
之意。"丞相弘、廷尉汤等以闻,天子使宗正以符节治王。未至,淮
南王安自刭杀。④王后荼、太子迁诸所与谋反者皆族。天子以伍被
雅辞多引汉之美,欲勿诛。廷尉汤曰:"被首为王画反谋,被罪无
赦。"遂诛被。国除为九江郡。⑤

2688

①【集解】徐广曰:"诣都座就丞相共议也。"【索隐】会肄丞相者。案:肄,习也,音异。

②【集解】徐广曰:"比吏而非真。"

③【集解】苏林曰:"非吏,故曰他。"

④【集解】徐广曰:"即位凡四十二年,元狩元年十月死。"

⑤【集解】徐广曰:"又为六安国,以陈县为都。"

衡山王赐,王后乘舒①生子三人,长男爽为太子,次男孝,次女无采。又姬徐来生子男女四人,美人厥姬生子二人。衡山王、淮南王兄弟相责望礼节,间不相能。衡山王闻淮南王作为畔逆反具,亦心结宾客以应之,恐为所并。

①【正义】衡山王后名也。

元光六年,衡山王入朝,其谒者卫庆有方术,欲上书事天子,王怒,故劾庆死罪,强榜服之。衡山内史以为非是,却其狱。王使人上书告内史,内史治,言王不直。王又数侵夺人田,坏人冢以为田。有司请逮治衡山王。天子不许,为置吏二百石以上。①衡山王以此恚,与奚慈、张广昌谋,求能为兵法候星气者,日夜从容王密谋反事。②

①【集解】如淳曰:"汉仪注吏四百石以下,自调除国中。今王恶,天子皆为置之。"

②【集解】徐广曰:"密,豫作计校。"

王后乘舒死,立徐来为王后。厥姬俱幸。两人相妒,厥姬乃恶王后徐来于太子曰:"徐来使婢蛊道杀太子母。"太子心怨徐来。徐来兄至衡山,太子与饮,以刃刺伤王后兄。王后怨怒,数毁恶太子于王。太子女弟无采,嫁弃归,与奴奸,又与客奸。太子数让无

采,无采怒,不与太子通。王后闻之,即善遇无采。无采及中兄孝
少失母,附王后,王后以计爱之,与共毁太子,王以故数击笞太子。
元朔四年中,人有贼伤王后假母者,①王疑太子使人伤之,笞太子。
后王病,太子时称病不侍。孝、王后、无采恶太子:"太子实不病,自
言病,有喜色。"王大怒,欲废太子,立其弟孝。王后知王决废太子,
又欲并废孝。王后有侍者,善舞,王幸之,王后欲令侍者与孝乱以
汙之,欲并废兄弟而立其子广代太子。太子爽知之,念后数恶己无
已时,欲与乱以止其口。王后饮,太子前为寿,因据王后股,求与王
后卧。王后怒,以告王。王乃召,欲缚而笞之。太子知王常欲废己
立其弟孝,乃谓王曰:"孝与王御者奸,无采与奴奸,王强食,请上
书。"即倍王去。王使人止之,莫能禁,乃自驾追捕太子。太子妄恶
言,王械系太子宫中。孝日益亲幸。王奇孝材能,乃佩之王印,号
曰将军,令居外宅,多给金钱,招致宾客。宾客来者,微知淮南、衡
山有逆计,日夜从容劝之。王乃使孝客江都人救赫、②陈喜作辒车
镞矢,③刻天子玺,将相军吏印。王日夜求壮士如周丘等,数称引
吴楚反时计画,以约束。衡山王非敢效淮南王求即天子位,畏淮南
起并其国,以为淮南已西,发兵定江淮之间而有之,望如是。

①【集解】汉书音义曰:"傅母属。"

②【索隐】救,汉书作"枚"。刘向别录云"易家有救氏注"也。

2690

③【集解】徐广曰:"辒车,战车也,音扶萌反。"

  元朔五年秋,衡山王当朝,(六年)过淮南,淮南王乃昆弟语,除
前郤,约束反具。衡山王即上书谢病,上赐书不朝。

  元朔六年中,衡山王使人上书请废太子爽,立孝为太子。爽
闻,即使所善白嬴①之长安上书,言孝作辒车镞矢,与王御者奸,欲

以败孝。白嬴至长安，未及上书，吏捕嬴，以淮南事系。王闻爽使白嬴上书，恐言国阴事，即上书反告太子爽所为不道弃市罪事。事下沛郡治。元(朔七)〔狩元〕年冬，有司公卿下沛郡求捕所与淮南谋反者未得，得陈喜于衡山王子孝家。吏劾孝首匿喜。孝以为陈喜雅数与王计谋反，恐其发之，闻律先自告除其罪，又疑太子使白嬴上书发其事，即先自告，告所与谋反者救赫、陈喜等。廷尉治验，公卿请逮捕衡山王治之。天子曰："勿捕。"遣中尉安、②大行息③即问王，王具以情实对。吏皆围王宫而守之。中尉大行还，以闻，公卿请遣宗正、大行与沛郡杂治王。王闻，即自刭杀。孝先自告反，除其罪；坐与王御婢奸，弃市。王后徐来亦坐蛊杀前王后乘舒，及太子爽坐王告不孝，皆弃市。诸与衡山王谋反者皆族。国除为衡山郡。

①【索隐】音盈，人姓名也。

②【索隐】案：汉书表司马安也。

③【索隐】案：汉书表李息也。

太史公曰：诗之所谓"戎狄是膺，荆舒是惩"，信哉是言也。淮南、衡山亲为骨肉，疆土千里，列为诸侯，不务遵蕃臣职以承辅天子，而专挟邪僻之计，谋为畔逆，仍父子再亡国，各不终其身，为天下笑。此非独王过也，亦其俗薄，臣下渐靡使然也。夫荆楚僄勇轻悍，好作乱，乃自古记之矣。

【索隐述赞】淮南多横，举事非正。天子宽仁，其过不更。辒车致祸，斗粟成咏。王安好学，女陵作诇。兄弟不和，倾国殒命。

史记卷一百一十九

循吏列传第五十九

【索隐】案：谓本法循理之吏也。

太史公曰：法令所以导民也，刑罚所以禁奸也。文武不备，良民惧然身修者，官未曾乱也。奉职循理，亦可以为治，何必威严哉？

孙叔敖者，①楚之处士也。虞丘相进之于楚庄王以自代也。三月为楚相，施教导民，上下和合，世俗盛美，政缓禁止，吏无奸邪，盗贼不起。秋冬则劝民山采，春夏以水，②各得其所便，民皆乐其生。

①【正义】说苑云："孙叔敖为令尹，一国吏民皆来贺。有一老父衣粗衣，冠白冠，后来，吊曰：'有身贵而骄人者，民亡之；位已高而擅权者，君恶之；禄已厚而不知足者，患处之。'叔敖再拜，敬受命，愿闻馀教。父曰：'位已高而意益下，官益大而心益小，禄已厚而慎不取。君谨守此

三者,足以治楚。'"

②【集解】徐广曰:"乘多水时而出材竹。"

　　庄王以为币轻,更以小为大,百姓不便,皆去其业。市令言之相曰:"市乱,民莫安其处,次行不定。"相曰:"如此几何顷乎?"市令曰:"三月顷。"相曰:"罢,吾今令之复矣。"后五日,朝,相言之王曰:"前日更币,以为轻。今市令来言曰'市乱,民莫安其处,次行之不定'。臣请遂令复如故。"王许之,下令三日而市复如故。

　　楚民俗好庳车,①王以为庳车不便马,欲下令使高之。相曰:"令数下,民不知所从,不可。王必欲高车,臣请教闾里使高其梱。②乘车者皆君子,君子不能数下车。"王许之。居半岁,民悉自高其车。

①【索隐】庳,下也,音婢。

②【索隐】音口本反。梱,门限也。

　　此不教而民从其化,近者视而效之,远者四面望而法之。故三得相而不喜,知其材自得之也;三去相而不悔,知非己之罪也。①

①【集解】皇览曰:"孙叔敖冢在南郡江陵故城中白土里。民传孙叔敖曰'葬我庐江陂,后当为万户邑'。去故楚都郢城北三十里所。或曰孙叔敖激沮水作云梦大泽之池也。"

　　子产者,郑之列大夫也。郑昭君之时,以所爱徐挚为相,①国乱,上下不亲,父子不和。大宫子期言之君,以子产为相。②为相一年,竖子不戏狎,斑白不提挈,僮子不犁畔。二年,市不豫贾。③三年,门不夜关,④道不拾遗。四年,田器不归。五年,士无尺籍,⑤丧期不令而治。治郑二十六年而死,丁壮号哭,老人儿啼,曰:"子产去我死乎! 民将安归?"⑥

①【索隐】案：郑系家云子产，郑成公之少子。事简公、定公。简公封子产以六邑，子产受其半。子产不事昭君，亦无徐挚作相之事。盖别有所出，太史记异耳。

②【索隐】子期亦郑之公子也。左传、国语亦无其说。案：系家郑相子驷、子孔与子产同时，盖亦子期之兄弟也。

③【索隐】下音价。谓临时评其贵贱，不豫定也。

④【集解】徐广曰："一作'闲'。"

⑤【正义】言士民无一尺方板之籍书。什伍，什伍相保也。

⑥【集解】皇览曰："子产冢在河南新郑，城外大冢是也。"【索隐】案：左传及系家云子产死，孔子泣曰"子产，古之遗爱也"。又韩诗称子产卒，郑人耕者辍耒，妇人捐其佩玦也。

公仪休者，鲁博士也。以高弟为鲁相。奉法循理，无所变更，百官自正。使食禄者不得与下民争利，受大者不得取小。

客有遗相鱼者，相不受。客曰："闻君嗜鱼，遗君鱼，何故不受也？"相曰："以嗜鱼，故不受也。今为相，能自给鱼；今受鱼而免，谁复给我鱼者？吾故不受也。"

食茹而美，拔其园葵而弃之。见其家织布好，而疾出其家妇，燔其机，云"欲令农士工女安所雠①其货乎"？

①【索隐】音售。

石奢者，楚昭王相也。坚直廉正，无所阿避。行县，道有杀人者，相追之，乃其父也。纵其父而还自系焉。使人言之王曰："杀人者，臣之父也。夫以父立政，不孝也；废法纵罪，非忠也；臣罪当死。"王曰："追而不及，不当伏罪，子其治事矣。"石奢曰："不私其父，非孝子也；不奉主法，非忠臣也。王赦其罪，上惠也；伏诛而死，臣职也。"遂不受令,自刭①而死。

①【索隐】音亡粉反。

李离者,晋文公之理也。①过听杀人,自拘当死。文公曰:"官
有贵贱,罚有轻重。下吏有过,非子之罪也。"李离曰:"臣居官为
长,不与吏让位;受禄为多,不与下分利。今过听杀人,傅其罪下
吏,非所闻也。"辞不受令。文公曰:"子则自以为有罪,寡人亦有
罪邪?"李离曰:"理有法,失刑则刑,失死则死。公以臣能听微决
疑,②故使为理。今过听杀人,罪当死。"遂不受令,伏剑而死。

①【正义】理,狱官也。

②【索隐】言能听察微理,以决疑狱。故周礼司寇以五听察狱,词气色耳
目也。又尚书曰"服念五六日,至于旬时"是也。

太史公曰:孙叔敖出一言,郢市復。子产病死,郑民号哭。公
仪子见好布而家妇逐。石奢纵父而死,楚昭名立。李离过杀而伏
剑,晋文以正国法。

【索隐述赞】奉职循理,为政之先。恤人体国,良史述焉。叔孙、郑产,自
昔称贤。拔葵一利,赦父非愆。李离伏剑,为法而然。

史记卷一百二十

汲郑列传第六十

汲黯字长孺，濮阳人也。其先有宠于古之卫君。① 至黯七世，世为卿大夫。黯以父任，孝景时为太子洗马，以庄见惮。② 孝景帝崩，太子即位，黯为谒者。东越相攻，上使黯往视之。不至，至吴而还，报曰："越人相攻，固其俗然，不足以辱天子之使。"河内失火，延烧千馀家，上使黯往视之。还报曰："家人失火，屋比③延烧，不足忧也。臣过河南，河南贫人伤水旱万馀家，或父子相食，臣谨以便宜，持节发河南仓粟以振贫民。臣请归节，伏矫制之罪。"上贤而释之，迁为荥阳令。黯耻为令，病归田里。上闻，乃召拜为中大夫。以数切谏，不得久留内，迁为东海太守。黯学黄老之言，治官理民，好清静，择丞史而任之。④ 其治，责大指而已，不苛小。黯多病，卧闺阁内不出。岁馀，东海大治。称之。上闻，召以为主爵都尉，列于九卿。治务在无为而已，弘大体，不拘文法。

①【集解】文颖曰:"六国时,卫但称君。"

②【索隐】按:庄者,严也,谓严威也。按:自汉明帝讳庄,故已后"庄"皆云"严"。

③【索隐】音鼻。

④【集解】如淳曰:"律,太守、都尉、诸侯内史史各一人,卒史书佐各十人。今总言'丞史',或以为择郡丞及史使任之。郑当时为大农,推官属丞史,亦是也。"

黯为人性倨,少礼,面折,不能容人之过。合己者善待之,不合己者不能忍见,士亦以此不附焉。然好学,游侠,任气节,内行修絜,好直谏,数犯主之颜色,常慕傅柏、袁盎之为人也。①善灌夫、郑当时及宗正刘弃。②亦以数直谏,不得久居位。

①【集解】应劭曰:"傅柏,梁人,为孝王将,素伉直。"【索隐】傅音付,人姓。柏,名。为梁将也。

②【集解】徐广曰:"一云名弃疾。"【索隐】汉书名弃疾。

当是时,太后弟武安侯蚡为丞相,中二千石来拜谒,蚡不为礼。然黯见蚡未尝拜,常揖之。天子方招文学儒者,上曰吾欲云云,①黯对曰:"陛下内多欲而外施仁义,奈何欲效唐虞之治乎!"上默然,怒,变色而罢朝。公卿皆为黯惧。上退,谓左右曰:"甚矣,汲黯之戆也!"②群臣或数黯,黯曰:"天子置公卿辅弼之臣,宁令从谀承意,陷主于不义乎?且已在其位,纵爱身,奈辱朝廷何!"

①【集解】张晏曰:"所言欲施仁义也。"

②【索隐】戆,愚也。音陟降反也。

黯多病,病且满三月,上常赐告者数,①终不愈。最后病,庄助为请告。②上曰:"汲黯何如人哉?"助曰:"使黯任职居官,无以逾人。③然至其辅少主,守城深坚,招之不来,麾之不去,虽自谓贲育亦不能夺之矣。"上曰："然。古有社稷之臣,至如黯,近之矣。"

① 【集解】如淳曰："杜钦所谓'病满赐告诏恩'也。数者,非一也。或曰赐告,得去官归家;与告,居官不视事。"【索隐】数音所角反。按:注"赐告,得去官家居;予告,居官不视事"也。

② 【集解】徐广曰："最,一作'其'也。"

③ 【索隐】逾音庚。案:汉书作"瘉",瘉犹胜也。此作"逾",逾谓越过人也。

大将军青侍中,上踞厕而视之。① 丞相弘燕见,上或时不冠。至如黯见,上不冠不见也。上尝坐武帐中,② 黯前奏事,上不冠,望见黯,避帐中,使人可其奏。其见敬礼如此。

① 【集解】如淳曰："厕音侧,谓床边,踞床视之。一云溷厕也。厕,床边侧。"

② 【集解】应劭曰："武帐,织成为武士象也。"孟康曰："今御武帐,置兵兰五兵于帐中。"韦昭曰："以武名之,示威。"

张汤方以更定律令为廷尉,黯数质责汤于上前,曰："公为正卿,上不能褒先帝之功业,下不能抑天下之邪心,安国富民,使囹圄空虚,二者无一焉。非苦就行,放析就功,何乃取高皇帝约束纷更之为?① 公以此无种矣。"黯时与汤论议,汤辩常在文深小苛,黯伉厉守高不能屈,忿发骂曰："天下谓刀笔吏不可以为公卿,果然。必汤也,令天下重足而立,侧目而视矣!"

① 【集解】如淳曰："纷,乱也。"

是时,汉方征匈奴,招怀四夷。黯务少事,乘上闲,常言与胡和亲,无起兵。上方向儒术,尊公孙弘。及事益多,吏民巧弄。① 上分别文法,汤等数奏决谳② 以幸。而黯常毁儒,面触弘等徒怀诈饰智以阿人主取容，而刀笔吏专深文巧诋，③陷人于罪，使不得反其真，以胜为功。上愈益贵弘、汤，弘、汤深心疾黯，唯天子亦不说也，欲诛之以事。弘为丞相，乃言上曰："右内史界部中多贵人宗室，难治，非素重臣不能任，请徙黯为右内史。"为右内史数岁，官事不废。

①【索隐】音路洞反。

②【索隐】音鱼列反。

③【索隐】音丁礼反。

大将军青既益尊，姊为皇后，然黯与亢礼。人或说黯曰："自天子欲群臣下大将军，大将军尊重益贵，君不可以不拜。"黯曰："夫以大将军有揖客，反不重邪？"大将军闻，愈贤黯，数请问国家朝廷所疑，遇黯过于平生。

淮南王谋反，惮黯，曰："好直谏，守节死义，难惑以非。至如说丞相弘，如发蒙振落耳。"

天子既数征匈奴有功，黯之言益不用。

始黯列为九卿，而公孙弘、张汤为小吏。及弘、汤稍益贵，与黯同位，黯又非毁弘、汤等。已而弘至丞相，封为侯；汤至御史大夫；故黯时丞相史皆与黯同列，或尊用过之。黯褊心，不能无少望，见上，前言曰："陛下用群臣如积薪耳，后来者居上。"上默然。有间黯罢，上曰："人果不可以无学，观黯之言也日益甚。"

居无何，匈奴浑邪王率众来降，汉发车二万乘。县官无钱，从民贳马。①民或匿马，马不具。上怒，欲斩长安令。黯曰："长安令无罪，独斩黯，民乃肯出马。且匈奴畔其主而降汉，汉徐以县次传之，何至令天下骚动，罢敝中国而以事夷狄之人乎！"上默然。及浑邪至，贾人与市者，坐当死者五百馀人。黯请间，见高门，②曰："夫匈奴攻当路塞,绝和亲,中国兴兵诛之,死伤者不可胜计,而费以巨万百数。臣愚以为陛下得胡人,皆以为奴婢以赐从军死事者家;所卤获,因予之,以谢天下之苦,塞百姓之心。今纵不能,浑邪率数万之众来降,虚府库赏赐,发良民侍养,譬若奉骄子。愚民安知市买长安中物而文吏绳以为阑出财物于边关乎?③陛下纵不能得匈奴之资以谢天下,又以微文杀无知者五百馀人,是所谓'庇其叶而伤其枝'者也,臣窃为陛下不取也。"上默然,不许,曰:"吾久不闻汲黯之言,今又复妄发矣。"后数月,黯坐小法,会赦免官。于是黯隐于田园。

①【索隐】赍音时夜反。赍,赊也。邹氏音势。

②【集解】如淳曰:"黄图未央宫中有高门殿。"

③【集解】应劭曰:"阑,妄也。律,胡市,吏民不得持兵器出关。虽于京师市买,其法一也。"瓒曰:"无符传出入为阑。"

居数年,会更五铢钱,①民多盗铸钱,楚地尤甚。上以为淮阳,楚地之郊,乃召拜黯为淮阳太守。黯伏谢不受印,诏数强予,然后奉诏。诏召见黯,黯为上泣曰:"臣自以为填沟壑,不复见陛下,不意陛下复收用之。臣常有狗马病,力不能任郡事,臣愿为中郎,出入禁闼,补过拾遗,臣之愿也。"上曰:"君薄淮阳邪?吾今召君矣。②顾淮阳吏民不相得,吾徒得君之重,卧而治之。"黯既辞行,过大行李息,曰:"黯弃居郡,不得与朝廷议也。然御史大夫张汤智足以拒谏,诈足以饰非,务巧佞之语,辩数之辞,非肯正为天下言,专阿主意。主意所不欲,因而毁之;主意所欲,因而誉之。好兴事,舞文法,③内怀诈以御主心,外挟贼吏以为威重。公列九卿,不早言之,公与之俱受其僇矣。"息畏汤,终不敢言。黯居郡如故治,淮阳政清。后张汤果败,上闻黯与息言,抵息罪。今黯以诸侯相秩居淮阳。④七岁而卒。⑤

①【集解】徐广曰:"元狩五年行五铢钱。"

②【索隐】今即今也。谓今日后即召君。

③【集解】如淳曰:"舞犹弄也。"

④【集解】如淳曰:"诸侯王相在郡守上,秩真二千石。律,真二千石俸月二万,二千石月万六千。"

⑤【集解】徐广曰:"元鼎五年。"

卒后,上以黯故,官其弟汲仁至九卿,子汲偃至诸侯相。黯姑姊子司马安亦少与黯为太子洗马。安文深巧善宦,官四至九卿,以河南太守卒。昆弟以安故,同时至二千石者十人。濮阳段宏①始事盖侯信,②信任宏,宏亦再至九卿。然卫人仕者皆严惮汲黯,出其下。

①【索隐】段客。案:汉书作"段宏"。

②【集解】徐广曰:"太后兄王信。"

郑当时者,字庄,陈人也。其先郑君①尝为项籍将;籍死,已而属汉。高祖令诸故项籍臣名籍,郑君独不奉诏。诏尽拜名籍者为大夫,而逐郑君。郑君死孝文时。

①【集解】汉书音义曰:"当时父。"

郑庄以任侠自喜,脱张羽于厄,①声闻梁楚之间。孝景时,为太子舍人。每五日洗沐,常置驿马长安诸郊,②存诸故人,请谢宾客,夜以继日,至其明旦,常恐不遍。庄好黄老之言,其慕长者如恐不见。年少官薄,然其游知交皆其大父行,天下有名之士也。武帝立,庄稍迁为鲁中尉、济南太守、江都相,至九卿为右内史。以武安

2702

侯、魏其时议,贬秩为詹事,迁为大农令。

①【集解】服虔曰:"梁孝王之将,楚相之弟。"

②【集解】如淳曰:"交道四通处也,请宾客便。"瓒曰:"诸郊谓长安四面
郊祀之处,闲静,可以请宾客。"　【索隐】按:置即驿,马谓于置著马
也。四面郊。

庄为太史,诫门下:"客至,无贵贱无留门者。"执宾主之礼,以
其贵下人。庄廉,又不治其产业,仰奉赐以给诸公。然其馈遗人,
不过算器食。①每朝,候上之间,说未尝不言天下之长者。其推毂
士及官属丞史,诚有味其言之也,常引以为贤己。未尝名吏,与
官属言,若恐伤之。闻人之善言,进之上,唯恐后。山东士诸公以
此翕然称郑庄。

①【集解】徐广曰:"算音先管反,竹器。"　【索隐】算音先管反。按:谓
竹器,以言无铜漆也。汉书作"具器食"。

郑庄使视决河,自请治行五日。①上曰:"吾闻'郑庄行,千里不
赍粮',请治行者何也?"然郑庄在朝,常趋和承意,不敢甚引当否。
及晚节,汉征匈奴,招四夷,天下费多,财用益匮。庄任人宾客为大
农僦人,②多逋负。司马安为淮阳太守,发其事,庄以此陷罪,赎为
庶人。顷之,守长史。③上以为老,以庄为汝南太守。数岁,以
官卒。

①【集解】如淳曰:"治行谓庄严也。"

②【集解】徐广曰:"一作'入'。一云宾客为大农僦人,僦人盖兴生财
利,如今方宜矣。"骃案:晋灼曰"当时为大农,而任使其宾客辜较任僦
也"。瓒曰"任人谓保任见举者"。　【索隐】僦音即就反。辜较音姑
角。按:谓当时作大农,任宾客就人取庸直也。或者赍物以应官取
庸,故下云"多逋负"。"辜较"字亦作"酤榷"。榷者,独也。言国家

独榷酤也。此云"辜较",亦谓令宾客任人专其利,故云辜较也。

③【集解】如淳曰:"丞相长史。"

郑庄、汲黯始列为九卿,廉,内行修絜。此两人中废,家贫,宾客益落。①及居郡,卒后家无馀赀财。庄兄弟子孙以庄故,至二千石六七人焉。

①【索隐】按:落犹零落,谓散也。

太史公曰:夫以汲、郑之贤,有势则宾客十倍,无势则否,况众人乎! 下邽①翟公有言,始翟公为廷尉,宾客阗门;及废,门外可设雀罗。翟公复为廷尉,宾客欲往,翟公乃大署其门曰:"一死一生,乃知交情。一贫一富,乃知交态。一贵一贱,交情乃见。"汲、郑亦云,悲夫!

①【集解】徐广曰:"邽,一作'郐'。"【索隐】邽音圭,县名,属京兆。徐广曰:"下邽作'下郐'。"

【索隐述赞】河南矫制,自古称贤。淮南卧理,天子伏焉。积薪兴叹,伉直愈坚。郑庄推士,天下翕然。交道势利,翟公怆旀。

史记卷一百二十一

儒林列传第六十一

【正义】姚承云:"儒谓博士,为儒雅之林,综理古文,宣明旧艺,咸劝儒者,以成王化者也。"

太史公曰:余读功令,①至于广厉学官之路,未尝不废书而叹也。曰:嗟乎! 夫周室衰而关雎作,幽厉微而礼乐坏,诸侯恣行,政由强国。故孔子闵王路废而邪道兴,于是论次诗书,修起礼乐。适齐闻韶,三月不知肉味。自卫返鲁,然后乐正,雅颂各得其所。②世以混浊莫能用,是以仲尼干七十馀君③无所遇,曰"苟有用我者,期月而已矣"。西狩获麟,曰"吾道穷矣"。故因史记作春秋,以当王法,以辞微而指博,后世学者多录焉。④

①【索隐】案:谓学者课功著之于令,即今学令是也。

②【正义】郑玄云:"鲁哀公十一年。是时道衰乐废,孔子还,修正之,故雅颂各得其所也。"

③【索隐】案:后之记者失辞也。案家语等说,云孔子历聘诸国,莫能用,谓周、郑、齐、宋、曹、卫、陈、楚、杞、莒、匡等。纵历小国,亦无七十馀国也。

④【集解】徐广曰:"录,一作'缪'。"

自孔子卒后,七十子之徒散游诸侯,大者为师傅卿相,①小者友教士大夫,或隐而不见。故子路居卫,②子张居陈,③澹台子羽居楚,④子夏居西河,⑤子贡终于齐。⑥如田子方、段干木、吴起、禽滑釐之属,皆受业于子夏之伦,为王者师。是时独魏文侯好学。后陵迟以至于始皇,天下并争于战国,儒术既绌焉,然齐鲁之间,学者独不废也。于威、宣之际,孟子、荀卿之列,咸遵夫子之业而润色之,以学显于当世。

①【索隐】案:子夏为魏文侯师。子贡为齐、鲁聘吴、越,盖亦卿也。而宰予亦仕齐为卿。馀未闻也。

②【集解】案:仲尼弟子列传子路死于卫,时孔子尚存也。

③【正义】今陈州。

④【正义】今苏州城南五里有澹台湖,湖北有澹台。

⑤【正义】今汾州。

⑥【正义】今青州。

及至秦之季世,焚诗书,坑术士,①六艺从此缺焉。陈涉之王也,而鲁诸儒持孔氏之礼器往归陈王。于是孔甲为陈涉博士,②卒与涉俱死。陈涉起匹夫,驱瓦合适戍,③旬月以王楚,不满半岁竟灭亡,其事至微浅,然而缙绅先生之徒负孔子礼器往委质为臣者,何也? 以秦焚其业,积怨而发愤于陈王也。

①【正义】颜云:"今新丰县温汤之处号愍儒乡。温汤西南三里有马谷,谷之西岸有坑,古相传以为秦坑儒处也。卫宏诏定古文尚书序云'秦

既焚书,恐天下不从所改更法,而诸生到者拜为郎,前后七百人,乃密
种瓜于骊山陵谷中温处,瓜实成,诏博士诸生说之,人言不同,乃令就
视。为伏机,诸生贤儒皆至焉,方相难不决,因发机,从上填之以土,
皆压,终乃无声'也。"

②【集解】徐广曰:"孔子八世孙,名鲋字甲也。"

③【索隐】上音丁革反。

及高皇帝诛项籍,举兵围鲁,鲁中诸儒尚讲诵习礼乐,弦歌之
音不绝,岂非圣人之遗化,好礼乐之国哉? 故孔子在陈,曰"归与归
与! 吾党之小子狂简,斐然成章,不知所以裁之"。夫齐鲁之闻于
文学,自古以来,其天性也。故汉兴,然后诸儒始得修其经艺,讲习
大射乡饮之礼。叔孙通作汉礼仪,因为太常,诸生弟子共定者,咸
为选首,于是喟然叹兴于学。然尚有干戈,平定四海,①亦未暇遑
庠序之事也。孝惠、吕后时,公卿皆武力有功之臣。孝文时颇征
用,②然孝文帝本好刑名之言。及至孝景,不任儒者,而窦太后又
好黄老之术,故诸博士具官待问,未有进者。

①【正义】颜云:"陈豨、卢绾、韩信、黥布之徒相次反叛,征讨也。"

②【正义】言孝文稍用文学之士居位。

及今上即位,越绾、王臧之属明儒学,而上亦向之,于是招方正
贤良文学之士。自是之后,言诗于鲁则申培公,①于齐则辕固
生,②于燕则韩太傅。③言尚书自济南伏生。④言礼自鲁高堂生。⑤
言易自菑川田生。言春秋于齐鲁自胡毋生,⑥于赵自董仲舒。及
窦太后崩,武安侯田蚡为丞相,绌黄老、刑名百家之言,延文学儒者
数百人,而公孙弘以春秋白衣为天子三公,⑦封以平津侯。天下之
学士靡然向风矣。

①【集解】徐广曰:"一作'陪'。"韦昭曰:"培,申公名,音扶尤反。"【索

隐】徐广云"培,一作'陪',音裴"。韦昭曰"培,申公之名,音浮"。邹
氏音普来反也。

②【正义】申,辕,姓;培,固,名;公,生,其处号也。

③【索隐】韩婴也。为常山王太傅也。

④【索隐】按:张华云名胜,汉纪云字子贱。

⑤【索隐】谢承云"秦氏季代有鲁人高堂伯",则"伯"是其字。云"生"
者,自汉已来儒者皆号"生",亦"先生"省字呼之耳。

⑥【索隐】毋音无。胡毋,姓。字子都。

⑦【集解】徐广曰:"一云'自齐为天子三公'。"

公孙弘为学官,悼道之郁滞,乃请曰:"丞相御史言:①制曰'盖
闻导民以礼,风之以乐。婚姻者,居室之大伦也。今礼废乐崩,朕
甚愍焉。故详延天下方正博闻之士,咸登诸朝。其令礼官劝学,讲
议洽闻兴礼,以为天下先。太常议,与博士弟子,崇乡里之化,以广
贤材焉'。谨与太常臧、②博士平等议曰:闻三代之道,乡里有教,
夏曰校,③殷曰序,④周曰庠。⑤其劝善也,显之朝廷;其惩恶也,加
之刑罚。故教化之行也,建首善自京师始,由内及外。今陛下昭至
德,开大明,配天地,本人伦,劝学修礼,崇化厉贤,以风四方,太平
之原也。古者政教未洽,不备其礼,请因旧官而兴焉。为博士官置
弟子五十人,复其身。太常择民年十八已上,仪状端正者,补博士
弟子。郡国县道邑有好文学,敬长上,肃政教,顺乡里,出入不悖所
闻者,令相长丞上属所二千石,⑥二千石谨察可者,当与计偕,诣太
常,⑦得受业如弟子。一岁皆辄试,能通一艺以上,补文学掌故缺;
其高弟可以为郎中者,太常籍奏。即有秀才异等,辄以名闻。其不
事学若下材及不能通一艺,辄罢之,而请诸不称者罚。臣谨案诏书

律令下者,明天人分际,通古今之义,文章尔雅,训辞深厚,⑧恩施甚美。小吏浅闻,不能究宣,无以明布谕下。治礼次治掌故,⑨以文学礼义为官,迁留滞。请选择其秩比二百石以上,及吏百石通一蓺以上,补左右内史、⑩大行卒史;比百石已下,补郡太守卒史:皆各二人,边郡一人。先用诵多者,若不足,乃择掌故补中二千石属,⑪文学掌故补郡属,⑫备员。请著功令。佗如律令。"制曰:"可。"自此以来,则公卿大夫士吏斌斌多文学之士矣。

① 【正义】自此以下,皆弘奏请之辞。

② 【集解】汉书百官表孔臧也。

③ 【正义】校,教也。可教道蓺也。

④ 【正义】序,舒也。言舒礼教。

⑤ 【正义】庠,详也。言详审经典。

⑥ 【索隐】上时两反。属音烛。属,委也。所二千石,谓于所部之郡守相。

⑦ 【索隐】计,计吏也。偕,俱也。谓令与计吏俱诣太常也。

⑧ 【索隐】谓诏书文章雅正,训辞深厚也。

⑨ 【集解】徐广曰:"一云'次治礼学掌故'。"

⑩ 【正义】案:左右内史后改为左冯翊、右扶风。

⑪ 【索隐】苏林曰:"属亦曹吏,今县官文书谓云'属某甲'。"

⑫ 【索隐】如淳云:"汉仪弟子射策,甲科百人补郎中,乙科二百人补太子舍人,皆秩比二百石;次郡国文学,秩百石也。"

申公者,鲁人也。高祖过鲁,申公以弟子从师入见①高祖于鲁南宫。②吕太后时,申公游学长安,与刘郢同师。③已而郢为楚王,令申公傅其太子戊。④戊不好学,疾申公。及王郢卒,戊立为楚王,胥靡申公。⑤申公耻之,归鲁,退居家教,终身不出门,复谢绝宾客,独王命召之乃往。⑥弟子自远方至受业者百馀人。申公独以诗经为训以教,无传(疑),疑者则阙不传。⑦

① 【索隐】按:汉书云"申公少与楚王俱事齐人浮丘伯,受诗"。

② 【正义】括地志云:"泮宫在兖州曲阜县西南二百里鲁城内宫之内。郑云泮之言半也,其制半于天子之璧雍。"

③ 【索隐】案:汉书云"吕太后时,浮丘伯在长安,申公与元王郢客俱卒学"也。

④ 【集解】徐广曰:"楚元王刘交以文帝元年薨,子夷王郢立,四岁薨,子戊立。郢以吕后二年封上邳侯,文帝元年立为楚王。"

⑤ 【集解】徐广曰:"腐刑。"

⑥ 【集解】徐广曰:"鲁恭王也。"

⑦ 【索隐】谓申公不作诗传,但教授,有疑则阙耳。

兰陵王臧既受诗,以事孝景帝为太子少傅,免去。今上初即位,臧乃上书宿卫上,累迁,一岁中为郎中令。及代赵绾亦尝受诗申公,绾为御史大夫。绾、臧请天子,欲立明堂以朝诸侯,不能就其事,乃言师申公。于是天子使使束帛加璧安车驷马迎申公,弟子二人乘轺传从。①至,见天子。天子问治乱之事,申公时已八十馀,老,对曰:"为治者不在多言,顾力行何如耳。"是时天子方好文词,见申公对,默然。然已招致,则以为太中大夫,舍鲁邸,议明堂事。太皇窦太后好老子言,不说儒术,得赵绾、王臧之过以让上,上因废明堂事,尽下赵绾、王臧吏,后皆自杀。申公亦疾免以归,数年卒。

① 【集解】徐广曰:"马车。"

弟子为博士者十馀人:孔安国至临淮太守,①周霸至胶西内史,夏宽至城阳内史,砀鲁赐至东海太守,兰陵缪生②至长沙内史,徐偃为胶西中尉,邹人阙门庆忌③为胶东内史。其治官民皆有廉节,称其好学。学官弟子行虽不备,而至于大夫、郎中、掌故以百数。言诗虽殊,多本于申公。

①【集解】徐广曰:"孔鲋之弟子襄为惠帝博士,迁为长沙太傅,生忠,忠生武及安国。安国为博士,临淮太守。"

②【索隐】缪音亡救反。缪氏出兰陵。一音穆。所谓穆生,为楚元王所礼也。

③【集解】汉书音义曰:"姓阙门,名庆忌。"

清河王太傅辕固生者,齐人也。以治诗,孝景时为博士。与黄生争论景帝前。黄生曰:"汤武非受命,乃弑也。"辕固生曰:"不然。夫桀纣虐乱,天下之心皆归汤武,汤武与天下之心而诛桀纣,桀纣之民不为之使而归汤武,汤武不得已而立,非受命为何?"黄生曰:"冠虽敝,必加于首;履虽新,必关于足。何者,上下之分也。今桀纣虽失道,然君上也;汤武虽圣,臣下也。夫主有失行,臣下不能正言匡过以尊天子,反因过而诛之,代立践南面,非杀而何也?"辕固生曰:"必若所云,是高帝代秦即天子之位,非邪?"于是景帝曰:"食肉不食马肝,①不为不知味;言学者无言汤武受命,不为愚。"遂罢。是后学者莫敢明受命放杀者。

①【正义】论衡云:"气热而毒盛,故食马肝杀人。又盛夏马行多渴死,杀气为毒也。"

2711

窦太后好老子书,召辕固生问老子书。固曰:"此是家人言耳。"①太后怒曰:"安得司空城旦书乎?"②乃使固入圈刺豕。景帝知太后怒而固直言无罪,乃假固利兵,下圈刺豕,正中其心,一刺,豕应手而倒。太后默然,无以复罪,罢之。居顷之,景帝以固为廉直,拜为清河王太傅。③久之,病免。

①【索隐】此家人言耳。服虔云:"如家人言也。"案:老子道德篇近而观之,理国理身而已,故言此家人之言也。

②【集解】徐广曰:"司空,主刑徒之官也。"骃案:汉书音义曰"道家以儒法为急,比之于律令"。

③【集解】徐广曰:"哀王乘也。"

今上初即位,复以贤良征固。诸谀儒多疾毁固,曰"固老",罢归之。时固已九十馀矣。固之征也,薛人公孙弘亦征,①侧目而视固。固曰:"公孙子,务正学以言,无曲学以阿世!"自是之后,齐言诗皆本辕固生也。诸齐人以诗显贵,皆固之弟子也。

①【集解】徐广曰:"薛县在蓸川。"

韩生者,①燕人也。孝文帝时为博士,景帝时为常山王太傅。②韩生推诗之意而为内外传数万言,其语颇与齐鲁间殊,然其归一也。淮南贲生③受之。自是之后,而燕赵间言诗者由韩生。韩生孙商为今上博士。

①【集解】汉书曰:"名婴。"

②【集解】徐广曰:"宪王舜也。"

③【索隐】贲音肥。

2712

伏生者,①济南人也。故为秦博士。孝文帝时,欲求能治尚书者,天下无有,乃闻伏生能治,欲召之。是时伏生年九十馀,老,不能行,于是乃诏太常使掌故朝错往受之。秦时焚书,伏生壁藏之。其后兵大起,流亡,汉定,伏生求其书,亡数十篇,独得二十九篇,即以教于齐鲁之间。学者由是颇能言尚书,诸山东大师无不涉尚书以教矣。

①【集解】张晏曰:"伏生名胜,伏氏碑云。"

伏生教济南张生及欧阳生,①欧阳生教千乘兒宽。兒宽既通尚书,以文学应郡举,诣博士受业,受业孔安国。兒宽贫无资用,常为弟子都养,②及时时间行佣赁,以给衣食。行常带经,止息则诵习之。以试第次,补廷尉史。是时张汤方向学,以为奏谳掾,以古法议决疑大狱,而爱幸宽。宽为人温良,有廉智,自持,而善著书、书奏,敏于文,口不能发明也。汤以为长者,数称誉之。及汤为御史大夫,以兒宽为掾,荐之天子。天子见问,说之。张汤死后六年,兒宽位至御史大夫。③九年而以官卒。宽在三公位,以和良承意从容得久,然无有所匡谏;于官,官属易之,不为尽力。张生亦为博士。而伏生孙以治尚书征,不能明也。

①【集解】汉书曰:"字和伯,千乘人。"

②【索隐】谓倪宽家贫,为弟子造食也。何休注公羊"灼烹为养"。案:有厮养卒,厮掌马,养造食。

③【集解】徐广曰:"元封元年。"

自此之后,鲁周霸、孔安国,雒阳贾嘉,颇能言尚书事。孔氏有古文尚书,而安国以今文读之,因以起其家。逸书①得十馀篇,盖尚书滋多于是矣。

①【索隐】案:孔臧与安国书云"旧书潜于壁室,欻尔复出,古训复申。唯闻尚书二十八篇取象二十八宿,何图乃有百篇。即知以今雠古,隶篆推科斗,以定五十馀篇,并为之传也"。艺文志曰二十九篇,得多十六篇。起者,谓起发以出也。

诸学者多言礼,而鲁高堂生最本。礼固自孔子时而其经不具,及至秦焚书,书散亡益多,于今独有士礼,高堂生能言之。

而鲁徐生善为容。①孝文帝时,徐生以容为礼官大夫。传子至孙徐延、徐襄。襄,其天姿善为容,不能通礼经;延颇能,未善也。襄以容为汉礼官大夫,至广陵内史。延及徐氏弟子公户满意、②桓生、单次,③皆尝为汉礼官大夫。而瑕丘萧奋④以礼为淮阳太守。是后能言礼为容者,由徐氏焉。

①【索隐】汉书作"颂",亦音容也。

②【索隐】公户,姓;满意,名也。案:邓展云二人姓字,非也。

③【索隐】上音善。单,姓;次,名也。

④【集解】徐广曰:"属山阳也。"

自鲁商瞿受易孔子,①孔子卒,商瞿传易,六世至齐人田何,字子庄,②而汉兴。田何传东武人王同子仲,子仲传菑川人杨何。③何以易,元光元年征,官至中大夫。齐人即墨成以易至城阳相。广川人孟但以易为太子门大夫。鲁人周霸,莒人衡胡,④临菑人主父偃,皆以易至二千石。然要言易者本于杨何之家。

①【索隐】案:商姓,瞿名,字子木。瞿音劬。

②【索隐】案:汉书云"商瞿授东鲁桥庇子庸,子庸授江东馯臂子弓,子弓授燕周醜子家,子家授东武孙虞子乘"。仲尼弟子传作"淳于人光羽子乘",不同也。子乘授田何子装,是六代孙也。

③【索隐】案:田何传东武王同,同传菑川杨何。

④【集解】徐广曰:"莒,一作'吕'。"

2714

董仲舒,广川人也。以治春秋,孝景时为博士。下帷讲诵,弟子传以久次相受业,或莫见其面,盖三年董仲舒不观于舍园,其精如此。进退容止,非礼不行,学士皆师尊之。今上即位,为江都相。①以春秋灾异之变推阴阳所以错行,故求雨闭诸阳,纵诸阴,其止雨反是。行之一国,未尝不得所欲。中废为中大夫,居舍,著灾异之记。是时辽东高庙灾,主父偃疾之,取其书奏之天子。②天子召诸生示其书,有刺讥。董仲舒弟子吕步舒③不知其师书,以为下愚。于是下董仲舒吏,当死,诏赦之。于是董仲舒竟不敢复言灾异。

①【索隐】案:仲舒事易王。王,武帝兄也。

②【集解】徐广曰:"建元六年。" 【索隐】案:汉书以为辽东高庙及长陵园殿灾也。仲舒为灾异记,草而未奏,主父偃窃而奏之。

③【集解】徐广曰:"一作'荼',亦音舒。"

董仲舒为人廉直。是时方外攘四夷,公孙弘治春秋不如董仲舒,而弘希世用事,位至公卿。董仲舒以弘为从谀。弘疾之,乃言上曰:"独董仲舒可使相胶西王。"胶西王素闻董仲舒有行,亦善待之。董仲舒恐久获罪,疾免居家。至卒,终不治产业,以修学著书为事。故汉兴至于五世之间,唯董仲舒名为明于春秋,其传公羊氏也。

胡毋生,①齐人也。孝景时为博士,以老归教授。齐之言春秋者多受胡毋生,公孙弘亦颇受焉。

①【集解】汉书曰:"字子都。"

瑕丘江生为穀梁春秋。自公孙弘得用,尝集比其义,卒用董仲舒。

仲舒弟子遂者:兰陵褚大,广川殷忠,①温吕步舒。褚大至梁相。步舒至长史,持节使决淮南狱,于诸侯擅专断,不报,以春秋之义正之,天子皆以为是。弟子通者,至于命大夫;为郎、谒者、掌故者以百数。而<u>董仲舒</u>子及孙皆以学至大官。

①【集解】<u>徐广</u>曰:"般,一作'段',又作'瑕'也。"

【索隐述赞】<u>孔氏</u>之衰,经书绪乱。言诸六学,始自<u>炎汉</u>。著令立官,四方扤腕。曲台坏壁,书礼之冠。传易言诗,云蒸雾散。兴化致理,鸿猷克赞。

史记卷一百二十二

酷吏列传第六十二

孔子曰：“导之以政，齐之以刑，民免而无耻。^①导之以德，齐之以礼，有耻且格。”^②老氏称：“上德不德，是以有德；下德不失德，是以无德。法令滋章，盗贼多有。”太史公曰：信哉是言也！法令者治之具，而非制治清浊之源也。昔天下之网尝密矣，^③然奸伪萌起，其极也，上下相遁，至于不振。当是之时，吏治若救火扬沸，^④非武健严酷，恶能胜其任而愉快乎！言道德者，溺其职矣。故曰“听讼，吾犹人也，必也使无讼乎”。“下士闻道大笑之”。非虚言也。汉兴，破觚而为圜，^⑤斲雕而为朴，^⑥网漏于吞舟之鱼，而吏治烝烝，不至于奸，黎民艾安。由是观之，在彼不在此。^⑦

①【集解】孔安国曰：“免，苟免也。”

②【集解】何晏曰：“格，正也。”

③【索隐】昔天下之网尝密矣。案：盐铁论云“秦法密于凝脂”。

④【索隐】言本弊不除,则其末难止。

⑤【集解】汉书音义曰:"觚,方。"　【索隐】应劭云:"觚,八棱有隅者。高祖反秦之政,破觚为圜,谓除其严法,约三章耳。"

⑥【索隐】应劭云:"削琱为璞也。"晋灼云:"琱,弊也。斲理琱弊之俗,使反质朴。"

⑦【集解】韦昭曰:"在道德,不在严酷。"

高后时,酷吏独有侯封,刻轹宗室,侵辱功臣。吕氏已败,遂(禽)〔夷〕侯封之家。孝景时,晁错以刻深颇用术辅其资,而七国之乱,发怒于错,错卒以被戮。其后有郅都、宁成之属。

郅都者,①杨人也。②以郎事孝文帝。孝景时,都为中郎将,敢直谏,面折大臣于朝。尝从入上林,贾姬③如厕,野彘卒入厕。上目都,都不行。上欲自持兵救贾姬,都伏上前曰:"亡一姬复一姬进,天下所少宁贾姬等乎? 陛下纵自轻,奈宗庙太后何!"上还,彘亦去。太后闻之,赐都金百斤,由此重郅都。

①【索隐】郅音质。

②【集解】徐广曰:"属河东。"　【索隐】汉书云"河东大阳人"。　【正义】括地志云:"故杨城本秦时杨国,汉杨县城也,今晋州洪洞县也。至隋为杨,唐初改为洪洞,以故洪洞镇为名也。秦及汉皆属河东郡。郅都墓在洪洞县东南二十里。"汉书云"郅都,河东大阳人",班固失之甚也。大阳,今陕州河北县是,亦属河东郡也。

③【索隐】案:姬生赵王彭祖也。

济南瞷氏①宗人三百馀家,豪猾,二千石莫能制,于是景帝乃拜都为济南太守。至则族灭瞷氏首恶,馀皆股栗。②居岁馀,郡中不拾遗。旁十馀郡守畏都如大府。

①【集解】汉书音义曰:"瞷音闲,小儿痫病也。"【索隐】荀悦音闲,邹
氏刘氏音并同也。

②【集解】徐广曰:"跸脚战摇也。"

都为人勇,有气力,公廉,不发私书,问遗无所受,请寄无所听。
常自称曰:"已倍亲而仕,身固当奉职死节官下,终不顾妻子矣。"

郅都迁为中尉。丞相条侯至贵倨也,而都揖丞相。是时民朴,
畏罪自重,而都独先严酷,致行法不避贵戚,列侯宗室见都侧目而
视,号曰"苍鹰"。

临江王征诣中尉府对簿,临江王欲得刀笔为书谢上,而都禁吏
不予。魏其侯使人以间与临江王。临江王既为书谢上,因自杀。
窦太后闻之,怒,以危法中都,①都免归家。孝景帝乃使使持节拜
都为雁门太守,而便道之官,得以便宜从事。匈奴素闻郅都节,居
边,为引兵去,竟郅都死不近雁门。匈奴至为偶人象郅都,②令骑
驰射莫能中,见惮如此。匈奴患之。窦太后乃竟中都以汉法。景
帝曰:"都忠臣。"欲释之。窦太后曰:"临江王独非忠臣邪?"于是
遂斩郅都。

①【索隐】案:中,如字。谓以法中伤之。

②【索隐】汉书作"寓人象"。案:寓即偶也,谓刻木偶类人形也。一云寄
人形于木也。

宁成者,①穰人也。②以郎谒者事景帝。好气,为人小吏,必陵
其长吏;为人上,操下③如束湿薪。④滑贼任威。稍迁至济南都
尉,⑤而郅都为守。始前数都尉⑥皆步入府,因吏谒守如县令,其
畏郅都如此。及成往,直陵都出其上。都素闻其声,于是善遇,与

结欢。久之,郅都死,后长安左右宗室多暴犯法,于是上召宁成为中尉。⑦其治效郅都,其廉弗如,然宗室豪杰皆人人惴恐。

① 【集解】徐广曰:"宁,一作'宵'。"
② 【集解】徐广曰:"属南阳。"
③ 【索隐】操音七刀反。操,执也。
④ 【集解】徐广曰:"一无此字。"骃案:韦昭曰"言急也"。
⑤ 【正义】百官表云:"(都)〔郡〕尉,秦官,掌佐守典武职甲卒,秩比二千石,有丞,秩皆六百石,景帝中二年更名都尉。"若周之司马。
⑥ 【索隐】数音所注反。
⑦ 【正义】百官表云:"中尉,秦官,掌徼循京师,武帝太初元年更名执金吾。"颜云:"金吾,鸟名也,主辟不祥。天子出行,职主先道,以御非常,故执此鸟之象,因以名官。"

武帝即位,徙为内史。外戚多毁成之短,抵罪髡钳。是时九卿罪死即死,少被刑,而成极刑,自以为不复收,于是解脱,①诈刻传出关归家。称曰:"仕不至二千石,贾不至千万,安可比人乎!"乃贳贷②买陂田千馀顷,假贫民,役使数千家。数年,会赦。致产数千金,为任侠,持吏长短,出从数十骑。其使民威重于郡守。

① 【索隐】上音纪买反,下音他活反。谓脱钳钛。
② 【索隐】上音食夜反。贳,赊也,又音势。下音天得反。

周阳由者,其父赵兼以淮南王舅父侯周阳,故因姓周阳氏。①由以宗家任为郎,②事孝文及景帝。景帝时,由为郡守。武帝即位,吏治尚循谨甚,然由居二千石中,最为暴酷骄恣。所爱者,挠法活之;所憎者,曲法诛灭之。所居郡,必夷其豪。为守,视都尉如令。为都尉,必陵太守,夺之治。与汲黯俱为忮,③司马安之文恶,④俱在二千石列,同车未尝敢均茵伏。⑤

①【集解】徐广曰："侯五年,孝文六年国除。" 【正义】周阳故城在绛州闻〔喜〕县东二十九里。

②【索隐】案:与国家有外戚姻属,比于宗室,故曰"宗家"也。

③【集解】汉书音义曰:"坚忮也。"

④【集解】汉书音义曰:"以文法伤害人。"

⑤【集解】徐广曰:"汉书作'冯'。伏者,轼。" 【索隐】案:均,等也。茵,车蓐也。伏,车轼也。言二人与由同载一车,尚不敢与之均茵轼也,谓下之也。汉书"伏"作"凭"也。

由后为河东都尉,时与其守胜屠公①争权,相告言罪。胜屠公当抵罪,义不受刑,自杀,而由弃市。

①【索隐】风俗通云:"胜屠即申屠。"

自宁成、周阳由之后,事益多,民巧法,大抵吏之治类多成、由等矣。

赵禹者,斄人。①以佐史补中都官,②用廉为令史,事太尉亚夫。亚夫为丞相,禹为丞相史,府中皆称其廉平。然亚夫弗任,曰:"极知禹无害,③然文深,④不可以居大府。"今上时,禹以刀笔吏积劳,稍迁为御史。上以为能,至太中大夫。与张汤论定诸律令,⑤作见知,吏传得相监司。用法益刻,盖自此始。

①【集解】徐广曰:"属扶风,音台。" 【索隐】音胎。斄县属扶风。【正义】音胎。故斄城在雍武功县西南二十二里。古邰国,后稷所封,汉斄县也。

②【索隐】案:谓京师诸官府吏。 【正义】若京都府史。

③【索隐】苏林云:"言若无比也,盖云其公平也。"

④【集解】汉书音义曰:"禹持文法深刻。"

⑤【集解】徐广曰:"论,一作'编'。"

张汤者,杜人也。①其父为长安丞,出,汤为儿守舍。还而鼠盗肉,其父怒,笞汤。汤掘窟得盗鼠及馀肉,劾鼠掠治,传爰书,讯鞫论报,②并取鼠与肉,具狱磔堂下。③其父见之,视其文辞如老狱吏,大惊,遂使书狱。④父死后,汤为长安吏,久之。

①【集解】徐广曰:"尔时未为陵。"

②【集解】苏林曰:"谓传囚也。爰,易也。以此书易其辞处。鞫,穷也。"张晏曰:"传,考证验也。爰书,自证不如此言,反受其罪,讯考三日复问之,知与前辞同不也。鞫,一吏为读状,论其报行也。"【索隐】韦昭云:"爰,换也。古者重刑,嫌有爱恶,故移换狱书,使他官考实之,故曰'传爰书'也。"

③【集解】邓展曰:"罪备具。"

④【集解】如淳曰:"决狱之书,谓律令也。"

周阳侯始为诸卿时,①尝系长安,汤倾身为之。②及出为侯,大与汤交,遍见汤贵人。汤给事内史,为宁成掾,以汤为无害,言大府,调为茂陵尉,治方中。③

①【集解】徐广曰:"田胜也。武帝母王太后之同母弟也。武帝始立而封为周阳侯。"

②【集解】韦昭曰:"为之先后。"

③【集解】汉书音义曰:"方中,陵上土作方也。汤主治之。"苏林曰:"天子即位,豫作陵,讳之,故言'方中'。"如淳曰:"大府,幕府也。茂陵尉,主作陵之尉也。"韦昭曰:"太府,公府。"

武安侯为丞相,征汤为史,时荐言之天子,补御史,使案事。治陈皇后蛊狱,深竟党与。于是上以为能,稍迁至太中大夫。与赵禹共定诸律令,务在深文,拘守职之吏。①已而赵禹迁为中尉,徙为少府,而张汤为廷尉,两人交欢,而兄事禹。禹为人廉倨。为吏以来,舍毋食客。公卿相造请禹,禹终不报谢,务在绝知友宾客之请,孤立行一意而已。见文法辄取,亦不覆案,求官属阴罪。汤为人多诈,舞智以御人。②始为小吏,乾没,③与长安富贾田甲、鱼翁叔之属交私。④及列九卿,收接天下名士大夫,己心内虽不合,然阳浮慕之。

①【集解】苏林曰:"拘刻于守职之吏。"

②【集解】韦昭曰:"制御人。"

③【集解】徐广曰:"随势沈浮也。"骃案:服虔曰"射成败也"。如淳曰"得利为乾,失利为没"。 【索隐】如淳曰:"得利为乾,失利为没。" 【正义】此二说非也。按:乾没谓无润及之而取他人也。又云阳浮慕为乾,心内不合为没也。

④【集解】徐广曰:"姓鱼也。"

是时上方向文学,汤决大狱,欲傅古义,①乃请博士弟子治尚书、春秋补廷尉史,亭疑法。②奏谳疑事,必豫先为上分别其原,上所是,受而著谳决法廷尉絜令,③扬主之明。奏事即谴,汤应谢,④向上意所便,必引正、监、掾史贤者,⑤曰:"固为臣议,如上责臣,臣弗用,愚抵于此。"⑥罪常释。(闻)⑦〔间〕即奏事,上善之,曰:"臣非知为此奏,乃正、监、掾史某为之。"其欲荐吏,扬人之善蔽人之过如此。所治即上意所欲罪,予监史深祸者;即上意所欲释,与监史轻平者。所治即豪,必舞文巧诋;即下户羸弱,时口言,虽文致法,上财察。⑧于是往往释汤所言。⑨汤至于大吏,内行修也。通宾客饮食。于故人子弟为吏及贫昆弟,调护之尤厚。其造请诸公,不避寒暑。是以汤虽文深意忌不专平,然得此声誉。而刻深吏多为爪牙用者,依于文学之士。丞相弘数称其美。及治淮南、衡山、江都反狱,皆穷根本。严助及伍被,上欲释之。汤争曰:"伍被本画反谋,而助亲幸出入禁闼爪牙臣,乃交私诸侯如此,弗诛,后不可治。"于是上可论之。其治狱所排大臣自为功,多此类。于是汤益尊任,迁为御史大夫。⑩

①【索隐】傅音附。

②【集解】李奇曰:"亭,平也,均也。"【索隐】廷史,廷尉之吏也。亭,平也。使之平疑事也。

③【集解】韦昭曰:"在板絮。"【正义】按:谓律令也。古以板书之。言上所是,著之为正狱,以廷尉法令决平之,扬主之明监也。

④【集解】徐广曰:"应,一作'权'。"

⑤【正义】百官表云:"廷尉,秦官。有正、左、右监,皆秩千石也。"按:上即责,汤应对谢之如上意,必引正、监等贤者本为臣建议如上意,臣不用,愚昧不从至此也。

⑥【集解】苏林曰:"主坐不用诸掾语,故至于此。"

⑦【集解】徐广曰:"诏,答闻也,如今制曰'闻'矣。"骃案:瓒曰"谓常见原"。

⑧【集解】李奇曰:"先见上,口言之,欲与轻平也。"

⑨【集解】李奇曰:"汤口所先言皆见原释。"

⑩【集解】徐广曰:"元狩二年。"

会浑邪等降,汉大兴兵伐匈奴,山东水旱,贫民流徙,皆仰给县官,县官空虚。于是丞上指,请造白金及五铢钱,笼天下盐铁,排富商大贾,出告缗令,①钳豪强并兼之家,舞文巧诋以辅法。汤每朝奏事,语国家用,日晏,天子忘食。丞相取充位,②天下事皆决于汤。百姓不安其生,骚动,县官所兴,未获其利,奸吏并侵渔,于是痛绳以罪。则自公卿以下,至于庶人,咸指汤。汤尝病,天子至自视病,其隆贵如此。

①【正义】缗音岷,钱贯也。武帝伐四夷,国用不足,故税民田宅船乘畜产奴婢等,皆平作钱数,每千钱一算,出一等,贾人倍之;若隐不税,有告之,半与告人,馀半入官,谓缗。出此令,用锄筑豪强兼并富商大贾之家也。一算,百二十文也。

②【集解】徐广曰:"时李蔡、庄青翟为丞相。"

匈奴来请和亲,群臣议上前。博士狄山曰:"和亲便。"上问其便,山曰:"兵者凶器,未易数动。高帝欲伐匈奴,大困平城,乃遂结和亲。孝惠、高后时,天下安乐。及孝文帝欲事匈奴,北边萧然苦兵矣。孝景时,吴楚七国反,景帝往来两宫间,寒心者数月。吴楚已破,竟景帝不言兵,天下富实。今自陛下举兵击匈奴,中国以空虚,边民大困贫。由此观之,不如和亲。"上问汤,汤曰:"此愚儒,无知。"狄山曰:"臣固愚忠,若御史大夫汤乃诈忠。若汤之治淮南、江都,以深文痛诋诸侯,别疏骨肉,使蕃臣不自安。臣固知汤之为诈忠。"于是上作色曰:"吾使生居一郡,能无使虏入盗乎?"曰:"不能。"曰:"居一县?"对曰:"不能。"复曰:"居一障间?"①山自度辩穷且下吏,曰:"能。"于是上遣山乘鄣。至月馀,匈奴斩山头而去。自是以后,群臣震慑。

①【正义】障谓塞上要险之处别筑城,置吏士守之,以扞寇盗也。

汤之客田甲,虽贾人,有贤操。始汤为小吏时,与钱通,①及汤为大吏,甲所以责汤行义过失,亦有烈士风。

①【集解】徐广曰:"以利交。"

汤为御史大夫七岁,败。

河东人李文尝与汤有郤，已而为御史中丞，恚，数从中文书事有可以伤汤者，不能为地。汤有所爱史鲁谒居，知汤不平，使人上蜚变告文奸事，事下汤，汤治论杀文，而汤心知谒居为之。上问曰："言变事纵迹安起？"汤详惊曰："此殆文故人怨之。"谒居病卧闾里主人，汤自往视疾，为谒居摩足。赵国以冶铸为业，王数讼铁官事，汤常排赵王。赵王求汤阴事。谒居尝案赵王，赵王怨之，并上书告："汤，大臣也，史谒居有病，汤至为摩足，疑与为大奸。"事下廷尉。谒居病死，事连其弟，弟系导官。[1]汤亦治他囚导官，见谒居弟，欲阴为之，而详不省。谒居弟弗知，怨汤，使人上书告汤与谒居谋，共变告李文。事下减宣。宣尝与汤有郤，及得此事，穷竟其事，未奏也。会人有盗发孝文园瘗钱，[2]丞相青翟朝，与汤约俱谢，至前，汤念独丞相以四时行园，当谢，汤无与也，不谢。丞相谢，上使御史案其事。汤欲致其文丞相见知，[3]丞相患之。三长史皆害汤，欲陷之。

①【集解】如淳曰："太官之别也，主酒。"

②【集解】如淳曰："瘗埋钱于园陵以送死。"

③【集解】张晏曰："见知故纵，以其罪罪之。"

始长史朱买臣，会稽人也。[1]读春秋。庄助使人言买臣，买臣以楚辞与助俱幸，侍中，为太中大夫，用事；而汤乃为小吏，跪伏使买臣等前。已而汤为廷尉，治淮南狱，排挤庄助，买臣固心望。及汤为御史大夫，买臣以会稽守为主爵都尉，列于九卿。数年，坐法废，守长史，见汤，汤坐床上，丞史遇买臣弗为礼。买臣楚士，[2]深怨，常欲死之。王朝，齐人也。以术至右内史。边通，学长短，[3]刚暴强人也，官再至济南相。故皆居汤右，已而失官，守长史，诎体于汤。汤数行丞相事,知此三长史素贵,常凌折之。以故三长史合谋曰:"始汤约与君谢,已而卖君;今欲劾君以宗庙事,此欲代君耳。吾知汤阴事。"使吏捕案汤左田信等,④曰汤且欲奏请,信辄先知之,居物致富,与汤分之,及他奸事。事辞颇闻。上问汤曰:"吾所为,贾人辄先知之,益居其物,是类有以吾谋告之者。"汤不谢。汤又详惊曰:"固宜有。"减宣亦奏谒居等事。天子果以汤怀诈面欺,使使八辈簿责汤。⑤汤具自道无此,不服。于是上使赵禹责汤。禹至,让汤曰:"君何不知分也。君所治夷灭者几何人矣?今人言君皆有状,天子重致君狱,欲令君自为计,何多以对簿为?"汤乃为书谢曰:"汤无尺寸功,起刀笔吏,陛下幸致为三公,无以塞责。然谋陷汤罪者,三长史也。"遂自杀。

① 【正义】朱买臣,吴人也,此时苏州为会稽郡也。

② 【正义】周末越王句践灭吴,楚威王灭越,吴之地总属楚,故谓朱买臣为楚士。

③ 【集解】汉书音义曰:"长短术兴于六国时。行长入短,其语隐谬,用相激怒。"

④ 【集解】汉书音义曰:"左,证左也。" 【正义】言汤与田信为左道之交,故言"左田信等"。

⑤ 【集解】苏林曰:"簿音'主簿'之'簿',悉责也。"

汤死,家产直不过五百金,皆所得奉赐,无他业。昆弟诸子欲厚葬汤,汤母曰:"汤为天子大臣,被汙恶言而死,何厚葬乎!"载以牛车,有棺无椁。天子闻之,曰:"非此母不能生此子。"乃尽案诛三长史。丞相青翟自杀。出田信。上惜汤,稍迁其子安世。

赵禹中废,已而为廷尉。始条侯以为禹贼深,弗任。及禹为少府,比九卿。禹酷急,至晚节,事益多,吏务为严峻,而禹治加缓,而名为平。王温舒等后起,治酷于禹。禹以老,徙为燕相。数岁,乱悖有罪,免归。后汤十馀年,以寿卒于家。

义纵者,河东人也。为少年时,尝与张次公俱攻剽①为群盗。纵有姊姁,②以医幸王太后。王太后问:"有子兄弟为官者乎?"姊曰:"有弟无行,不可。"太后乃告上,拜义姁弟纵为中郎,③补上党郡中令。④治敢行,少蕴藉,⑤县无逋事,举为第一。迁为长陵及长安令,直法行治,不避贵戚。以捕案太后外孙修成君子仲,⑥上以为能,迁为河内都尉。至则族灭其豪穰氏之属,河内道不拾遗。而张次公亦为郎,以勇悍从军,敢深入,有功,为岸头侯。⑦

①【集解】徐广曰:"剽音扶召反。"【索隐】说文云:"剽,刺也。"一云剽劫,又音敷妙反。

②【索隐】李奇音吁,孟康音诩也。

③【集解】汉书音义曰:"姁音煦,纵姊名也。"

④【索隐】案:谓补上党郡中之令,史失其县名。

⑤【集解】汉书音义曰:"敢行暴政而少蕴藉也。"【索隐】蕴音愠。藉音才夜反。张晏云:"为人无所避,故少所假借也。"

⑥【索隐】案:王太后之女号修成君,其子名仲。

⑦【集解】徐广曰:"受封五年,与淮南王女凌奸及受财物,国除。"

宁成家居,上欲以为郡守。御史大夫弘曰:"臣居山东为小吏时,宁成为济南都尉,其治如狼牧羊。成不可使治民。"上乃拜成为关都尉。岁馀,关东吏隶郡国出入关者,①号曰"宁见乳虎,无值宁成之怒"。义纵自河内迁为南阳太守,闻宁成家居南阳,及纵至关,宁成侧行送迎,然纵气盛,弗为礼。至郡,遂案宁氏,尽破碎其家。成坐有罪,及孔、暴之属皆奔亡,②南阳吏民重足一迹。而平氏朱彊、杜衍、杜周为纵牙爪之吏,任用,迁为廷史。军数出定襄,定襄吏民乱败,于是徙纵为定襄太守。纵至,掩定襄狱中重罪轻系二百馀人,及宾客昆弟私入相视亦二百馀人。纵一捕鞠,曰"为死罪解脱"。③是日皆报杀四百馀人。其后郡中不寒而栗,猾民佐吏为治。④

①【集解】汉书音义曰:"隶,阅也。"

②【集解】徐广曰:"孔、暴二姓,大族。"

③【集解】汉书音义曰:"一切皆捕之也。律,诸囚徒私解脱桎梏钳赭,加罪一等;为人解脱,与同罪。纵鞠相赡饷者二百人为解脱死罪,尽杀也。"

④【索隐】案:谓豪猾之人干豫吏政,故云"佐吏为理"也。

是时赵禹、张汤以深刻为九卿矣,然其治尚宽,辅法而行,而纵以鹰击毛挚为治。①后会五铢钱白金起,民为奸,京师尤甚,乃以纵为右内史,王温舒为中尉。温舒至恶,其所为不先言纵,纵必以气凌之,败坏其功。其治,所诛杀甚多,然取为小治,奸益不胜,直指始出矣。吏之治以斩杀缚束为务,阎奉以恶用矣。纵廉,其治放郅都。上幸鼎湖,病久,已而卒起幸甘泉,②道多不治。上怒曰:"纵以我为不复行此道乎?"嗛之。③至冬,杨可方受告缗,④纵以为此乱民,部吏捕其为可使者。⑤天子闻,使杜式治,以为废格沮事,⑥弃纵市。后一岁,张汤亦死。

①【集解】徐广曰:"鸷鸟将击,必张羽毛也。"

②【索隐】卒音七忽反。

③【集解】徐广曰:"嗛音衔。"

④【集解】韦昭曰:"人有告言不出缗者,可方受之。"【索隐】缗,钱贯也。汉氏有告缗令,杨可主之。谓缗钱出入有不出算钱者,令得告之也。

⑤【索隐】谓求杨可之使。

⑥【集解】汉书音义曰:"武帝使杨可主告缗,没入其财物,纵捕为可使者,此为废格诏书,沮已成之事。"【索隐】应劭云:"沮败已成之事。格音阁。"

王温舒者,阳陵人也。①少时椎埋为奸。②已而试补县亭长,数废。为吏,以治狱至廷史。事张汤,迁为御史。督盗贼,杀伤甚多,稍迁至广平都尉。择郡中豪敢任吏十馀人,以为爪牙,皆把其阴重罪,而纵使督盗贼,快其意所欲得。此人虽有百罪,弗法;即有避,因其事夷之,亦灭宗。以其故齐赵之郊盗贼不敢近广平,广平声为道不拾遗。上闻,迁为河内太守。

①【集解】徐广曰:"属冯翊。"

②【集解】徐广曰:"椎杀人而埋之。或谓发冢。"

素居广平时,皆知河内豪奸之家,及往,九月而至。令郡具私马五十匹,为驿自河内至长安,部吏如居广平时方略,捕郡中豪猾,郡中豪猾相连坐千馀家。上书请,大者至族,小者乃死,家尽没入偿臧。奏行不过二三日,得可事。论报,至流血十馀里。河内皆怪其奏,以为神速。尽十二月,郡中毋声,毋敢夜行,野无犬吠之盗。其颇不得失,之旁郡国,黎来,①会春,温舒顿足叹曰:"嗟乎,令冬月益展一月,足吾事矣!"其好杀伐行威不爱人如此。天子闻之,以为能,迁为中尉。其治复放河内,徙诸名祸猾吏②与从事,河内则杨皆、麻戊,③关中杨赣、成信等。义纵为内史,惮未敢恣治。及纵死,张汤败后,徙为廷尉,而尹齐为中尉。

①【索隐】黎音犁。黎,比也。

②【集解】徐广曰:"有残刻之名。"【索隐】徙请名祸猾吏。案:汉书作

“徒请召猜祸吏”。服虔曰“徒，但也。猜，恶也”。应劭曰“猜，疑也。取吏名为好猜疑人作祸败者而使之”。

③【集解】徐广曰：“一云‘麻成’。”

尹齐者，东郡茌平人。①以刀笔稍迁至御史。事张汤，张汤数称以为廉武，使督盗贼，所斩伐不避贵戚。迁为关内都尉，声甚于宁成。上以为能，迁为中尉，吏民益凋敝。尹齐木强少文，豪恶吏伏匿而善吏不能为治，以故事多废，抵罪。上复徙温舒为中尉，而杨仆以严酷为主爵都尉。

①【索隐】茌音仕疑反。

杨仆者，宜阳人也。以千夫为吏。①河南守案举以为能，迁为御史，使督盗贼关东。治放尹齐，以为敢挚行。稍迁至主爵都尉，列九卿。天子以为能。南越反，拜为楼船将军，有功，封将梁侯。为荀彘所缚。②居久之，病死。

①【集解】汉书音义曰：“千夫若五大夫。武帝军用不足，令民出钱谷为之。”

②【集解】徐广曰：“受封四年，征朝鲜还，赎为庶人。”【索隐】案：汉书云“与左将军荀彘俱击朝鲜，为彘所缚。还，免为庶人，病死。”

而温舒复为中尉。为人少文，居廷惛惛①不辩，至于中尉则心开。督盗贼，素习关中俗，知豪恶吏，豪恶吏尽复为用，为方略。吏苛察，盗贼恶少年投缿②购告言奸，置伯格长③以牧司奸盗贼。温舒为人谄，善事有执者；即无执者，视之如奴。有执家，虽有奸如山，弗犯；无执者，贵戚必侵辱。舞文巧诋下户之猾，以焄大豪。④其治中尉如此。奸猾穷治，大抵尽靡烂狱中，行论无出者。其爪牙吏虎而冠。于是中尉部中中猾以下皆伏,有势者为游声誉,称治。治数岁,其吏多以权富。

①【索隐】音昏。

②【集解】徐广曰:"音项,器名也,如今之投书函中。"【索隐】缿音项,器名。受投书之器,入不可出。三仓音胡江反。

③【集解】徐广曰:"一作'落'。古'村落'字亦作'格'。街陌屯落皆设督长也。"【索隐】伯音阡陌,格音村落。言阡陌村落皆置长也。

④【集解】煮音熏。【索隐】以熏大豪。案:熏犹熏炙之。谓下户之中有奸猾之人,令案之,以熏逐大奸。

温舒击东越还,①议有不中意者,坐小法抵罪免。是时天子方欲作通天台②而未有人,温舒请覆中尉脱卒,得数万人作。上说,拜为少府。徙为右内史,治如其故,奸邪少禁。坐法失官。复为右辅,行中尉事,如故操。

①【集解】徐广曰:"元鼎六年,出会稽破东越。"

②【正义】汉书元封三年。三辅旧事云:"起甘泉通天台,高五十丈。"

岁馀,会宛军发,①诏征豪吏,温舒匿其吏华成,及人有变告温舒受员骑钱,他奸利事,罪至族,自杀。其时两弟及两婚家亦各自坐他罪而族。光禄徐自为曰:"悲夫,夫古有三族,而王温舒罪至同时而五族乎!"

①【集解】汉书音义曰:"发兵伐大宛。"

温舒死,家直累千金。后数岁,尹齐亦以淮阳都尉病死,家直不满五十金。所诛灭淮阳甚多,及死,仇家欲烧其尸,尸亡去归葬。①

①【集解】徐广曰:"尹齐死未及敛,恐怨家欲烧之,尸亦飞去。"

自温舒等以恶为治,而郡守、都尉、诸侯二千石欲为治者,其治大抵尽放温舒,而吏民益轻犯法,盗贼滋起。南阳有梅免、白政,楚有殷中、^①杜少,齐有徐勃,燕赵之间有坚卢、范生之属。大群至数千人,擅自号,攻城邑,取库兵,释死罪,缚辱郡太守、都尉,杀二千石,为檄告县趣具食;小群(盗)以百数,掠卤乡里者,不可胜数也。于是天子始使御史中丞、丞相长史督之。犹弗能禁也,乃使光禄大夫范昆、诸辅都尉及故九卿张德等衣绣衣,持节,虎符发兵以兴击,斩首大部或至万馀级,及以法诛通饮食,坐连诸郡,甚者数千人。数岁,乃颇得其渠率。散卒失亡,复聚党阻山川者,往往而群居,无可奈何。于是作"沈命法",^②曰群盗起不发觉,发觉而捕弗满品者,二千石以下至小吏主者皆死。其后小吏畏诛,虽有盗不敢发,恐不能得,坐课累府,府亦使其不言。故盗贼寝多,上下相为匿,以文辞避法焉。^③

　　①【集解】徐广曰:"殷,一作'假',人亦有姓假者也。"
　　②【集解】汉书音义曰:"沈,藏匿也。命,亡逃也。"【索隐】服虔云:"沈匿不发觉之法。"韦昭云:"沈,没也。"
　　③【集解】徐广曰:"诈为虚文,言无盗贼也。"

　　减宣者,杨人也。以佐史无害给事河东守府。卫将军青使买马河东,见宣无害,言上,征为大厩丞。^①官事辨,稍迁至御史及中丞。使治主父偃及治淮南反狱,所以微文深诋,杀者甚众,称为敢决疑。数废数起,为御史及中丞者几二十岁。王温舒免中尉,而宣为左内史。其治米盐,事大小皆关其手,自部署县名曹实物,官吏令丞不得擅摇,痛以重法绳之。居官数年,一切郡中为小治辨,然独宣以小致大,能因力行之,难以为经。中废。为右扶风,坐怨成信,^②信亡藏上林中,宣使郿令^③格杀信,吏卒格信时,射中上林苑门,宣下吏诋罪,以为大逆,当族,自杀。而杜周任用。

①【正义】百官表云大仆属官有大厩,各五丞一尉也。

②【集解】汉书曰:"成信,宣吏。"

③【正义】郿令,今岐州岐县北,时属右扶风。

杜周者,①南阳杜衍人。义纵为南阳守,以为爪牙,举为廷尉史。事张汤,汤数言其无害,至御史。使案边失亡,②所论杀甚众。奏事中上意,任用,与减宣相编,更为中丞十馀岁。

①【索隐】地名也。　【正义】杜氏谱云字长孺。

②【集解】文颖曰:"边卒多亡也。或曰郡县主守有所亡失也。"

其治与宣相放,然重迟,外宽,内深次骨。①宣为左内史,周为廷尉,其治大放张汤而善候伺。上所欲挤者,因而陷之;上所欲释者,久系待问而微见其冤状。客有让周曰:"君为天子决平,不循三尺法,②专以人主意指为狱。狱者固如是乎?"周曰:"三尺安出哉?前主所是著为律,后主所是疏为令,当时为是,何古之法乎!"

①【集解】李奇曰:"其用罪深刻至骨。"【索隐】次,至也。李奇曰:"其用法刻至骨。"

②【集解】汉书音义曰:"以三尺竹简书法律也。"

至周为廷尉,诏狱亦益多矣。二千石系者新故相因,不减百馀人。郡吏大府举之廷尉,①一岁至千馀章。章大者连逮证案数百,小者数十人;远者数千,近者数百里。会狱,吏因责如章告劾,不服,以笞掠定之。于是闻有逮皆亡匿。狱久者至更数赦②十有馀岁而相告言,大抵尽诋以不道③以上。廷尉及中都官诏狱逮至六七万人,吏所增加十万馀人。

①【集解】如淳曰:"郡吏,郡太守也。"孟康曰:"举之廷尉,以章劾付廷尉治之。"

②【集解】张晏曰："诏书赦，或有不从此令。"

③【索隐】大氐尽抵以不道。案：大氐犹大都也。氐音至。

周中废，后为执金吾，逐盗，捕治桑弘羊、卫皇后昆弟子刻深，天子以为尽力无私，迁为御史大夫。①家两子，夹河为守。其治暴酷皆甚于王温舒等矣。杜周初征为廷史，有一马，且不全；及身久任事，至三公列，子孙尊官，家訾累数巨万矣。

①【集解】徐广曰："天汉三年为御史大夫，四岁，太始三年卒。"

太史公曰：自郅都、杜周十人者，此皆以酷烈为声。然郅都伉直，引是非，争天下大体。张汤以知阴阳，人主与俱上下，时数辩当否，国家赖其便。赵禹时据法守正。杜周从谀，以少言为重。自张汤死后，网密，多诋严，官事寖以秏废。九卿碌碌奉其官，救过不赡，何暇论绳墨之外乎！然此十人中，其廉者足以为仪表，其污者足以为戒，①方略教导，禁奸止邪，一切亦皆彬彬质有其文武焉。虽惨酷，斯称其位矣。至若蜀守冯当暴挫，广汉李贞擅磔人，东郡弥仆②锯项，天水骆璧推咸，③河东褚广妄杀，京兆无忌、冯翊殷周蝮鸷，④水衡阎奉朴击卖请，何足数哉！何足数哉！

①【集解】徐广曰："一本无此四字。"

②【索隐】弥，姓；仆，名。

③【集解】徐广曰："一作'成'。"　【索隐】上音直追反，下音减。一作"成"，是也。谓(推系)〔椎击〕之以成狱也。

④【索隐】上音蝮蛇，下音鸷鹰也。言其酷比之蝮毒鹰攫。

【索隐述赞】太上失德，法令滋起。破觚为圆，禁暴不止。奸伪斯炽，惨酷爰始。乳兽扬威，苍鹰侧视。舞文巧诋，怀生何恃！

史 记 卷 一 百 二 十 三

大宛列传第六十三

大宛①之迹,②见自张骞。张骞,汉中人。③建元中为郎。是时天子问匈奴降者,皆言匈奴破月氏王,④以其头为饮器,⑤月氏遁逃而常怨仇匈奴,无与共击之。汉方欲事灭胡,闻此言,因欲通使。道必更匈奴中,⑥乃募能使者。骞以郎应募,使月氏,与堂邑氏(故)胡奴甘父⑦俱出陇西。经匈奴,⑧匈奴得之,传诣单于。单于留之,曰:"月氏在吾北,汉何以得往使? 吾欲使越,汉肯听我乎?"留骞十馀岁,与妻,有子,然骞持汉节不失。

①【索隐】音菀,又于袁反。

②【正义】汉书云:"大宛国去长安万二千五百五十里,东至都护治,西南至大月氏,南亦至大月氏,北至康居。"括地志云:"率都沙那国亦名苏对沙那国,本汉大宛国。

③【索隐】陈寿益部耆旧传云:"骞,汉中成固人。"

④【正义】氏音支。凉、甘、肃、瓜、沙等州,本月氏国之地。汉书云"本居

2737

敦煌、祈连间”是也。

⑤【集解】韦昭曰：“饮器，椑榼也。单于以月氏王头为饮器。”晋灼曰：“饮器，虎子之属也。或曰饮酒器也。”【索隐】椑音白迷反。榼音苦盍反。案：谓今之偏榼也。【正义】汉书匈奴传云：“元帝遣车骑都尉韩昌、光禄大夫张猛与匈奴盟，以老上单于所破月氏王头为饮器者，共饮血盟。”

⑥【索隐】更，经也。音羹。

⑦【集解】汉书音义曰：“堂邑氏，姓；胡奴甘父，字。”【索隐】案：谓堂邑县人家胡奴名甘父也。下云“堂邑父”者，盖后史家从省，唯称“堂邑父”而略“甘”字。甘，或其姓号。

⑧【索隐】谓道经匈奴也。

居匈奴中，益宽，骞因与其属亡乡月氏，西走数十日至大宛。大宛闻汉之饶财，欲通不得，见骞，喜，问曰："若欲何之?"骞曰："为汉使月氏，而为匈奴所闭道。今亡，唯王使人导送我。诚得至，反汉，汉之赂遗王财物不可胜言。"大宛以为然，遣骞，①为发导绎，抵康居，②康居传致大月氏。③大月氏王已为胡所杀，立其太子为王。④既臣大夏而居，⑤地肥饶，少寇，志安乐，又自以远汉，殊无报胡之心。骞从月氏至大夏，竟不能得月氏要领。⑥

①【索隐】谓大宛发遣骞西也。

②【索隐】为发道驿抵康居。发道，谓发驿令人导引而至康居也。导音道。抵，至也。居音渠也。【正义】抵，至也。居，其居反。括地志云："康居国在京西一万六千里。其西北可二千里有奄蔡，酒国也。"

③【正义】此大月氏在大宛西南，于妫水北为王庭。汉书云去长安万一千六百里。

④【集解】徐广曰："一云'夫人为王'，夷狄亦或女主。"【索隐】案：汉书张骞传云"立其夫人为王"也。

⑤【索隐】既臣大夏而君之。谓月氏以大夏为臣,而为之作君也。

　【正义】既,尽也。大夏国在妫水南。

⑥【集解】汉书音义曰:"要领,要契。"　【索隐】李奇云"要领,要契也"。

　小颜以为衣有要领。刘氏云"不得其要害",然颜是其意,于文字为疏

　者也。

留岁馀,还,并南山,①欲从羌中归,②复为匈奴所得。留岁
馀,单于死,③左谷蠡王攻其太子自立,国内乱,骞与胡妻及堂邑父
俱亡归汉。汉拜骞为太中大夫,堂邑父为奉使君。④

①【正义】并,白浪反。南山即连终南山,从京南东至华山过河,东北连

　延至海,即中条山也。从京南连接至葱岭万馀里,故云"并南山"也。

　西域传云"其南山东出金城,与汉南山属焉"。

②【正义】说文云:"羌,西方牧羊人也。南方蛮闽从虫,北方狄从犬,东

　方貉从豸,西方羌从羊。"

③【集解】徐广曰:"元朔三年。"

④【索隐】堂邑父之官号。

骞为人强力,宽大信人,蛮夷爱之。堂邑父故胡人,善射,穷急
射禽兽给食。初,骞行时百馀人,去十三岁,唯二人得还。

骞身所至者大宛、大月氏、大夏、康居,而传闻其旁大国五六,
具为天子言之。曰:

　大宛在匈奴西南,在汉正西,去汉可万里。其俗土著,耕
田,田稻麦。有蒲陶酒。多善马,①马汗血,其先天马子也。②
有城郭屋室。其属邑大小七十馀城,众可数十万。其兵弓矛
骑射。其北则康居,西则大月氏,西南则大夏,东北则乌孙,东
则扞罙、③于窴。④于窴之西,则水皆西流,注西海;其东水东
流,注盐泽。⑤盐泽潜行地下,其南则河源出焉。⑥多玉石,河

注中国。而楼兰、姑师⑦邑有城郭,临盐泽。盐泽去长安可五千里。匈奴右方居盐泽以东,至陇西长城,南接羌,鬲汉道焉。

①【索隐】案:外国传云"外国称天下有三众:中国人众,大秦宝众,月氏马众"。

②【集解】汉书音义曰:"大宛国有高山,其上有马,不可得,因取五色母马置其下,与交,生驹汗血,因号曰天马子。"

③【集解】徐广曰:"汉纪曰拘弥国去于窴三百里。"【索隐】扜罙,国名也,音汙弥二音。汉纪谓荀悦所撰汉纪。拘音俱,弥即罙也,则拘弥与扜罙是一也。

④【索隐】音殿。

⑤【索隐】盐水也。太康地记云"河北得水为河,塞外得水为海"也。
【正义】汉书云:"盐泽去玉门、阳关三百馀里,广袤三四百里。其水皆潜行地下,南出于积石山为中国河。"括地志云:"蒲昌海一名泑泽,一名盐泽,亦名辅日海,亦名穿兰,亦名临海,在沙州西南。玉门关在沙州寿昌县西六里。"

⑥【索隐】案:汉书西域传云"河有两源,一出葱岭,一出于窴"。山海经云"河出昆仑东北隅"。郭璞云"河出昆仑,潜行地下,至葱岭山于窴国,复分流岐出,合而东注泑泽,已而复行积石,为中国河"。泑泽即盐泽也,一名蒲昌海。西域传云"一出于阗南山下",与郭璞注山海经不同。广志云"蒲昌海在蒲类海东"也。

⑦【正义】二国名。姑师即车师也。

　　乌孙在大宛东北可二千里,行国,①随畜,与匈奴同俗。控弦者数万,敢战。故服匈奴,及盛,取其羁属,不肯往朝会焉。

①【集解】徐广曰:"不土著。"

康居在大宛西北可二千里,行国,与月氏大同俗。控弦者八九万人。与大宛邻国。国小,南羁事月氏,东羁事匈奴。

奄蔡①在康居西北可二千里,行国,与康居大同俗。控弦者十馀万。临大泽,无崖,盖乃北海云。

①【正义】汉书解诂云:"奄蔡即阖苏也。"魏略云:"西与大秦通,东南与康居接。其国多貂,畜牧水草,故时羁属康居也。"

大月氏①在大宛西可二三千里,居妫水北。其南则大夏,西则安息,北则康居。行国也,随畜移徙,与匈奴同俗。控弦者可一二十万。故时强,轻匈奴,及冒顿立,攻破月氏,至匈奴老上单于,杀月氏王,以其头为饮器。始月氏居敦煌、祁连间,②及为匈奴所败,乃远去,过宛,西击大夏而臣之,遂都妫水北,为王庭。其馀小众不能去者,保南山羌,号小月氏。

①【正义】万震南州志云:"在天竺北可七千里,地高燥而远。国王称'天子',国中骑乘常数十万匹,城郭宫殿与大秦国同。人民赤白色,便习弓马。土地所出,及奇玮珍物,被服鲜好,天竺不及也。"康泰外国传云:"外国称天下有三众:中国为人众,秦为宝众,月氏为马众也。"

②【正义】初,月氏居敦煌以东,祁连山以西。敦煌郡今沙州。祁连山在甘州西南。

安息①在大月氏西可数千里。其俗土著,耕田,田稻麦,蒲陶酒。城邑如大宛。其属小大数百城,地方数千里,最为大国。临妫水,有市,民商贾用车及船,行旁国或数千里。以银为钱,钱如其王面,②王死辄更钱,效王面焉。画革旁行以为书记。③其西则条枝,北有奄蔡、黎轩。④

①【正义】地理志云:"安息国京西万一千二百里。自西关西行三千四百里至阿蛮国,西行三千六百里至斯宾国,从斯宾南行度河,又西南行

至于罗国九百六十里,安息西界极矣。自此南乘海乃通大秦国。"汉书云:"北康居,东乌弋山离,西条枝。国临妫水。土著。以银为钱,如其王面,王死辄更钱,效王面焉。"

②【索隐】汉书云:"文独为王面,幕为夫人面。"荀悦云:"幕音漫,无文面也。"张晏云:"钱之文面作人乘马,钱之幕作人面形。"韦昭云:"幕,钱背也,音漫。"包恺音慢。

③【集解】汉书音义曰:"横行为书记。"【索隐】画音获。小颜云:"革,皮之不柔者。"韦昭云:"外夷书皆旁行,今扶南犹中国,直下也。"

④【索隐】汉书作"犁靬"。续汉书一名"大秦"。按:三国并临西海,后汉书云"西海环其国,惟西北通陆道"。然汉使自乌弋以还,莫有至条枝者。【正义】上力奚反。下巨言反,又巨连反。后汉书云:"大秦一名犁鞬,在西海之西,东西南北各数千里。有城四百馀所。土多金银奇宝,有夜光璧、明月珠、骇鸡犀、火浣布、珊瑚、琥珀、琉璃、琅玕、朱丹、青碧,珍怪之物,率出大秦。"康氏外国传云:"其国城郭皆青水精为〔础〕,及五色水精为壁。人民多巧,能化银为金。国土市买皆金银钱。"万震南州志云:"大家屋舍,以珊瑚为柱,琉璃为墙壁,水精为础也。海中斯调(州)〔洲〕上有木,冬月往剥取其皮,绩以为布,极细,手巾齐数匹,与麻焦布无异,色小青黑,若垢污欲浣之,则入火中,便更精洁,世谓之火浣布。秦云定重参问门树皮也。"括地志云:"火山国在扶风南东大湖海中。其国中山皆火,然火中有白鼠皮及树皮,绩为火浣布。魏略云大秦在安息、条支西大海之西,胡俗谓之海西。从安息界乘船直载海西,遇风利时三月到,风迟或一二岁。其公私宫室为重屋,邮驿亭置如中国。从安息绕海北陆到其国,人民相属,十里一亭,三十里一置。无盗贼。其俗人长大平正,似中国人而胡服。宋膺异物志云秦之北附庸小邑,有羊羔自然生于土中,候其欲萌,筑墙绕之,恐兽所食。其脐与地连,割绝则死。击物惊之,乃惊鸣,脐遂绝,则逐水草为群。又大秦金二枚,皆大如瓜,植之滋息无极,观之如

用则直金也。"括地志云:"小人国在大秦南,人才三尺。其耕稼之时,惧鹤所食,大秦卫助之。即焦侥国,其人穴居也。"

　　条枝在安息西数千里,临西海。暑湿。耕田,田稻。有大鸟,卵如瓮。① 人众甚多,往往有小君长,而安息役属之,以为外国。国善眩。② 安息长老传闻条枝有弱水、西王母,而未尝见。③

① 【正义】汉书云:"条支出师子、犀牛、孔雀、大雀,其卵如瓮。和帝永元十三年,安息王满屈献师子、大鸟,世谓之'安息雀'。"广志云:"鸟,鹝鹰身,蹄骆,色苍,举头八九尺,张翅丈馀,食大麦,卵大如瓮。"

② 【集解】应劭曰:"眩,相诈惑。"　【正义】颜云:"今吞刀、吐火、殖瓜、种树、屠人、截马之术皆是也。"

③ 【索隐】魏略云:"弱水在大秦西。"玄中记云:"天下之弱者,有昆仑之弱水,鸿毛不能载也。"山海经云:"玉山,西王母所居。"穆天子传云:"天子觞西王母瑶池之上。"括地图云:"昆仑弱水非乘龙不至。有三足神鸟,为王母取食。"　【正义】此弱水、西王母既是安息长老传闻而未曾见,后汉书云桓帝时大秦国王安敦遣使自日南徼外来献,或云其国西有弱水、流沙,近西王母处,几于日所入也。然先儒多引大荒西经云弱水云有二源,俱出女国北阿耨达山,南流会于女国东,去国一里,深丈馀,阔六十步,非毛身不可济,南流入海。阿耨达山即昆仑山也,与大荒西经合矣。然大秦国在西海中岛上,从安息西界过海,好风用三月乃到,弱水又其国之西。昆仑山弱水流在女国北,出昆仑山南。女国在于窴国南二千七百里。于窴去京凡九千六百七十里。计大秦与大昆仑山相去几四五万里,非所论及,而前贤误矣。此皆据汉括地论之,犹恐未审,然弱水二所说皆有也。

　　大夏在大宛西南二千馀里妫水南。其俗土著,有城屋,与大宛同俗。无大(王)〔君〕长,往往城邑置小长。其兵弱,畏战。善贾市。及大月氏西徙,攻败之,皆臣畜大夏。大夏民多,可百馀万。其都曰蓝市城,有市贩贾诸物。其东南有身毒国。①

①【集解】徐广曰:"身,或作'乾',又作'讫'。"【索隐】身音乾,毒音笃。孟康云:"即天竺也,所谓浮图胡也。"【正义】一名身毒,在月氏东南数千里。俗与月氏同,而卑湿暑热。其国临大水,乘象以战。其民弱于月氏。修浮图道,不杀伐,遂以成俗。土有象、犀、瑇瑁、金、银、铁、锡、铅。西与大秦通,有大秦珍物。明帝梦金人长大,顶有光明,以问群臣。或曰:"西方有神,名曰'佛',其形长丈六尺而黄金色。"帝于是遣使天竺问佛道法,遂至中国,画形像焉。万震南州志云:"地方三万里,佛道所出。其国王居城郭,殿皆雕文刻镂。街曲市里,各有行列。左右诸大国凡十六,皆共奉之,以天地之中也。"浮屠经云:"临兒国王生隐屠太子。父曰屠头邪,母曰莫邪屠。身色黄,发如青丝,乳有青色,爪赤如铜。始莫邪梦白象而孕,及生,从母右胁出。生有发,堕地能行七步。"又云:"太子生时,有二龙王夹左右吐水,一龙水暖,一龙水冷,遂成二池,今犹一冷一暖。初行七步处,琉璃上有太子脚迹见在。生处名祇洹精舍,在舍卫国南四里,是长者须达所起。又有阿输迦树,是夫人所攀生太子树也。"括地志云:"沙祇大国即舍卫国也,在月氏南万里,即波斯匿王治处。此国共九十种。知身后事。城有祇树给孤园。"又云:"天竺国有东、西、南、北、中央天竺国,国方三万里,去月氏七千里。大国隶属凡二十一。天竺在昆仑山南,大国也。治城临恒水。"又云:"阿耨达山亦名建末达山,亦名昆仑山。水出,一名拔扈利水,一名恒伽河,即经称〔恒〕河者也。自昆仑山以南,多是平地而下湿。土肥良,多种稻,岁四熟,留役驼马,米粒亦极大。"又云:"佛上忉利天,为母说法九十日。波斯匿王思欲见

佛，即刻牛头旃檀象，置精舍内佛坐。此像是众像之始，后人所法也。佛上天青梯，今变为石，没入地，唯馀十二蹬，蹬间二尺馀。彼耆老言，梯入地尽，佛法灭。"又云："王舍国，胡语曰罪悦祇国。其国灵鹫山，胡语曰耆阇崛山。山是青石，石头似鹫。鸟名耆阇，鹫也。崛，山石也。山周四十里，外周围水，佛于此坐禅，及诸阿难等俱在此坐。"又云："小孤石，石上有石室者，佛坐其中，天帝释以四十二事问佛，佛一一以指画石，其迹尚存。又于山上起塔，佛昔将阿难在此上山四望，见福田疆畔，因制七条衣割截之法于此，今袈裟衣是也。"

骞曰："臣在<u>大夏</u>时，见<u>邛</u>竹杖、<u>蜀</u>布。①问曰：'安得此？'<u>大夏</u>国人曰：'吾贾人往市之<u>身毒</u>。<u>身毒</u>在<u>大夏</u>东南可数千里。其俗土著，大与<u>大夏</u>同，而卑湿暑热云。其人民乘象以战。其国临大水焉。'②以<u>骞</u>度之，<u>大夏</u>去汉万二千里，居汉西南。今<u>身毒</u>国又居<u>大夏</u>东南数千里，有蜀物，此其去蜀不远矣。今使<u>大夏</u>，从<u>羌</u>中，险，<u>羌</u>人恶之；少北，则为<u>匈奴</u>所得；从<u>蜀</u>宜径，③又无寇。"天子既闻<u>大宛</u>及<u>大夏</u>、<u>安息</u>之属皆大国，多奇物，土著，颇与中国同业，而兵弱，贵汉财物；其北有<u>大月氏</u>、<u>康居</u>之属，兵强，可以赂遗设利朝也。且诚得而以义属之，则广地万里，重九译，④致殊俗，威德遍于四海。天子欣然，以<u>骞</u>言为然，乃令<u>骞</u>因<u>蜀</u>犍为⑤发间使，四道并出：出<u>駹</u>，出<u>冄</u>，⑥出<u>徙</u>，⑦出<u>邛</u>、<u>僰</u>，⑧皆各行一二千里。其北方闭<u>氏</u>、<u>筰</u>，⑨南方闭<u>嶲</u>、<u>昆明</u>。⑩<u>昆明</u>之属无君长，善寇盗，辄杀略<u>汉</u>使，终莫得通。然闻其西可千馀里有乘象国，名曰<u>滇越</u>，⑪而<u>蜀</u>贾奸出物者或至焉，于是<u>汉</u>以求<u>大夏</u>道始通<u>滇国</u>。初，<u>汉</u>欲通<u>西南夷</u>，费多，道不通，罢之。及<u>张骞</u>言可以通<u>大夏</u>，乃复事<u>西南夷</u>。

①【正义】邛都邛山出此竹，因名"邛竹"。节高实中，或寄生，可为杖。布，土芦布。

②【正义】大水,河也。

③【集解】如淳曰:"径,疾也。或曰径,直。"

④【正义】言重重九遍译语而致。

⑤【正义】犍,其连反。犍为郡今戎州也,在益州南一千馀里。

⑥【正义】茂州、向州等,冄、骁之地,在戎州西北也。

⑦【集解】徐广曰:"属汉嘉。"　【索隐】李奇云:"徙音斯。蜀郡有徙县也。"

⑧【正义】僰,蒲北反。徙在嘉州;邛,今邛州;僰,今雅州:皆在戎州西南也。

⑨【集解】服虔曰:"皆夷名,汉使见闭于夷也。"　【索隐】韦昭云:"筰县在越嶲,音昨。"案:南越破后杀筰侯,以筰都为沈黎郡,又有定筰县。

　【正义】氐,今成州及武等州也。筰,白狗羌也。皆在戎州西北也。

⑩【正义】嶲州及南昆明夷也,皆在戎州西南。

⑪【集解】徐广曰:"一作'城'。"　【正义】昆、郎等州皆滇国也。其西南滇越、越嶲则通号越,细分而有嶲、滇等名也。

骞以校尉从大将军击匈奴,知水草处,军得以不乏,乃封骞为博望侯。①是岁元朔六年也。其明年,骞为卫尉,与李将军俱出右北平击匈奴。匈奴围李将军,军失亡多;而骞后期当斩,赎为庶人。是岁汉遣骠骑破匈奴西(城)〔域〕数万人,至祁连山。其明年,浑邪王率其民降汉,而金城、河西西并南山至盐泽空无匈奴。匈奴时有候者到,而希矣。其后二年,汉击走单于于幕北。

①【索隐】案:张骞封号耳,非地名。小颜云"取其能博广瞻望"也。寻武帝置博望苑,亦取斯义也。　【正义】地理志南阳博望县。

是后天子数问骞大夏之属。骞既失侯,因言曰:"臣居匈奴中,闻乌孙王号昆莫,昆莫之父,匈奴西边小国也。匈奴攻杀其父,①

而昆莫生,弃于野。乌嗛肉蜚其上,^②狼往乳之。单于怪以为神,而收长之。及壮,使将兵,数有功,单于复以其父之民予昆莫,令长守于西(城)〔域〕。昆莫收养其民,攻旁小邑,控弦数万,习攻战。单于死,昆莫乃率其众远徙,中立,不肯朝会匈奴。匈奴遣奇兵击,不胜,以为神而远之,因羁属之,不大攻。今单于新困于汉,而故浑邪地空无人。蛮夷俗贪汉财物,今诚以此时而厚币赂乌孙,招以益东,居故浑邪之地,与汉结昆弟,其势宜听,听则是断匈奴右臂也。既连乌孙,自其西大夏之属皆可招来而为外臣。"天子以为然,拜骞为中郎将,将三百人,马各二匹,牛羊以万数,赍金币帛直数千巨万,多持节副使,道可使,使遗之他旁国。

①【索隐】按汉书,父名难兜靡,为大月氏所杀。

②【集解】徐广曰:"读'嗛'与'衔'同。酷吏传'义纵不治道,上恣衔之',史记亦作'嗛'字。"【索隐】嗛音衔。蜚亦"飞"字。

骞既至乌孙,乌孙王昆莫见汉使如单于礼,骞大惭,知蛮夷贪,乃曰:"天子致赐,王不拜则还赐。"昆莫起拜赐,其他如故。骞谕使指曰:"乌孙能东居浑邪地,则汉遣翁主为昆莫夫人。"乌孙国分,王老,而远汉,未知其大小,素服属匈奴日久矣,且又近之,其大臣皆畏胡,不欲移徙,王不能专制。骞不得其要领。昆莫有十馀子,其中子曰大禄,强,善将众,将众别居万馀骑。大禄兄为太子,太子有子曰岑娶,而太子蚤死。临死谓其父昆莫曰:"必以岑娶为太子,无令他人代之。"昆莫哀而许之,卒以岑娶为太子。大禄怒其不得代太子也,乃收其诸昆弟,将其众畔,谋攻岑娶及昆莫。昆莫老,常恐大禄杀岑娶,予岑娶万馀骑别居,而昆莫有万馀骑自备,国众分为三,而其大总取羁属昆莫,昆莫亦以此不敢专约于骞。

骞因分遣副使使大宛、康居、大月氏、大夏、安息、身毒、于窴、扜罙及诸旁国。乌孙发导译送骞还，骞与乌孙遣使数十人，马数十匹报谢，因令窥汉，知其广大。

骞还到，拜为大行，列于九卿。岁馀，卒。

乌孙使既见汉人众富厚，归报其国，其国乃益重汉。其后岁馀，骞所遣使通大夏之属者皆颇与其人俱来，①于是西北国始通于汉矣。然张骞凿空，②其后使往者皆称博望侯，以为质于外国，③外国由此信之。

① 【集解】晋灼曰："其国人。"

② 【集解】苏林曰："凿，开；空，通也。骞开通西域道。"　【索隐】案：谓西域险厄，本无道路，今凿空而通之也。

③ 【集解】如淳曰："质，诚信也。博望侯有诚信，故后使称其意以喻外国。"李奇曰："质，信也。"

自博望侯骞死后，匈奴闻汉通乌孙，怒，欲击之。及汉使乌孙，若①出其南，抵大宛、大月氏相属，乌孙乃恐，使使献马，愿得尚汉女翁主为昆弟。天子问群臣议计，皆曰"必先纳聘，然后乃遣女"。初，天子发书易，②云"神马当从西北来"。得乌孙马好，名曰"天马"。及得大宛汗血马，益壮，更名乌孙马曰"西极"，名大宛马曰"天马"云。而汉始筑令居以西，③初置酒泉郡以通西北国。因益发使抵安息、奄蔡、黎轩、条枝、身毒国。而天子好宛马，使者相望于道。诸使外国一辈大者数百，少者百馀人，人所赍操大放博望侯时。其后益习而衰少焉。汉率一岁中使多者十馀，少者五六辈，远者八九岁，近者数岁而反。

① 【集解】徐广曰："汉书作'及'，若意义亦及也。"

② 【集解】汉书音义曰："发易书以卜。"

③【集解】徐广曰:"属金城。"

是时汉既灭越,而蜀、西南夷皆震,请吏入朝。于是置益州、越
巂、牂柯、沈黎、汶山郡,欲地接以前通大夏。①乃遣使柏始昌、吕越
人等岁十馀辈,出此初郡②抵大夏,皆复闭昆明,为所杀,夺币财,
终莫能通至大夏焉。于是汉发三辅罪人,因巴蜀士数万人,遣两将
军郭昌、卫广等往击昆明之遮汉使者,③斩首虏数万人而去。其后
遣使,昆明复为寇,竟莫能得通。而北道酒泉抵大夏,使者既多,而
外国益厌汉币,不贵其物。

①【集解】李奇曰:"欲地界相接至大夏。"

②【索隐】按:谓越巂、汶山等郡。谓之"初"者,后背叛而并废之也。

③【集解】徐广曰:"元封二年。"

自博望侯开外国道以尊贵,其后从吏卒皆争上书言外国奇怪
利害,求使。天子为其绝远,非人所乐往,听其言,予节,募吏民毋
问所从来,为具备人众遣之,以广其道。来还不能毋侵盗币物,及
使失指,天子为其习之,辄覆案致重罪,以激怒令赎,复求使。使端
无穷,而轻犯法。其吏卒亦辄复盛推外国所有,言大者予节,言小
者为副,故妄言无行之徒皆争效之。其使皆贫人子,私县官赍物,
欲贱市以私其利外国。外国亦厌汉使人人有言轻重,①度汉兵远
不能至,而禁其食物以苦汉使。汉使乏绝积怨,至相攻击。而楼
兰、姑师小国耳,②当空道,攻劫汉使王恢等尤其。③而匈奴奇兵时
时遮击使西国者。使者争遍言外国灾害,皆有城邑,兵弱易击。于
是天子以故遣从骠侯破奴将属国骑及郡兵数万,至匈河水,欲以击
胡,胡皆去。其明年,击姑师,破奴与轻骑七百馀先至,虏楼兰王,
遂破姑师。因举兵威以困乌孙、大宛之属。还,封破奴为浞野

大宛列传第六十三

2749

侯。④王恢⑤数使,为楼兰所苦,言天子,天子发兵令恢佐破奴击破之,封恢为浩侯。⑥于是酒泉列亭鄣至玉门矣。⑦

①【集解】服虔曰:"汉使言于外国,人人轻重不实。"如淳曰:"外国人人自言数为汉使所侵易。"

②【集解】徐广曰:"即车师。"

③【集解】徐广曰:"恢,一作'怪'。"

④【集解】徐广曰:"元封三年。"

⑤【集解】徐广曰:"为中郎将。"

⑥【集解】徐广曰:"捕得车师王,元封四年封浩侯。"

⑦【集解】韦昭曰:"玉门关在龙勒界。"【索隐】韦昭云:"玉门,县名,在酒泉。又有玉关,在龙勒也。"【正义】括地志云:"沙州龙勒山在县南百六十五里。玉门关在县西北一十八里。"

乌孙以千匹马聘汉女,汉遣宗室女江都翁主①往妻乌孙,乌孙王昆莫以为右夫人。匈奴亦遣女妻昆莫,昆莫以为左夫人。昆莫曰"我老",乃令其孙岑娶妻翁主。乌孙多马,其富人至有四五千匹马。

①【集解】汉书曰:"江都王建女。"

初,汉使至安息,安息王令将二万骑迎于东界。东界去王都数千里。行比至,过数十城,人民相属甚多。汉使还,而后发使随汉使来观汉广大,以大鸟卵及黎轩善眩人①献于汉。及宛西小国骥潜、大益,宛东姑师、扞罙、苏薤之属,皆随汉使献见天子。天子大悦。

①【索隐】韦昭云:"变化惑人也。"按:"魏略云'犁靬多奇幻,口中吹火,自缚自解'。小颜亦以为植瓜等也。

而汉使穷河源，河源出于寘，其山多玉石，采来，①天子案古图书，名河所出山曰昆仑云。

①【集解】瓒曰："汉使采取，将持来至汉。"

是时上方数巡狩海上，乃悉从外国客，大都多人则过之，散财帛以赏赐，厚具以饶给之，以览示汉富厚焉。于是大觳抵，出奇戏诸怪物，多聚观者，行赏赐，酒池肉林，令外国客遍观(名)〔各〕仓库府藏之积，见汉之广大，倾骇之。及加其眩者之工，而觳抵奇戏岁增变，甚盛益兴，自此始。

西北外国使，更来更去。宛以西，皆自以远，尚骄恣晏然，未可诎以礼羁縻而使也。自乌孙以西至安息，以近匈奴，匈奴困月氏也，匈奴使持单于一信，则国国传送食，不敢留苦；及至汉使，非出币帛不得食，不市畜不得骑用。所以然者，远汉，而汉多财物，故必市乃得所欲，然以畏匈奴于汉使焉。宛左右以蒲陶为酒，富人藏酒至万馀石，久者数十岁不败。俗嗜酒，马嗜苜蓿。汉使取其实来，于是天子始种苜蓿、蒲陶肥饶地。及天马多，外国使来众，则离宫别观旁尽种蒲萄、苜蓿极望。自大宛以西至安息，国虽颇异言，然大同俗，相知言。其人皆深眼，多须髯，善市贾，争分铢。俗贵女子，女子所言而丈夫乃决正。其地皆无丝漆，不知铸钱器。①及汉使亡卒降，教铸作他兵器。得汉黄白金，辄以为器，不用为币。

①【集解】徐广曰："多作'钱'字，又或作'铁'字。"

2751

而汉使者往既多，其少从率多进熟于天子，①言曰："宛有善马在贰师城，匿不肯与汉使。"天子既好宛马，闻之甘心，使壮士车令等持千金及金马以请宛王贰师城善马。宛国饶汉物，相与谋曰："汉去我远，而盐水中数败，②出其北有胡寇，出其南乏水草。又且往往而绝邑，乏食者多。汉使数百人为辈来，而常乏食，死者过半，是安能致大军乎？无奈我何。且贰师马，宛宝马也。”遂不肯予汉使。汉使怒，妄言，③椎金马而去。宛贵人怒曰：“汉使至轻我！”遣汉使去，令其东边郁成遮攻杀汉使，取其财物。于是天子大怒。诸尝使宛姚定汉等言宛兵弱，诚以汉兵不过三千人，强弩射之，即尽虏破宛矣。天子已尝使浞野侯攻楼兰，以七百骑先至，虏其王，以定汉等言为然，而欲侯宠姬李氏，拜李广利为贰师将军，发属国六千骑，及郡国恶少年数万人，以往伐宛。期至贰师城取善马，故号“贰师将军”。赵始成为军正，故浩侯王恢使导军，④而李哆⑤为校尉，制军事。是岁太初元年也。而关东蝗大起，蜚西至敦煌。

① 【集解】汉书音义曰：“少从，不如计也。或云从行之微者也。进熟，美语如成熟者也。”

② 【集解】服虔曰：“水名，道从外水中〔行〕。”如淳曰：“道绝远，无谷草。”【正义】孔文祥云：“盐，盐泽也。言水广远，或致风波，而数败也。”裴矩西域记云：“在西州高昌县东，东南去瓜州一千三百里，并沙碛之地，水草难行，四面危，道路不可准记，行人唯以人畜骸骨及驼马粪为标验。以其地道路恶，人畜即不约行，曾有人于碛内时闻人唤声，不见形，亦有歌哭声，数失人，瞬息之间不知所在，由此数有死亡。盖魑魅魍魉也。”

③ 【集解】如淳曰：“骂詈。”

④ 【集解】徐广曰：“恢先受封，一年，坐使酒泉矫制，国除。”

⑤ 【索隐】音尺奢反，又尺者反。

贰师将军军既西过盐水，当道小国恐，各坚城守，不肯给食。攻之不能下。下者得食，不下者数日则去。比至郁成，士至者不过数千，皆饥罢。攻郁成，郁成大破之，所杀伤甚众。贰师将军与哆、始成等计："至郁成尚不能举，况至其王都乎？"引兵而还。往来二岁。还至敦煌，士不过什一二。使使上书言："道远多乏食；且士卒不患战，患饥。人少，不足以拔宛。愿且罢兵，益发而复往。"天子闻之，大怒，而使使遮玉门，曰军有敢入者辄斩之！贰师恐，因留敦煌。

其夏，汉亡浞野之兵二万馀于匈奴。① 公卿及议者皆愿罢击宛军，专力攻胡，天子已业诛宛，宛小国而不能下，则大夏之属轻汉，而宛善马绝不来，乌孙、仑头易苦汉使矣，② 为外国笑。乃案言伐宛尤不便者邓光等，赦囚徒材官，益发恶少年及边骑，岁馀而出敦煌者六万人，负私从者不与。牛十万，马三万馀匹，驴骡橐它以数。多赍粮，兵弩甚设，天下骚动，传相奉伐宛，凡五十馀校尉。宛王城中无井，皆汲城外流水，于是乃遣水工徙其城下水空以空其城。③ 益发戍甲卒十八万酒泉、张掖北，置居延、休屠以卫酒泉，④ 而发天下七科适，⑤ 及载糒给贰师。转车人徒相连属至敦煌。而拜习马者二人为执驱校尉，备破宛择取其善马云。

① 【集解】徐广曰："太初二年，赵破奴为浚稽将军，二万骑击匈奴，不还也。"

② 【集解】晋灼曰："易，轻也。"

③ 【集解】徐广曰："空，一作'穴'。盖以水荡败其城也。言'空'者，令城中渴乏。"

④ 【集解】如淳曰："立二县以卫边也。或曰置二部都尉，以卫酒泉。"

⑤ 【正义】音谪。张晏云："吏有罪一，亡命二，赘婿三，贾人四，故有市籍五，父母有市籍六，大父母有籍七：凡七科。武帝天汉四年，发天下七科谪出朔方也。"

于是贰师后复行，兵多，而所至小国莫不迎，出食给军。至仑头,仑头不下,攻数日,屠之。自此而西,平行至宛城,汉兵到者三万人。宛兵迎击汉兵,汉兵射败之,宛走入葆乘其城。贰师兵欲行攻郁成,恐留行而令宛益生诈,乃先至宛,决其水源,移之,则宛固已忧困。围其城,攻之四十馀日,其外城坏,虏宛贵人勇将煎靡。宛大恐,走入中城。宛贵人相与谋曰:"汉所为攻宛,以王毋寡匿善马而杀汉使。今杀王毋寡而出善马,汉兵宜解;即不解,乃力战而死,未晚也。"宛贵人皆以为然,共杀其王毋寡,持其头遣贵人使贰师,约曰:"汉毋攻我。我尽出善马,恣所取,而给汉军食。即不听,我尽杀善马,而康居之救且至。至,我居内,康居居外,与汉军战。汉军熟计之,何从?"是时康居候视汉兵,汉兵尚盛,不敢进。贰师与赵始成、李哆等计:"闻宛城中新得秦人,知穿井,而其内食尚多。所为来,诛首恶者毋寡。毋寡头已至,如此而不许解兵,则坚守,而康居候汉罢而来救宛,破汉军必矣。"军吏皆以为然,许宛之约。宛乃出其善马,令汉自择之,而多出食食给汉军。汉军取其善马数十匹,中马以下牡牝三千馀匹,而立宛贵人之故待遇汉使善者名昧蔡①以为宛王,与盟而罢兵。终不得入中城。乃罢而引归。

①【索隐】本大宛将也。上音末,下音先葛反。

初,贰师起敦煌西,以为人多,道上国不能食,乃分为数军,从南北道。校尉王申生、故鸿胪壶充国等千馀人,别到郁成。郁成城守,不肯给食其军。王申生去大军二百里,(侦)〔偋〕而轻之,责郁成。郁成食不肯出,窥知申生军日少,晨用三千人攻,戮杀申生等,军破,数人脱亡,走贰师。贰师令搜粟都尉上官桀往攻破郁成。郁成王亡走康居,桀追至康居。康居闻汉已破宛,乃出郁成王予桀,桀令四骑士缚守诣大将军。①四人相谓曰:"郁成王汉国所毒,今生将去,卒失大事。"欲杀,莫敢先击。上邽骑士赵弟最少,拔剑击之,斩郁成王,赍头。弟、枺等逐及大将军。

初,贰师后行,天子使使告乌孙,大发兵并力击宛。乌孙发二千骑往,持两端,不肯前。贰师将军之东,诸所过小国闻宛破,皆使其子弟从军入献,见天子,因以为质焉。贰师之伐宛也,而军正赵始成力战,功最多;及上官桀敢深入,李哆为谋计,军入玉门者万馀人,军马千馀匹。贰师后行,军非乏食,战死不能多,而将吏贪,多不爱士卒,侵牟之,以此物故众。天子为万里而伐宛,不录过,封广利为海西侯。又封身斩郁成王者骑士赵弟为新畤侯。军正赵始成为光禄大夫,上官桀为少府,李哆为上党太守。军官吏为九卿者三人,诸侯相、郡守、二千石者百馀人,千石以下千馀人。奋行者官过其望,①以適过行者皆绌其劳。②士卒赐直四万金。伐宛再反,凡四岁而得罢焉。

汉已伐宛,立昧蔡为宛王而去。岁馀,宛贵人以为昧蔡善谀,使我国遇屠,乃相与杀昧蔡,立毋寡昆弟曰蝉封为宛王,而遣其子入质于汉。汉因使使赂赐以镇抚之。

而汉发使十馀辈至宛西诸外国,求奇物,因风览以伐宛之威德。而敦煌置①酒泉都尉;②西至盐水,往往有亭。而仑头有田卒数百人,因置使者护田积粟,以给使外国者。

①【集解】徐广曰:"一本无'置'字。"

②【集解】徐广曰:"一云'置都尉'。又云敦煌有渊泉县,或者'酒'字当
　　为'渊'字。"

太史公曰:禹本纪言"河出昆仑。昆仑其高二千五百馀里,日
月所相避隐为光明也。其上有醴泉、瑶池"。今自张骞使大夏之后
也,穷河源,恶睹本纪所谓昆仑者乎?① 故言九州山川,尚书近之
矣。至禹本纪、山海经所有怪物,余不敢言之也。②

①【集解】邓展曰:"汉以穷河源,于何见昆仑乎?尚书曰'导河积石',
　　是为河源出于积石,积石在金城河关,不言出于昆仑也。"【索隐】恶
　　睹夫谓昆仑者乎。恶音乌。乌,于何也。睹,见也。言张骞穷河源,
　　至大夏、于窴,于何而见昆仑为河所出?谓禹本纪及山海经为虚妄
　　也。然案山海经"河出昆仑东北隅"。西域传云"南出积石山为中国
　　河"。积石本非河之发源,犹尚书"导洛自熊耳",然其实出于冢岭山,
　　乃东经熊耳。今推此义,河亦然矣。则河源本昆仑而潜流至于窴,又
　　东流至积石始入中国,则山海经及禹贡各互举耳。

②【索隐】余敢言也。案:汉书作"所有放哉"。如淳云"放荡迂阔,言不
　　可信也"。余敢言也,亦谓山海经难可信耳。而荀悦作"效",失之
　　素矣。

【索隐述赞】大宛之迹,元因博望。始究河源,旋窥海上。条枝西入,天
马内向。葱岭无尘,盐池息浪。旷哉绝域,往往亭障。

史记卷一百二十四

游侠列传第六十四

【集解】荀悦曰："立气齐，作威福，结私交，以立强于世者，谓之游侠。"

韩子曰："儒以文乱法，①而侠以武犯禁。"二者皆讥，②而学士多称于世云。至如以术取宰相卿大夫，辅翼其世主，功名俱著于春秋，③固无可言者。及若季次、原宪，闾巷人也，④读书怀独行君子⑤之德，义不苟合当世，当世亦笑之。故季次、原宪终身空室蓬户，⑥褐衣疏食不厌。⑦死而已四百馀年，而弟子志之不倦。今游侠，其行虽不轨于正义，然其言必信，其行必果，已诺必诚，不爱其躯，赴士之阸困，⑧既已存亡死生矣，而不矜其能，羞伐其德，盖亦有足多者焉。

①【正义】言文之蔽，小人以僿。谓细碎苛法乱政。

②【正义】讥，非言也。儒敝乱法，侠盛犯禁，二道皆非，而学士多称于世

者,故太史公引韩子,欲陈游侠之美。

③【索隐】功名俱著春秋。案:春秋谓国史也。以言人臣有功名则见记
　于其国之史,是俱著春秋者也。

④【集解】徐广曰:"仲尼弟子传曰公皙哀字季次,未尝仕,孔子称之。"

⑤【索隐】行音下孟反。

⑥【正义】庄子云"原宪处居环堵之室,蓬户不完。以桑为枢而瓮牖,上
　漏下湿,独坐而弦歌"也。

⑦【索隐】不餍。餍,饱也,于艳反。

⑧【索隐】上音厄。

且缓急,人之所时有也。太史公曰:昔者虞舜窘于井廪,伊尹
负于鼎俎,傅说匿于傅险,吕尚困于棘津,①夷吾桎梏,百里饭牛,
仲尼畏匡,菜色陈、蔡。此皆学士所谓有道仁人也,犹然遭此灾,况
以中材而涉乱世之末流乎? 其遇害何可胜道哉!

①【集解】徐广曰:"在广川。" 【正义】尉缭子云太公望行年七十,卖食
　棘津云。古亦谓之石济津,故南津。

鄙人有言曰:"何知仁义,已飨其利①者为有德。"故伯夷丑周,
饿死首阳山,而文武不以其故贬王;跖、蹻暴戾,其徒诵义无穷。由
此观之,"窃钩者诛,②窃国者侯,侯之门仁义存",③非虚言也。

①【索隐】已音以。飨音享,受也。言已受其利则为有德,何知必仁
　义也。

②【索隐】以言小窃则为盗而受诛也。

③【索隐】言人臣委质于侯王门,则须存于仁义。若游侠轻健,亦何必肯
　存仁义也。

今拘学或抱咫尺之义,久孤于世,①岂若卑论侪俗,与世沈浮
而取荣名哉! 而布衣之徒,设取予然诺,千里诵义,为死不顾世,此

亦有所长，非苟而已也。故士穷窘而得委命，此岂非人之所谓贤豪间者邪？诚使乡曲之侠，予季次、原宪比权量力，效功于当世，不同日而论矣。要以功见言信，侠客之义又曷可少哉！

①【索隐】言拘学守义之士或抱咫尺纤微之事，逮久以当代，孤负我志，而不若卑论侪俗以取荣宠也。

古布衣之侠，靡得而闻已。近世延陵、^①孟尝、春申、平原、信陵之徒，皆因王者亲属，藉于有土卿相之富厚，招天下贤者，显名诸侯，不可谓不贤者矣。比如顺风而呼，声非加疾，其埶激也。至如闾巷之侠，修行砥名，声施^②于天下，莫不称贤，是为难耳。然儒、墨皆排摈不载。自秦以前，匹夫之侠，湮灭不见，余甚恨之。以余所闻，汉兴有朱家、田仲、王公、剧孟、郭解之徒，虽时扞当世之文罔，^③然其私义廉洁退让，有足称者。名不虚立，士不虚附。至如朋党宗强比周，设财役贫，豪暴侵凌孤弱，恣欲自快，游侠亦丑之。余悲世俗不察其意，而猥以朱家、郭解等令与暴豪之徒同类而共笑之也。

①【集解】徐广曰："代郡亦有延陵县。"骃案：韩子云"赵襄子召延陵生，令车骑先至晋阳"。襄子时赵已并代，可有延陵之号，但未详是此人非耳。

②【索隐】施音以豉反。

③【索隐】扞即捍也。违扞当代之法网，谓犯于法禁也。

鲁朱家者，与高祖同时。鲁人皆以儒教，而朱家用侠闻。所藏活豪士以百数，其馀庸人不可胜言。然终不伐其能，歆其德，诸所尝施，唯恐见之。振人不赡，先从贫贱始。家无馀财，衣不完采，食不重味，乘不过軥牛。^①专趋人之急，甚己之私。既阴脱季布将军之厄,②及布尊贵,终身不见也。自关以东,莫不延颈愿交焉。

①【集解】徐广曰:"音犉。"骃案:汉书音义曰"小牛"。　【索隐】上音古
豆反。案:大牛当轭,小为犉牛。

②【索隐】阴脱季将军之厄。案:季布为汉所购求,朱家以布髡钳为奴,
载以广柳车而出之,及尊贵而不见之,亦高介至义之士。然布竟不见
报朱家之恩。

楚田仲以侠闻,喜剑,父事朱家,自以为行弗及。田仲已死,而
雒阳有剧孟。周人以商贾为资,而剧孟以任侠显诸侯。吴楚反时,
条侯为太尉,乘传车将至河南,得剧孟,喜曰:"吴楚举大事而不求
孟,吾知其无能为已矣。"天下骚动,宰相得之若得一敌国云。剧孟
行大类朱家,而好博,①多少年之戏。然剧孟母死,自远方送丧盖
千乘。及剧孟死,家无馀十金之财。而符离人王孟亦以侠称江淮
之间。

①【索隐】按:六博戏也。

是时济南瞷氏①陈周庸②亦以豪闻,景帝闻之,使使尽诛此
属。其后代诸白、③梁韩无辟、④阳翟薛兄、⑤陕韩孺⑥纷纷复
出焉。

①【索隐】瞷音閒。案:为郅都所诛。

②【索隐】陈国人,姓周名庸。

③【索隐】代,代郡。人有白氏,豪侠非一,故言"诸"。

④【索隐】梁国人,韩姓,无辟名。辟音避。

⑤【索隐】音况。

⑥【集解】徐广曰:"陕,疑当作'郏'字,颍川有郏县。南越传曰'郏壮士
韩千秋'也。"　【索隐】陕当为"郏"。陕音如丹反,郏音纪洽反。汉
书作"寒孺"。

郭解,轵人也,①字翁伯,善相人者许负外孙也。解父以任侠,孝文时诛死。解为人短小精悍,不饮酒。少时阴贼,②慨不快意,身所杀甚众。以躯借交报仇,藏命③作奸剽攻,(不)休(及)〔乃〕铸钱掘冢,固不可胜数。适有天幸,窘急常得脱,若遇赦。及解年长,更折节为俭,以德报怨,厚施而薄望。然其自喜为侠④益甚。既已振人之命,不矜其功,其阴贼著于心,卒发于睚眦如故云。而少年慕其行,亦辄为报仇,不使知也。解姊子负解之势,⑤与人饮,使之嚼。⑥非其任,强必灌之。人怒,拔刀刺杀解姊子,亡去。解姊怒曰:"以翁伯之义,人杀吾子,贼不得。"弃其尸于道,弗葬,欲以辱解。解使人微知贼处。贼窘自归,具以实告解。解曰:"公杀之固当,吾儿不直。"遂去其贼,⑦罪其姊子,乃收而葬之。诸公闻之,皆多解之义,益附焉。

①【索隐】汉书云河内轵人也。

②【索隐】以内心忍害。

③【索隐】案:谓亡命也。

④【索隐】苏林云:"言性喜为侠也。"

⑤【索隐】负,恃也。

⑥【集解】徐广曰:"音子妙反,尽酒也。"【索隐】即妙反。谓酒尽。

⑦【集解】徐广曰:"遣使去。"

解出入,人皆避之。有一人独箕倨视之,解遣人问其名姓。客欲杀之。解曰:"居邑屋至不见敬,是吾德不修也,彼何罪!"乃阴属尉史曰:"是人,吾所急也,①至践更时脱之。"每至践更,数过,吏弗求。②怪之,问其故,乃解使脱之。箕踞者乃肉袒谢罪。少年闻之,愈益慕解之行。

①【索隐】案:谓吾心中所急,言情切急之谓。汉书作"重"也。

②【集解】如淳曰:"更有三品,有卒更,有践更,有过更。古有正卒无常人,皆当迭为之,一月一更,是为卒更也。贫者欲得顾更钱者,次直者出钱顾之,月二千,是为践更也。律说卒更、践更者,居县中五月乃更也。后从尉律,卒践更一月休十一月也。"【索隐】数音朔,谓频免之也。又音色主反,数亦频也。

雒阳人有相仇者,邑中贤豪居间者以十数,①终不听。客乃见郭解。解夜见仇家,仇家曲听解。②解乃谓仇家曰:"吾闻雒阳诸公在此间,多不听者。今子幸而听解,解奈何乃从他县夺人邑中贤大夫权乎!"乃夜去,不使人知,曰:"且无用,③(待我)待我去,令雒阳豪居其间,乃听之。"

①【索隐】色具反。

②【索隐】仇家曲听。谓屈曲听解也。

③【索隐】按:汉书作"无庸"。苏林曰"且无便用吾言,待我去,令洛阳豪居其间也"。

解执恭敬,不敢乘车入其县廷。之旁郡国,为人请求事,事可出,出之;不可者,各厌其意,然后乃敢尝酒食。诸公以故严重之,争为用。邑中少年及旁近县贤豪,夜半过门常十馀车,请得解客舍养之。①

①【索隐】如淳云:"解多藏亡命者,故喜事年少与解同志者,知亡命者多归解,故多将车来,欲为解迎亡者而藏之者也。"

及徙豪富茂陵也,解家贫,不中訾,①吏恐,不敢不徙。卫将军为言:"郭解家贫不中徙。"上曰:"布衣权至使将军为言,此其家不贫。"解家遂徙。诸公送者出千馀万。轵人杨季主子为县掾,举徙解。解兄子断杨掾头。由此杨氏与郭氏为仇。

①【索隐】不中訾。案:訾不满三百万已上为不中。

解入关,关中贤豪知与不知,闻其声,争交欢解。解为人短小,不饮酒,出未尝有骑。已又杀杨季主。杨季主家上书,人又杀之阙下。上闻,乃下吏捕解。解亡,置其母家室夏阳,①身至临晋。②临晋籍少公素不知解,解冒,因求出关。籍少公已出解,解转入太原,所过辄告主人家。吏逐之,迹至籍少公。少公自杀,口绝。久之,乃得解。穷治所犯,为解所杀,皆在赦前。轵有儒生侍使者坐,客誉郭解,生曰:"郭解专以奸犯公法,何谓贤!"解客闻,杀此生,断其舌。吏以此责解,解实不知杀者。杀者亦竟绝,莫知为谁。吏奏解无罪。御史大夫公孙弘议曰:"解布衣为任侠行权,以睚眦杀人,解虽弗知,此罪甚于解杀之。当大逆无道。"遂族郭解翁伯。

①【集解】徐广曰:"属冯翊。"【正义】故城在同州韩城县南二十里,汉夏阳也。

②【正义】故城在同州冯翊县西南二里。

自是之后,为侠者极众,敖而无足数者。①然关中长安樊仲子,槐里赵王孙,长陵高公子,西河郭公仲,太原卤公孺,②临淮兒长卿,东阳田君孺,③虽为侠而逡逡有退让君子之风。至若北道姚氏,④西道诸杜,南道仇景,东道赵他、羽公子,⑤南阳赵调之徒,此盗跖居民间者耳,曷足道哉!此乃乡者朱家之羞也。

①【集解】徐广曰:"敖,倨也。"

②【集解】徐广曰:"雁门有卤城也。"【索隐】太原卤翁。汉书作"鲁公孺"。鲁,姓也,与徐广之说不同也。

③【索隐】汉书作"陈君孺"。然陈田声相近,亦本同姓。【正义】其东阳盖贝州历亭县者,为近齐故也。

④【索隐】北道诸姚。苏林云:"道犹方也。"如淳云:"京师四出道也。"

⑤【索隐】旧解以赵他、羽公子为二人,今案:此姓赵,名他羽,字公子也。

太史公曰:吾视郭解,状貌不及中人,言语不足采者。然天下无贤与不肖,知与不知,皆慕其声,言侠者皆引以为名。谚曰:"人貌荣名,岂有既乎!"①於戏,惜哉!

①【集解】徐广曰:"人以颜状为貌者,则貌有衰落矣;唯用荣名为饰表,则称誉无极也。既,尽也。"

【索隐述赞】游侠豪倨,藉藉有声。权行州里,力折公卿。朱家脱季,剧孟定倾。急人之难,免雠于更。伟哉翁伯,人貌荣名。

史记卷一百二十五

佞幸列传第六十五

谚曰"力田不如逢年,善仕不如遇合",①固无虚言。非独女以色媚,而士宦亦有之。

①【集解】徐广曰:"遇,一作'偶'。"

昔以色幸者多矣。至汉兴,高祖至暴抗也,①然籍孺以佞幸;孝惠时有闳孺。②此两人非有材能,徒以婉佞贵幸,与上卧起,公卿皆因关说。③故孝惠时郎侍中皆冠鵔鸃,贝带,④傅脂粉,⑤化闳、籍之属也。两人徙家安陵。⑥

①【索隐】暴伉。伉音苦浪反。言暴猛伉直。

②【正义】籍,闳,皆名也。孺,幼小也。

③【索隐】按:关训通也。谓公卿因之而通其词说。刘氏云"有所言说,皆关由之"。

④【集解】汉书音义曰:"鵔鸃,鸟名。以毛羽饰冠,以贝饰带。"【索隐】

2765

鵔鸃，应劭云："鸟名，毛可以饰冠。"许慎云："鷩鸟也。"淮南子云："赵武灵王服贝带鵔鸃。"汉官仪云："秦破赵，以其冠赐侍中。"三仓云："鵔鸃，神鸟也，飞光映天者也。"

⑤【索隐】上音付。

⑥【正义】惠帝陵邑。

　　孝文时中宠臣，士人则邓通，宦者则赵同、①北宫伯子。②北宫伯子以爱人长者；而赵同以星气幸，常为文帝参乘；邓通无伎能。邓通，蜀郡南安人也，③以濯船④为黄头郎。⑤孝文帝梦欲上天，不能，有一黄头郎从后推之上天，顾见其衣裻⑥带后穿。觉⑦而之渐台⑧以梦中阴目求推者郎，即见邓通，其衣后穿，梦中所见也。召问其名姓，姓邓氏，名通，文帝说焉，⑨尊幸之日异。通亦愿谨，不好外交，虽赐洗沐，不欲出。于是文帝赏赐通巨万以十数，⑩官至上大夫。文帝时时如邓通家游戏。然邓通无他能，不能有所荐士，独自谨其身以媚上而已。上使善相者相通，曰"当贫饿死"。文帝曰："能富通者在我也。何谓贫乎？"于是赐邓通蜀严道铜山，⑪得自铸钱，"邓氏钱"⑫布天下。其富如此。

①【索隐】案：汉书作"赵谈"，此云"同"者，避太史公父名也。

②【正义】颜云"姓北宫，名伯子"也。按：伯子，名。北宫之宦者也。

③【集解】徐广曰："后属犍为。"

④【索隐】濯音棹，迟教反。

⑤【集解】徐广曰："著黄帽也。"骃案：汉书音义曰"善濯船池中也。一说能持擢行船也。土，水之母，故施黄旄于船头，因以名其郎曰黄头郎"。

⑥【集解】徐广曰："一无此字。"【索隐】音笃。裻者，衫襦之横腰者。

⑦【索隐】觉音教。

⑧【正义】括地志云："渐台在长安故城中。关中记云未央宫西有苍池，池中有渐台，王莽死于此台。"

⑨【索隐】汉书云："上曰'邓犹登也'，悦之。"

⑩【正义】言赐通巨万以至于十也。

⑪【正义】括地志云："雅州荣经县北三里有铜山，即邓通得赐铜山铸钱者。"案：荣经即严道。

⑫【正义】钱谱云："文字称两，同汉四铢文。"

文帝尝病痈，邓通常为帝唶吮之。①文帝不乐，从容问通曰："天下谁最爱我者乎？"通曰："宜莫如太子。"太子入问病，文帝使唶痈，唶痈而色难之。已而闻邓通常为帝唶吮之，心惭，由此怨通矣。及文帝崩，景帝立，邓通免，家居。居无何，人有告邓通盗出徼外铸钱。下吏验问，颇有之，遂竟案，尽没入邓通家，尚负责数巨万。长公主②赐邓通，吏辄随没入之，③一簪不得著身。于是长公主乃令假衣食。④竟不得名一钱，⑤寄死人家。

①【索隐】唶，仕格反。吮，仕究反。

②【集解】韦昭曰："景帝姊也。"【索隐】案：即馆陶公主也。

③【索隐】吏辄没入。谓长公主别有物赐通，吏辄没入以充赃也。

④【索隐】谓公主令人假与衣食。

⑤【索隐】按：始天下名"邓氏钱"，今皆没入，卒竟无一钱之名也。

孝景帝时，中无宠臣，然独郎中令周文仁，①仁宠最过庸，②乃不甚笃。 2767

①【索隐】案：汉书称"周仁"，此上称"周文"，今兼"文"作，恐后人加耳。案：仁字文。

②【索隐】宠最过庸。案：庸，常也。言仁最被恩宠，过于常人，乃不甚笃，如韩嫣也。

今天子中宠臣，士人则韩王孙嫣，^①宦者则李延年。嫣者，弓高侯^②孽孙也。今上为胶东王时，嫣与上学书相爱。及上为太子，愈益亲嫣。嫣善骑射，善佞。上即位，欲事伐匈奴，而嫣先习胡兵，以故益尊贵，官至上大夫，赏赐拟于邓通。时嫣常与上卧起。江都王入朝，有诏得从入猎上林中。天子车驾蹕道未行，而先使嫣乘副车，从数十百骑，骛驰视兽。江都王望见，以为天子，辟从者，伏谒道傍。嫣驱不见。既过，江都王怒，为皇太后泣曰：“请得归国入宿卫，^③比韩嫣。”太后由此嗛嫣。^④嫣侍上，出入永巷不禁，以奸闻皇太后。皇太后怒，使使赐嫣死。上为谢，终不能得，嫣遂死。而案道侯韩说，^⑤其弟也，亦佞幸。

①【索隐】音偃，又音于建反。

②【集解】徐广曰：“韩王信之子颓当也。”

③【索隐】谓还爵封于天子，而请入宿卫。

④【集解】徐广曰：“嗛，读与‘衔’同，汉书作‘衔’字。”

⑤【索隐】音悦。嫣弟。

李延年，中山人也。父母及身兄弟及女，皆故倡也。延年坐法腐，给事狗中。^①而平阳公主言延年女弟善舞，上见，心说之，及入永巷，而召贵延年。延年善歌，为变新声，而上方兴天地祠，欲造乐诗歌弦之。延年善承意，弦次初诗。^②其女弟亦幸，有子男。延年佩二千石印，号协声律。与上卧起，甚贵幸，埒如韩嫣也。^③久之，寖与中人乱，^④出入骄恣。及其女弟李夫人卒后，爱弛，则禽诛延年昆弟也。

①【集解】徐广曰：“主猎犬也。”　【索隐】或犬监也。

②【索隐】歌初诗。按：初诗，即所新造乐章。

③【集解】徐广曰：“埒，等也。蜀都赋曰‘卓郑埒名’。又云埒者，畴等

之名。”

④【集解】徐广曰:“一云坐弟季与中人乱。”

自是之后,内宠嬖臣大底外戚之家,然不足数也。卫青、霍去病亦以外戚贵幸,然颇用材能自进。

太史公曰:甚哉爱憎之时! 弥子瑕①之行,足以观后人佞幸矣。虽百世可知也。

①【索隐】卫灵公之臣,事见说苑也。

【索隐述赞】传称令色,诗刺巧言。冠鸡入侍,传粉承恩。黄头赐蜀,宦者同轩。新声都尉,挟弹王孙。泣鱼窃驾,著自前论。

史 记 卷 一 百 二 十 六

滑稽列传第六十六

【索隐】按:滑,乱也;稽,同也。言辨捷之人言非若是,说是若非,言能
乱异同也。

孔子曰:"六蓺于治一也。①礼以节人,乐以发和,书以道事,诗
以达意,易以神化,春秋以义。"太史公曰:天道恢恢,岂不大哉! 谈
言微中,亦可以解纷。

①【正义】言六蓺之文虽异,礼节乐和,导民立政,天下平定,其归一揆。
至于谈言微中,亦以解其纷乱,故治一也。

2771

淳于髡①者,齐之赘婿②也。长不满七尺,滑稽多辩,数使诸
侯,未尝屈辱。齐威王之时喜隐,③好为淫乐长夜之饮,沈湎不治,
委政卿大夫。百官荒乱,诸侯并侵,国且危亡,在于旦暮,左右莫敢
谏。淳于髡说之以隐曰:"国中有大鸟,止王之庭,三年不蜚又不
鸣,王知此鸟何也?"王曰:"此鸟不飞则已,一飞冲天;不鸣则已,

一鸣惊人。"于是乃朝诸县令长七十二人,赏一人,诛一人,奋兵而出。诸侯振惊,皆还齐侵地。威行三十六年。语在田完世家中。

①【索隐】苦魂反。

②【索隐】女之夫也,比于子,如人疣赘,是馀剩之物也。

③【索隐】上许既反。喜,好也。喜隐谓好隐语。

<u>威王</u>八年,楚大发兵加<u>齐</u>。齐王使淳于髡之<u>赵</u>请救兵,赍金百斤,车马十驷。<u>淳于髡</u>仰天大笑,冠缨索绝。①王曰:"先生少之乎?"髡曰:"何敢!"王曰:"笑岂有说乎?"髡曰:"今者臣从东方来,见道傍有禳田者,②操一豚蹄,酒一盂,祝曰:'瓯窭满篝,③汙邪满车,④五谷蕃熟,穰穰满家。'臣见其所持者狭而所欲者奢,故笑之。"于是<u>齐威王</u>乃益赍黄金千溢,白璧十双,车马百驷。髡辞而行,至<u>赵</u>。<u>赵王</u>与之精兵十万,革车千乘。楚闻之,夜引兵而去。

①【索隐】案:索训尽,言冠缨尽绝也。孔衍春秋后语亦作"冠缨尽绝"也。

②【索隐】案:谓为田求福禳。

③【集解】徐广曰:"篝,笼也。"【索隐】案:瓯窭犹杯楼也。窭音如娄,古字少耳。言丰年收掇易,可满篝笼耳。【正义】窭音楼。篝音沟,笼也。瓯楼谓高地狭小之区,得满篝笼也。

④【集解】司马彪曰:"汙邪,下地田也。"【索隐】按:司马彪云"汙邪,下地田"。即下田之中有薪,可满车。【正义】汙音乌。

<u>威王</u>大说,置酒后宫,召<u>髡</u>赐之酒。问曰:"先生能饮几何而醉?"对曰:"臣饮一斗亦醉,一石亦醉。"<u>威王</u>曰:"先生饮一斗而醉,恶能饮一石哉! 其说可得闻乎?"<u>髡</u>曰:"赐酒大王之前,执法在傍,御史在后,<u>髡</u>恐惧俯伏而饮,不过一斗径醉矣。若亲有严客,<u>髡</u>帣韝鞠脆,①侍酒于前,时赐馀沥,奉觞上寿,数起,饮不过二斗

径醉矣。若朋友交游，久不相见，卒然相睹，欢然道故，私情相语，饮可五六斗径醉矣。若乃州闾之会，男女杂坐，行酒稽留，六博投壶，相引为曹，握手无罚，目眙不禁，②前有堕珥，后有遗簪，髡窃乐此，饮可八斗而醉二参。③日暮酒阑，合尊促坐，男女同席，履舄交错，杯盘狼藉，堂上烛灭，主人留髡而送客，④罗襦襟解，微闻芗泽，当此之时，髡心最欢，能饮一石。故曰酒极则乱，乐极则悲；万事尽然。"言不可极，极之而衰。以讽谏焉。齐王曰："善。"乃罢长夜之饮，以髡为诸侯主客。⑤宗室置酒，髡尝在侧。

> ①【集解】徐广曰："帣，收衣袖也。袖，袂也。韝，臂捍也，音沟。鞠，曲也。臇音其纪反，又与'跽'同，谓小跪也。"【索隐】帣音卷，纪免反，谓收袖也。韝音沟，臂扞也。鞠，曲躬也。臇音其纪反，与"跽"同音，谓小跪。
>
> ②【集解】徐广曰："眙，吐甑反，直视貌。"【索隐】眙音与"瞪"同，谓直视也，丑甑反，又音丑二反。
>
> ③【索隐】案：上云"五六斗径醉矣"，则此为乐亦甚，饮可八斗而未径醉，故云"窃乐"。二参，言十有二参醉也。
>
> ④【集解】徐广曰："一本云'留髡坐，起送客'。"
>
> ⑤【正义】今鸿胪卿也。

其后百馀年，楚有优孟。

优孟，①故楚之乐人也。长八尺，多辩，常以谈笑讽谏。楚庄王之时，有所爱马，衣以文绣，置之华屋之下，席以露床，啖以枣脯。马病肥死，使群臣丧之，欲以棺椁大夫礼葬之。左右争之，以为不可。王下令曰："有敢以马谏者，罪至死。"优孟闻之，入殿门，仰天大哭。王惊而问其故。优孟曰："马者王之所爱也，以楚国堂堂之大,何求不得,而以大夫礼葬之,薄,请以人君礼葬之。"王曰:"何如?"对曰:"臣请以雕玉为棺,文梓为椁,楩枫豫章为题凑,②发甲卒为穿圹,老弱负土,齐赵陪位于前,韩魏翼卫其后,③庙食太牢,奉以万户之邑。诸侯闻之,皆知大王贱人而贵马也。"王曰:"寡人之过一至此乎!为之奈何?"优孟曰:"请为大王六畜葬之。以垅灶为椁,④铜历为棺,⑤赍以姜枣,⑥荐以木兰,祭以粮稻,衣以火光,葬之于人腹肠。"⑦于是王乃使以马属太官,无令天下久闻也。

① 【索隐】案:优者,倡优也。孟,字也。其优旃亦同,旃其字耳。优孟在楚,旃在秦者也。

② 【集解】苏林曰:"以木累棺外,木头皆内向,故曰题凑。" 【正义】楩,频绵反。

③ 【集解】楚庄王时,未有赵、韩、魏三国。 【索隐】案:此辨说者之词,后人所增饰之矣。

④ 【索隐】按:皇览亦说此事,以"垅灶"为"茗突"也。

⑤ 【索隐】按:历即釜鬲也。

⑥ 【索隐】按:古者食肉用姜枣,礼内则云"实枣于其腹中,屑桂与姜,以洒诸其上而食之"是也。

⑦ 【索隐】皇览云:"火送之箸端,葬之肠中。"

楚相孙叔敖知其贤人也,善待之。病且死,属其子曰:"我死,汝必贫困。若往见优孟,言我孙叔敖之子也。"居数年,其子穷困负薪,逢优孟,与言曰:"我,孙叔敖子也。父且死时,属我贫困往见优孟。"优孟曰:"若无远有所之。"①即为孙叔敖衣冠,抵掌谈语。②岁馀,像孙叔敖,楚王及左右不能别也。庄王置酒,优孟前为寿。庄王大惊,以为孙叔敖复生也,欲以为相。优孟曰:"请归与妇计之,三日而为相。"庄王许之。三日后,优孟复来。王曰:"妇言谓何?"

孟曰:"妇言慎无为,楚相不足为也。如孙叔敖之为楚相,尽忠为廉以治楚,楚王得以霸。今死,其子无立锥之地,贫困负薪以自饮食。必如孙叔敖,不如自杀。"因歌曰:"山居耕田苦,难以得食。起而为吏,身贪鄙者馀财,不顾耻辱。身死家室富,又恐受赇枉法,为奸触大罪,身死而家灭。贪吏安可为也!念为廉吏,奉法守职,竟死不敢为非。廉吏安可为也!楚相孙叔敖持廉至死,方今妻子穷困负薪而食,不足为也!"于是庄王谢优孟,乃召孙叔敖子,封之寝丘③四百户,以奉其祀。后十世不绝。此知可以言时矣。

①【索隐】案:谓优孟语孙叔敖之子曰"汝无远有所之,适他境,恐王后求汝不得"者也。

②【集解】战国策曰:"苏秦说赵王华屋之下,抵掌而言。"张载曰:"谈说之容则也。"

③【集解】徐广曰:"在固始。"【正义】今光州固始县,本寝丘邑也。吕氏春秋云:"楚孙叔敖有功于国,疾将死,戒其子曰:'王数欲封我,我辞不受。我死,必封汝。汝无受利地,荆楚间有寝丘者,其为地不利,而前有妒谷,后有戾丘,其名恶,可长有也。'其子从之。楚功臣封二世而收,唯寝丘不夺也。"

其后二百馀年,秦有优旃。

优旃者,秦倡侏儒也。善为笑言,然合于大道。秦始皇时,置酒而天雨,陛楯者皆沾寒。优旃见而哀之,谓之曰:"汝欲休乎?"陛楯者皆曰:"幸甚。"优旃曰:"我即呼汝,汝疾应曰诺。"居有顷,殿上上寿呼万岁。优旃临槛①大呼曰:"陛楯郎!"郎曰:"诺。"优旃曰:"汝虽长,何益,幸雨立。我虽短也,幸休居。"于是始皇使陛楯者得半相代。

①【正义】御览反。

始皇尝议欲大苑囿，东至函谷关，西至雍、陈仓。①优旃曰：“善。多纵禽兽于其中，寇从东方来，令麋鹿触之足矣。”始皇以故辍止。

①【正义】今岐州雍县及陈仓县也。

二世立，又欲漆其城。优旃曰：“善。主上虽无言，臣固将请之。漆城虽于百姓愁费，然佳哉！漆城荡荡，寇来不能上。即欲就之，易为漆耳，顾难为荫室。”于是二世笑之，以其故止。居无何，二世杀死，优旃归汉，数年而卒。

太史公曰：淳于髡仰天大笑，齐威王横行。优孟摇头而歌，负薪者以封。优旃临槛疾呼，陛楯得以半更。岂不亦伟哉！

褚先生曰：臣幸得以经术为郎，而好读外家传语。①窃不逊让，复作故事滑稽②之语六章，编之于左。可以览观扬意，以示后世好事者读之，以游心骇耳，以附益上方太史公之三章。

①【索隐】按：东方朔亦多博观外家之语，则外家非正经，即史传杂说之书也。

②【索隐】楚词云：“将突梯滑稽，如脂如韦。”崔浩云：“滑音骨。滑稽，流酒器也。转注吐酒，终日不已。言出口成章，词不穷竭，若滑稽之吐酒。故杨雄酒赋云‘鸱夷滑稽，腹大如壶，尽日盛酒，人复藉沽’是也。”又姚察云：“滑稽犹俳谐也。滑读如字，稽音计也。言谐语滑利，其知计疾出，故云滑稽。”

武帝时有所幸倡<u>郭舍人</u>者，发言陈辞虽不合大道，然令人主和说。<u>武帝</u>少时，<u>东武侯母</u>①常养帝，②帝壮时，号之曰"大乳母"。率一月再朝。朝奏入，有诏使幸臣<u>马游卿</u>以帛五十匹赐乳母，又奉饮糒飧养乳母。乳母上书曰："某所有公田，愿得假倩之。"帝曰："乳母欲得之乎？"以赐乳母。乳母所言，未尝不听。有诏得令乳母乘车行驰道中。当此之时，公卿大臣皆敬重乳母。乳母家子孙奴从者横暴<u>长安</u>中，当道掣顿人车马，夺人衣服。闻于中，不忍致之法。有司请徙乳母家室，处之于边。奏可。乳母当入至前，面见辞。乳母先见<u>郭舍人</u>，为下泣。舍人曰："即入见辞去，疾步数还顾。"乳母如其言，谢去，疾步数还顾。<u>郭舍人</u>疾言骂之曰："咄！老女子！何不疾行！陛下已壮矣，宁尚须汝乳而活邪？尚何还顾！"于是人主怜焉悲之，乃下诏止无徙乳母，罚谪谮之者。③

①【索隐】案：东武，县名；侯，乳母姓。

②【正义】高祖功臣表云东武侯郭家，高祖六年封。子他，孝景六年弃市，国除。盖他母常养武帝。

③【索隐】罚适谮之者。谓武帝罚谪谮乳母之人也。

<u>武帝</u>时，齐人有东方生名朔，①以好古传书，爱经术，多所博观外家之语。朔初入<u>长安</u>，至公车上书，②凡用三千奏牍。公车令两人共持举其书，仅然能胜之。人主从上方读之，止，辄乙其处，读之二月乃尽。诏拜以为郎，常在侧侍中。数召至前谈语，人主未尝不说也。时诏赐之食于前。饭已，尽怀其余肉持去，衣尽污。数赐缣帛，檐揭而去。徒用所赐钱帛，取少妇于<u>长安</u>中好女。率取妇一岁所者即弃去，更取妇。所赐钱财尽索之于女子。人主左右诸郎半呼之"狂人"。人主闻之，

曰:"令朔在事无为是行者,若等安能及之哉!"朔任其子为郎,又为侍谒者,常持节出使。朔行殿中,郎谓之曰:"人皆以先生为狂。"朔曰:"如朔等,所谓避世于朝廷间者也。古之人,乃避世于深山中。"时坐席中,酒酣,据地歌曰:"陆沈于俗,③避世金马门。宫殿中可以避世全身,何必深山之中,蒿庐之下。"金马门者,宦〔者〕署门也,门傍有铜马,故谓之曰"金马门"。

① 【索隐】案:仲长统云迁为滑稽传,序优旃事,不称东方朔,非也。朔之行事,岂直旃、孟之比哉。而桓谭亦以迁为是,又非也。 【正义】汉书云:"平原厌次人也。"舆地志云:"厌次,宜是富平县之乡聚名也。"括地〔志〕云:"富平故城在仓州阳信县东南四十里,汉县也。"

② 【正义】百官表云卫尉属官有公车司马。汉仪注云:"公车司马掌殿司马门,夜徼宫,天下上事及阙下,凡所征召皆总领之。秩六百石。"

③ 【索隐】司马彪云:"谓无水而沈也。"

时会聚宫下博士诸先生与论议,共难之①曰:"苏秦、张仪一当万乘之主,而都卿相之位,泽及后世。今子大夫修先王之术,慕圣人之义,讽诵诗书百家之言,不可胜数。著于竹帛,自以为海内无双,即可谓博闻辩智矣。然悉力尽忠以事圣帝,旷日持久,积数十年,官不过侍郎,位不过执戟,意者尚有遗行邪? 其故何也?"东方生曰:"是固非子所能备也。彼一时也,此一时也,岂可同哉! 夫张仪、苏秦之时,周室大坏,诸侯不朝,力政争权,相禽以兵,并为十二国,未有雌雄,得士者强,失士者亡,故说听行通,身处尊位,泽及后世,子孙长荣。今非然也。圣帝在上,德流天下,诸侯宾服,威振四夷,连四海之外以为席,安于覆盂,天下平均,合为一家,动发举事,犹如运之掌中。贤与不肖，何以异哉？方今以天下之大，士民之众，竭精驰说，并进辐凑者，不可胜数。悉力慕义，困于衣食，或失门户。使张仪、苏秦与仆并生于今之世，曾不能得掌故，安敢望常侍侍郎乎！传曰：‘天下无害菑，虽有圣人，无所施其才；上下和同，虽有贤者，无所立功。’故曰时异则事异。虽然，安可以不务修身乎？诗曰：‘鼓钟于宫，声闻于外。’‘鹤鸣九皋，声闻于天。’苟能修身，何患不荣！太公躬行仁义七十二年，逢文王，得行其说，封于齐，七百岁而不绝。此士之所以日夜孜孜，修学行道，不敢止也。今世之处士，时虽不用，崛然独立，块然独处，上观许由，下察接舆，策同范蠡，忠合子胥，天下和平，与义相扶，寡偶少徒，固其常也。子何疑于余哉！"于是诸先生默然无以应也。

①【索隐】与议论，共难之。案：方朔设词对之，即下文是答对之难也。

建章宫①后阁重栎②中有物出焉，其状似麋。以闻，武帝往临视之。问左右群臣习事通经术者，莫能知。诏东方朔视之。朔曰："臣知之，愿赐美酒粱饭大飧臣，臣乃言。"诏曰："可。"已又曰："某所有公田鱼池蒲苇数顷，陛下以赐臣，臣朔乃言。"诏曰："可。"于是朔乃肯言，曰："所谓驺牙③者也。远方当来归义，而驺牙先见。其齿前后若一，齐等无牙，故谓之驺牙。"其后一岁所，匈奴混邪王果将十万众来降汉。乃复赐东方生钱财甚多。

①【正义】在长安县西北二十里故城中。

②【索隐】上逐龙反，下音历。重栎，栏楯之下有重栏处也。

③【索隐】驺音邹。按：方朔以意自立名而偶中也。以有九牙齐等，故谓之驺牙，犹驺骑然也。

至老,朔且死时,谏曰:"诗云'营营青蝇,止于蕃。恺悌君子,无信谗言。谗言罔极,交乱四国'。愿陛下远巧佞,退谗言。"帝曰:"今顾东方朔多善言?"怪之。居无几何,朔果病死。传曰:"鸟之将死,其鸣也哀;人之将死,其言也善。"此之谓也。

武帝时,大将军卫青者,卫后兄也,①封为长平侯。从军击匈奴,至余吾水上而还,斩首捕虏,有功来归,诏赐金千斤。将军出宫门,齐人东郭先生以方士待诏公车,当道遮卫将军车,拜谒曰:"愿白事。"②将军止车前,东郭先生旁车言曰:"王夫人新得幸于上,家贫。今将军得金千斤,诚以其半赐王夫人之亲,人主闻之必喜。此所谓奇策便计也。"卫将军谢之曰:"先生幸告之以便计,请奉教。"于是卫将军乃以五百金为王夫人之亲寿。王夫人以闻武帝。帝曰:"大将军不知为此。"问之安所受计策,对曰:"受之待诏者东郭先生。"诏召东郭先生,拜以为郡都尉。东郭先生久待诏公车,贫困饥寒,衣敝,履不完。行雪中,履有上无下,足尽践地。道中人笑之,东郭先生应之曰:"谁能履行雪中,令人视之,其上履也,其履下处乃似人足者乎?"及其拜为二千石,佩青纲③出宫门,行谢主人。故所以同官待诏者,等比祖道于都门外。荣华道路,立名当世。④此所谓衣褐怀宝者也。⑤当其贫困时,人莫省视;至其贵也,乃争附之。谚曰:"相马失之瘦,相士失之贫。"其此之谓邪?

①【集解】徐广曰:"卫青传曰子夫之弟也。"
②【集解】徐广曰:"卫青传云宁乘说青而拜为东海都尉。"

③【集解】徐广曰："音瓜,一音螺,青绶。"

④【集解】徐广曰："东郭先生也。"

⑤【索隐】此指东郭先生也,言其身衣褐而怀宝玉。

王夫人病甚,人主至自往问之曰:"子当为王,欲安所置之?"对曰:"愿居洛阳。"人主曰:"不可。洛阳有武库、敖仓,当关口,天下咽喉。自先帝以来,传不为置王。然关东国莫大于齐,可以为齐王。"王夫人以手击头,呼"幸甚"。王夫人死,号曰"齐王太后薨"。

昔者,齐王使淳于髡献鹄于楚。①出邑门,道飞其鹄,徒揭空笼,造诈成辞,往见楚王曰:"齐王使臣来献鹄,过于水上,不忍鹄之渴,出而饮之,去我飞亡。吾欲刺腹绞颈而死,恐人之议吾王以鸟兽之故令士自伤杀也。鹄,毛物,多相类者,吾欲买而代之,是不信而欺吾王也。欲赴佗国奔亡,痛吾两主使不通。故来服过,叩头受罪大王。"楚王曰:"善,齐王有信士若此哉!"厚赐之,财倍鹄在也。

①【索隐】案:韩诗外传齐使人献鹄于楚,不言髡。又说范云魏文侯使舍人无择献鸿于齐,皆略同而事异,殆相涉乱也。

武帝时,征北海太守①诣行在所。有文学卒史王先生者,自请与太守俱,"吾有益于君",君许之。诸府掾功曹白云:"王先生嗜酒,多言少实,恐不可与俱。"太守曰:"先生意欲行,不可逆。"遂与俱。行至宫下,待诏宫府门。王先生徒怀钱沽酒,与卫卒仆射饮,日醉,不视其太守。太守入跪拜。王先生谓户郎曰:"幸为我呼吾君至门内遥语。"户郎为呼太守。

太守来,望见王先生。王先生曰:"天子即问君何以治北海②令无盗贼,君对曰何哉?"对曰:"选择贤材,各任之以其能,赏异等,罚不肖。"王先生曰:"对如是,是自誉自伐功,不可也。愿君对言,非臣之力,尽陛下神灵威武所变化也。"太守曰:"诺。"召入,至于殿下,有诏问之曰:"何于治北海,令盗贼不起?"叩头对言:"非臣之力,尽陛下神灵威武之所变化也。"武帝大笑,曰:"於呼! 安得长者之语而称之! 安所受之?"对曰:"受之文学卒史。"帝曰:"今安在?"对曰:"在宫府门外。"有诏召拜王先生为水衡丞,以北海太守为水衡都尉。传曰:"美言可以市,尊行可以加人。君子相送以言,小人相送以财。"

① 【索隐】汉书宣帝征渤海太守龚遂,非武帝时,此褚先生记谬耳。

② 【正义】今青州。

　　魏文侯时,西门豹为邺令。①豹往到邺,会长老,问之民所疾苦。长老曰:"苦为河伯娶妇,②以故贫。"豹问其故,对曰:"邺三老、廷掾常岁赋敛百姓,收取其钱得数百万,用其二三十万为河伯娶妇,与祝巫共分其馀钱持归。当其时,巫行视小家女好者,云是当为河伯妇,即聘取。洗沐之,为治新缯绮縠衣,间居斋戒;为治斋宫河上,张缇绛帷,③女居其中。为具牛酒饭食,(行)十馀日。共粉饰之,如嫁女床席,令女居其上,浮之河中。始浮,行数十里乃没。其人家有好女者,恐大巫祝为河伯取之,以故多持女远逃亡。以故城中益空无人,又困贫,所从来久远矣。民人俗语曰'即不为河伯娶妇,水来漂没,溺其人民'云。"西门豹曰:"至为河伯娶妇时,愿三老、④巫祝、父老送女河上,幸来告语之,吾亦往送女。"皆曰:"诺。"

①【正义】今相州县也。

②【正义】河伯,华阴潼乡人,姓冯氏,名夷。浴于河中而溺死,遂为河伯也。

③【正义】缇,他礼反。顾野王云:"黄赤色也。又音啼,厚缯也。"

④【正义】亭三老。

　　至其时,西门豹往会之河上。三老、官属、豪长者、里父老皆会,以人民往观之者三二千人。其巫,老女子也,已年七十。从弟子女十人所,皆衣缯单衣,立大巫后。西门豹曰:"呼河伯妇来,视其好丑。"即将女出帷中,来至前。豹视之,顾谓三老、巫祝、父老曰:"是女子不好,烦大巫妪为入报河伯,得更求好女,后日送之。"即使吏卒共抱大巫妪投之河中。有顷,曰:"巫妪何久也? 弟子趣之!"复以弟子一人投河中。有顷,曰:"弟子何久也? 复使一人趣之!"复投一弟子河中。凡投三弟子。西门豹曰:"巫妪弟子是女子也,不能白事,烦三老为入白之。"复投三老河中。西门豹簪笔磬折,①向河立待良久。长老、吏傍观者皆惊恐。西门豹顾曰:"巫妪、三老不来还,奈之何?"欲复使廷掾与豪长者一人入趣之。皆叩头,叩头且破,额血流地,色如死灰。西门豹曰:"诺,且留待之须臾。"须臾,豹曰:"廷掾起矣。状河伯留客之久,若皆罢去归矣。"邺吏民大惊恐,从是以后,不敢复言为河伯娶妇。

①【正义】簪笔,谓以毛装簪头,长五寸,插在冠前,谓之为笔,言插笔备礼也。磬折,谓曲体揖之,若石磬之形曲折也。磬,一片黑石;凡十二片,树在虡上击之。其形皆中曲垂两头,言人腰侧似也。

　　西门豹即发民凿十二渠,引河水灌民田,①田皆溉。当其

2783

时,民治渠少烦苦,不欲也。豹曰:"民可以乐成,不可与虑始。今父老子弟虽患苦我,然百岁后期令父老子孙思我言。"至今皆得水利,民人以给足富。十二渠经绝驰道,到汉之立,而长吏以为十二渠桥绝驰道,相比近,不可。欲合渠水,且至驰道合三渠为一桥。邺民人父老不肯听长吏,以为西门君所为也,贤君之法式不可更也。长吏终听置之。故西门豹为邺令,名闻天下,泽流后世,无绝已时,几可谓非贤大夫哉!

①【正义】括地志云:"按:横渠首接漳水,盖西门豹、史起所凿之渠也。沟洫志云'魏文侯时,西门豹为邺令,有令名。至文侯曾孙襄王,与群臣饮,祝曰:"令吾臣皆如西门豹之为人臣也。"史起进曰:"魏氏之行田也以百亩,邺独二百亩,是田恶也。漳水在其傍,西门不知用,是不智;知而不兴,是不仁。仁智豹未之尽,何足法也!"于是史起为邺令,遂引漳水溉邺,以富魏之河内'。左思魏都赋云'西门溉其前,史起濯其后'也。"

传曰:"子产治郑,民不能欺;子贱治单父,民不忍欺;西门豹治邺,民不敢欺。"三子之才能谁最贤哉? 辨治者当能别之。①

①【集解】魏文帝问群臣:"三不欺,于君德孰优?"太尉钟繇、司徒华歆、司空王朗对曰:"臣以为君任德,则臣感义而不忍欺;君任察,则臣畏觉而不能欺;君任刑,则臣畏罪而不敢欺。任德感义,与夫导德齐礼有耻且格等趋者也。任察畏罪,与夫导政齐刑免而无耻同归者也。孔子曰:'为政以德,譬如北辰,居其所而众星共之。'考以斯言,论以斯义,臣等以为不忍欺不能欺,优劣之县在于权衡,非徒低卬之差,乃钧铢之觉也。且前志称'仁者安仁,智者利仁,畏罪者强仁'。校其仁者,功则无以殊;核其为仁者,则不得不异。安仁者,性善者也;利仁

者,力行者也;强仁者,不得已者也。三仁相比,则安仁优矣。易称
'神而化之,使民宜之'。若君化使民然也。然则安仁之化与夫强仁
之化,优劣亦不得不相县绝也。然则三臣之不欺虽同,所以不欺异
矣。则纯以恩义崇不欺,与以威察成不欺,既不可同概而比量,又不
得错综而易处。"【索隐】案:此三不欺自古传记先达共所称述,今褚
先生因记西门豹而称之以成说也。循吏传记子产相郑,仁而且明,故
人不能欺之也。子贱为政清净,唯弹琴,三年不下堂而化,是人见思,
故不忍欺之。豹以威化御俗,故人不敢欺。其德优劣,钟、华之评实
为允当也。

【索隐述赞】滑稽鸱夷,如脂如韦。敏捷之变,学不失词。淳于索绝,赵
国兴师。楚优拒相,寝丘获祠。伟哉方朔,三章纪之。

史记卷一百二十七

日者列传第六十七

【集解】墨子曰:"墨子北之齐,遇日者。日者曰:'帝以今日杀黑龙于北方,而先生之色黑,不可以北。'墨子不听,遂北,至淄水。墨子不遂而反焉。日者曰:'我谓先生不可以北。'"然则古人占候卜筮,通谓之"日者"。墨子亦云,非但史记也。【索隐】案:名卜筮曰"日者"以墨,所以卜筮占候时日通名"日者"故也。

自古受命而王,王者之兴何尝不以卜筮决于天命哉!其于周尤甚,及秦可见。代王之入,任于卜者。太卜之起,由汉兴而有。①

①【索隐】案:周礼有太卜之官。此云由汉兴者,谓汉自文帝卜大横之后,其卜官更兴盛焉。

司马季主者,楚人也。①卜于长安东市。

①【索隐】按:云楚人而太史公不序其系,盖楚相司马子期、子反后,芈姓也。季主见列仙传。

宋忠为中大夫,贾谊为博士,同日俱出洗沐,①相从论议,诵易先王圣人之道术,究遍人情,相视而叹。贾谊曰:"吾闻古之圣人,不居朝廷,必在卜医之中。今吾已见三公九卿朝士大夫,皆可知矣。试之卜数中以观采。"②二人即同舆而之市,游于卜肆中。天新雨,道少人,司马季主闲坐,弟子三四人侍,方辩天地之道,日月之运,阴阳吉凶之本。二大夫再拜谒。司马季主视其状貌,如类有知者,即礼之,使弟子延之坐。坐定,司马季主复理前语,分别天地之终始,日月星辰之纪,差次仁义之际,列吉凶之符,语数千言,莫不顺理。

①【正义】汉官五日一假洗沐也。

②【索隐】卜数犹术数也。音所具反。刘氏云"数,筮也",亦通。筮必〔用〕易(用)大衍之数者也。

宋忠、贾谊瞿然而悟,猎缨正襟①危坐,②曰:"吾望先生之状,听先生之辞,小子窃观于世,未尝见也。今何居之卑,何行之污?"③

①【索隐】猎犹揽也。揽其冠缨而正其衣襟,谓变而自饰也。

②【索隐】免坐。谓俯俛为敬。

③【索隐】音乌故反。

司马季主捧腹大笑曰:"观大夫类有道术者,今何言之陋也,何辞之野也!今夫子所贤者何也?所高者谁也?今何以卑污长者?"

二君曰:"尊官厚禄,世之所高也,贤才处之。今所处非其地,故谓之卑。言不信,行不验,取不当,故谓之污。夫卜筮者,世俗之所贱简也。世皆言曰:'夫卜者多言夸严以得人情,①虚高人禄命以说人志,擅言祸灾以伤人心,矫言鬼神以尽人财,厚求拜谢以私于己。'此吾之所耻,故谓之卑污也。"

①【索隐】谓卜者自矜夸而庄严,说祸以诳人也。

司马季主曰:"公且安坐。公见夫被发童子乎?日月照之则行,不照则止,问之日月疵瑕吉凶,则不能理。由是观之,能知别贤与不肖者寡矣。

"贤之行也,直道以正谏,三谏不听则退。其誉人也不望其报,恶人也不顾其怨,以便国家利众为务。故官非其任不处也,禄非其功不受也;见人不正,虽贵不敬也;见人有污,虽尊不下也;得不为喜,去不为恨;非其罪也,虽累辱而不愧也。

"今公所谓贤者,皆可为羞矣。卑疵①而前,孅趋②而言;相引以势,相导以利;比周宾正,③以求尊誉,以受公奉;事私利,枉主法,猎农民;以官为威,以法为机,求利逆暴:譬无异于操白刃劫人者也。初试官时,倍力为巧诈,饰虚功执空文以罔主上,用居上为右;试官不让贤陈功,见伪增实,以无为有,以少为多,以求便势尊位;食饮驱驰,从姬歌儿,不顾于亲,犯法害民,虚公家:此夫为盗不操矛弧者也,攻而不用弦刃者也,欺父母未有罪而弑君未伐者也。何以为高贤才乎?

①【索隐】疵音訾。

②【索隐】孅音纤。纤趋犹足恭也。

③【集解】徐广曰:"客旅谓之宾,人求长官谓之正。"

"盗贼发不能禁,夷貊不服不能摄,奸邪起不能塞,官耗乱不能治,四时不和不能调,岁谷不孰不能适。①才贤不为,是不忠也;才不贤而托官位,利上奉,妨贤者处,是窃位也;②有人者进,有财者礼,是伪也。子独不见鸱枭之与凤皇翔乎?兰芷芎䓖弃于广野,蒿萧成林,使君子退而不显众,公等是也。

①【索隐】音释。适犹调也。

②【索隐】奉音扶用反。

"述而不作,君子义也。今夫卜者,必法天地,象四时,顺于仁义,分策定卦,旋式正棋,①然后言天地之利害,事之成败。昔先王之定国家,必先龟策日月,而后乃敢代;正时日,乃后入家;产子必先占吉凶,后乃有之。②自伏羲作八卦,周文王演三百八十四爻而天下治。越王句践放文王八卦③以破敌国,霸天下。由是言之,卜筮有何负哉!

①【集解】徐广曰:"式音栻。" 【索隐】按:式即栻也。旋,转也。栻之形上圆象天,下方法地,用之则转天纲加地之辰,故云旋式。棋者,筮之状。正棋,盖谓卜以作卦也。

②【索隐】谓若卜之不祥,则式不收也。卜吉而后有,故云"有之"。

③【索隐】放音方往反。

"且夫卜筮者,埽除设坐,正其冠带,然后乃言事,此有礼也。言而鬼神或以飨,忠臣以事其上,孝子以养其亲,慈父以畜其子,此有德者也。而以义置数十百钱,病者或以愈,且死或以生,患或以免,事或以成,嫁子娶妇或以养生:此之为德,岂直数十百钱哉! 此夫老子所谓'上德不德,是以有德'。今夫卜筮者利大而谢少,老子之云岂异于是乎?

"庄子曰:'君子内无饥寒之患,外无劫夺之忧,居上而敬,居下不为害,君子之道也。'今夫卜筮者之为业也,积之无委聚,藏之不用府库,徙之不用辎车,负装之不重,止而用之无尽索之时。持不尽索之物,游于无穷之世,虽庄氏之行未能增于是也,子何故而云不可卜哉？天不足西北，星辰西北移；地不足东南，以海为池；日中必移，月满必亏；先王之道，乍存乍亡。公责卜者言必信，不亦惑乎！

"公见夫谈士辩人乎？虑事定计，必是人也，然不能以一言说人主意，故言必称先王，语必道上古；虑事定计，饰先王之成功，语其败害，以恐喜人主之志，以求其欲。多言夸严，①莫大于此矣。然欲强国成功，尽忠于上，非此不立。今夫卜者，导惑教愚也。夫愚惑之人，岂能以一言而知之哉！言不厌多。

①【集解】徐广曰："一作'险'。"

"故骐骥不能与罢驴为驷，而凤皇不与燕雀为群，而贤者亦不与不肖者同列。故君子处卑隐以辟众，自匿以辟伦，微见德顺以除群害，以明天性，助上养下，多其功利，不求尊誉。公之等喁喁者也，何知长者之道乎！"

宋忠、贾谊忽而自失，芒乎无色，①怅然嗫②口不能言。于是摄衣而起，再拜而辞。行洋洋也，出门仅能自上车，伏轼低头，卒不能出气。

①【索隐】芒音莫郎反。

②【索隐】怅音畅。嗫音禁。刘氏音其锦反。

居三日，宋忠见贾谊于殿门外，乃相引屏语相谓自叹曰："道高益安，势高益危。居赫赫之势，失身且有日矣。夫卜而有不审，不见夺糈；①为人主计而不审，身无所处。②此相去远矣，犹天冠地屦也。此老子之所谓'无名者万物之始'也。天地旷旷，物之熙熙，或安或危，莫知居之。我与若，何足预彼哉！彼久而愈安，虽曾氏之义③未有以异也。"

①【集解】徐广曰:"音所。"骃案:离骚经曰"怀椒糈而要之",王逸云"糈,精米,所以享神"。 【索隐】糈音所。糈者,卜求神之米也。

②【索隐】言卜之不中,乃不见夺其精米。若为人主计不审,则身无所处也。

③【集解】徐广曰:"曾,一作'庄'。"

久之,宋忠使匈奴,不至而还,抵罪。而贾谊为梁怀王傅,王堕马薨,谊不食,毒恨而死。此务华绝根者也。①

①【索隐】言宋忠、贾谊皆务华而丧其身,是绝其根本也。

太史公曰:古者卜人所以不载者,多不见于篇。及至司马季主,余志而著之。

褚先生曰:臣为郎时,游观长安中,见卜筮之贤大夫,观其起居行步,坐起自动,誓正其衣冠而当乡人也,有君子之风。见性好解妇来卜,对之颜色严振,未尝见齿而笑也。从古以来,贤者避世,有居止舞泽者,有居民间闭口不言,有隐居卜筮间以全身者。夫司马季主者,楚贤大夫,游学长安,通易经,术黄帝、老子,博闻远见。观其对二大夫贵人之谈言,称引古明王圣人道,固非浅闻小数之能。及卜筮立名声千里者,各往往而在。传曰:"富为上,贵次之;既贵各各学一伎能立其身。"黄直,大夫也;陈君夫,妇人也:以相马立名天下。齐张仲、曲成侯以善击刺学用剑,立名天下。留长孺以相彘立名。荥阳褚氏以相牛立名。能以伎能立名者甚多,皆有高世绝人之风,何可胜言。故曰:"非其地,树之不生;非其意,教之不成。"夫家之教子孙,当视其所以好,好含苟生活之道,因而成之。故曰:"制宅命子,足以观士;子有处所,可谓贤人。"

　　臣为郎时,与太卜待诏为郎者同署,言曰:"孝武帝时,聚会占家问之,某日可取妇乎?五行家曰可,堪舆家曰不可,建除家曰不吉,丛辰家曰大凶,历家曰小凶,天人家曰小吉,太一家曰大吉。辩讼不决,以状闻。制曰:'避诸死忌,以五行为主。'"人取于五行者也。

【索隐述赞】日者之名,有自来矣。吉凶占候,著于墨子。齐楚异法,书亡罕纪。后人斯继,季主独美。取免暴秦,此焉终否。

史 记 卷 一 百 二 十 八

龟策列传第六十八

【索隐】龟策传有录无书,褚先生所补。其叙事烦芜陋略,无可取。

【正义】史记至元成间十篇有录无书,而褚少孙补景、武纪,将相年表,礼书、乐书、律书,三王世家,蒯成侯、日者、龟策列传。日者、龟策言辞最鄙陋,非太史公之本意也。

太史公曰:自古圣王将建国受命,兴动事业,何尝不宝卜筮以助善! 唐虞以上,不可记已。自三代之兴,各据祯祥。涂山之兆从而夏启世,飞燕之卜顺故殷兴,百谷之筮吉故周王。王者决定诸疑,参以卜筮,断以蓍龟,不易之道也。

2795

蛮夷氐羌虽无君臣之序,亦有决疑之卜。或以金石,或以草^①木,国不同俗。然皆可以战伐攻击,推兵求胜,各信其神,以知来事。

　①【集解】徐广曰:"一作'革'。"

略闻夏殷欲卜者,乃取蓍龟,已则弃去之,以为龟藏则不灵,蓍久则不神。至周室之卜官,常宝藏蓍龟;又其大小先后,各有所尚,要其归等耳。或以为圣王遭事无不定,决疑无不见,其设稽神求问之道者,以为后世衰微,愚不师智,人各自安,化分为百室,道散而无垠,故推归之至微,要絜于精神也。或以为昆虫之所长,圣人不能与争。其处吉凶,别然否,多中于人。至高祖时,因秦太卜官。天下始定,兵革未息。及孝惠享国日少,吕后女主,孝文、孝景因袭掌故,未遑讲试,虽父子畴官,世世相传,其精微深妙,多所遗失。至今上即位,博开艺能之路,悉延百端之学,通一伎之士咸得自效,绝伦超奇者为右,无所阿私,数年之间,太卜大集。会上欲击匈奴,西攘大宛,[1]南收百越,卜筮至预见表象,先图其利。及猛将推锋执节,获胜于彼,而蓍龟时日亦有力于此。上尤加意,赏赐至或数千万。如丘子明之属,富溢贵宠,倾于朝廷。至以卜筮射蛊道,巫蛊时或颇中。素有眦睚不快,因公行诛,恣意所伤,以破族灭门者,不可胜数。百僚荡恐,皆曰龟策能言。后事觉奸穷,亦诛三族。

[1]【集解】徐广曰:“攘,一作‘襄’。襄,除也。”

夫搜策定数,[1]灼龟观兆,变化无穷,是以择贤而用占焉,可谓圣人重事者乎!周公卜三龟,而武王有瘳。纣为暴虐,而元龟不占。晋文将定襄王之位,卜得黄帝之兆,[2]卒受彤弓之命。献公贪骊姬之色,卜而兆有口象,其祸竟流五世。楚灵将背周室,卜而龟逆,[3]终被乾谿之败。兆应信诚于内,而时人明察见之于外,可不谓两合者哉!君子谓夫轻卜筮,无神明者,悖;背[4]人道,信祯祥者,鬼神不得其正。故书建稽疑,五谋而卜筮居其二,五占从其多,明有而不专之道也。

①【集解】徐广曰："搟音逢。一作'达'。"【索隐】按:徐广搟音逢。搟谓两手执著分而扐之,故云搟策。

②【集解】左传曰遇黄帝战于阪泉之兆。

③【集解】左传曰:"灵王卜,曰'余尚得天下',不吉。投龟诟天而呼曰:'是区区者而不余畀,余必自取之。'"【索隐】诟音火候反。

④【索隐】上音倍,下音佩。

余至江南,观其行事,问其长老,云龟千岁乃游莲叶之上,①著百茎共一根。②又其所生,兽无虎狼,草无毒螫。江傍家人常畜龟饮食之,以为能导引致气,有益于助衰养老,岂不信哉!

①【集解】徐广曰;"莲,一作'领'。领与莲声相近,或假借字也。"

②【集解】徐广曰:"刘向云龟千岁而灵,著百年而一本生百茎。"

褚先生曰:臣以通经术,受业博士,治春秋,以高第为郎,幸得宿卫,出入宫殿中十有馀年。窃好太史公传。太史公之传曰:"三王不同龟,四夷各异卜,然各以决吉凶,略窥其要,故作龟策列传。"臣往来长安中,求龟策列传不能得,故之大卜官,问掌故文学长老习事者,写取龟策卜事,编于下方。

闻古五帝、三王发动举事,必先决蓍龟。传曰:①"下有伏灵,上有兔丝;上有捣蓍,②下有神龟。"所谓伏灵者,在兔丝之下,状似飞鸟之形。新雨已,天清静无风,以夜捎兔丝去之,即以䈼烛此地,③烛之火灭,即记其处,以新布四丈环置之,明即掘取之,入四尺至七尺,得矣,过七尺不可得。伏灵者,千岁松根也,食之不死。闻蓍生满百茎者,其下必有神龟守之,其上常有青云覆之。传曰:"天下和平,王道得,而蓍茎长丈,其丛生满百茎。"方今世取蓍者,不能中古法度,不能得满百茎长丈者,取八十茎已上,蓍长八尺,即难得也。人民好用卦者,取满六十茎已上,长满六尺者,即可用矣。记曰:"能得名龟者,财物归之,家必大富至千万。"一曰"北斗龟",二曰"南辰龟",三曰"五星龟",四曰"八风龟",五曰"二十八宿龟",六曰"日月龟",七曰"九州龟",八曰"玉龟":凡八名龟。龟图各有文在腹下,文云云者,此某之龟也。略记其大指,不写其图。取此龟不必满尺二寸,民人得长七八寸,可宝矣。今夫珠玉宝器,虽有所深藏,必见其光,必出其神明,其此之谓乎!故玉处于山而木润,渊生珠而岸不枯者,④润泽之所加也。明月之珠出于江海,藏于蚌中,蛟龙伏之。⑤王者得之,长有天下,四夷宾服。能得百茎蓍,并得其下龟以卜者,百言百当,足以决吉凶。

①【索隐】此传即太卜所得古占龟之说也。

②【索隐】捣音逐留反。按:即椆也。捣蓍即蔡蓍,捣是古"椆"字也。

③【集解】徐广曰:"籍,笼也。盖然火而笼罩其上也。音沟。陈涉世家曰'夜籍火'也。"

④【集解】徐广曰:"一无'不'字。许氏说淮南以为滋润钟于明珠,致令岸枯也。"

⑤【集解】徐广曰:"许氏说淮南云蚑龙,龙属也。音决。"【索隐】蚑蚩伏之。按:蚑当为"蛟"。蚩音龙,注音决,误也。

2798

　　神龟出于江水中,庐江郡常岁时生龟长尺二寸者二十枚输太卜官,太卜官因以吉日剔取其腹下甲。龟千岁乃满尺二寸。王者发军行将,必钻龟庙堂之上,以决吉凶。今高庙中有龟室,藏内以为神宝。

　　传曰:"取前足臑骨①穿佩之,取龟置室西北隅悬之,以入深山大林中,不惑。"臣为郎时,见万毕石朱方,传曰:"有神龟在江南嘉林中。②嘉林者,兽无虎狼,鸟无鸱枭,草无毒螫,野火不及,斧斤不至,是为嘉林。龟在其中,常巢于芳莲之上。左胁书文曰'甲子重光,③得我者匹夫为人君,有土正,④诸侯得我为帝王。'求之于白蛇蟠杅⑤林中者,⑥斋戒以待,谆然,⑦状如有人来告之,因以醮酒佗发,⑧求之三宿而得。"由是观之,岂不伟哉!故龟可不敬与?

①【集解】徐广曰:"臑音乃毛反。臑,臂。" 【索隐】臑音乃高反。臑,臂也。一音乃导反。

②【索隐】按:万毕术中有石朱方,方中说嘉林中,故云传曰。

③【集解】徐广曰:"子,一作'于'。"

④【集解】徐广曰:"正,长也。为有土之官长。"

⑤【集解】徐广曰:"一孤反。"

⑥【索隐】按:林名白蛇蟠杅林,龟藏其中。杅音乌。谓白蛇尝蟠杅此林中也。

⑦【索隐】音巍。言求龟者斋戒以待,常谆然也。

⑧【集解】徐广曰:"佗,一作'被'。" 【索隐】佗音徒我反。按:谓被发也。

南方老人用龟支床足,行二十馀岁,老人死,移床,龟尚生不死。龟能行气导引。问者曰:"龟至神若此,然太卜官得生龟,何为辄杀取其甲乎?"近世江上人有得名龟,畜置之,家因大富。与人议,欲遣去。人教杀之勿遣,遣之破人家。龟见梦曰:"送我水中,无杀吾也。"其家终杀之。杀之后,身死,家不利。人民与君王者异道。人民得名龟,其状类不宜杀也。以往古故事言之,古明王圣主皆杀而用之。

宋元王时得龟,亦杀而用之。谨连其事于左方,令好事者观择其中焉。

宋元王二年,江使神龟使于河,至于泉阳,渔者豫且①举网得而囚之,置之笼中。夜半,龟来见梦于宋元王曰:"我为江使于河,而幕网当吾路。泉阳豫且得我,我不能去。身在患中,莫可告语。王有德义,故来告诉。"元王惕然而悟。乃召博士卫平②而问之曰:"今寡人梦见一丈夫,延颈而长头,衣玄绣之衣而乘辎车,来见梦于寡人曰:'我为江使于河,而幕网当吾路。泉阳豫且得我,我不能去。身在患中,莫可告语。王有德义,故来告诉。'是何物也?"卫平乃援式而起,③仰天而视月之光,观斗所指,定日处乡。规矩为辅,副以权衡。四维已定,八卦相望。视其吉凶,介虫先见。乃对元王曰:"今昔壬子,④宿在牵牛。河水大会,鬼神相谋。汉正南北,⑤江河固期,南风新至,江使先来。白云壅汉,万物尽留。斗柄指日,使者当囚。玄服而乘辎车,其名为龟。王急使人问而求之。"王曰:"善。"

①【索隐】下音子余切。泉阳人,网元龟者。

②【索隐】宋元君之臣也。

③【集解】徐广曰:"式音敕。"

④【索隐】今昔犹昨夜也。以今日言之,谓昨夜为今昔。

⑤【正义】汉,天河。

于是王乃使人驰而往问泉阳令曰:"渔者几何家?名谁为豫且?豫且得龟,见梦于王,王故使我求之。"泉阳令乃使吏案籍视图,水上渔者五十五家,上流之庐,名为豫且。泉阳令曰:"诺。"乃与使者驰而问豫且曰:"今昔汝渔何得?"豫且曰:"夜半时举网得龟。"①使者曰:"今龟安在?"曰:"在笼中。"使者曰：“王知子得龟，故使我求之。”豫且曰：“诺。”即系龟而出之笼中，献使者。

①【集解】庄子曰得白龟圆五尺。

使者载行，出于泉阳之门。正昼无见，风雨晦冥。云盖其上，五采青黄；雷雨并起，风将而行。入于端门，见于东箱。身如流水，润泽有光。望见元王，延颈而前，三步而止，缩颈而却，复其故处。元王见而怪之，问卫平曰：“龟见寡人，延颈而前，以何望也？缩颈而复，是何当也？”卫平对曰：“龟在患中，而终昔囚，王有德义，使人活之。今延颈而前，以当谢也，缩颈而却，欲亟去也。”元王曰：“善哉！神至如此乎，不可久留；趣驾送龟，勿令失期。”

卫平对曰：“龟者是天下之宝也，先得此龟者为天子，且十言十当，十战十胜。生于深渊，长于黄土。知天之道，明于上古。游三千岁，不出其域。安平静正，动不用力。寿蔽天地，莫知其极。与物变化，四时变色。居而自匿，伏而不食。春仓夏黄，秋白冬黑。明于阴阳，审于刑德。先知利害，察于祸福。以言而当，以战而胜，王能宝之，诸侯尽服。王勿遣也，以安社稷。”

元王曰：“龟甚神灵，降于上天，陷于深渊，在患难中。以我为贤，德厚而忠信，故来告寡人。寡人若不遣也，是渔者也。渔者利其肉，寡人贪其力，下为不仁，上为无德。君臣无礼，何从有福？寡人不忍，奈何勿遣！”

卫平对曰：“不然。臣闻盛德不报，重寄不归；天与不受，天夺之宝。今龟周流天下，还复其所，上至苍天，下薄泥涂。

还遍九州,未尝愧辱,无所稽留。今至泉阳,渔者辱而囚之。王虽遣之,江河必怒,务求报仇。自以为侵,因神与谋。淫雨不霁,水不可治。若为枯旱,风而扬埃,蝗虫暴生,百姓失时。王行仁义,其罚必来。此无佗故,其祟在龟。后虽悔之,岂有及哉!王勿遣也。"

元王慨然而叹曰:"夫逆人之使,绝人之谋,是不暴乎?取人之有,以自为宝,是不强乎?寡人闻之,暴得者必暴亡,强取者必后无功。桀纣暴强,身死国亡。今我听子,是无仁义之名而有暴强之道。江河为汤武,我为桀纣。未见其利,恐离其咎。寡人狐疑,安事此宝,趣驾送龟,勿令久留。"

卫平对曰:"不然,王其无患。天地之间,累石为山。高而不坏,地得为安。故云物或危而顾安,或轻而不可迁;人或忠信而不如诞谩,①或丑恶而宜大官,或美好佳丽而为众人患。非神圣人,莫能尽言。春秋冬夏,或暑或寒。寒暑不和,贼气相奸。同岁异节,其时使然。故令春生夏长,秋收冬藏。或为仁义,或为暴强。暴强有乡,仁义有时。万物尽然,不可胜治。大王听臣,臣请悉言之。天出五色,以辨白黑。地生五谷,以知善恶。人民莫知辨也,与禽兽相若。谷居而穴处,不知田作。天下祸乱,阴阳相错。匆匆疾疾,②通而不相择。妖孽数见,③传为单薄。圣人别其生,使无相获。禽兽有牝牡,置之山原;鸟有雌雄,布之林泽;有介之虫,置之溪谷。故牧人民,为之城郭,内经闾术,外为阡陌。夫妻男女,赋之田宅,列其室屋。为之图籍,别其名族。立官置吏,劝以爵禄。衣以桑麻,养以五谷。耕之耰之,④鉏之耨之。⑤口得所嗜,目得所美,身

受其利。以是观之，非强不至。故曰田者不强，囷仓不盈；⑥
商贾不强，不得其赢；妇女不强，布帛不精；官御不强，其势不
成；大将不强，卒不使令；侯王不强，没世无名。故云强者，事
之始也，分之理也，物之纪也。所求于强，无不有也。王以为
不然，王独不闻玉椟只雊，⑦出于昆山；明月之珠，出于四海；
镌石拌蚌，⑧传卖于市：圣人得之，以为大宝。大宝所在，乃为
天子。今王自以为暴，不知拌蚌于海也；自以为强，不过镌石
于昆山也。取者无咎，宝者无患。今龟使来抵网，而遭渔者得
之，见梦自言，是国之宝也，王何忧焉。"

① 【集解】徐广曰："诞，一作'沲'，音吐和反。"　【索隐】诞，田烂反；谩
　　音漫，一音并如字。沲音吐禾反。

② 【集解】徐广曰："一作'病'。"

③ 【正义】说文云"衣服謌谣草木之怪谓之妖，禽兽虫蝗之怪谓之蘖"也。

④ 【集解】徐广曰："音忧。"　【正义】耰，覆种也。说文云："耰，摩
　　田器。"

⑤ 【集解】徐广曰："耨，除草也。"

⑥ 【正义】说文云："圆者谓之囷，方者谓之廪。"

⑦ 【集解】徐广曰："只，一作'双'。"

⑧ 【集解】徐广曰："镌音子旋反。拌音判。" 【索隐】拌音判。判，
　　割也。

　　元王曰："不然。寡人闻之，谏者福也，谀者贼也。人主听
谀，是愚惑也。虽然，祸不妄至，福不徒来。天地合气，以生百
财。阴阳有分，不离四时，十有二月，日至为期。圣人彻焉，身
乃无灾。明王用之，人莫敢欺。故云福之至也，人自生之；祸
之至也，人自成之。祸与福同，刑与德双。圣人察之，以知吉

凶。桀纣之时，与天争功，拥遏鬼神，使不得通。是固已无道矣，谀臣有众。桀有谀臣，名曰赵梁。教为无道，劝以贪狼。系汤夏台，杀关龙逢。左右恐死，偷谀于傍。国危于累卵，皆曰无伤。称乐万岁，或曰未央。蔽其耳目，与之诈狂。汤卒伐桀，身死国亡。听其谀臣，身独受殃。春秋著之，至今不忘。纣有谀臣，名为左彊。夸而目巧，教为象郎。①将至于天，又有玉床。犀玉之器，象箸而羹。②圣人剖其心，壮士斩其胻。③箕子恐死，被发佯狂。杀周太子历，④囚文王昌。投之石室，将以昔至明。阴兢活之，⑤与之俱亡。入于周地，得太公望。兴卒聚兵，与纣相攻。文王病死，载尸以行。太子发代将，号为武王。战于牧野，破之华山之阳。纣不胜败而还走，围之象郎。自杀宣室，⑥身死不葬。头悬车轸，四马曳行。寡人念其如此，肠如沸汤。⑦是人皆富有天下而贵至天子，然而大傲。欲无默时，举事而喜高，贪很而骄。不用忠信，听其谀臣，而为天下笑。今寡人之邦，居诸侯之间，曾不如秋毫。举事不当，又安亡逃！"

①【集解】礼记曰："目巧之室。"郑玄曰："但用目巧善意作室，不由法度。"许慎曰："象牙郎。"

②【索隐】箸音持虑反，则箸是筯，为与羹连，则或非箸，樿也。记曰"羹之有菜者用梜"。梜者，箸也。

③【集解】胻音衡，脚胫也。 【索隐】劲音衡，即脚胫。

④【索隐】按："杀周太子历"文在"囚文王昌"之上，则近是季历。季历不被纣诛，则其言近妄，无容周更别有太子名历也。

⑤【集解】徐广曰："兢，一作'竟'。" 【索隐】阴，姓；兢，名。

⑥【集解】徐广曰："天子之居，名曰宣室。"

⑦【集解】徐广曰："涫音馆。一作'沸'。"　【索隐】上音馆。涫,沸也。

卫平对曰："不然。河虽神贤,不如昆仑之山;江之源理,不如四海,而人尚夺取其宝,诸侯争之,兵革为起。小国见亡,大国危殆,杀人父兄,虏人妻子,残国灭庙,以争此宝。战攻分争,是暴强也。故云取之以暴强而治以文理,无逆四时,必亲贤士;与阴阳化,鬼神为使;通于天地,与之为友。诸侯宾服,民众殷喜。邦家安宁,与世更始。汤武行之,乃取天子;春秋著之,以为经纪。王不自称汤武,而自比桀纣。桀纣为暴强也,固以为常。桀为瓦室,①纣为象郎。征丝灼之,②务以费民〔氓〕。赋敛无度,杀戮无方。杀人六畜,以韦为囊。囊盛其血,与人县而射之,与天帝争强。逆乱四时,先百鬼尝。谏者辄死,谀者在傍。圣人伏匿,百姓莫行。天数枯旱,国多妖祥。螟虫岁生,五谷不成。民不安其处,鬼神不享。飘风日起,正昼晦冥。日月并蚀,灭息无光。列星奔乱,皆绝纪纲。以是观之,安得久长!虽无汤武,时固当亡。故汤伐桀,武王克纣,其时使然。乃为天子,子孙续世;终身无咎,后世称之,至今不已。是皆当时而行,见事而强,乃能成其帝王。今龟,大宝也,为圣人使,传之贤(士)〔王〕。不用手足,雷电将之;风雨送之,流水行之。侯王有德,乃得当之。今王有德而当此宝,恐不敢受;王若遣之,宋必有咎。后虽悔之,亦无及已。"

①【集解】世本曰："昆吾作陶。"张华博物记亦云"桀作瓦"。盖是昆吾为桀作也。

②【索隐】按:灼谓燔也。烧丝以当薪,务费人也。

元王大悦而喜。于是元王向日而谢,①再拜而受。择日斋戒，甲乙最良。乃刑白雉，及与骊羊；以血灌龟，于坛中央。^①以刀剥之，身全不伤。脯酒礼之，横其腹肠。荆支卜之，必制其创。^②理达于理，文相错迎。使工占之，所言尽当。邦福重宝，^③闻于傍乡。杀牛取革，被郑之桐。^④草木毕分，化为甲兵。战胜攻取，莫如元王。元王之时，卫平相宋，宋国最强，龟之力也。

①【索隐】盖欲神之以谢天也。天之质暗，日者天之光明，著见者莫过也。

②【正义】音疮。

③【集解】徐广曰："福音副，藏也。"

④【集解】徐广曰："牛革桐为鼓也。"　【索隐】徐氏云："牛革桐为鼓。"

故云神至能见梦于元王，而不能自出渔者之笼。身能十言尽当，不能通使于河，还报于江。贤能令人战胜攻取，不能自解于刀锋，免剥刺之患。圣能先知亟见，而不能令卫平无言。言事百全，至身而挛；当时不利，又焉事贤！贤者有恒常，士有适然。是故明有所不见，听有所不闻；人虽贤，不能左画方，右画圆；日月之明，而时蔽于浮云。羿名善射，不如雄渠、蠭门；^①禹名为辩智，而不能胜鬼神。地柱折，天故毋橡，又奈何责人于全？孔子闻之曰："神龟知吉凶，而骨直空枯。^②日为德而君于天下，辱于三足之乌。月为刑而相佐，见食于虾蟆。蝟辱于鹊，^③腾蛇之神而殆于即且。^④竹外有节理，中直空虚；松柏为百木长，而守门闾。日辰不全，故有孤虚。^⑤黄金有疵，白玉有瑕。事有所疾，亦有所徐。物有所拘，亦有所据。罔有所数，亦有所疏。人有所贵，亦有所不如。何可而适乎？物安可全乎？天尚不全，故世为屋，不成三瓦而陈之，^⑥以应之天。

天下有阶,物不全⑦乃生也。"

①【集解】新序曰:"楚雄渠子夜行,见伏石当道,以为虎而射之,应弦没羽。"淮南子曰:"射者重以逢门子之巧。"刘歆七略有蠭门射法也。

②【正义】凡龟其骨空中而枯也。直,语发声也,今河东亦然。

③【集解】郭璞曰:"蝟能制虎,见鹊仰地。"淮南万毕曰:"鹊令蝟反腹者,蝟憎其意而心恶之也。"

④【集解】郭璞曰:"腾蛇,龙属也。蝍蛆,似蝗,大腹,食蛇脑也。"
【正义】即,津日反。且,则馀反。即吴公也,状如蚰蜒而大,黑色。

⑤【集解】甲乙谓之日,子丑谓之辰。六甲孤虚法:甲子旬中无戌亥,戌亥即为孤,辰巳即为虚。甲戌旬中无申酉,申酉为孤,寅卯即为虚。甲申旬中无午未,午未为孤,子丑即为虚。甲午旬中无辰巳,辰巳即为孤,戌亥即为虚。甲辰旬中无寅卯,寅卯为孤,申酉即为虚。甲寅旬中无子丑,子丑为孤,午未即为虚。刘歆七略有风后孤虚二十卷。
【正义】按:岁月日时孤虚,并得上法也。

⑥【集解】徐广曰:"一云为屋成,欠三瓦而栋之也。"【索隐】刘氏云:"陈犹居也。"注作"栋",音都贡反。【正义】言为屋不成,欠三瓦以应天,犹陈列而居之。

⑦【正义】言万物及日月天地皆不能全,喻龟之不全也。

　褚先生曰:渔者举网而得神龟,龟自见梦宋元王,元王召博士卫平告以梦龟状,平运式,定日月,分衡度,视吉凶,占龟与物色同,平谏王留神龟以为国重宝,美矣。古者筮必称龟者,以其令名,所从来久矣。余述而为传。

三月　二月　正月①　十二月　十一月　中关内高外卜②
四月首仰③　足开　胙开④　首俛大⑤　五月　横吉　首俛大⑥　六月　七月　八月　九月　十月

①【正义】言正月、二月、三月右转周环终十二月者,日月之龟,腹下十二

黑点为十二月,若二十八宿龟也。

②【正义】此等下至"首俛大"者,皆卜兆之状也。

③【索隐】音鱼两反。　【正义】谓兆首仰起。

④【索隐】音琴。胗谓兆足敛也。

⑤【索隐】俛音免,兆首伏也。

⑥【正义】俛音免,谓兆首伏而大。

　　卜禁曰:子亥戌不可以卜及杀龟。日中如食已卜。暮昏龟之徼也,①不可以卜。庚辛可以杀,及以钻之。常以月旦被龟,②先以清水澡之,以卵被之,③乃持龟而遂之,若常以为祖。④人若已卜不中,皆被之以卵,东向立,灼以荆若刚木,土⑤卵指之者三,⑥持龟以卵周环之,祝曰:"今日吉,谨以粱卵烯黄⑦被去玉灵之不祥。"玉灵必信以诚,知万事之情,辩兆皆可占。不信不诚,则烧玉灵,扬其灰,以征后龟。其卜必北向,龟甲必尺二寸。

①【索隐】徼音叫。谓徼绕不明也。

②【索隐】上音废,又音拂。拂洗之以水,鸡卵摩之而呪。

③【正义】以常月朝清水洗之,以鸡卵摩而祝之。

④【集解】徐广曰:"一作'视'。"　【索隐】祖,法也。言以为常法。

⑤【集解】徐广曰:"一作'十一'。"　【索隐】按:古之灼龟,取生荆枝及生坚木烧之,斩断以灼龟。按:"土"字合依刘氏说当连下句。

⑥【正义】言卜不中,以土为卵,三度指之,三周绕之,用厌不祥也。

⑦【索隐】粱,米也。卵,鸡子也。烯,灼龟木也,音"次第"之"第"。言烧荆枝更递而灼,故有烯名。一音梯,言灼之以渐,如有阶梯也。黄者,以黄绢裹粱卵以被龟也。必以黄者,中之色,主土而信,故用鸡也。　【正义】烯音题。烯,焦也。言以粱米鸡卵被去龟之不祥,令灼之不焦不黄。若色焦及黄,卜之不中也。

卜先以造①灼钻，钻中已，又灼龟首，各三；又复灼所钻中曰正身，灼首曰正足，②各三。即以造三周龟，祝曰：“假之玉灵夫子。③夫子玉灵，荆灼而心，令而先知。而上行于天，下行于渊，诸灵数荆，④莫如汝信。今日良日，行一良贞。⑤某欲卜某，即得而喜，不得而悔。即得，发乡我身长大，首足收人皆上偶。不得，发乡我身挫折，中外不相应，首足灭去。”

①【集解】徐广曰：“音灶也。” 【索隐】造音灶，造谓烧荆之处。（荆若木）

②【集解】徐广曰：“一作‘止’。”

③【索隐】尊神龟而为之作号。

④【集解】徐广曰：“音策。” 【索隐】数荆。数，所具反；荆音近策，或荆是策之别名。此卜筮之书，其字亦无可核，皆放此。

⑤【集解】徐广曰：“行，一作‘身’。”

灵龟卜祝曰：“假之灵龟，五巫五灵，不如神龟之灵，知人死，知人生。某身良贞，某欲求某物。即得也，头见足发，内外相应；即不得也，头仰足肣，内外自垂。可得占。”

卜占病者祝曰：“今某病困。死，首上开，内外交骇，身节折；不死，首仰足肣。”卜病者祟曰：“今病有祟无呈，无祟有呈。兆有中祟有内，外祟有外。”

卜系者出不出。不出，横吉安；若出，足开首仰有外。

卜求财物，其所当得。得，首仰足开，内外相应；即不得，呈兆首仰足肣。

卜有卖若买臣妾马牛。得之，首仰足开，内外相应；不得，首仰足肣，呈兆若横吉安。

卜击盗聚若干人，在某所，今某将卒若干人，往击之。当胜,首仰足开身正,内自桥,外下;不胜,足胕首仰,身首①内下外高。

①【集解】徐广曰:"一作'简'。"

卜求当行不行。行,首足开;不行,足胕首仰,若横吉安,安不行。

卜往击盗,当见不见。见,首仰足胕有外;不见,足开首仰。

卜往候盗,见不见。见,首仰足胕,胕胜有外;不见,足开首仰。

卜闻盗来不来。来,外高内下,足胕首仰;不来,足开首仰,若横吉安,期之自次。

卜迁徙去官不去。去,足开有胕外首仰;不去,自去,即足胕,呈兆若横吉安。

卜居官尚吉不。吉,呈兆身正,若横吉安;不吉,身节折,首仰足开。

卜居室家吉不吉。吉,呈兆身正,若横吉安;不吉,身节折,首仰足开。

卜岁中禾稼孰不孰。孰,首仰足开,内外自桥外自垂;不孰,足胕首仰有外。

卜岁中民疫不疫。疫,首仰足胕,身节有强外;不疫,身正首仰足开。

卜岁中有兵无兵。无兵,呈兆若横吉安;有兵,首仰足开,身作外强情。

卜见贵人吉不吉。吉,足开首仰,身正,内自桥;不吉,首仰,身节折,足胁有外,若无渔。

卜请谒于人得不得。得,首仰足开,内自桥;不得,首仰足
胁有外。

卜追亡人当得不得。得,首仰足胁,内外相应;不得,首仰
足开,若横吉安。

卜渔猎得不得。得,首仰足开,内外相应;不得,足胁首
仰,若横吉安。

卜行遇盗不遇。遇,首仰足开,身节折,外高内下;不遇,
呈兆。

卜天雨不雨。雨,首仰有外,外高内下;不雨,首仰足开,
若横吉安。

卜天雨霁不霁。霁,呈兆足开首仰;不霁,横吉。

命曰横吉安。以占病,病甚者一日不死;不甚者卜日瘳,
不死。系者重罪不出,轻罪环出;过一日不出,久毋伤也。求
财物买臣妾马牛,一日环得;过一日不得。(不得)行者不行。
来者环至;过食时不至,不来。击盗不行,行不遇;闻盗不来。
徙官不徙,居官家室皆吉。岁稼不孰。民疾疫无疾。岁中无
兵。见人行,不行不喜。请谒人不行不得。追亡人渔猎不得。
行不遇盗。雨不雨。霁不霁。

命曰呈兆。病者不死。系者出。行者行。来者来。市买
得。追亡人得,过一日不得。问行者不到。

命曰柱彻。卜病不死。系者出。行者行。来者来。(而)
市买不得。忧者毋忧。追亡人不得。

命曰首仰足肣有内无外。占病，病甚不死。系者解。求财物买臣妾马牛不得。行者闻言不行。来者不来。闻盗不来。闻言不至。徙官闻言不徙。居官有忧。居家多灾。岁稼中孰。民疾疫多病。岁中有兵，闻言不开。见贵人吉。请谒不行，行不得善言。追亡人不得。渔猎不得。行不遇盗。雨不雨甚。霁不霁。故其莫字皆为首备。问之曰，备者仰也，故定以为仰。此私记也。

命曰首仰足肣有内无外。占病，病甚不死。系者不出。求财买臣妾不得。行者不行。来者不来。击盗不见。闻盗来，内自惊，不来。徙官不徙。居官家室吉。岁稼不孰。民疾疫有病甚。岁中无兵。见贵人吉。请谒追亡人不得。亡财物，财物不出得。渔猎不得。行不遇盗。雨不雨。霁不霁。凶。

命曰呈兆首仰足肣。以占病，不死。系者未出。求财物买臣妾马牛不得。行不行。来不来。击盗不相见。闻盗来不来。徙官不徙。居官久多忧。居家室不吉。岁稼不孰。民病疫。岁中毋兵。见贵人不吉。请谒不得。渔猎得少。行不遇盗。雨不雨。霁不霁。不吉。

命曰呈兆首仰足开。以占病，病笃死。系囚出。求财物买臣妾马牛不得。行者行。来者来。击盗不见盗。闻盗来不来。徙官徙。居官不久。居家室不吉。岁稼不孰。民疾疫有而少。岁中毋兵。见贵人不见吉。请谒追亡人渔猎不得。行遇盗。雨不雨。霁小吉。

命曰首仰足肣。以占病，不死。系者久，毋伤也。求财物买臣妾马牛不得。行者不行。击盗不行。来者来。闻盗来。徙官闻言不徙。居家室不吉。岁稼不孰。民疾疫少。岁中毋兵。见贵人得见。请谒追亡人渔猎不得。行遇盗。雨不雨。霁不霁。吉。

命曰首仰足开有内。以占病者，死。系者出。求财物买臣妾马牛不得。行者行。来者来。击盗行不见盗。闻盗来不来。徙官徙。居官不久。居家室不吉。岁孰。民疾疫有而少。岁中毋兵。见贵人不吉。请谒追亡人渔猎不得。行不遇盗。雨霁。霁小吉，不霁吉。

命曰横吉内外自桥。以占病，卜日毋瘳死。系者毋罪出。求财物买臣妾马牛得。行者行。来者来。击盗合交等。闻盗来来。徙官徙。居家室吉。岁孰。民疫无疾。岁中无兵。见贵人请谒追亡人渔猎得。行遇盗。雨霁，雨霁大吉。

命曰横吉内外自吉。以占病，病者死。系不出。求财物买臣妾马牛追亡人渔猎不得。行者不来。击盗不相见。闻盗不来。徙官徙。居官有忧。居家室见贵人请谒不吉。岁稼不孰。民疾疫。岁中无兵。行不遇盗。雨不雨。霁不霁。不吉。

命曰渔人。以占病者，病者甚，不死。系者出。求财物买臣妾马牛击盗请谒追亡人渔猎得。行者行来。闻盗来不来。徙官不徙。居家室吉。岁稼不孰。民疾疫。岁中毋兵。见贵人吉。行不遇盗。雨不雨。霁不霁。吉。

命曰首仰足肣内高外下。以占病，病者甚，不死。系者不出。求财物买臣妾马牛追亡人渔猎得。行不行。来者来。击盗胜。徙官不徙。居官有忧，无伤也。居家室多忧病。岁大孰。民疾疫。岁中有兵不至。见贵人请谒不吉。行遇盗。雨不雨。霁不霁。吉。

命曰横吉上有仰下有柱。病久不死。系者不出。求财物买臣妾马牛追亡人渔猎不得。行不行。来不来。击盗不行，行不见。闻盗来不来。徙官不徙。居家室见贵人吉。岁大孰。民疾疫。岁中毋兵。行不遇盗。雨不雨。霁不霁。大吉。

命曰横吉榆仰。以占病，不死。系者不出。求财物买臣妾马牛至不得。行不行。来不来。击盗不行，行不见。闻盗来不来。徙官不徙。居官家室见贵人吉。岁孰。岁中有疾疫，毋兵。请谒追亡人不得。渔猎至不得。行不得。行不遇盗。雨霁不霁。小吉。

命曰横吉下有柱。以占病，病甚不环有瘳无死。系者出。求财物买臣妾马牛请谒追亡人渔猎不得。行来不来。击盗不合。闻盗来来。徙官居官吉，不久。居家室不吉。岁不孰。民毋疾疫。岁中毋兵。见贵人吉。行不遇盗。雨不雨。霁。小吉。

命曰载所。以占病，环有瘳无死。系者出。求财物买臣妾马牛请谒追亡人渔猎得。行者行。来者来。击盗相见不相合。闻盗来来。徙官徙。居家室忧。见贵人吉。岁孰。民毋疾疫。岁中毋兵。行不遇盗。雨不雨。霁霁。吉。

命曰根格。以占病者，不死。系久毋伤。求财物买臣妾马牛请谒追亡人渔猎不得。行不行。来不来。击盗盗行不合。闻盗不来。徙官不徙。居家室吉。岁稼中。民疾疫无死。见贵人不得见。行不遇盗。雨不雨。大吉。

命曰首仰足肣外高内下。卜有忧，无伤也。行者不来。病久死。求财物不得。见贵人者吉。

命曰外高内下。卜病不死，有祟。(而)市买不得。居官家室不吉。行者不行。来者不来。系者久毋伤。吉。

命曰头见足发有内外相应。以占病者，起。系者出。行者行。来者来。求财物得。吉。

命曰呈兆首仰足开。以占病，病甚死。系者出，有忧。求财物买臣妾马牛请谒追亡人渔猎不得。行(行)不行。来不来。击盗不合。闻盗来来。徙官居官家室不吉。岁恶。民疾疫无死。岁中毋兵。见贵人不吉。行不遇盗。雨不雨。霁。不吉。

命曰呈兆首仰足开外高内下。以占病，不死，有外祟。系者出，有忧。求财物买臣妾马牛，相见不会。行行。来闻言不来。击盗胜。闻盗来不来。徙官居官家室见贵人不吉。岁中。民疾疫有兵。请谒追亡人渔猎不得。闻盗遇盗。雨不雨。霁。凶。

命曰首仰足肣身折内外相应。以占病，病甚不死。击者久不出。求财物买臣妾马牛渔猎不得。行不行。来不来。击盗有用胜。闻盗来来。徙官不徙。居官家室不吉。岁不孰。民疾疫。岁中。有兵不至。见贵人喜。请谒追亡人不得。遇盗凶。

命曰内格外垂。行者不行。来者不来。病者死。系者不

2815

出。求财物不得。见人不见。大吉。

命曰横吉内外相应自桥榆仰上柱(上柱足)足胻。以占病,病甚不死。系久,不抵罪。求财物买臣妾马牛请谒追亡人渔猎不得。行不行。来不来。居官家室见贵人吉。徙官不徙。岁不大执。民疾疫有兵。有兵不会。行遇盗。闻言不见。雨不雨。霁霁。大吉。

命曰头仰足胻内外自垂。卜忧病者甚,不死。居官不得居。行者行。来者不来。求财物不得。求人不得。吉。

命曰横吉下有柱。卜来者来。卜日即不至,未来。卜病者过一日毋瘳死。行者不行。求财物不得。系者出。

命曰横吉内外自举。以占病者,久不死。系者久不出。求财物得而少。行者不行。来者不来。见贵人见。吉。

命曰内高外下疾轻足发。求财物不得。行者行。病者有瘳。系者不出。来者来。见贵人不见。吉。

命曰外格。求财物不得。行者不行。来者不来。系者不出。不吉。病者死。求财物不得。见贵人见。吉。

命曰内自举外来正足发。〔行〕者行。来者来。求财物得。病者久不死。系者不出。见贵人见。吉。

此横吉上柱外内(内)自举足胻。以卜有求得。病不死。系者毋伤,未出。行不行。来不来。见人不见。百事尽吉。

此横吉上柱外内自举柱足以作。以卜有求得。病死环起。系留毋伤,环出。行不行。来不来。见人不见。百事吉。可以举兵。

此挺诈有外。以卜有求不得。病不死,数起。系祸罪。

闻言毋伤。行不行。来不来。

此挺诈有内。以卜有求不得。病不死,数起。系留祸罪无伤出。行不行。来者不来。见人不见。

此挺诈内外自举。以卜有求得。病不死,系毋罪。行行。来来。田贾市渔猎尽喜。

此狐狢。以卜有求不得。病死,难起。系留毋罪难出。可居宅。可娶妇嫁女。行不行。来不来。见人不见。有忧不忧。

此狐彻。以卜有求不得。病者死。系留有抵罪。行不行。来不来。见人不见。言语定。百事尽不吉。

此首俯足胅身节折。以卜有求不得。病者死。系留有罪。望行者不来。行行。来不来。见人不见。

此挺内外自垂。以卜有求不晦。病不死,难起。系留毋罪,难出。行不行。来不来。见人不见。不吉。

此横吉榆仰首俯。以卜有求难得。病难起,不死。系难出,毋伤也。可居家室,以娶妇嫁女。

此横吉上柱载正身节折内外自举。以卜病者,卜日不死,其一日乃死。

此横吉上柱足胅内自举外自垂。以卜病者,卜日不死,其一日乃死。

(为人病)首俯足诈有外无内。病者占龟未已,急死。卜轻失人,一日尒死。

首仰足胅。以卜有求不得。以系有罪。人言语恐之毋伤。行不行。见人不见。

大论曰：①外者人也，内者自我也；外者女也，内者男也。首俛者忧。大者身也，小者枝也。大法，病者，足肣者生，足开者死。行者，足开至，足肣者不至。行者，足肣不行，足开行。有求，足开得，足肣者不得。系者，足肣不出，开出。其卜病也，足开而死者，内高而外下也。

①【索隐】按：褚先生所取太卜杂占卦体及命兆之辞，义芜，辞重沓，殆无足采，凡此六十七条别是也。

【索隐述赞】三王异龟，五帝殊卜。或长或短，若瓦若玉。其记已亡，其繇后续。江使触网，见留宋国。神能托梦，不卫其足。

史记卷一百二十九

货殖列传第六十九

【索隐】论语云:"赐不受命而货殖焉。"广雅云:"殖,立也。"孔安国注尚书云:"殖,生也。生资货财利。"

老子曰:"至治之极,邻国相望,①鸡狗之声相闻,民各甘其食,美其服,安其俗,乐其业,至老死不相往来。"必用此为务,挽近世涂民耳目,②则几无行矣。

①【正义】音亡。

②【索隐】挽音晚,古字通用。

太史公曰:夫神农以前,吾不知已。至若诗书所述虞夏以来,耳目欲极声色之好,口欲穷刍豢之味,身安逸乐,而心夸矜埶能之荣。使俗之渐民久矣,虽户说以眇论,①终不能化。故善者因之,其次利道之,其次教诲之,其次整齐之,最下者与之争。

①【索隐】上音妙,下如字。

夫<u>山西</u>饶材、竹、榖、纑、①旄、玉石；<u>山东</u>多鱼、盐、漆、丝、声色；<u>江南</u>出柟、梓、②姜、桂、金、锡、连、③丹沙、犀、玳瑁、珠玑、齿革；<u>龙门</u>、<u>碣石</u>④北多马、牛、羊、旃裘、筋角；铜、铁则千里往往山出棋置：⑤此其大较⑥也。皆中国人民所喜好，谣俗被服饮食奉生送死之具也。故待农而食之，虞而出之，工而成之，商而通之。此宁有政教发征期会哉？人各任其能，竭其力，以得所欲。故物贱之征贵，⑦贵之征贱，各劝其业，乐其事，若水之趋下，日夜无休时，不召而自来，不求而民出之。岂非道之所符，⑧而自然之验邪？

①【集解】<u>徐广</u>曰："纑属，可以为布。"【索隐】上音谷，又音雏。榖，木名，皮可为纸。纑，山中纻，可以为布，音卢。纻音伫，今山间野纻，亦作"苎"。

②【索隐】南子二音。

③【集解】<u>徐广</u>曰："音莲，铅之未炼者。"【索隐】下音莲。

④【正义】<u>龙门</u>山在<u>绛州龙门县</u>。碣石山在<u>平州卢龙县</u>。

⑤【索隐】言如置棋子，往往有之。【正义】言出铜铁之山方千里，如围棋之置也。<u>管子</u>云："凡天下名山五千二百七十，出铜之山四百六十七，出铁之山三千六百有九。山上有赭，其下有铁。山上有铅，其下有银。山上有银，其下有丹。山上有磁石，其下有金也。"

⑥【索隐】音角。大较犹大略也。

⑦【索隐】征者，求也。谓此处物贱，求彼贵卖之。

⑧【索隐】道之符。符谓合于道也。

<u>周书</u>曰："农不出则乏其食，工不出则乏其事，商不出则三宝绝，虞不出则财匮少。"财匮少而山泽不辟①矣。此四者，民所衣食之原也。原大则饶，原小则鲜。上则富国，下则富家。贫富之道，莫之夺予，②而巧者有馀，拙者不足。故<u>太公望</u>封于<u>营丘</u>，地潟

卤，③人民寡，于是太公劝其女功，极技巧，通鱼盐，则人物归之，缲至而辐凑。故齐冠带衣履天下，海岱之间敛袂而往朝焉。④其后齐中衰，管子修之，设轻重九府，⑤则桓公以霸，九合诸侯，一匡天下；而管氏亦有三归，位在陪臣，富于列国之君。是以齐富强至于威、宣也。

①【索隐】下音辟。辟，开也，通也。

②【索隐】音与。言贫富自由，无予夺。

③【集解】徐广曰："潟音昔。潟卤，咸地也。"

④【索隐】言齐既富饶，能冠带天下，丰厚被于他邦，故海岱之间敛袂而朝齐，言趋利者也。

⑤【正义】管子云"轻重"谓钱也。夫治民有轻重之法，周有大府、玉府、内府、外府、泉府、天府、职内、职金、职币，皆掌财币之官，故云九府也。

故曰："仓廪实而知礼节，衣食足而知荣辱。"礼生于有而废于无。故君子富，好行其德；小人富，以适其力。渊深而鱼生之，山深而兽往之，人富而仁义附焉。富者得执益彰，失执则客无所之，以而不乐。夷狄益甚。谚曰："千金之子，不死于市。"此非空言也。故曰："天下熙熙，皆为利来；天下壤壤，皆为利往。"夫千乘之王，万家之侯，百室之君，尚犹患贫，而况匹夫编户之民乎！

昔者越王句践困于会稽之上，乃用范蠡、计然。①计然曰："知斗则修备，时用则知物，②二者形则万货之情可得而观已。故岁在金，穰；水，毁；木，饥；火，旱。③旱则资舟，水则资车，④物之理也。六岁穰，六岁旱，十二岁一大饥。夫粜，二十病农，九十病末。⑤末病则财不出，农病则草不辟矣。上不过八十，下不减三十，则农末俱利，平粜齐物，关市不乏，治国之道也。积著⑥之理，务完物，无息币。⑦以物相贸，易腐败而食之货勿留，无敢居贵。论其有馀不足，则知贵贱。贵上极则反贱，贱下极则反贵。贵出如粪土，贱取如珠玉。⑧财币欲其行如流水。"修之十年，国富，厚赂战士，士赴矢石，如渴得饮，遂报强吴，观兵中国，称号"五霸"。

①【集解】徐广曰："计然者，范蠡之师也，名研，故谚曰'研、桑心筭'。"骃案：范子曰"计然者，葵丘濮上人，姓辛氏，字文子，其先晋国亡公子也。尝南游于越，范蠡师事之"。　【索隐】计然，韦昭云范蠡师也。蔡谟云蠡所著书名"计然"，盖非也。徐广亦以为范蠡之师，名研，所谓"研、桑心计"也。范子曰"计然者，葵丘濮上人，姓辛氏，字文，其先晋之公子。南游越，范蠡事之"。吴越春秋谓之"计倪"。汉书古今人表计然列在第四，则"倪"之与"研"是一人，声相近而相乱耳。

②【索隐】时用知物。案：言知时所用之物。

③【索隐】五行不说土者，土，穰也。

④【索隐】国语大夫种曰"贾人早资舟，水资车以待"也。

⑤【索隐】言米贱则农夫病也。若米斗直九十，则商贾病，故云"病末"。末谓逐末，即商贾也。

⑥【索隐】音张吕反。

⑦【索隐】毋息弊。久停息货物则无利。

⑧【索隐】夫物极贵必贱，极贱必贵。贵出如粪土者，既极贵后，恐其必贱，故乘时出之如粪土。贱取如珠玉者，既极贱后，恐其必贵，故乘时取之如珠玉。此所以为货殖也。元注恐错。

范蠡既雪会稽之耻，乃喟然而叹曰："计然之策七，越用其五而得意。既已施于国，吾欲用之家。"乃乘扁舟①浮于江湖，②变名易姓，适齐为鸱夷子皮，③之陶④为朱公。朱公以为陶天下之中，诸

侯四通,货物所交易也。乃治产积居,与时逐⑤而不责于人。⑥故
善治生者,能择人而任时。十九年之中三致千金,再分散与贫交疏
昆弟。此所谓富好行其德者也。后年衰老而听子孙,子孙修业而
息之,遂至巨万。⑦故言富者皆称陶朱公。

① 【集解】汉书音义曰:"特舟也。" 【索隐】扁音篇,又音符殄反。服虔
云:"特舟也。"国语云:"范蠡乘轻舟。"

② 【正义】国语云句践灭吴,反至五湖,范蠡辞于王曰:"君王勉之,臣不
复入国矣。"遂乘轻舟,以浮于五湖,莫知其所终极。

③ 【索隐】大颜曰:"若盛酒者鸱夷也,用之则多所容纳,不用则可卷而怀
之,不忤于物也。"案:韩子云"鸱夷子皮事田成子,成子去齐之燕,子
皮乃从之"也。盖范蠡也。

④ 【索隐】服虔云:"今定陶也。" 【正义】括地志云:"即陶山,在齐州平
(阳)〔陵〕县东三十五里陶山之阳也。今南五里犹有朱公冢。"又云:
"曹州济阳县东南三里有陶朱公冢,又云在南郡华容县西,未详也。"

⑤ 【集解】汉书音义曰:"逐时而居货。" 【索隐】韦昭云:"随时逐
利也。"

⑥ 【索隐】案:谓择人而与人不负之,故云不责于人也。

⑦ 【集解】徐广曰:"万万也。"

子赣既学于仲尼,退而仕于卫,废著①鬻财于曹、鲁之间,七十
子之徒,赐最为饶益。原宪不厌糟糠,②匿于穷巷。子贡结驷连
骑,束帛之币以聘享诸侯,所至,国君无不分庭与之抗礼。夫使孔
子名布扬于天下者,子贡先后之也。此所谓得埶而益彰者乎?

① 【集解】徐广曰:"子赣传云'废居'。著犹居也。著读音如贮。" 【索隐】
著音贮。汉书亦作"贮",贮犹居也。说文云:"贮,积也。"

② 【索隐】厌,饱也。

白圭，周人也。当魏文侯时，李克①务尽地力，而白圭乐观时变，故人弃我取，人取我与。夫岁孰取谷，予之丝漆；茧出取帛絮，予之食。②太阴在卯，穰；③明岁衰恶。至午，旱；明岁美。至酉，穰；明岁衰恶。至子，大旱；明岁美，有水。至卯，积著率④岁倍。欲长钱，取下谷；长石斗，取上种。能薄饮食，忍嗜欲，节衣服，与用事僮仆同苦乐，趋时若猛兽挚鸟之发。故曰："吾治生产，犹伊尹、吕尚之谋，孙吴用兵，商鞅行法是也。是故其智不足与权变，勇不足以决断，仁不能以取予，强不能有所守，虽欲学吾术，终不告之矣。"盖天下言治生祖白圭。白圭其有所试矣，能试有所长，非苟而已也。

①【索隐】案：汉书食货志李悝为魏文侯作尽地力之教，国以富强。今此及汉书言"克"，皆误也。刘向别录则云"李悝"也。

②【索隐】谓谷。

③【正义】太阴，岁后二辰为太阴。

④【正义】贮律二音。

猗顿用盬盐起。①而邯郸郭纵以铁冶成业，与王者埒富。

①【集解】孔丛子曰："猗顿，鲁之穷士也。耕则常饥，桑则常寒。闻朱公富，往而问术焉。朱公告之曰：'子欲速富，当畜五牸。'于是乃适西河，大畜牛羊于猗氏之南，十年之间其息不可计，赀拟王公，驰名天下。以兴富于猗氏，故曰猗顿。"　【索隐】盬音古。案：周礼盐人云"共苦盐"，杜子春以为苦读如盬。盬谓出盐直用不炼也。一说云盬盐，河东大盐；散盐，东海煮水为盐也。　【正义】案：猗氏，蒲州县也。河东盐池是畦盐。作"畦"，若种韭一畦。天雨下，池中咸淡得均，即畎池中水上畔中，深一尺许(坑)〔坑〕，日暴之五六日则成，盐若白矾石，大小如双陆及(暮)〔棋〕，则呼为畦盐。或有花盐，缘黄河盐池有

八九所,而盐州有乌池,犹出三色盐,有井盐、畦盐、花盐。其池中凿井深一二尺,去泥即到盐,掘取若至一丈,则著平石无盐矣。其色或白或青黑,名曰井盐。畦盐若河东者。花盐,池中雨下,随而大小成盐,其下方微空,上头随雨下池中,其滴高起若塔子形处曰花盐,亦曰即成盐焉。池中心有泉井,水淡,所作池人马尽汲此井。其盐四分入官,一分入百姓也。池中又凿得盐块,阔一尺馀,高二尺,白色光明洞彻,年贡之也。

乌氏倮①畜牧,及众,②斥卖,求奇缯物,③间献遗戎王。④戎王什倍其偿,与之畜,⑤畜至用谷量马牛。⑥秦始皇帝令倮比封君,以时与列臣朝请。而巴(蜀)寡妇清,⑦其先得丹穴,⑧而擅其利数世,家亦不訾。⑨清,寡妇也,能守其业,用财自卫,不见侵犯。秦皇帝以为贞妇而客之,为筑女怀清台。夫倮鄙人牧长,清穷乡寡妇,礼抗万乘,名显天下,岂非以富邪?

①【集解】韦昭曰:"乌氏,县名,属安定。倮,名也。"【索隐】汉书作"臝"。案:乌氏,县名。氏音支。名倮,音踝也。【正义】县,古城在泾州安定县东四十里。倮,名也。

②【索隐】谓畜牧及至众多之时。

③【索隐】谓斥物卖之以求奇物也。

④【集解】徐广曰:"间,一作'奸'。不以公正谓之奸也。"【索隐】案:间献犹私献也。

⑤【索隐】什倍其当,予之畜。谓戎王偿之牛羊十倍也。"当"字汉书作"偿"也。

⑥【集解】韦昭曰:"满谷则具不复数。"【索隐】谷音欲。

⑦【索隐】汉书"巴寡妇清"。巴,寡妇之邑;清,其名也。

⑧【集解】徐广曰:"涪陵出丹。"【正义】括地志云:"寡妇清台山俗名贞女山,在涪州永安县东北七十里也。"

⑨【索隐】案:谓其多,不可訾量。 【正义】音子儿反。言资财众多,不可訾量。一云清多以财饷遗四方,用卫其业,故财亦不多积聚。

汉兴,海内为一,开关梁,弛山泽之禁,是以富商大贾周流天下,交易之物莫不通,得其所欲,而徙豪杰诸侯强族于京师。

关中自汧、雍以东至河、华,膏壤沃野千里,自虞夏之贡以为上田,而公刘适邠,大王、王季在岐,文王作丰,武王治镐,故其民犹有先王之遗风,好稼穑,殖五谷,地重,①重为邪。②及秦文、(孝)〔德〕、缪居雍,隙③陇蜀之货物而多贾。④献(孝)公徙栎邑,⑤栎邑北却戎翟,东通三晋,亦多大贾。(武)〔孝〕、昭治咸阳,因以汉都,长安诸陵,四方辐凑并至而会,地小人众,故其民益玩巧而事末也。南则巴蜀。巴蜀亦沃野,地饶卮、⑥姜、丹沙、石、铜、铁、⑦竹、木之器。南御滇僰,僰僮。西近邛笮,笮马、旄牛。然四塞,栈道千里,无所不通,唯褒斜绾毂其口,⑧以所多易所鲜。⑨天水、陇西、北地、上郡与关中同俗,然西有羌中之利,北有戎翟之畜,畜牧为天下饶。然地亦穷险,唯京师要其道。⑩故关中之地,于天下三分之一,而人众不过什三;然量其富,什居其六。

①【索隐】言重耕稼也。

②【索隐】重音逐陇反。重者,难也。畏(言)〔罪〕不敢为奸邪。 【正义】重并逐拱反。言关中地重厚,民亦重难不为邪恶。

③【集解】徐广曰:"隙者,间孔也。地居陇蜀之间要路,故曰隙。"
【索隐】徐氏云隙,间孔也。隙者,陇雍之间闲隙之地,故云"雍隙"也。
【正义】雍,县。岐州雍县也。

④【索隐】音古。

⑤【集解】徐广曰:"在冯翊。" 【索隐】上音药,即栎阳。

⑥【集解】徐广曰:"音支。烟支也,紫赤色也。"

⑦【集解】徐广曰:"邛都出铜,临邛出铁。"

⑧【集解】徐广曰:"在汉中。" 【索隐】言褒斜道狭,绾其道口,有若车毂之凑,故云"绾毂"也。

⑨【索隐】易音亦。鲜音尟。言以所多易其所少。

⑩【正义】要音腰。言要束其路也。

昔唐人都河东,①殷人都河内,②周人都河南。③夫三河在天下之中,若鼎足,王者所更居也,建国各数百千岁,土地小狭,民人众,都国诸侯所聚会,故其俗纤俭习事。杨、平阳陈④西贾秦、翟,⑤北贾種、代。⑥種、代,石北也,⑦地边胡,数被寇。人民矜懻忮,⑧好气,任侠为奸,不事农商。然迫近北夷,师旅亟往,中国委输时有奇羡。⑨其民羯羠不均,⑩自全晋之时固已患其僄悍,而武灵王益厉之,其谣俗犹有赵之风也。故杨、平阳陈掾其间,⑪得所欲。温、轵⑫西贾上党,⑬北贾赵、中山。⑭中山地薄人众,犹有沙丘纣淫地余民,⑮民俗懁急,⑯仰机利而食。丈夫相聚游戏,悲歌忼慨,起则相随椎剽,⑰休则掘冢作巧奸冶,⑱多美物,⑲为倡优。女子则鼓鸣瑟,跕屣,⑳游媚贵富,入后宫,遍诸侯。

①【集解】徐广曰:"尧都晋阳也。"

②【正义】盘庚都殷墟,地属河内也。

③【正义】周自平王已下都洛阳。

④【索隐】杨,平阳,二邑名,在赵之西。"陈"盖衍字。以下有"杨平阳陈掾",此因衍也。言二邑之人皆西贾于秦、翟,北贾于種、代。種、代在石邑之北也。

⑤【正义】贾音古。秦,关内也。翟、隰、石等州部落稽也。延、绥、银三州皆白翟所居。

⑥【正义】上之勇反。種在恒州石邑县北,盖蔚州也。代,今代州。

⑦【集解】徐广曰："石邑县也,在常山。"

⑧【集解】晋灼曰："憿音慨。伎音坚伎。"瓒曰："憿音慨。今北土名强
直为'憿中'也。"【索隐】上音冀,下音真。

⑨【索隐】上音羁,下音羊战反。奇美谓奇有餘衍也。

⑩【集解】徐广曰："羠音兕,一音囚几反,皆健羊名。"【索隐】羠音己
纪反。羠音慈纪反。徐广云羠音兕,皆健羊也。其方人性若羊,健捍
而不均。

⑪【索隐】掾音逐缘反。陈掾犹经营驰逐也。

⑫【索隐】二县名,属河内。

⑬【正义】泽、潞等州也。

⑭【正义】洺州及定州。

⑮【集解】晋灼曰："言地薄人众,犹复有沙丘纣淫地餘民,通系之于淫风
而言也。"【正义】沙丘在邢州也。

⑯【集解】徐广曰："懁,急也,音绢。一作'儇',一作'惠'也,音翾也。"
【索隐】懁音绢。儇音翾。

⑰【索隐】椎,即追反。椎杀人而剽掠之。

⑱【集解】徐广曰："一作'盅'。"

⑲【集解】徐广曰："美,一作'弄',一作'椎'。"

⑳【集解】徐广曰："跕音帖。"张晏曰："跕,屣也。"瓒曰："蹑跟为跕也。"
【索隐】上音帖,下所绮反。

然邯郸亦漳、河之间①一都会也。北通燕、涿,南有郑、卫。
郑、卫俗与赵相类,然近梁、鲁,微重而矜节。②濮上之邑徙野王,③
野王好气任侠,卫之风也。

①【正义】洺水本名漳水,邯郸在其地。

②【集解】徐广曰："矜,一作'务'。"

③【集解】徐广曰："卫君角徙野王。"【正义】秦拔卫濮阳,徙其君于怀

州野王。

夫燕亦勃、碣之间①一都会也。南通齐、赵，东北边胡。上谷至辽东，地踔远，②人民希，数被寇，大与赵、代俗相类，而民雕捍③少虑，有鱼盐枣栗之饶。北邻乌桓、④夫馀，东绾秽貉、⑤朝鲜、真番之利。⑥

①【正义】勃海、碣石在西北。

②【索隐】刘氏上音卓，一音敕教反，亦远腾兔也。

③【索隐】人雕悍。言如雕性之捷捍也。

④【索隐】邻，一作"临"。临者，亦却背之义，他并类此也。

⑤【索隐】东绾秽貊。案：绾者，绾统其要津；则上云"临"者，谓却背之。

⑥【正义】番音潘。

洛阳东贾齐、鲁，南贾梁、楚。故泰山之阳则鲁，其阴则齐。

齐带山海，①膏壤千里，宜桑麻，人民多文彩布帛鱼盐。临菑亦海岱之间一都会也。其俗宽缓阔达，而足智，好议论，地重，难动摇，怯于众斗，勇于持刺，故多劫人者，大国之风也。其中具五民。②

①【集解】徐广曰："齐世家曰齐自泰山属之琅邪，北被于海，膏壤二千里，其民阔达多匿智。"

②【集解】服虔曰："士农商工贾也。"如淳曰："游子乐其俗不复归，故有五方之民。"

而邹、鲁滨洙、泗，犹有周公遗风，俗好儒，备于礼，故其民龊龊。①颇有桑麻之业，无林泽之饶。地小人众，俭啬，畏罪远邪。及其衰，好贾趋利，甚于周人。

①【索隐】龊音侧角反，又音侧龊反。

夫自鸿沟以东，①芒、砀以北，②属钜野，③此梁、宋也。④陶、⑤
睢阳⑥亦一都会也。昔尧作(游)〔于〕成阳，⑦舜渔于雷泽，⑧汤止
于亳。⑨其俗犹有先王遗风，重厚多君子，好稼穑，虽无山川之饶，
能恶衣食，致其蓄藏。

①【集解】徐广曰："在荥阳。"

②【集解】徐广曰："今为临淮。"

③【正义】郓州钜野县(在)〔有〕钜野泽也。

④【集解】徐广曰："今之浚仪。" 【正义】鸿沟以东，芒、砀以北至钜野，
梁宋二国之地。

⑤【集解】徐广曰："今之定陶。" 【正义】今曹州。

⑥【正义】今宋州宋城也。

⑦【集解】如淳曰："作，起也。成阳在定陶。"

⑧【集解】徐广曰："在成阳。" 【正义】泽在雷泽县西北也。

⑨【集解】徐广曰："今梁国薄县。" 【正义】宋州穀熟县西南四十五里
南亳州故城是也。

越、楚则有三俗。①夫自淮北沛、陈、汝南、南郡，此西楚也。②
其俗剽轻，易发怒，地薄，寡于积聚。江陵故郢都，③西通巫、巴，④
东有云梦之饶。⑤陈在楚夏之交，⑥通鱼盐之货，其民多贾。徐、
僮、取虑，⑦则清刻，矜己诺。⑧

①【正义】越灭吴则有江淮以北，楚灭越兼有吴越之地，故言"越楚"也。

②【正义】沛，徐州沛县也。陈，今陈州也。汝，汝州也。南郡，今荆州
也。言从沛郡西至荆州，并西楚也。

③【正义】荆州江陵县故为郢，楚之都。

④【正义】巫郡、巴郡在江陵之西也。

⑤【集解】徐广曰："在华容。"

⑥【正义】夏都阳城。言陈南则楚,西及北则夏,故云"楚夏之交"。

⑦【集解】徐广曰:"皆在下邳。"　【正义】取音秋,虑音间。徐即徐城,故徐国也。僮、取虑二县并在下邳,今泗州。

⑧【正义】上音纪。

　　彭城以东,东海、吴、广陵,此东楚也。①其俗类徐、僮。朐、缯以北,俗则齐。②浙江南则越。夫吴自阖庐、春申、王濞三人招致天下之喜游子弟,东有海盐之饶,章山之铜,三江、五湖之利,亦江东一都会也。

①【正义】彭城,徐州治县也。东海郡,今海州也。吴,苏州也。广陵,杨州也。言从徐州彭城历杨州至苏州,并东楚之地。

②【正义】朐,其俱反。县在海州。故缯县在沂州之承县。言二县之北,风俗同于齐。

　　衡山、①九江、②江南、③豫章、④长沙,⑤是南楚也,其俗大类西楚。郢之后徙寿春,⑥亦一都会也。而合肥受南北潮,⑦皮革、鲍、木输会也。与闽中、干越杂俗,故南楚好辞,巧说少信。江南卑湿,丈夫早夭。多竹木。豫章出黄金,⑧长沙出连、锡,然堇堇⑨物之所有,取之不足以更费。⑩九疑、⑪苍梧以南至儋耳者,⑫与江南大同俗,而杨越多焉。番禺⑬亦其一都会也,珠玑、犀、玳瑁、果、布之凑。⑭

①【集解】徐广曰:"都邾。邾,县,属江夏。"　【正义】故邾城在(潭)〔黄〕州东南百二十里。

②【正义】九江,郡,都阴陵。阴陵故城在濠州定远县西六十五里。

③【集解】徐广曰:"高帝所置。江南者,丹阳也,秦置为鄣郡,武帝改名丹阳。"【正义】案:徐说非。秦置鄣郡在湖州长城县西南八十里,鄣郡故城是也。汉改为丹阳郡,徙郡宛陵,今宣州地也。上言吴有章山之

2831

货殖列传第六十九

铜,明是东楚之地。此言大江之南豫章长沙二郡,南楚之地耳。徐、
裴以为江南丹阳郡属南楚,误之甚矣。

④【正义】今洪州也。

⑤【正义】今潭州也。十三州志云"有万里沙祠,而西自湘州至东莱万
里,故曰长沙也"。淮南衡山、九江二郡及江南豫章、长沙二郡,并为
楚也。

⑥【正义】楚考烈王二十二年,自陈徙都寿春,号之曰郢,故言"郢之徙寿
春"也。

⑦【集解】徐广曰:"在临淮。" 【正义】合肥,县,庐州治也。言江淮之
潮,南北俱至庐州也。

⑧【集解】徐广曰:"鄱阳有之。" 【正义】括地志云:"江州浔阳县有黄
金山,山出金。"

⑨【正义】音谨。

⑩【集解】应劭曰:"堇,少也。更,偿也。言金少少耳,取之不足用,顾费
用也。"

⑪【集解】徐广曰:"山在营道县南。"

⑫【正义】今儋州在海中。广州南去京七千馀里。言岭南至儋耳之地,
与江南大同俗,而杨州之南,越民多焉。

⑬【正义】潘虞二音。今广州。

⑭【集解】韦昭曰:"果谓龙眼、离支之属。布,葛布。"

2832
颍川、南阳,夏人之居也。①夏人政尚忠朴,犹有先王之遗风。
颍川敦愿。秦末世,迁不轨之民于南阳。南阳西通武关、郧关,②
东南受汉、江、淮。宛亦一都会也。俗杂好事,业多贾。其任侠,交
通颍川,故至今谓之"夏人"。

①【集解】徐广曰:"禹居阳翟。" 【正义】禹居阳城。颍川、南阳皆夏
地也。

②【集解】徐广曰："案汉中。一作'陨'字。"　【索隐】郧音云。　【正义】
武关在商州。地理志云宛西通武关，而无郧关。盖"郧"当为"徇"。徇
水上有关，在金州洵阳县。徐案汉中，是也。徇，亦作"郇"，与郧相
似也。

夫天下物所鲜所多，人民谣俗，山东食海盐，山西食盐卤，①领
南、沙北②固往往出盐，大体如此矣。

①【正义】谓西方咸地也。坚且咸，即出石盐及池盐。

②【正义】谓池、汉之北也。

总之，楚越之地，地广人希，饭稻羹鱼，或火耕而水耨，①果
隋②蠃蛤，不待贾而足，③地埶饶食，无饥馑之患，以故呰窳④偷生，
无积聚⑤而多贫。是故江、淮以南，无冻饿之人，亦无千金之家。
沂、泗水以北，宜五谷桑麻六畜，地小人众，数被水旱之害，民好畜
藏，故秦、夏、梁、鲁好农而重民。三河、宛、陈亦然，加以商贾。齐、
赵设智巧，仰机利。燕、代田畜而事蚕。

①【集解】徐广曰："乃遘反。除草也。"　【正义】言凤草下种，苗生大而
草生小，以水灌之，则草死而苗无损也。耨，除草也。

②【集解】徐广曰："地理志作'蓏'。"　【索隐】下音徒火反。注蓏音郎
果反。【正义】隋，今为"稤"，音同，上古少字也。蠃，力和反。果稤犹
稤叠包裹也，今楚越之俗尚有"裹稤"之语。楚越水乡，足螺鱼鳖，民
多采捕积聚，稤叠包裹，煮而食之。班固不晓"裹稤"之方言，修太史
公书述地志，乃改云"果蓏蠃蛤"，非太史公意，班氏失之也。

③【正义】贾音古。言楚越地势饶食，不用他贾而自足，无饥馑之患。

④【集解】徐广曰："音紫。呰窳，苟且堕懒之谓也。"骃案：应劭曰"呰，
弱也"。晋灼曰"窳，病也"。　【索隐】上音紫，下音庾。苟且懒惰之
谓。应劭云"呰，弱也"。晋灼曰"窳，病也"。　【正义】案：食螺蛤等

物,故多羸弱而足病也。淮南子云"古者民食臝蚌之肉,多疹毒之患"也。

⑤【正义】言江淮以南有水族,民多食物,朝夕取给以偷生而已。不为积聚,乃多贫也。

由此观之,贤人深谋于廊庙,论议朝廷,守信死节隐居岩穴之士设为名高者安归乎?归于富厚也。是以廉吏久,久更富,廉贾归富。①富者,人之情性,所不学而俱欲者也。故壮士在军,攻城先登,陷阵却敌,斩将搴旗,前蒙矢石,不避汤火之难者,为重赏使也。其在闾巷少年,攻剽椎埋,劫人作奸,掘冢铸币,任侠并兼,借交报仇,篡逐幽隐,不避法禁,走死地如骛者,②其实皆为财用耳。今夫赵女郑姬,设形容,揳鸣琴,揄长袂,蹑利屣,③目挑心招,④出不远千里,不择老少者,奔富厚也。游闲公子,饰冠剑,连车骑,亦为富贵容也。弋射渔猎,犯晨夜,冒霜雪,驰坑谷,不避猛兽之害,为得味也。博戏驰逐,斗鸡走狗,作色相矜,必争胜者,重失负也。医方诸食技术之人,焦神极能,为重糈也。吏士舞文弄法,刻章伪书,不避刀锯之诛者,没于赂遗也。农工商贾畜长,固求富益货也。此有知尽能索耳,终不馀力而让财矣。

①【集解】骃案:归者,取利而不停货也。

②【集解】徐广曰:"骛,一作'流'。"

③【集解】徐广曰:"揄音史。蹑,一作'跕'。跕音吐协反。屣音山耳反,舞屣也。"

④【正义】挑音田鸟反。

谚曰:"百里不贩樵,千里不贩籴。"居之一岁,种之以谷;十岁,树之以木;百岁,来之以德。德者,人物之谓也。今有无秩禄之奉,爵邑之入,而乐与之比者,命曰"素封"。①封者食租税,岁率②

户二百。千户之君③则二十万,朝觐聘享出其中。庶民农工商贾,率亦岁万④息二千(户),百万之家则二十万,而更徭租赋出其中。衣食之欲,恣所好美矣。故曰陆地牧马二百蹄,⑤牛蹄角千,⑥千足羊,泽中千足彘,⑦水居千石鱼陂,⑧山居千章之材。⑨安邑千树枣;燕、秦千树栗;蜀、汉、江陵千树橘;淮北、常山已南,河、济之间千树萩;陈、夏千亩漆;齐、鲁千亩桑麻;渭川千亩竹;及名国万家之城,带郭千亩亩钟之田,⑩若千亩卮茜,⑪千畦姜韭:⑫此其人皆与千户侯等。然是富给之资也,不窥市井,不行异邑,坐而待收,身有处士之义而取给焉。若至家贫亲老,妻子软弱,岁时无以祭祀进醵,⑬饮食被服不足以自通,如此不惭耻,则无所比矣。是以无财作力,少有斗智,⑭既饶争时,⑮此其大经也。今治生不待危身取给,则贤人勉焉。是故本富为上,末富次之,奸富最下。无岩处奇士之行,而长贫贱,好语仁义,亦足羞也。

① 【索隐】谓无爵邑之入,禄秩之奉,则曰"素封"。素,空也。 【正义】言不仕之人自有园田收养之给,其利比于封君,故曰"素封"也。

② 【正义】音律。

③ 【索隐】千户之邑,户率二百,故千户二十万。

④ 【索隐】息二千,故百万之家亦二十万。

⑤ 【集解】汉书音义曰:"五十四。" 【索隐】案:马有四足,二百蹄有五十四也。汉书则云"马蹄噭千",所记各异。

⑥ 【集解】汉书音义曰:"百六十七头也。马贵而牛贱,以此为率。" 【索隐】牛足角千。案:马贵而牛贱,以此为率,则牛有百六十六头有奇也。

⑦ 【集解】韦昭曰:"二百五十头。" 【索隐】韦昭云"二百五十头。"

⑧ 【集解】徐广曰:"鱼以斤两为计也。" 【索隐】陂音诐。汉书作"皮",

音披。【正义】言陂泽养鱼,一岁收得千石鱼卖也。

⑨【集解】徐广曰:"一作'楸'。"駰案:韦昭曰"楸木所以为辕,音秋"。

【索隐】汉书作"千章之菰",音秋。服虔云:"章,方也。"如淳云:"言任方章者千枚,谓章,大材也。"乐产云:"菰,梓木也,可以为辕。"

⑩【集解】徐广曰:"六斛四斗也。"

⑪【集解】徐广曰:"巵音支,鲜支也。茜音倩,一名红蓝,其花染缯赤黄也。"【索隐】巵音支,鲜支也。茜音倩,一名红蓝花,染缯赤黄也。

⑫【集解】徐广曰:"千畦,二十五亩。"駰案:韦昭曰"畦犹陇"。【索隐】韦昭云:"坅中畦犹陇也,谓五十亩也。"刘熙注孟子云:"今俗以二十五亩为小畦,五十亩为大畦。"王逸云:"畦犹区也。"

⑬【集解】徐广曰:"会聚食。"【索隐】音渠略反。

⑭【正义】言少有钱财,则斗智巧而求胜也。

⑮【正义】既饶足钱财,乃逐时争利也。

凡编户之民,富相什则卑下之,伯则畏惮之,千则役,万则仆,物之理也。夫用贫求富农不如工,工不如商,刺绣文不如倚市门,此言末业,贫者之资也。通邑大都,酤一岁千酿,①醯酱千瓨,②浆千甔,③屠牛羊彘千皮,贩谷粜千钟,④薪稿千车,船长千丈,⑤木千章,⑥竹竿万个,⑦其轺车百乘,⑧牛车千两,⑨木器髹者千枚,⑩铜器千钧,⑪素木铁器若巵茜千石,⑫马蹄躈千,⑬牛千足,羊彘千双,僮手指千,⑭筋角丹沙千斤,其帛絮细布千钧,文采千匹,榻布皮革千石,⑮漆千斗,⑯糵曲盐豉千荅,⑰鲐鮆⑱千斤,鲰千石,鲍千钧,⑲枣栗千石者三之,⑳狐鼦㉑裘千皮,羔羊裘千石,㉒旃席千具,佗果菜千钟,㉓子贷金钱千贯,㉔节驵会,㉕贪贾三之,廉贾五之,㉖此亦比千乘之家,其大率也。㉗佗杂业不中什二,则非吾财也。㉘

①【正义】酿千瓮。酤醯醋(云)〔也〕。洒酤。

②【集解】徐广曰:"长颈罂。" 【索隐】醯醢千瓨。闲江反。

③【集解】徐广曰:"大罂缶。" 【索隐】酱千儋。下都甘反。汉书作"儋"。孟康曰"儋,石罂"。石罂受一石,故云儋石。一音都滥反。

④【集解】徐广曰:"出谷也。窠音掉也。"

⑤【索隐】按:积数长千丈。

⑥【集解】汉书音义曰:"洪洞方稿。章,材也。旧将作大匠掌材曰章曹掾。" 【索隐】案:将作大匠掌材曰章曹掾。洪,胡孔反;洞音动。又并如字也。

⑦【集解】徐广曰:"古贺反。" 【索隐】竹干万个。释名云:"竹曰箇,木曰枚。"方言曰:"个,枚也。"仪礼、礼记字为"个"。又功臣表"杨仆入竹三万箇"。箇个古今字也。 【正义】释名云:"竹曰个,木曰枚。"

⑧【集解】徐广曰:"马车也。" 【正义】轺音遥。说文云"轺,小车也。"

⑨【正义】车一乘为一两。风俗通云:"箱辕及轮,两两而偶之,称两也。"

⑩【集解】徐广曰:"髹音休,漆也。" 【索隐】髹者千。上音休,谓漆也。千谓千枚也。 【正义】颜云"以漆物谓之髹"。又音许昭反。今关东俗器物一再漆者谓之"稍漆",即髹声之转耳。今关西俗云黑髹盘,朱〔髹盘〕,两义并通。

⑪【集解】徐广曰:"三十斤。"

⑫【集解】徐广曰:"百二十斤为石。"駰案:汉书音义曰"素木,素器也"。

⑬【集解】徐广曰:"蹏音苦吊反,马八髃也,音料。" 【索隐】徐广音苦吊反,马八髃也,音料。埤仓云"尻骨谓八髃,一曰夜蹄"。小颜云"噭,口也。蹄与口共千,则为二百匹"。若顾胤则云"上文马二百蹄,比千乘之家,不容亦二百。则蹏谓九窍,通四蹄为十三而成一马,所谓'生之徒十有三'是也。凡七十六匹马"。案:亦多于千户侯比,则不知其所。

⑭【集解】汉书音义曰:"僮,奴婢也。古者无空手游日,皆有作务,作务须手指,故曰手指,以别马牛蹄角也。"

⑮【集解】徐广曰:“榻音吐合反。”骃案:汉书音义曰“榻布,白叠也”。【索隐】荅布。注音吐合反,大颜音吐盍反。案:以为粗厚之布,与皮革同以石而秤,非白叠布也。吴录云“有九真郡布,名曰白叠”。广志云“叠,毛织也”。【正义】颜师古曰:“粗厚之布也。其价贱,故与皮革同重耳,非白叠也。荅者,厚之貌也。”案:白叠,木绵所织,非中国有也。

⑯【索隐】汉书作“漆大斗”。案:谓大斗,大量也。言满量千斗,即今之千桶也。

⑰【集解】徐广曰:“或作‘台’,器名有瓵。孙叔然云瓵,瓦器,受斗六升合为瓵。音贻。”【索隐】盐豉千盖。下音贻。〔孙〕炎(反)说(文)云“瓵,瓦器,受斗六合”,以解此“盖”,非也。案:尚书大传云“文皮千合”,则数两谓之合也。三仓云“椭,盛盐豉器,音他果反”,则盖或椭之异名耳。

⑱【集解】汉书音义曰:“音如楚人言荠,鮆鱼与鲐鱼也。”【索隐】说文云:“鲐,海鱼。音胎。鮆鱼,饮而不食,刀鱼也。”尔雅谓之鮤鱼也。鮆音才尔反,又音荠。【正义】鲐音台,又音贻。说文云“鲐,海鱼”也。鮆音齐礼反,刀鱼也。

⑲【集解】徐广曰:“鲰音辄,膊鱼也。”【索隐】鲰音辄,一音昨苟反。鲰,小鱼也。鲍音抱,步饱反,今之鲰鱼也。膊音铺博反。案:破鲍不相离谓之膊,(皃)〔鱼〕渍云鲍。声类及韵集虽为此解,而“鲰生”之字见与此同。案:鲰者,小杂鱼也。【正义】鲰音族苟反,谓杂小鱼也。鲍,白也。然鲐鮆以斤论,鲍鲰以千钧论,乃其九倍多,故知鲐是大好者,鲰鲍是杂者也。徐云鲰,膊鱼也。膊,并各反。谓破开中头尾不相离为鲍,谓之膊关者也,此亦大鱼为之也。

⑳【索隐】案:三之者,三千石也。必三之者,取类上文故也。以枣栗贱,故三之为三千石也。【正义】谓三千石也。言枣栗三千石乃与上物相等。

㉑【索隐】下音雕也。　【正义】音彤。

㉒【索隐】羔羊千石。谓秤皮重千石。

㉓【索隐】果菜千种。千种者,言其多也。　【正义】钟,六斛四斗。果菜谓杂果菜,于山野采取之。

㉔【索隐】案:子谓利息也。贷音土代反。

㉕【集解】徐广曰:"驵音祖朗反,马侩也。"驵案:汉书音义曰"会亦是侩也。节,节物贵贱也。谓估侩其馀利比千乘之家"。　【索隐】案:节者,节贵贱也。驵,旧音祖朗反,今音鬃。驵者,度牛马市;云驵侩者,合市也,音古外反。淮南子云"段干木,晋国之大驵",注云"干木,度市之魁也"。

㉖【集解】汉书音义曰:"贪贾未当卖而卖,未可买而买,故得利少,而十得三。廉贾贵而卖,贱乃买,故十得五。"

㉗【正义】率音律。

㉘【正义】言杂恶业,而不在什分中得二分之利者,非世之美财也。

请略道当世千里之中,贤人所以富者,令后世得以观择焉。

蜀卓氏之先,①赵人也,用铁冶富。秦破赵,迁卓氏。卓氏见虏略,独夫妻推辇,行诣迁处。诸迁虏少有馀财,争与吏,求近处,处葭萌。②唯卓氏曰:"此地狭薄。吾闻汶山之下,③沃野,下有蹲鸱,④至死不饥。民工于市,易贾。"乃求远迁。致之临邛,大喜,即铁山鼓铸,运筹策,⑤倾滇蜀之民,⑥富至僮千人。⑦田池射猎之乐,拟于人君。

2839

①【集解】徐广曰:"卓,一作'涿'。"　【索隐】注"卓,一作'涿'",并音斮,一音闹。涿亦音泥涿,亦是姓,故齐有涿齿,汉有涿盖,与卓氏同出,或以同音涿也。

②【集解】徐广曰:"属广汉。" 【正义】葭萌,今利州县也。

③【索隐】汶山下。上音嵋也。 【正义】汶音珉。

④【集解】徐广曰:"古'蹲'字作'踆'。"骃案:汉书音义曰"水乡多鸥,其
山下有沃野灌溉。一曰大芋"。 【正义】蹲鸱,芋也。言邛州临邛县
其地肥又沃,平野有大芋等也。华阳国志云汶山郡都安县有大芋如
蹲鸱也。

⑤【索隐】汉书云"运筹以贾滇"。

⑥【正义】滇,一作"沮"。汉书亦作"滇(池)〔蜀〕"。今益州郡有蜀州,
亦因旧名及汉江为名。江在益州,南入导江,非汉中之汉江也。

⑦【索隐】汉书及相如列传并云"八百人"也。

程郑,山东迁虏也,亦冶铸,贾椎髻之民,①富埒卓氏,②俱居
临邛。

①【索隐】魋结之人。上音椎髻,谓通贾南越也。

②【索隐】埒者,邻畔,言邻相次。

宛孔氏之先,梁人也,用铁冶为业。秦伐魏,迁孔氏南阳。大
鼓铸,规陂池,连车骑,游诸侯,因通商贾之利,有游闲公子之赐与
名。①然其赢得过当,愈于纤啬,②家致富数千金,故南阳行贾尽法
孔氏之雍容。

①【集解】韦昭曰:"优游闲暇也。" 【索隐】谓通赐与于游闲公子,得
其名。

②【索隐】谓孔氏以资给诸侯公子,既已得赐与之名,又蒙其所得之赢过
于本资,故云"过当",乃胜于细碎俭啬之贾也。纤,细也。方言云
"纤,小也。愈,胜也"。 【正义】音色。啬,吝也。言孔氏连车骑,游
于诸侯,以资给之,兼通商贾之利,乃得游闲公子交名。然其通计赢
利,过于所资给饷遗之当,犹有交游公子雍容,而胜于悭悫也。

鲁人俗俭啬,而曹邴氏①尤甚,以铁冶②起,富至巨万。然家自父兄子孙约,俯有拾,仰有取,贳贷行贾遍郡国。邹、鲁以其故多去文学而趋利者,以曹邴氏也。

①【索隐】邴音柄也。

②【集解】徐广曰:"鲁县出铁。"

齐俗贱奴虏,而刀閒①独爱贵之。桀黠奴,人之所患也,唯刀閒收取,使之逐渔盐商贾之利,或连车骑,交守相,然愈益任之。终得其力,起富数千万。故曰"宁爵毋刀",②言其能使豪奴自饶而尽其力。

①【索隐】上音雕,姓也。閒,如字。 【正义】刀,丁遥反,姓名。

②【集解】汉书音义曰:"奴自相谓曰:'宁欲免去作民有爵邪?将止为刀氏作奴乎?'毋,发声语助。" 【索隐】案奴自相谓曰:"宁免去求官爵邪?"曰:"毋刀。"毋刀,相止之辞也,言不去,止为刀氏作奴也。

周人既纤,①而师史②尤甚,转毂以百数,贾郡国,无所不至。洛阳街居在齐秦楚赵之中,③贫人学事富家,相矜以久贾,④数过邑不入门,设任此等,故师史能致七千万。

①【集解】汉书音义曰:"纤,啬也。"

②【索隐】师,姓;史,名。 【正义】师史,人姓名。

③【正义】洛阳在齐秦楚赵之中,其街巷贫人,学于富家,相矜以久贾诸国,皆数历里邑不入其门,故前云"洛阳东贾齐、鲁,南贾梁、楚"是也。

④【集解】汉书音义曰:"谓街巷居民无田地,皆相矜久贾在此诸国也。"

宣曲①任氏之先,为督道仓吏。②秦之败也,豪杰皆争取金玉,而任氏独窖仓粟。③楚汉相距荥阳也,民不得耕种,米石至万,而豪杰金玉尽归任氏,任氏以此起富。富人争奢侈,而任氏折节为俭,力田畜。田畜人争取贱贾，④任氏独取贵善。⑤富者数世。然任公家约，非田畜所出弗衣食，公事不毕则身不得饮酒食肉。以此为闾里率，故富而主上重之。

①【集解】徐广曰："高祖功臣有宣曲侯。"　【索隐】韦昭云："地名。高祖功臣有宣曲侯。"上林赋云"西驰宣曲"，当在京辅，今阙其地。

【正义】案：其地合在关内。张揖云"宣曲，宫名，在昆池西也"。

②【集解】汉书音义曰："若今吏督租谷使上道输在所也。"韦昭曰："督道，秦时边县名。"

③【集解】徐广曰："窖音校，穿地以藏也。"

④【索隐】晋灼云："争取贱贾金玉也。"　【正义】音价也。

⑤【索隐】谓买物必取贵而善者，不争贱价也。

塞之斥也，①唯桥姚②已致马千匹，③牛倍之，羊万头，粟以万钟计。吴楚七国兵起时，长安中列侯封君行从军旅，赍贷子钱，④子钱家以为侯邑国在关东，关东成败未决，莫肯与。唯无盐氏出捐千金贷，⑤其息什之。⑥三月，吴楚平。一岁之中，则无盐氏之息什倍，用此富埒关中。

①【集解】汉书音义曰："边塞主斥候卒也。唯此人能致富若此。"

【索隐】孟康云："边塞主斥候之卒也。"又案：斥，开也，相如传云"边塞益斥"是也。　【正义】孟康云："边塞主斥候卒也。唯此人能致富若此。"颜云："塞斥者，言国斥开边塞，更令宽广，故桥姚得恣其畜牧也。"

②【索隐】桥姓，姚名。　【正义】姓桥，名姚也。

③【索隐】言桥姚因斥塞而致此资。风俗通云："马称匹者，俗说云相马及君子与人相匹，故云匹。或说马夜行目照前四丈，故云一匹。或说度马纵横适得一匹。"又韩诗外传云："孔子与颜回登山，望见一匹练，

前有蓝,视之果马,马光景一匹长也。"

④【索隐】贵音子稽反。贷,假也,音吐得反。与人物云贵。周礼注"贵所给与"也。

⑤【索隐】吐代反。

⑥【索隐】谓出一得十倍。

关中富商大贾,大抵尽诸田,田啬、田兰。韦家栗氏,安陵、杜杜氏,①亦巨万。

①【集解】徐广云:"安陵及杜,二县名,各有杜姓也。宣帝以杜为杜陵。"

此其章章尤异者也。①皆非有爵邑奉禄弄法犯奸而富,尽椎埋去就,与时俯仰,获其赢利,以末致财,用本守之,以武一切,用文持之,变化有概,故足术也。若至力农畜,工虞商贾,为权利以成富,大者倾郡,中者倾县,下者倾乡里者,不可胜数。

①【集解】徐广曰:"异,一作'淑',又作'较'。"

夫纤啬筋力,治生之正道也,而富者必用奇胜。田农,掘业,①而秦扬以盖一州。②掘冢,奸事也,而田叔以起。博戏,恶业也,而桓发③用(之)富。行贾,丈夫贱行也,而雍乐成以饶。贩脂,④辱处也,而雍伯千金。⑤卖浆,小业也,而张氏千万。洒削,⑥薄技也,而郅氏鼎食。胃脯,⑦简微耳,浊氏连骑。马医,浅方,张里击钟。此皆诚壹之所致。

①【集解】徐广曰:"古'拙'字亦作'掘'也。"

②【索隐】汉书作"甲一州"。服虔云:"富为川之中第一。"

③【索隐】汉书作"稽发"。 【正义】桓发,人姓名。

④【正义】说文云"戴角者脂,无角者膏"也。

⑤【集解】徐广曰:"雍,一作'翁'。" 【索隐】雍,于恭反。汉书作"翁

伯”也。

⑥【集解】徐广曰:“洒,或作‘细’。”骃案:汉书音义曰“治刀剑名”。

【索隐】上音先礼反,削刀者名。洒削,谓摩刀以水洒之。又方言云“剑削,关东谓之削,音肖”。削,一依字读也。

⑦【索隐】晋灼云:“太官常以十月作沸汤烊羊胃,以末椒姜粉之讫,暴使燥,则谓之脯,故易售而致富。”【正义】案:胃脯谓和五味而脯美,故易售。

由是观之,富无经业,则货无常主,能者辐凑,不肖者瓦解。千金之家比一都之君,巨万者乃与王者同乐。岂所谓“素封”者邪?非也?

【索隐述赞】货殖之利,工商是营。废居善积,倚市邪赢。白圭富国,计然强兵。倮参朝请,女筑怀清。素封千户,卓郑齐名。

史记卷一百三十

太史公自序第七十

昔在颛顼,命南正重以司天,北正黎以司地。^①唐虞之际,绍重黎之后,使复典之,至于夏商,故重黎氏世序天地。其在周,程伯休甫其后也。^②当周宣王时,失其守而为司马氏。^③司马氏世典周史。^④惠襄之间,司马氏去周适晋。^⑤晋中军随会奔秦,^⑥而司马氏入少梁。^⑦

①【索隐】南正重以司天,火正黎以司地。案:张晏云"南方,阳也。火,水配也。水为阴,故命南正重司天,火正黎兼地职"。臣瓒以为重黎氏是司天地之官,司地者宜曰北正,古文作"北"字,非也。扬雄、谯周并以为然。案:国语"黎为火正,以淳曜敦大,光照四海",又幽通赋云"黎淳曜于高辛",则"火正"为是也。

②【集解】应劭曰:"封为程国伯,休甫,字也。"【索隐】案:重司天而黎司地,是代序天地也。据左氏,重是少昊之子,黎乃颛顼之胤,二氏二正,所出各别,而史迁意欲合二氏为一,故总云"在周,程伯休甫其

2845

后”,非也。然(后)案〔后〕彪之序及干宝皆云司马氏,黎之后是也。今总称伯休甫是重黎之后者,凡言地即举天,称黎则兼重,自是相对之文,其实二官亦通职。然休甫则黎之后也,亦是太史公欲以史为己任,言先代天官,所以兼称重耳。　【正义】括地志云:"安陵故城在雍州咸阳东二十一里,周之程邑也。"

③【正义】司马彪序云:"南正黎,后世为司马氏。"

④【索隐】案:司马,夏官卿,不掌国史,自是先代兼为史。卫宏云"司马氏,周史佚之后",不知何据。

⑤【集解】张晏曰:"周惠王、襄王有子穨、叔带之难,故司马氏奔晋。"

⑥【索隐】案左氏,随会自晋奔秦,后乃奔魏,自魏还晋,故汉书云会奔秦魏也。

⑦【索隐】古梁国也,秦灭之,改曰少梁,后名夏阳。　【正义】案春秋,随会奔秦,其后自秦入魏而还晋也。随会为晋中军将。少梁,古梁国也,嬴姓,在同州韩城县南二十二里,是时属晋。

自司马氏去周适晋,分散,或在卫,或在赵,或在秦。其在卫者,相中山。①在赵者,②以传剑论显,③蒯聩④其后也。在秦者名错,与张仪争论,于是惠王使错将伐蜀,遂拔,因而守之。⑤错孙靳,⑥事武安君白起。而少梁更名曰夏阳。靳与武安君阬赵长平军,⑦还而与之俱赐死杜邮,⑧葬于华池。⑨靳孙昌,昌为秦主铁官,当始皇之时。蒯聩玄孙卬⑩为武信君将⑪而徇朝歌。诸侯之相王,王卬于殷。⑫汉之伐楚,卬归汉,以其地为河内郡。昌生无泽,⑬无泽为汉市长。无泽生喜,喜为五大夫,卒,皆葬高门。⑭喜生谈,谈为太史公。⑮

①【集解】徐广曰:"名喜也。"

②【索隐】案:何法盛晋书及司马氏系本名凯。　【正义】何法盛晋书及

晋谯王司马无忌司马氏系本皆云名凯。

③【集解】服虔曰："世善传剑也。"苏林曰："传手搏论而释之。"晋灼曰："史记吴起赞曰'非信仁廉勇，不能传剑论兵书'也。"【索隐】服虔云："代善剑也。"按：解所以称传也。苏林云传作"搏"，言手搏论而释之，所以知名也。

④【正义】五怪反。如淳云："刺客传之蒯聩也。"

⑤【集解】苏林曰："守，郡守也。"

⑥【集解】徐广曰："一作'蕲'。"【索隐】上音七各反，下音纪蚧反。汉书作"蕲"。

⑦【集解】文颖曰："赵孝成时。"

⑧【索隐】下音尤。李奇曰"地名，在咸阳西"。按三秦记，其地后改为杜里者也。

⑨【集解】晋灼曰："地名，在鄠县。"【索隐】晋灼云在鄠县，非也。案司马迁碑在夏阳西北四里。【正义】括地志云："华池在同州韩城县西南七十里，在夏阳故城西北四里。"

⑩【索隐】案：晋谯国司马无忌作司马氏系本，云蒯聩生昭豫，昭豫生宪，宪生卬。

⑪【集解】徐广曰："张耳传云武臣自号武信君。"【索隐】案汉书，武臣号武信君。

⑫【索隐】汉书云项羽封卬为殷王。

⑬【索隐】汉书作"毋择"，并音亦也。

⑭【集解】苏林曰："长安北门也。"瓒曰："长安城无高门。"【索隐】案苏说非也。案迁碑，在夏阳西北，去华池三里。【正义】括地志云："高门原俗名马门原，在同州韩城县西南十八里。汉司马迁墓在韩城县南二十二里。夏阳县故城东南有司马迁冢，在高门原上也。"

⑮【集解】如淳曰："汉仪注太史公，武帝置，位在丞相上。天下计书先上太史公，副上丞相，序事如古春秋。迁死后，宣帝以其官为令，行太史

公文书而已。”瓒曰：“百官表无太史公。茂陵中书司马谈以太史丞为太史令。”【索隐】案茂陵书，谈以太史丞为太史令，则“公”者，迁所著书尊其父云“公”也。然称“太史公”皆迁称述其父所作，其实亦迁之词，而如淳引卫宏仪注称“位在丞相上”，谬矣。案百官表又无其官。且修史之官，国家别有著撰，则令郡县所上图书皆先上之，而后人不晓，误以为在丞相上耳。　【正义】虞喜志林云：“古者主天官者皆上公，自周至汉，其职转卑，然朝会坐位犹居公上。尊天之道，其官属仍以旧名尊而称也。”案：下文“太史公既掌天官，不治民，有子曰迁”，又云“卒三岁而迁为太史公”，又云“太史公遭李陵之祸”，又云“汝复为太史，则续吾祖矣”，观此文，虞喜说为长。乃书谈及迁为“太史公”者，皆迁自书之。汉旧仪云“太史公秩二千石，卒史皆秩二百石”。然瓒及韦昭、桓谭之说皆非也。以桓谭之说释在武本纪也。

太史公学天官于<u>唐都</u>，[1]受<u>易</u>于<u>杨何</u>，[2]习道论于<u>黄子</u>。[3]太史公仕于<u>建元元封</u>之间，愍学者之不达其意而师悖，[4]乃论六家之要指曰：

[1]【正义】天官书云“星则唐都”也。

[2]【集解】徐广曰：“菑川人。”

[3]【集解】徐广曰：“儒林传曰黄生，好黄老之术。”

[4]【正义】布内反。颜云：“悖，惑也。各习师书，惑于所见也。”

<u>易大传</u>：[1]“天下一致而百虑，同归而殊涂。”夫阴阳、儒、墨、名、法、道德，此务为治者也，直所从言之异路，有省不省耳。[2]尝窃观阴阳之术，大祥[3]而众忌讳，使人拘而多所畏；[4]然其序四时之大顺，不可失也。儒者博而寡要，劳而少功，是以其事难尽从；然其序君臣父子之礼，列夫妇长幼之别，不可

易也。墨者⑤俭而难遵，是以其事不可徧循；⑥然其强本节用，不可废也。法家严而少恩；然其正君臣上下之分，不可改矣。名家使人俭而善失真；⑦然其正名实，不可不察也。道家使人精神专一，动合无形，赡足万物。⑧其为术也，因阴阳之大顺，采儒墨之善，撮名法之要，与时迁移，应物变化，立俗施事，无所不宜，指约而易操，事少而功多。儒者则不然。以为人主天下之仪表也，主倡而臣和，主先而臣随。如此则主劳而臣逸。至于大道之要，去健羡，⑨绌聪明，⑩释此而任术。夫神大用则竭，形大劳则敝。形神骚动，欲与天地长久，非所闻也。

① 【集解】张晏曰："谓易系辞。"　【正义】张晏云"谓易系辞"。案：下二句是系辞文也。

② 【索隐】案：六家同归于正，然所从之道殊涂，学或有传习省察，或有不省者耳。

③ 【集解】徐广曰："一作'详'。"骃案：李奇曰"月令星官，是其枝叶也"。【索隐】案：汉书作"大详"，言我观阴阳之术大详。而今此作"详"，于义为疏也。【正义】顾野王云："详，善也，吉凶之先见也。"

④ 【正义】言拘束于日时，令人有所忌畏也。

⑤ 【正义】韦云："墨翟之术也，尚俭，后有随巢子传其术也。"

⑥ 【索隐】徧音遍。徧循，言难尽用也。

⑦ 【索隐】案：名家流出于礼官。古者名位不同，礼亦异数，孔子"必也正名乎"。案：名家知礼亦异数，是俭也，受命不受辞，或失其真也。

⑧ 【索隐】赡音市艳反。汉书作"澹"，古今字异也。

⑨ 【集解】如淳曰："'知雄守雌'，是去健也。'不见可欲，使心不乱'，是去羡也。"

⑩ 【索隐】如淳云："'不尚贤'，'绝圣弃智'也。"

夫阴阳四时、八位、十二度、二十四节①各有教令,顺之者
昌,逆之者不死则亡。未必然也,故曰"使人拘而多畏"。夫
春生夏长,秋收冬藏,此天道之大经也,弗顺则无以为天下纲
纪,故曰"四时之大顺,不可失也"。

①【集解】张晏曰:"八位,八卦位也。十二度,十二次也。二十四节,就
　中气也。各有禁忌,谓日月也。"

夫儒者以六蓺为法。六蓺经传以千万数,累世不能通其
学,当年不能究其礼,故曰"博而寡要,劳而少功"。若夫列君
臣父子之礼,序夫妇长幼之别,虽百家弗能易也。

墨者亦尚尧舜道,言其德行曰:"堂高三尺,①土阶三等,
茅茨不剪,②采椽不刮。③食土簋,④啜土刑,⑤粝粱之食,⑥藜
藿之羹。⑦夏日葛衣,冬日鹿裘。"其送死,桐棺三寸,⑧举音不
尽其哀。教丧礼,必以此为万民之率。使天下法若此,则尊卑
无别也。夫世异时移,事业不必同,故曰"俭而难遵"。要曰
强本节用,则人给家足之道也。此墨子之所长,虽百家弗能
废也。

①【索隐】案:自此已下韩子之文,故称"曰"。

②【正义】屋盖曰茨,以茅覆屋。

③【索隐】韦昭云:"采椽,栋榱也。"　【正义】采取为椽,不刮削也。

④【集解】徐广曰:"一作'𥤷'。"骃案:服虔曰"土簋,用土作此器"。

⑤【正义】颜云:"簋,所以盛饭也。刑,所以盛羹也。土谓烧土为之,即
　瓦器也。"

⑥【集解】张晏曰:"一斛粟,七斗米,为粝。"瓒曰:"五斗粟,三斗米,为
　粝。音刺。"韦昭曰:"粝,䵮也。"　【索隐】服虔云:"粝,粗米也。"三
　仓云:"粱,好粟。"　【正义】粝,粗米也,脱粟也。粱,粟也。谓食脱粟

2850

之粗饭也。

⑦【正义】藜,似藿而表赤。藿,豆叶也。

⑧【正义】以桐木为棺,厚三寸也。

　　法家不别亲疏,不殊贵贱,一断于法,则亲亲尊尊之恩绝矣。①可以行一时之计,而不可长用也,故曰"严而少恩"。若尊主卑臣,明分职不得相逾越,虽百家弗能改也。

①【索隐】案:礼,亲亲父为首,尊尊君为首也。

　　名家苛察缴绕,①使人不得反其意,专决于名而失人情,故曰"使人俭而善失真"。若夫控名责实,参伍不失,②此不可不察也。

①【集解】服虔曰:"缴音近叫呼,谓烦也。"如淳曰:"缴绕犹缠绕,不通大体也。"

②【集解】晋灼曰:"引名责实,参错交互,明知事情。"

　　道家无为,又曰无不为,①其实易行,②其辞难知。③其术以虚无为本,以因循为用。④无成埶,无常形,故能究万物之情。不为物先,不为物后,⑤故能为万物主。有法无法,因时为业;⑥有度无度,因物与合。⑦故曰"圣人不朽,时变是守。⑧虚者道之常也,因者君之纲"也。⑨群臣并至,使各自明也。其实中其声者谓之端,实不中其声者谓之窾。⑩窾言不听,奸乃不生,贤不肖自分,白黑乃形。在所欲用耳,何事不成。乃合大道,混混冥冥。⑪光燿天下,复反无名。凡人所生者神也,所托者形也。神大用则竭,形大劳则敝,形神离则死。死者不可复生,离者不可复反,故圣人重之。由是观之,神者生之本也,形者生之具也。⑫不先定其神〔形〕,而曰"我有以治天下",何由哉？

①【正义】无为者，守清净也。无不为者，生育万物也。

②【正义】各守其分，故易行也。

③【正义】幽深微妙，故难知也。

④【正义】任自然也。

⑤【集解】韦昭曰："因物为制。"

⑥【正义】因时之物，成法为业。

⑦【正义】因其万物之形成度与合也。

⑧【索隐】"故曰圣人不朽"至"因者君之纲"，此出鬼谷子，迁引之以成其章，故称"故曰"也。　【正义】言圣人教迹不朽灭者，顺时变化。

⑨【正义】言因百姓之心以教，唯执其纲而已。

⑩【集解】徐广曰："音款，空也。"骃案：李奇曰"声别名也"。　【索隐】窾音款。汉书作"款"。款，空也。故申子云"款言无成"是也。声音，名也。以言实不称名，则谓之空，空有声也。

⑪【正义】上胡本反。混混者，元气(神者)之兔也。

⑫【集解】韦昭曰："声气者，神也。枝体者，形也。"

　　太史公既掌天官，不治民。有子曰迁。

　　迁生龙门，①耕牧河山之阳。②年十岁则诵古文。③二十而南游江、淮，上会稽，探禹穴，④窥九疑，⑤浮于沅、湘；⑥北涉汶、泗，⑦讲业齐、鲁之都，观孔子之遗风，乡射邹、峄；厄困鄱、薛、⑧彭城，过梁、楚以归。于是迁仕为郎中，奉使西征巴、蜀以南，南略邛、筰、昆明，还报命。⑨

　　①【集解】徐广曰："在冯翊夏阳县。"骃案：苏林曰"禹所凿龙门也"。

　　【正义】括地志云："龙门在同州韩城县北五十里。其山更黄河，夏禹所凿者也。龙门山在夏阳县，迁即汉夏阳县人也，至唐改曰韩城县。"

②【正义】河之北，山之南也。案：在龙门山南也。

③【索隐】案：迁及事伏生，是学诵古文尚书。刘氏以为左传、国语、系本等书，是亦名古文也。

④【集解】张晏曰："禹巡狩至会稽而崩，因葬焉。上有孔穴，民间云禹入此穴。"【索隐】越绝书云："禹上茅山大会计，更名曰会稽。"张勃吴录云："本名苗山，一名覆釜，禹会诸侯计功，改曰会稽。上有孔，号曰禹穴也。"【正义】括地志云："石箐山一名玉笥山，又名宛委山，即会稽山一峰也，在会稽县东南十八里。吴越春秋云'禹案黄帝中经九山，东南天柱，号曰宛委，赤帝左阙之填，承以文玉，覆以盘石，其书金简青玉为字，编以白银，皆瑑其文。禹乃东巡，登衡山，血白马以祭。禹乃登山，仰天而笑，忽然而卧，梦见绣衣男子自称玄夷仓水使者，却倚覆釜之山，东顾谓禹曰："欲得我山神书者，齐于黄帝之岳，岩〔岳〕之下，三月季庚，登山发石。"禹乃登宛委之山，发石，乃得金简玉字，以水泉之脉。山中又有一穴，深不见底，谓之禹穴'。史迁云'上会稽，探禹穴'，即此穴也。"

⑤【索隐】山海经云："南方苍梧之丘，苍梧之泉，在营道南，其山九峰皆相似，故曰九疑。"张晏云："九疑舜葬，故窥之。"寻上探禹穴，盖以先圣所葬处有古册文，故探窥之，亦搜采远矣。【正义】九疑山在道州。

⑥【正义】沅水出郎州。湘水出道州北，东北入海。

⑦【正义】两水出兖州东北而南历鲁。

⑧【集解】徐广曰："峄音亦，县名，有山也。鄹音皮。邹、鄹、薛三县属鲁。"【索隐】鄹本音蕃，今音皮。案：田蚡鲁记云"灵帝末，有汝南陈子游为鲁相。子游，太尉陈蕃子也，国人讳而改焉"。若如其说，则"蕃"改"鄹"，鄹皮声相近，后渐讹耳。然地理志鲁国蕃县，应劭曰邾国也，音皮。【正义】邹，县名。峄，山名。峄山在邹县北二十二里，地近曲阜，于此行乡射之礼。括地志云："徐州滕县，汉蕃县，音翻。

汉末陈蕃子逸为鲁相,改音皮。田俅鲁记曰'灵帝末,汝南陈子荪为鲁相,陈蕃子也,国人为讳而改焉'。"

⑨【集解】徐广曰:"元鼎六年,平西南夷,以为五郡。其明年,元封元年是也。"

是岁天子始建汉家之封,而太史公留滞周南,①不得与从事,②故发愤且卒。而子迁适使反,见父于河洛之间。太史公执迁手而泣曰:"余先周室之太史也。自上世尝显功名于虞夏,典天官事。后世中衰,绝于予乎? 汝复为太史,则续吾祖矣。今天子接千岁之统,封泰山,而余不得从行,是命也夫,命也夫! 余死,汝必为太史;为太史,无忘吾所欲论著矣。且夫孝始于事亲,中于事君,终于立身。扬名于后世,以显父母,此孝之大者。夫天下称诵周公,言其能论歌文武之德,宣周邵之风,达太王王季之思虑,爰及公刘,以尊后稷也。幽厉之后,王道缺,礼乐衰,孔子修旧起废,论诗书,作春秋,则学者至今则之。自获麟以来四百有馀岁,③而诸侯相兼,史记放绝。今汉兴,海内一统,明主贤君忠臣死义之士,余为太史而弗论载,废天下之史文,余甚惧焉,汝其念哉!"迁俯首流涕曰:"小子不敏,请悉论先人所次旧闻,弗敢阙。"

①【集解】徐广曰:"挚虞曰古之周南,今之洛阳。" 【索隐】张晏云:"自陕已东,皆周南之地也。"

②【正义】与音预。

③【集解】骃案:年表鲁哀公十四年获麟,至汉元封元年三百七十一年。

卒三岁而迁为太史令,①䌷史记②石室金匮之书。③五年而当太初元年,④十一月甲子朔旦冬至,天历始改,建于明堂,诸神受纪。⑤

①【索隐】博物志:"太史令茂陵显武里大夫司马迁,年二十八,三年六月

乙卯除,六百石。"

②【集解】徐广曰:"绅音抽。" 【索隐】如淳云:"抽彻旧书故事而次述之。"徐广音抽。小颜云:"绅谓缀集之也。"

③【索隐】案:石室、金匮皆国家藏书之处。

④【集解】李奇曰:"迁为太史后五年,适当于武帝太初元年,此时述史记。" 【正义】案:迁年四十二岁。

⑤【集解】徐广曰:"封禅序曰'封禅则万灵罔不禋祀'。"骃案:韦昭曰"告于百神,与天下更始,著纪于是"。 【索隐】虞喜志林云:"改历于明堂,班之于诸侯。诸侯群神之主,故曰'诸神受纪'。"孟康云:"句芒、祝融之属皆受瑞纪。"

太史公曰:"先人有言:①'自周公卒五百岁而有孔子。孔子卒后至于今五百岁,②有能绍明世,正易传,继春秋,本诗书礼乐之际?'意在斯乎!意在斯乎!小子何敢让焉。"③

①【索隐】先人谓先代贤人也。 【正义】太史公,司马迁也。先人,司马谈也。

②【索隐】按:孟子称尧舜至汤五百馀岁,汤至文王五百馀岁,文王至孔子五百馀岁。按:太史公略取于孟子,而杨雄、孙盛深所不然,所谓多见不知量也。以为淳气育才,岂有常数,五百之期,何异瞬息。是以上皇相次,或有万龄为间,而唐尧、舜、禹比肩并列。降及周室,圣贤盈朝;孔子之没,千载莫嗣,安在于千年五百乎? 具述作者,盖记注之志耳,岂圣人之伦哉。

③【索隐】让,汉书作"攘"。晋灼云:"此古'让'字,言己当述先人之业,何敢自嫌值五百岁而让也。"

上大夫壶遂①曰:"昔孔子何为而作春秋哉?"太史公曰:"余闻董生曰:②'周道衰废,孔子为鲁司寇,诸侯害之,大夫壅之。孔子知言之不用,道之不行也,是非二百四十二年③之中,以为天下仪表,贬天子,退诸侯,讨大夫,以达王事而已矣。'子曰:'我欲载之空言,④不如见之于行事之深切著明也。'⑤夫春秋,上明三王之道,下辨人事之纪,别嫌疑,明是非,定犹豫,善善恶恶,⑥贤贤贱不肖,存亡国,继绝世,补敝起废,王道之大者也。易著天地阴阳四时五行,故长于变;礼经纪人伦,故长于行;书记先王之事,故长于政;诗记山川溪谷禽兽草木牝牡雌雄,故长于风;乐乐所以立,故长于和;春秋辩是非,故长于治人。是故礼以节人,乐以发和,书以道事,诗以达意,易以道化,春秋以道义。拨乱世反之正,莫近于春秋。春秋文成数万,其指数千。⑦万物之散聚皆在春秋。春秋之中,弑君三十六,亡国五十二,诸侯奔走不得保其社稷者不可胜数。察其所以,皆失其本已。⑧故易曰'失之豪厘,差以千里'。⑨故曰'臣弑君,子弑父,非一旦一夕之故也,其渐久矣'。故有国者不可以不知春秋,前有谗而弗见,后有贼而不知。为人臣者不可以不知春秋,守经事而不知其宜,遭变事而不知其权。为人君父而不通于春秋之义者,必蒙首恶之名。为人臣子而不通于春秋之义者,必陷篡弑之诛,死罪之名。其实皆以为善,为之不知其义,⑩被之空言而不敢辞。⑪夫不通礼义之旨,至于君不君,臣不臣,父不父,子不子。夫君不君则犯,⑫臣不臣则诛,父不父则无道,子不子则不孝。此四行者,天下之大过也。以天下之大过予之,则受而弗敢辞。故春秋者,礼义之大宗也。夫礼禁未然之前,法施已然之后;法之所为用者易见,而礼之所为禁者难知。"

① 【索隐】案:遂为詹事,秩二千石,故为上大夫也。

② 【集解】服虔曰:"仲舒也。"

③ 【索隐】案:是非谓褒贬诸侯之得失也。

④【索隐】案:孔子之言见春秋纬,太史公引之以成说也。空言谓褒贬是非也。空立此文,而乱臣贼子惧也。

⑤【索隐】案:孔子言我徒欲立空言,设褒贬,则不如附见于当时所因之事。人臣有僭侈篡逆,因就此笔削以褒贬,深切著明而书之,以为将来之诫者也。

⑥【索隐】公羊传曰"善善及其子孙,恶恶止其身"也。

⑦【集解】张晏曰:"春秋万八千字,当言'减',而云'成数',字误也。"骃谓太史公此辞是述董生之言。董仲舒自治公羊春秋,公羊经传凡有四万四千馀字,故云"文成数万"也。不得如张议,但论经万八千字,便谓之误。 【索隐】案:张晏曰"春秋万八千字,此云'文成数万',字误也"。裴骃以迁述仲舒所论公羊经传,凡四万四千,故云"数万",又非也。小颜云"史迁岂以公羊传为春秋乎"?又春秋经一万八千,亦足称数万,非字之误也。

⑧【索隐】案:弑君亡国及奔走者,皆是失仁义之道本耳。已者,语终之辞也。

⑨【集解】徐广曰:"一云'差以毫厘',一云'缪以千里'。"骃案:今易无此语,易纬有之。

⑩【正义】其心实善,为之不知其义理,则陷于罪咎。

⑪【集解】张晏曰:"赵盾不知讨贼,而不敢辞其罪也。"

⑫【正义】颜云:"为臣下所干犯也。一云违犯礼义。"

壶遂曰:"孔子之时,上无明君,下不得任用,故作春秋,垂空文以断礼义,当一王之法。今夫子上遇明天子,下得守职,万事既具,咸各序其宜,夫子所论,欲以何明?"

2857

太史公曰:"唯唯,否否,①不然。余闻之先人曰:'伏羲至纯厚,作易八卦。尧舜之盛,尚书载之,礼乐作焉。汤武之隆,诗人歌之。春秋采善贬恶,推三代之德,褒周室,非独刺讥而已也。'汉兴以来,至明天子,获符瑞,封禅,改正朔,易服色,受命於穆清,②泽流罔极,海外殊俗,重译款塞,③请来献见者,不可胜道。臣下百官力诵圣德,犹不能宣尽其意。且士贤能而不用,有国者之耻;主上明圣而德不布闻,有司之过也。且余尝掌其官,废明圣盛德不载,灭功臣世家贤大夫之业不述,堕先人所言,罪莫大焉。余所谓述故事,整齐其世传,非所谓作也,而君比之于春秋,谬矣。"

①【集解】晋灼曰:"唯唯,谦应也。否否,不通者也。"

②【集解】如淳曰:"受天命清和之气。" 【正义】於音乌。颜云:"於,欢辞也。穆,美也。言天子有美德而教化清也。"

③【集解】应劭曰:"款,叩也。皆叩塞门来服从也。"如淳曰:"款,宽也。请除守塞者,自保不为寇害。" 【正义】重译,更译其言也。

于是论次其文。七年①而太史公遭李陵之祸,②幽于缧绁。乃喟然而叹曰:"是余之罪也夫? 是余之罪也夫! 身毁不用矣。"退而深惟曰:"夫诗书隐约者,③欲遂其志之思也。昔西伯拘羑里,④演周易;孔子厄陈蔡,作春秋;屈原放逐,著离骚;左丘失明,厥有国语;孙子膑脚,而论兵法;不韦迁蜀,世传吕览;⑤韩非囚秦,说难、孤愤;诗三百篇,大抵贤圣发愤之所为作也。此人皆意有所郁结,不得通其道也,故述往事,思来者。"于是卒述陶唐以来,至于麟止,⑥自黄帝始。

①【集解】徐广曰:"天汉三年。" 【正义】案:从太初元年至天汉三年,乃七年也。

②【正义】太史公举李陵,李陵降也。

③【索隐】案:谓其意隐微而言约也。 【正义】诗书隐微而约省者,迁深惟欲依其隐约而成其志意也。

④【集解】徐广曰:"在汤阴。"

⑤【正义】即吕氏春秋也。

⑥【集解】张晏曰:"武帝获麟,迁以为述事之端。上纪黄帝,下至麟止,犹春秋止于获麟也。"【索隐】服虔云:"武帝至雍获白麟,而铸金作麟足形,故云'麟止'。迁作史记止于此,犹春秋终于获麟然也。"史记以黄帝为首,而云"述陶唐者",案五帝本纪赞云"五帝尚矣,然尚书载尧以来。百家言黄帝,其文不雅驯",故述黄帝为本纪之首,而以尚书雅正,故称"起于陶唐"。

维昔黄帝,法天则地,四圣遵序,①各成法度;唐尧逊位,虞舜不台;②厥美帝功,万世载之。作五帝本纪③第一。

①【集解】徐广曰:"颛顼,帝喾,尧,舜。"

②【索隐】台音怡。悦也。或音胎,非也。

③【索隐】应劭云:"有本则纪,有家则代,有年则表,有名则传。"

维禹之功,九州攸同,光唐虞际,德流苗裔;夏桀淫骄,乃放鸣条。作夏本纪第二。

维契①作商,爰及成汤;太甲居桐,德盛阿衡;武丁得说,乃称高宗;帝辛湛湎,诸侯不享。作殷本纪第三。

①【正义】音薛也。

维弃作稷,德盛西伯;武王牧野,实抚天下;幽厉昏乱,既丧酆镐;陵迟至赧,洛邑不祀。作周本纪第四。

维秦之先,伯翳佐禹;穆公思义,悼豪之旅;①以人为殉,诗歌黄鸟;昭襄业帝。作秦本纪第五。

①【索隐】案:豪即"崤"之异音。旅,师旅也。 【正义】穆公封崤山军旅之尸。

始皇既立,并兼六国,销锋铸镶,①维偃干革,尊号称帝,矜武

2859

任力;二世受运,子婴降虏。作始皇本纪第六。

①【集解】徐广曰:"严安上书,销其兵铸以为钟鐻也。"【索隐】下音巨。鐻,钟也。

秦失其道,豪桀并扰;项梁业之,子羽接之;杀庆救赵,①诸侯立之;诛婴背怀,天下非之。作项羽本纪第七。

①【集解】徐广曰:"宋义为上将,号庆子冠军。"

子羽暴虐,汉行功德;愤发蜀汉,还定三秦;诛籍业帝,天下惟宁,改制易俗。作高祖本纪第八。

惠之早霣,①诸吕不台;②崇强禄、产,诸侯谋之;杀隐幽友,③大臣洞疑,④遂及宗祸。作吕太后本纪第九。

①【正义】音殒。

②【集解】徐广曰:"无台辅之德也。一曰怡,怿也,不为百姓所说。"

【索隐】徐广音胎,非也。案:一音怡,此赞本韵,则怡怿为是。

③【集解】徐广曰:"赵隐王如意,赵幽王友。"

④【索隐】案:洞是洞达为义,言所共疑也。

汉既初兴,继嗣不明,迎王践祚,天下归心;蠲除肉刑,开通关梁,广恩博施,厥称太宗。作孝文本纪第十。

诸侯骄恣,吴首为乱,京师行诛,七国伏辜,天下翕然,大安殷富。作孝景本纪第十一。

汉兴五世,隆在建元,外攘夷狄,内修法度,封禅,改正朔,易服色。作今上本纪第十二。

维三代尚矣,年纪不可考,盖取之谱牒旧闻,本于兹,于是略推,作三代世表第一。

幽厉之后,周室衰微,诸侯专政,春秋有所不纪;而谱牒经略,五霸更盛衰,欲睹周世相先后之意,作十二诸侯年表第二。

春秋之后,陪臣秉政,强国相王;以至于秦,卒并诸夏,灭封地,擅其号。作六国年表第三。

秦既暴虐,楚人发难,项氏遂乱,汉乃扶义征伐;八年之间,天下三嬗,事繁变众,故详著秦楚之际月表第四。

汉兴已来,至于太初百年,诸侯废立分削,谱纪不明,有司靡踵,强弱之原云以世。①作汉兴已来诸侯年表第五。

①【集解】徐广曰:"一作'云已'也。(天)汉序〔传〕曰'敝、义依霍,庶几云已'。"【索隐】案:踵谓继也。"以"字当作"已","世"当作"也",并误耳。云,已,也,皆语助之辞也。 【正义】言汉兴已来百年,诸侯废立分削,谱纪不能明其嗣,有司无所踵继其后,乃云强弱之原云以世相代,(相)不能有所录纪也。

维高祖元功,辅臣股肱,剖符而爵,泽流苗裔,忘其昭穆,或杀身陨国。作高祖功臣侯者年表第六。

惠景之间,维申功臣宗属爵邑,作惠景间侯者年表第七。

北讨强胡,南诛劲越,征伐夷蛮,武功爰列。作建元以来侯者年表第八。

诸侯既强,七国为从,子弟众多,无爵封邑,推恩行义,其埶销弱,德归京师。作王子侯者年表第九。

国有贤相良将,民之师表也。维见汉兴以来将相名臣年表,贤者记其治,不贤者彰其事。作汉兴以来将相名臣年表第十。

维三代之礼,所损益各殊务,然要以近性情,通王道,故礼因人质为之节文,略协古今之变。作礼书第一。

乐者,所以移风易俗也。自雅颂声兴,则已好郑卫之音,郑卫之音所从来久矣。人情之所感,远俗则怀。①比乐书以述来古,②作乐书第二。

> ①【集解】徐广曰:"乐者所以感和人情。人情既感,则远方殊俗莫不怀柔向化也。"
>
> ②【索隐】案:来古即古来也。言比乐书以述自古已来乐之兴衰也。

非兵不强,①非德不昌,黄帝、汤、武以兴,②桀、纣、二世以崩,可不慎欤? 司马法所从来尚矣,③太公、孙、吴、王子④能绍而明之,切近世,极人变。作律书第三。

> ①【索隐】案:此律书之赞而云"非兵不强"者,则此"律书"即"兵书"也。古者师出以律,则凡出军皆听律声,故云"闻声效胜负,望敌知吉凶"也。
>
> ②【索隐】黄帝有版泉之师,汤、武有鸣条、牧野之战而克桀、纣。
>
> ③【正义】古者师出以律,凡军出皆吹律听声。律书云"六律为万事根本,其于兵械尤所重。望敌知吉凶,闻声效胜负"。故云"司马兵法所从来尚矣"乎?
>
> ④【集解】徐广曰:"王子成甫。"

律居阴而治阳,历居阳而治阴,律历更相治,间不容翲忽。①五家之文佛异,②维太初之元论。作历书第四。③

> ①【索隐】案:忽者,总文之微也。翲者,轻也。言律历穷阴阳之妙,其间不容丝忽也。言"翲",恐衍字耳。 【正义】翲,匹遥反,今音匹沼反。字当作"秒"。秒,禾芒表也。忽,一蚕口出丝也。言律历相治之间,不容比微细之物也。
>
> ②【索隐】佛音悖,一音扶物反。佛亦悖也。言金木水火土五家之文,各相悖异不同也。 【正义】五家谓黄帝、颛顼、夏、殷、周之历,其文相庚,乖异不同,维太初之元论历律为是,故历书自太初之元论之也。

③【集解】徐广曰:"论,一作'编'。"

星气之书,多杂机祥,不经;推其文,考其应,不殊。比集论其行事,验于轨度以次,作天官书第五。

受命而王,封禅之符罕①用,用则万灵罔不禋祀。追本诸神名山大川礼,作封禅书第六。

①【集解】徐广曰:"一云'答应'。"

维禹浚川,九州攸宁;爰及宣防,决渎通沟。作河渠书第七。

维币之行,①以通农商;其极则玩巧,②并兼兹殖,争于机利,去本趋末。作平准书以观事变,第八。

①【索隐】维獘之行。上獘音"币帛"之"币",钱也。

②【索隐】杭巧,上五官反;下苦孝反。

太伯避历,江蛮是适;文武攸兴,古公王迹。阖庐弑僚,宾服荆楚;夫差克齐,子胥鸱夷;信嚭亲越,吴国既灭。嘉伯之让,作吴世家第一。

申、吕肖矣,①尚父侧微,卒归西伯,文武是师;功冠群公,缪权于幽;②番番黄发,③爰飨营丘。不背柯盟,桓公以昌,九合诸侯,霸功显彰。田阚争宠,姜姓解亡。④嘉父之谋,作齐太公世家第二。

①【集解】徐广曰:"肖音病。病犹衰微。"【索隐】案:徐广注肖音病,病犹衰微,其音训不可知从出也。今案:肖谓微弱而省少,所谓"申吕虽衰"也。【正义】肖音病。吕尚之祖封于申。申、吕后病微,故尚父微贱也。

②【集解】徐广曰:"缪,错也,犹云缠结也。权智潜谋,幽昧不显,所谓太公阴谋。"【索隐】案:缪谓绸缪也,音亡又反。又谓太公绸缪,为权谋于幽昧不明著,谓太公之阴谋也。【正义】缪音武彪反。言吕尚

綢繆于幽权之策,谓六韬、三略、阴符、七术之属也。

③【集解】番音婆。毛苌云“番番,威勇武貌”也。案:黄发,言老人发白而更黄也。

④【集解】徐广曰:“阐,一云‘监’。解,一作‘迁’。”

依之违之,周公绥之;愤发文德,天下和之;辅翼成王,诸侯宗周。隐桓之际,是独何哉? 三桓争强,鲁乃不昌。嘉旦金縢,作周公世家第三。

武王克纣,天下未协而崩。成王既幼,管蔡疑之,淮夷叛之,于是召公率德,安集王室,以宁东土。燕(易)〔哙〕之禅,①乃成祸乱。嘉甘棠之诗,作燕世家第四。

①【索隐】谓王哙禅其相子之,后卒危乱也。

管蔡相武庚,将宁旧商;及旦摄政,二叔不飨;杀鲜放度,①周公为盟;大任十子,②周以宗强。嘉仲悔过,③作管蔡世家第五。

①【索隐】案:系家云管叔名鲜,蔡叔名度,霍叔名处也。

②【索隐】太任,文王妃。十子,伯邑考、武王、管、蔡、霍、鲁、卫、毛、聃、曹是也。

③【正义】蔡叔度之子蔡仲也。

王后不绝,舜禹是说;维德休明,苗裔蒙烈。百世享祀,爰周陈杞,楚实灭之。齐田既起,舜何人哉? 作陈杞世家第六。

收殷馀民,叔封始邑,申以商乱,酒材是告,及朔之生,卫顷不宁;①南子恶蒯聩,子父易名。周德卑微,战国既强,卫以小弱,角独后亡。嘉彼康诰,作卫世家第七。

①【索隐】卫顷公也。

嗟箕子乎! 嗟箕子乎! 正言不用,乃反为奴。武庚既死,周封微子。襄公伤于泓,^①君子孰称。景公谦德,荧惑退行。剔成暴虐,^②宋乃灭亡。嘉微子问太师,作宋世家第八。

①【正义】泓,水名。公羊传云:"宋与楚人期战于泓之阳,宋师大败,君子大其不鼓不成列,临大事而不忘礼,虽文王之战亦不过此也。"

②【集解】徐广曰:"一云'偃',宋剔成君生偃。"【索隐】上音过成。

武王既崩,叔虞邑唐。君子讥名,^①卒灭武公。骊姬之爱,乱者五世;重耳不得意,乃能成霸。六卿专权,^②晋国以耗。嘉文公锡珪鬯,作晋世家第九。

①【正义】谓晋穆侯太子名仇,少子名成师也。

②【正义】智伯、范、中行、韩、魏、赵。

重黎业之,吴回接之;殷之季世,粥子牒之。周用熊绎,熊渠是续。庄王之贤,乃复国陈;^①既赦郑伯,班师华元。怀王客死,兰咎屈原;好谀信谗,楚并于秦。嘉庄王之义,作楚世家第十。

①【正义】楚庄王都陈。

少康之子,实宾南海,^①文身断发,鼋鳝^②与处,既守封禺,^③奉禹之祀。句践困彼,乃用种、蠡。嘉句践夷蛮能修其德,灭强吴以尊周室,作越王句践世家第十一。

①【正义】吴越春秋云:"启使岁时祭禹于越,立宗庙南山之上,封少康庶子无馀于越,使祠禹,至句践迁都山阴,立禹庙为始祖庙,越亡遂废也。"案:今禹庙在会稽山下。

②【索隐】虬鳝、元鼋二音。

③【集解】徐广曰:"封禺山在武康县南。"

桓公之东,太史是庸。及侵周禾,王人是议。祭仲要盟,郑久不昌。子产之仁,绍世称贤。三晋侵伐,郑纳于韩。嘉厉公纳惠王,作郑世家第十二。

维骥騄耳,乃章造父。赵夙事献,衰续厥绪。[1]佐文尊王,卒为晋辅。襄子困辱,乃禽智伯。主父生缚,饿死探爵。王迁辟淫,良将是斥。嘉鞅讨周乱,作赵世家第十三。

①【正义】衰,楚为反。

毕万爵魏,卜人知之,及绛戮干,戎翟和之。文侯慕义,子夏师之。惠王自矜,齐秦攻之。既疑信陵,诸侯罢之。卒亡大梁,王假斯之。嘉武佐晋文申霸道,作魏世家第十四。

韩厥阴德,赵武攸兴。绍绝立废,晋人宗之。昭侯显列,申子庸之。疑非不信,秦人袭之。嘉厥辅晋匡周天子之赋,作韩世家第十五。

完子避难,适齐为援,阴施五世,齐人歌之。成子得政,田和为侯。王建动心,乃迁于共。嘉威、宣能拨浊世而独宗周,作田敬仲完世家第十六。

周室既衰,诸侯恣行。仲尼悼礼废乐崩,追修经术,以达王道,匡乱世反之于正,见其文辞,为天下制仪法,垂六艺之统纪于后世。作孔子世家第十七。

桀、纣失其道而汤、武作,周失其道而春秋作。[1]秦失其政,而陈涉发迹。诸侯作难,风起云蒸,卒亡秦族。天下之端,自涉发难。作陈涉世家第十八。

①【正义】周失其道,至秦之时,诸侯力事乎争强。

成皋之台,薄氏始基。诎意适代,厥崇诸窦。栗姬偩贵,王氏乃遂。陈后太骄,卒尊子夫。嘉夫德若斯,作外戚世家第十九。

汉既谲谋,禽信于陈;越荆剽轻,乃封弟交为楚王,爰都彭城,以强淮泗,为汉宗藩。戊溺于邪,礼复绍之。嘉游辅祖,①作楚元王世家第二十。

①【正义】游,楚王交字也。祖,高祖也。

维祖师旅,刘贾是与;为布所袭,丧其荆、吴。营陵激吕,乃王琅邪;怵午①信齐,往而不归,遂西入关,遭立孝文,获复王燕。天下未集,贾、泽以族,为汉藩辅。作荆燕世家第二十一。

①【正义】谓祝午也。

天下已平,亲属既寡;悼惠先壮,实镇东土。哀王擅兴,发怒诸吕,驷钧暴戾,京师弗许。厉之内淫,祸成主父。嘉肥股肱,作齐悼惠王世家第二十二。

楚人围我荥阳,相守三年;萧何填抚山西,①推计踊兵,给粮食不绝,使百姓爱汉,不乐为楚。作萧相国世家第二十三。

①【正义】谓华山之西也。

与信定魏,破赵拔齐,遂弱楚人。续何相国,不变不革,黎庶攸宁。嘉参不伐功矜能,作曹相国世家第二十四。

运筹帷幄之中,制胜于无形,子房计谋其事,无知名,无勇功,图难于易,为大于细。作留侯世家第二十五。

六奇既用,诸侯宾从于汉;吕氏之事,平为本谋,终安宗庙,定社稷。作陈丞相世家第二十六。

诸吕为从,谋弱京师,而勃反经合于权;吴楚之兵,亚夫驻于昌邑,以厄齐赵,而出委以梁。作绛侯世家第二十七。

七国叛逆,蕃屏京师,唯梁为扞;偩爱矜功,几获于祸。嘉其能距吴楚,作梁孝王世家第二十八。

五宗既王,亲属洽和,诸侯大小为藩,爱得其宜,僭拟之事稍衰贬矣。作<u>五宗世</u>家第二十九。

三子之王，文辞可观。作<u>三王世</u>家第三十。

末世争利，维彼奔义；让国饿死，天下称之。作<u>伯夷</u>列传第一。

<u>晏子</u>俭矣，<u>夷吾</u>则奢；<u>齐桓</u>以霸，<u>景公</u>以治。作<u>管晏</u>列传第二。

<u>李耳</u>无为自化，清净自正；<u>韩非</u>揣事情，循执理。作<u>老子韩非</u>列传第三。

自古王者而有<u>司马法</u>，<u>穰苴</u>能申明之。作<u>司马穰苴</u>列传第四。

非信廉仁勇不能传兵论剑，与道同符，内可以治身，外可以应变，君子比德焉。作<u>孙子吴起</u>列传第五。

维<u>建</u>遇谗，爰及子<u>奢</u>，<u>尚</u>既匡父，<u>伍员</u>奔吴。作<u>伍子胥</u>列传第六。

<u>孔氏</u>述文，弟子兴业，咸为师傅，崇仁厉义。作<u>仲尼弟子</u>列传第七。

<u>鞅</u>去<u>卫</u>适<u>秦</u>，能明其术，强霸<u>孝公</u>，后世遵其法。作<u>商君</u>列传第八。

天下患衡<u>秦</u>毋餍，而<u>苏子</u>能存诸侯，约从以抑贪强。作<u>苏秦</u>列传第九。

六国既从亲，而<u>张仪</u>能明其说，复散解诸侯。作<u>张仪</u>列传第十。

<u>秦</u>所以东攘①雄诸侯，<u>樗里</u>、<u>甘茂</u>之策。作<u>樗里甘茂</u>列传第十一。

①【集解】<u>徐广</u>曰："一作'襄'。"

苞<u>河山</u>，①围<u>大梁</u>，使诸侯敛手而事<u>秦</u>者，<u>魏冉</u>之功。作<u>穰侯</u>列传第十二。

①【集解】徐广曰:"苞,一作'施'。"

南拔鄢郢,北摧长平,遂围邯郸,武安为率;破荆灭赵,王翦之计。作白起王翦列传第十三。

猎儒墨之遗文,明礼义之统纪,绝惠王利端,列往世兴衰。①作孟子荀卿列传第十四。

①【集解】徐广曰:"一作'坏'。"

好客喜士,士归于薛,为齐扞楚魏。作孟尝君列传第十五。

争冯亭以权,①如楚以救邯郸之围,使其君复称于诸侯。作平原君虞卿列传第十六。

①【集解】徐广曰:"以,一作'反'。太史公讥平原曰'利令智昏',故云争冯亭反权。"

能以富贵下贫贱,贤能诎于不肖,唯信陵君为能行之。作魏公子列传第十七。

以身徇君,遂脱强秦,使驰说之士南向走楚者,黄歇之义。作春申君列传第十八。

能忍诟于魏齐,①而信威于强秦,推贤让位,二子有之。作范雎蔡泽列传第十九。

①【集解】徐广曰:"诟音逅。"【索隐】诟,火候反。诟,辱也。

率行其谋,连五国兵,为弱燕报强齐之雠,雪其先君之耻。作乐毅列传第二十。

能信意强秦,而屈体廉子,用徇其君,俱重于诸侯。作廉颇蔺相如列传第二十一。

湣王既失临淄而奔莒,唯田单用即墨破走骑劫,遂存齐社稷。

作田单列传第二十二。

　　能设诡说解患于围城,轻爵禄,乐肆志。作鲁仲连邹阳列传第二十三。

　　作辞以讽谏,连类以争义,离骚有之。作屈原贾生列传第二十四。

　　结子楚亲,使诸侯之士斐然争入事秦。作吕不韦列传第二十五。

　　曹子匕首,鲁获其田,齐明其信;豫让义不为二心。作刺客列传第二十六。

　　能明其画,因时推秦,遂得意于海内,斯为谋首。作李斯列传第二十七。

　　为秦开地益众,北靡匈奴,据河为塞,因山为固,建榆中。作蒙恬列传第二十八。

　　填赵塞常山以广河内,弱楚权,明汉王之信于天下。作张耳陈馀列传第二十九。

　　收西河、上党之兵,从至彭城;越之侵掠梁地以苦项羽。作魏豹彭越列传第三十。

　　以淮南叛楚归汉,汉用得大司马殷,卒破子羽于垓下。[1]作黥布列传第三十一。

[1]【集解】徐广曰:“堤塘之名也。”

　　楚人迫我京索,而信拔魏赵,定燕齐,使汉三分天下有其二,以灭项籍。作淮阴侯列传第三十二。

　　楚汉相距巩洛,而韩信为填颍川,卢绾绝籍粮饷。作韩信卢绾列传第三十三。

诸侯畔项王,唯齐连子羽城阳,汉得以间遂入彭城。作田儋列传第三十四。

攻城野战,获功归报,哙、商有力焉,非独鞭策,又与之脱难。作樊郦列传第三十五。

汉既初定,文理未明,苍为主计,整齐度量,序律历。作张丞相列传第三十六。

结言通使,约怀诸侯;诸侯咸亲,归汉为藩辅。作郦生陆贾列传第三十七。

欲详知秦楚之事,维周缲常从高祖,平定诸侯。作傅靳蒯成①列传第三十八。

①【索隐】蒯成,上音裴,其字音从崩邑,又音浮。

徙强族,都关中,和约匈奴;明朝廷礼,次宗庙仪法。作刘敬叔孙通列传第三十九。

能摧刚作柔,卒为列臣;栾公不劫于执而倍死。作季布栾布列传第四十。

敢犯颜色以达主义,不顾其身,为国家树长画。作袁盎朝错列传第四十一。

守法不失大理,言古贤人,增主之明。作张释之冯唐列传第四十二。

敦厚慈孝,讷于言,敏于行,务在鞠躬,君子长者。作万石张叔列传第四十三。

守节切直,义足以言廉,行足以厉贤,任重权不可以非理挠。作田叔列传第四十四。

扁鹊言医,为方者宗,守数精明;后世(修)〔循〕序,弗能易也,而仓公可谓近之矣。作扁鹊仓公列传第四十五。

维仲之省,①厥濞王吴,遭汉初定,以填抚江淮之间。作吴王濞列传第四十六。

① 【集解】徐广曰:"吴王之王由父省。"

吴楚为乱,宗属唯婴贤而喜士,士向之,率师抗山东荥阳。作魏其武安列传第四十七。

智足以应近世之变,宽足用得人。作韩长孺列传第四十八。

勇于当敌,仁爱士卒,号令不烦,师徒向之。作李将军列传第四十九。

自三代以来,匈奴常为中国患害;欲知强弱之时,设备征讨,作匈奴列传第五十。

直曲塞,广河南,破祁连,通西国,靡北胡。作卫将军骠骑列传第五十一。

大臣宗室以侈靡相高,唯弘用节衣食为百吏先。作平津侯列传第五十二。

汉既平中国,而佗能集杨越以保南藩,给贡职。作南越列传第五十三。

吴之叛逆,瓯人斩濞,①葆守封禺②为臣。作东越列传第五十四。

① 【集解】徐广曰:"今之永宁,是东瓯也。"
② 【索隐】上音保。言东瓯被越攻破之后,保封禺之山,今在武康县也。

燕丹散乱辽间,满收其亡民,厥聚海东,以集真藩,①葆塞为外臣。作朝鲜列传第五十五。

① 【集解】徐广曰:"一作'莫'。藩音普寒反。"

唐蒙使略通夜郎，而邛筰之君请为内臣受吏。作西南夷列传第五十六。

子虚之事，大人赋说，靡丽多夸，然其指风谏，归于无为。作司马相如列传第五十七。

黥布叛逆，子长国之，以填江淮之南，安剽楚庶民。作淮南衡山列传第五十八。

奉法循理之吏，不伐功矜能，百姓无称，亦无过行。作循吏列传第五十九。

正衣冠立于朝廷，而群臣莫敢言浮说，长孺矜焉；好荐人，称长者，壮有溉。① 作汲郑列传第六十。

① 【集解】徐广曰："一作'慨'。"

自孔子卒，京师莫崇庠序，唯建元元狩之间，文辞粲如也。作儒林列传第六十一。

民倍本多巧，奸轨弄法，善人不能化，唯一切严削为能齐之。作酷吏列传第六十二。

汉既通使大夏，而西极远蛮，引领内向，欲观中国。作大宛列传第六十三。

救人于厄，振人不赡，仁者有乎；不既信，① 不倍言，义者有取焉。作游侠列传第六十四。

① 【集解】徐广曰："一云'不慨信'。"

夫事人君能说主耳目，和主颜色，而获亲近，非独色爱，能亦各有所长。作佞幸列传第六十五。

不流世俗，不争埶利，上下无所凝滞，人莫之害，以道之用。作滑稽列传第六十六。

齐、楚、秦、赵为日者,各有俗①所用。欲循②观其大旨,作日者列传第六十七。

①【索隐】案:日者传云"无以知诸国之俗",今褚先生唯记司马季主之事也。

②【集解】徐广曰:"一作'总'。"

三王不同龟,四夷各异卜,然各以决吉凶。略窥其要,作龟策列传①第六十八。

①【索隐】三王不同龟,四夷各异卜,其书既亡,无以纪其异。今褚少孙唯取太卜占龟之杂说,词甚烦芜,不能裁剪,妄皆穿凿,此篇不才之甚也。

布衣匹夫之人,不害于政,不妨百姓,取与以时而息财富,智者有采焉。作货殖列传第六十九。

维我汉继五帝末流,接三代(统)〔绝〕业。周道废,秦拨去古文,焚灭诗书,故明堂石室金匮玉版①图籍散乱。于是汉兴,萧何次律令,韩信申军法,张苍为章程,②叔孙通定礼仪,则文学彬彬稍进,诗书往往间出矣。自曹参荐盖公③言黄老,而贾生、晁错明申、商,公孙弘以儒显,百年之间,天下遗文古事靡不毕集太史公。太史公仍父子相续纂其职。曰:"於戏! 余维先人尝掌斯事,显于唐虞,至于周,复典之,故司马氏世主天官。④至于余乎,钦念哉! 钦念哉!"罔罗天下放失旧闻,⑤王迹所兴,原始察终,见盛观衰,论考之行事,略推三代,录秦汉,上记轩辕,下至于兹,著十二本纪,既科条之矣。并时异世,年差不明,⑥作十表。礼乐损益,律历改易,兵权山川鬼神,⑦天人之际,承敝通变,作八书。二十八宿环北辰,三十辐共一毂,⑧运行无穷,辅拂股肱之臣配焉,忠信行道,以奉主

上,作三十世家。扶义俶傥,不令己失时,⑨立功名于天下,作七十
列传。凡百三十篇,五十二万六千五百字,为太史公书。⑩序略,以
拾遗补蓺,⑪成一家之言,厥协六经异传,⑫整齐百家杂语,⑬藏之
名山,副在京师,⑭俟后世圣人君子。⑮第七十。⑯

①【集解】如淳曰:"刻玉版以为文字。"

②【集解】如淳曰:"章,历数之章术也。程者,权衡丈尺斛斗之平法也。"
瓒曰:"茂陵书'丞相为工用程数其中',言百工用材多少之量及制度
之程品者是也。"

③【索隐】盖,姓也,古合反。

④【索隐】案:此天官非周礼冢宰天官,乃谓知天文星历之事为天官。且
迁实黎之后,而黎氏后亦总称重黎,以重本司天,故太史公代掌天官,
盖天官统太史之职。言史是历代之职,恐非实事。然卫宏以为司马
氏,周史佚之后,故太史谈云"予之先人,周之太史",盖或得其实也。

⑤【索隐】案:旧闻有遗失放逸者,网罗而考论之也。

⑥【索隐】案:并时则年历差殊,亦略言,难以明辨,故作表也。

⑦【索隐】案:兵权,即律书也。迁没之后,亡,褚少孙以律书补之,今律书
亦略言兵也。山川,即河渠书也;鬼神,封禅书也,故云山川鬼神也。

⑧【集解】骃案:汉书音义曰"象黄帝以下三十世家,老子言车三十辐,运
行无穷,以象王者如此也"。 【正义】颜云:"此说非也。言众星共绕
北辰,诸辐咸归车,群臣尊辅天子也。"

⑨【索隐】己音纪。言扶义倜傥之士能立功名于当代,不后于时者也。

⑩【索隐】案:桓谭云"迁所著书成,以示东方朔,朔皆署曰'太史公',则
谓'太史公'是朔称也。亦恐其说未尽。盖迁自尊其父著述,称之曰
'公'。或云迁外孙杨恽所称,事或当尔也"。

⑪【集解】李奇曰:"六蓺也。" 【索隐】案:汉书作"补阙",此云"蓺",
谓补六义之阙也。

⑫【索隐】迁言以所撰取协于六经异传诸家之说耳,谦不敢比经蓺也。异传者,如子夏易传、毛公诗及韩婴外传、伏生尚书大传之流者也。

⑬【正义】太史公撰史记,言其协于六经异文,整齐诸子百家杂说之语,谦不敢比经艺也。异传,谓如丘明春秋外传国语、子夏易传、毛公诗传、韩诗外传、伏生尚书大传之流也。

⑭【索隐】言正本藏之书府,副本留京师也。穆天子传云"天子北征,至于群玉之山,河平无险,四彻中绳,先王所谓策府"。郭璞云"古帝王藏策之府"。则此谓藏之名山是也。

⑮【索隐】以俟后圣君子。此语出公羊传。言夫子制春秋以俟后圣君子,亦有乐乎此也。

⑯【集解】骃案:卫宏汉书旧仪注曰"司马迁作景帝本纪,极言其短及武帝过,武帝怒而削去之,后坐举李陵,陵降匈奴,故下迁蚕室。有怨言,下狱死"。

太史公曰:余述历黄帝以来至太初而讫,百三十篇。①

①【集解】骃案:汉书音义曰"十篇缺,有录无书"。张晏曰"迁没之后,亡景纪、武纪、礼书、乐书、律书、汉兴已来将相年表、日者列传、三王世家、龟策列传、傅靳蒯列传。元成之间,褚先生补阙,作武帝纪,三王世家,龟策、日者列传,言辞鄙陋,非迁本意也"。　【索隐】案:汉书曰"十篇有录无书"。张晏曰"迁没之后,亡景纪、武纪,礼书、乐书、兵书,将相表,三王世家,日者、龟策传、傅靳等列传也"。案:景纪取班书补之,武纪专取封禅书,礼书取荀卿礼论,乐取礼乐记,兵书亡,不补,略述律而言兵,遂分历述以次之。三王系家空取其策文以缉此篇,何率略且重,非当也。日者不能记诸国之同异,而论司马季主。龟策直太卜所得占龟兆杂说,而无笔削之功,何芜鄙也。

【索隐述赞】太史良才,实纂先德。周游历览,东西南北。事核词简,是称实录。报任投书,申李下狱。惜哉残缺,非才妄续!

史记集解序 　裴　骃①

　　班固有言曰：②"司马迁③据左氏、国语，④采世本、战国策，⑤述楚汉春秋，⑥接其后事，讫于天汉。⑦其言秦汉详矣。至于采经摭传，⑧分散数家之事，甚多疏略，或有抵捂。⑨亦其所涉猎者广博，贯穿经传，驰骋古今上下数千载间，斯已勤矣。⑩又其是非颇谬于圣人，⑪论大道则先黄老而后六经，⑫序游侠则退处士而进奸雄，⑬述货殖⑭则崇势利⑮而羞贫贱：此其所蔽也。⑯然自刘向、杨雄博极群书，皆称迁有良史之才，服其善序事理，辩而不华，质而不俚，⑰其文直，其事核，不虚美，不隐恶，故谓之实录。"骃以为固之所言，世称其当。⑱虽时有纰缪，⑲实勒成一家，⑳总其大较，㉑信命世之宏才也。㉒

　　①【索隐】骃字龙驹，河东人，宋中郎外兵参军。父松之，太中大夫。
　　【正义】裴骃采九经诸史并汉书音义及众书之目而解史记，故题史记集解序。序，绪也。孙炎云，谓端绪也。孔子作易序卦，子夏作诗序，序之义其来尚矣。

2877

　　②【索隐】固撰汉书，作司马迁传，评其作史记所采之书，兼论其得失，故裴骃此序先引之为说也。案：固字孟坚，扶风人，后汉明帝时仕至中护军。祖稺，广川太守。父彪，徐令，续太史公书也。

　　③【正义】字子长，左冯翊人也，汉武帝时为太史令，撰史记百三十篇。父谈，亦为太史令。

④【索隐】仲尼作春秋经,鲁史左丘明作传,合三十篇,故曰左氏传。国语亦丘明所撰。上起周穆王,下讫敬王。其诸侯之事,起鲁庄公迄春秋末,凡二十一篇。

⑤【索隐】刘向云:"世本,古史官明于古事者之所记也。录黄帝已来帝王诸侯及卿大夫系谥名号,凡十五篇也。"战国策,高诱云六国时纵横之说也,一曰短长书,亦曰国事,刘向撰为三十三篇,名曰战国策。案:此是班固取其后名而书之,非迁时已名战国策也。

⑥【索隐】汉太中大夫楚人陆贾所撰,记项氏与汉高祖初起及说惠文间事。

⑦【索隐】武帝年号。言太史公所记迄至武帝天汉之年也。

⑧【索隐】案字书,撮,拾也,音之赤反。

⑨【索隐】抵音丁礼反。捂音吾故反。抵者,触也。捂亦斜相抵触之名。案:今屋梁上斜柱曰"柱捂"是也。直触横触皆曰抵,斜触谓之捂,下触谓之抵。抵捂,言其参差也。以言彼此二文同出一家,而自相乖舛也。

⑩【正义】言作史记采经传百家之事上下二千余年,此其甚勤于撰录也。

⑪【索隐】圣人谓周公、孔子也。言周孔之教皆宗儒尚德,今太史公乃先黄老,崇势利,是谬于圣人也。　【正义】太史公史记名显六家之宗,黄老道家之宗,六经儒家之首,序游侠则退处士,述货殖则崇势利,处士贱贫,原宪非病。夫作史之体,务涉多时,有国之规,备陈臧否,天人地理咸使该通,而迁天纵之才,述作无滞,故异周孔之道。班固诋之,裴骃引序,亦通人之蔽也。而固作汉书,与史记同者五十余卷,谨写史记,少加异者,不弱即劣,何更非剥史记,乃是后士妄非前贤。又史记五十二万六千五百言,叙二千四百一十三年事,汉书八十一万言,叙二百二十五年事;司马迁引父致意,班固父修而蔽之,优劣可知矣。

⑫【正义】大道者,皆禀乎自然,不可称道也。道在天地之前,先天地生,

不知其名，字之曰"道"。<u>黄帝</u>、<u>老子</u>遵崇斯道，故<u>太史公</u>论大道，须先<u>黄老</u>而后六经。

⑬【索隐】游侠，谓轻死重气，如<u>荆轲</u>、<u>豫让</u>之辈也。游，从也，行也。侠，挟也，持也。言能相从游行挟持之事。又曰，同是非曰侠也。

【正义】奸雄，奸猾雄豪之人。

⑭【正义】殖，生也。言货物滋生也。

⑮【正义】趋利之人。

⑯【正义】此三者是<u>司马迁</u>不达理也。

⑰【索隐】俚音里。<u>刘德</u>曰"俚即鄙也"，<u>崔浩</u>云"世有鄙俚之语"，则俚亦野也，俗也。不俚，谓词不鄙朴也。

⑱【正义】駰音因。当音丁浪反。<u>裴駰</u>以<u>班固</u>所论<u>司马迁</u><u>史记</u>是非，世人称<u>班固</u>之言。

⑲【索隐】纰音匹之反。纰犹错也。亦作"佻"。字书云织者两丝同齿曰佻。缪亦与"谬"同。

⑳【正义】虽有小纰缪，实编勒成一家之书矣。

㉑【索隐】较音角。较犹略也，则大较犹言大略也。　【正义】较犹明也。

㉒【索隐】案：<u>孟子</u>云"五百年之间必有名世者"。<u>赵岐</u>曰"名世，次圣之才，物来能名，正一世者，生于圣人之间也"。此言命者名也，言贤人有名于世也。宏才，大才，谓<u>史迁</u>也。

考较此书，文句不同，有多有少，莫辩其实，而世之惑者，定彼从此，是非相贸，真伪舛杂。①故中散大夫<u>东莞</u><u>徐广</u>研核众本，为作音义，②具列异同，兼述训解，③粗有所发明，而殊恨省略。④聊以愚管，⑤增演<u>徐氏</u>。⑥采经传百家并先儒之说，⑦豫是有益，悉皆抄内。⑧删其游辞，取其要实，⑨或义在可疑，则数家兼列。⑩<u>汉书音义</u>称"臣瓒"者，莫知氏姓，⑪今直云"瓒曰"。又都无姓名者，但云"汉书音义"。⑫时见微意，有所裨补。⑬譬嘒星之继朝阳，⑭飞尘之集华岳。⑮以徐为本，⑯号曰集解。未详则阙，弗敢臆说。⑰人心不同，⑱闻见异辞，⑲班氏所谓"疏略抵捂"者，依违不悉辩也。⑳愧非胥臣之多闻，㉑子产之博物，㉒妄言末学，芜秽旧史，岂足以关诸畜德，庶贤无所用心而已。㉓

①【正义】贸音茂。舛音昌转反。言世之迷惑浅识之人，或定彼从此，本更相贸易，真伪杂乱，不能辩其是非。

②【正义】作音义十三卷，裴骃为注，散入百三十篇。

③【正义】徐作音义，具列异同之本，兼述训解释也。

④【索隐】殊，绝也。左传曰"斩其木不殊"，言绝恨其所撰大省略也。
【正义】省音山景反。

⑤【索隐】案：东方朔云"以管窥天，以蠡测海"，皆喻小也。然此语本出庄子文，今云"愚管"者，是骃谦言己愚陋管见，所识不能远大也。

⑥【正义】演音羊善反。增，益也。言裴骃更增益演徐氏之说。

⑦【正义】采，取也。或取传说，采诸子百家，兼取先儒之义。先儒谓孔安国、郑玄、服虔、贾逵等是也。言百家，广其非一。

⑧【正义】并采经传之说，有裨益史记，尽抄内其中。抄音楚交反。

⑨【正义】删音师颜反。删，除也。去经传诸家浮游之辞，取其精要之实。

⑩【正义】数家之说不同，各有道理，致生疑惑，不敢偏弃，故皆兼列。

⑪【索隐】案：即傅瓒，而刘孝标以为于瓒，非也。据何法盛晋书，于瓒以穆帝时为大将军，诛死，不言有注汉书之事。又其注汉书有引禄秩令及茂陵书，然彼二书亡于西晋，非于所见也。必知是傅瓒者，案：穆天子传目录云傅瓒为校书郎，与荀勖同校定穆天子传，即当西晋之朝，在于之前，尚见茂陵等书。又称"臣"者，以其职典秘书故也。瓒音残岸反。

⑫【正义】汉书音义中有全无姓名者，裴氏注史记直云"汉书音义"。案：大颜以为无名义，今有六卷，题云孟康，或云服虔，盖后所加，皆非其实，未详

指归也。

⑬【正义】见音贤见反。禆音卑,又音频移反。禆,益也。裴氏云时见己
之微意,亦有所补益也。

⑭【索隐】嘒,微小貌也。诗云:"嘒彼小星,三五在东。"言众无名微小之
星,各随三心五噶出在东方,亦能继朝阳之光。嘒音火慧反。朝阳,
日也。嘒星继朝阳,喻己浅薄而注史记也。

⑮【正义】西岳华山极高大。裴氏自喻才藻轻小,如飞尘之集华岳,亦能
成其高大。管子云:"海不辞水,故能成其大;山不辞土,故能成其
高。"华音胡化反,又如字。

⑯【正义】徐广音义辨诸家异同,故以徐为本也。

⑰【正义】有未详审之处则阙而不论,不敢以胸臆之中而妄解说也。

⑱【正义】言人心既不同,所见亦殊别也。

⑲【正义】耳闻目见,心意既乖,其辞所以各异也。

⑳【索隐】裴氏言今或依违,不敢复更辨明之也。案:周公世家叙传曰
"依之违之,周公绥之"也。

㉑【索隐】晋大夫白季名曰胥臣。案:国语称晋文公使赵衰为卿,辞曰:
"栾枝贞慎,先轸有谋,胥臣多闻,皆可以为辅。"又胥臣对文公黄帝二
十五子及屯豫皆八等事,是多闻也。

㉒【索隐】郑卿公孙侨字子产。案:左氏传子产聘晋,言晋侯之疾非实
沈、台骀之祟,乃说饮食哀乐及内官不及同姓,则能生疾。晋侯闻子
产之言,曰"博物君子也"。

㉓【索隐】关,预也。畜德,谓积德多学之人也。裴氏谦言己今此集解岂
足关预于积学多识之士乎! 正是冀望圣贤,胜于饱食终日,无所用
心,愈于论语"不有博弈者乎"之人乎。

史记索隐序 朝散大夫国子博士弘文馆学士河内司马贞

史记者，汉太史司马迁父子之所述也。迁自以承五百之运，继春秋而纂是史，其褒贬核实颇亚于丘明之书，于是上始轩辕，下讫天汉，作十二本纪，十表，八书，三十系家，七十列传，凡一百三十篇，始变左氏之体，而年载悠邈，简册阙遗，勒成一家，其勤至矣。又其属稿先据左氏、国语、系本、战国策、楚汉春秋及诸子百家之书，而后贯穿经传，驰骋古今，错综隐括，各使成一国一家之事，故其意难究详矣。比于班书，微为古质，故汉晋名贤未知见重，所以魏文侯听古乐则唯恐卧，良有以也。

逮至晋末，有中散大夫东莞徐广始考异同，作音义十三卷。宋外兵参军裴骃又取经传训释作集解，合为八十卷。虽粗见微意，而未穷讨论。南齐轻车录事邹诞生亦作音义三卷，音则微殊，义乃更略。尔后其学中废。贞观中，谏议大夫崇贤馆学士刘伯庄达学宏才，钩深探赜，又作音义二十卷，比于徐邹，音则具矣。残文错节，异音微义，虽知独善，不见旁通，欲使后人从何准的。

贞谀闻陋识，颇事钻研，而家传是书，不敢失坠。初欲改更舛错，裨补疏遗，义有未通，兼重注述。然以此书残缺虽多，实为古史，忽加穿凿，难允物情。今止探求异闻，采摭典故，解其所未解，申其所未申者，释文演注，又重为述赞，凡三十卷，号曰史记索隐。虽未敢藏之书府，亦欲以贻厥孙谋云。

史记索隐后序

夫太史公纪事，上始轩辕，下讫天汉，虽博采古文及传记诸子，其间残阙盖多，或旁搜异闻以成其说，然其人好奇而词省，故事核而文微，是以后之学者多所未究。其班氏之书，成于后汉。彪既后迁而述，所以条流更明，是兼采众贤，群理毕备，故其旨富，其词文，是以近代诸儒共行钻仰。其训诂盖亦多门，蔡谟集解之时已有二十四家之说，所以于文无所滞，于理无所遗。而太史公之书，既上序轩黄，中述战国，或得之于名山坏壁，或取之以旧俗风谣，故其残文断句难究详矣。

然古今为注解者绝省，音义亦希。始后汉延笃乃有音义一卷，又别有章隐五卷，不记作者何人，近代鲜有二家之本。宋中散大夫徐广作音义十三卷，唯记诸家本异同，于义少有解释。又中兵郎裴骃，亦名家之子也，作集解注本，合为八十卷，见行于代。仍云亦有音义，前代久已散亡。南齐轻车录事邹诞生亦撰音义三卷，音则尚奇，义则罕说。隋秘书监柳顾言尤善此史。刘伯庄云，其先人曾从彼公受业，或音解随而记录，凡三十卷。隋季丧乱，遂失此书。伯庄以贞观之初，奉敕于弘文馆讲授，遂采邹徐二说，兼记忆柳公音旨，遂作音义二十卷。音乃周备，义则更略，惜哉！古史微文遂由数贤秘宝，故其学殆绝。

前朝史部侍郎许子儒亦作注义，不睹其书。崇文馆学士张嘉会独善此书，而无注义。贞少从张学，晚更研寻，初以残阙处多，兼鄙褚少孙诬谬,因愤发而补史记,遂兼注之,然其功殆半。乃自唯曰:"千载古史,良难间然。"因退撰音义,重作赞述,盖欲以剖盘根之错节,遵北辕于司南也。凡为三十卷,号曰史记索隐云。

史记正义序 诸王侍读宣议郎守右清道率府长史张守节上

史记者,汉太史公司马迁作。迁生龙门,耕牧河山之阳,南游江淮,讲学齐鲁之郡,绍太史,继春秋,括文鲁史而包左氏、国语,采世本、战国策而摭楚汉春秋,贯紬经传,旁搜史子,上起轩辕,下既天汉。作十二本纪,帝王兴废悉详;三十世家,君国存亡毕著;八书,赞阴阳礼乐;十表,定代系年封;七十列传,忠臣孝子之诚备矣。笔削冠于史籍,题目足以经邦。裴骃服其善序事理,辩而不华,质而不俚,其文直,其事核,不虚美,不隐恶,故谓之实录。自刘向、杨雄皆称良史之才。况坟典湮灭,简册阙遗,比之春秋,言辞古质,方之两汉,文省理幽。

守节涉学三十馀年,六籍九流地里苍雅锐心观采,评史汉诠众训释而作正义,郡国城邑委曲申明,古典幽微窃探其美,索理允惬,次旧书之旨,兼音解注,引致旁通,凡成三十卷,名曰史记正义。发挥膏肓之辞,思济沧溟之海,未敢侔诸秘府,冀训诂而齐流,庶贻厥子孙,世畴兹史。

于时岁次丙子,开元二十四年八月,杀青斯竟。

史记正义 诸王侍读宣议郎守右清道率府长史张守节上

论 史 例

古者帝王右史记言,左史记事,言为尚书,事为春秋。太史公兼之,故名曰史记。并采六家杂说以成一史,备论君臣父子夫妻长幼之序,天地山川国邑名号殊俗物类之品也。

太史公作史记,起黄帝、高阳、高辛、唐尧、虞舜、夏、殷、周、秦,讫于汉武帝天汉四年,合二千四百一十三年。作本纪十二,象岁十二月也。作表十,象天之刚柔十日,以记封建世代终始也。作书八,象一岁八节,以记天地日月山川礼乐也。作世家三十,象一月三十日,三十辐共一毂,以记世禄之家辅弼股肱之臣忠孝得失也。作列传七十,象一行七十二日,言七十者举全数也,馀二日象闰馀也,以记王侯将相英贤略立功名于天下,可序列也。合百三十篇,象一岁十二月及闰馀也。而太史公作此五品,废一不可,以统理天地,劝奖箴诫,为后之楷模也。

论 注 例

史记文与古文尚书同者,则取孔安国注。若与伏生尚书同者,则用郑玄、王肃、马融所释。与三传同者,取杜元凯、服虔、何休、贾逵、范宁等注。与三礼、论语、孝经同者,则取郑玄、马融、王肃之注。与韩诗同者,则取毛传、郑笺等释。与周易同者,则依王氏之注。与诸子诸史杂书及先儒解释善者,而裴骃并引为注。又徐中散作音训,校集诸本异同,或义理可通者,称"一本云""又一本云"，自是别记异文，裴氏亦引之为注。

论　字　例

史汉文字相承已久，若"悦"字作"说"，"閑"字作"閒"，"智"字作"知"，"汝"字作"女"，"早"字作"蚤"，"後"字作"后"，"既"字作"溉"，"敕"字作"饬"，"制"字作"剬"，此之般流，缘古少字通共用之。史汉本有此古字者，乃为好本。程邈变篆为隶，楷则有常，后代作文，随时改易。卫宏官书数体，吕忱或字多奇，钟王等家以能为法，致令楷文改变，非复一端，咸著秘书，传之历代。又字体乖日久，其"黼黻"之字法从"耑"，丁履反。今之史本则有从"耑"，音端。秦本纪云"天子赐孝公黼黻"，邹诞生音甫弗，而邹氏之前史本已从"耑"矣。如此之类，并即依行，不可更改。若其"鼋鼍"从"龟"，"辞乱"从"舌"，"觉學"从"與"，"泰恭"从"小"，"匦匠"从"走"，"巢藻"从"果"，"耕籍"从"禾"，"席"下为"带"，"美"下为"火"，"衰"下为"衣"，"極"下为"点"，"析"旁著"片"，"恶"上安"西"，"餐"侧出"头"，"離"边作"禹"，此之等类例，直是讹字。"寵"敕勇反字为"寵"；"锡"字为"锡"音阳，以"支"章移反代"文"问分反；将"旡"混"无"，若兹之流，便成两失。

论　音　例

史文与传诸书同者，刘氏并依旧本为音。至如太史公改五帝本纪"便章百姓""便程东作""便程南讹""便程西成""便在伏物"，咸依见字读之。太史变尚书文者，义理特美，或训意改其古涩，何烦如刘氏依尚书旧音。斯例盖多，不可具录，著在正义，随文音之。君子宜详其理，庶明太史公之达学也。

　　然则先儒音字，比方为音。至魏秘书孙炎始作反音，又未甚切。今并依孙反音，以传后学。郑康成云："其始书之也，仓卒无字，或以音类比方，假借为之，趣于近之而已。受之者非一邦之人，其乡同言异，字同音异，于兹遂生轻重讹谬矣。"然方言差别固自不同，河北、江南最为巨异，或失在浮清，或滞于重浊。今之取舍，冀除兹弊。

　　夫质有精粗，谓之"好恶"，并如字；心有爱憎，称为"好恶"，并去声。当体则为"名誉"，音预；情乖则曰"毁誉"，音馀。自坏乎怪反；坏彻上音怪。自断徒缓反，自去离也；刀断端管反，以刀割令相去也。耶也奢反，未审之辞也；也亦且反，助句之语也。复音伏，又扶富反，重也。过古卧反，越度也。解核买反，自散也。间纪苋反，隙也。畜许又反；畜许六反，养也。先苏前反；仙屑然反。尤羽求反；侯胡沟反。治、持并音直之反。之止而反；脂、砥、祇并音旨夷反。惟、维、遗、唯并音以隹反；怡、贻、颐、诒并音与之反；夷、寅、彝、姨并音以脂反。私息脂反；绥、虽、睢、荽并音息遗反；偲、司、伺、丝并音巨支反。厄、枝、祇、肢并音章移反；祇、歧并音巨支反。其、期、旗、棋、蹪并音渠之反；祈、颀、旂、幾、畿并音渠希反。僖、熙、嬉、嘻并音许其反；希、晞、睎、稀并音虚幾反。霏、妃、菲、騑并音芳非反；飞、非、扉并音匪肥反。尸、屍、蓍并音式脂反；诗书之反。巾居人反；斤、筋举欣反。篇、偏并音芳连反。穿详连反。里、李、裏并音良止反。至、贽并脂利反；志之吏反。利、莅并力至反；吏力置反。寺、嗣、饲并辞吏反；字、牸并疾置反；自疾二反。置、致、踬、鸷并陟利反。器去冀反；气去既反。亚去吏反。冀、概几利反；既居未反。覆敷救反，又敷福反；副敷救反；富、鍑并府副反。若斯清浊，实亦难分；博学硕材，乃有甄异。此例极广，不可具言。庶后学士，幸留意焉。

音　字　例

文或相似，音或有异。一字单录，乃恐致疑。两字连文，检寻稍易。若音上字，言"上"别之。所音下字，乃复书"下"。有长句在，文中须音，则题其字。

发　字　例

古书字少，假借盖多。字或数音，观义点发，皆依平上去入。若发平声，每从寅起。又一字三四音者，同声异唤，一处共发，恐难辩别。故略举四十二字，如字初音者皆为正字，不须点发。畜许六反，养也。又许救反，六畜也。又他六反，聚也。从讼容反，随也。又纵容反，南北长也。又俱容反，又子勇反，相劝也。又从用反，侍从也。又足用反，恣也。数色具反，历数、术数也。又色五反，次第也。又色角反，频也。传逐恋反，书传也。又逐全反，相付也。又张恋反，驿也。卒子律反，卒终也。又苍忽反，急也。尊忽反，兵人也。字体各别不辩，故发之也。辟君也，征也。又频亦反，罪也，开也。疋亦反，邪也。又疋豉反，谕也。又音避，隐也。又普觅反，辟历也。施书移反，张也。又式豉反，与也。又羊豉反，延也。间纪闲反，隙也。又纪苋反，间也。又苋间反，静也。射蛇夜反，射也。又神亦反，音石。夏胡马反，禹号也。又胡嫁反，春夏也。又格雅反，阳夏县也。复符富反，重也。又音伏也。又音福，除役也。重直拱反，尊也。直龙反，叠也。又直用反，累也。适圣石反，宽也，之也。又丁历反，大也。又张革反，责也。又音敌，当也。汜音祀，水在成皋。又音凡，邑名，在襄城。又孚剑反，为水，在定陶，高帝即位处也。又音夷，楚人呼上为汜桥。乐音岳，谓音乐也。又音洛，欢也。又音五教反，好也，情愿也。覆敷富反，盖也。又敷福反，再也。恐曲用反，疑也。又丘拱反，惧也。恶乌各反，粗也。又乌路反，憎也。又音乌，谓于何也。断端管反，有物割截也。又段缓反，自相分也。又端乱反，断疑事也。解佳买反，除结缚也。又核买反，散也。又佳债反，怠堕也。

又核诈反，缝解。幾音机，庶幾也。又音祈，近也。又音记，亦冀望字也。又音纪，录也。过光卧反，度也，罪过也。又音戈，经过也，度前也。率所律反，平例也，率伏也，又音类也。又音刷，徐广云率即镪也。又音色类反，将帅也。屈丘勿反，曲也。又君勿反，姓也。又群勿反，尽也，强也。上时让反，位也。元在物之上。又时掌反，自下而上。王于方反，人主也。又于放反，霸王也，又盛也。长直良反，久也。又张丈反，长上也。藉才昔反，名籍也，又荐藉也。又租夜反，即借也。培勃回反，补也。又蒲口反，冢也。胜音升，又式证反。难乃丹反，艰也。乃旦反，危也。使所里反，又所吏反。相息羊反，又息匠反。沈针甚反，又针禁反，又直今反，又沈禁反，厌没也。任入今反，又入禁反。棺音官，又古玩反，又古患反，敛之也。造曹早反，七到反，至也。妻七低反，切帝反。费非味反，用也。又音秘，邑也。扶味反，姓也。

谥　法　解

惟周公旦、太公望开嗣王业，建功于牧野，终将葬，乃制谥，遂叙谥法。谥者，行之迹；号者，功之表；古者有大功，则赐之善号以为称也。车服者，位之章也。是以大行受大名，细行受细名。行出于己，名生于人。名谓号谥。

民无能名曰神。不名一善。

靖民则法曰皇。靖安。

德象天地曰帝。同于天地。

仁义所往曰王。民往归之。

立志及众曰公。志无私也。

执应八方曰侯。所执行八方应之。

赏庆刑威曰君。能行四者。

从之成群曰君。民从之。

扬善赋简曰圣。所称得人，所善得实，所赋得简。

敬宾厚礼曰圣。厚于礼。

照临四方曰明。以明照之。

潛诉不行曰明。逆知之，故不行。

经纬天地曰文。成其道。

道德博闻曰文。无不知。

学勤好问曰文。不耻下问。

慈惠爱民曰文。惠以成政。

愍民惠礼曰文。惠而有礼。

赐民爵位曰文。与同升。

绥柔士民曰德。安民以居，安士以事。

谏争不威曰德。不以威拒谏。

刚强直理曰武。刚无欲，强不屈。怀忠恕，正曲直。

威强敌德曰武。与有德者敌。

克定祸乱曰武。以兵征，故能定。

刑民克服曰武。法以正民，能使服。

夸志多穷曰武。大志行兵，多所穷极。

安民立政曰成。政以安定。

渊源流通曰康。性无忌。

温柔好乐曰康。好丰年，勤民事。

安乐抚民曰康。无四方之虞。

合民安乐曰康。富而教之。

布德执义曰穆。故穆穆。

中情见貌曰穆。性公露。

容仪恭美曰昭。有仪可象，行恭可美。

昭德有劳曰昭。<small>能劳谦。</small>

圣闻周达曰昭。<small>圣圣通合。</small>

治而无眚曰平。<small>无灾罪也。</small>

执事有制曰平。<small>不任意。</small>

布纲治纪曰平。<small>施之政事。</small>

由义而济曰景。<small>用义而成。</small>

耆意大虑曰景。<small>耆，强也。</small>

布义行刚曰景。<small>以刚行义。</small>

清白守节曰贞。<small>行清白执志固。</small>

大虑克就曰贞。<small>能大虑非正而何。</small>

不隐无屈曰贞。<small>坦然无私。</small>

辟土服远曰桓。<small>以武正定。</small>

克敬动民曰桓。<small>敬以使之。</small>

辟土兼国曰桓。<small>兼人故启土。</small>

能思辩众曰元。<small>别之，使各有次。</small>

行义说民曰元。<small>民说其义。</small>

始建国都曰元。<small>非善之长，何以始之。</small>

主义行德曰元。<small>以义为主，行德政。</small>

圣善周闻曰宣。<small>闻，谓所闻善事也。</small>

兵甲亟作曰庄。<small>以数征为严。</small>

睿圉克服曰庄。<small>通边圉，使能服。</small>

胜敌志强曰庄。<small>不挠，故胜。</small>

死于原野曰庄。<small>非严何以死难。</small>

屡征杀伐曰庄。<small>以严厘之。</small>

武而不遂曰庄。武功不成。

柔质慈民曰惠。知其性。

爱民好与曰惠。与谓施。

夙夜警戒曰敬。敬身思戒。

合善典法曰敬。非敬何以善之。

刚德克就曰肃。成其敬使为终。

执心决断曰肃。言严果。

不生其国曰声。生于外家。

爱民好治曰戴。好民治。

典礼不愆曰戴。无过。

未家短折曰伤。未家，未娶。

短折不成曰殇。有知而夭殇。

隐拂不成曰隐。不以隐括改其性。

不显尸国曰隐。以间主国。

见美坚长曰隐。美过其令。

官人应实曰知。能官人。

肆行劳祀曰悼。放心劳于淫祀，言不修德。

年中早夭曰悼。年不称志。

恐惧从处曰悼。从处，言险圮。

凶年无谷曰荒。不务耕稼。

外内从乱曰荒。家不治，官不治。

好乐怠政曰荒。淫于声乐，怠于政事。

在国遭忧曰愍。仍多大丧。

在国逢囏曰愍。兵寇之事。

祸乱方作曰愍。国无政,动长乱。

使民悲伤曰愍。苛政贼害。

贞心大度曰匡。心正而用察少。

德正应和曰莫。正其德,应其和。

施勤无私曰类。无私,唯义所在。

思虑果远曰明。自任多,近于专。

啬于赐与曰爱。言贪怯。

危身奉上曰忠。险不辞难。

克威捷行曰魏。有威而敏行。

克威惠礼曰魏。虽威不逆礼。

教诲不倦曰长。以道教之。

肇敏行成曰直。始疾行成,言不深。

疏远继位曰绍。非其弟过得之。

好廉自克曰节。自胜其情欲。

好更改旧曰易。变故改常。

爱民在刑曰克。道之以政,齐之以法。

除残去虐曰汤。

一德不懈曰简。一不委曲。

平易不訾曰简。不信訾毁。

尊贤贵义曰恭。尊事贤人,宠贵义士。

敬事供上曰恭。供奉也。

尊贤敬让曰恭。敬有德,让有功。

既过能改曰恭。言自知。

执事坚固曰恭。守正不移。

爱民长弟曰恭。顺长接弟。

执礼御宾曰恭。迎待宾也。

芘亲之阙曰恭。修德以盖之。

尊贤让善曰恭。不专己善，推于人。

威仪悉备曰钦。威则可畏，仪则可象。

大虑静民曰定。思树惠。

纯行不爽曰定。行一不伤。

安民大虑曰定。以虑安民。

安民法古曰定。不失旧意。

辟地有德曰襄。取之以义。

甲胄有劳曰襄。亟征伐。

小心畏忌曰僖。思所当忌。

质渊受谏曰釐。深故能受。

有罚而还曰釐。知难而退。

温柔贤善曰懿。性纯淑。

心能制义曰度。制事得宜。

聪明睿哲曰献。有通知之聪。

知质有圣曰献。有所通而无蔽。

五宗安之曰孝。五世之宗。

慈惠爱亲曰孝。周爱族亲。

秉德不回曰孝。顺于德而不违。

协时肇享曰孝。协合肇始。

执心克庄曰齐。能自严。

资辅共就曰齐。资辅佐而共成。

甄心动惧曰顷。甄精。

敏以敬慎曰顷。疾于所慎敬。

柔德安众曰靖。成众使安。

恭己鲜言曰靖。恭己正身,少言而中。

宽乐令终曰靖。性宽乐义,以善自终。

威德刚武曰圉。御乱患。

弥年寿考曰胡。久也。

保民耆艾曰胡。六十曰耆,七十曰艾。

追补前过曰刚。勤善以补过。

猛以刚果曰威。猛则少宽。果,敢行。

猛以强果曰威。强甚于刚。

强义执正曰威。问正言无邪。

治典不杀曰祁。秉常不衰。

大虑行节曰考。言成其节。

治民克尽曰使。克尽无恩惠。

好和不争曰安。生而少断。

道德纯一曰思。道大而德一。

大省兆民曰思。大亲民而不杀。

外内思索曰思。言求善。

追悔前过曰思。思而能改。

行见中外曰悫。表里如一。

状古述今曰誉。立言之称。

昭功宁民曰商。明有功者。

克杀秉政曰夷。秉政不任贤。

安心好静曰夷。不爽政。

执义扬善曰怀。称人之善。

慈仁短折曰怀。短未六十,折未三十。

述义不克曰丁。不能成义。

有功安民曰烈。以武立功。

秉德尊业曰烈。

刚克为伐曰翼。伐功也。

思虑深远曰翼。小心翼翼。

外内贞复曰白。正而复,终始一。

不勤成名曰灵。任本性,不见贤思齐。

死而志成曰灵。志事不盈命。

死见神能曰灵。有鬼不为厉。

乱而不损曰灵。不能以治损乱。

好祭鬼怪曰灵。渎鬼神不致远。

极知鬼神曰灵。其智能聪彻。

杀戮无辜曰厉。

愎很遂过曰剌。去谏曰愎,反是曰很。

不思忘爱曰剌。忘其爱己者。

蚤孤短折曰哀。早未知人事。

恭仁短折曰哀。体恭质仁,功未施。

好变动民曰躁。数移徙。

不悔前过曰戾。知而不改。

怙威肆行曰丑。肆意行威。

壅遏不通曰幽。弱损不凌。

蚤孤铺位曰幽。铺位即位而卒。

动祭乱常曰幽。易神之班。

柔质受谏曰慧。以虚受人。

名实不爽曰质。不爽言相应。

温良好乐曰良。言其人可好可乐。

慈和遍服曰顺。能使人皆服其慈和。

博闻多能曰宪。虽多能，不至于大道。

满志多穷曰惑。自足者必不惑。

思虑不爽曰厚。不差所思而得。

好内远礼曰炀。朋淫于家，不奉礼。

去礼远众曰炀。不率礼，不亲长。

内外宾服曰正。言以正服之。

彰义掩过曰坚。明义以盖前过。

华言无实曰夸。恢诞。

逆天虐民曰抗。背尊大而逆之。

名与实爽曰缪。言名美而实伤。

择善而从曰比。比方善而从之。

隐，哀也。景，武也。施德为文。除恶为武。辟地为襄。服远为桓。刚克为僖。施而不成为宣。惠无内德为平。乱而不损为灵。由义而济为景。馀皆象也。以其所为谥象其事行。和，会也。勤，劳也。遵，循也。爽，伤也。肇，始也，怙，恃也。享，祀也。胡，大也。秉，顺也。就，会也。锡，与也。典，常也。肆，放也。康，虚也。睿，圣也。惠，爱也。绥，安也。坚，长也。耆，强也。考，成也。周，至也。怀，思也。式，法也。布，施也。敏，疾也。速，也。载，事也。

弥,久也。

以前周书谥法。周代君王并取作谥,故全写一篇,以传后学。

列 国 分 野

汉书地理志云:"本秦京师为内史。"颜师古云:"京师,天子所居畿内也。秦并天下,改立郡县,而京畿所统,时号内史,言其在内,以别于诸郡守也。"百官表云:"内史,周官,秦因之,掌治京师。景帝二年,分置左内史、右内史。武帝太初元年,更名京兆尹,左内史名冯翊。主爵中尉,秦官,掌列侯。景帝六年,更名都尉,武帝太初元年,更名右扶风,治内史,与左冯翊、京兆尹,是为三辅也。"

秦地于天官东井、舆鬼之分野。其界自弘农故关以西,京兆、扶风、冯翊、北地、上郡、西河、安定、天水、陇西;南有巴、蜀、广汉、犍为、武都;西有金城、武威、张掖、酒泉、敦煌;又西南有牂柯、越嶲、益州。

魏地觜觿、参之分野。其界自高陵以东,尽河东、河内;南有陈留及汝南之召陵、濦强、新汲、西华、长平,颍川之舞阳、郾陵,河南之开封、中牟、阳武、酸枣、卷。卷,去权反。

周地柳、七星、张之分野。今之河南洛阳、穀城、平阴、偃师、巩、缑氏。

韩地角、亢、氐之分野,韩分晋,得南阳郡及颍川之父城、定陵、襄城、颍阳、颍阴、长社、阳翟、鄢;东接汝南,西接弘农,得新安、宜阳、郑,今河南之新郑及成皋、荥阳,颍川之崇高、阳城。

赵地昴、毕之分野。赵分晋得赵国,北有信都、真定、常山,又得涿郡之高阳莫州乡;东有广平、钜鹿、清河、河间,又得渤海郡之东平舒、中邑、文安、束州、成平、章武,河以北也;南至浮水、繁阳、内黄、斥丘;西有太原、定襄、云中、五原、上党。

燕在尾、箕之分野，召公封于燕，后三十六世与六国俱称王。东有渔阳、右北平、辽西、辽东；西有上谷、代郡、雁门；南有涿郡之易、容城、范阳；北有新城、故安、涿县、良乡、新昌及渤海之安次，乐浪、玄菟亦宜属焉。

齐地虚、危之分野，东有菑川、东莱、琅邪、高密、胶东；南有泰山、城阳；北有千乘、清河以南，渤海之高乐、高城、重合、阳信；西有济南、平原。

鲁地奎、娄之分野，东至东海；南有泗水，至淮得临淮之下相、睢陵、僮、取虑。

宋地房、心之分野，今之沛、梁、楚、山阳、济阴、东平及东郡之须昌、寿张，今之睢阳。

卫地营室、东壁之分野。今之东郡及魏郡之黎阳，河内之野王、朝歌。

楚地翼、轸之分野。今之南郡、江夏、零陵、桂阳、武陵、长沙及汉中、汝南郡，后陈、鲁属焉。

吴地斗、牛之分野。今之会稽、九江、丹阳、豫章、庐江、广陵、六安、临淮郡。

粤地牵牛、婺女之分野。今苍梧、郁林、合浦、交阯、九真、南海、日南。

以前是战国时诸国界域，及相侵伐，犬牙深入，然亦不能委细，故略记之，用知大略。

点校后记

史记版本甚多,史文及注文往往各本大有出入。我们不用比较古的如黄善夫本,也不用比较通行的如武英殿本,而用清朝同治年间金陵书局刊行的史记集解索隐正义合刻本(简称金陵局本)作为底本,分段标点,因为这是一个比较完善的本子。现在把关于点校方面应当向读者交代的分别说明如下。

一

张文虎校刊史记的时候,不主一本,择善而从,兼采诸家意见,应当改正的他就给改正了,所以金陵局本有许多地方跟各本不同。例如老子韩非列传"始秦与周合,合五百岁而离,离七十岁而霸王者出焉",各本作"始秦与周合而离,离五百岁而复合,合七十岁而霸王者出焉"。这是张文虎依据单刻索隐本所标出的史记原文并参照王念孙说改的。又如魏其武安侯列传"跪起如子姓",各本作"跪起如子侄"。这是张文虎对照汉书并据王念孙说改的。凡有改动,张文虎都在他的校刊史记集解索隐正义札记中加以说明。

但有些地方明明有脱误或者有衍文,而张文虎未加改动,只在札记中说明疑脱某字,疑衍某字,或某字疑某字之讹。现在我们为便利读者起见,认为应删的就把它删了,可是并不删去原字,只给加上个圆括弧,用小一号字排;认为应增的就给增上了,增上的字加上个方括弧,以便识别。例如五帝本纪

帝挚立不善崩,

单刻索隐本出"不善"二字,无"崩"字。索隐及正义注都说帝挚在位九年而禅位给尧,正义还说尧受禅以后,封挚于高辛。可见这个"崩"字乃后人妄增,我们就给它加上圆括弧,标点作

帝挚立,不善(崩)。

又如高祖本纪

与杠里秦军夹壁破魏二军,

"破魏二军"汉书作"破其二军","其"指秦军,那么这里的"魏"字明明是"秦"字之误,我们就标点作

与杠里秦军夹壁,破(魏)〔秦〕二军。

又如楚世家

于是灵王使弃疾杀之,

左传作"王使速杀之"。疾速同义,"疾杀之"就是"速杀之",只因下文有"公子弃疾",就衍了一个"弃"字,如果不删去,"弃疾"二字连读,那就变成人名了,所以我们标点作

于是灵王使(弃)疾杀之。

又如陈丞相世家

平为人长美色,

汉书作"长大美色",可见脱一"大"字。王念孙说:"下文人谓陈平何食而肥,肥与大同义,若无'大'字,则与下文义不相属。"太平御览饮食部引史记正作"长大美色"。因此我们就给加上个"大"字,标点作

平为人长〔大〕美色。

又如孙子吴起列传

即封吴起为西河守甚有声名,

梁玉绳认为"守"不可以说"封","即封"二字是衍文。我们以为即使"守"也可以说"封",但是吴起在魏文侯时已做西河守,何以要魏武侯重新"封"他? 而况下文紧接"魏置相,相田文,吴起不悦,谓田文曰"云云,可见史公原意明明是说吴起做西河守名声很好,可是魏置相却相田文而不相吴起,所以吴起不高兴,要跟田文讨论谁的功劳大。现在衍了"即封"二字,文意就不连贯了。因此,我们标点作

  (即封)吴起为西河守,甚有声名。

并把这一句搁在下一段的开头。

  有几处文字前后倒置,把它移正比较方便的,我们就移正了。例如夏本纪

    予辛壬娶涂山癸甲生启予不子,

尚书作"娶于涂山,辛壬癸甲,启呱呱而泣,予弗子"。裴骃集解引伪孔传只增一"四"字,说"辛日娶妻,至于甲四日,复往治水",张守节正义也只据集解为说,可见他们所见的本子都作"予娶涂山,辛壬癸甲",而别本传写偶误,把"辛壬"错在"涂山"上了。我们把它移正,标点作

    予(辛壬)娶涂山,〔辛壬〕癸甲,生启予不子。

这一移正很重要,否则就得读为"予辛壬娶涂山,癸甲生启,予不子",那就讲不通了。司马贞也说"岂有辛壬娶妻,经二日生子?不经之甚"。但一般所谓"错简",我们没有一一移正,因为这样做改动太大,只好让作史记新注或补注的人去解决了。

  凡注里已经注明某字当作某字,或某字衍,或下脱某字的,我们都不再加增删符号。还有一种情形,原来脱去某一字,注文中已

经指出，后人把脱去的字给补上了，却还保留着原注。如秦本纪"晋灭霍魏耿"，索隐说"春秋鲁闵公元年左传云晋灭耿，灭魏，灭霍，此不言魏，史阙文耳"，可知司马贞见到的本子脱一"魏"字，但后人已经给补上了，我们就没有必要再在"魏"字上加方括弧。其他可改可不改的我们也不改，好在张文虎的札记中大都有说明，读者可以随时参考。

我们发见金陵局本有两处是删得不妥当的。一处是周本纪"夫兽三为群，人三为众，女三为粲。王田不取群，公行不下众，王御不参一族"。张文虎据国语韦昭注及曹大家说，删去"公行不下众"的"不"字。其实按上下的语气，这个"不"字是不应该删的。国语无"不"字，显然是脱误，正好据史记来校正国语。朱骏声也认为应作"公行不下众"。他说："盖公行则人宜下车以避，有三人则下车较缓，且恐仍不及避以致罪也，此曲体人情也。"（经史答问卷二）一处是高祖本纪"忽闻汉军之楚歌"，张文虎据梁玉绳说删去"之"字。其实有个"之"也讲得通，吴汝纶更认为删去了倒反"失史文之神理"。这两处我们都把它改回来了。

以上所举的例子都是史记正文。三家注中应增应删之处更多，跟正文作同样处理，这儿不再举例。

二

史记一向有断句的本子，如凌稚隆的史记评林，吴见思的史记论文，张裕钊校刊的归方评点本和吴汝纶的点勘本，我们都取作参考。各家句读往往大有出入，我们择善而从，有时也不得不自作主张。现在分别举例说明如下。

一、三家注句读往往有错误，未可尽从。例如秦本纪

　　丹犁臣蜀相壮杀蜀侯来降，

张守节正义读"丹犁臣蜀"为句。方苞说："言丹、犁二国臣属于秦也。与下'蜀相壮杀蜀侯来降'，'韩、魏、齐、楚、越皆宾从'，立文正相类。据正义'丹犁臣蜀'为句，则下文'相壮'不知何国之相，且二国臣蜀，亦无为载于秦史。"我们认为方苞说的对，标点作

　　丹、犁臣，蜀相壮杀蜀侯来降。

又如礼书

　　庄蹻起楚分而为四参是岂无坚革利兵哉，

索隐注说"参者，验也。言验是，楚岂无坚甲利兵哉"。"参是"连读。正义"参"字音七含反。其实"参"即"三"字。"分而为四参"犹言"四分五裂"。这段文字出于荀子议兵篇，议兵篇正作"楚分而为三四"。因此我们标点作

　　庄蹻起，楚分而为四参。是岂无坚革利兵哉？

又如秦始皇本纪

　　出鸡头山过回中焉作信宫渭南，

各本的集解和正义都在"焉"字下，是以"焉"字断句的。据王念孙说，"焉"字应下属为句。"焉"犹"于是"，"焉作信宫渭南"就是"于是作信宫渭南"。因此，我们标点作

2905

　　出鸡头山，过回中。焉作信宫渭南。

又刺客列传

　　然愿请君之衣而击之焉以致报雠之意，

王念孙说"焉犹于也，于以志报雠之意也"。我们点作

　　然愿请君之衣而击之，焉以致报雠之意。

又如鲁仲连邹阳列传

> 彼即肆然而为帝过而为政于天下则连有蹈东海而死耳吾不
> 忍为之民也，

索隐解"过而为政"为"以过恶而为政"，正义说"至'过'字为绝句"。王念孙说："过犹甚也。言秦若肆然而为帝，甚而遂为政于天下，则吾有死而已，不忍为之民也。"我们依照王念孙的说法，标点作

> 彼即肆然而为帝，过而为政于天下，则连有蹈东海而死耳，
> 吾不忍为之民也。

又同篇

> 亡意亦捐燕弃世东游于齐乎，

如果依照索隐、正义的解释，"亡意"下应当用逗号。其实"亡意"（或"无意"）、"亡其"（或"无其"）、"意亦"、"抑亦"等都是转语词，司马贞等望文生训，显然错误，我们标点作

> 亡意亦捐燕弃世，东游于齐乎？

又如袁盎晁错列传

> 乃以刀决张道从醉卒直隧出，

集解引如淳曰"决开当所从亡者之道"，是读"道"为"道路"之"道"，上属为句。王念孙说："道读曰导，下属为句。'隧'当在'直'字上，'醉卒隧'三字连读，'直出'两字连读。醉卒隧者，当醉卒之道也。谓决开军帐，导之从醉卒道直出也。"我们据王念孙的说法，标点作

> 乃以刀决张，道从醉卒〔直〕隧〔直〕出。

又如扁鹊仓公列传

臣意家贫欲为人治病诚恐吏以除拘臣意也故移名数左右不
修家生出行游国中，

<u>正义</u>以"故移名数左右"为句,解释作"以名籍属左右之人"。其实
本传开头说"为人治病,决死生多验,然左右游行诸侯,不以家为
家",可见这里的"左右"二字也应该下属为句。所以我们不采取
<u>正义</u>的说法,标点作

臣<u>意</u>家贫,欲为人治病,诚恐吏以除拘臣<u>意</u>也,故移名数,左
右不修家生,出行游国中。

又如<u>匈奴列传</u>赞

以便偏指不参彼己将率席中国广大气奋,

<u>集解</u>引诗云"彼己之子",<u>司马贞</u>又误解这一段意思,说"彼己者犹
诗人议词云'彼己之子'是也。将率则指<u>樊哙</u>、<u>卫</u>、<u>霍</u>等也"。他把
"彼己"同"将率"连起来读。其实"彼己"应上属为句,不参彼己犹
言不能知彼知己,<u>司马贞</u>误解文意,失其句读。我们点作

以便偏指,不参彼己。

又如<u>货殖列传</u>

及秦文孝缪居雍隙陇蜀之货物而多贾,

<u>集解</u>、<u>索隐</u>都以为"居雍隙"连读,近人<u>朱师辙</u>说:"'隙'当属下读。
'隙'借为'郤',<u>仪礼士昏礼</u>'启会郤于敦',疏'仰也,谓仰于地
也'。隙<u>陇蜀</u>之货物谓仰赖<u>陇蜀</u>之货物。或谓隙,间也。谓通<u>陇蜀</u>
之货物。"(<u>史记补注</u>)无论"隙借为郤"也好,"隙,间也"也好,
"隙"字当属下读是无疑的,所以我们标点作

及秦文、〈孝〉〔德〕、缪居雍,隙<u>陇蜀</u>之货物而多贾。

二、有些文句可以这样读也可以那样读,我们择善而从。也有

一向都这样读而我们却认为应该那样读的,就照我们的意思标点。

例如夏本纪

冀州既载壶口治梁及岐,

一向都以"冀州既载"为句,我们采用陈仁锡的意见,标点作

冀州:既载壶口,治梁及岐。

又如项羽本纪

项氏世世将家有名于楚今欲举大事将非其人不可,

汉书项籍传颜师古注"言以不材之人为将,不可求胜也"。刘敞说
"言欲举大事,为将者非此人不可"。依颜说,"将非其人"下应用
逗号,依刘说,"将非其人不可"应连读。王先谦汉书补注认为
"'其'不训'此',颜说为优"。我们就点作

今欲与大事,将非其人,不可。

又如吴太伯世家

大而宽俭而易行以德辅此则盟主也,

左传"宽"作"婉","俭"作"险","盟"作"明"。一向"俭而易行"
连读,我们认为"大而宽","俭而易",相对成文,"行"字当属下读,
"行以德辅"为句。行以德辅犹言以德辅行。"此则"连读,例如
"此则寡人之罪也","此则滑釐所不识也"(均见孟子)。意思是说
"如能以德辅行,那就是明主了"。所以我们打破传统的读法,
点作

大而宽,俭而易,行以德辅,此则盟主也。

又如商君列传

明尊卑爵秩等级各以差次名田宅臣妾衣服以家次,

一般都以"明尊卑爵秩等级各以差次"断句,"名田宅臣妾衣服以

家次"断句,乍一看似乎并无错误,细加推考就觉得不对了。差次犹等级,"明尊卑爵秩等级各以差次"语意重复。并且"明尊卑爵秩等级"是一回事,"各以差次名田宅"又是一回事。各以等级占有土地,即所谓"差次名田",是商君新法令中最重要的一条。各以差次名田宅犹言各以等级占有田宅,史公特变文以避复而已。所以资治通鉴删"以家次"三字,作"明尊卑爵秩等级,各以差次名田宅臣妾衣服"。因此,我们点作

明尊卑爵秩等级,各以差次名田宅,臣妾衣服以家次。

又同篇

令既具未布恐民之不信已乃立三丈之木于国都市南门,

历来都误读"已"为"己",以"不信己"连读。其实"恐民之不信己"是讲不通的。试问是秦孝公怕人民不相信自己呢,还是商鞅怕人民不相信自己呢?"已乃"当连读,古人自有这样的复语,例如周本纪"武王已乃复出军"。通鉴删"已"字,作"令既具,未布,恐民之不信,乃立三丈之木于国都市南门",更足以证明不能读为"恐民之不信己"。所以我们点作

令既具,未布,恐民之不信,已乃立三丈之木于国都市南门。

又如张释之冯唐列传

虎圈啬夫从旁代尉对上所问禽兽簿甚悉欲以观其能口对响应无穷者,

一向多以"欲以观其能"为句,"口对响应无穷者"为句。近人杨树达以为这儿的"观"字跟国语"先王耀德不观兵"的"观"字相同,含有显示或夸耀的意思。我们就点作

虎圈啬夫从旁代尉对上所问禽兽簿甚悉,欲以观其能口对

响应无穷者。

三、有些文句有省略。例如秦始皇本纪"乐遂斩卫令直将吏入行射郎宦者大惊或走或格",应作"乐遂斩卫令,直将吏入,行射郎宦者,郎宦者大惊,或走或格",省"郎宦者"三字。高祖本纪"闻声争开门而待足下通行无所累",应作"闻声争开门而待足下,足下通行无所累",省"足下"二字。晋世家"及期而往复见申生告之曰",应作"及期而往,复见申生,申生告之曰",省"申生"二字。田单列传"所过城邑皆畔燕而归田单兵日益多",应作"所过城邑皆畔燕而归田单,田单兵日益多",省"田单"二字。吴王濞列传"吾据荥阳以东无足忧者",应作"吾据荥阳,荥阳以东无足忧者",省"荥阳"二字。这类省略句的点法不能太机械,前三条我们是这样点的:

乐遂斩卫令,直将吏入,行射,郎宦者大惊,或走或格。

闻声争开门而待,足下通行无所累。

及期而往,复见,申生告之曰。

但后面两条的点法又是一种式样了:

所过城邑皆畔燕而归田单,兵日益多。

吾据荥阳,以东无足忧者。

因为如果也照上面三条的点法,"田单"二字应属下读,那么"畔燕而归"的"归"字就无所属了。"荥阳"二字如果下属为句,那么上面"吾据"二字就落空了。

四、有的文句究竟应该怎么样读,聚讼未决,我们只好根据旧注断句。有的文句本来有脱误,我们也只好勉强标点。例如五帝本纪

> 时播百谷草木淳化鸟兽虫蛾旁罗日月星辰水波土石金玉劳
> 勤心力耳目节用水火材物，

在并列的许多名词上分别冠以"时播"、"淳化"、"旁罗"、"劳勤"、
"节用"等动词，就前后文语气看，"水波"也该是个动词，应点作
"水波土石金玉"，但"水波"究竟不是个动词，这样断句讲不通。
这段文字采自大戴记五帝德篇，今本大戴记"水波"作"极畋"，"极
畋"是什么意思也难懂，只好勉强点作

> 时播百谷草木，淳化鸟兽虫蛾，旁罗日月星辰水波土石金
> 玉，劳勤心力耳目，节用水火材物。

又如秦始皇本纪

> 将军壁死卒屯留蒲鹝反戮其尸，

究竟是怎么回事，历来注家都没搞清楚，其间必有脱误，我们只好
依集解引徐广说，标点作

> 将军壁死，卒屯留、蒲鹝反，戮其尸。

又如田敬仲完世家

> 秦韩欲地而兵有案声威发于魏魏氏之欲不失齐楚者有
> 资矣，

文义难解，定有脱误，只好勉强标点作

> 秦韩欲地而兵有案，声威发于魏，魏氏之欲不失齐楚者有
> 资矣。

又如张丞相列传赞

> 张苍文学律历为汉名相而绌贾生公孙臣等言正朔服色事而
> 不遵明用秦之颛顼历何哉，

梁玉绳说"此句不可解"，我们只好依照归方评点本标点作

2911

张苍文学律历，为汉名相，而绌贾生、公孙臣等言正朔服色事而不遵，明用秦之颛顼历，何哉？

脱误的例子在三家注中更多，尤其是正义。略举数例。如项羽本纪"故立芮为衡山王都邾"下正义引括地志云

故邾城在黄州黄冈县东南二十里本春秋时邾国邾子曹姓侠居至鲁隐公徙蕲，

"侠居"下有脱简，只好标点作

故邾城在黄州黄冈县东南二十里，本春秋时邾国。邾子，曹姓。侠居。至鲁隐公徙蕲。

又如留侯世家"放牛桃林之阴"索隐

应劭十三州记弘农有桃丘聚古桃林也，

作十三州记的是后魏的阚骃，不是后汉的应劭，"应劭"下有脱文，只好标点作

应劭。十三州记"弘农有桃丘聚，古桃林也"。

又如仲尼弟子列传"其母为取室"下正义"世外生象"以下一大段文字脱误难读，虽然钱大昕曾经在他写的廿二史考异中以意推测，作过一番说明，还是难以句读，我们也只好以意推测，强为句读。

五、我国人读古书习惯于四个字一读，有些文句我们就按照习惯读法点。例如周本纪

尚桓桓如虎如罴如豺如离于商郊，

其中"如虎如罴如豺如离"可以两个字一读，但我们照习惯读法，点作

尚桓桓，如虎如罴，如豺如离，于商郊。

又如礼书

故大路越席皮弁布裳朱弦洞越大羹玄酒所以防其淫侈救其
凋敝，

其中大路、越席、皮弁、布裳、朱弦、洞越、大羹、玄酒是并列的几个
名词，都可以用顿号，但我们照习惯读法，点作

故大路越席，皮弁布裳，朱弦洞越，大羹玄酒，所以防其淫
侈，救其凋敝。

又如苏秦传"其民无不吹竽鼓瑟，弹琴击筑，斗鸡走狗，六博蹋鞠
者"，也是照习惯读法点的。

六、张文虎校刊金陵局本的时候，依据单刻索隐本校正了其他
刻本的不少错误。单刻索隐本全书三十卷，不录史记全文，只把需
要加注的那一句史文或者一句中的几个字标出来，而它所标出来
的史文往往比通行本的正确，所以为历来校读史记者所重视。张
文虎把单刻索隐本所出史文跟其他刻本不一样的，都给纳入索隐
注文中。例如短短的一篇秦楚之际月表序就有两处。一处是"其
后乃放弑"下的索隐注中比通行本多出"后乃放杀"四个字。这四
个字就是单刻索隐本所标出的史文。因为司马贞用来做索隐注的
那个本子不作"其后乃放弑"而作"后乃放杀"，所以他注道"杀音
弑"。一处是"乡秦之禁适足以资贤者"下的索隐注比通行本多出
"乡秦之禁适足资贤者"九个字。这九个字也是单刻索隐本所标
出的史文。可见司马贞所用的本子比现在通行本少了一个"以"
字。这种例子很多，我们标点的时候没有办法用某种符号来表明，
只给加上个句号就算了。这是金陵局本的特殊情况，张文虎也没
有在他的札记中交代过，所以我们附带在这儿说明一下。

三

标点符号照一般用法,有几点还得说明一下。

一、顿号限定用在并列的名词而容易引起误会的场合。例如

　　而禹、皋陶、契、后稷、伯夷、夔、龙、倕、益、彭祖自尧时而皆
举用,未有分职(五帝本纪)。

　　发诸尝捕亡人、赘婿、贾人略取陆梁地,为桂林、象郡、南海,
以适遣戍(秦始皇本纪)。

凡并列关系较为明确,不致引起误会的就不用顿号。例如前面所
引的"时播百谷草木,淳化鸟兽虫蛾,旁罗日月星辰",里面有许多
并列的名词,但都不用顿号。习惯上往往连称的,地名如"巴蜀"
"崤函",朝代名、帝王名、人名如"虞夏""尧舜""文武""汤武""桀
纣""黄老",以及说"晋楚之战"的"晋楚",说"吴楚七国反"的"吴
楚",说"隙陇蜀之货物"的"陇蜀"等,两名之间都不用顿号。此外
如孔子世家"孔子以四教文行忠信",是说孔子以文行忠信四者教
弟子,文行忠信并非四个并列的名词,所以不用顿号而用逗号,点
作"孔子以四教:文,行,忠,信"。"所慎齐战疾"也同样点作"所
慎:齐,战,疾"。又如说"东西周""东西秦"之类,"东""西"之间
也不用顿号。

　　二、人名跟职位或身份连在一起的,如"王赧""王子比干""太
子丹""师尚父""太史儋""太宰嚭""司马穰苴""令尹子文"等等,
都连起来用标号。人名跟封号或地名连在一起的,如"周公旦"
"韩王信""绛侯勃""落下闳"之类,也都连起来用标号;但如果封
号下姓名俱全;如"淮阴侯韩信""武安侯田蚡"之类,分别在封号

和姓名旁用标号。侯爵名都用标号;将军名号如"贰师将军"以至"文成将军"等等,一律不用标号。时代专名如"三代""六国"等都用标号;不指时代的,如"秦灭六国"的"六国"当然不用标号。地名不论所指区域大小,从"山东""淮南"以至"中阳里"等等都用标号。"江"如果指长江,"河"如果指黄河,一律用标号;泛称江河的就不用标号。民族专名如"西南夷""东越"以及专指匈奴的"胡"都用标号;一般泛称如"蛮""夷""戎""狄"不用标号。星名、神名以及乐舞名都用标号;但星名如"日""月",都不用标号。

标号的用或不用以及怎么样用,对于如何了解原文大有关系。例如项羽本纪"诸侯罢戏下,各就国"的"戏下",依索隐注应当作为地名,用标号,但我们采取"戏下"即"麾下"的说法,不用标号。又如孝武本纪"而使黄锤史宽舒受其方",照索隐注的说法,"黄锤"和"史宽舒"都是人名,但我们采取别家的说法,认为"黄"和"锤"都是地名,"宽舒"是人名,"黄锤史宽舒"就是黄锤之史名叫宽舒的,所以标作"黄锤史宽舒受其方"。又如赵世家"吾有所见子晰也",索隐注以"子晰"为人名,但我们采取别家的说法,认为"晰"是分明的意思,就是说"我分明见过你",所以没有在"子晰"二字旁边用标号。又如司马相如列传"激楚结风",索隐引文颖说,解释为"激结之急风",我们却采取别家的说法,认为"激楚"和"结风"都是舞曲名,就分别用了标号。

三、我们没有用破折号,因为可以用破折号的地方也可以用句号。例如五帝本纪"正月上日舜受终于文祖文祖者尧大祖也",可以用破折号点作"正月上日,舜受终于文祖——文祖者,尧大祖也",但也可以不用破折号,点作"正月上日,舜受终于文祖。文祖者,尧大祖也"。意义同样是明了的。删节号也不用,凡是下面有脱文的地方,只在那里用句号圈断。因为用删节号容易引起读者误会,以为是删节了史记原文。一向用作夹注号的圆括弧和方括弧,我们只用在应该删去和应该补上的字句上。

四

为了让读者易于掌握史事的内容,每篇都给分段。分段避免过于琐碎,凡是叙述几桩事情而比较简短的就不分段。例如秦本纪叙昭襄王一代的事情都非常简短,而且主要是调兵遣将,攻取山东各国,差不多是一篇流水账,没有必要给它逐事分段。但如果从昭襄王元年到他去世的五十六年一贯连下去,又显得太长了,我们就把中间十三年到五十年分成一段。因为这三十多年当中,主要有个大将白起领兵攻取山东各国,我们就从昭襄王十三年白起攻新城到五十年白起得罪而死作为一段。有时候虽然只叙一桩事情,可是文字较长,就按事情的发展和文章的段落分成若干段。例如项羽本纪中叙述"鸿门宴"一段故事,就给它分成四小段。

大段之间都空一行,以清眉目。例如项羽本纪中叙"鸿门宴"是由四小段组成的一大段,这一大段前面叙述项羽在新安城南阬秦卒二十余万,后面接着叙述项羽分封诸侯王,都是另外的事情,所以前后都给空一行。几个人的合传,如果他们之间并无密切关联,在叙完一个人的事迹接叙另一个人的事迹的时候,给空上两行。如果几个人互有关联,如魏其武安侯列传中的窦婴和田蚡那样,就只空一行,不空两行。刺客列传、循吏列传等篇既然有了个总题目,那就不必在叙完一个人接叙另一个人的地方空上两行了。

篇中比较重要的大段引文，如秦始皇本纪中的泰山刻石文和赞语后面引的贾谊过秦论，屈原贾生列传中的怀沙赋、服鸟赋，鲁仲连邹阳列传中的邹阳狱中上梁王书等等，都给提行，并低两个字排。后人补缀的文字，如秦始皇本纪最后附的班固秦纪论和三代世表后面附的"张夫子问褚先生曰"云云的大段文字，也都给提行，并低两个字排。

五

最后还要说明两点。

一、史记经过一千多年的抄写，又经过近一千年的翻刻，而各个时代有各个时代的字体，所以往往几个本子字体不同，一个本子里也往往异同杂出。例如"伍员"或"伍子胥"，从左传以来都写作"伍"，可是旧刻本里有简写作"五"的，金陵局本为了尊重古本，有几处都照古本改了，古本字体不一致，金陵局本的字体也就跟着不一致。张文虎又特别喜欢保存古字，逢到"以"作"㠯"，"齐"作"亝"，"岛"作"嶹"的，一一都给它保存下来。我们认为这个标点本是给现在人读的，不必保存这些古字，所以都改成了今体字。

也有不能改和不必改的。如秦本纪"天子贺以黼黻"，"黼黻"二字明明是"黼黻"的变体，别处都作"黼黻"，这儿当然可以改。但张守节的史记正义"论字例"中已经提到，并且说"如此之类，并即依行，不可更改"，如果也给它更改，那么张守节的话就变得没有着落了。又如周本纪"乃命伯㸰"和"作㸰命"的"㸰"字，各本都没有给它改成"冏"字，并且注解中已说明就是"冏"字，那就不必给它改回来了。此外如"乃"作"迺"，"早"作"蚤"，"倪"作"兒"，

"貌"作"皃","棄"作"弃"等等，其他古书也大都如此，稍微读过一点古书的人都会辨认，那就不必改了。

今本史记中多避讳字，如唐朝人避李世民（唐太宗）名讳，改"世"为"系"或"代"（例如称世本为系本，称帝王世纪为帝王代纪），改"民"为"人"（例如礼书引易兑彖辞"悦以使民，民忘其死"作"悦以使人，人忘其死"），又如避李治（唐高宗）名讳，改"治"为"理"等，因为由来已久，早成为习惯，我们就不给它改回来了。避清朝皇帝名讳的缺笔字如"胤"作"胤"，"宁"作"宁"，以及避孔子名讳，"丘"作"丘"等等，我们都给它改回来了。此外版刻异体字如"敖"作"敖"，"卒"作"卒"，"盲"作"盲"，"勾"作"勾"，"罕"作"罕"，"莫"作"莫"等等，也都给改作现在通行的字体。

二、为了便利读者查考年代，我们特在十二诸侯年表、六国年表、秦楚之际月表、汉兴以来诸侯王年表和汉兴以来将相名臣年表的眉端印了公历纪元。又在十二诸侯年表、六国年表和汉兴以来诸侯王年表的双页码的左边加上国名的标尺，以便查检。

中华书局编辑部

一九五九年七月